AF874789

वे अंधेरे दिन

इन्सान के धार्मिक अहसासों को ठेस लगती है, यह वजह बताकर, तसलीमा नसरीन की आत्मकथा का पहला और दूसरा खंड, बांग्लादेश सरकार ने निषिद्ध कर दिया। बिल्कुल यही वजह दिखाकर, पश्चिम बंगाल सरकार ने उनकी आत्मकथा का तीसरा खंड 'द्विखंडित' पर पाबंदी लगा दी। बांग्लादेश और पश्चिम बंगाल में इन किताबों के खिलाफ (पश्चिम बंगाल में, 'द्विखंडित' और बांग्लादेश में 'क') कुल इक्कीस करोड़ रुपयों का मुकदमा दायर किया गया है। दोनों ही बंगाल की अदालतों ने इन किताबों की बिक्री पर रोक लगा दी है। बंगला साहित्य के इतिहास में, पहली बार, किसी लेखक/लेखिका के हाथों से कलम छीन लेने के लिए बौखला उठे हैं, समाज के लगभग सभी गुटवादी लोग, कट्टरवादी समुदाय,गैर-कट्टरवादी समुदाय, अपने-अपने स्वार्थों से जुड़े लेखक, कलाकार, राजनीति-विशेषज्ञ, यहाँ तक कि तथाकथित गणतांत्रिक सरकार!

'वे अंधेरे दिन' तसलीमा के उन दिनों की कहानी है, जब उन्हें अपने ही देश में दीर्घ दो महीनों तक अंधेरे में छिपकर रहना पड़ा था। यह किताब मूलतः तथ्यों पर आधारित है। बांग्लादेश में प्रकाशित, 'आजकेर कागज', 'भोरेर कागज', 'इत्तफाक', 'संवाद', 'बांग्ला बाजार', 'इन्कलाब', 'दिनकाल', 'संग्राम', 'मिल्लत'—वगैरह दैनिक अखबारों से, वहाँ की खबरें संग्रहीत की गई हैं।

वाणी प्रकाशन का लोगो
विख्यात चित्रकार मकबूल फिदा हुसेन की
कूची से

ISBN 81-8143-165-0

वाणी प्रकाशन
21-ए, दरियागंज, नयी दिल्ली-110002
द्वारा प्रकाशित

प्रथम संस्करण : 2004

मूल्य : 295.00

शुभम् ऑफसेट, शाहदरा, दिल्ली-110032
में मुद्रित

VE ANDHERE DIN
by Taslima Nasrin
translated by Sushil Gupta

जिनकी मैं आजीवन कृतज्ञ हूँ

शिवनारायण राय

अहमद शरीफ़

कलीम शराफ़ी

खान सरवर मुर्शिद

कबीर चौधुरी

शम्सुर रहमान

निखिल सरकार

के.एम. सुभान

डॉ. कमाल हुसेन

हमीदा हुसेन

रुकैय्या कबीर

सुलताना जमान

रूबी रहमान

शमीम सिकदार

सारा हुसेन

शहीदुल आलम

फिरदौसी प्रियभाषिणी

प्रकाशक की बात

इंसान की धार्मिक भावनाओं को चोट लग सकती है, यह वजह दिखाकर तसलीमा नसरीन की 'मेरे बचपन के दिन' और 'उत्ताल हवा'—प्रथम और द्वितीय खण्ड, बांग्लादेश सरकार ने ज़ब्त कर लिया। यही वास्ता देकर, पश्चिम बंगाल सरकार ने उनकी आत्मकथा का तृतीय खण्ड—द्विखंडित पर पाबन्दी लगा दी (पश्चिम बंगाल में 'द्विखंडित', बांग्लादेश में 'क') के खिलाफ़ कुल इक्कीस करोड़ रुपयों का मुकदमा दायर किया गया है और दोनों बंगाल की अदालत ने इस किताब की बिक्री पर रोक लगा दी है। साहित्य के इतिहास में पहली बार किसी लेखक से कलम छीन लेने के लिए समाज के लगभग सभी स्तर के लोग, कट्टरवादी समुदाय, गैर-कट्टरवादी इन्सान, लेखक, कलाकार, राजनीतिविशेषज्ञ, यहाँ तक कि तथाकथित गणतांत्रिक सरकार भी बौखला उठी है।

'अँधेरे वे दिन....' तसलीमा के उन अँधेरे दिनों की कथा बयान करते हैं, जब उन्हें दीर्घ दो महीने, घुप्प अँधियारे में आत्मगोपन करके रहना पड़ा, वह भी अपने देश में! यह उपन्यास मूलतः तथ्यपरक है। बांग्लादेश में प्रकाशित 'आजकेर कागज', 'भोरेर कागज', 'इत्तफाक़', 'संवाद', 'बांग्ला बाजार', 'इन्क़लाब', 'दिनकाल', 'संग्राम' वगैरह दैनिक अख़बारों से उन दिनों की ख़बरों से ली गई हैं।

अनुक्रम

पैरिस की डायरी

जिल गॉन्जालेज फॉरेस्टर जिस दिन मेरे घर आया, उस दिन ऑस्ट्रेलिया कप का खेल चल रहा था! भारत और पाकिस्तान खेल रहे थे; मैंने जिल को सोफे पर बैठ जाने का इशारा किया; मेरी तरह वह भी खेल देखने में दत्तचित्त हो गया; खेल देखते हुए, पूरा एक घंटा गुजर गया। पूरे घंटे भर मैंने जिल से किसी क़िस्म की बातचीत नहीं की, क्योंकि मैं निश्चित तौर पर जानती थी कि खेल के बीच में बातचीत करने से लड़कों को झुँझलाहट होती है; हमारे घर में यही नियम है; बाकी और किसी समय परेशान करना चाहो, तो करो, मगर, लेकिन खेल देखते वक्त नहीं। खासकर क्रिकेट के खेल के समय हरगिज नहीं, उस पर से खासतौर पर ऐसे समय, जब खेल भारत और पाकिस्तान के बीच चल रहा हो। जडेजा जीरो पर ही विदा हो गया। सचिन भी बाइस या तेइस बनाकर, पैवीलियन में लौट गया। अजहर तीन में ही फिस्स!

धत्तेरे की! कहकर, मैंने खेल से नज़रें हटा लीं और जिल से यह दरयाफ़्त किया कि वह किस टीम का समर्थक है।

मेरा सवाल सुनकर, सहमी निगाहों से मेरी सूरत निहारते हुए, उसने सवाल किया, "इस खेल का नाम क्या है?"

"खेल का नाम? मतलब? तुम नहीं जानते कि यह कौन-सा खेल है?" मैं सच ही आसमान से गिरी!

जिल ने इन्कार की मुद्रा में सिर हिलाया; वह नहीं जानता। उस खेल का सिर-पैर, उसे कुछ भी समझ में नहीं आया।

क्या कहता है यह छोकरा? यूरोप का लड़का इंग्लैंड के करीबवाले देश में उसका शहर! यही लड़का पूछता है कि क्रिकेट क्या बला है? किस खेल को क्रिकेट कहते हैं? यह सब कुछ भी नहीं जानता? नहीं, वह नहीं जानता! क्रिकेट का खेल जिल ने अपने बाप के ज़माने में भीं नहीं देखा। दुनिया में क्रिकेट नामक कोई खेल भी होता है, उसने तो कभी यह भी नहीं सुना। हाँ, कभी, कहीं, एक बार यह ज़रूर सुना था कि अंग्रेज कोई एक खेल खेलते हैं, जिस खेल में अधिकांश खिलाड़ी, मैदान

में भूत की तरह खड़े रहते हैं, सिर्फ एक-दो खिलाड़ी ही दौड़ते-भागते हैं; उसी विकट खेल का नाम ही क्रिकेट है, यह जानकारी उसने आज ही पोर-पोर उपलब्ध की।

"लेकिन तुम तो पूरे एक घण्टे तक यह खेल मन्त्रमुग्ध होकर देखते रहे...।"

"हाँ, देखता रहा! और क्या करता? तुम तो कोई बात ही नहीं कर रही थीं! तुम व्यस्त जो थीं–"

"हाय रे अदा...!"

मैं तो यह सोच रही थी कि मुझसे ज्यादा जिल ही इस खेल का मज़ा ले रहा है। बहरहाल, जब बातचीत का वक्त आया, तो उसके जाने का भी वक्त आ पहुँचा। वह कुछेक घण्टों का ही वक्त लेकर मेरे यहाँ आया था। उसने बताया कि वह कल ही मुझे फ्रेंच दूतावास में ले जाएगा। वीसा के लिए इस दूतावास में, मैं पहले भी जा चुकी थी। मुझे भेजे गए रिपोर्ट्स सां फ्रंटियर्स और आर्ते टेलीविजन का आमंत्रण देखकर भी दूतावास के लोगों ने सख़्त लहजे में मना कर दिया कि इन सब आमंत्रण से काम नहीं चलेगा, वीसा नहीं मिलेगा। क्यों नहीं मिलेगा, वजह क्या है, उन लोगों ने यह सब कुछ नहीं बताया। वीसा नहीं दिया जाएगा, यह ख़बर पाकर रिपोर्ट्स सां फ्रंटियर्स के लोगों ने पैरिस से जिल को भेज दिया। ढाका आकर वह मेरे लिए वीसा का इन्तज़ाम करे और मुझे सुरक्षित सही-सलामत साथ लेकर, पैरिस पहुँचे।

अगले दिन जिल मुझे दूतावास ले गया और उसने मुझे वीसा भी दिला दिया। दूतावास ने जो वीसा देने से बिल्कुल मना कर दिया था, वही अब कितने शानदार तरीके से मुझे थमा दिया। जिस चीज के बारे में मुझे बखूबी जानकारी होती है कि ऐसा नहीं होगा, वही चीज जाने किन-किन कारणों से, कभी-कभी संभव भी हो जाती है। ढाका से थाइ एयरलाइन्स से बैंकॉक! वहाँ से एयरफ्रांस से पैरिस! जो मेरा पासपोर्ट नहीं था, वही मेरा पासपोर्ट बन गया! दुर्लभ पासपोर्ट और दुर्लभ वीसा भी जुट गया। मुझे अपना पासपोर्ट कभी भी वापस नहीं मिलता। अगर विदेशों के मानवाधिकार संगठन, अपनी-अपनी सरकारों पर, मेरा पासपोर्ट वापस दिलाने का इन्तज़ाम करने के लिए दबाव न डालते। सच तो यह था कि अपना पासपोर्ट वापस पाने की उम्मीद, मैंने लगभग छोड़ ही दी थी। लेकिन अगर अमेरिका टाँग अड़ाए, तो हुक्म भले हिल जाए, हाकिम टस से मस नहीं होता, यह कहावत शायद अचल हो जाती। मुझे पूरा-पूरा विश्वास है कि इस असंभव को संभव करने के पीछे लेखक संगठन 'पेन' की भूमिका रही है। 'पेन' अगर पिनपिन न करता, तो अमेरिका सरकार कभी सजग नहीं होती। फतवे की ख़बर, मुल्लाओं के आन्दोलन की ख़बर तो खैर, उन्हें थी ही, न्यूयार्क टाइम्स में लिखे हुए, मेरे उप-सम्पादकीय ने भी अमेरिकी सरकार को मेरे लिए कोशिश करने में, शायद काफी असर दिखाया था, वर्ना उनको क्या पड़ी थी कि मेरे घर तक आकर, मेरे पासपोर्ट का इन्तज़ाम करते? इस देश में जाने कितने ही लोगों के प्रति अन्याय हो रहा है; कितने ही बेकसूर झूठमूठ ही जेलों में सड़ रहे हैं, बेवक्त

दम तोड़ देते हैं, कितने ही लोगों को शरणार्थी बना रहे हैं, देश से निर्वासित किया जा रहा है, उन लोगों की मदद के लिए हमारे अमेरिकी एन्ड्रू साहब क्या दौड़-धूप करते हैं?

मैंने सूटकेस में अपने कपड़े-लत्ते भर लिए। अप्रैल के महीने में यहाँ भले गर्मी में उबल रहे हों, मगर वहाँ कम से कम सर्द आबोहवा का सामना करना होगा। फिर भी मैंने कुछेक साड़ियाँ भी रख लीं। मेरे पास अच्छी शर्ट-पैंट खास नहीं थीं। लालमटिया जाकर मैं छोटकू की एक कोट ज़रूर ले आई। दो-तीन शर्ट-पैंट भी माँग लाई। वह सब कपड़े, मेरे बदन पर ढीलमढाल थे, लेकिन चलता है! घर खरीदने के बाद, मेरे पास रुपये-पैसों का अम्बार भी नहीं था कि मैं नए कपड़े खरीद लेती।

जिल मेरे लिए एक मोटी-सी किताब ले आया था। यह किताब रिपोर्ट्स सां फ्रंटियर्स ने प्रकाशित की थी! दुनिया भर में कहाँ-कहाँ लेखक, पत्रकारों की कलम छीन ली गई है; किन-किनको जेल में ठूँस दिया गया है; किन-किनको मारा-पीटा गया है, किन-किनको जान से मार डाला गया है—उस किताब में यही सब ख़बर दी गई थी। बांग्लादेश के बारे में यह लिखा गया था कि वह देश बेहद ग़रीब है वहाँ बाढ़, आँधी-तूफान, दरिद्रता—सभी आपदाएँ लगी रहती हैं! दैवी विपदाओं के शिकार, इस मुल्क में एक लेखिका है, उस पर कट्टरपंथियों ने हमला बोल दिया है। सरकार ने उसकी किताबें ज़ब्त कर ली हैं, उसका पासपोर्ट तक रोक रखा है!

जिल ने कहा, "बांग्लादेश मैं पहली बार आया हूँ। हम इस मुल्क के बारे में लगभग कुछ भी नहीं जानते। सिर्फ तुम्हारे बारे में जानते हैं। पैरिस में तुमसे बहुत सारे लोग मिलने आएँगे। वे सभी लोग तुम्हें जानते हैं। हम सभी लोग तुम्हें जानना चाहते हैं, तुम्हारी किताबें पढ़ना चाहते हैं।"

जिल ने यहाँ के चंद पत्रकारों से अखबार की आज़ादी के बारे में बातें भी कीं। मैं जिल को लेकर शम्सुर रहमान के यहाँ गई। वहाँ से शेरटन होटल के कैफे में चाय पीते-पीते मैंने उससे जानना चाहा कि यहाँ के पत्रकार उसे कैसे लगे। जिल ने अपनी जेब से कुछेक नामों के कार्ड निकालकर दिखाया कि इन-इन लोगों से उसने बातचीत की है। उन नामों में सिर्फ एक ही नाम मेरा जाना-पहचाना था—मुहम्मद जहाँगीर!

"यह शख़्स तुम्हें औरों से ज़्यादा बेहतर लगा होगा।"

जिल ने अपना कंधा हिलाकर, होठ फुलाते हुए जवाब दिया, "इन साहब के साथ चंद ही मिनट मेरी बात हुई; उन्होंने कहा कि तुम लोग अमीर देश के हो, इस ग़रीब देश के पत्रकारों की मदद के लिए रुपये-पैसे क्यों नहीं भेजते? रुपये मिलें, तो इस देश के पत्रकारों को काफी सुविधा होगी। अगर तुम सच ही यहाँ के पत्रकारों के लिए कुछ करना चाहते हो, तो रुपये भेजो।"

जहाँ तक मेरी समझ में आया था, जिल का संगठन किसी को रुपये-पैसों

से मदद करने के लिए नहीं था। यह संगठन पत्रकारों की स्वाधीनता के लिए आंदोलन करता था। पत्रकार पूरी आज़ादी से कोई भी ख़बर पेश कर सकें, इसके लिए कोई उन्हें बेइज़्ज़त न कर पाए, उन्हें किसी झमेले में न डाले, जेल में न ठूँसे। उनकी आवाज़ बंद न करे, उनके कॉलम कोई छीन न ले। इस संगठन का काम है, विभिन्न देशों के पत्रकारों पर ज़ोर-जुल्म के खिलाफ आवाज़ उठाना, अख़बारों की स्वाधीनता निश्चित करना! इस देश के पत्रकारों के बारे में उसके मन में कोई राय जमाने से पहले ही, जिल के मन में कोई निश्चित राय जन्म ले चुकी थी।

जिल जिस मकान में ठहरा हुआ था, वह घर किसी बंगाली का था! उसकी बीवी फ्रेंच थी। इससे पहले, पैरिस के गामा फोटो एजेन्सी से जिल ससेयार आया था, वह भी गुलशन के इसी मकान में ठहरा था। उसी जिल की वजह से, यह जिल भी इसी मकान में ठहरा हुआ था। पिछला जिल मेरी हज़ारों तस्वीरें खींचकर ले गया था। यहाँ तक कि वह मुझे लेकर मयमन सिंह भी गया, 'अवकाश' में पूरे परिवार की भी तस्वीरें लीं, खासकर अम्मी के साथ! छत पर! अम्मी के साथ तस्वीर? अम्मी सकुचा गईं। अम्मी की कभी इस तरह तस्वीरें नहीं ली गईं। अम्मी को इस कदर अहमियत देना, घर के लोगों को तो क्या, अम्मी को भी अवाक् कर गया था।

इन दिनों वही जिल...जिल गॉन्जालेज, गुलशन में ठहरा हुआ था! पिछले दिन, उसी घर में अनगिनत लोगों को आमंत्रित किया गया था।

आमंत्रित बंगाली अतिथियों के सामने, जिल ने बड़े गर्व से घोषणा की, "तुम लोगों की तसलीमा को मैं पैरिस लिवा ले जाने के लिए आया हूँ। वहाँ उसका कार्यक्रम है! आर्ते टेलीविजन पर वह प्रेस की आज़ादी पर बोलेगी।"

बाद में जिल ने अकेले में मुझसे कहा, "वे लोग यह ख़बर सुनकर, ज़रा भी खुश नहीं हुए। बल्कि उन लोगों ने कहा--उसका लेखन हम पसन्द नहीं करते।"

जिल सात फुटिया लम्बा! चर्बीहीन, छरहरी देह! नीली आँखों और सुनहले बालोंवाला, ग़ज़ब का खूबसूरत शख़्स! तस्वीरों और कविता के देश का नौजवान!

जिल ने बताया, "फ्रांसीसी लोग बेहद सरल होते हैं। जटिल बातें ज़रा कम समझते हैं।"

उसकी इस बात पर मुझे पूरा विश्वास हो गया, ऐसा भी नहीं था। मैं तो एलिज़ाबेथ को ही देख चुकी थी। वह फ्रांस से मुझ पर वृत्त-चित्र तैयार करने आई थी। बेहद पहेली-सी! भारी भरकम कैमरा, कंधे पर लादे-लादे उसके पीछे-पीछे फिलिप आया था। मेरा इंटरव्यू लेते-लेते, बीच-बीच में वे कहीं एकान्त में जाकर, फ्रेंच में बातें कर आते थे। मुझे सामने देखते ही, बातचीत बंद करके वे लोग खामोश हो जाते थे। अरे, भइये, बातें करते रहो...करते रहो, मैं क्या फ्रेंच भाषा समझती हूँ? एलिज़ाबेथ ने मुझसे सिलहट के सहाबा सैनिक परिषद के हबीबुर रहमान के बारे में पूछा। मैं जो जानती थी, मैंने उन्हें बता दिया। उसने मुझे बताया कि वह सिलहट

भी जाएगी। सिलहट जाएगी? वहाँ वह हबीबुर रहमान को खोजेगी कहाँ? मेरे सवाल का जवाब देने से पहले, एलिज़ाबेथ दुबारा फिलिप के कानों में फुसफुसा उठी। इसके बाद, उसने मुझे बिल्कुल साफ़-साफ़ बताया कि दरअसल उनके पास बिल्कुल भी वक्त नहीं है! वे सिलहट नहीं जा सकेंगे। लेकिन सच तो यह था कि वे दोनों सिलहट भी गए। मैंने यह ख़बर अख़बार में पढ़ी थी। मुझे तो यह समझ में नहीं आया कि मुझसे छिपाने की क्या ज़रूरत थी।

रात के आखिरी पहर में हवाई जहाज हमें लेकर उड़ जाने वाला था। मुझे एयरपोर्ट तक छोड़ने जाने के लिए, शाहाबुद्दीन उस रात मेरे यहाँ ही सोये। जिल को गुलशन से उठाकर, हम हवाई अड्डे पहुँच गये। उस वक्त रात के तीन या चार बजे थे। वहाँ जाकर सुना कि विमान निश्चित समय पर नहीं उड़ेगा, तीन घण्टे देर होगी। रात को मुझे ठीक तरह नींद नहीं आई थी, जिल भी नहीं सो पाया था। हमने तय किया कि हम हवाई जहाज में सो लेंगे। मारे थकान के बदन टूट रहा था। रेस्तराँ के एक कोने में तीन-तीन कुर्सियाँ जोड़कर, हम लेट रहे। लेकिन ऐसी जगहों पर नींद कहाँ आती है? हम दोनों बातें करते रहे। जिल पहली बार, एशिया के किसी देश में आया था।

"इश्श! यह हवाई अड्डा कितना छोटा है! यहाँ कितने कम-कम विमान हैं।"

"ढाका शहर कैसा लगा?"

"ढेर-ढेर भीड़! रिक्शे ही रिक्शे! आदमी ही आदमी! पैरिस में तो सिर्फ गाड़ियाँ ही गाड़ियाँ होती हैं! सिर्फ गाड़ी और गाड़ी!"

गाड़ी के प्रसंग में उसने यह भी कहा, "वह सब खुद गाड़ी ड्राइव करते हैं। वे लोग ड्राइवर नहीं रखते। हाँ, जो लोग ख़ासे वीआइपी होते हैं, वे लोग ही ड्राइवर रखते हैं..."

"मसलन?"

"मसलन प्रेसिडेंट, प्रधानमंत्री!"

मेरी गाड़ी के ड्राइवर पर निगाह पड़ते ही, जिल ने सवाल किया, "तुम क्या बेहद अमीर हो?"

उसके इस सवाल पर मैं हँस-हँसकर बेहाल हो गई।

"नहीं, ड्राइवर रखने के लिए अमीर नहीं बनना पड़ता। यहाँ सभी लोग ड्राइवर रखते हैं। वैसे भी यहाँ ड्राइवर की तनख्वाह कुछ ज़्यादा नहीं होती, इसलिए ड्राइवर रख ही सकते हैं।"

मेरे यहाँ, पहले ही दिन, ज्योत्स्ना नामक नौसाला लड़की, जो चाय लेकर आई थी, उसे देखकर जिल ने पूछा, "वह क्या तुम्हारा भाई है?"

"नहीं, वह यहाँ काम करती है।"

"काम करती है?" जिल चकित हो उठा।

उसका ख्याल था, जो लोग नौकर-चाकर रखते हैं, वे लोग ख़ासे अमीर होते हैं।

ज्योत्स्ना का गंजा सिर देखकर, जिल ने पूछा, ''उसके सिर पर बाल क्यों नहीं हैं?''

''उसके बाल मुड़ा दिए गए हैं, ताकि दुबारा अच्छे बाल उग आएँ।''

''अच्छे बाल उग आएँ...?'' जिल की नीली आँखें कुछ देर के लिए विस्मय से फटी की फटी रह गईं। कनाडा की वह लड़की, लीना भी भालोबाशा का मुँडा हुआ, गंजा सिर देखकर चकित रह गई थी। बाद में, मैंने उसे समझाया कि यहाँ यह धारणा आमतौर पर प्रचलित है कि बच्चों के बाल जितने ज़्यादा तराशे जाएँ, बाल उतने ही काले और घने उगते हैं। इसके पीछे कोई वैज्ञानिक वजह है, मुझे नहीं मालूम! जिल के एक और ख्याल पर मैं खूब हँसी थी।

मुल्ला लोगों का एक जुलूस देखकर जिल ने पूछा, ''वे लोग भी क्या मुस्लिम हैं?''

'मुस्लिम' शब्द को जिल सिर्फ मुल्ला लोगों से ही जोड़ता था। वह सिर्फ मुल्ला लोगों को ही 'मुस्लिम' समझता था। ईसाई मौलवियों को भी वह ईसाई कहता था। उसके उच्चारण से साफ़ जाहिर था कि वह 'मुस्लिम' शब्द को भयंकर मानता था।

बहरहाल, किसी रेस्तरां में कुर्सी जोड़कर आखिर कितनी देर लेटा जा सकता था? मैं उठकर चहलक़दमी करती रही और किसी तरह वक्त काटती रही। हम विमान बंदर की खिड़की के सामने खड़े-खड़े तरह-तरह के विमान—सऊदी, पीआईए, बांग्लादेश विमानों को चढ़ते-उतरते देखते रहे।

जिल ने मंतव्य किया, ''तुमने देखा, सारे के सारे प्लेन हरे रंग के हैं!''

''तो क्या हुआ?''

''हरा रंग इस्लाम का प्रतीक है! सभी मुस्लिम देशों के झंडों में हरा रंग होता है।''

''लेकिन मुझे तो यही पता है कि हरा रंग तरुणाई का रंग है! हरा, प्रकृति का रंग है।''

''तुम देखो, सभी मुस्लिम देशों के झण्डे में हरा रंग होता ही है! थोड़ा-बहुत हरा रंग ज़रूर शामिल रहता है।''

मैंने सिर हिलाकर जवाब दिया, ''नहीं, तुमने सही नहीं कहा। तुर्की के झण्डे में हरा रंग नहीं है।''

जिल अपना सिर खुजलाने लगा। यह ख़्याल तो उसके दिमाग में आया ही नहीं था।

''हाँऽऽ, तुर्की के अलावा, सभी मुस्लिम देशों के झण्डे में हरा रंग ज़रूर होता है।''

मैंने ज़रा सोचकर कहा, "मलेशिया के झण्डे में नहीं है! ट्यूनीशिया के झण्डे में भी नहीं है। कत्तार के झण्डे में भी नहीं है।"

जिल ज़रा सकुचा गया, "जो भी हो, तुम गिनकर देख लेना। अधिकांश झण्डों में हरा रंग शामिल है।"

"वैसे तो गैर-मुस्लिम देशों के झण्डों में भी हरा रंग भरा हुआ है। ब्राजील! भारत! बुलगेरिया! आयरलैंड! इटली! मेक्सिको! दक्षिण अफ्रीका! मेरा ख्याल सही है, और भी बहुत सारे देशों के झण्डों में यह रंग मौजूद है।"

"हो सकता है! लेकिन मुस्लिम देशों के झण्डों में कुछ ज़्यादा ही रहता है!"

मैंने बांग्लादेश के पताके के हरे रंग की व्याख्या करते हुए, उसे बताया, "सुनो, बांग्लादेश इस्लामिक देश नहीं है। अभी भी उसका नाम है—गणप्रजातंत्री बांग्लादेश! झण्डे का हरा रंग प्रतीक है, हमारी हरी-भरी प्रकृति का!"

बांग्लादेश छोड़ने से पहले, जिल ने यहाँ के पत्रकारों से बात की। उसने बताया कि बहुतेरे पत्रकारों से उसकी बात हुई! उसने मेरे बारे में भी उन लोगों से भी पूछा। वे लोग अजीब तरीके से मुस्करा दिए। उन लोगों ने उसे बताया—"उसे तो मर्दों से बैर है! मर्द उसके दुश्मन हैं! वह जिस नारी स्वतन्त्रता की बात करती है, वह इस देश में नहीं चल सकता।"

जिल ने सरल जिज्ञासावश मुझसे दरयाफ़्त किया, "ये पत्रकार आपका नाम सुनकर, भौंहें क्यों सिकोड़ लेते हैं?"

जिल उनका नाक-भौंह चढ़ाना देखकर काफी आहत हुआ था। पता नहीं, कहीं मन ही मन वह यह तो नहीं सोच रहा है कि मुझे इतना सम्मान देकर पैरिस तक लिवा ले जाना सही हुआ या नहीं! मैंने भी सकुचाकर आँखें फेर लीं। जिल के चेहरे से मुझे यह अन्दाज़ा नहीं लग पाया कि उसे कहीं पछतावा तो नहीं हो रहा है। शायद हो रहा हो, शायद नहीं हो रहा हो! मैं इस हाँ-ना के बीच, अकेली-अकेली ही झूलती रही। इन पत्रकारों की मैं नस-नस पहचानती हूँ। उनके कहने-न कहने की मैं बिल्कुल भी परवाह नहीं करती। जिल पर मुझे तरस आता रहा। वह तकलीफ पाये, मैं बिल्कुल नहीं चाहती।

बैंकॉक पहुँचकर मैंने देखा, पैरिस का विमान पकड़ने के लिए, हमें नौ-दस घण्टे इन्तज़ार करना होगा। दो घण्टे आराम करने के लिए, जिल ने एअरपोर्ट पर ही दो कमरे ले लिए। उसने दो कमरे क्यों लिये? हमारा तो एक ही कमरे में काम चल जाता। एक-एक कमरे का किराया, चालीस डॉलर! इतने सारे रुपये ख़र्च करने में कोई तुक नहीं होता। एक कमरे में दो बिछौने तो मौजूद थे। इसी में दोनों का चल जाता। पता नहीं! मुमकिन है यह सभ्य-भव्य देशों की ख़ासियत हो!

ढाका हवाई अड्डे पर एक गोरे शख़्स की ओर इशारा करते हुए, मैंने जिल से पूछा था, "यह आदमी क्या फ्रांसीसी है!"

जिल ने उस पर एक सरसरी नज़र डालकर, छूटते ही असहमति जताते हुए जवाब दिया, "ना—"

"क्यों? ना क्यों कहा? तुमने कैसे जाना कि वह आदमी फ्रांसीसी नहीं है? फ्रेंच लोगों के चेहरों पर क्या कोई खास निशान होता है?"

"बे-शक़!" उसने रेस्तराँ में बैठे गोरे लोगों पर एक नज़र डाली और झट् से एक शख्स की ओर इशारा करते हुए, उसने कहा, "वह आदमी फ्रेंच है।"

"अच्छा..?"

मैं मुड़-मुड़कर उस शख्स की तरफ देखती रही और उस शख्स के चेहरे-मोहरे, आचरण में कुछ ढूँढ़ती भी रही। कोई ख़ास निशान है उसके चेहरे पर? हूँ, है तो सही!

हालाँकि हमने कमरे आराम करने के लिए लिये थे, लेकिन नींद, न मुझे आई, न जिल को! हमने दुबारा फैसला किया, हम हवाई जहाज में सवार होने के बाद ही सोएँगे। हवाई अड्डे पर घूम-घूमकर मैंने जिल के लिए चॉकलेट ख़रीदा। चॉकलेट देखकर जिल खुशी से फट पड़ा। जब मैं कमरे में आराम कर रही थी, तभी जिल ने हम दोनों के पासपोर्ट और टिकट दिखाकर, दो अदद बोर्डिंग कार्ड भी ले लिए।

बाद में उसने काफी बुरा-सा मुँह बनाते हुए कहा, "जो लड़की बोर्डिंग-कार्ड दे रही थी, उसने मुझसे पूछा—आपके हाथ में बांग्लादेश का पासपोर्ट क्यों है? यह बांग्लादेशी लड़की कौन है? मैंने उसे बताया कि—इन्हें हमने पैरिस आमंत्रित किया है।"

वह लड़की जिल की तरफ शकभरी निगाहों से देखती रही। उसे काफी देर तक बिठाए भी रखा। इस-उसको बुला-बुलाकर; उसका पासपोर्ट दिखाती रही।

यह सब सुनकर, मेरा मूड खराब हो गया। लोग बांग्लादेश के पासपोर्ट धारकों से किस क़दर नफ़रत करते हैं। ये बांग्लादेशी किसी भी देश में गैर-कानूनी तरीके से 'एमिग्रेंट' बन सकते हैं, सबके मन में यही आशंका घर किये रहती है, मैं भी उसी देश की इन्सान, दुनिया घूमने निकली हूँ, जिसकी तरफ अनेक देशों के लोग शक़ की निगाहों से देखेंगे। जिल कई बार बेहद फख्र से कहता रहा है—दुनिया का सबसे खूबसूरत देश, फ्रांस है; सबसे खूबसूरत शहर, पैरिस है! उसे जर्मनी पसन्द नहीं है, क्योंकि उस देश के नियम-कानून बेहद सख़्त हैं। अमेरिका भी उसे पसंद नहीं है, क्योंकि वहाँ कोई संस्कृति नहीं है। हाँ, जिल ने मुझसे कहा तो नहीं मगर मैं समझ गई थी, उसे बांग्लादेश भी पसंद नहीं है और मैं उसके उसी नापसंद देश, अतिशय गरीब और असभ्य देश की लड़की, मैं! मुझे भी वह ज़रूर नापसंद करता होगा। अगर वह मेरे प्रति कुछ महसूस भी करता है, तो सिर्फ दया!

जब विमान के अन्दर घुसने के लिए, लोगों में धक्कामुक्की शुरू हो गई, जिल ने ज़ोर का ठहाका लगाकर कहा—ये लोग पहले जाने के लिए यूँ पगला क्यों गए

हैं। पहले पहुँचेंगे तो, क्या इन्हें सबसे अच्छी जगह मिल जाएगी, बैठने के लिए? या हम दोनों को ही आगे-आगे जाने की कोई जल्दी नहीं थी? हम चाहे पहले जाएँ या बाद में, बैठना तो उसी बावन नम्बर सीट पर ही होगा। हम जहाज में बैठे-बैठे, एअरहोस्टेस का दिया हुआ, सन्तरे का रस पी रहे थे।

जिल ने कहा, "तुमने एअरहोस्टेस लड़कियों की हँसी पर गौर किया? कैसी नक़ली और बनावटी हँसी है, देखा? मानो रोबोट के होठों पर टुकड़ा भर हँसी चिपका दी गई हो!"

हमारा खाली गिलास समेटने के लिए, कोई दूसरी एअरहोस्टेस आई, वह बिल्कुल भी मुस्करा नहीं रही थी।

जिल ने मेरे कानों में फुसफुसाकर कहा, "यह अभी भी ट्रेनी है! नकली हँसी की आदत नहीं ओढ़ पाई है।"

बहरहाल हमने तो सोचा था, जहाज में सवार होते ही हम सो जाएँगे, मगर वहाँ भी नींद नहीं आई। उस मुद्रा में बैठे-बैठे भला नींद आती है? हमने सोने की कोशिश ज़रूर की, मगर नींद न मुझे आई, न जिल को! विमान काठमांडू-दिल्ली होते हुए, पाकिस्तान-अफगानिस्तान पार करके, पैरिस की तरफ उड़ा जा रहा था। खिड़कियाँ खोलते ही बाहर की रोशनी ने हमारा स्वागत किया। हमारा विमान जब पैरिस में उतरा तो हम चलमान सीढ़ी पर नहीं, चलमान कालीन पर चल रहे थे। सब की तरह, मैं भी अगर उस पर चलने की कोशिश करती, तो शायद ठोकर खाकर गिर पड़ती। एक हॉल से दूसरा हॉल, तूफानी-तेज चाल में पार करने के लिए, फ्रांसीसियों ने एक किस्म की मशीन का इन्तज़ाम कर रखा है। लेकिन बाढ़, आँधी-तूफान और दरिद्रता से पीड़ित देश का इन्सान, इन सब मशीनी इन्तज़ाम में भला कहाँ से स्वच्छन्द महसूस करता? हाँ, इसकी कोई वजह नहीं थी! मैं अचरज से मुँहबाये उस हवाई अड्डे को निहारती रही। कितना विशाल! कितना लम्बा-चौड़ा! हवाई अड्डे का नाम शार्ल दि गोल! उस हवाई अड्डे में हजारों-हजारों लोग इधर-उधर दौड़ते-भागते हुए! मिनट-मिनट पर हवाई अड्डे के आँगन में विमान उतरते हुए! आँगन में खड़े विमान एकदम से उड़ान भरते हुए! अभी हैं, अभी नहीं! पलक झपकते ही मंज़र बदल जाता था। बचपन में देखे गये बायस्कोप की तस्वीर की तरह! सचमुच के दृश्य, मैं जीवन में पहली बार देख रही थी। मेरे स्वागत के लिए, रिपोर्ट्स सां फ्रंटियर्स के हेड, रॉबर्ट मिनार्ड, मेरा इंतज़ार कर रहे थे। जिल उसे होविया मिना कहता था, कम से कम मेरे कानों को यही सुनाई पड़ा। रॉबर्ट मिनार्ड और होविया मिना, एक ही शख़्स हैं, शुरू-शुरू में यह समझना मेरे लिए सम्भव नहीं हुआ। मैं जानती थी कि फ्रांसीसी उच्चारण, अपनी बर्तनी के मुताबिक नहीं होता। बर्तनी में रिमबाउड होते हुए भी, फ्रेंच कवि का नाम रैंबो होता है। इसके बाद भी सुनने में आया कि रैंबो भी वे लोग हमारी तरह उच्चारण नहीं करते। कान लगाकर सुनो, तो सुनाई देगा—ख़ैंबो।

उन लोगों के बारे में पढ़कर या सुनकर जानना एक बात है और उन सबके बीच खड़े होकर, उनके बारे में जानना बिल्कुल और बात है। होविया मिना ने मुझे लपेटकर, मेरे दोनों गालों को चूम लिया। मैं बेतरह सकुचा गई। चूँकि मुझे इसकी आदत नहीं थी, इसलिए मैं सख़्त काठ हो आई। जब उनके होठ, मेरे होठों की तरफ बढ़े, मैंने झट् से अपना चेहरा हटा लिया। यूँ मुझे पहले से ही पता था कि फ्रांसीसी लोग गालों पर चुम्बन लेते हैं, लेकिन जब इस चुम्बन के सामने पड़ी, तो जानी-सुनी विद्या, गौरैया पाखी की तरह फुर्र हो गई। होविया मिना एक शब्द भी अंग्रेजी नहीं जानते। जिल हम दोनों के बीच दुभाषिये का काम कर रहा था।

हवाई अड्डे से बाहर निकलकर, तापमान तेरह डिग्री सेल्सियस! बर्फीली ठण्ड मेरे तन-बदन में सूई की तरह चुभ गई। जिल ने अपना कोट उतारकर मेरी पीठ पर डाल दिया। हम गाड़ी में सवार, पैरिस की तरफ जा रहे थे। गाड़ी बेहद तेज़ रफ़्तार में आगे बढ़ रही थी। यहाँ तो सभी गाड़ियाँ बिल्कुल हवाई चाल में चलती हैं।

होविया मिना और जिल, आपस में अनर्गल बातें किए जा रहे थे। मैंने देखा, उन दोनों में जो बातचीत हो रही थी, वह सब जिल नोट भी करता जा रहा था। लिखते-लिखते उसने एक लम्बा-सा पन्ना भर डाला! बीच-बीच में वह एकाध वाक्य अनुवाद करके, मुझे भी बताता रहा—"तुमसे एक शख़्स मिलना चाहता है—एडीशन द फाम से! वे मंत्री भी हैं।"

फ्रांस का मंत्री, मुझसे मिलना चाहता है? मैं चकित थी! मैं क्या किसी मंत्री से मिलने लायक हूँ? ये लोग हज़ार सालों के पढ़े-लिखे लोग! इधर मेरे खानदान में, मेरे नाना-दादा, दोनों ही अंगूठा-छाप थे! हद से हद, बमुश्किल अपना नाम भर लिख पाते थे! मुझे तो भरोसा ही नहीं हो रहा था कि मैं इस जगह आ पहुँची हूँ! मुझे तो यह भी विश्वास नहीं हो रहा था कि दुनिया में कोई ऐसी खूबसूरत जगह भी हो सकती है! मैं अपना आपा भूलती जा रही थी! मुझे लगा, अब मैं अपने अन्दर नहीं हूँ, मानो कोई और हूँ, किसी और ग्रह में! या फिर सारा कुछ महज फिल्म जैसा है! मानो यह सब सच नहीं है। जब हमारी गाड़ी पैरिस की सड़कों पर दौड़ रही थी, मुझे सारा कुछ फ़िल्म जैसा लग रहा था। मैंने फ़िल्मों में ही ऐसे सब दृश्य देखे थे। पैरिस में दाखिल होना, मानो किसी ग़ज़ब खूबसूरत फिल्म की दुनिया में दाखिल होने जैसा था। चारों तरफ इतनी मोहक, आकर्षक दुनिया नज़र आ रही थी कि मैं जैसे साँस तक लेना भूलने लगी। मैंने सुन रखा था, पैरिस में कई मशहूर जादूघर मौजूद हैं, लेकिन समूचा पैरिस ही, भरा-पूरा जादूघर है, पहले मुझे इसकी जानकारी नहीं थी।

मेरी बेसुधी टूटने का नाम ही नहीं ले रही थी। मेरा विस्मय नहीं कट रहा था। पैरिस को मैं जितना-जितना देख रही थी, उतना ही और ज़्यादा देखने की प्यास

जाग रही थी! पूरे शहर को बीस हिस्से में बाँट दिया गया है। कई-कई इलाकों को अमीरों का इलाका कहा जाता है, कुछ इलाकों को गरीब इलाका कहा जाता है! जब मुझे वेलविल नामक एक गरीब इलाका दिखाया गया, मैंने किसी गरीब के दर्शन के लिए, वहाँ का चप्पा-चप्पा छान मारा। विशाल-विशाल अपार्टमेंट वाली इमारतें। इन इमारतों में जो लोग रहते थे, सबके पास अपनी गाड़ियाँ हैं, सबके बदन पर शर्ट-पैंट, सबके पाँवों में जूते! ये लोग भला गरीब क्यों होने लगे?

"तुमने तो कहा था, मुझे गरीब इलाका दिखाओगे?" मैंने जिल से पूछा।

"अभी दिखाया न! अभी तक तुमने क्या देखा?"

"तुम लोग इसे ग़रीब इलाका कहते हो?" मैं हँस पड़ी।

दरिद्रता को मेरी नज़र से देखने और फ्रांसीसियों की निगाह से देखने में ज़मीन-आसमान का फर्क़ था।

दोपहर के वक्त जिल मुझे लंच के लिए किसी ब्रॉसरी में ले गया। ब्रॉसरी के अंदर एक बार भी था। वहाँ रैक पर कतार-दर-कतार शराब की बोतलें सजी हुईं। मुझे पता नहीं चला, जिल ने हमारे खाने के लिए क्या ऑर्डर किया। अजीब खाना! इससे पहले मैंने ऐसा खाना नहीं खाया था। मुझसे खाया नहीं गया। पेट में भूख थी, मगर पैरिस की ख़ूबसूरती देखकर मैं इस कदर मुग्ध हो गई थी कि पेट की भूख जाने कहाँ तो फुर्र हो गई थी।

जिल मुझे शां जर्मा दि प्रे के एक कैफे में भी ले गया। मशहूर कैफे—कैफे द फ्लोर! जिल की बहन, डोमिनिक, वहाँ हमारा इन्तज़ार कर रही थी। इसी कैफे में, किन्हीं दिनों ज्याँ पॉल सार्त्र और सिमॉन द बोउवा बैठा करते थे, गपशप करते थे, लिखते थे, साहित्य और दर्शन पर वक्तव्य देते थे। आज भी उनकी कुर्सी की पीठ पर उनके नाम लिखे हुए थे। जिन पर वे दोनों रोज़ बैठा करते थे। डोमिनिक और जिल में काफी दोस्ती थी। आड़ में, वे एक-दूसरे की तारीफें करते रहे और आमने-सामने एक-दूसरे को छेड़ते रहे! वे दोनों किसी हिप्पी परिवार में पले-बढ़े थे। माँ, स्पैनिश गॉन्जालेज़ और पिता, जमीन फॅरेस्ट के ख़ानदान के थे। हिप्पी समाज का कोई भी नियम-क़ानून मानकर नहीं चलते थे। जिल और डोमिनिक को बचपन में अपने माँ-बाप की तरफ से किसी किस्म के अनुशासन का सबक़ नहीं मिला। उन लोगों की ज़िन्दगी नियम-क़ानून में गुज़री ही नहीं। उनसे, कभी, किसी ने नहीं कहा—"चलो, अब नहा लो; खा लो! अब पढ़ने बैठो या सो जाओ।" जिल लोगों ने जब, जो मन में आया, वही करते थे। उनके मॉम-डैड भी वैसे ही थे। उन दोनों ने भी अपनी मर्जी मुताबिक जिन्दगी बसर की। किसी बात के लिए कोई बँधा-बँधाया नियम नहीं था। जिल के माँ-बाप ने कभी विवाह भी नहीं किया। बेटे-बेटी उन्हें नाम से पुकारते थे। जिल भी अपनी माँ को क्लॅदिया ही बुलाता था। हैरत है! जिल ऐसे माहौल में पला-बढ़ा, इसके बावजूद अपने माँ-बाप, बहन से किस कदर प्यार

करता था। वे लोग भी जिल को बेहद प्यार करते थे।

जब मुझसे पूछा गया कि पैरिस में, मैं क्या देखना चाहती हूँ। शुरू-शुरू में मैंने रोंदा म्यूज़ियम देखने की इच्छा जाहिर की। रोंदा के बारे में, मैंने एक किताब पढ़ रखी थी। रोंदा की मूर्तिकला अभी भी मन में बसी हुई थी!

जिल और डोमिनिक मुझे रोंदा म्यूज़ियम ले गए। बेहद खूबसूरत म्यूज़ियम! रोंदा की बनाई हुई मूर्तियाँ मैं घूम-फिरकर देखती रही और यह सोचते-सोचते मुझे कोई कूल-किनारा नहीं मिला कि कोई इन्सान पत्थर काट-तराशकर, ऐसी कपाल की मूर्तियाँ कैसे गढ़ सकता है। रोंदा की समूची ज़िन्दगी मेरी आँखों के सामने तैरती रही। उन्होंने अपनी महिला-मॉडलों का अपनी कला में कितनी खूबसूरती से इस्तेमाल किया है! मैं उनकी मूर्ति-कला में कामी कदेल को खोजती रही। उन मूर्तियों को छू-छूकर देखने का मेरा मन हो आया। लेकिन, नहीं, वहाँ कुछ भी छूना मना था। कैमरे से तस्वीर भी उतारनी हो, तो फ्लैश बन्द करके क्लिक करना होता था, क्योंकि फ्लैश की रोशनी में मूर्ति को नुकसान पहुँच सकता है। कहीं-कहीं तो ऐसा होता है कि हजारों साल पहले की गुफाओं की तस्वीरें देखना भी लोगों के लिए निषिद्ध था, क्योंकि उनके श्वास-प्रश्वास की वजह से तस्वीरों का रंग धुँधला पड़ सकता है! म्यूज़ियम के बाहर ही रोंदा की भावुक मूर्ति स्थित थी। वह इंसान घुटनों पर, कोहनी टिकाए, चिबुक तले हाथ रखे, सोच में डूबा हुआ!

रोंदा की मूर्तिकला देखने के बाद, जिल मुझे विक्टर ह्यूगो के घर ले गया—प्लास द बोज! बीचोंबीच खाली मैदान। उसके चारों तरफ एक जैसे मकान की कतारें! यह इलाका, अमीरों का इलाका था! कभी यहाँ दौलतमंद लोग रहा करते थे, आज भी यह रईसों का इलाका है। यहाँ के मकान, हमारे मकानों जैसे बिल्कुल नहीं थे। इन मकानों पर कोई छत नहीं होती। यहाँ कोई, शाम के वक्त छत पर नहीं चढ़ता। छतें काले इस्पात या हरे ताँबे से मढ़ी हुई! शिखर तले छोटे-छोटे झरोखे, पंछियों के नीड़ जैसे! किसी ज़माने में ऊपरी मंज़िल के छोटे-छोटे कमरों में घर की आया नौकरानियाँ रहा करती थीं। फ्रांस-क्रांति के बाद वर्ग-भेद मिट गया। 'तुम मालिक, मैं गुलाम'—यह धारणा अब नहीं रही। काश, इस तरह का समाज हमारे देश में भी होता। विक्टर ह्यूगो के घर में, उनकी आँकी हुई तस्वीरें और पांडुलिपियाँ देखीं। एक बात पर मुझे घोर विस्मय हुआ। उनकी बेटी सेइन नदी में फिसल गई और उसने दम तोड़ दिया। इस हादसे की वजह से ह्यूगो बेतरह टूट गए और उन्हें लगने लगा कि वह अपनी बेटी की आत्मा से अक्सर बातें करते रहते हैं; मेज़ पर ठक्‌ठक् होती और वे उनका अनुवाद करते रहते थे। महीनों-महीनों वे पागलों की तरह बैठे-बैठे सिर्फ अनुवाद ही करते रहे। बेटी की आत्मा से हुए संवाद लिखते-लिखते, उन्होंने मोटे-मोटे रजिस्टर भर डाले। रवीन्द्रनाथ भी प्लानचेट करते थे। जाने क्यों तो विराट-महान हस्तियाँ उम्र बढ़ने पर यूँ मासूम और निर्बोध क्यों हो जाती हैं! रवीन्द्रनाथ

और विक्टर ह्यूगो में काफी मेल है। वैसे दोनों की उम्र में सौ साल का अन्तर है! दोनों को ही संगीत से प्यार था। दोनों ही तस्वीरें आँकते थे। ह्यूगो अपने बड़े भाई की प्रेमिका से इश्क करते थे। इधर रवीन्द्रनाथ भी अपने बड़े भाई की बीवी से मुहब्बत कर बैठे। विक्टर, बेटी की मौत से शोक-विह्वल थे! रवीन्द्रनाथ भी! दोनों ही मानवता के पक्षधर थे।

ल्यूवर म्यूज़ियम सेइन नदी के तट पर स्थित है। हैरत है! इस म्यूज़ियम को बाहर से भी देखो, तो घण्टों गुज़र जाने के बाद भी, देखना पूरा नहीं होता। यहाँ की मूर्तियाँ इतनी बेदाग़ और मोहक हैं। इस विशाल इमारत की दीवारों के चप्पे-चप्पे में तराशी हुई मूर्तियाँ! होटल द विले की दीवारों पर भी मूर्तियाँ स्थापित हैं! शुरू-शुरू में जिल ने जब इस खूबसूरत इमारत का नाम लिया—होटल द विल; मेरा अन्दाज़ा था कि सचमुच यह कोई होटल होगा, जहाँ लोग-बाग कमरे किराये पर लेकर रहते होंगे! लेकिन वह होटल क्यों होने लगा? वह टाउन-हॉल था! यह पैरिस शहर के मेयर का कार्यालय था! ऐसी सरकारी इमारतों को फ्रांसीसी लोग होटल कहते हैं। वैसे गैर-सरकारी बड़ी-बड़ी इमारतों को भी होटल ही कहा जाता है। मसलन, होटल पारतिकुलिये!

ज्यँशर्ल बारथेयर और डोमिनिक मुझे ल्यूवर म्यूज़ियम दिखाने ले गए। ज्यँशर्ल उस होटल में मुझसे मिलने आया था। बारथेयर मेरा अनुवादक था। उसने 'लज्जा' किताब के अनुवाद में हाथ लगाया है, बारथेयर और डोमिनिक, मेरी अगल-बगल चल रहे थे। मैं दुनियाभर का विस्मय लिए, ल्यूवर म्यूज़ियम देखती रही! म्यूज़ियम-परिसर में आधे दिन तो चलने में गुजर गए। मेरे पैर दर्द करने लगे। लेकिन म्यूज़ियम के हज़ारों हिस्से में से, एक हिस्सा भी देखना, पूरा नहीं हुआ! पुराने तैल चित्र सत्तरहवीं-अठारहवीं शती के! ज़्यादातर ईसामसीह की तस्वीरें! ईशु के चेहरे से रोशनी फूटती हुई! उन दिनों की शिल्प-कला, अधनंगे ईशु की ही दख़ल में! विराट- विराट कैनवास! कैसी बेदाग़ और खूबसूरत नक्काशी! एक दृश्य में ईसामसीह और उनके आस-पास लोगों का हुजूम! कोई खाते हुए, कोई गाते हुए, कई-कई चेहरे भयंकर रूप से बेचैन और बौखलाए हुए!

मैंने डोमिनिक से इस दृश्य की कथा पूछी। डोमिनिक ने बताया कि धर्म के बारे में उसकी जानकारी काफी कम है।

जब मुझे अपने सवालों का जवाब नहीं मिला, ऐन उसी वक्त, भीड़ में से ही कोई दर्शक आगे बढ़ आया।

वह बताने लगा, ''इंसान हमेशा बाइबिल का ही चरित्र हो, ऐसा नहीं है! उन दिनों मूर्तिकार, ईशु के इर्द-गिर्द लोगों के चेहरों की जगह, तत्कालीन नामी-गिरामी

साहित्यिक, सांस्कृतिक व्यक्तित्व के चेहरे स्थापित कर देते थे। कभी-कभी यह भी देखा गया कि भीड़ के ही धार्मिक लोगों में, एक छोटे कद का इंसान भी शामिल है। वह नाटा इंसान शायद स्वयं होता है, जिसने मूर्तिकार से यह तस्वीर बनवाई। पैसे लेकर तस्वीरें आँकने वालों को, काफी सारी फर्माइशें पूरी करना पड़ती हैं। उन दिनों राजा-बादशाह या अमीर-उमरा, कलाकारों से तस्वीरें बनवाते थे। उनकी शर्त होती थी कि ईशु के चरणों के करीब, किसी ओने-कोने में, वे लोग भी ज़रा शोभित हों। कैनवास पर शताब्दी-दर-शताब्दी, वही-वही चेहरे शोभायमान हैं और धार्मिक कथा-कहानियों में शरीक हैं।

डोमिनिक से कला-संस्कृति के बारे में काफी बातें हुईं। बारथेयर से ख़ास बातचीत नहीं हुई। बारथेयर को न अंग्रेजी आती थी, न बंगला! वैसे वह कहता ज़रूर था कि उसे बंगला आती है। अब तक मैंने उसकी जुबान से, बंगला का एक शब्द भी नहीं सुना था। मैंने उससे कई-कई बार बंगला में बातचीत करने की कोशिश की।

मैंने उनसे पूछा, ''आपने क्या अुनवाद शुरू कर दिया है? आपने बंगला भाषा कहाँ सीखी?''

मेरे इन सवालों के जवाब में उसने अचानक ज़ोर का ठहाका लगाया, और, बस! उसे जो बोलना होता था, वह फ्रेंच भाषा में डोमिनिक से कहता था। डोमिनिक मुझे उसका अनुवाद सुना देती थी। मुझे तो यह सोच-सोचकर खौफ़ होने लगा कि बंगला में अनाड़ी, यह शख़्स 'लज्जा' का अनुवाद, बंगला से फ्रेंच में करेगा। वह सिर्फ जैसे-तैसे अनुवाद ही नहीं करेगा, सुना है, उसने अनुवाद शुरू भी कर दिया है। मेरे मन में यह राय पक्की हो गई कि यह शख़्स और कोई काम भले कर सकता हो, अनुवाद इसके बूते की बात नहीं है। बहरहाल, मेरा ध्यान उस तरफ नहीं था। मैं तो यहाँ की कला देखकर ही अभिभूत थी। चारों तरफ ईसामसीह की नंगी-नंगी तस्वीरें देखकर, वह मुझे कहीं से भी धार्मिक शख़्स नहीं लगे, ऐसा लगा मानो ये पोर्नोग्राफी की तस्वीरें हैं।

आखिरकार मैंने अपनी राय जाहिर कर ही दी।

मैंने कहा, ''धर्म, कला के लिए जरूरी है, जीवन के लिए नहीं।''

डोमिनिक ने फौरन मेरी बात से सहमति जाहिर की, ''हाँ, धर्म ने इन्सान को तरह-तरह की कल्पनाओं की क्षमता दी है। कल्पना के ही आधार पर ही ये पेंटिंग्स, रंग-तूलि से खींची गई लकीरें हैं।''

''डोमिनिक, तुम क्या आखिर धर्म को ही वाहवाही देना चाहती हो? लेकिन भई, मैं इसका सारा श्रेय इंसान को ही देती हूँ। इंसान ने ही धर्म की सृष्टि की है। इंसान ने ही धर्म के बारे में किताबें लिखीं, तस्वीरें आँकीं! चूँकि इंसान में प्रतिभा मौजूद थी, इसीलिए वह इतना सब कर पाया।''

रात को ज्यँ शर्ल बारथेयर ने मुझे डिनर की दावत दी थी। जिल अपनी गर्ल-फ्रेंड के यहाँ चला गया था। वह काफी थका हुआ था। बारथेयर, डोमिनिक और मैं! हम तीनों मोंपारनस में क्लज़री द लिला नामक एक मशहूर रेस्तराँ में खाने पहुँचे। यह रेस्तराँ इसलिए मशहूर था, क्योंकि किसी जमाने में यहाँ शहर के कवि, साहित्यकार, कलाकार जमकर अड्डा देते थे। उन्नीसवीं शती में, अमेरिका में शराब पर पाबन्दी लगा दी गई थी, इसलिए बहुतेरे अमेरिकन लेखक पैरिस चले आए थे। यहाँ वे लोग बाधा-निषेधहीन इस स्वप्नपुरी में, जी भरकर, मन की मौज में शराब पीते थे। इसी रेस्तराँ में बैठे-बैठे, अर्नेस्ट हेमिंग्वे ने तो एक पूरी किताब ही लिख डाली। पैरिस में ऐसे अनगिनत कैफे हैं, जहाँ कलाकार, साहित्यकार, दार्शनिकों ने मिलकर कैफे-संस्कृति की शुरुआत की!

उस रेस्तराँ में, मैंने गौर किया कि लड़के-लड़कियाँ शराब पी रहे हैं, एक-दूसरे से लिपटा-झपटी कर रहे हैं, एक-दूसरे को चूम रहे हैं। किसी की भी आँख उन पर नहीं गड़ी है। लेकिन मेरी निगाह उन लोगों पर ही गड़ी थी। मैं आँखें फाड़-फाड़कर देखती रही! कैसा मोहक माहौल! यहाँ कोई भी अपनी इच्छाओं का दमन नहीं कर रहा है। चूमने का मन हुआ, लोग चूम रहे थे! आँख-भौंह चढ़ाकर, चेहरे पर गुस्सा, घृणा और हिंसा चिपकाए, बैठे हुए या झगड़ते हुए लोगों को निहारने से कहीं बेहतर है हँसते-खिलखिलाते चेहरों को प्यार करते हुए, चूमते हुए देखना! दिल एकबारगी खुश हो जाता है! समूची दुनिया ही बेहद खूबसूरत नज़र आती है! लंबे समय तक जीने का मन होता है!

बर्फ की प्लेट में हमारे लिए सीपी हाज़िर की गई! मैं तो देखते ही आतंकित हो उठी, हाय बाप! सीपी कौन खाएगा? बारथेयर और डोमिनिक व्वाउ-व्वाउ करते हुए खाने पर टूट पड़े और एक-एक करके, मज़े-मज़े से वे सीपियाँ खाने लगे। मेरा ख्याल था 'व्वाउ' कहने के बाद, अब कहेंगे—बकवास! लेकिन उन लोगों की जुबान से 'वंडरफुल'। पता नहीं कैसे तो उन्हें यह विकट चीज़, एकदम से 'वंडरफुल' लग रही है। मैंने गले तक उमड़ती उल्टी बमुश्किल रोके रखा। दोनों मुझसे भी खाने की ज़िद करते रहे लेकिन मैंने साफ़ मना कर दिया। मेरे इनकार से काम नहीं बना। चाहे जैसे भी हो, डोमिनिक को मुझे सीपी चखाने की ज़िद चढ़ गई। उन दोनों ने मेरी आँखों पर हाथ रखा, नाक बन्द कर दी और मुँह चौड़ा करके, एक साबुत की साबुत सीपी ठूँस दी। वह चीज़ सरसराती हुई मेरे गले से नीचे फिसल गई, मानो थोक भर मोटा कफ मैंने निगल लिया हो। इस रेस्तराँ में बारथेयर का काफी खर्च हो गया।

मैंने बिल चुकाने की कोशिश की मगर बारथेयर ने मुझे रोकते हुए कहा, "तुम्हारी किताब का अनुवाद करके मुझे बेशुमार कमाई हुई है—"

रात करीब डेढ़ बजे हम लोग रेस्तराँ से बाहर निकल आए। रेस्तराँ उस वक्त भी गुलज़ार था। पैरिस रात के वक्त क्या सोता है? मुझे नहीं लगा। विदा लेते समय,

डोमिनिक और बारथेयर, दोनों ने मुझे लिपटकर, मेरे गालों का चुम्बन लिया। महज एक दिन के परिचय में गाल चूमना, इस देश में कोई ख़ास बात नहीं है। डोमिनिक मुझे होटल तक छोड़ गई। रात को मैं गहरी नींद सोई।

मैंने आन्तोयान द गुडमार को फोन किया।

मैं पैरिस में हूँ, यह सुनकर वह खुशी से चीख उठा, "इन्क्रेडिब्ल!"

यह 'इन्क्रेडिब्ल' शब्द ये लोग बात-बात में इस्तेमाल करते हैं। मैंने क्रिश्चन बेस को फोन किया। उसने भी दुहराया–"इन्क्रेडिब्ल! तुम पैरिस में हो?"

सुबह-सुबह आन्तोयान होटल आ पहुँचा। मुझे साथ लेकर वह करीब के कैफे में नाश्ता करने निकल पड़ा। चमचमाती धूप निकली थी।

धूप देखकर आन्तोयान बार-बार कहता रहा, "वाह! कैसा खूबसूरत दिन है आज! कैसी सुन्दर धूप निकली है।"

"धत्! धूप मुझे बिल्कुल अच्छी नहीं लगती! धूप से मैं बच-बचकर, छाँह में चल पड़ती हूँ।"

"क्या बात करती हो? तुम धूप को प्यार नहीं करतीं?"

"न्ना!"

"धूप निकलते ही, हमारे यहाँ तो जश्न शुरू हो जाता है। वसन्त की पहली-पहली धूप! मानों तुम ही अपने मुल्क की खूबसूरत धूप, इस ठण्डे, बदली और सीलन भरे पैरिस में ले आईं। शुक्रिया! शुक्रिया!"

"धूप देखकर तुम लोग किस क़दर खुश होते हो! मैं धूप के देश की इंसान हूँ! धूप हमें जलाने लगती है।"

"भई, हमें तो सूरज भला लगता है।"

"हमें तो हमारा चाँद मुबारक!"

"यहाँ धूप का मतलब है–खुशी! धूप माने सुख!"

"वहाँ धूप माने जलना-फुँकना! धूप माने अशांति! छाया हमारी जान है।"

कैसा ज़बर्दस्त फर्क़ है! गुडमार आबोहवा पर ही आधा घण्टे बातें करता रहा! मुझे बारिश बेहद पसंद है! गुडमार को बारिश असहनीय लगती है। बदली भरे दिनों को, सिर्फ गुडमार ही नहीं, यहाँ के सभी लोग बुरा दिन मानते हैं! मेरे लिए यह मोहक दिन होता है। गुडमार ने मुझे अपनी पत्रिका भेंट की–लिबरेशन! यह फ्रांस की वामपंथी पत्रिका है। 'लिबरेशन' में मेरे पैरिस आने की ख़बर छपी थी! गुडमार जब ढाका गया था और उसने मेरा जो इंटरव्यू लिया था, वह इस पत्रिका के पूरे दो पन्ने में छपा था। उसने मुझे उसकी कटिंग भी दी। पत्रिका में अपनी तस्वीर और नाम के अलावा, मेरे लिए कुछ भी समझना नामुमकिन था। भाषा रोमन हर्फों में थी, मगर मैं ज्यादा कुछ नहीं समझ पाई। होटल लौटकर मैंने देखा, क्रिश्चन बेस मेरा इंतज़ार कर रही थी। क्रिश्चन की उम्र करीब साठ साल! अत्याधुनिक पोशाक

में, सुनहले बालों वाली मादाम! फ्रेंच एरिस्टोक्रेट! लेकिन उनमें गंभीरता बूँद भर भी नहीं थी। हो-हुल्लड़ मचाने वाली महिला! मेरे दोनों गालों पर उन्होंने दनादन चुम्बन लिए और वे भी मुझे करीब के एक कैफे में नाश्ता कराने ले गईं। कैफे के अन्दर जाने से उन्होंने मना कर दिया। वे बाहर, धूप में बैठना चाहती थीं। कैफे के सामने, सड़क की फुटपाथ पर बिछी कुर्सियाँ! वहाँ धूप पड़ रही थी। धूप में बैठे-बैठे ही, गुडमार ने भी चाय पी और क्रिश्चन ने भी! पैरिस की यही खूबसूरती है! गर्मी शुरू होते-न-होते, कैफे और रेस्तराओं में, बाहर सजाई हुई मेजों पर खाना खाने या चाय-कॉफी पीने के लिए लोगों की भीड़ लग जाती है।

एक लम्बे आकार की रोटी को, फ्रेंच लोग 'बागेत' कहते हैं। यह उनकी अतिश ।प्रिय रोटी होती है। लोग-बाग़ रात के वक्त, एकाध बागेत, अपनी बगल में दबाए, घर लौटते हैं या सुबह-सुबह उनींदी आँखें मलते-मलते, बाहर निकलकर, मोड़ की 'बुलोनजरी' से अभी-अभी सेंकी हुई गर्मागर्म बागेत खरीदकर, बगल में दबाए-दबाए घर लौटते हैं। बागेत का स्वाद अन्यान्य रोटियों की तरह ही होता है। मुझे नहीं मालूम, ये लोग छोटी-छोटी रोटियाँ न बनाकर, इतनी लम्बी-लम्बी रोटियाँ बनाते हैं। ट्रेडीशन यानी परम्परा भी तो कोई चीज़ होती है, ये फ्रांसीसी लोग उसे आसानी से नहीं खोना चाहते। इस देश में जाने कितनी तरह की रोटियाँ मौजूद हैं! क्रिश्चन सुबह-सवेरे क्रोसों नामक, शंखनुमा रोटी खा रही थी और साथ में काली कॉफी भी सुड़क रही थी! यह उनका सुबह का नाश्ता था! वे धाराप्रवाह बकबक कर सकती हैं! अंग्रेजी भी सख़्त-सख़्त फ्रेंच उच्चारण में बोलती हैं! वे बार-बार फ्रांस में मेरे कार्यक्रम के बारे में पूछती रहीं। मेरा कार्यक्रम कब होगा, कहाँ होगा, क्या होगा—वे सारा विवरण जानना चाहती थीं। सच बात तो यह थी कि मैं खुद भी नहीं जानती थी कि मेरा, कब, कहाँ, कौन-सा प्रोग्राम है! क्रिश्चन बेहद अपनी लगीं। हम दोनों जब नाश्ता करके होटल लौटे, तो बारथेयर मेरा इंतज़ार कर रहा था। वह अपने साथ रवीन्द्रनाथ की मोटी-सी किताब लाया था। उसने रवीन्द्रनाथ की आँकी हुई एक तस्वीर दिखाई और बताया कि यही 'लज्जा' का कवर होगा। थोड़ी देर में, मुझे लिवा ले जाने के लिए जिल भी आ पहुँचा। बारथेयर को रुख़्सत करके, उसने एक टैक्सी बुलाई और मुझे सीधे, रेडियो फ्रांस ले गया। रेडियो पर इंटरव्यू देना पड़ा। जिल ने बताया कि अगली तीन तारीख को रेडियो पर मेरा एक और इंटरव्यू भी तय हो गया है! जिल सब जानता था। वह जानता था कि मुझे कब, कहाँ जाना है!

रेडियो से निकलकर वह मुझे अखबार के एक दफ्तर में ले गया। बेहद खूबसूरत, साफ़-सुथरा, व्यवस्थित कार्यालय! बांग्लादेश में अखबार के दफ्तरों में जैसे एक ही कमरे में सब एक-दूसरे पर लदे-फंदे बैठे रहते हैं, यहाँ ऐसा नहीं है। वहाँ भी मेरा साक्षात्कार! इसके बाद, हम दोनों ने अख़बार के दफ़्तर से निकलकर, एक कैफे के बाहर दोपहर का खाना खाया। खा-पीकर, जब हम होटल लौटे, तो वहाँ सिग्मा नामक

एक फोटो एजेंसी का फोटोग्राफर मेरा इंतजार कर रहा था। वह मेरी तस्वीरें खींचने आए थे। वे लोग मेरी तस्वीरें अंदर नहीं बाहर खींचना चाहते थे। बाहर की धूप में! फोटोग्राफर हमें अपनी गाड़ी में बिठाकर, ल्यूवर म्यूज़ियम के बाग़ में ले गया। वहाँ केले-पत्ते के कच्चे रंग की घास बिछी हुई! घास में सफेद रंग के नन्हे-नन्हे फूल खिले हुए! उन फूलों में ढेर-ढेर पांखुरियाँ! प्रेमी-प्रेमिकाएँ इन पांखुरियों को नोच-नोचकर एक क़िस्म का खेल खेलते हैं। वे लोग पांखुरियाँ नोचते जाते हैं और बुदबुदाते जाते हैं—"मैं तुम्हें प्यार करता हूँ, खूब प्यार करता हूँ, दीवानों की तरह प्यार करता हूँ; नहीं, मैं प्यार नहीं करता—"। इस तरह पांखुरियाँ नोचते-नोचते, अंतिम पांखुरी ही मन की सच्ची बात होती है। तस्वीरें खिंचाने के लिए विभिन्न मूर्तियों के सामने खड़ा होना पड़ा। मेरी निगाहें रह-रहकर फूलों की तरफ चली जातीं। बाग़ में प्रेमी-प्रेमिकाओं के जोड़े एक-दूसरे को चूमते हुए! ताबड़तोड़ चूमते हुए! गहरे-गहरे चुम्बन! इसी चुम्बन का नाम ही शायद 'फ्रेंच-किस' है! फ्रेंच चुम्बन! यह जो इतनी देर-देर तक एक-दूसरे से लिपटकर बैठे हुए हैं, यह जो बाँहों में कसकर, एक-दूसरे का गहरा-गहरा चुम्बन ले रहे हैं, लगातार चूमे जा रहे हैं। इन लोगों को देखकर लगता है, कोई भी काम फटाफट निपटाने की, उन्हें कोई जल्दी नहीं है। उनकी बगल से राहगीर गुज़रते रहे, मगर कोई भी, उन चूमते हुए जोड़ों की तरफ पलटकर भी नहीं देख रहा था। बांग्लादेश होता, तो अब तक भीड़ लग जाती। वहाँ के लोग-बाग़ उस जोड़े को तो छुड़ाकर अलग कर ही देते, दोनों के हाथ-पैर की जोड़-जोड़ भी मार-मारकर तोड़ डालते।

हम सब घोड़े पर सवार, जोन ऑफ आर्क की सुनहली मूर्ति के करीब वाले कैफे में जा बैठे। वहाँ भी, कैफे के बाहर! फोटोग्राफर को अच्छी अंग्रेजी नहीं आती थी। उसने आधी-अधूरी अंग्रेजी बोलने की कोशिश की। यहाँ, फ्रांस में, ज्यादातर लोग अंग्रेजी नहीं जानते हैं! शरीफ-सभ्य बनने के लिए अंग्रेजी जानना ज़रूरी नहीं है, फ्रांस आकर, मैं बखूबी जान गई। समूचे उपमहादेश में यह बद्धमूल धारणा है। दो सौ साल तक अंग्रेज शासन में जकड़े रहने की यही मानसिकता आम है! प्रभु की भाषा सीखकर, ऊँची जात में उठने की तपस्या!

शाम को होटल में जब आराम करने के लिए लेटी, तो नींद के मारे मेरी आँखें मुँदी जा रही थीं। लेकिन असमय सोने से काम नहीं चलेगा। यहाँ के वक्त के साथ अपनी देह का तालमेल बिठाना ही होगा। रात नौ बजे जिल आ पहुँचा और मुझे साथ लेकर निकल पड़ा। जिल अक्सर होटल पर ही टैक्सी बुला लेता है। दो ही मिनट में टैक्सी, होटल के दरवाज़े पर आकर खड़ी हो जाती। हम लोग कहीं दूर, किसी रेस्तराँ इलाके में चले आए। वहाँ खाना खाते-खाते, हम दुनिया भर की बातें करते रहे। शाम को

क्रिश्चन होटल तक आकर लौट गई। वह मेरे नाम एक खत लिखकर रख गई थी कि किसी ज़माने का 'विलेज व्यायेज़' का मोस्ट-मोस्ट महत्त्वपूर्ण नारीवादी लेखक, मारिन वार्नर, मुझसे मिलना चाहता है।

यह ख़बर सुनकर जिल ने कहा, "ज़रा-ज़रा-सी बात पर ये लोग 'मोस्ट-मोस्ट' करने लगते हैं। इस लेखक का नाम मैंने कभी नहीं सुना।"

क्रिश्चन के सभी उच्छ्वास को फूँक में उड़ाते हुए, जिल ने कहा, "असल में सब रुपयों का धन्धा है! कारोबारी चक्कर! जो लोग आंदोलन कर रहे हैं, औरत की जंग में साथ हैं, उनके अधिकारों के लिए लड़ रहे हैं, किताब उन्हें ही देना चाहिए! आदर्श भी तो कुछ होता है! किसी व्यापारी प्रकाशक को अपनी किताब हरगिज मत देना।"

जिल ने जब क्रिश्चन के सामने ही मुझे बताया कि मुझे स्ट्रॅसबर्ग जाना है, तो क्रिश्चन मारे खुशी के उछल पड़ी।

बाद में जिल ने उसकी उस खुशी पर भी फिकरा कसा, "सब रुपयों का धंधा है! तुम्हें खुश करके, तुमसे किताब हथियाना चाहती है। उसका इरादा यही है! रुपये! रुपये! रुपये !" इतना कहते-कहते जिल अचानक हँस पड़ा, "मैं अपनी यह नई नौकरी ठीक-ठीक नहीं निभा पा रहा हूँ।"

"नई नौकरी?"

"हाँ, तुम्हारे प्राइवेट सेक्रेटरी की नौकरी!"

जिल को मयोलिएँ लौट जाना था। लेकिन मेरी वजह से वह चार तारीख तक पैरिस में ही रुक गया है।

रात के साढ़े बारह बज चुके थे। पैरिस के रेस्तराओं में भीड़ उमड़ी पड़ रही थी। लड़के-लड़कियाँ एक-दूसरे में हथेलियाँ उलझाएँ, सड़क पर घूमते-फिरते हुए! चारों तरफ जगमग हँसी-खुशी!

अचानक सीधे मेरी नाक के सामने लाल-सुर्ख गुलाब! हाथों में गुलाब लिये उस शख़्स को मैंने गौर से देखा। हमारी नज़रें एक-दूसरे से जा मिलीं। ऐसा लगा, वह शख़्स बंगाली है! मैं फूल ख़रीदूँगी या नहीं, यह जाने बिना ही, वह आदमी तेजी से पीछे हट गया। मैंने गौर किया वह दूर से ही पीछे मुड़-मुड़कर मुझे देख रहा था। इस आदमी ने क्या मुझे पहचान लिया है? या मैं उसी के देश या आस-पास के देश की हूँ, इस बारे में वह निश्चित हो चुका है।

"यह आदमी क्या बांग्लादेशी है?" जिल ने पूछा।

"मुझे तो यही लगा—"

चारों तरफ हँसी-खुशी के शोर में, हँसते-खिलखिलाते फ्रांसीसियों के बीच उस फूलवाले का उदास-बादामी चेहरा, मुझे रह-रहकर याद आता रहा।

"मुझे बेहद बुरा लगता है; बेतरह तकलीफ होती है, जब मैं देखती हूँ, मेरे

देश के नौजवान यूरोप, अमेरिका में आकर, रेस्तराओं में बर्तन माँजते हैं, सड़कों पर फूल बेचते हैं। अब तो पढ़े-लिखे, शिक्षित लोग भी सोने के हिरण की तलाश में अपना देश त्यागकर चले आते हैं।''

जिल की आँखें अचरज से फैल गईं, ''वाह! बुरा क्यों लगता है? तुम तो देश के बाहर जाना पसंद करती हो।''

''वह तो सैर-तफरीह के लिए! इस तरह बर्तन माँजने, झाड़ू देने, कचरा साफ़ करने के लिए, हमारे देश के पढ़े-लिखे लोग, धनी देशों की ओर दौड़ जाते हैं।''

''जाहिर है, तुम्हारे देश में कामकाज नहीं है, नौकरी नहीं है, इसीलिए....''

मैंने अपनी बातों पर जोर देकर ही जवाब दिया, ''देश में रहकर, कामकाज के लिए कोशिश तो करना होगी। देश में ही नौकरी चाकरी मिले, ऐसा माहौल बनाने के लिए जंग करना होगी। अभी-अभी मैंने जिस आदमी को देखा वह शायद विश्वविद्यालय में पदार्थ विज्ञान में मास्टर की डिग्री लेकर, इस देश में आया है और यहाँ फूल बेच रहा है। फूल बेचने के लिए क्या पदार्थ विज्ञान का ज्ञान जरूरी है? असल में सारी बुद्धि, गरीब देशों से धनी देशों को चालान होती जा रही है। अगर देश के नौजवान ही चांदी के चंद सिक्कों के लिए, थोड़ी ज़्यादा कमाई के चक्कर में, अपने आदर्शों की बलि चढ़ा दें, तो देश की राजनीतिक, अर्थनैतिक, सामाजिक स्थिति में बदलाव लाने की कोशिश आखिर कौन करेगा?''

जिल ने सिर हिलाकर मेरी बातों से सहमति जताई।

तय यह हुआ था कि मैं और जिल सेइन नदी पर नौका-विहार करेंगे। लेकिन अब सेइन नदी में बहने का चाव, जैसे बुझ गया।

अगले दिन उन्तीस तारीख! उन्तीस अप्रैल को मुझे पैरिस के मशहूर अखबार, 'ला नोवेल ऑब्जर्वेतर' के लिए डायरी लिखना था। अखबार के सम्पादक थे–जँ दानियल। उन्होंने ढाका के पते पर मुझे ढेरों फैक्स भेजा था, बार-बार अनुरोध करते रहे थे कि उनके अख़बार के लिए मैं डायरी लिखूँ। उस अख़बार में दुनिया के नामी-गिरामी लेखक लिखने वाले थे। उन्तीस तारीख उन लोगों ने कैसे गुजारी–इसका बयान देनेवाले थे। उसी दिन मुझे स्ट्रसबर्ग भी जाना था। क्रिश्चन ने सुबह ही फोन किया था। गुडमॉर्निंग कहने के बाद, उसने ख़बर दी थी कि कल वह मुझे किसी और टीवी कार्यक्रम के लिए लेने आएगी। इसके अलावा, सिग्मा का और एक फोटोग्राफर आने वाला था। सुबह-सुबह गुसल के बाद, मैंने गुलाबी रंग की एक साड़ी पहन ली। पैरिस में, मैंने पहली बार साड़ी पहनी थी। अभी मैं ठीक तरह साड़ी लपेट भी नहीं पाई थी कि नीचे से ख़बर आई, कि फिलिप डेमन आ चुका है, फिलिप 'ला भी' नामक अखबार का पत्रकार था। होटल के नीचे एक कैफे स्थित था। हम दोनों वहीं जा बैठे। नाश्ता करते-करते ही मैं उस पत्रकार के प्रश्नों का उत्तर देती रही। एक ही तरह के सवाल! एक ही तरह के जवाब! इस बीच, जिल हाथों में

लिस फूलों का एक बड़ा-सा गुच्छा लिए आ पहुँचा। उन खूबसूरत फूलों को देखकर मैं मुग्ध रह गई। फूल देखते ही, उन्हें अपनी नाक के करीब लाकर सूँघने की मुझे आदत है। मैंने गौर किया था। फ्रांसीसी लोग फूलों में सौंदर्य देखते हैं, खुशबू लेने के लिए नाक नहीं बढ़ाते। यहाँ के फूलों में खुशबू भी कम ही होती है। खैर, व्यापारिक कारणों से अगर फूल खिलाए जाएँ, तो उनमें खुशबू कहाँ से आएगी? एल ला फिगारो अखबार का पत्रकार और उसका साथी फोटोग्राफर अभी गए नहीं थे। फोटोग्राफर ने होटल के करीबवाली सड़क पर मेरी तस्वीरें लीं। मेरे होटल का नाम मर्सेलियर ऑपेरा है। हालाँकि अगर मैं इस नाम का उच्चारण करने जाऊँ तो एक भी फ्रांसीसी बंदे के पल्ले नहीं पड़ेगा कि मैं क्या बोल रही हूँ। मुझे होटल के नाम की वर्तनी समझाना पड़ती है। वे लोग इसे 'मासेइ अपेया' जैसा कुछ कहते हैं। बहरहाल, फिगारो के पत्रकार, मारी एमिली लोम्बार्ड से बातचीत करने के लिए मेरे पास वक्त नहीं था, क्योंकि मुझे स्ट्रसबर्ग जाना था। चूँकि अन्यान्य पत्रकार भी टीवी प्रोग्राम के लिए जा रहे थे, इसलिए जिल मेरे साथ नहीं गया। इसके अलावा, मारी एमिली भी मेरे साथ जा रही थी। जिल ने मुझे हिदायत दी कि स्ट्रसबर्ग का कैथेड्रल में ज़रूर देख आऊँ। मारी एमिली और मैं, पैरिस के अरली हवाई अड्डे की तरफ रवाना हो गए।

रास्ते में मैंने मारी से पूछा, "टीवी में क्या तुम्हारा भी कोई प्रोग्राम है?"

मारी ने मुस्कराते हुए जवाब दिया, "मैं सिर्फ तुम्हारा इंटरव्यू लेने जा रही हूँ। तुम इस क़दर व्यस्त हो कि किसी और समय फुर्सत मिले या न मिले, इसलिए हवाई जहाज में बैठे-बैठे ही तुम्हारा इंटरव्यू ले लूँगी।" हवाई अड्डे पर ही अल्जीरिया और कैमरून के पत्रकारों से भी परिचय हुआ। कैमरून का विशालकाय पत्रकार अंग्रेजी थोड़ी-बहुत समझता था, मगर अल्जीरिया का पत्रकार, अंग्रेजी का एक शब्द भी नहीं बोल पाता था। मैंने सोचा था हवाई जहाज की खिड़की से फ्रांस को चिड़िया की नज़र, जिसे कहते हैं, 'बर्ड्स आइ व्यू' से देखूँगी। लेकिन, मारी के सवालों के खुराफात की वजह से यह संभव नहीं हुआ। मैंने यह भी सोचा था कि पैरिस से बाहर, स्ट्रसबर्ग कोई कस्बानुमा शहर होगा। ऐसा कोई खास दर्शनीय नहीं होगा। लेकिन, वहाँ पहुँचकर, चारों तरफ जो निगाहें दौड़ाईं, तो दुबारा घोर विस्मय जाग उठा। बेहद खूबसूरत शहर! रूप की कहीं, कोई कमी नहीं थी। हवाई अड्डे पर दो गाड़ियाँ हमारा इंतज़ार कर रही थीं। एक गाड़ी में, मैं, मारी और कैमरून का संपादक बैठ गए। दूसरे में बाकी लोग। कैमरून के पत्रकार ने रंगीन ढीलमढाल एक लबादा पहन रखा था। सिर पर एक रंगीन टोपी भी थी।

उसने कहा, "यह कैमरून के मुसलमानों की पोशाक है। हालाँकि मैं ईसाई हूँ, लेकिन मुझे यह पोशाक अच्छी लगती है, इसलिए पहनी है।"

विमान में बैठे-बैठे मैंने ज्यँ शर्ल बारथेयर का दिया हुआ पैकेट खोला। सुबह ही ज्यँ शर्ल हाँफते-हाँफते आया और मेरे हाथों में वह पैकेट थमाते हुए कह गया

था कि यह पैकेट मैं हवाई जहाज में खोलूँ, इससे पहले नहीं। पैकेट में 'नीना रिकी' सेंट और चॉकलेट का एक डिब्बा था। खैर, चॉकलेट का डिब्बा में किसी को दे दूँगी। क्योंकि चॉकलेट मुझे पसंद नहीं है। फ्रांसीसियों को तीन चीजें बेहद पसंद हैं और वही तीन चीजें मुझे सख़्त, नापसंद हैं, मेरी बर्दाश्त-बाहर—कॉफी, चॉकलेट, चीज़! मैंने उन लोगों को बता भी दिया है कि उनकी तीन चीज़ें मैं छू भी नहीं सकती। तीनों अंग्रेजी के 'सी' से शुरू होते हैं। मेरे नाम लेते ही, वे लोग चकरा जाते हैं। पता नहीं, वे मुझे इन्सान की संज्ञा देते भी हैं या नहीं।

टेलीविजन सेंटर की इमारत बेहद आकर्षक! वहाँ भी बहुत-से लोग मेरा इन्तज़ार कर रहे थे।

उनमें से एक शख़्स ने मेरी तरफ हाथ बढ़ाकर कहा, "मैं फ्रेडरिक गॉरडेल हूँ।"

मुझे याद आया, फ्रेडरिक ने ही तो मुझे आर्ते टेलीविजन की तरफ से आमंत्रण भेजा था। मैंने देखा, दो बंगाली लड़कियाँ भी नपी-तुली चाल में, मेरी तरफ बढ़ आईं।

मेरे करीब आकर उन्होंने सूचना दी, "हम दोनों आपकी अनुवादिका हैं।"

इतने दिनों बाद मैंने किसी की जुबान से स्पष्ट बंगला भाषा सुनी। मेरा मन नाच उठा। मैं उत्साहित होकर धाराप्रवाह बंगला बोलने लगी। वसन्त का मौसम आते ही, जैसे चिड़िया मन की मौज में आकर गाने लगती है, बिल्कुल उसी तरह! पैरिस में भला किसकी जुबान से बंगला सुनने को मिलेगा? हाँ, बारथेयर ज़रूर यह दावा करता है कि उसे बंगला आती है। लेकिन अभी तक उसकी जुबान से एक भी बंगला शब्द सुनने को नहीं मिला। टेलीविजन वालों ने इन दोनों लड़कियों को पैरिस से बुलाया है। फ्रेडरिक फ्रेंच में बताते रहे कि क्या कार्यक्रम है, क्या-क्या सवाल किए जाएँगे, बीच-बीच में कौन-कौन-से वृत्तचित्र के टुकड़े दिखाए जाएँगे, कौन मुझसे सवाल करेगा, यही सब! दोनों दुभाषियों ने फ्रेडरिक की बातों का अनुवाद कर डाला।

दोपहर के खाने का आयोजन भी वहीं किया गया। खाने के नाम पर हाथ भर लम्बी सैंडविच! मेरे लिए वह पूरी सैंडविच खाना संभव नहीं हुआ। मुझे मेकअप रूम में ले जाया गया। कार्यक्रम के प्रोड्यूसर वहीं आकर मुझसे भेंट कर गए। चूँकि मैं कॉफी नहीं पीती थी, इसलिए फ्रेडरिक मेरे लिए चाय और नरम रोटी की सैंडविच ले आए। मेकअप पूरा होते ही सीधे स्टूडियो! वह हॉल-कमरा रोशनी से फटा पड़ रहा था। मेरे लिए यूरोप के स्टूडियो में बैठकर प्रोग्राम करने का यह पहला मौका था। डेनियल लकान्त हमारे बीच में आ बैठे। वे ही कार्यक्रम का संचालन करेंगे। उनकी बायीं तरफ मैं! दाहिनी तरफ अल्जीरिया का पत्रकार। मेरी बायीं तरफ कैमरून का पत्रकार, जिसे कैमरून सरकार के खिलाफ लिखने की वजह से जेल में डाल दिया गया था। अल्जीरिया के पत्रकार को मुसलमान कट्टरपंथियों ने हत्या की धमकी दी थी और गोली का निशाना बनाया था। लेकिन उनकी जान बच गई। मेरे सामने

एक कार्टूनिस्ट भी बैठे थे। उनके बनाए हुए कार्टून हमें, सामने के मॉनीटर पर नज़र आ रहे थे। सभी के कानों में कान-फोन लगा हुआ, वे लोग जो भी बातें कर रहे थे, वह सब मुझे बंगला में साफ-साफ सुनाई दे रहा था। होविया मिना हमसे कुछ फासले पर, एक कोने में बैठे थे। इस प्रोग्राम में जर्मनी की एक पत्रकार भी शामिल थी! नाम—क्रिस्टिना! प्रोग्राम में सभी लोग फ्रेंच में बात कर रहे थे! क्रिस्टिना जर्मन में बात कर रही थी और मैं बंगला में! लेकिन सभी लोगों की बातें, हम अपनी-अपनी भाषा में सुन रहे थे। बिजली की रफ़्तार से अनुवाद किया जा रहा था। क्रिस्टिना और मेरी बातें, साथ ही साथ, फ्रेंच भाषा में अनूदित हो रही थीं। प्रचार-माध्यम की स्वाधीनता के प्रसंग में सवाल शुरू हुए। बीच-बीच में वृत्तचित्र भी दिखाए जा रहे थे। मेक्सिको में एक पत्रकार, ड्रग माफिया के खिलाफ लिखते हुए, भयंकर मुसीबत में पड़ गया है; क्योंकि मेक्सिको सरकार खुद ड्रग के कारोबार से जुड़ी हुई है। समूची दुनिया में, कुल तिरसठ पत्रकारों को, मार डाला गया। 124 पत्रकारों को धमकी मिली है।

अल्जीरिया के पत्रकार ने कहा, "वहाँ के पत्रकार कट्टरवादियों के अत्याचार से बेतरह तंग आ गए हैं। ये कट्टरवादी जब-तब, जिस-तिस को मार डालते हैं। ख़ासकर उन पत्रकारों को, जो कट्टरवादियों के खिलाफ लिख रहे हैं।"

अगला सवाल किया गया, "चूँकि यह वाक्-स्वाधीनता का सवाल है, कट्टरवादियों को भी तो, अपनी मर्जी की बातें कहने का हक़ होना चाहिए।"

मैंने एतराज जताया, "नहीं, कट्टरवादियों के पक्ष में यह छूट देने को मैं हरगिज राजी नहीं हूँ। हमारे देशों का कट्टरपंथी अमीर अरब देशों से रुपये पाकर, अब हथियारबन्द हो उठे हैं! उनके हाथों में हथियार आते ही वे लोग समाज को तबाह कर रहे हैं। समूचे देशों में खौफनाक अराजकता फैलती जा रही है। वे लोग बेझिझक लोगों की जान ले रहे हैं; हाथ-पाँवों की नसें काट देते हैं। लगातार धर्म-प्रचार किए जा रहे हैं। निरीह लोगों को धर्म की वाणी सुना-सुनाकर, उन्हें बुद्धू बनाकर, अपने दल में शामिल कर रहे हैं। एक ज़माना था, जब हमारे देश में राजनीति करने का कोई हक नहीं था। अब इन लोगों को धर्म-आधारित राजनीति करने का हक मिल गया है और ये लोग देश-देश में तांडव चला रहे हैं। एक धर्मनिरपेक्ष राष्ट्र को इस्लामी राष्ट्र बनाने को पगला गए हैं। धार्मिक शिक्षा फैलाकर, धार्मिक क़ानून जारी करके, पूरे देश को ध्वंस कर डालने की कोशिश में लगे हैं। वक्त रहते, ऐसी सर्वनाशी स्थिति के खिलाफ, पैर जमाकर खड़ा होना होगा।"

इसके बाद अल्जीरिया के पत्रकार के सामने यही सवाल रखा गया।

उन्होंने कहा, "पहले के दिनों में, तसलीमा की तरह, हमारे देश की भी यही सोच थी। लेकिन अब ख्याल बदल गया है! हम लोग जो कट्टरवाद के खिलाफ लड़ रहे हैं, हम लोग ही कहने लगे हैं कि अपनी राय जाहिर करने का हक़, इन

कट्टरवादियों को भी आज़ादी होनी चाहिए। गणतंत्र का यही नियम है।"

इसी तरह काफी देर तक सवाल-जवाब चलते रहे।

आखिरी सवाल मुझसे किया गया, "अभी-अभी जो तुमने फ्रांस और जर्मनी की वाक्-स्वाधीनता के बारे में डाकुमेंटरी देखी, यहाँ यह कहा गया है कि यहाँ भी पत्रकार बहुत कुछ नहीं बोलते या बोल नहीं पाते, क्योंकि अखबारों के विज्ञापनदाता की अनुमति हासिल किए बिना, समाज में प्रचलित अन्याय या अत्याचार के खिलाफ जुबान नहीं खोली जा सकती। हमारे देश की तुलना में तुम इस बारे में क्या कहोगी?"

मैंने जवाब दिया, "यहाँ भी स्वाधीनता में हस्तक्षेप हो रहा है! बेशक हो रहा है! लेकिन तीसरी दुनिया के देशों में प्रचार-माध्यम की आज़ादी और भी कम है! रेडियो-टेलीविजन चूँकि सरकारी दखल में हैं, इसलिए ये सरकारी प्रचार में इस्तेमाल किए जाते हैं। अखबार चूँकि ज्यादातर व्यक्ति मिल्कियत के अधीन है, इसके बावजूद, किसी भी अख़बार में, अगर कोई सरकार-विरोधी वक्तव्य प्रकाशित होता है, तो सरकार कभी-कभी उनके खिलाफ मामला करने, उन्हें गिरफ्तार करने, यहाँ तक कि अख़बार बंद करा देने में भी कोई दुविधा नहीं करती। गैर-सरकारी पत्रिकाओं को सरकारी विज्ञापनों पर ही जिंदा रहना होता है, इसलिए विज्ञापन पाने के चक्कर में, अनगिनत अख़बार ही सरकारी आदेश मानने को लाचार होते हैं।"

कार्यक्रम ख़त्म होने के बाद, जर्मनी की क्रिस्टिना ने मुझसे एक इंटरव्यू देने का अनुरोध किया। वक्त बिल्कुल नहीं था। संक्षिप्त-सी बातें करके, मैं दौड़कर, प्रतीक्षारत गाड़ी में सवार हो गई। सीधे हवाई अड्डा! मेरे साथ मारी भी पैरिस लौट आई। गोंद की तरह मुझसे चिपकी हुई, उसने मेरी कुछेक कविताओं की फोटो-कॉपी भी वसूल कर ली। मारे नींद के, मेरी आँखें मुँदती जा रही थीं। मेरा अंग-अंग टूट रहा था। हर शाम यही रुटीन! पैरिस के साथ, मेरे बदन की ताकत, ताल-मेल नहीं बिठा पा रही थी। अभी भी अपने देश के मुताबिक, मेरी देह शिथिल हो आती थी, अंग-अंग टूटने लगता था।

जिल का फोन आया, मगर मैंने साफ मना कर दिया, "ना बाबा, मैं कहीं नहीं जाऊँगी! अब मैं सोऊँगी।"

अगले दिन, जिल दिन के दस बजे आने वाला था। मगर वह अपनी गर्ल-फ्रेंड, नाताली को लेकर, वक्त से पहले ही होटल आ धमका। हमें आइफल टावर देखने जाना था। नाताली की बड़ी-बड़ी आँखें, होठों पर मीठी-मंद मुस्कान! वह लड़की मुझे बेहद भली लगी। जिल बता रहा था कि हालाँकि वे दोनों साथ रहते हैं, मगर अभी भी उन दोनों का प्यार ख़ास गहरा नहीं हुआ था। हाँ, यह बात बिल्कुल सच थी कि सिर्फ साथ-साथ रहने या एक ही बिस्तर पर सोने भर से ही प्यार नहीं हो जाता।

हम कुछेक क़दम पैदल-पैदल ही चलते रहे, उसके बाद एक टैक्सी लेकर आइफल टावर पहुँच गए। टावर की तीसरी मंजिल अब बंद कर दी गई थी। वैसे टावर पर

अगर चढ़ना ही हो तो, तीसरी मंजिल पर ही चढ़ना बेहतर होता है! लेकिन मुझे उतने ऊँचे चढ़ने में कोई दिलचस्पी नहीं थी। ऐसी कोई तीखी चाह भी नहीं थी। इसे दूर से ही क्यों न निहारूँ? रोशनी से झिलमिलाता यह माहौल मुझे बेहद भला लगता है! यह भारी-भरकम टावर, लोहा-लक्कड़ों का एक स्तंभ भर है! पता नहीं क्यों तो लोग-बाग इस पर इस क़दर फिदा हैं! वैसे पैरिस के लोग इसे जघन्य मानकर छिः छिः करते हैं। सन् 1889 में, पैरिस की अंतर्राष्ट्रीय प्रदर्शनी के लिए, गुस्तॉव आइफल नामक एक शख़्स ने इस टावर का निर्माण किया। यह टावर तीन सौ मीटर लम्बा है; वजन है सात हज़ार टन! तय यही हुआ था कि प्रदर्शनी ख़त्म हो जाने के बाद, इस टावर को ढहा दिया जाएगा। लेकिन इसे ढहाया नहीं गया। वह आज भी ज्यों का त्यों खड़ा है।

जिल ने बताया, ''यह धनी लोगों का इलाका है।''

मैंने देखा, अमीरों के बेटे एक टुकड़ा लकड़ी के पहिये पर चढ़कर, खौफनाक तरीके से दौड़ रहे थे। मुझे बताया गया, गर्मी पड़ते ही, यहाँ यह रागरंग शुरू हो जाता है। हमलोग नौका-सैर के लिए आगे बढ़ गए। लेकिन नदी तट पर कोई नाव नहीं थी। लेकिन, इस वजह से मेरा मूड कतई खराब नहीं हुआ। मुझे तो उस तरह पैदल-पैदल चलना ही भला लग रहा था। हम तीन लोग अगल-बगल, साथ-साथ चलते रहे। लोगों का यह रंग-बिरंगा हुजूम मुझे बेहद मोहक लग रहा था। खुश-खुश चेहरे! हम लोग यूँ ही चलते-चलते आर्क द ट्रायम्फ के करीब जा पहुँचे।

जिल और नाताली, दोनों घर से खाकर आए थे। मैंने तब तक नहीं खाया था, इसलिए हम शार्ल्स ए लीज़ के एक रेस्तराँ में जा बैठे। रेस्तराँ के अन्दर नहीं, बाहर, खुली जगह, टेरेस पर! काफी रात गए तक हम वहीं बैठे रहे! रात गहरा आई, मगर इसका ख़्याल आने का कोई उपाय नहीं था। चारों तरफ, हो-हुल्लड़! इन्सानों की भीड़! सवारियों की भीड़! मैं जाने कैसी तो अद्‌भुत और अनोखी दुनिया में पहुँच गई थी।

अगला दिन! सुबह का नाश्ता, कैमरून के पत्रकार के साथ करना, बिल्कुल तय हो चुका था। लेकिन, धत्तेरे की! नाश्ता क्या करना है? सुबह अपने बिस्तर पर बैठे-बैठे आराम से चाय पीने में मजा आ रहा था। फिलहाल, कैमरून का ख्याल मेरे दिमाग से निकल गया। क्रिश्चन बेस नीचे मेरा इन्तजार कर रही थी।

जिल का दुबारा फोन!

क्रिश्चन के आने की ख़बर सुनकर, जिल ने कहा, ''तो फिर ऐसा करो, तुम क्रिश्चन के साथ ही, सीधे रेडियो स्टेशन चली जाओ। मैं तुम्हें लेने आऊँ, तो शायद देर हो जाए। मैं यहीं से सीधे रेडियो स्टेशन पहुँच रहा हूँ!''

थोड़ी देर ही बाद, जिल का दुबारा फोन!

''प्रोग्राम का प्रोड्यूसर यहाँ नहीं है। कहीं वह तुम्हारे यहाँ न गया हो। ऐसा

करो, आधा घंटा तुम वहीं रुको और इन्तजार करो।''

मैंने चाय-कॉफी मँगायी और क्रिश्चन के साथ, आधा घंटा गुजार दिया!

क्रिश्चन मेरे सामने बार-बार एक ही बात रटती रही, ''सुनो, मैं तुम्हारी किताब इसलिए नहीं छापना चाहती कि तुम्हारा काफी नाम है! मैं तो तुम्हारी किताब, साहित्य के नज़रिये से छापना चाहती हूँ। मैं लेखिका के तौर पर तुम्हें चाहती हूँ। तुम्हें फतवा दिया गया है। अब तुम्हारा चारों तरफ ख़ासा नाम है, इसलिए अफरातफरी में तुम्हारी एक किताब छापकर, उसे 'हॉट केक' की तरह बेचकर, तुम्हें भूल जाने का मेरा कोई इरादा नहीं है। सच बात तो यह है कि मैं लोगों को बताना चाहती हूँ कि तुम लेखिका हो... अच्छी लेखिका हो।''

अब रेडियो के अफसर का इन्तज़ार करने का मेरा बिल्कुल मन नहीं था। क्रिश्चन मुझे अपने घर ले जाने के लिए आई थी। छोटी-सी लाल गाड़ी में बिठाकर, खुद ड्राइव करके, मुझे प्रेसिडेंट विल्सन रोड पर स्थित, अपने घर ले गई। असंभव कर्मठ महिला! उसके जीवन में फुर्सत के लिए कोई जगह नहीं है। क्रिश्चन धाराप्रवाह बोलती रहती है। लेकिन फिजूल की बकवास नहीं करती। उसका एक शब्द भी फिजूल नहीं होता। फ्रांसीसी लोग जब बात करते हैं, तो उनका हाथ-पैर-मुँह-सिर, सारा कुछ नाचता रहता है। यह शायद उनकी जातीय-आदत है।

एडीशन द फाम की महिला, मिशेल इडेल ने फोन किया है। वह मुझसे मिलना चाहती है।

यह सुनकर क्रिश्चन ने नाक सिकोड़कर कहा, ''नारीवाद! नारीवाद! नारीवाद! उफ! हद हो गई। जो लोग नारीवाद को लेकर उछल-कूद मचाते हैं, मैं उन्हें बर्दाश्त नहीं कर पाती। यह एक क़िस्म की सीमाबद्धता है। यह भी एक क़िस्म का कट्टरवाद है। हर बात पर अपने नारी होने का नारा! औरत के लिए यह नहीं हुआ, वह नहीं हुआ का रोना! यह चाहिए, वह चाहिए! औरत के लिए यह करना होगा, वह करना होगा। यह कैसी बात! अरे, इन्सान के बारे में सोचो; इन्सान के पक्ष में बोलो; इन्सान के लिए कुछ करो! औरत-मर्द-बच्चे, सबके बारे में सोचो! भई, सिर्फ क्या औरत का ही मसला है? बच्चों का कोई मसला नहीं है! मर्दों का कोई मसला नहीं है! हुँहः! असल में नारीवादियों का इरादा है, नारियों के बारे में अपना कारोबार साधना! और कुछ नहीं!''

क्रिश्चन के घर के सामने ही सड़क-द्वीप में बाजार लगा हुआ था। क्रिश्चन अपनी गाड़ी, सड़क-किनारे खड़ी करके, बाज़ार करने पहुँच गई। बाज़ार इस द्वीप में हर बुधवार और शनिवार को लगता था। दोपहर तक यह बाजार उठ भी जाएगा। उसके बाद, फिर सबकुछ झक्झक्, चकमक सड़क! शाम को देखो, तो यह पता ही नहीं चलेगा कि आज सुबह ही वहाँ विशाल बाजार लगा था। यह हमारे यहाँ के कच्चे बाजार जैसा नहीं है। यहाँ हर चीज़ की क़ीमत निश्चित है। हमारे देश

की तरह, यहाँ चीख-चिल्लाकर, मोल-भाव नहीं करना पड़ता।

क्रिश्चन ने फूल खरीदे! लिली ऑफ द वैली! छोटे-छोटे सफेद फूल! मोहक खुशबू! क्रिश्चन का फ्लैट तीसरी मंज़िल पर था। ऐसा खूबसूरत फ्लैट मैंने ज़िन्दगी में कम ही देखा है। मानो वह फ्लैट नहीं, भरा-पूरा म्यूज़ियम हो! उसकी सत्ताइस सी सी मेफेयर गाड़ी, यह बिल्कुल नहीं लगा था कि उसके घर में ईसा पूर्व चार सौ शती की प्राचीन मूर्तियां मौजूद हैं, बैबीलियन, सुमेरियन सभ्यता की अमूल्य सम्पदा मौजूद है। रंग-बिरंगे पत्थरों-मणियों के प्राचीन अलंकार! मिस्र की गुफा से लाये हुए, उस ज़माने के सामान वगैरह! मैं उन मूर्तियों के सामने विस्मय-विमुग्ध खड़ी रही। जैसे मैं ल्यूवर के सामने सन्न रह गई थी। इस घर की दीवारों पर जो तैलचित्र टँगे हुए थे। वह सब बड़े-बड़े कलाकारों के थे! सभी चित्र असली, नक़ली कुछ भी नहीं था। घर के सामान वगैरह भी कलाकारों द्वारा निर्मित!

क्रिश्चन ने मुझे जिस कप में चाय पीने को दी, वह भी कई सौ साल पुरानी! समूचा फ्लैट, ऐंटीक सामानों से भरा हुआ! वहाँ 'ऐंटीक लैंड' भी था। अमिताभ घोष की 'ऐंटीक लैंड' किताब, क्रिश्चन ने खुद ही फ्रेंच भाषा में अनुवाद की थी। उस किताब का नाम 'इजिप्ट' देखकर मैं उलझन में पड़ गई। क्रिश्चन ने बताया, व्यावसायिक कारणों से उन्होंने किताब का नाम बदल दिया। 'व्यावसायिक' शब्द उच्चारण करते हुए, यहाँ किसी को, कोई ग्लानि नहीं होती। अभी मेरा चाय पीना खत्म नहीं हुआ था।

इस बीच टेलीविजन के लोग आ पहुँचे। उनके साथ, ज्यँ शर्ल बारथेयर भी आ गया। उन लोगों ने एक बार बंगला में और एक बार अंग्रेजी में मेरा इंटरव्यू लिया। इसके बाद, नीचे, जरा दूर चलकर, मॉडर्न म्यूज़ियम के बरामदे में फिर एक दफा साक्षात्कार! मैं इधर-उधर चहलक़दमी करती रही, बातें करती रही, कैमरे में मेरी हर भाव-भंगिमा क़ैद होती रही।

''पैरिस कैसा लग रहा है?''

''पैरिस में इतनी खूबसूरती बिखरी पड़ी है, मैंने इसकी कभी कल्पना भी नहीं की थी।''

टी.वी. के लोगों ने ज्यँ शर्ल बारथेयर को अनुवादक के तौर पर लिया था। मनिक एतलांता, पत्रकार भी हैं और फिल्म-परिचालक भी! एक बार मैंने उनसे कहा था कि—बंगला से फ्रेंच में अनुवाद हुआ, तो अंग्रेजी में इसी सवाल के जवाब में मैंने जो कहा है, उससे मिलाकर जरूर देख लें।

मुझे ख्याल नहीं रहा कि ज्यँ शर्ल मेरे पीछे ही खड़ा था।

उसने कहा, ''आपको मुझ पर विश्वास नहीं है?''

मैं चौंक उठी। मैंने बारथेयर का उदास और बुझा हुआ चेहरा देखा और मैं बेतरह सकुचा गई।

"नहीं, नहीं, मुझे आप पर पूरा भरोसा है। लेकिन फिर भी...। आपसे भी कोई भूल तो हो ही सकती है। मसलन मुश्किल-मुश्किल बंगला शब्द, अगर आपकी समझ में न आए..."

मेरी इस तसल्ली ने बारथेयर के आहत चेहरे को कोई राहत नहीं दी। मुझे उस शख़्स पर तरस आने लगा। मेरा यूँ कहना, शायद सही नहीं हुआ। मुझे ऐसा नहीं कहना चाहिए था।

क्रिश्चन बेस और मनिक आतलाँ चलते-चलते बातें करते रहे। बीच-बीच में मैं अपना बैग और चश्मा हाथ में लिये-लिये, बारथेयर के मलिन-मुरझाये चेहरे को देखती रही। उसकी नीली-नीली आँखें, गर्दन तक सुनहरे बाल, बदन पर जीन्स-जैकेट—कुछ-कुछ बुद्धू-सा लगता है! वह इतना भावुक होगा, मैंने सोचा भी नहीं था। कोई फ्रेंच इन्सान यूँ अभिमान करके अपने को मलिनता की चादर से ढँक सकता है, यह मैंने पहली बार देखा।

क्रिश्चन की गाड़ी के करीब जाते-जाते, अपने को सबसे अलग करके, मैं दो क़दम पीछे हो गई और बारथेयर से बातें करती रही। यूँ ही, बस, इधर-उधर की बातें! छुटपुट बातें! दरअसल इतने दिनों तक मैं बारथेयर से बेहद कतराकर चलती रही।

क्रिश्चन जब मेरे साथ गाड़ी में सवार हो रही थी, मैंने बारथेयर से कहा, "आप भी चलिये न हमारे साथ! हम लंच के लिए जा रहे हैं, आप भी चलिये!"

बारथेयर का चेहरा पल भर के लिए एकदम से चमक उठा। लेकिन उसी पल क्रिश्चन ने फ्रेंच में कुछ कहा, जो मुझे समझ नहीं आया। बारथेयर ने छूटते ही मुझसे सर्द लहजे में कहा कि वह हमारे साथ नहीं जा सकेगा। उसे कुछ जरूरी काम है। लेकिन वह मुझे ऑपेरा में जरूर ले जाएगा। उस ऑपेरा के लिए टिकट, उसने पहले से ही कटा रखा है। जाते-जाते वह मुझे सूचित कर गया कि वह रात सात बजे, मुझे ऑपेरा ले जाने के लिए, होटल पहुँच जाएगा।

क्रिश्चन मुझे किसी लेबानीज़ रेस्तराँ में ले गई। कबाबनुमा मुर्गी, कच्ची पत्ता गोभी। तरह-तरह के कच्चे पत्ते, जो कच्चे भी खाये जा सकते हैं, इसका मुझे अन्दाजा नहीं था। खाते-खाते हम फ्रेंच साहित्य पर बातचीत करते रहे। फ्रेंच साहित्यकार कैसा लिख रहे हैं, क्या लिख रहे हैं।

जवाब में क्रिश्चन ने होंठ बिचकाकर कहा, "बकवास! एकदम बकवास! बिल्कुल बकवास! नयी पीढ़ी के सभी लेखक अमविलिकस की तरफ ताकते रहते हैं। सोचते हैं, उनके पास सबकुछ है! वे लोग ही कला, साहित्य के जनक हैं, इसलिए नए कुछ की क्या ज़रूरत है?"

क्रिश्चन फ्रेंच लेखकों के बारे में बिल्कुल हताश नज़र आई।

"मेरे पास ढेरों फ्रेंच लेखकों की पांडुलिपियाँ आती हैं, सबकी सब बकवास!

सिर्फ बयानबाज़ी! नया कुछ भी नहीं! न तो भाषा नयी, न ही कोई नया वक्तव्य!''

क्रिश्चन ज्यँ शर्ल से 'लज्जा' का अनुवाद करा रही है। अब उन्हें 'लज्जा' के बारे में कोई फिक्र नहीं है। अब वह मेरी नयी किताब के बारे में सोच रही है। ज्यँ शर्ल लन्दन से मेरी बंगला किताब 'लज्जा' खरीद लाया है। शोध, निमन्त्रण, भ्रमर वगैरह भी वह पढ़ चुका है। उसने 'शोध' की कहानी, क्रिश्चन को भी सुनायी है। क्रिश्चन ने कलम-नोटबुक निकालकर, मेरी किताबों की सूची नोट कर ली। अब तक मैंने जो कुछ भी लिखा है। वह सभी किताबें उन्हें चाहिए। आजकल जो मैं लिख रही हूँ—'कुरान में नारी', वह भी उन्हें चाहिए। मेरी जितनी भी किताबें हैं, सब-सब उन्हें चाहिए। मैं उन्हें सारी किताबें, कब तक भेज सकूँगी। कब...कब, उसने यह भी जानना चाहा। वे किताबें चाहे मैं बंगला में भेज दूँ या अंग्रेजी में, उसे कोई परेशानी नहीं होगी। किताबें अगर अंग्रेजी में भेजी जाएँ, तो उनका अनुवाद वह खुद कर लेगी। किताबें अगर बंगला में हुईं, तो किसी बंगला जानकार से वह पहले अनुवाद करा लेगी, उसके बाद खुद उसमें संशोधन कर लेगी। मेरे पैरिस प्रवास के दौरान ही वह मुझसे अनुबंध पर दस्तखत करा लेना चाहती है।

वह बार-बार एक ही बात दोहराती रही, ''तसलीमा, हम तुम्हारा नाम नहीं, तुम्हारी कृतियाँ छापना चाहते हैं।''

टेलीविजन के लिए भी क्रिश्चन का इंटरव्यू लिया गया। मैंने अपनी तरफ से कुछ नहीं पूछा। उसने खुद ही बताया कि उसने मेरे बारे में जो अहम बात थी, वही उसने बतायी है कि तसलीमा के पास एक ज़बर्दस्त हथियार है, वह है उसकी कलम!

मेरी घड़ी पैरिस आने की राह में ही बंद हो चुकी थी। क्रिश्चन को घड़ी बाँधना पसंद नहीं है! दिन पर नज़र डालकर, यह अन्दाज़ा लगाना मुश्किल था कि उस वक्त कितने बजे हैं। जिस देश में रात दस बजे तक उजाला रहता है, मैं भला कैसे अन्दाज़ा लगा सकती हूँ कि वहाँ कब दोपहर हुई। कब शाम, कब रात! बहरहाल, अब मुझे होटल लौटना चाहिए। एडीशन स्टॉक से फोटोग्राफर, मेरी तस्वीरें लेने आनेवाला था। द फाम प्रकाशन से मिशेल हाउल भी आनेवाली थीं, मैं मिशेल से मिलना चाहती थी, क्योंकि मिशेल ही वह पहली फ्रेंच प्रकाशक थीं, जिन्होंने मुझसे ढाका में सम्पर्क किया था। सबसे पहले, द फाम से ही मेरी किताब माँगी गई थी। मैंने सबसे पहले उन्हीं से वादा किया था, कि मैं 'लज्जा' किताब उन्हीं को दूँगी। आखिरकार मैंने 'लज्जा' किताब एडीशन स्टॉक यानी क्रिश्चन प्रकाशन को ही सौंप दी। उधर मिशेल किताब के लिए रात-दिन, बार-बार फोन कर रही थी।

''देखो, तसलीमा, हमने ही सबसे पहले तुमसे सम्पर्क किया था, लेकिन तुम चुप क्यों हो? बार-बार फोन करने के बाद भी तुम फोन पर मिलती क्यों नहीं हो? तुम मुझसे बात क्यों नहीं करना चाहतीं? तुम्हें रुपयों की जरूरत है? कितने रुपए चाहिए? एडीशन स्टॉक ने तुम्हें कितने रुपए ऑफर किये हैं? उससे कहीं ज़्यादा

रुपये, हम तुम्हें देंगे। तुम 'लज्जा' छापने की अनुमति हमें ही दो।'' उसने 'लज्जा' छापने की अनुमति पाने के लिए, अनुबंध-पत्र, अपने यहाँ छापी गईं कुछेक किताबें भी भेजी थीं, ताकि मैं वह सब देखकर ही कोई फैसला लूँ।

उसने बार-बार अपनी बात पर जोर देकर कहा, ''देखो, तसलीमा, मेहरबानी करके, अपनी 'लज्जा' किताब छापने की अनुमति हमें ही दो। हमने आंग सांग सूची की किताबें छापी हैं। सूची को यूनेस्को पुरस्कार मिला है। आन्तोनेत फुक तुम्हारे लिए भी यूनेस्को पुरस्कार का इन्तजाम करेंगे।''

मैं यह सब सुनकर परेशान हो उठी। ये लोग क्या मुझे लालच दे रहे हैं? लेकिन मुझे तो इसका लालच नहीं है, बल्कि मेरे सामने यह जो लालच की गोट फेंकी जा रही है, उस पर मुझे लज्जा आ रही है। 'लज्जा' छापने के लिए एक साथ दो-दो प्रकाशन-संस्थाएँ जैसे पागल हो उठी हैं और उनके बीच में मैं मारे लज्जा के मुँह छिपाती फिर रही हूँ। मैंने उन दोनों ही प्रकाशकों को बार-बार समझाया, ''देखो, 'लज्जा' ऐसी किताब नहीं है। जो तुम्हारे पाठकों को जरा भी पसंद आएगी। यह किताब बांग्लादेश की साम्प्रदायिक समस्याओं पर लिखी गई है, उस पर से तथ्यपरक है। फ्रेंच पाठकों को यह किताब बिल्कुल भी अच्छी नहीं लगेगी। वे लोग इसे समझेंगे भी नहीं।'' लेकिन मेरी बात मानने को कोई भी तैयार नहीं था। उन्हें तो वही किताब चाहिए! चाहिए ही चाहिए, चाहे जैसे भी हो। क्रिश्चन की चाप और ताप में पड़कर, मैंने किताब छापने की अनुमति उसे दे तो दी, लेकिन मिशेल के लिए मुझे अफसोस होता रहा। तकलीफ मुझे इसलिए नहीं थी कि 'लज्जा' जैसी कोई असाधारण कृति उन्हें नहीं मिली, बल्कि इसलिए कि मैंने उनकी इच्छा की कद्र नहीं की, उनकी चाह पूरी नहीं कर सकी। मैं होटल शाम पाँच बजे पहुँची। एडेन मेरी तस्वीरें लेने के लिए वहाँ चार बजे से ही इन्तजार कर रहे थे।

मिशेल की उम्र चालीस साल के ऊपर थी। मुझे अपने देश में लम्बी कहा जाता है, मिशेल मुझसे भी डेढ़ हाथ लम्बी थी! अनिन्द्य सुन्दरी! होठों पर हर वक्त मुस्कान तैरती हुई! अपनी दाहिनी तरफ क्रिश्चन और बायीं तरफ मिशेल को लेकर, अब मैं क्या करूँ, मुझे समझ में नहीं आया। सच्ची, ऐसे पसोपेश की हालत में, इससे पहले मैं कभी नहीं पड़ी।

पूरे रास्ते भर क्रिश्चन मुझे यह समझाती रही, ''इस देश में तुम्हारा एक ही प्रकाशक होना चाहिए। दो-दो प्रकाशक किस लिए? तुम मुझे इसकी वजह बताओ? यहाँ कोई भी लेखक, एक से अधिक प्रकाशक को अपनी किताब नहीं देता। तुम हमारे प्रकाशन को ही देखो। तुम देखो कि हम किस क़िस्म की किताबें प्रकाशित करते हैं। किस स्तर की पुस्तकें छापते हैं, तुम खुद आकर देख जाओ। आलतू-फालतू प्रकाशकों से तो तुम्हें बात ही नहीं करनी चाहिए। मुझे तो तुम्हारी रुचि पर अचरज हो रहा है। हुँहः द फाम! वे लोग? तुम्हें वे लोग पसन्द कैसे आ गए? वे लोग निरे

फिजूल लोग हैं! टुटपुँजिये! जघन्य! नारी-नारी का नारा लगाते-लगाते मुँह से झाग उगलने लगे। हुँहः फिजूल के नारेबाज़ लोग! हद है! इन्हीं सब फालतू लोग फालतू करतबों को देखकर, मैंने प्रकाशन में आने का फैसला किया। देखो, तसलीमा, मैं किसी भी बात के लिए, तुम पर दबाव नहीं डालना चाहती। दबाव मैं डालूँगी भी नहीं। अपनी किताब तुम किसी को भी दो। कुछ भी करो, तुम्हें हक़ है। लेकिन सवाल 'टेस्ट' का है। रुचि का! आखिर कोई 'टेस्ट' भी तो तुममें होना चाहिए। कम से कम साधारण-से 'टेरू की तो तुमसे उम्मीद की जा सकती है। तुम उन लोगों के प्रस्ताव पर राजी कैरू रो गईं? उफ! मैं तो ऐसा सोच भी नहीं सकती। शुक्र है कि मैंने आकर, तुम्हें उ लोगों के शिकंजे से बचा लिया। अब तुम कह रही हो कि तुम उन लोगों के सेमिनार में जाओगी। तुम्हारा क्या दिमाग-विमाग खराब हो गया है? थर्ड क्लास! एकदम थर्ड क्लास! ख़ैर, तुम जाओगी, तो खुद ही समझ जाओगी। सुनो, अगर तुम्हारे दिमाग़ में ज़रा-सी भी बुद्धि नाम की चीज है, तो तुम मेरी बात जरूर मानोगी। मेरा तुमसे आग्रह है कि वहाँ मत जाओ। उन लोगों के सेमिनार में हरगिज मत जाना। अपनी इज़्ज़त खुद ही नष्ट मत करो! ऐसे हास्यास्पद माहौल में जाकर, अपने को हास्यास्पद मत बनाओ।''

बहरहाल, होटल वापस आते हुए रास्ते भर मैं मन ही मन यही प्रार्थना करती आई कि मिशेल हाउल, मुझे लौटने में देर होते देखकर, झुँझलाकर लौट जाएँ। मेरी यह प्रार्थना किसी खुदा या भगवान से नहीं, इस दुनिया की रहस्यमय. जटिल प्रकृति से थी! लेकिन प्रकृति ने मेरी प्रार्थना का जवाब नहीं दिया। मिशेल हाउल, चमकती-दमकती मुस्कान लिये, होटल के दरवाजे पर सुशोभित!

मैं और क्रिश्चन, मिशेल के बिल्कुल आमने-सामने! अब मैं किसे सम्हालूँ?

मिशेल ने क्रिश्चन की तरफ एक बार भी नहीं देखा।

मुझसे मुखातिब होकर, वह धाराप्रवाह शुरू हो गई, ''तसलीमा, तुम्हारी तस्वीरें लेनी हैं। एडेन काफी देर से आकर बैठी हुई है! चलो, फटाफट चलो तस्वीरें उतरवाने के बाद, तुम्हें ऑपेरा चलना है, तुम्हें पता है न? चलो, चलो, फौरन चलो। ज्याँ शर्ल ठीक सात बजे पहुँच जाएगा। याद है न? जल्दी करो, भई!''

मैंने मरी-मरी आवाज़ में एडेन से पूछा, ''तुम कमरे में तस्वीरें लोगी या बाहर?''

हसीना एडेन ने मंद-मधुर मुस्कान बिखेरते हुए कहा, ''बाहर!''

''बाहर?'' मैं दुविधा में पड़ गई।

एडेन दुबारा हँस पड़ी, ''दूर नहीं, करीब ही! करीब ही मेले द रॉयल है न, उसी के बगीचे में!''

''देखो, जो भी करना है, फटाफट कर डालो! मेरे पास ज्यादा वक्त नहीं है, क्योंकि...'' क्रिश्चन से यथासंभव नजरें चुराते हुए मैंने कहा, ''क्योंकि मिशेल मुझे लेने आई है। सेमिनार में जाना है।''

क्रिश्चन एकदम से बौखला उठी, "किस बात का सेमिनार? कैसा सेमिनार? तुम तो ऑपेरा चल रही हो। ज्यँ शर्ल तुम्हें लेने आएगा। उसने टिकट भी कटा रखा है।"

अब मेरे लिए किसी का पक्ष लेना जरूरी हो आया। क्रिश्चन यहाँ से विदा हो ले, तो मेरी जान बचे। उस वक्त मिशेल को लौटाना मुझे शोभा नहीं देता। इतना बड़ा अमानवीय काम करना, मेरे लिए संभव नहीं था। चाहे कुछ ही देर के लिए, मुझे सेमिनार में जाना ही होगा। जब मैंने वादा किया है, तो जाऊँगी जरूर!

क्रिश्चन को नज़रअन्दाज़ करते हुए मैंने मिशेल से कहा, "चलो, एक टैक्सी बुला लेते हैं। एडेन, तुम और मैं—साथ ही बगीचे में चलते हैं। वहाँ से मैं और मिशेल आगे चले जाएँगे।"

क्रिश्चन गाड़ी की तरफ बढ़ गई, मानो उसने मेरी बात सुनी ही नहीं।

उसने आवाज देकर कहा, "चलो, चलो, बगीचे की तरफ चलते हैं। मैं तुम दोनों को लिये चलती हूँ। एडेन इधर आ जाओ। तसलीम आओ।"

अरे, भई, मिशेल कहाँ जाएगी? उसका क्या बनेगा? मिशेल हतबुद्ध की तरह खड़ी रही।

मैंने उसका हाथ थामकर कहा, "चलिये, आप भी चलिये।"

मिशेल गाड़ी पर सवार होने जा रही थी।

क्रिश्चन ने छूटते ही कहा, "मेरी गाड़ी में दो लोगों से ज्यादा के लिए जगह नहीं होगी।"

"होगी! होगी!" मैंने कहा, "सामने की सीट पर मैं बैठ जाती हूँ। पीछे वे दोनों बैठ जाएँगे। जगह क्यों नहीं होगी? बन जाएगी! देखना, ठीक बन जाएगी।"

साफ़ जाहिर था कि क्रिश्चन अन्दर ही अन्दर गुस्से से उबल रही थी। बगीचे में फटाफट कुछेक तस्वीरें उतरवाकर, ज्यादा वक्त न देने पाने का वास्ता देकर, मैं वहाँ से निकल ली। मिशेल ने एक टैक्सी बुला ली और मैं उस टैक्सी में आ बैठी। हम दोनों लगातार बतियाते रहे, मानो हमारी बहुत पुरानी दोस्ती हो।

मिशेल मुझे उस कार्यक्रम में ले गई। विशाल सेमिनार हॉल में पहले मंच की तरफ! उस मंच पर चंद लोगों से घिरी, एक महिला, व्हील-चेयर पर बैठी हुई थीं। वे आन्तोयानेत फुक थीं। यही फुक सन् साठ के दशक के नारी आन्दोलन की नेता थीं! अब, वे यूरोपीय पार्लियामेंट सोशल डेमोक्रेटिक पार्टी की सदस्य थीं। एडीशन द फाम नामक प्रकाशन-संस्था की मालिक और प्रकाशक भी वही थीं। मिशेल ईडेल उन्हें ही अपना गुरु मानती हैं। फुक से मैंने हाथ मिलाया! मुस्कान का आदान-प्रदान सम्पन्न हुआ! चुम्मा-चुम्मी हुई। मेरे आगमन के बारे में माइक पर घोषणा की गई। झुंड भर फ्रेंच शब्दों की भीड़ में सिर्फ एक शब्द समझ में आया—तसलीमा! घोषणा होते ही भरे हुए हॉल के सभी औरत-मर्द जोर-जोर से तालियाँ बजाने लगे। तालियाँ

बजाते-बजाते वे उठ खड़े हुए। मैंने ऐसा दृश्य पहले कभी नहीं देखा था। इतने-इतने लोग मेरा अभिवादन कर रहे थे! मैं अभिभूत! विस्मित! सिहरित! कुछ-कुछ सकुचायी हुई भी! मेरी आँखें भर आईं। आज क्या सच ही मैं यहाँ आ पहुँची हूँ? यह क्या मेरे लिए, मेरे प्राप्य से ज्यादा नहीं है? यह तो मेरा प्राप्य नहीं था। मुझे मंच पर खड़े होकर कुछ कहने का अनुरोध किया गया। मैं क्या कहती? यहाँ क्या कहा जा सकता था? सबकी कुर्सियों के सामने, लिखने की मेज़। यहाँ औरतों के बारे में काफी दामी-दामी बातें की जा रही थीं। बातचीत की अहम बातें लोग नोट भी करते जा रहे थे। जब मैं बोलने को उठी, पूरे हॉल को ख़ामोश करा दिया गया। मैं क्या ऐसा कुछ कह सकती थी, जो इन लोगों के लिए नया हो?

मैंने आन्तोयानेत और मिशेल से ही मिनमिना-मिनमिनाकर कहा, ''सुनो, मुझे पहले से तो यह बताया नहीं गया था कि मुझे भाषण भी देना है। मैंने तो कोई तैयारी नहीं की। मैं काफी थकी हुई भी हूँ। इसके अलावा मुझे अभी ही जाना भी है।''

वहाँ मैं इस क़दर सकुचा गई कि एकदम से बाहर ही निकल आई। बाहर निकल आने के बाद, मुझे पछतावा होने लगा। उन लोगों के हार्दिक अभिवादन के जवाब में मुझे कम से कम धन्यवाद तो देना चाहिए था।

कई महिलाएँ भी मेरे और मिशेल के पीछे-पीछे निकल आईं।

मैंने मिशेल से कहा, ''मुझे वहाँ कुछ बोलना चाहिए था। सबलोग जरूर मेरी निन्दा कर रहे होंगे।''

मिशेल हँस पड़ी।

उसने मेरे कन्धे पर हाथ रखकर कहा, ''तुम भी क्या बात कर रही हो, तसलीमा? सबलोग तुम्हें देखकर ही बेहद खुश हैं। तुम्हारी उपस्थिति ही बहुत बड़ी बात है। तुम भाषण दो, यह कतई जरूरी नहीं था।''

हम सब करीब ही एक कैफे में जा बैठे।

अचानक एक फ्रेंच महिला ने काँपते हाथों से मेरा हाथ छूते हुए काँपती हुई आवाज़ में कहा, ''तुमसे परिचित होकर, मैं धन्य हो गई।''

कैफे में भी कुछ महिलाएँ मुझे घेरकर बैठ गईं। मैं कैसी हूँ, क्या करती हूँ, क्या सोचती हूँ—सबने जानना चाहा। वे लोग बांग्लादेश के बारे में कुछ नहीं जानती थीं, सिर्फ मुझे जानती थीं। मेरे लिए सभी फिक्रमंद थीं। फतवा की ख़बर पाने के बाद, नारीवादी संस्था, पैरिस की सड़कों पर उतर आई। उन लोगों ने झुंड में बांग्लादेश दूतावास के सामने विरोध-प्रदर्शन किया। उनके हाथों में बैनर थे, जिन पर बड़े-बड़े अक्षरों में लिखा हुआ था—'हम तसलीमा के समर्थक हैं।' ये लोग मेरी कृतियाँ पढ़ना चाहते हैं। वे लोग यह जानने को बेचैन थे कि मेरी किताब फ्रेंच में कब प्रकाशित होगी। खैर, उनकी बेचैनी स्वाभाविक भी थी। दुनिया के बिल्कुल दूसरे छोर पर किसी

आँधी-तूफान-बाढ़ के देश में, नारी-स्वाधीनता के बारे में लिखते हुए कोई लड़की फतवा की शिकार हो गई है। ऐसा उसने क्या लिख मारा कि लोग भड़क गए? यह जानने का आग्रह इन लोगों में स्वाभाविक था। मैं मन ही मन सोचती रही, यह जो 'लज्जा' किताब के लिए, ये लोग आसरा लगाये बैठे हुए हैं, उस 'लज्जा' में तो नारीवाद का जिक्र तक नहीं है। अगर किसी ने यह राय बना ली हो कि मैंने इस्लाम के खिलाफ कुछ लिखा है। इसलिए बांग्लादेश सरकार ने 'लज्जा' पर पाबन्दी लगा दी है या इस्लामी कट्टरपंथियों ने मेरे सिर की कीमत सुनिश्चित की है, तो यह पूरी-पूरी गलत धारणा है, यह बात मैं इन्हें कैसे समझाऊँ? कैरोल टांः भी मेरी किताबें पढ़ने के इन्तजार में हैं। कैरोल टांः यूरोपीय पार्लियामेंट की मंत्री हैं। उन्होंने ही बीस सूत्री माँग पेश करने की पहल की थी। मेरा पासपोर्ट अगर वापस न किया गया, मुझे अगर सुरक्षा न दी गई, तो यूरोप से बांग्लादेश को दिए जानेवाली आर्थिक सहायता के मंसूबे धूल में मिला दिए जाएँगे। वगैरह-वगैरह! यह रिजोल्यूशन अप्रैल की इक्कीस तारीख को पास हो गया।

फ्रांस से मैं कुछ ही दिनों में अपने देश लौट जाऊँगी। यह ख़बर सुनकर सब अवाक् रह गए। किसी-किसी की आँखें विस्फारित हो आईं।

"वहाँ तो वे लोग आपको मार डालेंगे। आपको स्वदेश वापस नहीं जाना चाहिए।"

"अपने देश में क्या मैं अकेली जंग कर रही हूँ? मेरे साथ बहुत-से लोग हैं।"

"नहीं! आपका जीवन बेहद मूल्यवान है। आपको लिखना होगा। देश अगर आपको मार ही डाले, तो आप लिखेंगी कैसे? आप फ्रांस में ही रह जाएँ। लिखने के लिए, ज़िन्दा रहना जरूरी है, तसलीमा!"

"नहीं, देश में ही रहकर लिखती कहती रहूँगी। अपना देश नहीं छोड़ूँगी।"

"यह भी कोई बात हुई? आपको डर नहीं लगता?"

"जान-जोखिम के साथ काफी अर्से से रह रही हूँ। अब इसी तरह ज़िन्दगी जीने की आदत हो गई है। मैं लड़ते हुए ज़िन्दा रहना चाहती हूँ। जिन्दा रहने के लिए ज़िन्दगी से भागना नहीं चाहती। अगर मरना ही पड़ा, तो मर जाऊँगी! यह कौन-सी बड़ी बात है? दुनिया में जाने कितने ही लोग मरते रहते हैं।"

रात के सात बजते ही, लोगों की विस्मित निगाहों के सामने ही मैं उठ खड़ी हुई।

मिशेल मुझे होटल तक छोड़ने आई। मुझसे बार-बार आग्रह करती रही कि मैं आन्तोयानेत के लिए, किसी दिन जरूर वक्त निकालूँ। वे लोग मुझे साथ लेकर, पैरिस के बाहर कहीं जाना चाहती थीं। उनके और भी कई मंसूबे हैं। सजा-धजा बबुआ बना ज्यँ शर्ल होटल में यथारीति मेरा इन्तजार कर रहा था। ऑपेरा जाने का मेरा बेहद मन था, ऐसी बात नहीं थी। अब तक उसे काफी आहत कर चुकी

थी। और ज्यादा आहत न करने की ग़रज से और कुछ जिल को टालने के लिए, मैं ऑपेरा जाने को राजी हो गई। जिल ने मुझसे कई बार कहा, जरा-सी फुर्सत मिलते ही, मैं उसे फोन करूँ, वह फौरन चला आएगा। लेकिन जिल को फोन करने से मैं बचती रही! वह मँपोलिओ में रहता है। फ्रांस के दक्षिणी प्रान्त के एक शहर में। उसकी प्रेमिका रहती थी, पैरिस में! नाताली के साथ वक्त गुजारना उसके लिए बेशक़ सुखद था। कम से कम मुझे लेकर घूमने से तो जरूर बेहतर था। इसके अलावा जिल मुझे इतना अच्छा लगता था कि उसके लिए बेचैन या उदास होने से मैं अपने को बचाना चाहती थी। न्ना, जिल अपनी नाताली के साथ ही वक्त गुजारे, मेरे पीछे अपना समूचा दिन बर्बाद करने की कोई जरूरत नहीं! जिल नाताली को प्यार करता है। करता रहे। मेरा मन उसके ख्याल में न डूबा रहे। सच तो यह है कि वह इतना भला और शरीफ न होता, तो भला था। मुझसे वह उम्र में चार साल छोटा था। हैरत है। कभी, किसी दिन भी अपने से कमउम्र के किसी शख़्स के लिए मेरा मन कभी बेचैन नहीं हुआ। यह मन जिल के लिए क्यों बौरा उठता है, पता नहीं।

वाकई, पैरिस का यह नया ऑपेरा आधुनिक स्थापत्य का अप्रतिम उदाहरण है। वैसे फ्रांसीसी लेखक, जॉर्ज पेरेक ने, बड़ी साइज़ के पब्लिक टॉयलेट से इसकी तुलना की है। फ्रांसीसी लोग शहर भर में स्थित बेहद खूबसूरत प्राचीन स्थापत्य के बीच, फट् से एक बेढब वेदिका बनाने को बिल्कुल राजी नहीं थे। यहाँ की जनता ने बाकायदा सड़कों पर उतरकर, इस नए ऑपेरा के निर्माण के खिलाफ आन्दोलन किया। अंत में फ्रेंच नन्दन-तत्त्ववेत्ताओं के विचार मुताबिक, जो चीज बिल्कुल कुत्सित स्थापत्य थी, वही आधुनिक ऑपेरा के रूप में ठीक-ठीक खड़ा हो गया। ऑपेरा में ज्यँ शर्ल की पत्नी, नाताशा, हमारा इन्तजार कर रही थी। मुझे बीच में बिठाकर, वे दोनों, मेरी अगल-बगल में बैठ गए। नाताशा, मोटी-मुटल्ली, गाबदू-सी औरत! उसकी हंगेरियन माँ, 'वार ऐंड पीस' पढ़कर इतनी मुग्ध हो गई थी कि उन्हें जब बेटी पैदा हुई, तो उन्होंने उसका नाम, नाताशा रख दिया। नाताशा और ज्यँ शर्ल ने अपने बेटे का नाम रखा है—सत्यजित! यह सुनकर मुझे बेहद भला लगा। पिछले ही दिनों सड़क पर चलते-चलते मैंने देखा, सत्यजित राय की फिल्में लगी हैं। सात दिन के लिए सत्यजित उत्सव! मैं इस कदर खुश हो आई कि मेरी आँखों में आँसू आ गए। ऐसा होता है। बहुत बार होता है।

यहाँ नाटक-थियेटर के अन्त में जो रिवाज प्रचलित है, वह हमारे देश के नाट्य-मंच में नजर नहीं आता। नाटक के अंत में, कलाकार-अभिनेता, जब विदा लेने के लिए मंच पर आकर खड़े होते हैं, तो दर्शक तालियाँ बजाकर उन लोगों का अभिनन्दन करते हैं। लेकिन अगर कोई नाटक दर्शकों को बेहद पसंद आया हो, तो तालियाँ आसानी से नहीं थमतीं। तालियाँ जब तक नहीं थमतीं, दर्शकों को बार-बार मंच पर आकर, उन लोगों का अभिनन्दन ग्रहण करना होता है।

ऑपेरा से निकलकर, रेस्तराँ में डिनर लेने के लिए, मेज मिलने में ही हमें करीब घंटा भर लग गया। यहाँ काफी रात गए तक, जवान-जहान जोड़े बाकायदा एक-दूसरे से लिपटे हुए, सैकड़ों लोगों के सामने चुम्मा-चुम्मी कर रहे थे। वह सब दृश्य देखते-देखते, मैं गपशप करती रही।

बातचीत के दौरान ही एड्स का प्रसंग छिड़ गया।

नाताशा और ज्यँ शर्ल दोनों ने ही कहा, "फ्रांस में प्रायः हर रोज ही कोई न कोई दम तोड़ देता है। तीस हजार फ्रांसीसी एड्स रोग के शिकार है। समूचे यूरोप में, फ्रांस में ही एड्स के मरीज सबसे ज्यादा हैं। वैसे अब फ्रांस के लोगों में सचेतनता बढ़ गई है। एड्स के खौफ के मारे बहुतेरे लोग, सेक्स-सम्बन्धों में दिलचस्पी खोते जा रहे हैं, यहाँ तक कि इश्क-प्यार से वीतराग होते जा रहे हैं। इधर एड्स के रोगी भी धीरे-धीरे अकेले पड़ते जा रहे हैं! बिल्कुल निःसंग; उनसे कोई हेलमेल नहीं रखना चाहता। उनके साथ कामकाज करने को भी तैयार नहीं होता।"

ऐसी उदास घटनाएँ और बातें सुनकर, जब मैं होटल लौटी, बेहद थक चुकी थी। शिथिल देह को बिस्तर पर टिकाते ही, आँखें मुँद आने से पहले, मेरी निगाह जिल के दिये हुए फूलों पर पड़ी। कितनी खूबसूरती से खिले-खिले फूल! पता नहीं, जिल कैसा है! क्या कर रहा है! जरूर वह घर पर नहीं होगा। शनिवार की रात वह घर में क्यों रहने लगा! जरूर वह नाताली के साथ, पैरिस की रंगीन रात का आनन्द ले रहा होगा। जो-जो लोग फोन करते हैं, होटल के लोग कागज पर लिख रखते हैं। उन नामों पर सरसरी नजर डालकर, मैं उनमें जिल का नाम खोजती रही! ना! उसका फोन नहीं आया था।

अगले दिन, पहली मई! फोन की कर्कश आवाज़ से मेरी नींद टूटी! फोन अगर जिल का होता, तो आवाज शायद इतना कर्कश नहीं लगती। चूँकि यह कैमरून के पत्रकार का फोन था, इसीलिए ऐसा अहसास हुआ! आज भी उसकी, साथ-साथ नाश्ता करने की फर्माइश! हम एक ही होटल में, अगल-बगल के कमरे में रह रहे थे, फिर भी न मुलाक़ात होती थी, न बातचीत! कल शाम चार बजे, साथ-साथ चाय पीना तय हुआ था। लेकिन चार बजे, मैं लौट ही नहीं पाई। सुबह नौ बजे, नीचे उतरकर मैंने पियेस के साथ नाश्ता किया। मैं शर्ट-पैंट में थी, शौकिया सिगरेट भी पी रही थी।

पियेस ने पूछा, "मुस्लिम देश में तुम यूँ शर्ट-पैंट पहन सकती हो? सिगरेट पी सकती हो?"

"शर्ट-पैंट पहनी जा सकती है, मगर रास्ता-घाट पर आजादी से चलना-फिरना मुश्किल है। लड़की जात होकर सिगरेट पीने पर लोग छिः छिः करते हैं।"

पियेस हँस पड़ा, "कैमरून में इन सबकी कोई असुविधा नहीं है!"

पियेस की और एक फर्माइश! उसे मेरा एक इंटरव्यू चाहिए ही चाहिए।

"चलिए, मेरे कमरे में चलें। वहाँ मेरा रिकॉर्डर भी है। कमरे में बाहर की आवाज़ें कम होंगी।"

मैंने फौरन उसकी फर्माइश पूरी करने से इन्कार कर दिया। हालाँकि वह सूरत-शक्ल से रॉज़र मिल्लर की तरह लगता था, मगर उस दानव जैसी हुलियावाले शख़्स के कमरे में जाकर, इंटरव्यू देने का मेरा बिल्कुल मन नहीं हुआ। पता नहीं, शायद खौफ भी हो। यह क्या है, मुझे नहीं पता, लेकिन दिमाग के किसी कोष में, विश्वास की तरह बसा हुआ है! जो भी निकष काला-कलूटा होता है फौरन भूत या उसी किस्म की भयंकर चीज का ख्याल आता है। बहरहाल ज्यँ शर्ल के आने से पहले, फोन न करने का इरादा दुहराते हुए भी, जिल को आखिर फोन कर ही डाला।

जिल ने पूछा, "क्या ख़बर है? तुम्हारे फोन का इन्तजार करते-करते, मैं तो थक चुका था।"

"मेरे फोन का इन्तज़ार कर रहे थे? तुमने खुद ही एक बार फोन क्यों नहीं कर लिया?"

"तुम होटल में कब होती हो, कब नहीं, इसका कोई ठीक-ठिकाना नहीं होता। मैंने तो तुम्हें पहले ही कहा था। जब तुम व्यस्त न रहो यानी थोड़ी फुर्सत हो तुम्हें, तो मुझे फोन खटखटा लेना। मैं फौरन तुम्हारे पास चला आऊँगा। अब बताओ, आज तुम्हारा क्या प्रोग्राम है? मेरा मन है कि तुम मेरे साथ पैरिस की सैर करो–"

"नहीं! आज तो मुमकिन नहीं है। निकलना है। उसके बाद शाम को मिशेल मुझे लेने आएगी।"

"इतनी व्यस्त हो तुम?"

मैंने हँसकर फोन रख दिया। ज्यँ शर्ल के आते ही मैं निकल पड़ी। आज वह अपनी गाड़ी नहीं लाया था। रास्ते में मीटिंग, जुलूस की भीड़भाड़! पुलिस जगह-जगह गाड़ियाँ रोक रही थी। इसीलिए वह गाड़ी नहीं लाया। आज मई दिवस है। दुकान-बाजार बंद! पूरे पैरिस का बिल्कुल अलग ही चेहरा! हम टहलते हुए जोन ऑफ आर्क की मूर्ति के करीब आ पहुँचे। मूर्ति के सामने ढेर सारे फूल बिखरे हुए! मुझे यह जानकर बेहद ताज्जुब हुआ कि चरम दक्षिणपंथी दल, मई दिवस पर, जोन ऑफ आर्क के चरणों में फूल अर्पित करते हैं। और दक्षिणपंथियों ने जोन ऑफ आर्क को ही अपना प्रतीक मान लिया है।

मैंने भी जोन ऑफ आर्क की मूर्ति के चरणों में फूल चढ़ाना चाहा, ज्यँ शर्ल ने एकदम से मना कर दिया, "यहाँ फूल चढ़ाने का मतलब यह होगा कि तुमने भी फासिस्ट दल की तरह आचरण किया।"

"यह क्या बात हुई?"

''जोन ऑफ आर्क की मूर्ति पर, फासिस्ट के अलावा और कोई फूल नहीं चढ़ाता।''

''अच्छा? लेकिन, जोन ऑफ आर्क तो फ्रांस की गौरव हैं! हैं कि नहीं? फिर ऐसा क्यों?''

''क्योंकि वह चरम दक्षिणपंथी, जातीयतावादी लिपेन के दल की रानी थी।''

''ऐसा कैसे हुआ?''

''ऐसा ही हुआ, क्योंकि जोन ऑफ आर्क फ्रांस के लिए अंग्रेजों के खिलाफ लड़ी थी। लिपेन भी यही सोचता रहा कि वे लोग यानी उनका दल भी यही कर रहा है। ये चरमपंथी, सभी विदेशी एमिग्रेंटों के खिलाफ जंग कर रहे हैं। यह तो जघन्य जातीयतावाद है न!''

''जातीयतावाद तो हमारे उपमहादेश में एक पोज़िटिव शब्द है।''

''हिटलर जातीयतावादी था! यूरोप में जातीयतावाद बेहद नेगेटिव शब्द है। उपनिवेशी शासन से अपने देश को आजाद करने के लिए, शोषितों का जातीयतावादी होने और स्वदेश में बैठे-बैठे यूरोपीय उपनिवेशवादी शासककुल का भिन्न जाति के प्रति घृणा पालन-पोषण करने, उन्हें दुरदुराकर खदेड़ने और अपनी जाति के अहंकार में जातीयतावादी होना--दो अलग-अलग चीजें हैं।''

ज्यँ शर्ल पेशे से मनोविश्लेषक है। बाहर से वह भले मानसिक रोगी लगे, मगर उसके अन्दर का इन्सान बेहद बुद्धिमान है। अगर मुझे फ्रेंच भाषा का ज्ञान होता या ज्यँ शर्ल को बंगला की अच्छी जानकारी होती, तो हमारा अड्डा खूब जमता। हम एक-दूसरे को और अच्छी तरह समझ पाते।

हम चलते-चलते उस जगह पहुँच गए। जहाँ से ल्यूवर म्यूज़ियम के पिछवाड़े, खुली-खुली जगह में लिपेन दल की विशाल सभा आयोजित की गई थी। लाल-नीले-हरे-पीले गुब्बारे उड़ते हुए! कुछ लोग मंच पर आसीन, मंच के सामने हजारों-हज़ार लोग खड़े-खड़े भाषण सुनते हुए! वक्ता, फ्रांस के प्रेसिडेंट। सोशलिस्ट पार्टी के नेता, फ्रांसोया मितेरों के बारे में कुछ कह रहे थे। और श्रोता वह सुनकर खुशी से उछल रहे थे।

मैंने ज्यँ शर्ल से ही पूछा, ''मितेरों के बारे में क्या कह रहे हैं?''

''गाली दे रहे हैं।''

''क्या कहकर गाली दे रहे हैं?''

''सूअर'' ज्यँ ने जवाब दिया।

उस मंच पर सिर्फ पुरुष नेता ही आसीन नहीं थे, महिला नेता भी मौजूद थीं। वे लोग क्या गणतंत्र की चर्चा कर रहे थे? हैरत है! यही दक्षिणपंथी दल, औरतों को नौकरी-चाकरी छोड़कर, अपने-अपने घर लौट जाने की बात करता है। इस दल ने कहा है कि औरतें अपने-अपने घर लौट जाएँ और गोरी-गोरी सन्तान पैदा करें, क्योंकि काले और बादामी रंग के बच्चे ताबड़तोड़ जन्म ले रहे हैं, और समूची दुनिया

पर दखल जमाते जा रहे हैं। अस्तु इस चरम दक्षिणपंथी, वर्णवादी फासिस्ट पार्टी का उपदेश है—औरतों ने इतनी लम्बी लड़ाई के बाद, जो आजादी हासिल की है। वह देश की खातिर, गोरे वर्ण की खातिर, विसर्जित कर दें।

पिछले दिन मिशेल ने भी बताया था, "लिपेन की पार्टी ऐसा एक कानून तैयार करना चाहती है कि वाच्चा रियोल में कामगर औरतें जितने रुपए कमाती हैं, उससे कहीं ज्यादा रुपए बिना काम किए ही, घर बैठे हासिल कर सकें। आजकल औरतें, चूँकि नौकरी-चाकरी में जुटी हुई हैं, इसलिए बच्चे पैदा करने में उनकी दिलचस्पी नहीं है। इस बात को लेकर लिपेन पार्टी खासी परेशान है। उनके मुताबिक, ऐसा ही चलता रहा, तब तो सर्वनाश हो जाएगा।"

मैंने मिशेल से पूछा, "तो क्या औरतें, बैठे-बैठे रुपए पाने के लोभ में अब बच्चे पैदा करने की मशीन होने की आदिम व्यवस्था में लौट जाएँगी?"

"न्ना! फ्रांस की आर्थिक स्थिति फिलहाल कुछ ख़ास अच्छी नहीं है। बल्कि और बदतर हो सकती है। ऐसे में औरतें बेरोजगार होने का खतरा मोल नहीं लेतीं। गनीमत है कि लिपेन पार्टी सत्ता में नहीं है। मैं तो इस बात से आशंकित रहती हूँ कि पता नहीं कब यह लिपेन पार्टी वोट में दुबारा न जीत जाए। फ्रांस में वोट देने जानेवाले बहुत कम हैं! वोट के दिन लोग या तो कहीं दूर की सैर पर निकल जाते हैं या घर में आराम करते हैं। वोट के प्रति आम जनता की वितृष्णा का फ़ायदा उठाते हुए, लिपेन की पार्टी कहीं, किसी दिन, दुबारा न जीत जाए। अगर ऐसा हुआ, तो काले-बादामी लोगों के लिए तो समस्या होगी ही, गोरी औरतों के लिए भी समस्या उठ खड़ी होगी।"

चंद अधेड़ लोग, अपनी जमाने पुरानी, छाती पर बैज मेडल लगी सैनिक पोशाक में, लिपेन की सभा में मौजूद थे। हम जहाँ खड़े थे, बायीं तरफ, येऽऽ बड़ी मूँछ वाला शख्स, अपनी फौजी पोशाक में खड़ा था।

ज्यँ ने कहा, "इस आदमी ने अल्जीरिया में युद्ध किया था। उसके साथ एक बुड्ढा कुत्ता भी है—" उसकी आँखें फटी की फटी रह गईं, "इनके कुत्तों को भी ट्रेनिंग मिली है—जहाँ कहीं किसी अल्जीरियन को देखो, फौरन काट खाओ।"

"अच्छा?"

"बे-शक़!"

उस आदमी के हाथ में बड़ा-सा पोस्टर था।

उस पोस्टर पर फ्रेंच भाषा में कुछ लिखा हुआ था।

"पोस्टर में लिखा क्या है?"

"यूरोप एक हो जाने का विरोधी है। जिसे जातीयतावाद कहते हैं। हमलोग फ्रांसीसी हैं। हमारी जाति, दूसरी-दूसरी जातियों से बहुत बेहतर है। हम दूसरी किसी जाति के साथ, एक नहीं होंगे।"

बहुत जल्दी ही फ्रांस में चुनाव होनेवाले थे।

मैंने ज्यँ शर्ल से पूछा, "अगर कहीं ये लोग जीत गए, तो...?"

ज्यँ ने होंठ बिचकाकर जवाब दिया, "अरे, नहीं, नहीं! यह बेहद छोटी पार्टी है।"

हम जहाँ खड़े थे, वहाँ से हटकर, ल्यूवर के बरामदे के किनारे-किनारे चलते हुए, मैंने गौर किया, कुछ लोग मुझे अतिशय तीखी निगाहों से घूर रहे हैं।

अचानक ज्यँ ने मुझे खींचकर, उल्टी दिशा की ओर मोड़ दिया, "उधर मत जाओ।"

"क्यों? उधर क्यों न जाऊँ?"

"विदेशियों से वे ख़ासे नाराज़ हैं। बेतरह गुस्सा है उन पर! गाली-गलौज भी कर सकते हैं।"

"गाली-गलौज करेंगे! लेकिन मुझे तो उनकी गाली भी समझ में नहीं आएगी।"

"तुम्हें भले न समझ आए, लेकिन मुझे तो समझ आएगा।"

"क्या कहकर गाली देंगे?"

"कहेंगे, जा, अपने देश लौट जा। यहाँ हमारे देश की सुयोग-सुविधा जीने आई है? हमारी नौकरी हड़पने आई है।"

"लेकिन मैं तो ऐसी किसी वजह से आई नहीं हूँ। मुझे तो दावत देकर बुलाया गया है। मैं तो मेहमान हूँ।"

"भई, तुम्हारी देह पर तो लिखा नहीं है कि तुम मेहमान हो।"

"चलो, ठीक है! गाली-गलौज की भी, तो मेरा क्या आता-जाता है? चलो, उधर ही चलते हैं। ये लोग जमघट लगाये, क्या कर रहे हैं, चलो, देख आएँ।"

"कोई जरूरत नहीं है, बाप! चलो, हम इस जगह से खिसक लें।"

ज्यँ लम्बे-लम्बे डग भरते हुए, उल्टी तरफ मुड़ गया।

मैंने ज्यँ को रोकते हुए कहा, "सुनो, मेरा बहुत मन हो रहा है कि वहाँ जाकर देखूँ कि क्या हो रहा है।"

ज्यँ ने मेरा हाथ पकड़कर खींचते हुए कहा, "पागल हो? चलो, यहाँ से फूट लें।"

मैंने हाथ झटककर उसे डपटते हुए कहाँ, "तुम गाली-गलौज से इतना डरते हो?"

"बात गाली-गलौज तक होती, तो कोई बात नहीं थी। ये लोग तुम्हारी जान भी ले सकते हैं।"

"अरे, यह कैसी बात?"

"मैं सच कह रहा हूँ। इन लोगों को तुम नहीं जानतीं! ये लोग बेहद खौफनाक होते हैं।"

ज्यँ तेज़-तेज़ चलते हुए, मुझे वामपंथियों के जुलूस की तरफ ले जाना चाहता था। लेकिन जुलूस उस वक्त तक ख़त्म हो चुका था। जुलूस और मीटिंग के अलावा, सड़क पर ज्यादा राहगीर नजर नहीं आए। यह भी सुनने में आया कि इस दिन दायें और बायें में, सड़क पर खासी मार-पीट भी होती है। मार-पीट होती है? मैंने जिद की कि मैं वह मार-पीट देखूँगी।

ज्यँ ने कहा, "यह उम्मीद छोड़ दो। बायें की मीटिंग ख़त्म हो चुकी है–"

आखिरकार हम करीब के एक कैफे में जा बैठे। चाय पीते-पीते मैं रास्ते के किनारे के नज़ारे देखती रही। एक आदमी मूर्ति का स्वांग बनाकर खड़ा था, बिल्कुल भी हिलडुल नहीं रहा था। उसके सामने सिर की हैट उल्टी पड़ी हुई, ताकि कोई उसमें पैसे डाल दे। तीन लड़के मूकाभिनय कर रहे थे। उनके सामने भी टोपी पड़ी थी।

"ये लोग शायद पोलैंड के लड़के हैं! छात्र हैं। फ्रांस घूमने आए हैं। इसी तरह पैसे बटोरकर काम चला रहे हैं। वाह! ऐश में हैं! वसन्त की शुरुआत से लेकर, गर्मी के अंत तक, विद्यार्थी विभिन्न देशों की सैर को निकल जाते हैं। जिन छात्र-छात्राओं के पास घूमने-फिरने के लिए पैसे नहीं होते, वे लोग सड़कों पर गाने गा-गाकर, अभिनय दिखाकर, मूर्ति के रूप में सजकर, रुपये कमाते हैं। उन रुपयों से वे लोग रेल की टिकट कटाते हैं। रहने-खाने का खर्च पूरा करते हैं।"

उन लोगों को देखते हुए मैं सोचती रही कि हमारे देश के नौजवान, इसी तरह विदेशों की सैर में बिल्कुल दिलचस्पी नहीं रखते, आखिर क्यों? खाली जेब ये लोग भी घर से निकल पड़ने का जोखिम क्यों नहीं उठाते? यहाँ बहुत से ऐसे नौजवान भी हैं, जो स्कूल-कॉलेज की छुट्टियों में, रेस्तराओं में बर्तन घिसते हैं। इससे जो कमाई होती है, उसके सहारे दूसरे-दूसरे देश घूमने निकल जाते हैं। कोई मध्यवित्त लड़का, हमारे देश में बर्तन माँजने का काम करेगा भला? मेरा निश्चित विश्वास है कि वह ऐसा हरगिज नहीं करेगा। इसमें उनकी इज़्ज़त जाएगी। लेकिन हमारे शिक्षित, माँ-बाप के दुलारे लड़के यूरोप या अमेरिका में यही कर रहे हैं। उन्हें नहीं लगता कि इससे नाक कटेगी। वैसे यह बात भी सच है कि अपने देश के रेस्तरां में बर्तन माँजकर, आखिर कितने रुपए मिलने हैं। सड़कों पर वे मूर्ति का स्वांग भरते हुए खड़े रहें, तो भी उन्हें रुपए कौन देगा? यहाँ छोटे से छोटे काम के लिए, ढेरों रुपए मिलते हैं। छोटा काम है, इसलिए ठगा जा सकता है, इसकी कोई राह नहीं है! बहुत कम पैसे भी मिलें, तो भी घंटे भर के लिए पचास फ्राँ तो मिल ही जाते हैं। बांग्लादेशी रुपयों में चार सौ रुपये। हमारे लोगों में घंटे भर बर्तन माँजनेवाले को चार सौ रुपये कौन देगा? आखिर वे लोग भी कहाँ से दें? हमारे देश में कितने लोगों के पास धन-दौलत है? वहाँ तो नौकरी करके, डॉक्टर-इंजीनियर ही भला कितने रुपए कमाते हैं? जितना कमाते हैं, उससे घर का किराया तक चुकाना तो दूर की बात, हर दिन दोनों जून

का खाना तक नहीं जुटा पाते। इसीलिए तो लोग भ्रष्टाचार का सहारा लेने को लाचार होते हैं। लोग-बाग पुलिस की दुर्नीतियों के बारे में अक्सर बातें करते हैं। लेकिन पुलिस आखिर घूस क्यों न खाये? महीने में उसे कितनी तन्खाह मिलती है? उसे जो तन्खाह मिलती है, उसमें अपने बीवी-बच्चों समेत गुज़ारा करना क्या संभव है? दुर्नीति-दमन के बारे में लोग बड़ी-बड़ी बातें तो करते हैं। लेकिन यह दुर्नीति कभी नहीं मिट सकती, जब तक हर इन्सान की इतनी कमाई न हो, जिसमें उसके लिए रोटी-कपड़ा-मकान का इन्तजाम न हो सके। वैसे मैं यह भी सोचती हूँ कि बड़ी-बड़ी दुर्नीतियाँ तो बड़े-बड़े लोग ही करते हैं। जिनके पास अटूट दौलत है! मुट्ठीभर लोगों के पास अथाह दौलत है। लेकिन अधिकांश लोग काफी दुःख तकलीफ में गुज़ारा करते हैं। बस, किसी तरह सिर छिपाने का ठाँव हो और हर दिन, दोनों जून पेट भर खाना जुट जाए, तो देश के अधिकांश लोग खुश हो जाते हैं। अमीर देशों में खाना-कपड़ा और मकान के बाद भी, लोग और एक चीज़ की ज़रूरत महसूस करते हैं—मौज-मज़ा और फुर्ती की जरूरत! मौज-मज़ा और फुर्ती, हमारे देश में जरूरत नहीं। विलासिता समझी जाती है। ऐसा क्यों है? यह फर्क क्या दरिद्रता की वजह से है? या इसकी और भी कोई वजह है?

मेरा मन हुआ, ज्यँ से इस बारे में बात करूँ, मगर अगले ही पल मैंने यह इरादा टाल दिया। मैंने कोई उत्साह जाहिर नहीं किया। तरह-तरह की सोच, मेरे दिमाग़ में आती-जाती रहीं; जाती-आती रहीं, कहीं स्थिर नहीं हो पा रही थीं। बाताश में धूल की तरह, रुई के फाहों की तरह उड़ती रहीं। कूल-किनार खो जाता था, फिर लौट आता था। इन्सान की तो बस, एक ही जात होती है, फिर भी इनमें कितना-कितना फर्क़! किसी को मिलता है, किसी को नहीं मिलता। कोई खाता है, कोई फाके करता है। कोई सुख से ज़िन्दगी बसर करता है, कोई नहीं। किसी के पास सबकुछ है, किसी के पास कुछ भी नहीं। किसी के लिए ज़िन्दगी मौज-मजा खुशियों की छाँव है, किसी के लिए जहरबुझी, असहनीय! आज फ्रांस में जो बच्चा जन्म लेता है और जो बांग्लादेश में जन्म लेता है, उनमें आखिर क्या फर्क़ है? हाँ, इन्सान के तौर पर उन दोनों में कोई फर्क़ नहीं है, फिर भी कैसे भयंकर किस्म के अलग-अलग माहौल में, दो अलग-अलग देशों में, उनकी परवरिश होती है। वैसे मैं यह भी सोचती हूँ कि यह विलगाव क्या बहुत ज्यादा है? मैं पैरिस की अमीर, क्रिश्चन बेस के घर भी गई और ढाका के गुलशन में, इनाय तुल्लाह ख़ान की कोठी में भी गई, इन दोनों घरों में ऐसा कौन बड़ा फर्क़ है? इन दोनों की जीवनशैली में कहाँ फर्क़ है? नहीं, कोई ख़ास फर्क़ नहीं है। अमीर उमरा चाहे जिस भी देश में रसे-बसे हों, बेहद आराम और ऐश से हैं। हाँ गरीबों की स्थिति शायद बिल्कुल अलग है। बांग्लादेश के गरीब और फ्रांस के गरीबों की हालत एक जैसी नहीं है। गरीबों का जो चेहरा मैंने वेलमिल में देखा, अगर उन्हें गरीब कहेंगे, तो तेजगाँव बस्ती को क्या कहेंगे?

वे लोग बदबूदार कचरे पर बाँस गाड़कर, उस पर एक तख्ता बिछाकर अपनी झोंपड़ी बनाते हैं और गू-मूत में लिपटे, गुजारा कर रहे हैं। कभी-कभी तो पैरिस के रेस्तराँ में बैठे-बैठे ही अचानक तेज़गाँव बस्ती की बदबू मेरी नाक तक आ पहुँचती है। आजकल, चारों तरफ भूमंडलीकरण की बात की जाती है। यह भूमंडलीकरण आखिर किसके लिए? कहा जा रहा है कि दुनिया सिमटकर छोटी होती जा रही है! लेकिन किसके लिए? बांग्लादेश के एक आम इन्सान के लिए भूमंडलीकरण आखिर क्या मायने रखता है? वह तो सिर्फ जी-तोड़ मेहनत करता है, अमीरों को और अमीर बनाता है। भूमंडलीकरण में सिर्फ सामान वगैरह का ही तो, एक देश से दूसरे देश में अबाध आना-जाना होगा। गरीब देशों के चंद सामान विदेशी बाजारों में पहुँचेंगे। गरीब देशों के कितने इन्सान, सिर्फ चाहने भर से अपने देश की सरहद लाँघ पायेंगे? आदमी गरीब हो, तो उसके हाथ-पैर कैसे बँध जाते हैं! सीमाएँ कितनी नपी-तुली हो आती हैं! आजादी कितनी सीमित हो आती है! सभी लोग इसी धरती की सन्तान हैं, मगर किसी के लिए एक नियम है और किसी-किसी के लिए कुछ और नियम! किसी के लिए जिन्दगी, किसी के लिए मौत! किसी के लिए सुख और किसी के लिए दुःख!

यह 'सुख' शब्द अचानक मुझे हिला गया। क्या सिर्फ धन-दौलत होने भर से सुख मिल जाता है? मैंने तेजगाँव बस्ती की एक लड़की को देखा है! बदन पर फटे-चीथड़े। पाँव नंगे, अपनी माँ के बालों से जूँएँ निकालती हुई, खिलखिलाकर हँस रही थी। रेल-लाइन के किनारे, मिट्टी के चूल्हे में सूखे डाल-पत्ते झोंककर आग जलाये, बेटी की माँ भात उबाल रही है। माँ भी हँस रही है। उस ज़माने में माँ-बेटी, दोनों ही बेहद सुखी थीं और यहाँ, इसी पैरिस में क्रिश्चन के घर में, अथाह रुपए-पैसे-जायदाद के मालिक, उसके पति, टैनी को भी देखा है, जो अकेले कमरे में उदास और बुझा-बुझा बैठा रहता था। ना, ऐसा बिल्कुल भी नहीं लगा कि वह सुखी है।

ज्यँ मुझे होटल तक पहुँचाकर, सीधे टेलीविजन चला गया। वहाँ वह मेरे दिए हुए बंगला इंटरव्यू का फारसी अनुवाद, जिल को ही सौंप गया था। जिल ने होटल में ख़बर दे रखी थी कि मैं जैसे ही होटल पहुँचूँ, उसे फोन करूँ। फोन हाथों में लिए मैं बैठी रही। जानबूझकर ही मैं उसका नम्बर भूल गई थी।

क्रिश्चन का फोन आया! "उफ! तुम्हारा तो कोई अता-पता नहीं है, ब्यूटीफुल! दिन भर क्या करती रहीं? बताओ, उस दिन का सेमिनार कैसा लगा? जरूर हास्यास्पद लगा! तुम्हें पसंद नहीं आया होगा।"

मैंने शांत लहजे में जवाब दिया, "मुझे अच्छा लगा।"

"अरे, यह क्या कहती हो?"

"हाँ, बेहद अच्छा लगा। मैं वहाँ ज्यादा देर नहीं रुक पायी, मगर जिनसे बातचीत हुई, वे लोग बहुत प्यारे लोग थे। मुझे अच्छे लगे।"

क्रिश्चन ने ज़ोर का ठहाका लगाकर कहा, "असल में तुमने उन लोगों को पहचाना नहीं।"

मैंने बात और आगे नहीं बढ़ायी।

क्रिश्चन की अन्तरंग आवाज़ गूँज उठी, "अच्छा, बताओ, तुम्हें किसी चीज़ की जरूरत तो नहीं है?"

"नहीं, मुझे कुछ नहीं चाहिए।"

"क्यों नहीं चाहिए, भई? जो भी जरूरत हो, मुझसे कहना। मैं तुम्हारी सेवा में नियुक्त हूँ। यह बात भूलना मत।"

जब मिशेल ईडेल आई, मैंने उसे अपने कमरे में बुला लिया। हमने थोड़ी देर गपशप की, उसके बाद, कैफे द फ्लोर में चली आई। वहाँ बैठे-बैठे दोनों देशों में औरत की स्थिति के बारे में बातें करते रहे। वोट पर भी बातचीत होती रही। फ्रांस की औरतों को पचास साल पहले ही वोट का अधिकार मिल चुका है। मिशेल ने यह जानना चाहा कि वहाँ की औरत को वोट का अधिकार कब मिला? भई, सीधी-सी बात है सन् सैंतालिस में भारतवर्ष को ब्रिटिश-शिकंजे से रिहाई मिली, गणतंत्र की प्रतिष्ठा हुई। औरत-मर्द, दोनों को ही वोट का अधिकार मिला।

मिशेल की एक बात पर मैं इस कदर अवाक् हो उठी कि दो मिनट तक मेरी जुबान से कोई बात नहीं फूटी! उसने बताया कि स्विट्जरलैंड की औरतों को वोट का हक़, सन् उन्नीस सौ एकहत्तर में मिला।

वह रात मेरी आन्तोयानेत के घर पर गुजरी।

विशाल कोठी! आन्तोयानेत की ही एक भक्त ने, जिसका नाम भी मिशेल था। वीडिओ पर मेरा इंटरव्यू लिया।

मैं बेतरह सकुचायी हुई थी। इतने सवाल, इतने जवाब मेरी बर्दाश्त के बाहर था। मैं बार-बार वह इंटरव्यू खत्म करना चाहती थी, लेकिन, आन्तोयानेत फुक की इच्छा थी कि मेरी तमाम बातचीत वे रिकॉर्ड कर रखें। लेकिन क्यों?

"काम आएगा। हम तुम पर एक डॉक्यूमेंटरी बना रहे हैं—"

मेरी सकुचाहट और परेशानी धीरे-धीरे बढ़ती गई।

अगला दिन! सुबह नौ बजे जिल मेरे होटल आ पहुँचा। ख़बर पाकर मैंने गुसल किया। एक सफेद शर्ट और बादामी रंग की पैंट पहनकर, तरोताज़ा मिज़ाज, नीचे आई। हम चाय-नाश्ता लेकर आमने-सामने बैठ गए। जिल ने हजामत नहीं बनायी थी। बदन पर वही पहलेवाली काली जीन्स! उसके चेहरे पर हँसी झिलमिला रही थी।

"कैसी हो, तसलीमा?"

"अच्छी हूँ! तुम?"

"मैं भी ठीक हूँ—" जिल हँस दिया।

पिछली रात जिल ने कहा था कि आज वह ठीक नौ बजे आएगा। नौ बजे से अगर एक मिनट भी ज़्यादा देर हुई, तो मुमकिन है मैं निकल जाऊँ। मैंने मन ही मन कहा, ''निकल ही जाती। तुम्हारे लिए मैं भला क्यों इन्तज़ार करती, जिल?''

''सुनो, जिल, मैंने तुम्हें दो दिन का वक्त दिया, ताकि तुम नाताली के साथ मजे से वक्त गुजार सको। तुम्हें मेरी गुलामी न करनी पड़े।''

''अरे, नहीं, तसलीमा, यह तुम कैसी बातें करती हो? मैं तो हर पल तुम्हारे फोन का इन्तज़ार करता रहा। तुम्हीं ने फोन नहीं किया।''

''तुमने भी तो फोन नहीं किया।''

''किया था, तुम ही नहीं मिलीं।''

''वह तो मैं जानबूझकर नहीं मिली, ताकि तुम नाताली के साथ...''

''यह तुम कैसी बातें कर रही हो?''

''हाँ, सच!''

''तुम जानती हो, नाताली से मेरा कोई गहरा रिश्ता नहीं है। विश्वास करो, उसके साथ ज्यादा वक्त गुज़ारना, मुझे भला नहीं लगता। वक्त मानो गुजरना ही नहीं चाहता।''

—तो क्या मेरे साथ भला लगता है? मैंने मन ही मन कहा, तो तुम चले क्यों नहीं आए?

जिल की नीली-नीली आँखों में झाँकते हुए, मैंने कहा, ''तुमने तीन बार फोन किया था! यह भी कोई बात हुई? इसे क्या फोन करना कहते हैं?''

जिल हँस पड़ा, ''ठीक है! अब से मैं तुम्हें हर दस मिनट पर फोन खटखटाया करूँगा! ठीक है?''

पता नहीं क्यों तो जिल को देखते ही मुझे लगता है, मैं बिल्कुल ठीकठाक हूँ! मजे में हूँ! सारी थकान मिट गई है, सारी चिन्ता-परेशानी ख़त्म हो गई है।

इस बीच नाताली भी आ पहुँची। कल उसने फोन करके मुझसे कहा था कि आज वह मुझसे मिलने आएगी। यह नाताली, जिल की प्रेमिका, नाताली नहीं थी। यह नाताली बनफूरा पैरिस के सरवन विश्वविद्यालय में बंगला सीख रही थी। मेरी ख़बर उसे शिशिर भट्टाचार्य से मिली। शिशिर बांग्लादेश के आदमी हैं, कुछ सालों के लिए पैरिस, बंगला पढ़ाने आए हैं। नाताली से ख़बर पाकर, उसके पीछे-पीछे ही नीलरतन, भोला का बेटा भी आ पहुँचा, जो पैरिस में ही लिख-पढ़ रहा था। नाताली बेहद प्यारी लड़की! मुझे वह बेहद पसंद आई। मानो मैं उसकी बहुत पुरानी दोस्त हूँ! वह बेहद अच्छी बंगला बोलती है! बंगला लिखती भी अच्छा है!

मेरी बंगला लिखावट देखकर, जिल ने कहा, ''यह तो कोई भाषा नहीं है, आर्ट है!''

अचानक नाताली बोल उठी, वह मुझे फ्रेंच सिखाएगी।

"वाह! यह तो बहुत अच्छी बात है! सिखा दो न!"

"पहले-पहल तुम क्या सीखना चाहती हो?"

"मैं तुम्हें प्यार करती हूँ–"

"ज तेम!"

उसने छोटे-छोटे जुमले लिख डाले–कैसी हो? अच्छी हूँ! कामा सावा? सावा! धन्यवाद! म्यारसी!

मैंने जिल से कहा, "जिल ज तेम!"

जिल का चेहरा खुशी से चमक उठा। जवाब में उसने भी फ्रेंच भाषा में कुछ कहा, मैं समझ नहीं पाई।

नाताली और भी कई फ्रेंच शब्द लिखती रही।

जिल ने कहा, "आज मैं दिन भर तुम्हारे साथ रहूँगा। मुझे छोड़कर, कहीं और जाना, नहीं चलेगा। बिल्कुल नहीं चलेगा।"

इस बीच ज्यँ शर्ल भी आ पहुँचा। कल उसे टेलीविजन में, मेरे इंटरव्यू के बंगला अनुवाद में पूरे नौ घंटे लग गए।

जिल की तरफ विगलित हँसी उछालते हुए, मैंने शरारत से कहा, "ये साहब मुझे कल ऑपेरा ले गए थे।"

"क्या बात है, तुमने मुझे तो बताया नहीं कि तुम ऑपेरा गई थीं?" जिल ने मुझसे ही पूछा।

"याद नहीं रहा–" मैं मुस्कराती रही।

"याद नहीं रहा?" जिल हँस पड़ा! बिल्कुल शिशुवत् हँसी!

दोपहर के बारह बज गए!

क्रिश्चन ने सुबह ही होटल में फैक्स भेजकर यह खबर दी थी कि वह साढ़े बारह बजे आकर मुझे लिवा ले जाएगी और तीन बजे पहुँचा जाएगी!

ऑस्ट्रेलिया टेलीविजन से, किसी पीटर नामक सज्जन ने, पूरे चार पन्नों का लम्बा फैक्स भेजा था। पता नहीं, कहाँ से तो उस आदमी को मेरा पता-ठिकाना मिल गया। मैंने जिल से ही वह लम्बा फैक्स पढ़कर सुनाने को कहा। इतना लम्बा फैक्स मेरे लिए पढ़ना मुमकिन नहीं था।

जिल आज्ञाकारी बच्चे की तरह वह फैक्स पढ़कर मुझे सुनाने लगा।

क्रिश्चन आ पहुँची। मैं जिल समेत निकल पड़ी। सीधे एडीशन स्टॉक, क्रिश्चन के प्रकाशन-संस्थान में जा पहुँची। प्रकाशन की यह इमारत खासी बड़ी! वहाँ मुझे देखकर, सभी लोग उच्छ्वसित हो उठे। पता नहीं कितने लोगों की तरह, उनका चुम्बन पाने के लिए, मुझे अपने गाल बढ़ाने पड़े। मुझे इन सबकी आदत नहीं थी। लेकिन उनकी आदत के आगे मुझे अपने दोनों गालों का विसर्जन देना ही पड़ा!

रात को एलिज़ाबेथ आ पहुँची! उसने अपनी डॉक्यूमेंटरी की वीडियो प्रति मुझे

सौंप दी, जो उसने ढाका जाकर तैयार की थी।

"पता है, बाइस देशों ने यह डॉक्यूमेंटरी खरीद ली है। स्विट्ज़रलैंड, इटली, स्पेन, हॉलैंड, स्वीडन, डेनमार्क, अमेरिका...।" एलिज़ाबेथ ढाका में जैसे रहस्यमय पर्त में लिपटी नजर आती थी, इस बार ऐसी नहीं थी।

उसने बताया, "पता है, ढाका में काफी झमेला हुआ था। जब वह शाखारीपट्टी पहुँची, तो उसके पीछे-पीछे पुलिस भी पहुँच गई। उसके वहाँ जाने के बारे में पुलिस को कैसे पता चल गया, यह ॱ न आज भी उसके लिए पहेली बनी हुई है। फैयाज़ नामक जो लड़का उसके लिए ब ग से फ्रेंच अनुवाद का काम कर रहा था, एलिज़ाबेथ के चले आने के बाद, पुलिस उर पकड़ ले गई। थाने में ले जाकर पुलिस ने उससे हज़ारहा सवाल किए। पुलिस की ॱजह से ही मैं शाखारीपट्टी में तस्वीरें नहीं ले पायी।"

मैंने अचरज जाहिर किया, "बाइस देशों ने तु हारी फिल्म ख़रीद ली? हैरत है!"

"हाँ, उन लोगों को यह फ़िल्म बेहद पसंद आई। मेरे पास ढेरों चिट्ठियाँ आ रही हैं। वे लोग तुम्हें भी अपनी संवेदना देना चाहते हैं। तुम्हारा पता माँग रहे हैं।"

"तुम अब दुबारा ढाका नहीं जाओगी?"

एलिज़ाबेथ हँस पड़ी, "मेरे लिए ढाका जाने की राह, शायद बंद हो चुकी है। मुझे नहीं लगता कि वे लोग मुझे अपने यहाँ दुबारा घुसने देंगे।"

एलिज़ाबेथ के जाते ही नाताली आ पहुँची। उसके साथ नीलरत न और श्यामल चक्रवर्ती नामक एक लड़का! श्यामल, नीलरतन का दोस्त था। नीलरतन खाना पकाकर ले आया था। मुर्गी, फूलगोभी और बासमती चावल का भात! नील ने खाने के लिए चम्मच भी रखा। मगर मैंने चम्मच हटा दिया और भात में अपनी उँगलियाँ डुबो दीं। कितने दिनों बाद, भात का स्वाद मिला था।

श्यामल बार-बार कहता रहा, "दीदी, कितने दिनों से आपसे मिलने की चाह थी! बेहद भला-भला लग रहा था, दीदी!"

नाताली आते ही कानों में वाकमैन लगाकर बंगला गाने सुनने बैठ गई। नाताली आपादमस्तक फ्रेंच लड़की थी, मगर क्या बढ़िया बंगला बोलती-लिखती है। बंगला गीतों की वह दिवानी है।

मैंने पूछा, "एइ, तुम साड़ी पहनना जानती हो?"

उसने इन्कार में सिर हिला दिया।

मैंने उसे लाल-सुर्ख रंग की साड़ी दी। नीलरतन को एक शर्ट भेंट किया।

"यह ले जाओ! मुझे इसकी ज़रूरत नहीं है!"

सौगात पाकर दोनों अत्यंत प्रसन्न हुए!

श्यामल मेट्रो में मूँगफली बेचता था। उसने यहाँ राजनैतिक शरण माँगी है। उसे अभी तक यह नहीं मालूम कि फ्रेंच सरकार उसे आश्रय देगी या नहीं। अगर

उसे शरण नहीं मिली, तो उसे अपने देश लौट जाना होगा। मूँगफली बेचकर, दिन में सौ फ्रॉं कमा लेता है।

"यहाँ चीजों के दाम काफी महँगे हैं! इतने रुपयों में भला गुजारा हो जाता है?"

"बस, जैसे-तैसे से किसी तरह गुजारा हो जाता है।"

श्यामल बेहद करुण लहजे में बताता रहा, "एक ही कमरे में हम सात-आठ लोग ठुँसकर रहते हैं। यहाँ बंगाली लोग, मेट्रो स्टेशन पर मूँगफली या कपड़े या फल-फूल बेचते हैं। यह सब बेचना मेट्रो में निषिद्ध है। पुलिस अक्सर उन्हें पकड़ ले जाती है। मार-पीट करती है।"

मैं खाते-खाते, श्यामल की बातें सुनती रही।

"पन्द्रह तारीख को टेलीविजन पर आपका एक प्रोग्राम देखा। दो घंटे पहले से ही, वे लोग घोषणा करते रहे। मैं आपका कार्यक्रम देखने को बैठा रहा। आपको कार्यक्रम में देखकर, कितना अच्छा लगा, दीदी!"

नीलरतन ने कहा, "अभी उस दिन यहाँ के अखबार में पढ़ा कि फ्रांस के स्कूल-कॉलेज आप पर एक सेमीनार करने वाले हैं। गर्व से हमारी छाती फूल गई।"

खाना-पीना ख़त्म करके, हम सभी बाहर निकल आए। रात में जगमगाते पैरिस के नज़ारे का आनंद लेते हुए, मैं काफी दूर तक पैदल-पैदल ही चलती रही। बंगला में बातें करते-करते आगे बढ़ती गई।

रात को ऑस्ट्रेलिया टेलीविजन से फोन! वे लोग मुझ पर डॉक्यूमेंटरी बनाने के लिए बांग्लादेश जाना चाहते थे। उन लोगों ने यह जानना चाहा कि मैं राजी हूँ या नहीं। मैं यह सब काण्ड जितना देख रही थी, अवाक् हो रही थी। मैं तो वही मैं हूँ। वही 'अवकाश' की मैं!

उस रात नाताली, मेरे कमरे में ही ठहर गई। काफी रात तक गपशप होती रही। सुबह टेलीफोन की आवाज़ पर नींद टूटी। नीचे फोटोग्राफर इंतज़ार कर रही थी। किसी गामा या सिग्मा फोटी एजेंसी से आई थी। मैंने उनसे कहा, "मैं नीचे नहीं आ सकती, अगर वह चाहें, तो ऊपर चले आएँ।" वह लड़की मेरे कमरे में चली आई और पागलों की तरह मेरी तस्वीरें उतारती रही। तस्वीरें लेने का कार्यक्रम अभी ख़त्म भी नहीं हुआ था कि तुलूज से कैरोलीन मेकंजी आ पहुँची। हम सब उस वक्त चाय पी रहे थे। फोटोग्राफर अभी भी इंतज़ार कर रही थी।

कैरोलीन काफी करीब, मेरे आमने-सामने आ बैठी।

उसने अनुरोध किया, "अपना एक उपन्यास हमें छापने के लिए दें।"

"उपन्यास तो मेरे पास कोई भी नहीं बचा है। सारा कुछ एडीशन स्टॉक को थमा दिया।"

"उपन्यास न दे सकें, तो कम से कम अपना कोई कहानी-संग्रह दे दें।"

"मेरे पास कुछ भी नहीं है! कहानियाँ जो हैं, मैं स्टॉक को देने का वादा कर चुकी हूँ।"

"लेकिन हमें तो आपकी किताब चाहिए ही चाहिए। हमलोग कब से आपको ढाका फोन करते रहे हैं, फैक्स भेजते रहे हैं। आपको कोई न कोई किताब तो हमें देना ही होगी, तसलीमा! हम पर मेहरबानी करें। सितंबर में आपकी 'लज्जा' प्रकाशित हो रही है। इसी सितंबर तक मुझे भी किसी कहानी-संग्रह की पांडुलिपि दे दें! आपको देना ही होगा।"

मुझे 'ना' करना नहीं आता। पता नहीं, 'ना' कहने में मुझे तकलीफ क्यों होती है। इंकार करते हुए, मेरी आवाज़ ही नहीं फूटती! बड़ा-सा 'ना' कह दूँ, बात ख़त्म! लेकिन इंकार करने में, मुझे शर्म आती है। जिससे इंकार करती हूँ, उस इंसान के लिए कैसी तो ममता जग उठती है। मैं बखूबी जानती हूँ, मैंने ऐसा कुछ नहीं लिखा, जो फ्रेंच में प्रकाशित होने के काबिल हो! 'लज्जा' तो हरगिज नहीं! क्रिश्चन ने जब माँग की कि अब तक मैंने जितना कुछ लिखा है, सब उसे सौंप दूँ, तो मैं सच ही शर्म से धँस गई। आन्तोयानेत फुक और मिशेल ईडेल, जब किताब के लिए पीछे पड़ीं, मुझे कम शर्म नहीं आई, लेकिन फिर भी बेहद सकुचाते हुए मैंने 'निर्वाचित कलाम' सौंप दिया। 'निर्वाचित कलाम' में मैंने जिस स्वाधीनता की बात कही है, वह स्वाधीनता यहाँ की औरतों ने बहुत पहले ही हासिल कर ली थी। मेरा नारीवाद इन लोगों के लिए नितांत पुरानी बात है। मैंने जो कुछ थोड़ा-बहुत लिखा है, वह सब हमारे देश और समाज के बारे में है। यह फ्रेंच बिरादरी सुदूर देश के रोजमर्रा की समस्याओं से कितनी जुड़ी हुई है? कैरोलीन अनुबंध-पत्र ले आई थी।

मैंने कह दिया, "अभी मैं दस्तख़त नहीं करूँगी। पहले देश वापस जाकर देखूँ, कहानियाँ मेरे पास हैं या नहीं। अगर हैं, तो उनमें से कौन-कौन सी आपको भेजी जा सकती हैं।"

कैरोलीन ने मुझे एक पैकेट थमाकर कहा, "यह तुम्हारे लिए है।"

मैंने पैकेट खोलकर देखा। उसमें एक घड़ी थी।

"ज्यँ शर्ल ने बताया कि तुम्हें एक घड़ी की ज़रूरत है।"

मैंने ज्यँ शर्ल से बिल्कुल नहीं कहा था कि मुझे घड़ी चाहिए। ज़रूर उसने गौर किया होगा कि मेरी कलाई में घड़ी नहीं है। मैंने पैरिस में देखा, बहुत-सी लड़कियाँ रंग-बिरंगी घड़ी पहनती हैं। मेरे लिए रंगीन घड़ी पहनना बिल्कुल संभव नहीं था। जाने कैसी तो बच्चा-बच्चा लगती हैं ये घड़ियाँ! उन दिनों भी मुझे स्विस घड़ियों के बारे में कोई जानकारी नहीं थी। घड़ियाँ रंगीन भी हों, तो क्या फर्क़ पड़ता है? ये घड़ियाँ काफी महँगी होती हैं। इधर फोटोग्राफर की मशीनगन चलती रही! क्लिक! क्लिक! क्लिक! कहीं कोई विराम नहीं! इतनी तस्वीरें उतारकर आखिर होंगी क्या? इतनी तस्वीरों का क्या होगा?

नाताली ने बाद में बताया, ''तुम्हें समझ नहीं आता कि ये लोग तस्वीरों का क्या करेंगे? बेचेंगे।''

''बेचेंगे? कहाँ?''

''फ्रांस के अख़बारों में! विभिन्न देशों की पत्रिकाओं में! सिर्फ क्या पत्रिका में? किताबों की प्रकाशन संस्था है, पोस्टर की कंपनियाँ हैं, टेलीविजन हैं...''

क्लिक-क्लिक के जाते, न जाते ही ला ह्युमैनिते के पत्रकार आ पहुँचे। ला ह्युमैनिते वामपंथियों की पत्रिका है। उन पत्रकारों से समाजतंत्र के बारे में काफी बातें हुईं। मैं समाजतंत्र पर क्यों विश्वास करती हूँ। सोवियत यूनियन के पतन के बाद मैं क्या आशावादी हूँ, अगर हूँ तो क्यों?

इंटरव्यू जब चल ही रहा था, तभी जिल आ पहुँचा। मुझे रेडियो जाना था। मैंने नाताली को भी साथ ले लिया। ज्यँ शर्ल वहाँ पहले से ही पहुँचा हुआ था। मैं और वह पत्रकार महिला, जो मेरा इंटरव्यू लेने वाली थी, एक गोल मेज़ के सामने जा बैठे। मेज़ पर एक माइक्रोफोन! काँच की दीवार के उस पार एक कमरा! अंग्रेजी में सवाल किया जाना था, मुझे बंगला में जवाब देना था, शर्ल उसी पल, उसे फ्रेंच में अनुवाद करता जाएगा। नाताली भी एक कुर्सी पर बैठ गई। काँच की दीवार के उस पारवाले कमरे में रिकॉर्डिंग हो रही थी। जिल भी उसी कमरे में खड़ा था। मैं एक-एक सवाल का जवाब देती जा रही थी और हर बार जिल की तरफ देख लेती थी। जिल के होठों पर मंद-मंद मुस्कान! आँख दबाकर, वाह-वाह जाहिर कर रहा था। जिल मुझे इतना अपना लगा कि ग़लती से मैं उससे बंगला बोलने लगी!

रेडियो से निकलकर, हमने एक टैक्सी ली और पिकासो म्यूज़ियम जा पहुँचे। पैरिस की धरती पर कदम रखते ही, पिकासो म्यूज़ियम देखने की चाह मन में पल रही थी।

जिल ने कहा, ''लगता है, बंद है! फिर भी चलो, देखते हैं।''

वहाँ पहुँचकर देखा गया, म्यूज़ियम सच ही बंद है। पैरिस के विविध म्यूज़ियम में से कोई सोमवार को बंद रहता है, कोई मंगलवार को। ऐसा नहीं है कि हफ़्ते में दो दिन, शनि-रविवार को तमाम म्यूज़ियम बंद रहें।

वहाँ से चलते-चलते, रास्ते में फिर कुछ खाने का मन हो आया। हम सब किसी रेस्तराँ में दाखिल हो गए।

जिल ने कहा, ''यह यहूदियों का रेस्तराँ है। इनका खाना बहुत लज़ीज़ होता है!''

रेस्तराँ की सूरत-शक्ल भी बिल्कुल अलग। मानो कोई ध्वंसस्तूप हो या कोई गुफा! इसकी डिज़ाइन ही ऐसी बनाई गई थी! हमारे देश में जैसे घर-मकानों पर रंग-रोगन करते ही, उसे खूबसूरत मान लेते हैं। यहाँ ऐसा नहीं है। मकान या कोठी जितनी पुरानी, जितनी प्राचीन, मलिन होती है, उसे उतनी अधिक मर्यादा दी जाती है। पैरिस के तमाम बड़े-बड़े मकान पत्थर के बने हुए! इस पर रंग-रोगन की ज़रूरत

नहीं होती। पत्थर के बने हुए ये घर-मकान ही पैरिस की खूबसूरती हैं। यहाँ सीमेंट के घर-मकान चाहे वे कितने भी ऊँचे हों, झक्झक् हों, उन्हें खूबसूरत नहीं माना जाता। हम अपनी ही बात लें। पुराने घर-मकानों को तोड़-ताड़कर, नए मकान बनाने की धूम मची है। हमारा 'अवकाश' बेहद पुराना मकान है। विशाल-विशाल दरवाजे-खिड़कियाँ, ऊँची-ऊँची सीलिंग! दीवारों पर उकेरी गई नक्काशी, अब बिल्कुल ही खूबसूरत नहीं मानी जाती। घर के प्रायः सभी लोगों का मन है कि 'अवकाश' को ढहाकर, नई डिज़ाइन का मकान खड़ा किया जाए। इसके अलावा काठ के नक्काशीदार, पुराने फर्नीचरों को भी, अगर वश चले, तो तोड़-ताड़कर चकनाचूर कर दिया जाए। घर के प्रायः सभी लोग यही चाहते हैं। सिंह के मुँह वाले, पलंग के पायों को अब पुराना और सड़ा हुआ माना जाता है। इनके मुकाबले किसी पायेहीन बक्सेनुमा पलंग को खूबसूरत और आधुनिक मानते हैं। आधुनिक फर्नीचर, घर-मकान के प्रति वहाँ के लोगों के मन में तीखा आकर्षण आ समाया है। पैरिस में ठीक इसका उल्टा! विशाल, झक्झक्-जगमग, अत्याधुनिक-दुकानों की खिड़कियों पर, जूट के बोरे, जली हुई ईंटें, टूटी हुई ईंटें, बेजान-मुर्दा डालें सजी रहती हैं। यह सब देखकर मुझे एक बात का अहसास होता है कि आधुनिकता के चरम शीर्ष तक उठकर, इन लोगों के मन में अब आधुनिक के प्रति आकर्षण नहीं रहा और प्राचीनतम देशों में जहाँ पैंया-पैंया चलती हुई आधुनिकता ताक-झाँक करने लगी है, वहाँ इंसान हड़बड़ाए-से उन्हें कसकर जकड़े हुए हैं! आधुनिकता का आखिर क्या मतलब है? मैंने अपने से ही सवाल किया। स्थापत्य, असबाब, पोशाक में नए-नकोर ढंग का नाम ही आधुनिकता है! मन की आधुनिकता को अगर सच्ची आधुनिकता मान लूँ, तो धनी, दरिद्र, नए-पुराने सभी देशों में आधुनिकता मौजूद है। भले देश या समाज भिन्न हो सकता है, लेकिन हमलोग, जो पुराने मूल्यबोध को पीछे छोड़कर, नई दिशा में, नए सिरे से, नए तरीके से, नए समय के बारे में चिंतन-मनन कर रहे हैं, उन लोगों की ध्यान-धारणा-भावना एक है। और जो लोग धर्मांधता, अज्ञता, हिंस्रता वगैरह ही लिए पड़े हैं, उन लोगों के आचरण भी बिल्कुल एक जैसे हैं।

"देखा न, यहूदियों के खाने का बिल्कुल अलग है–" जिल ने कहा।

"ऐसा क्यों होने लगा? कोई भी खाना, धर्म पर आधारित नहीं होता। यह सब देश पर आधारित होता है, इलाकों से जुड़ा होता है।"

जिल ने इंकार में ज़ोर-ज़ोर से सिर हिलाकर कहा, "यहूदियों का खान-पान बिल्कुल ही अलग है।"

"तुम यह क्या अजूल-फजूल बक रहे हो? तुम किसी भी खान-पान के बारे में यह नहीं कह सकते कि यह खाना मुसलमान का है, यह ईसाई का! यह यहूदी का! फ्रांस में जो यहूदी हजारों साल से रसे-बसे हुए हैं, उनका खान-पान, यहूदी के आम खाने जैसा क्यों होने लगा! वह खाना तो फ्रेंच जैसा होगा। बांग्लादेश के मुसलमानों

का खाना और ईराक के मुसलमानों का खाना एक नहीं होता। भारत के ईसाइयों का खाना और इटली के ईसाइयों का खाना एक नहीं हो सकता। अरब के यहूदी और जर्मनी के यहूदियों का खाना भी एक जैसा नहीं होता।

"उहुँ, एक होता है!"

"भई, एक होने की कोई वजह नहीं है।"

"एक है! बिल्कुल एक है! क्योंकि सभी देशों में वे लोग अपना ख़ास-ख़ास खाना, एक ही प्रणाली से तैयार करते हैं।"

"नहीं, मैं तुम्हारी बात नहीं मान सकती।"

"न मानो, तो मैं कुछ नहीं कर सकता लेकिन जो मैंने कहा, वही सच है! हर देश के यहूदी, एक ही विधि से अपना खाना तैयार करते हैं।"

मैंने भी ज़ोर-ज़ोर से सर हिलाकर कहा, "धर्म के साथ खाने का कोई रिश्ता नहीं, हो ही नहीं सकता। इस बारे में, मैं निश्चित हूँ कि भारत के यहूदी और फ्रांस के यहूदी, एक ही किस्म का खाना नहीं बनाते। भारत के उत्तरांचल के हिंदू और दक्षिणांचल के हिंदुओं का खाना ही बिल्कुल अलग-अलग है। यह सब इलाकों पर निर्भर करता है। उस इलाके की संस्कृति पर टिका है।"

जिल ने अपनी राय वापस नहीं ली, मैं भी अपनी राय पर डटी रही।

जिन-जिन खानों का ऑर्डर दिया गया था, एक-एक करके सब मेज पर हाज़िर किए गए। सभी खानों में थोड़े-बहुत बैंगन मौजूद! वह भी निरे बेस्वाद! कड़वे! जिल की प्लेट में उबली हुई, बड़ी-सी मिर्च! साग-पत्तों में भात भरकर, उसे लपेट दिया गया था। कैसा विचित्र खाना है, बाप! मुझसे वह खाना खाया ही नहीं गया। जिल ने मेरी प्लेट से खाने का कुछ हिस्सा उठा लिया, मैंने जिल की प्लेट से। बस्स!

रेस्तराँ से निकलकर, जब हम पैदल ही पैदल आगे बढ़े, अचानक मेरी निगाह एक रेस्तराँ पर पड़ी! रेस्तराँ का नाम वाल्टेयर! उस सड़क का नाम भी वाल्टेयर!

"वाल्टेयर क्या यहीं रहते थे?"

"नहीं, सम्मान जाहिर किया गया है।"

ज्यँ शर्ल ने कहा, "किसी दिन, तसलीमा के नाम पर भी सड़क बनेगी।"

मैंने ज़ोर का ठहाका लगाया।

मॉडर्न आर्ट म्यूज़ियम को बाहर से देखो, तो लगता है यह कोई तेल का कारखाना है। म्यूज़ियम की दीवाल तरह-तरह के नलों से बनाई गई है! उस इलाके में लोगों की थोड़ी-बहुत भीड़ हर वक्त ही लगी रहती है। नाताली ने बताया कि यहाँ काफी सारे बंगाली काम करते हैं। रास्ते में किसी बंगाली पर नज़र पड़ते ही, वह हँसकर मेरी तरफ देखती और कानों में फुसफुसाकर कहती थी, "देखा न! बंगाली है।" मैंने कुछेक बंगालियों को देखा, जो रास्ते में खड़े-खड़े, चावल पर नाम लिखकर, लॉकेट बेच रहे थे। इत्ते-से चावल पर नाम कैसे लिख लेते हैं, मेरे पल्ले नहीं पड़ा। मेट्रो

में हम रेल पर सवार हो गए। वहाँ मूँगफली बेचनेवाला, कोई बंगाली नज़र नहीं आया। नाताली ने बताया, अब गर्मी पड़ने लगी है न, वे लोग बाहर चले आए होंगे।

अचानक एक पार्कर कलम खरीदने का शौक हो आया मगर काफी महँगे दाम थे।

"जिल, हमारे देश में भी पार्कर कलम मिलता है, मगर, इतने महँगे नहीं होते।"

"ज़रूर वे असली नहीं होंगे! नक़ली होंगे। इसीलिए दाम कम होंगे। तुम पैरिस से ही पार्कर खरीदो। ये असली होते हैं।"

"लेकिन पार्कर की बॉडी पर ठीक इसी तरह की लिखावट होती है। हमारे देश के कलम असली क्यों नहीं होंगे?"

"मुमकिन है, उन कलमों की निब इतनी अच्छी न हो, जितनी यहाँ की अच्छी होती है।"

जिल अपनी राय बदलने को कतई तैयार नहीं था। आखिरकार, ऊँचे दाम देकर ही पार्कर कलम खरीद ली गई। जब भी किसी क़ीमत पर नज़र पड़ती है, मैं झट् आठ से गुणा कर डालती हूँ। किताब की दुकान में दाखिल होने के बावजूद, कोई किताब खरीदी नहीं जा सकी। ल्यूवर पर एक भारी-भरकम किताब! ना, न तो क़ीमत चुकाना मेरे वश में था। न उसका वजन उठाना! इसलिए वह किताब ख़रीदने का इरादा मैंने ख़ारिज कर दिया। किताबों की दुकान में, कुछ देर और ठहरना चाहती थी, मगर वक्त नहीं था। टेलीविजन पहुँचना है, जिल ने हड़बड़ी मचाई!

"धत्! इतना टेलीविजन मुझे नहीं सुहाता! कितना-कितना तो हुआ!"

"बस, यही आखिरी प्रोग्राम है!" जिल ने अनुनय किया।

एक प्रश्न! एक उत्तर! अब अच्छा नहीं लगता है। 'लज्जा' सरकार ने क्यों ज़ब्त की! फतवा क्यों दे डाला? फतवा पाकर मुझे कैसा लग रहा है? देश में मेरे पक्ष में कोई समर्थन है या नहीं—यही-यही सवाल! फ्रेंच लोगों ने यह सब तो सुन ही लिया, और कितना सुनेंगे? अब, सच ही मुझे भला नहीं लगता।

जिल ने कहा, "मैं समझता हूँ! तुम्हारी जगह अगर मैं होता, मुझे भी यही लगता, जैसा तुम्हें लग रहा है! लेकिन क्या बताऊँ, उन लोगों ने मुझे यूँ पकड़ लिया है, लेकिन, यह आखिरी बार है। इसके बाद, मैं तुम्हें तंग नहीं करूँगा।"

मैंने शांत लहजे में कहा, "सुनो, जिल, मैं एक आम इंसान हूँ। बेहद सरल भाषा में बेहद मामूली कृति रचती हूँ। मुझे लेकर इतना कोहराम क्यों मचा है? मैंने तो सोचा था कि स्ट्रॅसबर्ग का कार्यक्रम पूरा करके मैं अपने देश लौट जाऊँगी। हाँ, इस दौरान पैरिस भी देख लूँगी। अर्से से मेरे मन में पैरिस देखने का सपना पल रहा था। इतना सब रेडियो-टेलीविजन करने के बजाय, पैरिस का सैर करती, तो मुझे अच्छा लगता या तुम लोगों के साथ अड्डा देती, गपशप करती। तो मुझे ज्यादा

खुशी होती।''

जिल ने लंबी उसाँस भरी। जिल भी शायद अपने संगठन की नौकरी से बँधा हुआ है। कुछ भी उसके वश में नहीं है। मुझे यहाँ रिपोर्ट्स सां फ्रंटियर्स और आर्ते टेलीविजन लाया था। मुझ पर इतना-इतना ख़र्च किया है। चलो, जो-जो इनका अनुरोध है, मान लिया जाए। कल ही तो मुझे चले जाना है।

होटल पहुँचकर, जिल ने कहा, ''तुम्हें मैं तीन मिनट का समय देता हूँ! फटाफट तैयार हो जाओ।''

जिल को मनाकर, मैंने उससे दस मिनट का वक्त लिया और नहा-धोकर एक बालुचरी साड़ी पहन ली! गहरे कत्थई रंग की साड़ी! जिल को यह रंग बेहद पसंद है!

बहुत पहले ही यह साड़ी देखकर जिल ने फर्माइश की थी, ''किसी दिन यह साड़ी तुम्हें पहननी पड़ेगी! कम से कम मेरे लिए!'' साड़ी के आँचल पर एक लड़की हाथ में कलसी लिए! एक लड़का घोड़े पर सवार! यह नक्शा देखकर उसने कहा था, ''प्रेम-प्यार की कहानी मैं भी समझता हूँ।''

जब मैं नीचे उतरी, जिल मेरी साड़ी का आँचल छूकर, मंद-मंद मुस्कराता रहा। उसकी दोनों आँखें भी हँस पड़ीं। टेलीविजन पहुँचकर, मैंने देखा, प्रचंड व्यक्तित्व की कई-कई महिलाएँ, वहाँ पहले से ही मौजूद थीं। महिला-पत्रकार और महिला फोटोग्राफर देखकर मुझे बेहद भला लगता है। हमारे देश में गिनती की ही कुछेक महिलाएँ पत्रकारिता से जुड़ी हुई हैं। और करें भी क्या? पढ़ाई-लिखाई अभी पूरी भी नहीं होती, उन्हें विवाह के पाटे पर बैठ जाना पड़ता है। उसके बाद, उनके पति-परमेश्वर जो-जो हुक्म करें, लड़कियाँ सिर झुकाए-झुकाए उनका पालन करती हैं। मर्द की बगल में बैठकर लिखना-पढ़ना, ख़बरें जुटाने के लिए दौड़-भाग करना। औरतों को शोभा नहीं देता, हमेशा यही फैसला लिया जाता रहा है। जो महिला मेरा इंटरव्यू लेने वाली थीं, उन्होंने मुझसे अनुरोध किया कि मैं उनके सवालों का जवाब बंगला में ही दूँ। फ्रेंच लोग अंग्रेजी पसंद नहीं करते थे। अंग्रेजी उन्हें आती भी हो, तो भी यथासंभव अंग्रेजी नहीं बोलना चाहते। बातचीत अगर करनी है, तो मैं अपनी मातृभाषा में ही करूँ। चाहे जितना भी ख़र्च लगे, वे लोग अनुवादक बुला लेंगे, मगर मुझे अंग्रेजी नहीं बोलने देंगे। अंग्रेजी भाषा, ये फ्रेंच लोग बिल्कुल भी पसंद नहीं करते। लगता है, इस अनिच्छा के पीछे, अर्से से चला आता हुआ अंग्रेजों से इनका विरोध, काम करता है।

बंगला से फ्रेंच में अनुवाद के लिए वे लोग किसे बुलाएँ? ज्यँ शर्ल दाँत के डॉक्टर से मिलने गया था। वह नहीं आ सका। साढ़े छः बजे यह कार्यक्रम टेलीकास्ट होना है इसलिए अनुवाद की अभी ही सख़्त जरूरत है। अस्तु, नाताली, तुम यह काम कर पाओगी? नाताली मारे खौफ के नीली पड़ गई। उसके पास जितनी-सी बंगाली विद्या है, उसे अपने पर भरोसा नहीं हुआ। इसलिए मुझे ही बंगला में बोलकर

मुश्किल से उसका अंग्रेजी में अनुवाद करके, मैं उन लोगों को थमा आई। बाद में नाताली उसे फ्रेंच में लिख लेगी। वह टीवी में ही रुक गई। अब मेरे बारे में होरिया मीना बोलेंगे! मेरे बाद ही, उनका कार्यक्रम था।

अब जिल प्रायः दौड़ते-हाँफते, मुझे लेकर शर्ल्स में लिज़र फन्याके पहुँचा। फन्याके को साहित्य-संस्कृति का केंद्र कहा जाता है। यहाँ किताब वगैरह, गाने के सरंजम, कैसेट, सीडी वगैरह सभी कुछ बिकता है, साथ ही यहाँ साहित्यिक-सांस्कृतिक कार्यक्रम भी होते रहते हैं। प्रायः लेखक अपनी किताब से पढ़कर सुनाते हैं। इन दिनों फन्याके में अंतर्राष्ट्रीय प्रेस की आज़ादी दिवस का पालन किया जा रहा था। यहाँ बड़ी-सी प्रदर्शनी भी लगाने का कार्यक्रम है। रिपोर्ट्स सां फ्रंटियर्स ने इस मौके पर आलोचना सभा का आयोजन किया है।

जिल ने कहा, "लगता है, यहाँ तुम्हें अंग्रेज़ी में ही बोलना होगा। ज्यँ शर्ल तो आ नहीं पा रहा है। बंगला से फारसी करनेवाला कोई नहीं है। रही मेरी अंग्रेजी? मेरी अंग्रेजी में अपनी पसंद का कोई शब्द ही ढूँढ़ने से नहीं मिलता। बहरहाल, रेडियो-टीवी में भले कुछ होता हो, मैंने जो कुछ कहा, सारा कुछ फारसी में फटाफट अनुवाद होता गया। लेकिन यहाँ एकबारगी दर्शक-श्रोता के सामने! कहीं, एक भी कुर्सी खाली नहीं थी। समूचा कमरा भीड़ से खचाखच भरा हुआ! बहरहाल, फ्रेंच लोग अच्छी अंग्रेजी नहीं जानते, बस, इसी बात का भरोसा था। जब मैं यही सब सोच रही थी, मैंने देखा झुंड भर बंगाली मेरे सामने हाज़िर हो गए। उस झुंड में नीलरतन, पार्थप्रतिम मजुमदार वगैरह भी थे। पार्थ बांग्लादेश का लड़का! मूक अभिनय में माहिर! ढाका में मुझसे मिलने के लिए जब मेरे घर आया था, तभी उससे परिचय हुआ था। पैरिस के रिवाज मुताबिक मैंने पार्थ से हाथ मिलाया।

"किसी बंगाली की खोज हो रही थी, आप मिल गए।"

तब तक ढेर सारे बंगालियों ने मुझे घेर लिया। मैं कब आई, कहाँ ठहरी हूँ, कितने दिनों रहूँगी वगैरह हज़ारहा सवाल! सब के सब उच्छ्वसित!

पार्थप्रतिम, जैसे हज़ारों सालों से मेरा दोस्त!

वह बार-बार उपालंभ देने लगा, "जिस दिन तुम यहाँ आईं, उसी दिन हमें ख़बर क्यों नहीं दी? एक फोन नहीं कर सकती थीं? हम तुम्हें सादर अपने घर तो आमंत्रित कर पाते—"

पार्थ के करीब ही खड़े, एक और सज्जन ने कहा, "चलिए, आज मेरे यहाँ चलिए! कम से कम एक वेला तो हमारे साथ खाना खाएँ।"

मैं कल ही वापस जा रही हूँ, यह सुनकर सबने समवेत स्वर में अफसोस जाहिर किया। उन लोगों को पहले ही मेरे आने की ख़बर क्यों नहीं लगी! मैं कहाँ ठहरी हूँ। उन लोगों को क्यों नहीं पता चला। अगर उन्हें ख़बर होती, तो वे लोग मुझे होटल से ही उठा ले जाते। अगर उन्हें पहले से ही मेरे आगमन का पता होता, तो

एकाध कार्यक्रम आयोजित कर पाते। यहाँ बंगालियों का छोटा-मोटा एक संगठन है। संगठन के सभी लोग अफसोस में डूब गए।

उन सभी से मुझे विनीत लहजे में कहना पड़ा, "अब तो समय नहीं है, भाई! कल ही वापस लौटना है। मुझे भी बुरा लग रहा है कि कुछ दिनों और क्यों न रुक गई। पैरिस आकर भी, उन लोगों के घर नहीं जा सकी, दो-चार बंगाली भोजन किये बिना ही, लौटना पड़ेगा। यह तो बेहद अजीब बात हुई!"

बहरहाल, यूँ बातें करने से, काम नहीं चलेगा। वक्ता लोग मंच पर अपना-अपना मंच ग्रहण कर चुके थे। मेरी पुकार होने लगी। रिपोर्ट्स सां फ्रंटियर्स की सभानेत्री, कार्यक्रम की उपस्थापिका-संचालिका ने, मुझे ले जाकर यथास्थान बिठा दिया। सभानेत्री की बगल में बोसनिया के पत्रकार, दाहिनी तरफ मैं। मेरी बगल में कैमरून, कैमरून की दाहिनी तरफ अल्जीरिया। फ्रांस के लोग अफ्रीका की खोज-ख़बर बखूबी रखते हैं। कहना चाहिए, अल्जीरिया तो फ्रांस का घनिष्ठ मित्र है। बोसनिया का भी बखूबी ख़बर रखता है। सिर्फ भारत के बारे में ही ख़ास आग्रह नहीं रखते! उस देश के बारे में ख़ास कुछ जानते भी नहीं।

पत्रकार बारी-बारी से सवालों का जवाब देते रहे। सभी लोग फ्रेंच में बोल रहे थे। सिर्फ मुझे ही अंग्रेजी में बोलना था। लेकिन अंग्रेजी से ही बंगला में अनुवाद क्यों किया जाए? चूंकि एक भाषा से अन्य भाषा में अनुवाद करना ही है, तो बंगला से ही क्यों नहीं? जैसे ही बंगाली-समूह की तरफ यह प्रस्ताव उछाला गया, प्रीति सान्याल नामक एक बंगाली महिला, मेरे वक्तव्य का अनुवाद करने के लिए आगे बढ़ आईं। उन्होंने मेरे एक उत्तर का अनुवाद किया। अगले पल ही उनकी निगाह सामने बैठे दर्शकों पर जा पड़ी "मैं अपने से भी बेहतर अनुवादक आपको देती हूँ—" यह कहकर वे खुद, ग़ायब हो गईं और वहाँ बैठे दर्शकों में से, जिसे अनुवाद के लिए भेजा, वे अमिताभ चक्रवर्ती थे। प्रीति सान्याल में शायद आत्मविश्वास ज़रा कम था। जिल वहाँ खड़ा था, क्योंकि वहाँ कोई भी कुर्सी खाली नहीं थी। मेरी निगाह बार-बार उसकी तरफ जाती रही! जिल से ज्यादा सुदर्शन और किसी फ्रेंच शख्स को मैंने देखा है? न्ना! नहीं देखा। जिल झटाझट फ्रेंच में धाराप्रवाह बोलता जाता है, सुनने में बेहद भला लगता है। उसकी अंग्रेजी भी काफी मज़ेदार है। अधिकांश वाक्य वह "आइ एम गोइंग" से शुरू करता है। आइ एम गोइंग टु कम टु योर होटल; आइ एम गोइंग टु गो टु नाताली ज़ हाउस; आइ एम गोइंग टु बाई ए टिकट... इसी क़िस्म के वाक्य! अचानक नाताली और नीलरतन पर मेरी नज़र पड़ी। नीलरतन मेरी दी हुई शर्ट पहनकर आया था। अमिताभ चक्रवर्ती ताबड़तोड़ मेरे कानों में फुसफुसाकर बताते जा रहे थे कि कौन-सा वक्ता क्या कह रहा है!

वक्ताओं के वक्तव्य ख़त्म होते ही, दर्शकों की तरफ से सवाल शुरू हो गए! ज़्यादातर फ्रेंच भीड़ की तरफ से सवाल! किसी जर्मन सज्जन ने जानना चाहा कि

यूरोप में रहते हुए, वे लोग मेरी कैसे मदद कर सकते हैं!

मैंने जवाब दिया, ''देश-विदेशों के युक्तिवादी, विवेकवान, सचेतन लोगों की मदद के बिना मुझे अपना पासपोर्ट वापस मिलना नामुमकिन था। पश्चिमी देश, जहाँ लोग वाक्-स्वाधीनता और मानवाधिकार में विश्वास करते हैं, उनमें से अनगिन लोगों ने मेरा पासपोर्ट वापस दिलाने के लिए, मेरी सुरक्षा के लिए, 'लज्जा' किताब पर से सरकारी पाबंदी उठा लेने के लिए, ढेरों पत्राचार किया है! उन लोगों के ही आंदोलन का नतीजा है कि मुझे अपना पासपोर्ट वापस मिल सका। मैं आप लोगों की सच ही कृतज्ञ हूँ। मुमकिन है किसी दिन मुझे अपने देश में सुरक्षा मिल सके। मुमकिन है 'लज्जा' पर से पाबंदी उठ जाए...''

कुछेक पलों बाद मैंने देखा, नाताली उस कमरे में दाखिल हुई! जिल की नाताली! कमरे में आते ही, वह जिल को साथ लेकर, दरवाजे से बाहर, कहीं अदृश्य हो गई। जिल क्या इस वक्त नाताली के साथ कहीं जा रहा है? मेरा मूड बिगड़ गया। जिल ने तो कहा था कि नाताली से उसका कोई गहरा प्रेम नहीं है? तब वह कहाँ गया?

अचानक मिशेल इडेल के संगठन की लड़की, तेरेस पर मेरी नज़र पड़ी। मिशेल ने मुझे होटल में फोन पर बता दिया था कि शाम सात बजे वह मुझे लेने आएगी, आन्तोयानेत फुक के यहाँ मेरी दावत थी। जिल प्रकट हुआ! मेरा मूड ठीक हो गया। पल भर के लिए होविया मिना के हँसते-मुस्कराते चेहरे पर भी नज़र पड़ी। यह शख़्स मेरी छाया के भी आस-पास से नहीं गुज़रता! भाषा की दूरी की वजह से इस शख़्स ने खुद ही यह फासला तैयार कर लिया है। मेरा मन हुआ, मैं फ्रेंच भाषा सीख लूँ! लेकिन यह कहाँ संभव था? नाताली से मैंने सीखने की कोशिश भी की, मगर यह संभव नहीं हुआ! जुबान को गोल-गोल लपेटकर गले के अंदर से, वे लोग विचित्र-विचित्र आवाज़ें निकालते हैं, मैं लाख कोशिश करूँ, वैसा उच्चारण मेरे गले से निकलेगा, मुझे बिल्कुल नहीं लगता।

कार्यक्रम ख़त्म होते ही, बहुत-से लोगों ने मुझे घेर लिया। जर्मनी से किसी नारी-संगठन की नेत्री भी आई थीं। उन्होंने मुझे जर्मनी के किसी व्याख्यान में भाषण देने की दावत दी।

मैंने उनसे कह दिया, ''देश लौटकर, मैं आपको ख़बर दूँगी! अभी से कुछ नहीं बता सकती।''

उस कार्यक्रम में फ्रेंच दर्शकों ने मेरा ऑटोग्राफ पाने के लिए मुझे घेर लिया।

''आपकी किताब कब प्रकाशित हो रही है?''

''शायद सितंबर में!''

''हम आपकी किताब पढ़ने के लिए अधीरता से इंतज़ार कर रहे हैं।''

मेरे चेहरे पर उदास मुस्कान तैर गई!

मेरी तरफ बेहद ममता से देखते हुए किसी लड़की ने कहा, ''अब से क्या

आप फ्रांस में ही रहेंगी?''

''नहीं! कल मैं अपने देश वापस जा रही हूँ।''

''अपने देश क्यों जा रही हैं? वे लोग कहीं आपकी जान न ले लें।''

मेरे स्वदेश लौटने की ख़बर सुनकर, और भी पाँच-छः फ्रेंच लड़कियाँ विस्मय से सन्न रह गईं।

वे लोग लगातार ज़ोर देकर कहती रहीं, ''नहीं, नहीं अपने देश मत जाएँ। इस फतवे के खिलाफ आप ज़िंदा कैसे रहेंगी? उन लोगों ने ऐसा एक फ़तवा दे दिया और आप वहाँ लौटने की सोच रही हैं? आप ऐसा सोच कैसे पा रही हैं?''

लेकिन इस वजह से अपना देश छोड़ दूँ? असंभव!

''आपको क्या अपनी ज़िंदगी का मोह नहीं है? चाहे जैसे भी हो ज़िंदा रहना तो ज़रूरी है न! अगर ज़िंदा ही नहीं रहीं, तो लिखेंगी कैसे?''

उन लोगों की आँखों में छलकती चिंता-फिक्र, माया-ममता मैंने मन ही मन अनुवाद कर डाला।

अब उस कार्यक्रम में जितने बंगाली आए थे, उन लोगों ने मुझे घेर लिया।

''चलिए, हमारे घर चलिए।''

''आज तो नहीं जा सकूँगी, भइये! आज रात मेरी कहीं दावत है।''

''ठीक है, तो कल सही!''

''कल तो मैं जा रही हूँ।''

''हम लोग क्या आपके लिए कुछ भी नहीं कर सकते?''

''इस बार तो संभव नहीं हो पाया। मगर अगली बार जब आऊँगी, तो आप लोगों के यहाँ ज़रूर आऊँगी।''

बच्चा-बच्चा जैसे चेहरेवाला एक नौजवान! शिशिर!

मैंने शिशिर से कहा, ''सुना है, आप अच्छा अनुवाद करते हैं। मैं अपने प्रकाशक से आपके बारे में बात करूँगी। यहाँ के फ्रेंच लोगों की बंगला पर मेरी ख़ास आस्था नहीं है।''

सभी लोग खुश हो गए कि किसी बंगाली से ही अनुवाद कराया जाएगा। कुछ देर बाद, पार्थ मुझे ज़रा अलग ले गया और उसने, प्रलय राय नामक एक व्यक्ति से मेरा परिचय कराया।

''यह प्रलय राय है! चट्टग्राम का लड़का! इस देश में काफी अर्से से बस गया है! प्रलय राय अच्छा अनुवाद कर सकता है! थोड़ा-बहुत अनुवाद, उसने किया भी है! इसका जवाब नहीं है! कोई भी बंगाली, इसके जैसा बढ़िया फ्रेंच नहीं लिख सकता।''

मैंने पार्थ से शिशिर और प्रलय, दोनों का नंबर ले लिया। ज्यँ शर्ल की बंगला से मैं ज़रा भी संतुष्ट नहीं थी। मैंने मन ही मन तय किया कि क्रिश्चन बेस को

प्रलय का नाम ही प्रस्तावित करूँगी। करीब ही एक जापानी लड़की, अचरज से मुँहबाए देख रही थी!

उसने मेरे करीब आकर कहा ''जापानवाले आपसे संपर्क करना चाहते हैं–''

मैं जैसे बहुत बड़ी चीज़ हो गई हूँ। लेकिन, मैं क्या वाकई कुछ बन गई हूँ? मुझे बखूबी अहसास था कि मैं कुछ भी नहीं हूँ। मैं जैसी थी, वैसी ही अब भी हूँ–'अवकाश' की मैं! गऊ जैसी सीधी-सादी मैं! थोड़ी सी बुद्धू-बकलोल! थोड़ा-थोड़ा आदर्श मानते हुए, थोड़ा बहाव के साथ बहते रहना! थोड़ी-थोड़ी समझदार, थोड़ी नासमझ लड़की!

बाकी वक्त भी जिल के साथ गुज़ारना, संभव नहीं हो सका। आधी रात तक मुझे मिशेल इडेल और आन्तोयानेत फुक के साथ गुज़ारना पड़ी।

अप्रैल की चार तारीख! मेरी विदाई का दिन! एअरफ्रांस से पैरिस से बैंकॉक, फिर थाइ एअरलाइन्स से बैंकॉक से ढाका! ढाका से बांग्लादेश विमान से कलकत्ता! कुछ दिनों कलकत्ता में गुज़ारकर, दुबारा ढाका वापसी! जो लोग मुझे पैरिस लाए थे, उनकी तरफ और पैरिस की तरफ हाथ हिला-हिलाकर मुझे अलविदा कहना होगा। कहना होगा–प्रिय पैरिस, विदा! प्रिय पैरिस ज तेम! मेरे जाने की ख़बर पाकर क्रिश्चन मेरे होटल में आ पहुँची। वह मेरे दस्तख़त के लिए अनुबंध-पत्र लेकर आई थी!

मेरे दस्तख़त कर देने के बाद, उसने कहा, ''वहाँ पहुँचते ही, 'कुरान की नारी' नामक जो किताब मैंने अभी-अभी पूरी की है, फौरन भेज दूँ।'' नाताली मेरे कपड़े-लत्ते सूटकेस में भर रही थी। और भी बहुत-से लोगों से भेंट होने की बात थी, मगर वक्त की कमी की वजह से भेंट नहीं हुई।

क्रिश्चन बेस को मैंने बार-बार आगाह किया, ''मेरी फ्रेंच जानकार, किसी बंगाली से ही कराएँ।''

क्रिश्चन ने वादा किया, वह ऐसा ही करेगी। लेकिन 'लज्जा' का अनुवाद ज्यँ शर्ल लगभग पूरा कर चुका है, इसे नए सिरे से अनुवाद करने की शायद ज़रूरत न पड़े! ख़ैर, ज़रूरत नहीं है, यह बात मैं मान लेने को तैयार नहीं हुई।

पैरिस छोड़कर जाना पड़ेगा, इस ख्याल से मेरा मन हाहाकार कर उठा। पता नहीं, अब पैरिस में दुबारा आना हो या न हो! मुमकिन है, अब कभी आना न हो या आई भी, तो इतना प्यार, इतना आदर शायद न मिले।

क्रिश्चन ने कहा, ''कल तुम्हारा आर्ते का प्रोग्राम देखा। तुम्हारा अनुवादक कौन था?''

"उन लोगों ने ही इंतज़ाम कर लिया था। लेकिन मैंने सुना कि जिस लड़की ने अनुवाद किया, उसका पिता फ्रेंच था और माँ बंगाली। वह बहुत अच्छी बंगला बोल सकती है, ऐसा नहीं था। वह बंगला के मुश्किल-मुश्किल शब्द समझ लेती है, ऐसा नहीं लगा।"

क्रिश्चन ने कहा, "असल में तुम्हें अंग्रेजी में बोलना चाहिए।"

"मेरी अंग्रेजी का जो हाल है, बस, किसी तरह काम चला लेती हूँ। इसके बलबूते इंटरव्यू नहीं चला सकती! वे लोग ही मुझे बंगला में बोलने को कहते हैं।"

"यह तुम कैसी बातें करती हो? तुम्हारी अंग्रेजी खराब है? अभी उस दिन नोवेल ऑब्जरवेटरी के ज्यँ डेनियेल से तुमने काफी अच्छी तरह बातचीत की! तुम्हारा लिखना, तुम्हारी जंग! मौका मिले, तो तुम बेहतरीन अंग्रेजी बोल सकती हो। अब से तुम तय कर डालो कि तुम हर इंटरव्यू अंग्रेजी में ही दोगी।"

"देखो, हमारे देश में अंग्रेजी-संवाद बिल्कुल ही नहीं है। जब मैं अंग्रेजी बोलने जाती हूँ। इसकी आदत न होने की वजह से, मुझे अंग्रेजी शब्द खोजने पड़ते हैं।"

"तुमने जहाँ, जो भी वक्तव्य दिया, जहाँ कहीं बातचीत की, बिल्कुल स्पष्ट था। इसी वजह से मैं अंग्रेजी बोलने पर ज़ोर दे रही हूँ। फर्ज़ करो अचानक तुम्हें कोई ऐसा अनुवादक मिल गया, जिसे तुम्हारे विचार-चेतना-विश्वास के बारे में, कोई स्पष्ट धारणा नहीं है, वह तुम्हें, तुम जो कुछ भी कहोगी, अच्छी तरह समझ ही नहीं सकेगा। वह ठीक तरह अनुवाद भी नहीं कर पाएगा।"

क्रिश्चन काफी गंभीर मुद्रा में मुझे बाक़ायदा ज्ञान दिए जा रही थी। उसकी कारोबारी-वृद्धि जैसी तीखी है, उसकी संवेदना भी महसूस करने लायक है!

सूटकेस लगाते-लगाते ही मैं क्रिश्चन से बातें किए जा रही थी! अचानक मुझे अपना पार्कर कलम नहीं मिला। क्रिश्चन मिनी-स्कर्टधारी, अपनी देह के साथ कलम की खोज में पलंग के नीचे घुस गई। नाताली ने भी चप्पा-चप्पा छान मारा और लगातार अफसोस जाहिर करती रही। क्रिश्चन भी कलम खोजते-खोजते, बार-बार पूछती रही—"किस रंग की कलम थी, बताओ तो! मैं दौड़कर दुकान से अभी खरीद लाती हूँ! खोजो! खोजो!" आखिरकार, वह कलम मिल गई। उस दिन मैंने जो शर्ट पहन रखी थी, उसी की जेब में पड़ी थी।

क्रिश्चन ने टेलीविजन का दुबारा जिक्र छेड़ दिया।

"तुम्हारे विश्वास और आदर्श के बारे में, मैं जानती हूँ। लेकिन आर्ते के कार्यक्रम में तुम्हारा वक्तव्य ख़ास ज़ोरदार नहीं लगा। एक बात और... इसके पीछे तुम कोई अच्छा तर्क भी नहीं दे सकतीं।"

"क्यों? मैंने तो साफ़-साफ़ कहा कि—ये कट्टरपंथी समाज को पीछे की तरफ खींच रहे हैं। औरत-मर्द के समान अधिकार की बात वे नहीं मानते। औरतों के खिलाफ़ वे लोग फतवा देते हैं; उन्हें जलाकर मार डालते हैं; उन पर पत्थर बरसाकर, उनकी

जान ले लेते हैं! मुक्त-बुद्धि के इंसानों को धमकियाँ देते रहते हैं। उनको अमीर अरब देशों से रुपए मिलते हैं! उनके हाथों में हथियार होता है! अनगिनत मदरसे बन गए हैं और उन मदरसों से हर साल अनगिनत कट्टरपंथी निकल रहे हैं। ये लोग देश का सर्वनाश करने के अलावा और कुछ भी नहीं कर रहे हैं! एक ज़माना था, जब हमारे देश में धर्म-आधारित राजनीति बिल्कुल ही निषिद्ध थी! वही स्थिति दुबारा भी तो लाई जा सकती है।''

क्रिश्चन के चेहरे से ऐसा नहीं लगा कि वह मेरे जवाब से संतुष्ट हो सकी है?

उसने मेरी बात काटते हुए कहा, ''बहरहाल, अनुवादक ने तुम्हारी बात जिस ढंग से पेश की। वह ज़ोरदार नहीं थी।''

क्रिश्चन गणतंत्र के बारे में सोच रही है। मैं समझती थी किसी भी गणतांत्रिक देश में हर किसी को राजनीति करने का अधिकार होना चाहिए। यह निषिद्ध है, वह निषिद्ध है—यह जिक्र सुनकर, यूरोप के लोग पुराने सोवियत यूनियन के चित्र की कल्पना करके, सिहर उठते हैं। सोवियत का खौफ, सोवियत टूट-फूट जाने के बाद भी इनके दिल से नहीं गया है। लेकिन अगर ये कट्टरपंथी, गणतंत्र का इस्तेमाल करते हुए किसी दिन कहीं सत्ता में आ जाएँ, तो ये लोग सबसे पहला काम करेंगे—गणतंत्र को क़ब्र दे देंगे! मुक्त सोच-विचार को कब्र में दफना दिया जाएगा! वाक्-स्वाधीनता का गला घोंट दिया जाएगा। उन लोगों का चुनाव जीतना क्या बहुत मुश्किल होगा? इन लोगों ने धर्म का मनमाने ढंग से इस्तेमाल किया है, अभी भी कर रहे हैं। अशिक्षित, अज्ञ, मूर्ख इंसान, अल्लाह, खुदा के मान-सम्मान की हिफ़ाजत करने की कोशिश में, इनके दल में शामिल हो गए हैं, तो इसमें हैरत की कोई बात नहीं है। ये लोग सत्ता में नहीं हैं। लेकिन सरकार से बढ़ावा पाकर, कट्टरवाद के खिलाफ नेताओं का सिर कलम करने में भी दुविधा नहीं करते। वे लोग किसी तरह की बातचीत करें, ऐसा भी नहीं है। मैंने कट्टरवाद के खिलाफ जंग में, अपनी कलम का इस्तेमाल किया, लेकिन ये कट्टरवादी क्या मेरे तर्कों का, कलम के बलबूते खंडन करने को राजी हैं? नहीं; उनका ऐसा कोई इरादा नहीं है। वे लोग हाथों में तलवार ताने, सड़कों पर उतरते हैं। उनकी कमर में भारी-भरकम कटार बँधी होती है। क्रिश्चन का यह ख्याल है कि गणतंत्र का मतलब है, किसी भी आदर्श के लिए, राजनीति करने का अबाध अधिकार मिल जाता है, लेकिन यूरोप के असंख्य देशों में नात्सी राजनीति निषिद्ध है। यहाँ तक कि सड़कों पर भी अगर स्वस्तिक चिह्न लेकर खड़ा हो, तो पुलिस उसे घर ले जाती है। फिर? इस मामले में गणतंत्र कहाँ गया? इसके अलावा, गणतंत्र अगर सभी कुछ के ऊपर है, तो जर्मनी के चुनाव में हिटलर का नाज़ी दल तो विपुल वोट से जीत गया था। हिटलर किसी 'कू' के सहारे सत्ता पर आसीन नहीं हुआ था।

यही सब सोचते-सोचते मैंने एक सिगरेट सुलगा ली। नाताली ने मुझे डपटते हुए कहा, "नहीं, सिगरेट पीने की कोई ज़रूरत नहीं है।"

"बस, आखिरी बार!"

"नहीं, इसे फेंक दो! मत पीओ!"

नाताली की आँखों में आदर! मीठी डाँट!

यह नीलांजना नामक हसीना, मुझे इतनी अपनी क्यों लगने लगी है? उसकी नीली-नीली आँखों में मेरे लिए इतना प्यार क्यों झलकता रहता है? नाताली भी मुझे इतना प्यार क्यों करती है? इसलिए कि मैं बंगाली हूँ? क्या इसलिए कि उसने बंगला सीखी है? या इसलिए कि मेरा वक्तव्य पत्र-पत्रिकाओं में छपता है, मुझे रेडियो-टेलीविजन वाले बुलाते हैं, इसलिए उसका ख्याल है कि मैं कोई नामी-गिराई हस्ती हूँ? या मुझ पर फतवा जारी किया गया है, इसलिए उन्हें मुझ पर तरस आता है? या फिर फ्रेंच में मेरी कुछेक कविताएँ पढ़कर उन्हें पसंद आया है, इसलिए? क्या वजह है? मैंने अंदाज़ा लगाने की कोशिश की। मैं किसी भी वजह पर स्थिर नहीं हो पाई। इस बीच जिल भी आ पहुँचा। वह भी अपना बैग तैयार करके आया था। आज वह मँपोलिओ चला जाएगा।

मैंने नाताली से कहा, "सुनो, पैरिस की आखिरी सिगरेट मुझे पीने दो।"

नाताली ने मारे अभिमान के अपने होंठ फुलाकर कहा, "नाऽ–"

इस नाताली को जितना ही देखती हूँ, चकित होती हूँ। उसे बंगला में कविता लिखने की बेतरह चाह है! मैंने जिल को बताया भी था कि नाताली अच्छी बंगला बोल लेती है!

जिल ने छूटते ही जवाब दिया, "तब वह ज़रूर नीलरतन के इश्क में पड़ गई है। प्रेम में पड़ते ही भाषा सीखने का आग्रह बढ़ जाता है। अपने प्रेमी से वह बंगला में ही बातचीत करती होगी, तभी उसकी बंगला इतनी अच्छी हो गई है।"

हालाँकि नाताली के संदर्भ में ऐसा नहीं हुआ था। उसने बताया कि नीलरतन से तो वह उस दिन पहली बार मिली है। उसने बंगला इसलिए सीखी, क्योंकि बंगला से वह प्यार करती है। किसी बंगाली लड़के के प्यार में पड़कर, उसने बंगला नहीं सीखी। नीलरतन पर वह बेहद उमड़ती है।

उसने बेहद रुआँसी आवाज़ में मुझसे कहा था, "मुझे तो इस देश से खदेड़ देंगे, दीदी! मेरी लिखाई-पढ़ाई अब पूरी होने वाली है। दो महीने बाद, पास करके, निकल जाऊँगा। अब यहाँ रहने का कोई उपाय नहीं है! आप अगर कोशिश करें, तो शायद मैं यहाँ टिक जाऊँ! देश लौटकर, मैं करूँगा क्या? वहाँ न तो नौकरी-चाकरी है, न और कुछ!"

"लेकिन, मैं क्या कोशिश करूँ? किसके पास जाऊँ? कहाँ जाऊँ? क्या कहूँ?" मैंने नील से ही पूछा।

नील खामोश हो रहा!

उसने कितनी अनिश्चयता और परेशानी में पड़कर, मुझसे अनुरोध किया है, मैं समझती थी।

मैंने जिल से ही कहा कि अगर संभव हो, तो वह नीलरतन की मदद करे। मुझे नहीं मालूम कि जिल के लिए यह संभव भी हो पाएगा या नहीं। उसके लिए शायद यह संभव नहीं था। लेकिन यह नीलरतन यहीं क्यों बस जाना चाहता है। उसकी जगह अगर मैं होती, तो अपने देश लौट जाती। चाहे जैसे भी हो, मैं अपने देश का भला करने की कोशिश करती। लेकिन मुझे यह भी ख्याल आता रहा कि सिर्फ चाहने भर से क्या देश का भला करना संभव है? नीलरतन अगर विश्वविद्यालय में प्रोफेसर होने के लिए आवेदन करे, तो क्या उसे बड़ी आसानी से प्रोफेसर की नौकरी मिल जाएगी? हिंदू होने के नाते, उसे बदहाली और दुर्योग नहीं झेलना होगी? ज़रूर झेलना होगी! वैसे मुसलमान नामक इंसान भी यह दुर्योग नहीं झेलते, ऐसा भी नहीं था। सच तो यह है कि सत्ताधारी लोगों के प्यारे न हों, तो कोई न कोई दुर्योग तो भोगना ही पड़ेगा। बांग्लादेश एक गणतांत्रिक देश है—यह जो मैं इस बात की दुहाई देती रहती हूँ, दुहाई देते-देते बेहाल रहती हूँ, दरअसल यह कोई गणतंत्र है? वोट के बाज़ार में कुछ रुपए फेंककर, अगर गरीबों का वोट खरीदा जा सकता हो, तो इसे गणतंत्र कैसे कह सकती हूँ? सच्चा गणतंत्र हमें तब तक हासिल नहीं हो सकता, जब तक गरीबी नहीं मिटती, जब तक शिक्षा का प्रसार नहीं होता, जब तक आम इंसान में राजनैतिक, आर्थिक, सामाजिक चेतना नहीं जागती। लेकिन तब तक क्या करें? गणतंत्र की चर्चा तो चलती ही रहेगी। या हम किस एक नायक या नायिका का शासन चाहते हैं? क्रिश्चन की तरफ से मैंने खुद ही अपने से सवाल किया। फिलहाल मैं ख़ामोश रही। गणतंत्र, समाजतंत्र, पूंजीवाद, कट्टरवाद—इन सबमें मैं चुटकी-चुटकी मानवाधिकार, वाक्-स्वाधीनता, व्यक्ति-स्वाधीनता मिलाती रही और सोचती रही।

नाताली की आवाज़ सुनकर, मेरी सोच की डोर, मेरे हाथों से छूट गई।

"अगस्त में मैं ढाका आऊँगी।"

"हाँ, ज़रूर आना! मेरे घर ही ठहरना।"

"मेरे लिए कुछेक कविताएँ पढ़ दोगी? मैं कैसेट पर रिकॉर्ड कर लूँगी।"

नाताली ने अत्यंत प्रसन्नतापूर्वक, मेरी पढ़ी हुई बंगला कविताएँ रिकॉर्ड कर लीं। वह बार-बार यह भी दुहराती रही कि 'नारी-द्रव्य' नामक मेरी कविता उसे बेहद

पसंद है।

अंत में उसने मेरे दोनों हाथ थामकर कहा, "मेरे लिए तो तुमने ढेर-ढेर किया, अब एक और चीज़, मेरे लिए कर सकती हो?"

"ज़रूर करूँगी, तुम्हारे लिए मैं सबकुछ कर सकती हूँ। बताओ, क्या चाहिए?"

"मेरे लिए, तुम सिगरेट छोड़ दो।"

मैं हँस पड़ी, "भई, मैंने तो सिगरेट पकड़ी नहीं है, जो उसे छोड़ दूँ। यह तो मैं शौकिया पीती हूँ।"

जिल मेरा भारी-भरकम सूटकेस लेकर नीचे उतर गया। मैं भी नीचे उतर आई और अनमने मूड में, एक सिगरेट जला ली।

नाताली ने मेरे हाथ से सिगरेट छीनकर फेंकते हुए कहा, "सिगरेट पीने से क्या होता है, पता है?"

मैंने शांत लहजे में जवाब दिया, "जानती हूँ! कैंसर!"

सोफे से टिककर बैठते हुए उसने शुद्ध बंगला में कहा, "मेरे डैडी आसमान में रहने चले गए। पता है क्यों?"

"सिगरेट की वजह से!"

"हाँ! उन्हें क्या हुआ था, जानती हो?"

"ब्रोंकोजेनिक कारसिनोमा! जानती हूँ।"

"जानती हो?"

मैंने हँसकर जवाब दिया, "हाँ, जानती हूँ।"

"इसके बावजूद सिगरेट पीती हो?"

मेरे चेहरे पर उदास मुस्कान तिर आई।

नाताली ने अपनी 'ज सुइ लिब्रे' अंकित ब्रोच, अपनी शर्ट से खोलकर, मेरी शर्ट पर लगा दी।

"ख़त-वत तो लिखोगी न?"

"हाँ, लिखूँगी!"

नाताली की आँखें भर आईं।

जिल ने कहा, "सुनो, नाताली तो तुम्हारे साथ है ही! ऐसा करो, तुम उसके साथ एयरपोर्ट पहुँच जाओ! मुझे दूसरे एयरपोर्ट पहुँचना है—ऑरली एयरपोर्ट!"

"हेइ जिल! आज तो आखिरी दिन है! आज भी दूर भागना चाहते हो?"

नाताली ने कहा, "असल में वह अपनी नाताली के साथ वक्त गुज़ारना चाहता है।"

"तुमने सच कहा!"

जिल ने एकदम से डपट दिया, "पागल हुई हो! मैं उसके घर नहीं जा रहा हूँ! मैं ऑरली जा रहा हूँ।"

हम तीनों टैक्सी पर सवार हो गए।

जिल ने लंबी उसाँस भरते हुए कहा, "मेरा बेहद मन था कि कल की रात मैं तुम्हारे साथ गुजारूँ। लेकिन, तुम तो उन लोगों के साथ चल दीं।"

"तुम भी तो साथ चल सकते थे।"

"मुझे तो दावत दी नहीं गई थी, मैं क्यों जाता?"

"इससे क्या फर्क़ पड़ता था?"

"न्ना! तुम लोगों की कारोबारी बातचीत में मैं फिट नहीं होता।"

काफी दूर निकल आने के बाद, नाताली ने कहा, "हवाईअड्डे जाने से क्या फ़ायदा? मुझे अपने प्रियजनों को विदा देते हुए, बेहद बुरा लगता है! ऐसा करो, मुझे यहीं उतार दो। मैं सरवरन ही चली जाऊँ, दो दिनों से क्लास भी नहीं किया।"

नाताली रास्ते में ही उतर गई! हम एयरपोर्ट जानेवाली बस में सवार हो गए। पैरिस में मेट्रो में चढ़ी, बस की सवारी भी क्यों न कर लूँ? इसीलिए मैंने बस में सवार होने की फर्माइश की। यह बस सीधे एयरपोर्ट पहुँचा देगी!

बस में हम अगल-बगल बैठ गए।

जिल ने कहा, "तुम जब अपने दोस्तों-सहेलियों में मगन रहती हो, उस वक्त मुझे तुम्हारे साथ होना बिल्कुल अच्छा नहीं लगता। जब तुम अकेली होती हो तब मुझे अच्छा लगता है। गपशप के लिए दो लोगों का होना ही बेहतर है।"

"तुम पैरिस कब आओगे, जिल?"

"जुलाई के आखिर में! उन दिनों, पैरिस में एक घर भी किराए पर ले लूँगा।"

"किराए पर घर क्यों? नाताली के घर पर ही रह सकते हो!"

"अरे, नहीं! मैंने तो तुम्हें बताया था कि नाताली के साथ मेरा रिश्ता बस, ख़त्म होने पर है।"

"धत्! मुझे यकीन नहीं होता। रिश्ता ख़त्म क्यों होने लगा? नाताली बेहद प्यारी और भली लड़की है।"

"क्यों? तुम्हें विश्वास नहीं होता? मैं क्या झूठ बोल रहा हूँ? नाताली को मैं प्यार नहीं करता।"

सुबह जब जिल मेरे कमरे में दाखिल हुआ था, मैंने कहा था, "जिल, कल मैं नाताली को बता रही थी, एक बात में, जिल और मुझमें काफी मेल है! जिल एक नाताली के साथ रहता है, और मैं एक दूसरी नाताली के साथ रहती हूँ।"

जिल के होठों पर लजायी-सी मुस्कान तैर गई।

मैं उदास आँखों से खिड़की के बाहर देखती रही!

जिल ने कहा, "तुम अगर जुलाई से पहले जर्मनी आओ, तो वहाँ से सीधे मँपोलिओ चली आना। वहाँ मेरे घर पर रहना! घर के बिल्कुल सामने समुंदर! तुम्हें खूब अच्छा लगेगा। हम दोनों स्पेन की सैर के लिए निकल जाएँगे। स्पेन बेहद खूबसूरत देश है।"

मँपोलिओ! मँपोलिओ! जिल मँपोलिओ के सपनों में विभोर हो गया।

"और, अगर यह संभव न हुआ, तो..."

"संभव न हुआ, तो क्या?"

"तुम सितंबर में तो आ ही रही हो! क्रिश्चन बेस तुम्हारी किताब के विमोचन-उत्सव में तुम्हें बुलाने वाली हैं। ख़ैर, तब तो तुम मुझे पहचानोगी नहीं। कहोगी जिल? कौन जिल? जिल नाम से तो मैं किसी को नहीं पहचानती।"

जिल के पेट में कोहनी का ठुनका लगा, "फालतू की बकवास तो करो मत!"

"नहीं, फालतू की बकवास नहीं! बकवास नहीं है यह! जो सच है, वही कहा। मैं अपनी आँखों से अभी से देख रहा हूँ, तुम पत्रकारों, प्रकाशकों से घिरी हुई हो। एडीशन स्टॉक फ्रांस का बहुत बड़ा प्रकाशक है! इसके अलावा, क्रिश्चन बेस के पास दौलत की कमी नहीं है। उससे कहना, वह तुम्हें क्रियोत में ठहराए। कहना, क्रियोत के अलावा मैं और कहीं नहीं रहूँगी। क्रिश्चन बिल्कुल इंकार नहीं कर पाएगी। इसके अलावा वह लोक-दिखावा भी कर पाएगी कि अपनी लेखिका को हमने कितने बड़े होटल में ठहराया है! अगर तुम क्रियोत में रुकीं और अगर जिल नामक नाचीज़ बंदा, तुम्हें याद रहे, तो भी अगर मैं ऐसी टी-शर्ट पहनकर, तुमसे मिलने गया, तो मुझसे तुम फट् कहोगी जाओ, पहले सूट-टाई पहनकर आओ, वर्ना मैं तुमसे नहीं मिलूँगी।"

"नहीं, जिल बड़े-बड़े होटलों में ठहरने का मेरा बिल्कुल मन नहीं करता। मेरा मन होता है, मैं बिल्कुल आम तरीके से रहूँ, आम खाना खाऊँ! लेकिन घूम-घूमकर इंसानों की ज़िंदगी देखूँ! समूची दुनिया देख डालूँ! इंसान से बढ़कर आकर्षक और क्या हो सकता है? बड़े-बड़े, महँगे होटलों में रहकर, मैं क्या आम इंसान की ज़िंदगी क्या सच ही देख सकती हूँ?"

जिल ने सिर हिलाकर सहमति जताई। हाँ, मैं ठीक कह रही हूँ!

एयरपोर्ट पर उतरकर, मेरा सूटकेस ट्रॉली में रखकर, उसे धकेलते हुए जिल जब आगे बढ़ रहा था, मेरी निगाहें एकटक उसके चेहरे पर गड़ी रहीं। जिल के लिए मेरे दिल में कोई वीणा रुनझुना उठी! रुनझुनाती ही रही!

जब मैं एयर-वे की तरफ बढ़ी, जिल मेरे बिल्कुल आमने-सामने आ खड़ा हुआ।

"मैं तुम्हें ख़त लिखूँगा! तुम उनका जवाब ज़रूर देना! याद रहेगा न?"

उदासी के पार से मैंने सिर हिला दिया! हाँ, मैं जवाब दूँगी।

मैंने अलविदा कहा! मैं आगे बढ़ी?

जिल ने कहा, "बस, पाँच मिनट और रुक जाओ!"

मैं मन ही मन बुदबुदा उठी—पाँच मिनट रुककर क्या होगा, जिल?

अचानक जिल ने हौले से मुझे लपेट लिया और मेरे गालों को चूम लिया। यह फ्रेंच रिवाज है! फ्रेंच लोग सबके साथ यही करते हैं! यहाँ तक कि कुल एक दिन के परिचय में भी यही करते हैं! इसके बावजूद, जिल के इस स्पर्श, इस चुंबन ने मुझे बेतरह अभिभूत कर लिया! अजीब तरह की सुखद सौगात!

मैंने जिल का हाथ छूकर, कुछ तकलीफ, कुछ काँपती आवाज़ में कहा, "चलती हूँ—"

चलमान सीढ़ी, जब मुझे धीरे-धीरे किसी, अकेलेपन की तरफ लिये जा रही थी, मैंने पलटकर यह भी नहीं देखा कि जिल वहाँ खड़ा है या नहीं!

तांडव

मुझे डायरी लिखने की आदत बिल्कुल नहीं है। नए साल के पहले और शुरू-शुरू में ढेर सारी डायरियाँ मिलती हैं। हर नया साल आने से पहले, मैं संकल्प लेती हूँ कि अब से नियमित रोजनामचा लिखूँगी। ऐसा नहीं है कि मैं शुरू ही नहीं करती। पहले दिन लिखते हुए पूरा पन्ना भर डालती हूँ, यहाँ तक कि हाशिए पर लिखकर, अपनी बात पूरी करना पड़ी। मन में बातों की इतनी-इतनी भीड़ लग जाती है; दूसरे दिन भी वही कार्यक्रम तीसरे दिन हाशिए पर लिखने की ज़रूरत नहीं पड़ी। चौथे दिन सिर्फ आधा पन्ना भरा! पाँचवें दिन, लिखना ही भूल गई। छठे दिन जब पाँचवें और छठे दिन की बातें लिखने बैठी, तो लगा, कुछ भी याद नहीं आ रहा है। लिखने के लिए कोई बात नहीं रह गई है, उस दिन आधा से भी ज़्यादा पन्ना नहीं भरा! इसके बाद, पूरे तीन दिन मैं रोजनामचा लिखना, बेमालूम भूल गई। अचानक तीन दिनों बाद, दो जुमला लिखकर, तीसरा जुमला अधूरा ही छोड़कर, किसी और ज़रूरी काम में व्यस्त हो गई। धीरे-धीरे, कुछेक हफ़्तों में ही उस डायरी के ऊपर कई-कई किताबें-कापियाँ जमा होती गईं, और वह डायरी अदृश्य हो गई। उसके बाद, एक दिन मेज झाड़-पोंछकर व्यवस्थित करते हुए, धूल की पर्तों में ढँकी डायरी पर नज़र पड़ते ही, आँखों में बिजली-सी कौंध जाती है, अरे, हाँ मुझे तो हर रोज, नियम से डायरी लिखनी थी!...लेकिन, छोड़ो, तय तो बहुत कुछ की जाती हैं। हम कितनी बात मानकर चलते हैं! अंत में मेज़ व्यवस्थित करना थम जाता है। मैं डायरी के पिछले पन्ने पलटकर देखने लगती हूँ और पढ़ती जाती हूँ, मन ही मन यह भी सोचती जाती हूँ कि अब से...अब से मैं हर दिन लिखा करूँगी। इस तरह तो ज़िंदगी की कितनी सारी बातें, दिनोंदिन भूलती जा रही हूँ। उसके बाद, जिस दिन याद रहा, दो-तीन बातें लिख रखीं, लेकिन अगले दिन फिर...लिखना नहीं हुआ। तब मैं अपने को तसल्ली देती हूँ—लिख लूँगी! एक दिन बैठकर सारी बातें लिख डालूँगी, यह कौन-सी बड़ी बात है! सारा कुछ मन ही मन याद तो है! याद रहेगा। जो सब कांड, ज़िंदगी में घट गया, वह क्या भूलने लायक है? लेकिन मेरा दिमाग मुझे हर क़दम पर धोखा

दे देता है! जिन घटनाओं के बारे में, मेरा अटूट विश्वास होता है कि इसे कभी भी भुलाया नहीं जा सकता, वही कुछ दिनों बाद, एकबारगी विस्मृत हो जाता है! याद ही नहीं पड़ता कि कभी कोई घटना घटी थी। मन भी बड़ा अद्‌भुत होता है। किसी दोपहर को, एक लाल शर्ट पहने, मैं जामुन के पेड़ तले, खड़ी-खड़ी जामुन खा रही थी, यह बात तो साफ-साफ याद रहती है, लेकिन, किस सन्‌ में मैंने डॉक्टरी पास की, यह बात आराम से भूल गई। यह बात इस-उससे पूछना पड़ती है। ज़रूरी-ज़रूरी बातें याद नहीं रहतीं और गैर-ज़रूरी बातों की मन में भीड़ जमा रहती है। सच्ची, बड़ा अजीब है यह मन! मन कौन-सी चीज़ क़बूल करेगा, कौन-सी नहीं करेगा, इसका अंदाज़ा लगाना मेरे वश में नहीं है।

पता नहीं क्यों तो, पैरिस की कुछ-कुछ बातें, मैंने लिख रखी थीं। कलकत्ते के दिनों की बातें, अगर मैं लिख रखी होती, तो किस्सा आसानी से ख़त्म नहीं होता। कलकत्ता कोई पैरिस नहीं था! कलकत्ता मुझे ज़्यादा पहचानता है। यह कलकत्ता, पैरिस से कहीं ज़्यादा अपना है! कलकत्ता, मेरा त्रुटिहीन अनुवाद करता है! सबसे बड़ी बात, कलकत्ता मुझे कभी विदेश नहीं लगता। कलकत्ता पहुँचकर, देश-वापसी जैसी खुशी होती है मुझे!

होटल पहुँचकर कमरे में सूटकेस रखूँगी और दोस्तों से मिलने निकल पड़ूँगी, यह इरादा लिए-लिए जैसे ही होटल के कमरे तक पहुँची, तो देखा कमरे के दरवाजे पर लोहे का लोहा-लक्कड़ लगा हुआ है। दरवाजे पर पुलिस बैठी है!

"यह क्या चक्कर है, बाप! यह सब क्यों?"

"मेटल-डिटेक्टर लगा है! यह तुम्हारी सुरक्षा के लिए!"

"कलकत्ते में कौन, मेरा क्या बिगाड़ लेगा? कलकत्ते जैसी सुरक्षित जगह, दुनिया में और कहाँ है?"

"कलकत्ते में भी मुसलमान मौलवियों की संख्या कुछ कम नहीं है। उनके मन में क्या है, कौन जाने! होशियार रहना बेहतर है।"

मेटल-डिटेक्टर! पुलिस-पहरा—यह सब देखकर, मुझे इस क़दर शर्मिंदगी होने लगी? कि मैं कमरे में, हथेलियों में मुँह छिपाए बैठी रही! जिस तरह निगाह जाए, निकल पड़ना, डाँव-डाँव बाहर घूमते फिरने की इच्छा के पाँवों में मानो चाँदी की बेड़ियाँ पहना दी गई हों! लेकिन बेड़ियाँ भला मुझे कैसे अच्छी लगतीं? मुझे पुलिस की कोई जरूरत नहीं है, मेरे बार-बार कहने के बावजूद, किसी ने मेरी बात नहीं मानी। दरवाजे पर तैनात पुलिस को मैं चाहकर भी विदा नहीं कर पाई।

कलकत्ते में मेरे ठहरने-रहने का आयोजन, आनंद बाज़ार पत्रिका की तरफ से किया गया था। जिस दिन मैं अपने जान-पहचान के लोगों से सौजन्य-साक्षात्कार के लिए पत्रिका-कार्यालय में गई, अभीक सरकार से भी मेरी भेंट हुई। बेहद व्यस्त इंसान हैं वे! दर्जनों-दर्जनों पत्र-पत्रिकाओं के मालिक की व्यस्तता तो रहेगी ही। अभीक

सरकार से जी खोलकर बातें कभी नहीं होतीं। यह संभव भी नहीं है। उनके पास इतनी फुर्सत ही नहीं है। उनसे मुलाक़ात के लिए दो-तीन मिनट का वक्त पाना भी किस्मत की बात है। इसी के इंतज़ाम में काफी दिन लग जाते हैं। अभीक सरकार ने मुझे सलाह दी कि मैं किसी भी पत्रकार से, कोई बात न करूँ। इधर पत्रकारों की भीड़ लगी हुई थी, मानों मुझसे एकाध पल बात करने से ज़्यादा, दुनिया में उन्हें और कोई काम न हो! मुझसे बात करना ही सबसे ज़्यादा ज़रूरी हो। मुझमें इतनी दिलचस्पी की वजह थी–फतवा! पवित्र कुरान और महानबी हयबत मुहम्मद के बारे में, मेरी किताबों में जो बातें लिखी गई थीं, वह पसंद नहीं आया, इसलिए सिलहट के हबीबुर रहमान ने मेरे सिर के मूल्य की घोषणा की थी। इसके अलावा कलकत्ते में भी अब मैं लोकप्रिय लेखिका थी। पिछले साल भर से 'लज्जा' पर बहस मुबाहसे जारी थे। इतने सब कारणों से पत्रकार मुझ पर टूट न पड़ें, यह तो सोचा भी नहीं जा सकता था। बहुत ज़्यादा नहीं वे लोग बस, मेरा एक इंटरव्यू चाहते थे। आधा घंटे का न सही, बीस-बीस मिनट या फिर पाँच मिनट का ही सही! लेकिन सभी पत्रकारों को सामूहिक रूप से विदा कर दिया गया। पता नहीं मुझे क्या कहना चाहिए और मैं क्या कह बैठूँ; क्या लिखना चाहिए और पत्रकार क्या का क्या लिख बैठें? उधर बांग्लादेश की हवा तो बहुत पहले से ही गर्म हो चुकी थी, इसलिए कट्टरवादियों से तो सावधान रहना ही होगा! पत्रकारों से भी सावधान रहना होगा!

एक दिन टेलीविजन से कोई शख़्स आए, साथ में सुनील गंगोपाध्याय! सुनील गंगोपाध्याय मेरा इंटरव्यू लेंगे। मैं उन्हें भला कैसे मना कर सकती थी? आनंद बाज़ार के कर्त्ता-मुख्तार भी सुनील गंगोपाध्याय का नाम सुनकर इंकार नहीं कर पाते। मैं संकोच से गड़ गई। मैं इतनी बड़ी और महान् तो हुई नहीं कि सुनील गंगोपाध्याय मेरा इंटरव्यू लें। लेकिन जब वे खुद इंटरव्यू लेने आ पहुँचे और मेरी यह मजाल नहीं थी कि मैं उन्हें लौटा दूँ, इसलिए प्रश्नोत्तर (मुझे ही सारे सवालों का जवाब कहाँ आता था?) के बजाय या इंटरव्यू के बजाय, मैंने ही प्रस्ताव दिया कि इसे अड्डे यानी गपशप का प्रोग्राम बना दिया जाए। वही हुआ! दो लेखकों के बीच संवाद! यही प्रोग्राम बनाया गया। सिर्फ सुनील गंगोपाध्याय ही तो मेरे मित्र नहीं हैं, पत्रकारों में मेरे और भी तो अनगिनत मित्र हैं; जब उन्हें बारी-बारी से मना कर दिया गया, तो मैं बेहद अटपटा महसूस कर रही थी। उन सबसे अर्से बाद भेंट हुई थी। इंटरव्यू न सही, बातचीत तो हो ही सकती थी। कवि गौतम घोष दस्तीदार, 'प्रतिदिन' अखबार के पत्रकार! मेरी आँखों के सामने उन्हें भी लौटा दिया गया। बहारउद्दी को तो नीचे से ऊपर ही नहीं चढ़ने दिया गया। कैसा अजीब कांड मचा था! ऐसे तो दोस्त ही, दुश्मन बन जाएँगे! इस तरह झुंड-के-झुंड पत्रकारों को भगा दिया गया। गौतम घोष दस्तीदार, जिन्होंने मेरी तारीफ करते हुए, 'लज्जा' उपन्यास की समीक्षा की थी, इसके बाद, उन्हीं की निगाहें बदल गईं। यह महज़ ग़लतफ़हमी थी! अगर मैंने इंटरव्यू

देने से मना कर दिया, तो अखबारों में मेरे बारे में लिखना बंद हो जाएगा। ऐसा तो नहीं था बल्कि गढ़-गढ़कर लिखा जाएगा। बातचीत होती रहे, तो किस्से गढ़े जाने से रिहाई मिलेगी।

मैंने अपनी समस्या निखिल सरकार को बताई।

''तो ठीक है, दो-एक अच्छी और स्तरीय अखबारों में इंटरव्यू दे दो।''

टाइम्स ऑफ इंडिया! टेलीग्राफ और बाद में स्टेट्समैन भी आ जुड़ा। मिनट-मिनट पर फोन की घंटी? बाकी सब पत्रकार मानो पागल हुए जा रहे थे। कुछ लोग तो दिल्ली-बंबई से आकर धरना दिए बैठे थे। उन लोगों के प्रति भी ममता तो होती ही थी। हाथ पर गिनी हुई चीजें, हाथ के नियंत्रण से बेकाबू हो जाती हैं! पत्रकारों में एक ही तरह की आलोचना, एक ही तरह के सवालों के जवाब देते-देते मैं थक आई। मेरी थकान दोस्तों से साहित्यिक आलोचना और गपशप, अड्डेबाजी से ही उतरती थी। हुसेनुर रहमान एक दिन मुझे कलकत्ता-क्लब ले गए। वहाँ उनके लेखक बुद्धिजीवी दोस्तों से जान-पहचान हुई। हुसेनुर रहमान जब ढाका गए थे, तो एक बार मेरे घर भी आए थे। तभी उनसे जान-पहचान हुई थी! ढाका शहर में वे आराम से धोती बाँधकर घूमते-फिरते रहे। कलकत्ते में भी जितने मुसलमान नामधारी इन्सानों से मिली हूँ, सभी जाति-धर्म से परे इन्सान नज़र आए और ऐसे लोगों से परिचित होकर मुझे बेहद गर्व का अहसास हुआ! जिन इला मित्र के कभी दूर से भी दर्शन हो सकेंगे, इसकी मुझे कतई उम्मीद नहीं थी। वही इला मित्र एक दिन अचानक मुझसे मिलने, मेरे होटल आ पहुँचीं। वे काफी देर तक रुकीं। उनसे भी जी भरकर बातें नहीं कर पाई। क्योंकि एक के बाद एक इंटरव्यू-प्रार्थी आते रहे और भीड़ लगाते रहे। ऐसे में किसी से ठीक-ठाक बातचीत हो सकती है भला? दस किस्म के इन्सानों से, एक ही साथ बातचीत की जा सकती है भला? राजनीतिज्ञ, साहित्यिक, नारीवादी, कलाकार, अनुरागी पाठक—इन अनुरागी पाठकों में कारोबारी लोगों से लेकर वैज्ञानिक तक सभी लोग शामिल हैं, सभी लोग आते रहे। कुछ लोगों के साथ, एकाध बातें हुईं, कुछ लोगों के साथ नहीं हुईं। मेरा तो मन होता है, मैं सबसे बातें करूँ! किसी को भी लौटाने का मेरा मन नहीं होता। इन लोगों से कितना कुछ जानना-सीखना बाकी है। भिन्न-भिन्न लोगों के तजुर्बे, जीवन-दर्शन सुनने का मेरा मन करता है। नारीवादी लेखिका, मैत्रेयी चट्टोपाध्याय जब आईं, तो उन्होंने मुझे गले से लगा लिया। मैं अवाक् रह गई। मेरा तो ख्याल था वे किसी दिन मेरा मुँह भी नहीं देखना चाहेंगी। उन्होंने बताया कि मेरे समर्थन में, वे भी सड़क पर उतर आई हैं। एक शाम मैं अन्नदाशंकर राय के घर भी गई। वहाँ अपराजिता गोप्पी समेत उनका पूरा दल मेरी राह देख रहा था। सभी मुझसे मिलना चाहते हैं, मुझसे बातें करना चाहते हैं। लेकिन वक्त की कमी की वजह से, किसी से भी मेरी ज्यादा बातें नहीं हो पातीं। एक रात सुनील गंगोपाध्याय के यहाँ मेरी दावत हुई। वहाँ सौमित्र मित्र, मुनमुन मित्र, बादल

बसु, कुमकुम बसु के साथ खाने-पीने-गाने-बजाने में रात काफी गहरा आई। सुनील गंगोपाध्याय दारू चढ़ाते-चढ़ाते, सिर हिला-हिलाकर, एक के बाद एक रवीन्द्र संगीत गाते रहे। जितनी उनकी आवाज़ प्यारी है, सुर भी उतने ही मोहक!

स्वाति, सुनील की बीवी ने बताया, "सुनील तो ऐसे-ऐसे रवीन्द्र संगीत बनाता है कि कोई उसे पकड़ भी नहीं सकता! हाँ, यह तो सच है। सभी गानों की सभी कड़ी कहाँ रटी हुई होती हैं? कहीं कोई कड़ी भूल जाएँ, तो गाना एकदम से रोक देने के बजाय, मन से बना-बनाकर गाते रहें। रवीन्द्रनाथ अपने गीतों में किस क़िस्म के शब्द इस्तेमाल करते थे, यह तो खास अजाना नहीं है! दिमाग में अगर थोड़ा सा भी 'रवि-ज्ञान' हो, तो आराम से गाना चलाया जा सकता है! अपने कॉलेज जीवन में, इम्तहान के पर्चे में भी, रवीन्द्रनाथ ने यह लिखा, रवीन्द्रनाथ ने वह लिखा, ये साहब, अपनी ही बात लिख-लिखाकर, पन्ने पर पन्ना लिख मारते थे। अब किसी परीक्षक को इतनी फुर्सत कहाँ है कि रवीन्द्रनाथ ने अपनी किस किताब में ये बातें लिखी हैं!"

बहरहाल सिर्फ सुनील गंगोपाध्याय पर समय ख़र्च करने से नहीं चलेगा। सुभाष मुखोपाध्याय से मिलने के लिए, एक बार उनके यहाँ जाना ज़रूरी था। मैं उनके यहाँ भी गई। निखिल सरकार के यहाँ से आमंत्रण मिला। उनके यहाँ धीरे-धीरे बात करो; लिखना-पढ़ना कैसा चल रहा है, बताओ; देश की स्थिति का हाल सुनाओ; देश के बंधु-बांधव इस दुःसमय में साथ हैं या नहीं, विस्तार से बताओ।

मैं निखिल सरकार से अपनी सारी बातें खुलकर बताती हूँ। वे मेरे अपने हैं। बेहद अपने! इतना अपना, मुझे और कोई नहीं लगता। असल में अपना बनने के लिए आत्मीय होना ज़रूरी नहीं होता। आत्मीय न होने के बावजूद, कोई-कोई व्यक्ति अपने पिता, अपने भाई से भी कहीं ज्यादा अपना हो सकता है! निखिल सरकार का एक बेटा था! नाम—पप्पू! पप्पू जब कुल आठ साल का था, सड़क पर खेल रहा था, गाड़ी तले आ गया और उसने दम तोड़ दिया। असंभव प्रतिभावान था—पप्पू! उसी बच्चा-उम्र में वह तस्वीरें बनाता था, 'छड़ा' दोहा लिखता था! आज भी मीरा सरकार, निखिल सरकार की पत्नी, उसकी याद आते ही, रो पड़ती हैं। हर दिन! हर दिन वे दीवार पर टँगी पप्पू की तस्वीर, उसकी आँकी हुई ड्रॉइंग्स पर पड़ी धूल को, अपने आँचल से पोंछती हैं। आज भी! आज भी पप्पू की तस्वीर के आगे, हर शाम दीया जलाती हैं। हाँ, आज भी!

मीरा सरकार का यह दर्द मुझे इस क़दर छू गया कि एक दिन मैंने उनसे कहा, "आप लोग मुझे ही अपना पप्पू मान लें न! आपका पप्पू अगर ज़िंदा होता, तो मेरी ही उम्र का होता।"

पप्पू के लिखे हुए 'छड़े' और तस्वीरों की एक किताब, मैंने ज्ञानकोष प्रकाशनी के जरिये, बांग्लादेश में प्रकाशित की। वह किताब निखिल सरकार को सौंपते हुए मुझे बेतरह खुशी हुई थी! निखिल सरकार, मयमनसिंह के धोबाउड़ा के बेटे हैं। अब

कलकत्ता-विशेषज्ञ! सिर्फ कलकत्ता पर ही उन्होंने ढेरों किताबें लिखी हैं! निखिल सरकार को मैं जितना देखती हूँ, उतना ही मुग्ध होती हूँ। उनके समूचे घर में किताबें ही किताबें! अनगिनत विषयों में उनकी दिलचस्पी है! देशी-विदेशी इतिहास, भूगोल, साहित्य, कला किसी भी अच्छी किताब का नाम सुनते ही, उसे येन-केन-प्रकारेण हासिल करके, पढ़ डालते हैं! उन्हें बस, एक ही नशा है—पढ़ना! निखिल सरकार के सामने जाते ही, अपनी अज्ञानता और मूर्खता मानो दाँत निपोरकर हँस पड़ती है। इसके बावजूद उन्होंने मुझे उपेक्षा से फेंक नहीं दिया। महा-विशाल दरख़्त के सामने, महज़ एक तिनका भर, इसके बावजूद मुझे उनका प्यार मिला है! प्यार तो मुझे आनन्दशंकर राय, शिवनारायण राय, सुभाष मुखोपाध्याय का भी अबाध मिला है! अपने इस सौभाग्य की तरफ कभी-कभी मैं विस्मय-विमुग्ध निगाहों से निहारती रहती हूँ। सारा कुछ बेहद अलीक लगता है, मानो यह सच नहीं है; मानो कुछ घट नहीं रहा है, मानो यह महज़ सपना है। जब मैं नींद से जागूँगी, तो देखूँगी, मैं वही पहले जैसी मैं हूँ! लोगों के लात खाने वाली, थू-थू से नहायी हुई, नफरत और निंदा के कीचड़ तले कमर तक धँसी हुई! बांग्लादेश के प्रति, निखिल सरकार के मन में अद्‌भुत-सा प्यार है! बांग्लादेश के अच्छे साहित्यकार, आनंद पुरस्कार विजेता हों, वे ऐसा कोई इंतजाम तैयार कर देना चाहते हैं। डॉ. अनीसुज़्ज़मान को पुरस्कार-कमिटी का सदस्य बनाने के पीछे, उन्हीं का प्रयास था। 'शानदार परम्परा का अंगीकार' के नाम से, अनगिनत, असाधारण कैसेट तैयार करने के लिए, जिस साल नरेन विश्वास और अनीसुज़्ज़मान को आनंद पुरस्कार देने का फैसला लिया गया, वे भयंकर आँधी-तूफान-बारिश में निकल पड़े और घर खोज-खाजकर, नरेन विश्वास को यह खुशख़बरी देने पहुँच गए। जिस दफा शम्सुर रहमान को यह पुरस्कार मिला, मुझे किस क़दर खुशी हुई! मैं तो दौड़ ही पड़ी! ख़बरें लेती-देती रही! शम्सुर रहमान का पासपोर्ट लेकर, वीसा बनवाओ! उन्हें एयरपोर्ट तक पहुँचाओ! उस वक्त अगर मेरा पासपोर्ट मेरे पास होता, तो उस आनंद-पुरस्कार समारोह में शामिल होने के लिए, मैं भी कलकत्ता आ जाती! वे इस पुरस्कार के सर्वथा योग्य हैं। हाँ, मैं इस पुरस्कार के योग्य नहीं थी, यह मैं जानती हूँ! मुझे अपने 'आनंद-पुरस्कार' पाने की जितनी खुशी थी, इसके योग्य न होने का संकोच भी कम नहीं था। आनंद-पुरस्कार से भी बढ़कर, मुझे इस पश्चिम बंगाल से सबसे बड़ा प्राप्य है, चंद असाधारण लोगों का स्नेह और प्यार! यह मेरी अनमोल सम्पदा है! आनंद-पुरस्कार से प्राप्त रुपये तो इधर-उधर ख़र्च हो जाएँगे, पुरस्कार की सनद दिनोंदिन धूसर होती रहेगी, लेकिन जितने-जितने दिन गुजरेंगे, प्यार अक्षत रह जाएगा, बंधुत्व उजलाता रहेगा।

'स्टेट्‌समैन' में जिस दिन मेरा इंटरव्यू छपा, उस दिन सुबह-सुबह ही निखिल सरकार ने मुझे होटल में फोन किया।

काफी नाराज़ लहजे में उन्होंने पूछा, "तुमने स्टेट्‌समैन के पत्रकार को क्या

यह कहा है कि तुम कुरान में संशोधन करना चाहती हो?''

''नहीं तो!''

''लेकिन, लिखा तो यही है।''

''आप यह कह रहे हैं? कुरान का संशोधन? कुरान का संशोधन क्या संभव है? ऐसा विकट ख़्याल मेरे दिमाग़ में कभी नहीं आया! कहने का तो सवाल ही नहीं उठता। मैं कुरान पर विश्वास नहीं करती, मैं इसमें संशोधन भला क्यों चाहूँगी? कुरान पर विश्वास हो, तभी न संशोधन का सवाल उठता है?''

''अगर तुमने कहा नहीं, तो ऐसा लिखा क्यों गया? तुमने ज़रूर ऐसी-वैसी कोई बात कही होगी।''

''मैंने शरीयत क़ानून की बात की थी। लेकिन मैंने इसमें कोई संशोधन नहीं चाहा था, क्योंकि संशोधन से कोई सच्चा काम नहीं होता। मैंने कहा था, शरीयत के कानून मैं बदल देना चाहती हूँ। मेरा मतलब था, मैं इसे विदा कर देना चाहती हूँ! इस क़ानून के बजाय मैंने ऐसे क़ानून की बात की थी, जिसमें औरत-मर्द को बराबरी का हक़ मिले।''

''पता नहीं, क्या कहना था, क्या कह गईं।''

''नहीं, क्या कहना था, उसकी जगह मैंने और कुछ नहीं कहा। मैंने जो कहा, बिल्कुल साफ़-साफ़ कहा और कोई नई बात नहीं कही। यह बात मैं अर्से से कहती आ रही हूँ, लिखती रही हूँ। मेरी पक्की राय है, जो लड़की, इंटरव्यू लेने आई थी, उसे कुरान और शरीयत के फर्क़ की जानकारी नहीं है। शरीयत को उसने कुरान समझ लिया।''

''ख़ैर, जो भी हो, अब देर मत करो। अभी ही एक 'भूल-सुधार' भेज दो।''

''लेकिन अखबारों में तो अक्सर ऐसी भूल ख़बरें छपती रहती हैं, उनके लिए 'संशोधन' तो मैंने किसी दिन नहीं भेजा।''

''लेकिन यह भूल, वैसी भूल नहीं है। तुम्हारे इस मंतव्य से मुसीबत हो सकती है।''

बहरहाल, मैंने देर नहीं की। फौरन निखिल सरकार के दफ़्तर पहुँची और स्टेट्समैन सम्पादक को एक ख़त लिखकर सौंप दिया कि मैंने कुरान में संशोधन की बात नहीं कही थी। यह कहने का सवाल ही नहीं उठता क्योंकि मैं धर्म में विश्वास नहीं करती! मेरा ख्याल है, सभी धर्मग्रन्थ इस युग में अचल हैं! सभी धार्मिक क़ानून हटाकर चूँकि धार्मिक क़ानून में औरत अपने अधिकार से वंचित है। इसकी जगह औरत-मर्द को बराबरी का हक़ देनेवाला, कोई नया क़ानून बनाया जाए। इसकी माँग मैं काफी लंबे अर्से से करती आ रही हूँ! अगर मैं धर्म में ही विश्वास नहीं करती, तो कुरान में संशोधन की बात पूरी तरह अप्रासंगिक है। यह लिखकर, मैंने राहत की साँस ली। स्टेट्समैन में वह इंटरव्यू पढ़कर, सच ही मेरा मूड खराब हो गया था। एक ग़लत वाक्य ने मुझे आस्तिक बनाकर छोड़ा! धर्म में विश्वास हो, तभी

न धर्मग्रन्थ में संशोधन का सवाल उठता है? इसमें ज़रा फेर-बदल करके, मानते रहो, इसे सिर पर धारण किए रहो! छिः मैं क्या इसमें विश्वास करती हूँ भला? इतने सालों से मैं किस बात पर जंग करती रही? मैं तो शुरू से ही यही कहती आ रही हूँ कि औरत जब तक इस पुरुषतंत्र और धर्म की बेड़ियों को तोड़कर बाहर नहीं निकल आती, उसकी सच्ची मुक्ति असम्भव है।

आवृत्तिलोक की तरफ से एक कार्यक्रम आयोजित किया गया। उसे संवर्धना कार्यक्रम भी कहा जा सकता है। कविता-पाठ होगा! कविता कौन पढ़ेगा? मैं! और कोई? नहीं, और कोई नहीं, अकेली मैं! इसमें कोई तुक है भला? हाँ, है—उन लोगों ने कहा!

मेरी बाईं तरफ शक्ति चट्टोपाध्याय बैठे, दाहिनी तरफ, सुनील गंगोपाध्याय!

''आप लोग भी कविता पढ़ें न!'' मैंने कातर अनुरोध किया।

''नहीं, आज हम सब तुम्हारी कविताएँ पढ़ेंगे।'' शक्ति ने जवाब दिया।

मैं संकोच से दोहरी हो आई, बंगला साहित्य के दो श्रेष्ठ कवियों के बीच मैं बैठकर कविताएँ पढ़ने में, जिस ताकत की ज़रूरत होती है, वह मुझमें नहीं थी। ताकत नहीं थी, फिर भी कविता पढ़ने के लिए बैठना पड़ा। जुबान से तो कविताएँ पढ़ती रही, लेकिन मन ही मन मनाती रही—हे धरती मइया तुम फट जाओ, मैं तुममें समा जाऊँ। लेकिन मुझे आसमान की तरफ उछाल फेंके बिना, धरती को मानो चैन नहीं था। कविता-पाठ के बाद खाना-पीना! खाने-पीने से पहले हस्बेमामूल दारूबाज़ी! शाम ढलते ही शराबनोशी, कलकत्ता के उच्चवित्त और मध्यवित्त घरों में काफी कुछ नियमित रिवाज है! घर-घर में पति महोदय दारू लेकर बैठ जाते हैं यहाँ तक कि उनकी बीवियाँ भी! अगर कहीं मेहमान आ जाएँ, तो कहना ही क्या? और कुछ भले न चले, दारू तो ज़रूर चलेगा! ढाका के मध्यवित्त कारोबारी मुहाल में, शाम के वक्त अगर कोई मेहमान आ पहुँचता है, तो शायद अभी भी उसका चाय से ही स्वागत किया जाता है!

मैंने गौर किया, मामूली मात्रा में ही शराब चढ़ाकर, शक्ति चट्टोपाध्याय मेरे पीछे-पीछे घूमने लगे और कहते रहे, ''तसलीमा, तुम्हें मैं इस क़दर प्यार क्यों करने लगा हूँ, बताओ तो?''

लो, हो गई छुट्टी! मुझ जैसी तुच्छ, अकिंचन का इतना आदर-जतन किया जा रहा है। यहाँ तक कि बिल्कुल आसमान पर चढ़ाया जा रहा है। उसके बाद, कवि शक्ति चट्टोपाध्याय, अगर इस भरी महफ़िल में, यूँ फट् से मेरी मुहब्बत में पड़ जाएँ, तो मैं सम्हालूँगी कैसे? मेरे दोनों कान झन्ना उठे! मारे शर्म के मुझे कहीं मुँह छिपाने के लिए भी जगह नहीं सूझी।

''शक्तिदा, आप कुछ खाएँगे? रुकिए, मैं आपके लिए कुछ खाने को लाती हूँ—'' यह कहकर मैं फटाफट वहाँ से खिसक गई, ताकि इस दौरान वे अपने प्रेम-प्यार

को फिलहाल स्थगित रखने की कोशिश करें।

मैं उनके लिए खाना लाने चली गई, मानो वे मुँह में खाना भरने में ही व्यस्त रहें, मानो इश्क के जुमले दुहराने-तिहराने का उन्हें वक्त ही न मिले।

लेकिन वे भी मेरे पीछे-पीछे चले आए।

मेरे कानों में वे लगातार फुसफुसाते रहे, "तुम्हें मैं इतना प्यार क्यों करता हूँ?"

मैंने खाने की प्लेट उन्हें थमा दी। वे आज्ञाकारी बच्चे की तरह, बैठकर खाने लगे।

मैंने गौर किया कि वे ठीक तरह खा नहीं पा रहे हैं। जैसे ही वे कौर उठाकर मुँह में डालने लगते थे, खाना इधर-उधर छिटक जाता था।

मीनाक्षी चट्टोपाध्याय, शक्ति की पत्नी, कुछ दूर खड़ी थीं।

मैं दौड़कर उनके पास पहुँची, "भाभी, जल्दी चलें, शक्ति'दा कैसा तो कर रहे हैं! उनसे खाया भी नहीं जा रहा है।"

"अरे, वोऽ कुछ नहीं," इतना कहकर, वे लोगों से बातें करने में दुबारा मगन हो गईं।

उन्होंने शक्ति की अजीबोग़रीब हरकत को कतई तवोज्जोह नहीं दी। इधर मैं बड़ी मुश्किल में पड़ गई! अकेली, मुझसे, शक्ति का प्रेम सम्हाले नहीं सम्हल रहा था। उन्होंने खाना-पीना छोड़कर, दुबारा रटना शुरू किया कि वे मुझे बेहद प्यार करते हैं। वे लगातार पूछते रहे कि वे मुझे इतना प्यार क्यों करते हैं। अब, मुझे क्या पता? मेरे पास उनके सवाल का कोई जवाब नहीं था। यह ऐसी पसोपेश की स्थिति थी कि मैं न तो वहाँ बैठकर उनका प्रेमालाप सुन सकती थी, न किसी को कुछ बता सकती थी। ऐसी बुद्धू क्या जहाँ-तहाँ मिलती है? यह समझने में मुझे पूरे दो दिन लग गए कि शक्ति चट्टोपाध्याय सचमुच ही मेरे प्रेम में नहीं पड़े थे। पेट में दारू पड़ते ही, वे ज़रा उल्टा-पल्टा बकने लगते हैं, बस, इतना ही!

कलकत्ता प्रवास का वक्त बेहद तेज़ी से ख़त्म होता गया। मेरा मन होता था कि इस तेज-रफ़्तार वक्त को, अपने आँचल में बाँध रखूँ, लेकिन यह मेरे वश में नहीं था। समय कपूर की तरह हवा में उड़ता गया। अपने देश लौटने से पहले-पहले, कलकत्ता में वक्त, सच ही बड़ी तेजी से ख़त्म हो जाता था। कलकत्ता छोड़कर जाने का मेरा मन नहीं करता, लेकिन फिर भी जाना तो पड़ेगा ही!

ढाका लौटकर मैंने देखा, समूचे देश में तांडव शुरू हो गया है! स्टेट्समैन अखबार को दिया हुआ इंटरव्यू, बांग्लादेश के अख़बारों में भी छापा जा चुका था। मैं कुरान में संशोधन करना चाहती हूँ, इस ख़बर को नमक-मिर्च लगाकर प्रचार करते हुए, कट्टरवादियों ने भयंकर आंदोलन का बिगुल बजा दिया था। यह हो क्या रहा है? मैंने तो कुरान संशोधन की बात नहीं की। लेकिन मेरी बात सुनता कौन? मैंने तो सोचा था कि 'लज्जा' ज़ब्त

होने के बाद, कट्टरवादियों की देह में जो हवा लगी थी, फतवा जारी करने के बाद, सरकार की निष्क्रियता ने, जैसे आग को और धधका दिया था, हवा का वह रुख, आग की वह आँच, अब धीरे-धीरे मंद पड़ गई होगी। पुलिस का पहरा भी अब न के बराबर था। लेकिन हवा अचानक फिर क्षिप्त और तप्त हो उठी थी। अब नए सिरे से दुगनी तेज़ी से और तिगुनी रफ्तार से लहक उठी थी! मेरी इतनी मजाल कि मैं पवित्र कुरान शरीफ में चीर-फाड़ करना चाहती हूँ, साक्षात् अल्लाह की वाणी में संशोधन चाहती हूँ। इसका मतलब यह हुआ कि मुझे लगता है कि अल्लाह ने ठीक-ठीक बातें नहीं कहीं। अल्लाह ने जो कहा, वह ग़लत कहा है। मैं सर्वशक्तिमान अल्लाह से ज्यादा ज्ञान रखती हूँ; मैं अल्लाह के मुक़ाबले अपने को ज्यादा क्षमताशाली समझती हूँ। कट्टरवादियों के पास इससे बड़ा हथियार और क्या हो सकता है? मेरे आस-पास देशी-विदेशी पत्रकारों की भीड़ जमा हो गई! सवाल-दर-सवाल! मैंने कुरान में संशोधन की बात कही भी थी या नहीं? भई, मैं क्या पागल हो गयी हूँ, जो क़ुरान में संशोधन करना चाहूँगी? फर्ज़ करें, सुनील गंगोपाध्याय ने कोई किताब लिखी हो। उसकी मैं आलोचना तो कर सकती हूँ, मगर उसमें संशोधन हरगिज नहीं कर सकती। अब मैं अपनी किताब की बात करूँ। अपनी किताब में संशोधन करने का हक़, सिर्फ मुझे है, और किसी को भी नहीं है! मेरी मौत के बाद भी, मेरी किताब में जो भूल-त्रुटि रह गई है, वह इसी तरह बनी रहेगी। यही तो नियम है! रवीन्द्रनाथ ठाकुर ने लिखा—'तोड़कर मेरे घर की चाबी, ले जाएगा कौन मोरे?' अब हममें से क्या कोई भी यह चाहेगा कि हम 'तोड़कर मोरे घर की चाबी'—की जगह 'तोड़कर मोरे घर का ताला—' कर सकते हैं भला? ना! ऐसा कोई नहीं चाहेगा। इसका सवाल ही नहीं उठता! कुरान में तो लिखा ही है कि इसका कोई भी शब्द परिवर्तित नहीं किया जा सकता। कुरान एक बहु-पठित ग्रन्थ है, मैं किस खेत की मूली हूँ, जो इसमें संशोधन की माँग करूँगी? इस समूचे ब्रह्मांड में कोई भी यह माँग या दावा नहीं कर सकता।

मैंने जिन किताबों का उदाहरण दिया, वह इंसानों द्वारा लिखा हुआ है, लेकिन कुरान तो अल्लाह ताला का लिखा हुआ है। मैं पवित्र कुरान से, इंसान की लिखी कृतियों की तुलना कैसे कर सकती हूँ? मैं तुलना इसलिए करती हूँ, क्योंकि कुरान भी इन्सान का ही लिखा हुआ है। क्षमतालोभी, स्वार्थान्वेषी, नारीविद्वेषी, निष्ठुर-निर्दय पुरुष द्वारा लिखा हुआ है! यह इन्सान की बुद्धिहीनता है, जो इस बात पर विश्वास करता है कि अल्लाह ने मुहम्मद तक अपनी वाणी पहुँचाने के लिए जिब्राइल को भेजा था। मुहम्मद, जिब्राइल को देख नहीं पाते थे, लेकिन वे जिब्राइल की गमकती हुई आवाज़ सुन लेते थे। वे जो सुनते थे, लिखते जाते थे। उस युग में, आज से चौदह सौ साल पहले, चारों तरफ अंधता, अज्ञानता, मूर्खता छाई हुई थी। उन दिनों लोग अलौकिक शक्ति पर विश्वास करते थे। यह कोई अजूबा भी नहीं है। लेकिन इस बीसवीं शती की आखिरी छोर पर खड़े होकर, इस विज्ञान के युग में, जब इन्सान

की ज्ञान, बुद्धि, युक्ति, विचार काफी विकसित हो चुकी है, इंसान इन रूपकथाओं पर आखिर कैसे विश्वास करे?

फिर आप किसमें बदलाव की माँग कर रही हैं?

शरीयत नामक बर्बर क़ानून को विदा कर देने की माँग कर रही हूँ! अब तक इस क़ानून में बार-बार संशोधन होता रहा है, लेकिन किसी भी संशोधन ने औरत-मर्द की विषमता को दूर नहीं किया। औरत-मर्द के समान अधिकारों की प्रतिष्ठा, शरीयत क़ानून का लक्ष्य नहीं है, बल्कि इसका उल्टा है। कोई भी संशोधन, मूल लक्ष्य में परिवर्तन नहीं ला सकता। अगर हम अपने राष्ट्र के संविधान को अक्षत रखें, जो संविधान यह कहता है कि सभी इंसानों को बराबर का हक़ है, तब इस कानून को अक्षत रखने में कोई तुक नहीं है।

सभी अखबारों में मेरा बयान प्रकाशित हुआ कि मैंने कुरान में संशोधन की बात नहीं की, इसके बावजूद तांडव थमने का कोई लक्षण नज़र नहीं आया। कट्टरवादी आर्तनाद करते रहे, इस्लाम बहा जा रहा है, कुरान ध्वंस हो रहा है। लेकिन बहा कौन रहा है? ध्वंस कौन कर रहा है? तसलीमा! अस्तु जलाओ, झुलसाओ, फाँसी की माँग करो, आंदोलन पर उतरो! जहाँ, जो भी मुसलमान है, निकल पड़ो, वज्रकण्ठ से नारे लगाओ। तसलीमा को फाँसी दो! तसलीमा की मौत चाहिए! हाँ, मेरी मौत की माँग करनेवालों की तादाद बढ़ती जा रही है। अब जुलूसों में पहले से भी कहीं ज्यादा लोग होते हैं। मैं तो यह जानती थी कि वक़्त गुज़रने के साथ-साथ ज़्यादातर आंदोलनों के तेज़, इस देश में मंद पड़ जाते हैं। लेकिन यहाँ तो जैसे-जैसे वक्त गुज़रता जा रहा है, तेज़ उतना ही बढ़ता जा रहा है। चारों तरफ एक ही हुंकार—तसलीमा को जड़ से मिटाओ, इस्लाम बचाओ। देश भर में जितने भी राजनैतिक-गैर-राजनैतिक, इस्लामी संस्था, संगठन हैं, हर जगह फूत्कार करते हुए लोगों की भीड़, जोड़ बाँधो, सड़कों पर उतरो, इस्लाम बचाओ! हर दिन मेरी फाँसी की माँग करते हुए जंगी जुलूस निकाले जाते रहे! हर दिन! चारों तरफ लीफलेट बाँटे जा रहे थे, हज़ारों-हज़ार लीफलेट—

तस्लीमा के विरुद्ध आंदोलन क्यों

सम्मानित देशवासी,

अस्सलाम वालेकुम!

तसलीमा के विरुद्ध आंदोलन क्यों? तसलीमा के एजेण्टों और इस्लाम-दुश्मन ताकतों ने जनता को गुमराह करने के लिए, यह सवाल उठाया है! इस देश के सर्वस्तर की जनता ने उसके लिए मृत्युदंड की माँग के है। यह माँग करते हुए स्मरणातीत काल से सर्वात्मक हड़तालें होती रही हैं। उसके विरुद्ध अदालत में मामला दायर किया गया है। दुनिया के यहूदी-ईसाई साजिशों की तहत, काफी लम्बे अर्से तक,

उनकी पनाह में, विदेश में रहते हुए, वह इस्लाम के विरुद्ध कारसाजी करती रही! आजकल दुबारा लौट आई है, इसलिए स्वाभाविक है कि देशप्रेमी, इस्लामी जनता के दिलों में क्षोभ का संचार हुआ है। इस बार देशी-विदेशी इस्लाम विरोधी, कुचक्री लोग, उसे सामने रखकर सिर उठाने की कोशिश कर रहे हैं। प्रधानमंत्री के हालिया वक्तव्य ने उन लोगों के इस्लाम विरोधी और देश-विरोधी कर्मकांड की वैधता और उत्साह को प्रोत्साहन दिया है। प्रधानमंत्री की भाषा में, तसलीमा की विरोधिता करनेवालों ने अब हद कर दी है, हालाँकि तसलीमा अल्लाह रसूल और कुरान के खिलाफ जहर उगलती फिर रही है, बांग्लादेश के नक्शे को अन्य देशों से मिलाए बिना उसे चैन नहीं पड़ेगा। वह अबाध यौन-संसर्ग के लिए खुलेआम ईंधन जुटा रही है, विवाह-बन्धन तोड़ने के लिए औरतों को पट्टी पढ़ा रही है। और अकथ्य, अश्लील भाषा में, आलिम, उलेमा, पीर, मुर्शिद और मस्जिद के इमाम को गाली-गलौज की है। मस्जिद को वैषम्य का प्रतीक कहती है। शेख हसीना सिर पर पल्ला क्यों रखती है, इसके लिए उसका खुदकुशी कर लेने का मन होता है—इस देशद्रोही और धर्मद्रोही के लिए, एक खास तबके की वकालत, बेशक उद्देश्यमूलक है! किसी शरीफ समाज के इंसान, स्वाधीन देश के गर्वित नागरिक क्या इसे मान सकते हैं? धार्मिक विश्वास और मूल्यबोध पर कटाक्ष और उपहास करने का अधिकार उसे किसने दिया?

सम्मानित देशवासी! तसलीमा के असंख्य अश्लील और असभ्य विषोद्गार से उद्धृत निम्नलिखित चंद मिसालों पर गौर करें :—

* मैं किसी छोटे-मोटे परिवर्तन के पक्ष में नहीं हूँ। इसके जरिए कोई भी उद्देश्य सिद्ध नहीं होगा। कुरान में पूरी तरह संशोधन करने की ज़रूरत है (09.05.94 तारीख को कलकत्ता से प्रकाशित 'दि स्टेट्समैन' अखबार में एक साक्षात्कार में तसलीमा की उक्ति) उपरोक्त वक्तव्य का प्रतिवाद करते हुए 11.05.94 को 'दि स्टेट्समैन' अखबार में एक ख़त भी छपा है, वह पहले से भी ज़्यादा मारात्मक और भयंकर है। बकौल तसलीमा, इस मामले में मेरी राय बिल्कुल साफ और स्पष्ट है! मेरी राय में कुरान, वेद, बाइबिल और इस क़िस्म के विभिन्न ग्रंथ, जो उनके भक्तों और अनुसरणकर्ताओं का जीवन-संचालन करते हैं, वह सब आज के स्थान-काल के साथ संगतहीन हैं। जिस समाज और इतिहास की पृष्ठभूमि में यह सब लिखा गया था, वह सब हम लोग अतिक्रम कर आए हैं। अस्तु, इन सबके द्वारा परिचालित होने की हमें कोई ज़रूरत नहीं है। आंशिक या पूरी तरह संशोधन की बात, यहाँ अप्रासंगिक है। हम अगर उन्नति करना चाहते हैं, तो इन पुराने ग्रन्थों का परित्याग करके, हमें आगे बढ़ना होगा।
* यहाँ हसन-हुसेन से शुरू करके मुहम्मद तक, कोई भी पूत-पवित्र इंसान नहीं। सबके सब दोष, गुण, लोभ, मोह, हिंसा में यजीद मारिया की तरह यानी

अँधेरे समाज के अन्यान्य लोगों की तरह हैं। (छोटी-छोटी दुःख-कथा)

* मैं नमाज़ या कुरान पर विश्वास नहीं करती। जब मैं कुरान पढ़ रही थी, तब मैंने उसमें देखा है, कुरान में कहा गया है कि सूर्य, पृथ्वी के चारों तरफ घूमता है। तब मैंने अपनी माताश्री से कहा था कि मैंने विज्ञान की किताब पढ़कर जाना है, पृथ्वी ही सूर्य के चारों तरफ घूमती है! इसलिए अल्लाह निरे झूठे और मिथ्यावादी हैं। (बंबई से प्रकाशित फैशन पत्रिका, 'सेवी' के नवंबर, 92 अंक में प्रकाशित तसलीमा की आत्मकथा)
* रवीन्द्रनाथ को मैं ईश्वर मानती हूँ। मेरी आँखों के सामने ईश्वर की जो छवि उभरती है, वह उसके खून-मांस शिल्प समेत, सिर्फ रवीन्द्रनाथ हैं। वही मेरे धर्म हैं। मैं इसी एक ईश्वर के सामने पराजित हूँ। अन्य कोई ईश्वर-दोष और कोई लौकिक-पारलौकिक मोह मुझमें नहीं है। दुनिया में रवीन्द्रनाथ के अलावा, मैंने कोई भी दीवार नहीं रखी। मेरा और कोई गंतव्य नहीं है। (नष्ट लड़की का नष्ट गद्य, पृ. 80)
* यह सब आखिरत, पुलसेरात, दोज़ख, बहिश्त—इन सब पर मेरा विश्वास नहीं है। अल्लाह-टल्लाह क्या होता है? सब बहाना है। (निमंत्रण, पृ. 29)
* हाँ, मैं इस्लाम पर चोट करती रहती हूँ। क्योंकि इस्लाम औरत को आज़ादी नहीं देता। (सेवी, नवम्बर, 92)
* इसराफिल को बुखार चढ़ा था/जिबराइल को खाँसी/मुनकर और नकीर हूर की दावत पर गए थे/फरिश्ते अपनी मर्ज़ी मुताबिक सात आसमानों की सैर करते हैं/इसराफिल को बुखार चढ़ा है, सिंगा कौन फूँकेगा?/पुलसेरात में अकेले बैठे-बैठे आखिर न्यायकर्ता रो रहे हैं/और आखेराव का दांडी-पल्ला-कब्जा खिसककर गिर पड़ा। (कविता : इसराफिल को बुखार चढ़ा है, सूत्र साप्ताहिक पूर्णिमा, 17 नवम्बर, 93)
* इस साल की फरवरी में मैंने बाबरी मस्जिद ध्वंस की परवर्ती परिस्थिति के आधार पर, 'लज्जा' लिखी है। मैंने बाबरी मजिस्द के बारे में लिखा है, क्योंकि यह वैषम्य के प्रतीक के तौर पर खड़ी थी। (पूर्णिमा : 17 नवंबर, 93)
* चरित्र गठन के लिए, इस देश में खदीजा ही क्यों अनिवार्य है? हयबत की तेरह या चौदह बीवियों की जीवनी पढ़कर, स्कूल की लड़कियाँ कौन-से आदर्श में दीक्षित हो रही हैं, यह जानने की जरूरत तो है मुझे! उन लोगों को जोन ऑफ आर्क, मेरी वोल्टनक्राफ्ट की जीवनी, बंगाल की मातंगिनी हाज़रा, सरोजिनी नायडू, बेगम रुकैया, ननीबाला देवी, लीला नाग, इला मित्र के संग्रामी जीवन के बारे में कोई पाठ क्यों नहीं पढ़ाया जाता? (नष्ट लड़की का नष्ट गद्य, पृ. 121)
* इस देश में तरह-तरह के असाधु मर्द मौजूद हैं, उनमें पीर अन्यतम हैं। देश

के चप्पे-चप्पे में अचानक उग आए पीर नामक परिचित तमाम जीवों का मूल पेशा है—असाधुता! लम्बे-लम्बे बाल, दाढ़ी, झब्बे की आड़ में, पीर मात्र ही होते हैं, झुंड-झुंड जवान औरतों में घिरे, प्रचंड कामुक पुरुष (निर्वाचित कलाम, पृ. 27)

* हमारे जैसे समाज में. लड़कियों को कभी भी विवाह करना उचित नहीं है, क्योंकि इस वजह से लोग मर्दों की ज़रख़रीद दासी में परिणत हो जाती हैं।...यौनता के बारे मेरा कहना है कि मैं अबाध यौन-संपर्क में विश्वास करती हूँ, इसके लिए आप विवाह करें। यह ज़रूरी नहीं है। (सेवी, नवंबर, 92)
* जरायु की स्वाधीनता, औरत मात्र के लिए ज़रूरी है। चाहे वह पतिता हो या अपतिता! (साक्षात्कार, पाक्षिक, सोनार तरी, 1-15 दिसंबर, 93)
* नारी बलात्कार करना सीखे, व्यभिचार करने की आदत डाले। (निर्वाचित कलाम, 118/कलकत्ता, 1992)
* साला, सूअर का बच्चा बांग्लादेश। (लज्जा, पृ. 57)
* स्वेच्छाचारी सरकार ने इस देश के लिए एक राष्ट्रधर्म तैयार किया है। जिस धर्म द्वारा आक्रांत होकर इंसान, भारत-विरोधिता का शिकार है और देश में इस्लाम तंत्र चालू करना चाहता है। (जाऊँगी क्यों नहीं, जाऊँगी, पृ. 49)
* बंगाली के जिक्र पर, मैं समझती हूँ, उन्नीस करोड़ इंसान! देश के नाम पर, मैं मानती हूँ—बंगदेश! हमलोग-तुमलोग की बातें मुझे पसन्द नहीं हैं। चलो, मान लिया कि आज धर्म की दीवार उठ खड़ी हुई है। लेकिन यह बात सूर्य की तरह सच है कि यह दीवार किसी न किसी दिन टूटेगी ज़रूर! धर्म निर्वासित होगा, बंगालियों को अपने पुरखों की माटी वापस मिल जाएगी, फिर से हासिल होगा, दूर दिगंत तक अबाध हरा-भरा धान-खेत, आम-जामुन-कटहल के जंगल! मिट्टी की मूरत के चरणों में फूल-पत्ती अर्पित करके, कोई नमो-नमो नहीं कहेगा, पापी और सन्तप्त इंसान पाँचों जून मस्जिद में अपना माथा नहीं ढोकेंगे। एक दिन सभी बंगाली लोग, एक दूसरे का हाथ थामे, बनगाँ से बनेपाल तक, रंगपुर से कूचबिहार तक, मेघालय से हलुवाघाट तक, शिलाँग से तामाबिल, आराम से आएँगे-जाएँगे; माँझी माटियाली गाते हुए, पद्मा से गंगा के उत्ताल जल में पतवार चलाएँगे। अपने सीने में ऐसा ही एक सपना लिए मैं जिंदा हूँ। (बंदी मैं—तसलीमा नसरीन : आनंद बाजार पत्रिका, 31 अक्तूबर, 93)
* देखिए, जितनी सी सुरक्षा फिलहाल मिली है, वह तो इसलिए कि यह सुरक्षा विदेशी संस्थाओं से मिली है। (साक्षात्कार, सोनार तरी, 1-15 दिसंबर, 93)
* भारतवर्ष कोई ख़ारिज कागज नहीं था/जो उसे फाड़कर/चिंदी-चिंदी कर दिया जाए 'सैंतालिस' शब्द मैं रबड़ से मिटा देना चाहती हूँ/'सैंतालिस'

शब्द नाम का कांटा मैं निगल जाना चाहती हूँ/इसे जड़ से उखाड़ फेंकना चाहती हूँ/उद्धार करना चाहती हूँ, अपने पुरखों की माटी। (कलकत्ता, देश, 12 मार्च, 94 : कविता अस्वीकार, तसलीमा तसरीन)

सम्मानित बिरादरो,

इस्लाम क़बूल करने के मामले में कोई ज़ोर-ज़बर्दस्ती नहीं है। इसी तरह अगर कोई चाहे तो किसी और देश की नागरिकता भी क़बूल कर सकता है। लेकिन, इस्लाम का नाम-परिचय इस्तेमाल करके, इस्लाम के मूल अक़ीदा और विश्वास को नामंजूर करके; बांग्लादेश की नागरिकता की सुविधा भोग करते हुए, इस स्वाधीन मानचित्र को अन्यान्य देश के साथ मिलाने की साजिश को, दुनिया के किसी भी धर्म, नागरिक और मानवीय क़ानून में स्वीकृत नहीं है। बहुतेरे देशों में धार्मिक मूल्यबोध की अवज्ञा की सज़ा के तौर पर, ब्लासफेमी कानून मौजूद है। लेकिन, हैरत है! बांग्लादेश में इसके अनुरूप कोई भी क़ानून नहीं है। हालाँकि–बांग्लादेश का जातीय-धर्म इस्लाम है, महान् अल्लाह के प्रति अविचल आस्था और विश्वास, संविधान में उल्लिखित राष्ट्रीय मूल नीति में अन्यतम है! इस देश के नब्बे प्रतिशत लोग इस्लाम के अनुयायी हैं। तसलीमा ने खुलेआम अश्लील, अशिष्ट और अनागरिक भाषा में इन सबको पददलित किया है। उसके सभी कर्मकांड इस्लाम और देश-स्वाधीनता के विरोधी हैं। हालाँकि इस देश में, इतने सबके बावजूद, सरकार ने उसे आश्रय और शेल्टर दिया है। इसका मतलब क्या यह हुआ कि हम सब इस देश में अपने मुसलमान होने के परिचय समेत क्या इज़्ज़त के साथ नहीं रह सकते? हमलोग अपने ईमान और देश की आज़ादी के बारे में कोई समझौता करें, यह नामुमकिन है। रसूले पाक का हुक्म है–"तुमलोग अगर कोई अन्याय देखो, तो फौरन अपनी ताकत से उसका प्रतिरोध करना!" फिलहाल जो आलम है, उसमें तसलीमा जैसी औरतों की उछृंखलता का प्रतिरोध, सिर्फ मुँहजुबानी प्रतिवाद और दिल की नफरत उँड़ेलकर ही सम्भव नहीं होगा। सीधे-सीधे प्रतिवाद करना होगा।

आइए! देश प्रेमी, धर्मप्राण भाइयो, ईमान और देश की हिफ़ाज़त के जिहाद में हम कूद पड़ें। अल्लाह और अल्लाह रसूल की मर्यादा को बुलंद करें और आवाज़ उठाएँ।

काफिर-गद्दार के लिए मृत्युदंड कानून पास करो
तसलीमा को मृत्युदंड, देना होगा; दे डालो

इस्लामी एक्य गुट

अस्थाई कार्यालय : 44/1, पुराना पल्टन, ढाका-1000 से प्रकाशित और प्रचारित।

'सोनार तरी' और 'पूर्णिमा' विशुद्ध कट्टरवादियों की पत्रिका हैं। इन पत्रिकाओं में मैंने

कभी, कोई साक्षात्कार नहीं दिया। लेकिन जब भी उन लोगों को मेरी जुबान पर चंद जुमले चिपकाने की ज़रूरत होती है, वे लोग अपनी जिम्मेदारी पर वह सब खुद ही गढ़कर, मुद्रित अक्षरों में प्रकाशित कर देते हैं। इस देश के इन्सान किसी भी क़िस्म के मुद्रित अक्षरों पर अटूट विश्वास करते हैं। यह विश्वास ही इन्क़लाब संस्था का मूलधन है। एक ही बात मुँहजुबानी बोलते-बोलते, मुँह से झाग निकलने लगा, मगर किसी के भी कान में कोई भी बात नहीं पहुँची। मगर जब वही बात लिखकर प्रकाशित होती है और पढ़नेवालों के दिमाग़ में वह सर्र से उतर जाती है। इस संस्था को फिलहाल ऐसे ही दिमागों की बेहद ज़रूरत है! इस क़िस्म के दिमागों का ऊपरी पर्त बेहद झीना है, बेहद उजला-धुला है। बड़ी आसानी से, कोई भी माल, वह पर्त भेदकर, अन्दर गहरे उतर जाता है! गोबर भरो, तो गोबर भर जाता है, धर्म ठूँसो, तो धर्म अंदर तक उतर जाता है। सिर्फ मेरा बयान ही उनके दिमाग़ में नहीं घुसा! मैंने जो यह लिखा कि कुरान संशोधन की बात मैंने नहीं कही, उस तरफ किसी ने भी मुड़कर भी नहीं देखा। अगर देखा भी हो, तो मन ही मन कह रहे होंगे—मुमकिन है, कुरान संशोधन की बात, अभी तुमने नहीं कही हो, लेकिन इससे क्या फर्क़ पड़ता है? अब तक कुरान के बारे में क्या कम बकवास की है? चलो, मान लिया कि अभी तुमने गंदगी नहीं फैलाई, लेकिन पहले तो फैलाई थी। शुक्र है कि उन लोगों ने यह नहीं कहा कि तुमने गंदगी नहीं फैलाई, तो तुम्हारे बाप ने फैलाई होगी; तुम्हारे बाप ने नहीं फैलाई, तो तुम्हारे बाप के बाप ने फैलाई होगी, इसके लिए हम तुम्हें ही खा-चबा डालेंगे।

विदेश से पत्र आया है। नवंबर में नार्वे के लेखक सम्मेलन में जाने का आमंत्रण; अक्तूबर में फ्रांस के पुस्तक-मेले में दावत; स्वीडन के लेखक-संगठन से आमंत्रण, अमेरिका के आइवा विश्वविद्यालय में, तीन के लिए लिखने की ट्रेनिंग लेने की दावत; न्यूयार्क में मेरेडिथ टैक्स की नारीवादी लेखक-सभा में आमंत्रण! ऐसी मामूली लेखिका के लिए, इतना बड़ा सम्मान देखकर मैं खुद ही चकित हूँ!

किसी-किसी विदेशी ने मुझसे कहा था, "हमें बेहद खौफ़ होता है, जाने कब, कौन आपकी जान ले ले! ऐसा करें, आप किसी और देश में जा बसें! बांग्लादेश आपके लिए सुरक्षित नहीं है।"

ऐसा अशुभ प्रस्ताव, मैंने हँसकर उड़ा दिया। यह देश मेरा है! यह देश छोड़कर मैं और कहीं क्यों जाऊँ? मैं क्या पागल हूँ, जो ऐसा सोचूँ? जितने दिनों जीऊँगी, इसी देश में रहूँगी। इस देश में कट्टरवादी ताकत के खिलाफ अकेली मैं ही जंग नहीं कर रही हूँ। कट्टरवाद के खिलाफ एक बहुत बड़ी ताकत इस देश में मौजूद है। हम सब मिलकर अपने इस देश को कट्टरवाद के शिकंजे से मुक्त करना चाहते हैं। हम सब मिलकर, देश के मंगल के लिए जी-जान से कोशिश कर रहे हैं। किसी और देश जाकर बस जाने, सुरक्षित जीवन यापन का कुत्सित ख़्याल, कभी मेरे दुःस्वप्न में भी, पल भर के लिए भी, कभी मेरे मन में नहीं आया।

मैं इस तांडव में भी जी रही हूँ! साँसें आ-जा रही हैं! अपने युद्धवीर, जुझारू दोस्तों से संपर्क कायम रखा है, बातचीत, आलोचना की है, प्रेरणा लेती-देती हूँ! सोचती हूँ, लिखती हूँ, पढ़ती हूँ, विरोध करती हूँ! जुलूस का सामना करती हूँ, उल्टी दिशा में दौड़ पड़ी हूँ, जुलूस गुज़र जाने पर फिर बाहर निकल पड़ती हूँ, फिर दौड़ पड़ती हूँ। गंतव्य काफी दूर है। लेकिन उन सबको गंतव्य तक पहुँचना ही होगा। जानती हूँ, कुछ करना मुश्किल है, लेकिन कुछ तो करना ही होगा, केंचुए की तरह सिमटे-सिकुड़े रहने से कैसे चलेगा? शांत हो! बंधन मानो! धीरे बोलो! चीत्कार मत करो! लेकिन मैं शांत नहीं होती, बंधन नहीं मानती, धीरे नहीं बोलती, मैं तो चीख रही हूँ! एक संभावना को कुचल-पीसकर मारने का प्रयास किया जा रहा है, दुर्जनों के हाथ से, मैं वह संभावना छीन लाना चाहती हूँ। मैं क्या अकेली हूँ? नहीं, मेरे साथ अनगिनत लोग हैं! बुलंद आवाज़ और नीरव, ढेरों लोग हैं मेरे साथ! करीब के, दूर के, अनगिनत लोग!

अचानक एक दिन अभाव आ ही पहुँचा। उसने मेरे दरवाजे पर दस्तक दी। बहुत दिनों से आने-आने को कर रहा था, अब एकदम से आ पहुँचा, मेरी दहलीज के अंदर दाखिल हो गया। नहीं, ऐसे अभाव को वरण करने से काम नहीं चलेगा। मेरा आर्थिक मेरुदंड टूट चुका है, यह ख़बर अगर आम हो गई, तो लोग-बाग मुझे नोच खाने के लिए शकुन की तरह भीड़ लगा देंगे। शकुनों की भीड़ बढ़ती ही जाएगी। इतनी दूर निकल आने के बाद, सिर पर हाथ धरे बैठे रहने से काम नहीं चलेगा। मुझे मदद करने के लिए, कहीं कोई प्राणी इंतज़ार में नहीं है। जितने भी मेरुदंड हैं, उन सबको सख़्त करके, मुझे रुख की विपरीत दिशा में, पतवार चलाते हुए आगे बढ़ना है। अब एकमात्र राह बच रही थी, कलाम लिखकर पैसे कमाना। लेकिन कलाम लिखकर जो रुपये मिलते थे, उससे गृहस्थी नहीं चल सकती थी। जिस भी अखबार या पत्रिका में मेरे कॉलम होते थे, उनके दफ़्तरों पर हमला किया जाता था। मेरी रचना अगर सरकार या धर्म के प्रति कोई मंतव्य होता था, तो अखबार उसे छापने को तैयार नहीं होता था। भय! सरकारी विज्ञापन गँवा देने का भय! सरकारी रोष की आग का शिकार होने का भय! कट्टरवादियों के हमले का भय! गृहस्थी के बाज़ार, सौदा-सुलुफ का खर्च यास्मीन और मिलन चला रहे थे, ऊपर से भालोबाशा के लिए भी उन लोगों का अलग ख़र्च! मेरे टेलीफोन का बिल, बिजली का बिल बकाया हो गया था। पैरिस छोड़ने के बाद, फ्रेंच प्रकाशक, क्रिश्चन बेस ने मेरे पते पर 'लज्जा' किताब के लिए रॉयल्टी के बयाने का चेक भेज दिया था। मैं इस चेक के लिए अधिक आग्रह से इंतज़ार कर रही थी।

चेक नहीं आया, लेकिन क्रिश्चन बेस का फोन ज़रूर आया। बीच-बीच में वह फोन पर खोज-ख़बर लेती रहती थी—मैं ठीक-ठाक तो हूँ या नहीं, सुरक्षित हूँ या नहीं; किसी तरह की कोई असुविधा तो नहीं है, वगैरह-वगैरह! तांडव की ख़बर तो सब तरफ पहुँच चुकी थी! उसका परेशान होना स्वाभाविक था! रुपये-पैसों के बारे में कोई बात करने में मुझे यूँ भी संकोच होता था। लेकिन एक दिन मैंने सारे शर्म-लिहाज को तिलांजलि देकर, उससे पूछ ही लिया।

"तुम्हारी तरफ से मुझे एक चेक भेजने की बात थी, वह क्या तुमने भेज दिया?"

क्रिश्चन मेरा सवाल सुनकर, मानो आसमान से गिरी!

"यह कैसा सवाल? मैंने तो बहुत दिनों पहले ही, तुम्हारे पते पर रजिस्ट्री से चेक भेज दिया था। और वह चेक तुमने अपने बैंक में जमा भी कर दिया है, क्योंकि हमारे बैंक से वे रुपये काफी पहले ही वहाँ जा चुके हैं।"

"नामुमकिन! ऐसा नहीं हो सकता। मुझे न तो कोई रजिस्ट्री ख़त मिला है, न कोई चेक! बैंक में कोई चेक जमा कर देने का सवाल ही नहीं उठता।" मैंने ज़ोर देकर कहा।

क्रिश्चन ने आश्वासन दिया कि वह इस बारे में पता करेगी और उसने फोन रख दिया।

चंद दिनों बाद उसने दुबारा फोन किया, "देखो, मैंने बैंक मैनेजर से तुम्हारे चेक की कॉपी भेजने को कहा था। उन लोगों ने कॉपी हासिल करके, मुझे भेजी है! कॉपी इस वक्त मेरे सामने है। चेक के पीछे तुम्हारा दस्तखत भी है।"

"क्रिश्चन, मुझे कोई चेक नहीं मिला, न मैंने किसी चेक के पीछे दस्तख़त किया।"

"भला यह कैसे संभव है? तुमने न सही, तुम्हारे एकाउंट में किसी और ने जमा कर दिया होगा। तुम अपने बैंक में पता तो करो।"

मैं कूल-किनाराहीन फिक्र और परेशानी में डूब गई। जो चेक मेरे पास नहीं पहुँचा, मेरे हाथ में नहीं आया, वही चेक मेरे एकाउंट में किसी ने जमा कर दिया। लेकिन मेरा चेक किसी और के हाथ पड़ा भी हो, तो उसे कैसे पता चला कि मेरा एकाउंट किस बैंक में है?

मैंने बैंक में पता किया। बैंक वालों ने सूचना दी कि मेरे एकाउंट में किसी ने, कोई चेक जमा नहीं किया।

तब? चेक किसके हाथ में पड़ा? रजिस्ट्री डाक से आया हुआ पत्र किसने प्राप्त किया? अगर वह चेक किसी और के हाथ लगा भी हो, तो वह चेक भुनाएगा कैसे? मेरे नाम का चेक, मेरे एकाउंट के अलावा, अन्य किसी एकाउंट में तो जमा भी नहीं होगा। अगर अब्दुल जलील नामक चोर, मेरा ख़त चुरा ले, ख़त के भीतर का चेक भी उसे मिल जाए, तो भी उसके किसी काम नहीं आएगा।

इसी बीच क्रिश्चन ने उस चेक की प्रति फैक्स से भेज दी। चूँकि मेरे पास फैक्स मशीन नहीं थी, मैंने उसे यास्मीन के दफ्तर के फैक्स का नम्बर दे दिया था। क्रिश्चन ने कहा था कि वह कुछेक बेहद ज़रूरी कागज-पत्र भेजने वाली है। ख़ैर, चेक मिल भी गया, लेकिन वह सचमुच का चेक नहीं था। असली चेक की फोटो कॉपी, फैक्स कॉपी थी। चेक के पीछे बंगला में 'तसलीमा तसरीन' लिखा हुआ था। मेरा नाम लिखा हुआ ज़रूर था, लेकिन वह मेरी लिखावट नहीं थी। यह दस्तख़त ज़रूर था, मगर मेरा दस्तख़त नहीं था।

फिक्र के समंदर में डूबते-उतराते मैंने बगल के एपार्टमेंट का दरवाजा खटखटाया। यह एपार्टमेंट किसी बैंकर का था। चेक की गुत्थी सुलझाने में, मैंने उनकी मदद माँगी। उन्हें मैंने सारा किस्सा कह सुनाया और वह चेक भी दिखाया।

उन्होंने शांत लहजे में कहा, "बिल्कुल सीधी-सी बात है। आपका चेक, जिस बंदे के हाथ लगा है, उसने किसी बैंक में आपके नाम का एकाउंट खोल लिया।"

"लेकिन, वह यह कैसे साबित कर सकता है कि वही तसलीमा नसरीन है?"

"यह तो और भी आसान है। इस नाम का वह एक आइ डी बनवा लेगा।"

"फर्ज़ करें, चेक किसी मर्द के हाथ लगा हो? वह तसलीमा नाम का आइ डी कैसे कराएगा?"

"इससे ज़्यादा आसान तो और कुछ हो ही नहीं सकता। वह शख़्स अपनी बीवी या बहन की तस्वीर चिपकाकर, उसका नाम तसलीमा नसरीन बताकर, एक झूठ आइ डी कर लेगा। यहाँ कौन यह ख़बर लेने जाता है कि यह उसका असली नाम है या नहीं! और अगर वह सिंगापुर में हो..."

"सिंगापुर में?"

"वहाँ तो इंटरनेशनल क्रिमिनल लोगों का दल मौजूद है। इनका काम ही है, डाक से भेजे गए चेक चुराना। वहाँ या अन्य किसी देश में चेक भुनाया जाए, तो तसलीमा किसी लड़की का नाम है, यह भी समझ नहीं आएगा।"

यह सब सुनकर, मैं आतंकित हो उठी। ऐसी जटिल बात, बैंकर ने इस लहजे में बता डाली। मानों इस जैसी सहज-सरल और कोई बात हो ही नहीं सकती!

"एक सवाल और! मेरे पते पर और भी ख़त आते हैं कोई एक ख़त भी गुम नहीं होता। यह चेकवाला ख़त ही क्यों गुम हो गया?"

"पोस्टऑफिस में जानकार लोग होते हैं। लिफाफा देखकर ही समझ जाते हैं कि किस ख़त में चेक भी है।"

"लेकिन मुझे अपने रुपये कैसे मिलेंगे?"

"आपको नहीं मिलेंगे।" उनकी आवाज़ और ज्यादा शांत, और ज्यादा निश्चिंत हो आई।

सारा कुछ मुझे पीला-पीला नज़र आने लगा। सरसों का फूल भी किसी की

निगाह में इतना पीला नहीं लगता।

"यानी रुपये मुझे किसी शर्त पर भी वापस नहीं मिलेंगे?"

"न्ना!" उन्होंने इंकार में सिर हिला दिया।

बैंकर की व्याख्या के बाद भी मैं इस बात के लिए कतई तैयार नहीं हुई कि मैं यह अन्याय चुपचाप सह लूँ। मैं जेनरल पोस्टऑफिस पहुँची। उनके दफ़्तर के 'सिर' से भेंट करके, उन्हें बताया कि शांतिनगर के घर के पते पर भेजी गई चिट्ठी गुम हो गई है। उन्होंने मुझे अपनी शिकायत लिखकर देने को कहा। मैंने वह भी दे दिया। 'सिर' को मेरे ख़त या उस ख़त के पेट में मौजूद चेक चोरी जाने के बारे में कोई सिर-दर्द नहीं था। छान-बीन की कोई रिपोर्ट मुझे कभी नहीं मिली।

छानबीन करने के लिए कोई डाकघर नहीं गया। हाँ, छानबीन के लिए, वे मेरे घर में ज़रूर आ धमके। जब हताशा मुझे परेशानी में बहाए लिए जा रही थी, मुझे अथाह जल में गर्क़ करती जा रही थी; अभाव की हूल दे-देकर, हिंस्र मसखरा, मुझसे लगातार मसखरी किए जा रहा था, उन्हीं दिनों आयकर दफ्तर से दो बन्दे मेरे यहाँ आ धमके।

कमरे में दाखिल होकर, फर्नीचर-असबाब की तरफ तीखी निगाह डालते हुए, उन्होंने कहा, "कम्पलेन मिली है—किसी ने शिकायत की है कि आपके घर में दामी-दामी फर्नीचर है। हम छान-बीन के लिए आए हैं।"

मुझे बेवजह ही नीचा दिखाया जा रहा है; अपमानित किया जा रहा है; मेरी असहाय-निरुपाय स्थिति का फ़ायदा उठाते हुए, मुझ पर कीचड़ उछाला जा रहा है, मैं समझ गई। इन सबके विरुद्ध, वह जो डटकर मुक़ाबला करने का, मुझमें जो बल और साहस है, ये लोग खींच-तानकर, उसके टुकड़े-टुकड़े करने के लिए, हाथ धोकर पीछे पड़ गए हैं। मैं अपनी माटी पर पैर जमाकर खड़ी रहना चाहती हूँ, लेकिन मुझे धक्का देकर ये लोग गहरी खाई में फेंक देने की साजिश रच रहे हैं। खाई में गिरकर मैं दम तोड़ दूँ और अगर दम न तोड़ूँ, तो केंचुए की तरह पड़ी रहूँ और बाकी केंचुओं के साथ केंचुएँ जैसी ज़िंदगी बसर करूँ। मैंने अपनी दोनों मुट्ठियाँ कस कर बंद कर लीं। लोग मेरी आखिरी ताकत तक छीन लेने को पागल हो उठे हैं। मुझे अपनी अक्षमता पर भयंकर गुस्सा आने लगा। मैं मारे शर्म, हिकारत, हताशा से सिकुड़ आई। मेरे अंदर की सारी ताकत, सारा साहस बूँद-बूँद करके चुक आया। मुझे लगता रहा, जैसे मैं किसी गड्ढे में पड़ी हूँ। गड्ढे में मौजूद तमाम केंचुओं के साथ, केंचुए जैसी जी रही हूँ।

केंचुआ उस गड्ढे में पड़े-पड़े ही, बाहर का शोरगुल, चीत्कार सुनता रहा—फाँसी चाहिए! देनी होगी।

अतल में नज़रबंद

4 जून, शनिवार।

फोन की घंटी! एक आवाज़! अपरिचित आवाज़!

"आपके नाम गिरफ़्तारी का वारंट निकला है! आप घर से कहीं चली जाइए।"

"आप कौन बोल रहे हैं?"

"मुझे आप नहीं पहचानेंगी।"

"नाम बताएँ—"

"मेरा नाम—शहीद! मैं आपका शुभचिंतक हूँ। पुलिस आपके घर पहुँचने वाली है। आप घर से फौरन निकल पड़ें। देर न करें।"

गिरफ्तारी की वजह क्या है, हुलिया क्यों जारी किया गया है, इन सबका हवाला दिए बिना ही, उस शख़्स ने फोन रख दिया। शहीद नामक, किसी आदमी से, मेरा कभी, कोई परिचय नहीं था। मैं उस फोन की वजह जानने की कोशिश करती रही। यह आदमी चाहे कोई भी हो, मगर चाहता है कि मैं फौरन घर से बाहर निकल जाऊँ। इसके पीछे ज़रूर कोई न कोई साजिश है। यह सोचते-सोचते, मैं बरामदे से झाँककर देखती रही कि सामने सड़क पर कहीं, कोई संदेहजनक व्यक्ति तो नहीं खड़ा है। मुमकिन है, उस शख़्स ने कहीं आस-पास से ही फोन किया हो। जब मैं बाहर निकलूँगी, तो वह अपने दल-बल समेत, मुझ पर टूट पड़ेगा। इस आदमी ने बड़ी धूर्तता से मुझे घर से बाहर निकालकर, मुझे खत्म करने का जाल बिछाया है, मैंने बाहर के दोनों दरवाजों को टटोलकर जाँच लिया, उन पर सिटकिनी चढ़ी है या नहीं।

अभी कई दिन पहले इसी तरह का फोन आया।

अपने पत्रकार होने का परिचय देते हुए, उस शख़्स ने कहा, "आपके घर पुलिस आ रही है—"

पुलिस क्यों आ रही है, क्या करने आ रही है, उस पत्रकार ने कुछ नहीं बताया, मैं किंकर्तव्यविमूढ़ बैठी रही।

थोड़ी ही देर बाद, जादूगर विमल आइच ने फोन किया। मैंने उसे पुलिस की दौड़ आने की ख़बर सुनाई।

विमल आइच ने छूटते ही, बेहद भयभीत और उत्तेजित आवाज़ में कहा, "तसलीमा, आप घर से निकल पड़ें! फौरन निकल पड़ें।"

"इस वक्त मैं कहा जाऊँ?"

"कहीं भी! किसी के घर चली जाएँ। आप समझ नहीं रही हैं, कैसा भयंकर कांड हो सकता है! देखिए, पुलिस का कोई भरोसा नहीं है।"

"इस वक्त किसके घर जाऊँ? रात हो चुकी है।" मैंने मिनमिनाते लहजे में जवाब दिया।

"रात हो चुकी है, तो क्या हुआ! आस-पास के ही किसी फ्लैट में चली जाएँ।"

"मैं तो किसी को पहचानती भी नहीं।"

"सुनिए, मेरी जान-पहचान का एक आदमी है वहाँ! दो नंबर बिल्डिंग में! मैं उसे फोन करके कह देता हूँ। फिलहाल, उसी के घर चली जाएँ।"

"लेकिन जाकर भी क्या फ़ायदा? अपने घर तो लौटकर आना ही होगा। किसी और के घर में छिपकर, भला गिरफ्तारी टाली जा सकती है? आज न हो कल, पुलिस मुझे ढूँढ़ निकालेगी। इससे तो बेहतर है, मैं जहाँ हूँ, वहीं रहूँ।"

विमल आइच कई बार मुझसे घर छोड़ने को कहते रहे। उसके बाद, उन्होंने फोन रख दिया। अब वे दो नंबर के, अपने परिचित को फोन करने लगे। लेकिन मैं घर छोड़कर नहीं गई। पुलिस भी मेरे घर नहीं आई।

इस क़िस्म के किसी फोन पर विश्वास करना बेतुकी बात थी। यह महज साजिश के अलावा और कुछ नहीं है। फोन पर मुझे धमकियाँ दी जाती हैं—मेरी गर्दन तराशकर सड़क पर उछाल देंगे; गर्दन उड़ा देंगे—मगर यह सब महज जुबानी जमा-ख़र्च है, आततायिओं के हाथ मैं कभी नहीं पड़ी। अब शायद यह साजिश रची गई है। पुलिस की दौड़ आने का भय दिखाकर, घर से निकलने को लाचार कर देंगे। और साथ ही साथ, खप् से पकड़कर, अल्लाह-ओ-अकबर कहकर, मेरा क़त्ल कर देंगे और सवाब कमाएँगे।

मैं अपने स्टडी-रूम में चली आई। मैं जो लिख रही थी, लिखती रही! करीब आधा घण्टे बाद, दुबारा फोन! इस बार भी कोई अपरिचित शख़्स।

इस बार भी उस अपरिचित शख़्स ने कहा, "मुझे आप नहीं पहचानेंगी—"

"कौन हैं आप? नाम क्या है?"

"कहा न, आप मुझे नहीं पहचान पाएँगी, मैं कोर्ट से बोल रहा हूँ। एडवोकेट शहादत! आपके खिलाफ गवर्नमेंट ने केस किया है। गिरफ़्तारी का वारंट निकल चुका है! फिलहाल आप अपने घर से कहीं और चली जाएँ।"

इस फोन ने मुझे चिंतित कर दिया। दो भिन्न-भिन्न लोग, दो अलग-अलग जगहों से फोन करके इत्तला दे रहे हैं कि मेरे खिलाफ हुलिया जारी हुआ है। तो

क्या सच ही हुलिया जारी हुआ है? लेकिन ऐसा क्यों होने लगा? जब भी कट्टरवादियों का जुलूस निकलता है, सरकार की तरफ से मुझे सुरक्षा दी जाती है, हालाँकि मेरे पीछे जासूस-पुलिस भी लगी है, लेकिन घर के सामने, कम से कम चंद पुलिस तो खड़ी कर दी जाती है, जब भी मेरी फाँसी की माँग करते हुए, यहाँ से जुलूस गुज़रती है। यह सरकार मेरे खिलाफ मामला क्यों करेगी? मामला अगर कोई करेगा, तो कट्टरपंथियों का दल करेगा। वह दूसरा आदमी जब बात कर रहा था, तब उसके आस-पास के बहुत से लोगों की बातचीत सुनाई दे रही थी। वह आदमी अगर सच ही वकील था, तो उसके लिए गिरफ़्तारी की ख़बर जानना, बिल्कुल भी मुश्किल नहीं है। इसके बावजूद मुझे भरोसा नहीं हो रहा था कि सरकार ने मेरे खिलाफ मुकदमा दायर किया होगा। विविध अंतर्राष्ट्रीय मानवाधिकार संगठन मुझे सुरक्षा देने के लिए प्रधानमंत्री से लगातार अनुरोध कर रहे हैं। फतवा की ख़बर दुनिया भर में फैल चुकी है। अब यह सरकार मुझे सुरक्षा न देकर, मेरे खिलाफ मामला करेगी। मैं पसोपेश में पड़ गई। मेरे दिमाग़ को कुछ भी सही-सही नहीं सूझ रहा था। लेकिन कोई भी हिसाब नहीं मिल रहा था। इन दिनों नीचे, दो क़िस्म की पुलिस बैठती है। पिछले एक महीने से पुलिस का पहरा, बिल्डिंग के पूर्वी गेट पर रहता है। और सादे पोशाक में जासूस तो बिल्डिंग की चारों तरफ से निगरानी कर ही रहे हैं।

मैंने बरामदे से सामने की तरफ दुबारा नज़र डाली, कहीं, किसी आड़ में आततायी तो नहीं छिपा है! मेरी निगाहें आततायिओं को ढूँढ़ती रहीं। मैंने यह अंदाज़ा लगाना चाहा कि कोई शख़्स इस बिल्डिंग की तरफ बार-बार घूर तो नहीं रहा है! उस तरफ से निगाहें फेरते हुए, अचानक सड़क के उस पार, तिमंजिले मकान के बरामदे में दो शख्स नज़र आए। वे दोनों मुझे ही घूर रहे थे। मुझ पर नज़रें गड़ाए, वे दोनों आपस में बातचीत भी कर रहे थे। उस घर में पहले कभी उन दोनों लोगों को नहीं देखा। अच्छा, फोन के उस छोर के दोनों आदमियों और बरामदे के इन दोनों आदमियों में कोई साँठ-गाँठ तो नहीं है? शायद हो! मक्कारी से बरामदे में निकालकर, वे लोग मुझे गोली मार देना चाहते हैं। बरामदे की तरफ निशाना लगाकर, मुझ पर बड़ी आसानी से गोली चलाई जा सकती है। अचानक मेरे सीने में कोई बर्फीला अहसास तैर गया। मैं बरामदे से झटपट हट गई। मैंने पर्दा खींच दिया। आजकल इंसान के हाथों में कितनी तरह के हथियार मौजूद हैं। मध्य-प्राच्य के कुछेक धनी देशों से यहाँ ढेरों अस्त्र और धन आ रहे हैं। आततायिओं की कोई कमी तो नहीं होना चाहिए।

इस पल मुझे कौन-सा फैसला लेना चाहिए, मुझे कुछ सूझ नहीं पड़ा। मैं चहलक़दमी करती रही। अन्त में मैंने डॉक्टर कमाल हुसेन के दफ़्तर में फोन किया था। फोन सारा हुसेन ने उठाया।

मैंने सारा से ही कहा, "अभी-अभी दो लोगों का फोन आया था। उन लोगों ने मुझे बताया कि मेरी गिरफ़्तारी के लिए वारंट निकला है! अजीब बात है न! ऐसा

क्यों होने लगा?''

''सच ही तो--'' सारा ने भी कहा, ''ऐसा होने की तो बात नहीं थी। ऐसी तो कोई ख़बर, आज दिन भर में, मैंने नहीं सुनी, अच्छा, मैं खोज-ख़बर लेती हूँ। कोई ख़बर मिली, तो आपको बताती हूँ।''

सारा ने खोज-ख़बर की जिम्मेदारी अपने ऊपर लेकर, मुझे चिंतामुक्त कर दिया।

करीब आधा घंटे बाद, सारा ने फोन करके बताया कि उन्होंने कोर्ट तक आदमी भेजकर, पता लगाया, ख़बर सच है। मोतीझील थाने के नूरुल आलम, नाम के किसी अफसर ने मेरे विरुद्ध मुकदमा दायर किया है। मेरी गिरफ़्तारी के लिए, हुलिया जारी किया गया है।

मेरा सिर चर्खी की तरह घूम गया। मेरी समझ में नहीं आया कि अब मैं क्या करूँ। अब किसी भी पल, पुलिस कमरे में दाखिल होगी, मेरी कलाइयों में हथकड़ी पहनाएगी, कमर में शायद डोरी भी डाल दे। और मुझे खींचते-घसीटते नीचे ले जाएगी, गर्दनिया देकर, पुलिस-वैन में चढ़ाकर ले जाएगी।

''मेरे विरुद्ध आखिर इल्ज़ाम क्या है?''

''आपने धार्मिक-भावनाओं पर आघात किया है।''

''अब क्या करना चाहिए?'' मैंने निस्तेज आवाज़ में सारा से पूछा।

सारा ने शांत आवाज़ में कहा ''जमानत लेनी होगी। रुको, मैं दूसरे-दूसरे वकीलों से बात करके, जमानत का मामला सुलझाती हूँ।''

मुझे थोड़ी-सी राहत मिली। जमानत लेने के बाद, मुकदमे के खिलाफ लड़ना भी होगा। कमाल हुसेन जैसे वकील के रहते, मुझे हताश होने की कोई वजह नहीं है। ख़ैर, कोई वजह नहीं है, इसके बावजूद, कहीं, कोई संशय दिल में बना रहा। पुलिस अगर कहीं सच-सच ही मुझे गिरफ़्तार कर ले जाए? आजकल तो जज-मजिस्ट्रेटों में भी कट्टरवादी होते हैं। पुलिस में भी कुछ कट्टरपंथी ज़रूर हैं। मुझे तो वे लोग हाजत में ही पीसकर मार डालेंगे। संशय ने मुझे मकड़ी के जाल की तरह कस लिया।

नानी और झूनू खाला हमारे यहाँ घूमने आई हैं, अम्मी उनके लिए खाना पका रही थीं। मैंने मिलन और यास्मीन की तरफ हुलिया जारी होने की ख़बर उछाल दी। उन लोगों ने ख़ास परवाह नहीं की। इधर काफी दिनों से अजीबोग़रीब बातें सुनते-सुनते, अब वे लोग अभ्यस्त हो चुके थे। हुलिया जारी होना, आखिर होता क्या है, उन लोगों को शायद इसका अन्दाज़ा नहीं था। उन दोनों में से, किसी के चेहरे पर भी कोई ख़ास असर नज़र नहीं आया। अन्यान्य ख़बरें सुनने की तरह ही, उन दोनों

ने यह ख़बर भी सुनी और अपने-अपने काम में लग गए। यास्मीन भालो बाशा को सुलाने चली गई, मिलन नहाने चला गया।

"अम्मी, मेरे खिलाफ वारंट इशू हुआ है! पुलिस आनेवाली है–" आखिरकार, मैंने अम्मी को बताया।

"ई तू का आँय-बाँय बक रही है–?"

"आँय-बाँय नहीं, सच कह रही हूँ।"

"पुलुस भला काहे आवेगी? का किया है तूने?"

"मुझे नहीं पता कि मैंने क्या किया है। सुना है, कि सरकार ने मुझ पर मामला ठोंका है। मोतीझील के किसी पुलिस अफसर ने कहा है कि मैंने उसकी धार्मिक भावना को धक्का पहुँचाया है।"

"तोका हम कितनी बार कहिन हूँ कि अल्लाह रसूल के बारे में मत लिखा कर। मोरी बात तू सुनती नहीं–"

अम्मी को भी शायद विश्वास नहीं आया कि सच-सच ही पुलिस मुझे गिरफ़्तार करने आ रही है। इससे पहले, "बाघ आया, बाघ आया" की तरह, पुलिस आने की ख़बर, वे कई बार सुन चुकी थीं। अंत में देखा गया कि पुलिस नहीं आई। लेकिन, आज जब पुलिस सचमुच आ रही है, तो कोई भरोसा नहीं करना चाहता। मुझे अपनी हालत असहाय गड़ेरिया जैसी लगी। इस बार पुलिस आ रही है, यह अफवाह नहीं, सच है, यह मैं किसी को भी कैसे समझाऊँ?

नानी पहली बार हमारे घर आई थी। घर खरीदने के बाद, मैंने ही अम्मी से कहा था कि एक बार वे नानी को ढाका ले आएँ। नानी मयमनसिंह में अपने घर से कहीं भी बाहर नहीं जाना चाहतीं। उन्हें यहाँ तक लाने के पीछे झूनू खाला की अर्से की मेहनत का सुफल है।

मैं नानी के साथ खाना खाने बैठने वाली थी। अम्मी मेज़ पर खाना लगा रही थीं। खा-पीकर, पनबट्टा से, नानी के हाथ का बना हुआ पान का एक बीड़ा खाऊँगी। उसके बाद नानी की बगल में लेटकर गपशप करूँगी? कितने दिनों बाद, उनसे भेंट हुई थी!

नानी अक्सर ही कहती थीं, "हमरे पास टुक बैठ! बता, कइसी है तू! तोरा खबर-टबर का है?"

मेरे सिर पर गिरफ़्तारी का वारंट! मैं चैन से भला कैसे बैठती?

अम्मी ने खाने के लिए आवाज़ दी। भूख तो बहुत पहले ही मर चुकी थी! बेचैनी मुझे फोन तक खींच लाई। किसी जान-पहचान के वकील को फोन करूँ। फर्ज़ किया जाए, उनका नाम क था। मैंने क को सारा किस्सा सुनाया।

सब सुनकर क ने मुझसे कहा, "आप अभी, इसी वक्त घर से निकल लें।"

"कहाँ जाऊँ मैं? मुझे तो कुछ भी समझ में नहीं आ रहा है।"

''किसी मित्र या रिश्तेदार के घर चली जाएँ।''

''लेकिन...''

''लेकिन, क्या?''

''मैं भाँगूँ क्यों? घर में ही रहना तो बेहतर है।''

''ओफ ओ! आप समझ नहीं पा रही हैं। फिलहाल आप मेरे घर चली आइए! यहाँ बैठकर तय कीजिए कि आप कहाँ जाएँगी?''

''अभी भी तो यहाँ पुलिस का पहरा है! पुलिस ही अगर एक तरफ मुझे सुरक्षा दे रही है, तो दूसरी तरफ, मुझे गिरफ़्तार करने क्यों आएगी?''

''..........................''

''उफ! अजब मुश्किल है! पुलिस अगर मुझे गिरफ्तार करना चाहे, तो किसी और के घर जाकर भी कोई फ़ायदा नहीं होगा। पुलिस मुझे खोज निकालेगी।''

''देखिए, यह सब सोचते हुए, वक्त बर्बाद मत कीजिए! घर से निकलिए, फौरन! अभी! इसी वक्त!''

घर से निकल पड़ने की सलाह मुझे पसन्द नहीं आई। लेकिन पसन्द भले न आए, इस वक्त अपनी बुद्धि से कुछ करने या चलने के बजाय, क़ानून के किसी तजुर्बेकार की सलाह मानना ही बेहतर है।

मिलन नहा-धोकर आ गया। मैंने बाहर चलने के लिए उसे झटपट तैयार हो जाने को कहा।

''जाना कहाँ है?''

''फटाफट चलो! बात करने का अभी वक्त नहीं है।''

मिलन ने लुंगी बदलकर पैंट चढ़ा ली। मैं जिन कपड़ों में थी, उसी में निकल पड़ी।

मुझे दरवाज़े की तरफ जाते देखकर, अम्मी का चेहरा पल भर में बदल गया।

''कहंवा जाय रही है? कब लउटेगी?''

अम्मी की आवाज़ काँप रही थी।

''पता नहीं—''

मैं तेज़-तेज़ क़दमों से नीचे उतर गई!

पीछे दरवाज़े पर अम्मी-नानी, झुनूखाला, यास्मीन हतबुद्ध मुद्रा में खड़ी थीं।

मैं दौड़कर गाड़ी में सवार हो गई। मिलन भी! मैंने साहाबुद्दीन को हिदायत दी कि वह गाड़ी दौड़ाकर, ईस्टर्न प्वाइंट पार कर ले। ताकि बाहर से, गाड़ी के अन्दर बैठी मैं, मेरा चेहरा, किसी को देखने का मौका न मिले; ताकि लोग मुझे पहचान लें, इससे पहले ही गाड़ी तेज़ी से अदृश्य हो जाए; ताकि किसी को गाड़ी रोकने का वक्त और मौका न मिले।

गेट के करीब दो पुलिसवाले पहरे पर बैठे थे। साहाबुद्दीन कभी भी गाड़ी

तेज़ नहीं चलाते। शाहाबुद्दीन के साथ-साथ मुझे भी गाड़ी की धीमी रफ़्तार ही पसंद है। आज मेरी हड़बड़ाहट देखकर, वे तूफानी रफ़्तार से गाड़ी भगा ले गए।

क अपने घर में मेरा इन्तज़ार कर रही थीं। मेरी गाड़ी पर अगर पुलिस की निगाह पड़ जाती, तो वह फौरन सूँघ लेती कि मैं यहाँ हूँ। अस्तु उनके घर के सामने से गाड़ी को विदा कर देना था। यह बात मेरे दिमाग़ में नहीं आई, क ने ही बुद्धिमानी की। क ने ही मिलन को चले जाने को कहा। उन्होंने उसे बार-बार आगाह किया कि वह किसी को इसकी जानकारी न दे कि मैं कहाँ हूँ या किसके घर हूँ! इसी दौरान क ने अपने कई वकील-दोस्तों को फोन करके, इस बारे में सलाह-मशविरा कर डाला। क़ानून की धारा 295 (क), डेढ़ सौ साल पुराना क़ानून है; जिसे अंग्रेजों ने तैयार किया था और आज पहली बार किसी के खिलाफ़ इसका प्रयोग किया गया था। कोई अगर किसी की धार्मिक भावनाओं को ठेस पहुँचाए, तो इसकी सज़ा है दो साल का कारावास और जुर्माना! लेकिन, सबसे भयंकर बात यह थी कि इस क़िस्म के मामले में, जमानत-अयोग्य गिरफ्तारी का परवाना जारी किया जाता है।

''इसका क्या मतलब है? जमानत नहीं होगी?''

क ने इन्कार में सिर हिलाया, ''नहीं होगी।''

''यह भी कोई बात हुई? मैंने तो सुना है, कि जमानत तो सबको मिल ही जाती है।''

''हाँ, मिलती है! मामला अगर क़त्ल का हो और क़ातिल के खिलाफ भी हो, तो भी जमानत मिल जाती है।''

''यानी खूनी को भी जमानत मिल जाती है, तो मुझे क्यों नहीं मिलेगी।''

क हँस पड़ीं।

उन्होंने सिर हिलाते हुए कहा, ''सरकार आपको खूनी बदमाश से भी भयंकर समझ रही है।''

''मामला तो किसी पुलिस अफसर ने किया है। यह मुक़दमा, व्यक्ति का न होकर, सरकार का क्यों होने लगा?'' मैंने क से जानना चाहा।

''कोई पुलिस अफसर अगर मुकदमा दायर करता है, तो वह सरकारी मुकदमा ही होता है! एक बात और! अद्भुत नियम है यह! सरकारी अनुमोदन के बिना, यह मामला कोई नहीं कर सकता। इसका मतलब यह हुआ कि अगर मैं इस क़ानून की तहत शयखुल हादीस को फँसाना चाहूँ और यह कहूँ कि शयखुल हादीस ने मेरी धार्मिक भावनाओं को चोट पहुँचाई, तो नहीं चलेगा। इसके लिए सरकारी अनुमोदन भी चाहिए। प्रधानमंत्री या गृहमंत्री का दस्तख़त चाहिए। सरकार के अनुमोदन के बिना, कोई भी अदालत, यह मामला मंजूर नहीं करेगी।''

इस बीच, 'क' की माँ 'ख' हमारी बातचीत में शामिल हो गईं। क अपनी माँ को सारा किस्सा पहले ही बता चुकी थीं!

ख ने कहा, "फिलहाल, सबसे ज़्यादा ज़रूरी है, जमानत की कोशिश करना।"

"लेकिन, सुन रही हूँ कि जमानत नहीं हो सकती।"

ख ने कहा, "हाँ, यह अत्यंत विचित्र बात है। लेकिन और कोई उपाय भी तो नहीं है! इस मामले में तुम्हारा वकील ही बेहतर तजुर्बेकार है, बेहतर जानते हैं? मुमकिन है वे ही शायद कोई नुक्ता निकाल लें, कोई उपाय खोज लें!"

"या मैं पुलिस को अपनी गिरफ़्तारी दे दूँ?" मैंने पूछा।

क ने कहा, "गिरफ़्तारी देना सही नहीं होगा। धार्मिक भावनाओं का मामला है, पुलिस में ही कोई कट्टरपंथी हो सकता है।"

ख भी इस मामले में एकमत थीं।

उन्होंने कहा, "तुम्हारी गिरफ़्तारी के लिए कट्टरवादी, सरकार से माँग पर माँग किए जा रहे हैं। तुम अगर गिरफ़्तार हो जाओगी, तो वे लोग जीत जाएँगे! सरकार पर दबाव डालकर, उन लोगों ने मुकदमा तक ठोंकने का हक़ हासिल कर लिया। अब दबाव डालकर वे लोग मृत्युदण्ड का भी इन्तज़ाम कर सकते हैं।"

क ने गम्भीर आवाज़ में कहा, "वक़्त बहुत बुरा है, तसलीमा! बहुत सोच-समझकर फैसला लेना होगा! झट से कुछ कर गुज़रने से काम नहीं चलेगा। जब तक जमानत न मिल जाए, आप कहीं छिपी रहिए। किसी सुरक्षित जगह में पनाह ले लें।"

"लेकिन मैं छिपूँ कहाँ?"

"आप इसी घर में छिपकर रह सकती हैं, लेकिन..."

ख ने कहा, "इस घर में संभव नहीं है! इसकी गाड़ी इसे यहाँ तक छोड़ गई है। इसकी गाड़ी के पीछे तो, पुलिस भी लगी रहती है। इसके अलावा गिरफ़्तारी का वारंट पाकर, पुलिस उसे अपने घर में न पाकर, उन-उन घरों में तलाश करने जा धमकेगी, जहाँ-जहाँ इनका आना-जाना है। पुलिस इस घर में भी आ सकती है।"

इतनी सब बातें मेरी बुद्धि में नहीं आई थीं। क और ख, दोनों ने आपस में सलाह-मशविरा किया और फैसला किया कि जितनी जल्दी हो सके, मुझे इस घर से चले जाना चाहिए। लेकिन मैं छिपने के लिए, आखिर किसके घर जाऊँ? किसी के भी घर जाकर छिपकर रहना मुझे निहायत फूहड़ बात लगी। लेकिन क और ख को यह छिपने-छिपाने की बात, कोई बात ही नहीं थी। किस घर में छिपना है, यह तय करने की जिम्मेदारी क और ख ने खुद अपने ऊपर ले ली।

रात उतरने का इन्तज़ार होने लगा। जब तक रात का घुप्प अँधेरा न फैल जाए, सड़क पर निकलना नामुमकिन था। उधर पुलिस ज़रूर मेरी तलाश में जुटी होगी। इधर पुलिस की आँखों में धूल झोंकने के लिए रात की पनाह ढूँढ़ी जा रही थी। ख ने किसी से फोन पर बात की और कहा कि वे उनके यहाँ पहुँच रही हैं, उनके लिए एक 'सरप्राइज़' इन्तज़ार कर रहा है! फोन की दूसरी छोर से पूछा गया कि वह 'सरप्राइज़' क्या है? ख बिल्कुल नहीं खुलीं।

रात गहराते ही उन्होंने एक रिश्तेदार को फोन करके, ठीक दस मिनट के अंदर अपने घर के दरवाजे पर हाज़िर रहने की हिदायत दी। ख मुझे लेकर अपनी गाड़ी में नहीं जाना चाहती थीं। क्योंकि पुलिस को अगर भनक भी पड़ जाए कि मैं ख के घर आई हूँ, तो 'ख' की गाड़ी कहाँ आई-गई, इसकी पड़ताल करेगी। उनके रिश्तेदार की गाड़ी जैसे ही उनके दरवाज़े पर लगी, मुझे फौरन उठा लिया गया। पिछली सीट पर मुझे बिठाकर, क और ख मेरी अगल-बगल बैठ गए। उनका रिश्तेदार सामने की सीट पर। क और ख की हिदायत पर मुझे अपने सिर पर आँचल डाल लेना पड़ा और मुँह भी ढँक लेना पड़ा ताकि मेरे चेहरे पर सड़क की रोशनी भी पड़े तो बाहर से कोई पहचान न सके कि मैं खून की मुजरिम से भी बड़ी मुजरिम हूँ। काफी देर तक क और ख और उनके रिश्तेदार में से किसी ने भी कोई भी बात नहीं की। सबकी एक आँख अन्दर, दूसरी बाहर! भीड़-भाड़ वाली सड़क पर गाड़ी की रफ़्तार ज़रा भी धीमी होते ही, तीनों बेचैन हो उठते थे। नहीं, इस तरह स्तब्ध बैठने से नहीं चलेगा। ख को शायद इसका आभास हो गया। उन्होंने बातचीत छेड़ दी। इधर-उधर की बातें, घर-गृहस्थी की बातें। बाहर से अगर पुलिस की नज़र पड़ जाए, तो उसे कहीं यह खट्का न लगे कि गाड़ी के अन्दर बैठे हुए लोग स्वाभाविक स्थिति में नहीं हैं। गाड़ी कहीं रुकी रही, तो सर्वनाश! फुटपाथ के किनारे खड़े, टोपीधारी, पाँच-पाँच पुलिस के सिपाही हनहनाते हुए, हमारी गाड़ी की तरफ बढ़ आए। क अपने सिर की आड़ में मेरा चेहरा छिपाने की भरपूर कोशिश में लगी हुई थीं। अगले ही पल, उन्होंने मुझे पीठ से धकिया कर, मुझे उकडूं झुका दिया। रिक्शा पीछे छोड़कर, जब गाड़ी कुछ आगे बढ़ आई, तब जाकर मैंने सिर उठाया। खौफ सिर्फ मेरी ही छाती पर हथौड़े नहीं पीट रहा था उसने क और ख को भी रिहाई नहीं दी थी, मैं समझ रही थी। सिर उठाते ही मैंने देखा, दो गज के फासले पर पुलिस की बैन खड़ी थी।

ख ने दबी-दबी आवाज़ में हिदायत दी, "लेट जाओ! लेट जाओ।"

उत्ती-सी जगह में लेटना कतई संभव नहीं था। मैंने निगाहें झुकाए रखीं; नाक-मुँह पर आँचल खींच लिया, सिर ढँक लिया। क और ख ने भी अपने-अपने सिर पर आँचल या दुपट्टा डाल लिया। सामने की सीट पर बैठे, रिश्तेदार ने भी वही किया। गाड़ी में बैठे चार लोगों में सिर्फ एक ही औरत पर्दानशीन हो, तो पुलिस को शक़ पड़ सकता था। पल भर में हम सबकी सब शरीफ घराने की पर्दानशीन बीवियाँ बन गईं। पुलिस को यह मौका दिया गया कि वह आराम से यह समझ ले कि मौलाना अब्दुल करीम की दोनों बीवियाँ और दोनो बेटियाँ, अपने किसी रिश्तेदार के यहाँ जा रही हैं। पुलिस की बगल से गुज़रकर, आगे बढ़ आने के बाद भी, किसी के सिर का आँचल नहीं खिसकता! कहा नहीं जा सकता, जाने किस गली-नुक्कड़ पर पुलिस से फिर भिड़न्त हो जाए। गाड़ी खामोशी से आगे बढ़ती हुई, दूर तक रास्ता

तय करने के बाद, गुलशन के एक मकान के दरवाजे के सामने आ रुकी। हम गाड़ी से उतरकर, अँधेरे में घुले-मिले, घर के सामनेवाले मैदान तक आकर ठिठक गए। पर्दे तले, कोई निकष काला अँधेरा खौफ, दाँत निपोरे हुए था। उसके दोनों गालों पर कसकर तमाचा जड़ने के बावजूद, खौफ के ये दाँत छिपाए नहीं छिप रहे थे।

घर के अंदर से एक कुत्ता जोर-जोर से भूँकता हुआ बाहर निकल आया। कुत्ते का भूँकना खामोश करने के लिए, एक सज्जन उसके पीछे-पीछे दौड़कर आ पहुँचे। कुत्ते को लेकर वे दुबारा अंदर चले गए और बरामदे की बत्ती भी बुझा दी। अँधेरे में ही उनके पीछे-पीछे हम तीनों। उन सज्जन की बीवी, फर्ज़ करें 'ग', हम सबको अंदर कमरे में ले गईं और क, ख की जुबानी, उन्होंने सारी कहानी सुनी। ग ने कमरे की रोशनी भी मद्धिम कर दी। उन्होंने कमरे के सारे खिड़की-दरवाजे भी बंद कर दिए और कानून की एक किताब लेकर, बेहद चिन्तित मुद्रा में हमारे सामने आ बैठे। कानून के बारे में क और ग में बातचीत, सलाह-मशविरा होता रहा। खूब धीमी-धीमी आवाज़ में। ग ने कमरे की बत्ती बुझा दी। अब किसी का भी चेहरा स्पष्ट नज़र नहीं आ रहा था। उनमें जो बातें होती रहीं, अधिकांश मेरी समझ से बाहर थीं। ग के साथ अपनी बातचीत ख़त्म करने के बाद, क ने मुझे बताया कि कल वे मेरे वकील से जमानत के बारे में बात करेंगी और पता करेंगी कि मेरी जमानत के लिए, कानून में कहीं, कोई गुंजाइश है या नहीं। आज, रात भर के लिए मुझे अपने यहाँ रखने को ग राजी हो गई हैं! एक रात से ज़्यादा अपने यहाँ रखने को वे राजी नहीं हैं, क्योंकि इस तरफ आस-पास काफी दूतावास हैं और सड़क पर पुलिस का काफी पहरा रहता है। उन लोगों को किसी भी पल अंदाज़ा हो सकता है कि मैं इस घर में हूँ। इस घर के नौकर-चाकर भी मेरा चेहरा देखकर झट पहचान जाएँगे कि मैं कौन हूँ। अगर कहीं वे लोग ही बाहर जाकर, घर के मेहमान का जिक्र कर बैठे, तो भी यह खबर आम हो जाएगी। क ने मुझसे इस बारे में भी आगाह कर दिया कि मुझे अगर जमानत मिलने में देर हुई, तो मैं छिपकर कहाँ रहूँगी, इसका इंतज़ाम भी मैं कर रखूँ। वे मिलन को ख़बर दे देंगी। मिलन आकर मुझे किसी गुप्त जगह में ले जाएगा। वह गुप्त जगह कौन-सी होगी, मैं पहले से ही सोच रखूँ।

ख़ैर, जगहें तो अनगिनत थीं, मगर कोई गोपन जगह तो मेरे लिए नहीं थी। मैं सोचती रही, अपने को छिपाए रखने के लिए आखिर मैं किसके यहाँ पनाह लूँ।

"ढाका में आपका कोई नाते-रिश्तेदार नहीं है?" ख ने मुझसे दरयाफ़्त किया।

"मामा और खाला हैं।"

"कोई मित्र या सहेली? किसी सहेली के यहाँ नहीं जाया जा सकता?"

"हाँ, उनके यहाँ बेहिचक जा सकती हूँ। मित्रों को जब ख़बर मिलेगी, तो

वे लोग हर तरह से मेरी मदद करेंगी।''

''पुलिस उन सब जगहों में आपकी तलाश में पहुँच सकती है। ऐसा कोई है, जिनसे आपकी जान-पहचान है, मगर आप उसके घर कभी नहीं गईं?''

असहाय बालिका की तरह मैंने इंकार में सिर हिलाया। मुझे ऐसा लगा, मानो मेरा दिमाग़ पत्थर हो गया है! दिमाग़ में न कुछ घुस रहा है, न बाहर निकल रहा है!

ग ने कहा, ''इस वक्त इन्हें किसी इम्बैसी की राजनैतिक शरण लेनी चाहिए। किसी के घर रहने से ज्यादा सुरक्षित होगा, किसी इम्बैसी में रहना। किसी इम्बैसी में घुसकर, पुलिस किसी को गिरफ़्तार नहीं कर सकती।''

मन ही मन चुटकी बजाकर, मैंने छूटते ही कहा, ''अमेरिकन इम्बैसी के फर्स्ट सेक्रेटरी से मेरी जान-पहचान है। उन्होंने ही तो मेरा पासपोर्ट वापस दिलाया।''

''वाह!'' क ख ग ने राहत की साँस ली।

ग ने कहा, ''इम्बैसी के आदमी को आप आज रात ही फोन करें। ऐसा भी संभव है कि वे लोग आज रात ही आपको यहाँ से ले जाएँ।''

ग अमेरिकन दूतावास का नंबर खोजकर, मुझे दे गए। दूतावास में फोन की घंटी बजते ही किसी दरवान ने फोन उठाया। मैंने एंड्रू से बात कराने को कहा। दरबान ने बताया कि एंड्रू इस वक्त घर पर होंगे। मैंने उस रक्षक से अनुरोध किया कि घर पर फोन करके एंड्रू साहब को यह सूचना दे दी जाए कि मैं उनसे बात करना चाहती हूँ, आज रात ही! आधा घंटे बाद, मैंने दुबारा फोन किया और एंड्रू के घर का नंबर ले लिया। उस वक्त रात काफी गहरा आई थी। एंड्रू सोने जा चुके थे। उन्हें अपने नाम वारंट की ख़बर देकर, मैंने बिना किसी दुराव-छिपाव के, उनसे अनुरोध किया कि वे मुझे दूतावास में पनाह दें। एंड्रू ने बताया कि फिलहाल, इतनी रात को उनके लिए कुछ करना संभव नहीं। मैं अगली सुबह, उनके दफ़्तर में फोन करूँ।

क ख और उनके रिश्तेदार चले गए। जाते-जाते वे दोनों मुझे आगाह कर गए कि मैं भूल से भी अपने घरवालों को फोन न करूँ, क्योंकि घर का फोन ज़रूर टेप किया जा रहा हो। पुलिस को फौरन पता चल जाएगा कि मैं कहाँ हूँ।

सारी रात, मैं एक अँधेरे कमरे में लेटी रही। उस रात मुझे पल भर भी नींद नहीं आई।

5 जून, रविवार।

सुबह-सवेरे ग ढेर सारे अख़बार अपने सामने रखकर बैठी थीं। हर अख़बार के पहले पन्ने पर मेरी तस्वीर समेत, गिरफ़्तारी के परवाने की ख़बर! मैंने वे अखबार देखने चाहे, तो उन्होंने लंबी उसाँस भरकर बताया कि उन्होंने सुबह नौकर को बड़े

ध्यान से अख़बार पढ़ते देखा है। वह आदमी लिखना-पढ़ना जानता है, इसलिए उसने सिर्फ तस्वीर देखकर ही नहीं छोड़ दिया, वह ख़बर भी पढ़ी। इस घर के मेहमान की तरफ कल रात भले नज़र न पड़ी हो, आज तो वह देख ही लेगा। अब घर के नौकर को तो वे अचानक घर में क़ैद तो नहीं कर सकतीं, न बाहर ही भेज सकती हैं। ऐसे तो शक़ और पक्का हो जाएगा।

हर अख़बार में मेरी गिरफ़्तारी के हुक्मनामे की ख़बर :–

धार्मिक भावनाओं को चोट पहुँचाने के जुर्म में,

तसलीमा नसरीन की गिरफ्तारी का परवाना जारी!

लेखिका तसलीमा नसरीन के खिलाफ जमानत-अयोग्य गिरफ़्तारी का परवाना जारी किया गया है। ढाका के मोतीझील थाने के ओ सी मु. नूरुल आलम के द्वारा दायर किए गए मुकदमे के प्रसंग में, कल ढाका के मुख्य महानगर, हाकिम, शहीदउद्दीन अहमद ने यह गिरफ़्तारी का परवाना जारी करने का हुक्म दिया है। वादी ने अपनी अर्जी में उल्लेख किया है कि तसलीमा नसरीन ने बांग्लादेश की नागरिक होते हुए भी, आजकल देश-विदेशों के विभिन्न प्रचार माध्यमों की मदद से इस्लाम धर्म और इस्लाम-विरोधी, अनगिनत व्यंग्यपूर्ण मंतव्य किए हैं, जो अब तरह-तरह से प्रचारित भी हो रहा है, विवादी पूरे होशोहवास में, जान-बूझकर, खास इरादे से, ऐसे दुष्कर्म में लिप्त हैं। वादी ने अपनी अर्जी में यह भी कहा है कि पिछली 9 मई को तसलीमा नसरीन ने, कलकत्ते के एक दैनिक अंग्रेजी अखबार 'स्टेट्समैन' में दिए गए इंटरव्यू में कहा है कि पवित्र कुरान मानव-निर्मित ग्रंथ है। वे कुरान शरीफ में आमूल परिवर्तन और परिवर्धन चाहती हैं। 11 मई को उक्त अखबार में, उनका लिखा हुआ एक ख़त छपा है। उस ख़त में तसलीमा नसरीन ने पवित्र कुरान शरीफ को वर्तमान संदर्भ में युग के लिए अनुपयोगी बताया है और कुरान के मुताबिक चलने को मना किया है। वादी ने यह भी शिकायत की है कि तसलीमा नसरीन ने अपना धर्म-विरोधी, स्वेच्छाकृत और विकृत मतामत, अपने उपन्यास, कहानी, निबंधों वगैरह के जरिए, बांग्लादेश के बृहद्तर जनसमूह की धार्मिक भावनाओं को चोट पहुँचाकर, सबके धिक्कार की पात्र बन गई है और बांग्लादेश की दंडविधि 295 (क) धारा के तहत, दंडनीय अपराध किया है। उल्लेखनीय है कि तसलीमा नसरीन के खिलाफ मामला दायर करने के लिए, वादी ने गृह-मंत्रालय से, मेमोरंडम संख्या 338/ विविध 48/94 (क़ानून) द्वारा तारीख 6.4.94 मुताबिक मंजूरी लेने के बाद ही कल अदालत में मुकदमा दायर किया गया है। अदालत में शिकायत दर्ज करानेवाले की तरफ से ए पी पी बुरहानउद्दीन अहमद उपस्थित थे। इस मुकदमे में 11 लोगों को साक्षी बनाया गया है। वे हैं—मेजर जेनरल (रिटायर), अनीस वाइज; प्रिंसिपल बांग्लादेश मेडिकल कॉलेज; मुफ़्ती मौलाना फजलूल हक अमीनी; प्रिंसिपल, लालबाग़ आलिया मदरसा; एडवोकेट, ए बी एम नूरुल इस्लाम; बैरिस्टर कुर्बान अली; प्रोफेसर अबू अहमद चौधुरी; प्रोफेसर

ए जी एम चौधुरी; अलहज्ब मेजबाउर रहमान चौधुरी; मौलाना जुमायत अल हबीब, मौलाना अब्दुल जब्बार; मौलाना महीउद्दीन ख़ान, मौलाना अब्दुल लतीफ! मामले की अगली तारीख, 4 जुलाई! इधर तसलीमा नसरीन को गिरफ़्तार करने के लिए मोतीझील थाना के 2 स्क्वैड के अलावा, जासूस पुलिस की एक विशेष स्क्वैड, कल से ही उन्हें ढूँढ़ने में चप्पा-चप्पा छानने में जुटी है। तसलीमा नसरीन, आकाशपथ या सीमान्तपथ से देश के बाहर न जा सके, पुलिस सूत्र से इत्तला दी गई है कि इस मामले में उचित क़दम उठाने के लिए, पुलिस की तरफ से संबद्ध अधिकारियों को हिदायत दी गई है।

बाकी ख़बरों में, मेरे खिलाफ जुलूस और बयानों का विवरण! 129 आलिम लोगों ने बयान दिया है (उस वक्त भी वे लोग नहीं जानते थे कि मेरे खिलाफ मुकदमा सरकार ने दायर किया है) कि यहूदी नासाराचक्र, तसलीमा नसरीन वर्ग की गर्दन पर सवार होकर, इस देश से इस्लाम को मिटा डालने की साजिश में उन्मत्त हो उठे हैं। सरकार से बार-बार माँग करने के बावजूद, सरकार उनके खिलाफ कोई क़दम नहीं उठा रही है, बल्कि उनके घर के सामने पुलिस-पहरा बिठाकर, उन्हें अपनी नास्तिकता के प्रचार में मदद कर रही है। अगर इन धर्म-दुश्मनों को फाँसी न दी गई, तो तौहीदी जनता के हाथों ही उन लोगों का चरम फैसला कर दिया जाएगा। यंग मुस्लिम सोसाइटी ने हाथ में विशाल-विशाल बैनर थामे, मेरी फाँसी की माँग करते हुए, शहर में विक्षोभ-जुलूस निकाला। जुलूस के अंत में डॉ. नूरुल इस्लाम ने एक सभा में खुलेआम कहा—तसलीमा नसरीन जैसी निर्लज्ज औरत, मैंने अपनी सत्तर साला उम्र में, एक भी नहीं देखी। इस औरत को अगर सज़ा नहीं दी गई, तो देशवासी बी एन पी सरकार को माफ़ नहीं करेंगे।

तसलीमा के लिए फ़ासी की माँग करते हुए, समूची जाति फूत्कार उठी है। यह अख़बार की सुर्ख़ी थी! जमाते इस्लामी, जतीय युव कमांड, खिलाफ़त आंदोलन, सचेतन युव समाज, उलामा कमिटी के बयान के नीचे, विक्षोभ की ख़बर! इसके अलावा, और भी कई छुटपुट ख़बर! कल कितने बजे मैं घर से निकली, कितने बजे तक घर नहीं लौटी। किस रंग की गाड़ी में मैं बाहर निकली! गाड़ी का नंबर क्या था! उत्तर की तरफ गई है या दक्षिण की तरफ! पुलिस कितनी बार मेरे घर गई। कितने बजे से कितने बजे तक वह घर पर मौजूद रही। किस-किस से उसने जिरह की! किसको उसने लपेटा, किसको छोड़ दिया।

ग आज मेरी वजह से दफ्तर में गैरहाज़िर रहीं। सुबह मैंने उनसे एक प्याली चाय पीने की इच्छा जाहिर की। वे खुद चाय बना लाईं। उन्होंने नौकर-चाकरों को मेरे आस-पास आने नहीं दिया। बड़े गेट पर उन्होंने ताला जड़ दिया था, ताकि कोई भी नौकर-चाकर घर से बाहर न जा सके। जिसे पुलिस समूचे शहर के चप्पे-चप्पे में छान रही है, वह उनके घर छिपी बैठी है। ग से कहीं चैन से बैठा भी नहीं जा

रहा था। रह-रहकर उनकी झुँझलाई हुई नजर, मुझ पर गड़ जाती थी, मानो, इस घर में आकर मैंने कोई विशेष-अपराध कर डाला हो। चाय में चीनी तक नहीं डाली गई थी। मैंने बिना चीनीवाली चाय की घूँट भरी। ग से चीनी माँगकर, उन्हें और ज्यादा तंग करने का मेरा मन नहीं हुआ। मेरी निगाह घड़ी पर गड़ी हुई थी। नौ बजते ही मैं एंड्र्र को फोन करने के लिए उठ गई।

आज उन्हें नए सिरे से कुछ भी नहीं बोलना पड़ा। उन्होंने अख़बारों में पूरी ख़बर पढ़ ली थी।

"अपने दूतावास में मुझे पनाह दें। इस शहर के अंदर या बाहर, ऐसा कोई नहीं है, जो मुझे सुरक्षित आश्रय दे सके। दूतावास के अलावा, मेरे लिए और कोई सुरक्षित जगह नहीं है।" मैंने एक साँस में विनती की।

मेरी आवाज़ उद्वेग, उत्कंठा, आशंका और असुरक्षा से बेतरह काँप रही थी।

एंड्रू ने कहा, "दूतावास ऐसे किसी शख़्य को पनाह नहीं दे सकता, जो सिर पर वारंट लिए घूम रहा हो।"

अब तो एंड्र पर जो बड़ा भरोसा था, पल भर में वह चकनाचूर हो गया।

"मैंने सुना है, दूतावास से पनाह माँगी जा सकती है। फिलहाल तो आपको मुझे आश्रय देना ही होगा। आप मेरी बात समझ क्यों नहीं रहे हैं? मुझे जेल में ठूँस दिया जाएगा और वहाँ मुझे जान से मार डाला जाएगा। आप लोगों ने मेरा नागरिक अधिकार दिलाने में मदद की थी, पासपोर्ट वापस दिलाया। इस वक्त मेरी जान बचाने की कोशिश आप लोग क्यों नहीं करेंगे? पासपोर्ट से जीवन का मूल्य तो बहुत ज्यादा है! है कि नहीं?"

एंड्रू ने निरुतप्त आवाज़ में जवाब दिया, "आप अपने वकील से बात करें। वकील से कहें, आपकी जमानत के लिए कोशिश करें।"

"अगर जमानत न मिली तो? इस मामले में तो जमानत भी नहीं होती। जितने दिनों तक जमानत नहीं मिलती, उतने दिनों क्या होगा? मुझे कौन शरण देगा?"

"हम इस बारे में कुछ भी नहीं कह सकते।"

"यानी आप लोग मेरी कोई मदद नहीं करेंगे?"

"सुनें, तसलीमा, आपको पासपोर्ट दिलाने में, मैंने आपकी मदद की थी, आपने यह ख़बर अख़बारों में छपवा दी। यह बात लोगों को बताने लायक नहीं थी! एक डिप्लोमैटिक मामले को आपने इस तरह सरे-आम कर दिया। आपने बहुत ग़लत काम किया!"

"इसका मुझे बेहद अफसोस है! मुझे यह नहीं मालूम था कि यह बात नहीं बताना चाहिए थी। अब मैं आपकी शरण में हूँ, इसलिए कि विदेशी दूतावास के

किसी और शख़्स को मैं पहचानती नहीं, सिर्फ आपके अलावा! अब, आप ही मुझे सलाह दें कि मैं क्या करूँ! मैं क्या शरण नहीं माँग सकती? मैंने तो सुना है कि अगर अपने देश में, आदमी मुसीबत में हो, तो वह राजनैतिक पनाह माँग सकता है।''

''हाँ, बेशक माँग सकता है! लेकिन, ऐसे काम नहीं बनेगा। इस देश के नियम-क़ानून के प्रति हमें श्रद्धा दिखानी ही होगी, तसलीमा! ख़ासकर, तब, जब वारंट जारी हो चुका है! राजनैतिक आश्रय पाने के लिए, आपको इस देश से निकलना होगा। आप भारत चली जाएँ न! आप भारत जाकर आश्रय माँगें। इस देश के क़ानून मुताबिक, आप मुजरिम हैं। ऐसी स्थिति में, कोई भी दूतावास, आपके लिए कुछ भी नहीं कर सकता। अगर आपके खिलाफ वारंट जारी न होता, तो आपकी मदद करना, हमारे लिए शायद मुमकिन होता।''

''भारत चली जाऊँ? लेकिन जाऊँ कैसे? मेरे लिए तो सरहद सील कर दी गई है। फिलहाल तो इस देश से मेरे निकलने का कोई उपाय नहीं है।''

''मुझे बेहद अफसोस है, तसलीमा! फिलहाल, हम आपकी कोई मदद नहीं कर सकते। मैं अपने वकील से इस बारे में बात करूँगा। ऐसा करें, अपने घर के किसी व्यक्ति को या अपने किसी भाई वगैरह को मुझसे संपर्क करने को कह दें। हम आपकी खोज-ख़बर लेते रहेंगे।''

''अगर मेरा क़त्ल ही हो गया, तो आपको ख़बर देने से क्या फ़ायदा होगा?''

मैंने फोन रख दिया। मेरे गले में जो यंत्रणा जम गई थी, अब बाँध तोड़कर उभर आई। मैं बच्चे की तरह रो पड़ी। मेरे लिए अभी एक और दिल चीर जाने वाली रुलाई इंतज़ार कर रही थी। नहीं, इसकी ख़बर मुझे नहीं थी! राजनैतिक आश्रय से भी बड़ा मेरा, एक और आश्रय था—शम्सुर रहमान! जो शख़्स आँधी-तूफान, आग, धूप में, मेरे सिर पर छतरी की तरह के थे, मैंने अपने उस आश्रय, सुरक्षा और निर्भयता को फोन किया। फोन उन्होंने ही उठाया।

मैंने सिर्फ इतना ही कहा, ''रहमान भाई, मैं!''

फोन की दूसरी छोर पर पल भर की चुप्पी!

अगले ही पल उनकी हड़बड़ाई हुई आवाज़ सुनाई दी, ''सुनो, अभी कोई बात नहीं की जा सकती। मेरा फोन टेप किया जा रहा है।''

उस छोर पर फोन रख देने की खटाक् की आवाज़!

वह शब्द मेरे सीने पर खट् से लगा। मेरी छाती पर मानो, वज्रपात हुआ हो! जैसे छाती को चीरते हुए कोई तीर अंदर तक चुभ गया। फोन तो मेरा टेप होना चाहिए था! मुझ जैसी मुजरिम का! समाज के नामी-दामी शख़्स का फोन क्यों टेप किया जाएगा? यह क्या एक किस्म से पल्ला छुड़ाना नहीं है? मानों तुम मरती हो, तो मरो, भई, अभी हमारे लिए तुम्हारी मदद करना संभव नहीं है। तुम्हारे लिए भला

हम क्यों मरें? हमारा फोन टेप किया जा रहा है। इसलिए तुम हमसे कोई संपर्क मत रखो।

मैंने मन ही मन उनसे यह उम्मीद की थी कि वे मुझसे छूटते ही पूछेंगे—कहाँ हो तुम? खबर सुनने के बाद से ही मैं बेतरह परेशान और फ़िक्रमंद हूँ। मैंने कई लोगों से तुम्हारे बारे में बात की। हम सब कोशिश में लगे हैं कि तुम्हें कहीं सुरक्षित जगह पर, हिफ़ाज़त से रखा जाए। तुम मेरे घर चली आओ, अभी, इसी वक्त! या तुम कहाँ हो, मुझे बताओ। हम खुद जाकर, तुम्हें ले आते हैं। इस अन्याय के खिलाफ, हम सब लड़ेंगे, लड़ते रहेंगे। तुम बिल्कुल फ़िक्र मत करो।

फ़िक्र कैसे न करूँ? शम्सुर रहमान तो हर पल मेरे साथ थे। व्यक्तिगत और आदर्श घनिष्ठता, सबसे ज्यादा उन्हीं के साथ थी! उनके लिए भी मैं ही थी! मैं क्या उनकी बेहद करीबी नहीं थी? ऐसी आकस्मिक मुसीबत आने पर, मैं अगर उनके पास न जाती, तो किसके पास जाती?

क सुबह-सुबह ही आ पहुँचीं। अब मैं किस मुँह से, किसे यह ख़बर देती कि दूतावास मुझे शरण नहीं देगा?

अगले ही पल क का चेहरा एकदम से करुण हो उठा।

"तो फिर अब आप क्या करेंगी? आप कहाँ जाएँगी, कुछ तय किया?"

"मेरे लिए जाने का और कोई ठिकाना नहीं है। आत्मसमर्पण के अलावा, मेरे लिए और कोई उपाय नहीं है।"

'क' मेरे करीब आ बैठीं और बेहद मीठे लहजे में उन्होंने मुझे तसल्ली दी कि उन्होंने मेरे वकील से बात की है। वकील आज ही मेरी जमानत के लिए, कचहरी जाएँगे।

"तो क्या जमानत हो जाएगी?" मैंने उद्ग्रीव लहजे में पूछा।

"जमानत हो गई, तो आपको पता चल ही जाएगा। लेकिन, आज रात तो कहीं न कहीं रहने का इंतज़ाम करना ही होगा। यहाँ 'ग' तो बिल्कुल भी राजी नहीं हैं। 'ग' से मैंने कहा भी कि आज रात भर के लिए, तुम्हें यहाँ रहने दें—"

'क' ने कुछ और खबरें भी झटपट दे डालीं।

मिलन उनके यहाँ आज सुबह ही आया था। कल रात पुलिस मेरे घर कई-कई बार गई। सारा घर तहसनहस कर डाला। बाक़ायदा, संत्रास फैला दिया। पुलिस सबसे जिरह करती रही। जिरह के नाम पर काफी चीख-चिल्लाहट भी मचाई। मिलन से सवाल पर सवाल करती रही कि वह मुझे लेकर कहाँ गया था। उसे घर ले गई और कस्टडी में उससे घंटे भर जिरह करती रही। पुलिस को ख़बर है कि वह मेरे साथ बाहर निकला था। मुझे उसने किसके घर छोड़ा, यह जानने के लिए उसे पसीने में तर-ब-तर का डाला, उसे झकझोर डाला, उसे रुला मारा! इसके बावजूद मिलन ने कुछ नहीं बताया। उन लोगों ने साहाबुद्दीन को भी लतिया-जुतियाकर, उसके पेट

से यह ख़बर निकालने की कोशिश की कि उसने मुझे किसके घर छोड़ा। लेकिन साहाबुद्दीन के पेट से भी पुलिस एक शब्द भी नहीं निकाल पाई। क ने मिलन को सलाह दी है कि फिलहाल वह घर जाने के बजाय कहीं और छिपकर रहे।

'क' इस तलाश में निकल गईं कि आज रात भर के लिए मेरे रहने का कहीं, कोई इंतज़ाम किया जा सकता है या नहीं। क का उद्भ्रान्त चेहरा देख, उनके प्रति मुझे बेहद ममता हो आई। 'क' मेरी इतनी घनिष्ठ मित्र नहीं थीं कि मैं उन्हें इतनी बड़ी जिम्मेदारी सौंप दूँ। उन्होंने ही मुझे अपने घर आ जाने को कहा, अब वे देख रही हैं कि मैं तो उनकी गर्दन पर ही सवार हो गई हूँ। 'क' बता रही थीं कि ऐसे समय में किसी भी घर में शरण पाना और आसमान का चाँद पाना, बिल्कुल एक बराबर है। कोई भी मुझे पनाह नहीं देना चाहेगा! क ने कुछ ग़लत नहीं कहा। आज समूचे देश में सबसे बड़ी ख़बर यही थी! कट्टरवादियों का उल्लास, मानो फटा पड़ रहा है। विशुद्ध आक्षरिक अर्थ में, पूरा देश उन लोगों की दख़ल में है। कट्टरवादियों का खौफ! पुलिस का ख़ौफ! ऐसे में, किसकी मजाल, जो छाती चौड़ी करके कहे–"मैं आश्रय दूँगा। मैं जोखिम उठाऊँगा।" अब तो जो भी मुझे पनाह देगा। क़ानून की नज़र में वह मुजरिम साबित होगा। ऊपर से, अगर कहीं मैं कट्टरवादियों के हाथ लग गई तो वे लोग मुझे नोच ही नहीं खाएँगे, पनाह देने वाले मर्द या औरत को भी कच्चा चबा जाएँगे।

'ग' दिन भर उत्कंठित मन से इंतज़ार करती रहीं। कमरे के एक भी खिड़की-दरवाजे खोले नहीं गए थे। वे लगातार उनींदे मन और आँखें लिए, रात होने का इंतज़ार करती रहीं। रात हो आई, मगर 'क' मुझे लेने नहीं आईं। क को फोन करके, उन्हें आने को कहें, उन्होंने ऐसा भी नहीं किया, क्योंकि क का फोन टेप किया जा रहा होगा। मैं क के घर गई थी, पुलिस को अगर इसकी भनक मिल गई, तो उसे भी शक के दायरे में ले लिया जाएगा। क ने खुद ही हिदायत दी है कि उनके घर कोई फोन न करे। ग ने अपने पति को क के यहाँ भेजा, ताकि क या ख आकर, उनके घर से मुझे ले जाएँ। मुझे पक्का यकीन है कि क को ऐसा कोई घर नहीं मिला, जहाँ वे मुझे रख सकें। लेकिन कोई घर मिले या न मिले, मुझे इस घर से आज की रात ही विदा लेना होगी! ग के पति क के यहाँ संदेशा रखकर चले आए। लेकिन उसके बाद 'क' का कहीं कोई अता-पता नहीं। 'ग' उठकर कभी दरवाजे के पास जातीं, कभी खिड़की के पास, कभी फोन के पास! उन्होंने किसी चीज़ को नहीं छुआ। लेकिन, हाँ, वे छूना ज़रूर चाहती थीं।

क को अगर कहीं, कोई घर न मिला हो तो?

"तो अपने घर ले जाएँ या जो मन आये करें–"

"लेकिन..."

"सुनिए, 'ग' ने कहा, आप कहीं यह मत सोच लीजिएगा, कि मैंने सिर्फ अपनी

सुरक्षा के बारे में सोचकर, आपको जाने को कहा है। यह आपकी सुरक्षा के लिए भी ज़रूरी है! आप अगर यहाँ रहीं, तो पुलिस द्वारा गिरफ़्तार किए जाने की आशंका बहुत ज्यादा है।''

'ग' ये बातें एक साँस में कह गईं। वे मानवाधिकार के बारे में क़ानून-विशेषज्ञ हैं, वे फिजूल की बातें नहीं करतीं।

'क' रात में आईं। मलिन चेहरा! माथे पर भी बूँद-बूँद पसीना! वे बार-बार अपनी उल्टी हथेली से अपने माथे का पसीना पोंछती रहीं। पसीने की बूँदें बार-बार जमती रहीं। उनके इशारे पर मैं घर से बाहर निकल आई। अँधेरे में खड़ी की गई गाड़ी पर मैं सवार हो गई। 'क' ने मुझे पिछली सीट पर लेट जाने को कहा। उन्होंने मुझे एक चादर से ढँक दिया। ऊपर से कुछेक कपड़े-लत्ते, बैग वगैरह के भी ढेर बिखेर दिए। बाहर से अगर किसी की अंदर नज़र पड़ी, तो वह यह सोच लेगा कि कोई गठरी-पोटली लेकर, ज़रूर ढाका से कहीं बाहर जा रही है। बहरहाल रास्ते की आफत-विपदा पार करते-करते, गाड़ी आगे बढ़ती रही। आज ही कट्टरवादियों का विशाल जुलूस भी निकला था। वे लोग मारे खुशी के पूरे शहर में नाच रहे थे। गाड़ी बेहद सावधानी से आगे बढ़ती गई, ताकि किसी के मन में रत्ती भर भी सन्देह न जागे। गाड़ी के अंदर बैठी जीवों की जान, किस सांसत में थी, वह तो अंदर बैठे जीव ही जानते थे।

गाड़ी कहीं रुक गई। मुझे जल्दी से किसी एपार्टमेंट में धकिया दिया गया। फर्ज़ करें, जिनका यह एपार्टमेंट था, उनका नाम 'घ' था। 'घ' अपने घर की तमाम रोशनी बुझाकर, हमारी राह देख रही थीं। क ने काफी कोशिश-तदबीर करके, आखिरकार यह घर ढूँढ़ निकाला था, जिनके घरवालों को मुझे अपने यहाँ रहने देने में कोई आपत्ति नहीं थी। घ को मेरी रचनाएँ पसंद थीं। शांतिबाग़ वाले घर में वे दो बार मुझसे मिलने भी गई थीं। दो बार उन्होंने मुझे अपने यहाँ भी आमंत्रित किया था। घ बेहद प्यारी महिला थीं। वे खुद भी लिखती थीं। घ के पति भी काफी मशहूर हस्ती हैं।

मुझे एक छोटा-सा कमरा दिखाकर, उन्होंने कहा, ''यह तुम्हारा कमरा है।''

उस घर में एक ही असुविधा थी, वह थी नौकरानी! अगर मैं दिन भर अपने कमरे से बाहर न निकलूँ, तो नौकरानी मेरा चेहरा नहीं देख सकेगी।

क ने उन्हें याद दिलाया, ''यह कई दिनों का मामला है, सोच लो! जमानत न होने तक, वह यहाँ रह सकती है न?''

घ के आश्वस्त किया, ''बेशक! बेशक! उसकी इस मुसीबत के वक्त, उसकी मदद के लिए हमें थोड़ा-बहुत ख़तरा तो मोल लेना ही होगा।'' घ बोलती रहीं, ''वैसे यह इलाका काफी सुरक्षित है। कहना चाहिए, इस इलाके में ऐरे-गैरे लोग नज़र ही नहीं आते। यह छोटा कमरा बाहर से बंद ही रहता है। कमरा बंद रहे, तो बाहर

से कोई नहीं समझ सकता कि इसके अंदर कोई बंदा रहता है। जब मेरी बेटी आती है, तब इसी कमरे में रहती है। बहरहाल इन दिनों उसके आने का कोई प्रोग्राम नहीं है।''

घ के पति ने भी कहा, ''डर की कोई बात नहीं। वह जितने दिन चाहे, यहाँ रहे।'' क चेहरे पर मुस्कान खिल आई। मेरा चेहरा भी मुस्करा उठा। यह बिल्कुल अप्रत्याशित आश्वासन था। इस वक्त, इससे बढ़कर राहत और क्या होती?

घ ने मुझे एक लम्बा-सा लबादा थमा दिया ताकि मैं साड़ी बदलकर, वह लबादा पहने रहूँ। पढ़ने के लिए वे मुझे कुछेक किताबें भी दे गईं। मारे कृतज्ञता के मेरा मन भर आया। कमरे में एक तख्त। तख़्त पर सख्त-सा तोशक! कमरे में एक खिड़की, फिलहाल बंद! मुझे यह कमरा ही राजप्रासाद जैसा लगा।

6 जून, सोमवार।

सुबह-सुबह घ खुद मेरे लिए ट्रे में नाश्ता सजाकर ले आती हैं। हाथ की बनी हुई पतली-पतली रोटियाँ, अंडे, आलू-परवल की भुजिया, चाय! नौकरानी दिन में दो बार आती है। सुबह का नाश्ता और दिन का खाना बनाकर चली जाती है। शाम को आकर रात का खाना पका जाती है!

वह औरत जब रसोई में व्यस्त थी, घ मेरे कमरे में आईं। उनकी आँखों में करुणा : पहले जब मुझे यहाँ आमंत्रित किया गया था, तब उन आँखों में अपने लिए गर्व देखा था। उस बार उन्होंने बहुतों को अपने यहाँ आमंत्रित किया था। ताकि उन सबसे मेरा परिचय करा सकें। लेकिन, अब मेरे लिए वह उच्छ्वास नहीं था। गर्व की जगह अब उनकी आँखों में दो-चार बूँद करुणा झिलमिला रही थी। नौकरानी की आँखों को चकमा देकर, मैं बिल्ली की तरह दौड़कर पेशाबखाने में जाती और दौड़कर टुपू से अपने कमरे में लौट आती। वे भी काफी सतर्क रहती थीं। कहीं किसी खिड़की-दरवाजे की दरार से मुझे कोई देख न ले। नाश्ता करने के बाद, मैं बंद कमरे में बैठी-बैठी उस दिन के सारे अखबार पढ़ डालती। कहीं, किसी अखबार में कोई हवाला, कोई बयान नहीं था। मेरे खिलाफ इस सरकारी मुकदमे या वारंट जारी करने का किसी ने भी प्रतिवाद नहीं किया। मैंने क्या उम्मीद लगा रखी थी? आज का अखबार प्रतिवादों से भरा होगा? बयान ही बयान होंगे? हाँ? मुझे यही उम्मीद थी! मेरी फाँसी की माँग करते हुए, पिछले शुक्रवार को जो जुलूस, बयतुल मुकर्रम से निकला था, उसी जुलूस के कुछेक लोगों ने 'जनकंठ' अखबार के दफ्तर पर पत्थर बरसाए थे। 'जनकंठ' में इस्लाम की सही-सही नीति, आदर्श, महिमा वगैरह के वर्णन के लिए, एक नियमित दिमाग मौजूद है, इनका मूल उद्देश्य है—इस्लाम की तारीफ करना। लेकिन उस दिन इस दिमाग ने किसी सुरा की ऐसी व्याख्या की

थी, जो कट्टरवादियों के मन लायक नहीं थी। चूँकि यह व्याख्या उन लोगों को पसंद नहीं आई थी, इसलिए पथराव! बुद्धिजीवी उस दिन, इस पथराव के विरोध में मुखर हो उठे। लेकिन, मेरी फाँसी की माँग करते हुए, जो जुलूस निकाले गए और उन बातों का हल्ला मचाते हुए निकाले गए, जो बातें मैंने कही ही नहीं थीं और जो अखबार में छपी थीं, इसके बावजूद किसी ने भी उस बयान पर मंतव्य नहीं दिया कि जो बात तसलीमा ने नहीं कही, उस बात की बुनियाद पर उसके लिए फाँसी की माँग करना अन्याय है।

आज के अखबारों में खबर है—**तसलीमा नसरीन की पुलिस को तलाश!** पुलिस उसे गिरफ़्तार करने के लिए, जी-जान से उसकी तलाश में जुटी है। कल समूची रात और रविवार को दिन भर, गुप्तचर विभाग के कई दल, ढाका महानगर और करीबी इलाकों में व्यापक तलाशी अभियान चलाते रहे। पुलिस ने उनके आत्मीय स्वजन के घरों में भी उसकी खोज की। आत्मीय स्वजनों से पूछताछ जारी है। पुलिस का ख्याल है कि तसलीमा गिरफ़्तारी से बचने के लिए, ढाका महानगर या देश की किसी अन्य सुरक्षित जगह में छिपी हुई है। वह देश से बाहर निकल जाने के लिए भी हाथ-पाँव मारेगी। अंतर्राष्ट्रीय हवाई अड्डे या सीमांत इलाकों में उसे देखते ही गिरफ़्तारी के आदेश दे दिए गए हैं। तसलीमा की गिरफ्तारी के लिए पुलिस की कई टीम मयमनसिंह समेत, ढाका के बाहर भी भेजी गई हैं। पुलिस के एक पदस्थ अफसर का कहना है कि हम बेहद नाजुक दौर से गुज़र रहे हैं। तसलीमा नसरीन की गिरफ्तारी के लिए नियुक्त अफसर-हवलदारों की नींद हराम हो गई है। ये टीम उसकी गिरफ्तारी अभियान में जुटी हुई है।

मेरे खिलाफ सरकारी मुकदमा और अदालत से मेरी गिरफ्तारी का परवाना जारी होने के बाद भी, इन कट्टरवादियों ने खुशी-खुशी अपना आंदोलन ख़त्म नहीं किया, बल्कि आन्दोलन और ज़ोरदार कर दिया है। आज उनकी तरफ से सवाल किया गया है कि तसलीमा को अभी तक गिरफ्तार क्यों नहीं किया गया? वह कहीं मिल नहीं रही है, यह भी कोई बात हुई? उसे खोज निकालना होगा और उसे फाँसी देनी होगी, अभी ही! उनसे सब्र नहीं हो रहा था। अब उनकी दूसरी माँग भी शुरू हो गई थी, सिर्फ मुझे ही नहीं, अन्यान्य धर्म-दुश्मनों को भी फाँसी पर चढ़ाना होगा। उन लोगों को भी गिरफ़्तार किया जाए। एन जी ओ का खात्मा किया जाए। कदियानी लोगों को भी गैर-मुस्लिम घोषित किया जाए। 'जनकंठ' बंद किया जाए।

कट्टरवादियों के अखबार की शीर्ष ख़बर थी—**तसलीमा की फाँसी की माँग अटल!** जमाते इस्लामी के केन्द्रीय कार्यपरिषद की सभा, संगठन के मुखिया, गुलाम आयम के सभापतित्व में केन्द्रीय कार्यालय में आयोजित हुई। सभा में मुरताद और धर्मद्रोहियों की करतूतों की तीखी निन्दा हुई। जमाते इस्लामी आगामी 8 जून को माँग-दिवस मनाएगी। उलामा परिषद, खिलाफ़त मजलिस, इस्लामी संग्राम परिषद,

मस्जिद रक्षा आंदोलन, बांग्लादेश मसुल्ली कमिटी, अंजुमने तलापिये इस्लामिया, ख़ादिमुल इस्लाम छात्र परिषद, नास्तिक निर्मूल कमिटी, इस्लामी शासनतंत्र आंदोलन वगैरह से करोड़ों-करोड़ धर्मप्राण मुसलमानों ने, धार्मिक भावनाओं पर हमलाकारी, भारत के तलवे चाटने वाली, जाति की कलंक, कुख्यात मुरताद–तसलीमा तसरीन को सरकार ने अभी तक गिरफ़्तार करके, फाँसी पर नहीं चढ़ाया, इस बात पर तीखा क्षोभ जताया गया है। नास्तिक मुरताद प्रतिरोध आन्दोलन के पत्रकार-सम्मेलन में, शयखुल हादिस मौलाना अज़ीज़ुल हक ने कहा है कि कतिपय नास्तिक और धर्मद्रोही लोगों की उच्छृंखलता चरम सीमा लाँघ चुकी है। इन लोगों ने कुरान और हदीस में संशोधन और परिवर्तन करने का जानलेवा दुःसाहस दिखाया है। यह गिरोह, देश के बृहदतम जनता के धार्मिक विश्वास और ईमान, अक़ीदे पर नंगा हमला कर रहा है, ऐसा पहले कभी नहीं हुआ। दुर्भाग्य की बात यह है कि आजकल देश में जो सरकार सत्ता में है वे लोग बिस्मिल्लाह की दुहाई देते हुए, वोट हथियाकर, मसनदनशीन हुए हैं। कहा तो यह जाता है कि इस्लाम को संवैधानिक तरीके से राष्ट्र-धर्म की मर्यादा दी गई है, जबकि इस्लाम पर फ्री-स्टाइल में हमले के मुक़ाबले में सरकार निष्क्रिय साक्षी गोपाल की भूमिका का ही अनुसरण कर रही है। यहाँ तक कि नास्तिक मुर्तादों को बड़े कौशल से, पृष्ठपोषकता प्रदान कर रही है! उन्होंने सरकार की तीखी आलोचना की है और फौरन नास्तिक मुर्तादों के धर्म-विरोधी क्रियाकलाप के लिए सख़्त सज़ा की माँग की है। साथ ही उन्होंने धर्म-द्रोह कानून बनाने की भी माँग की है! देश और धर्म के खिलाफ, तमाम षड्यंत्र और सामूहिक-तत्परता बंद करने के लिए और प्रतिरोध गढ़ने के लिए, आगामी 10 जून, शुक्रवार बाद जुम्मा को ढाका में विक्षोभ यात्रा निकाली जाएगी। आगामी 16 जून, बृहस्पतिवार को देशव्यापी विक्षोभ-प्रदर्शन और स्मारक-पत्र पेश किया जाएगा। 17 जून, शुक्रवार, सुबह नौ बजे उलेमा, मुशाहिद, दीनदार, बुद्धिजीवी सम्मेलन होगा और बृहदतर कार्य-सूची की घोषणा की जाएगी।

सिर्फ ढाका में ही नहीं, सारे देश में ही कट्टरवादियों का सभा-सम्मेलन जारी है! हर सभा में एक ही माँग दोहराई जा रही है–तसलीमा को फाँसी दो! कट्टरवादी संगठनों का बयान तो ख़ैर, लगातार जारी है! बांग्लादेश कृषि विश्वविद्यालय के 162 शिक्षकों ने भी बयान दिया है। उन लोगों ने भी मेरी फाँसी की माँग की है। 162 शिक्षकों में शामिल हैं–पूर्व वाइसचांसलर और मृत्तिका विज्ञान विभाग के प्रोफेसर, डॉ. जहूरुल हक भुंइया, विश्वविद्यालय शिक्षक समिति के सह-सभापति, डॉ. मु. अब्दुल हक़, डॉ. मु. ताजुल इस्लाम, डॉ. मु. इक़बाल हुसेन, डॉ. मु. मइनुद्दीन, प्रोफेसर एम. ए. फारुक, डॉ. अब्दुल हमीद!

न्ना! कहीं भी मेरे खिलाफ मामले का प्रतिवाद करते हुए, एक भी बयान नहीं है, एक भी विरोध नहीं है! खोजते-खोजते एक अख्यात अखबार के एक कोने पर मेरी नज़र पड़ी। बांग्लादेश समाजतांत्रिक पार्टी (वासद) की तरफ से अब्दुल्ला सरकार ने बयान दिया है—देश में जिन दिनों फतवाबाज़ धर्मांध ताकत खुलेआम, दिन के उजाले में हमला कर रही हैं, तब सरकार ने इन धर्मान्ध कट्टरवादी ताकतों के खिलाफ कोई क़दम उठाने के बजाय, उन लोगों की जातीय अपकीर्ति में ईंधन जुटाने का काम करते हुए, लेखिका तसलीमा नसरीन के खिलाफ झूठा और परेशानीमूलक मुकदमा ठोंक दिया है। भारत के 'दि स्टेट्समैन' अख़बार में तथाकथित वक्तव्य प्रकाशित होने के बाद, तसलीमा नसरीन ने उसका खंडन भी किया है। तसलीमा का वह खंडन, स्टेट्समैन और बांग्लादेश के राष्ट्रीय अखबारों में प्रकाशित होने के बाद भी, मुकदमा दायर करना, लेखक की आज़ादी और गणतांत्रिक अधिकारों पर हस्तक्षेप करने जैसा है और फतवाबाज़ कट्टरवादी ताकतों के आगे, आत्मसमर्पण का नामांतर भर है।

समाजतांत्रिक छात्र-फ्रंट केंद्रीय कमिटी के सभापति, बेलाल चौधुरी और जेनरल सेक्रेटरी, रजेकुज्जमान रतन ने भी बयान दिया है। गणतांत्रिक विप्लवी गुट के केंद्रीय समन्वयकारी सदस्यों ने वाक्, व्यक्ति-स्वाधीनता और मौलिक अधिकारों के खिलाफ सरकार और फासिस्ट चक्र के हमलों को नाकाम करने के लिए, सभी गणतांत्रिक और प्रगतिशील ताकतों का आह्वान किया है। मेरे खिलाफ गिरफ़्तारी परवाना वापस लेने की भी माँग की है।

वासद एक छोटी राजनीतिक पार्टी है! जासद टूटकर वासद बनी है! अब वह वासद भी टुकड़ों में बँट गई है। वासद के ही एक टुकड़े ने यह बयान दिया है! गणतांत्रिक विप्लवी गुट भी छोटा-मोटा गुट है! लेकिन बड़ी-बड़ी पार्टियाँ कहाँ हैं? जो अवामी लीग, बी एन पी के रत्ती भर हेरफेर से सड़कों पर उतर पड़ती है, वह अवामी लीग कहाँ है? बड़ी-बड़ी वाम पार्टियाँ कहाँ गईं? मानवाधिकार के इस उल्लंघन पर वे लोग खामोश क्यों हैं? मेरे संगी-साथी कहाँ हैं? मेरे कवि-मित्र? लेखक-मित्र कहाँ गए बुद्धिजीवी? जो लोग मत-व्यक्त करने की आज़ादी में विश्वास करते हैं? सबके सब लोगों के मुँह पर ताला क्यों पड़ गया है? खैर, मेरे पक्ष में अगर वे लोग कुछ नहीं कहना चाहते, न कहें। इस वक्त पक्ष-विपक्ष की बात नहीं है। बड़ी बात है, अन्याय का विरोध करना! वे लोग विरोध क्यों नहीं कर रहे हैं? वे लोग क्या यह सोच रहे हैं कि यह मेरा व्यक्तिगत मामला है? वाकई क्या यह मेरा निजी मामला है? मैंने क्या किसी का खून किया है, जो मेरे खिलाफ दायर किए गए मामले का विरोध करने में उन लोगों को संकोच हो रहा है? मुझे जर्मनी के एक प्रोटेस्टेंट की बात याद आ गई। उन्होंने कहा था—नाज़ियों ने जब यहूदियों को धर दबोचा, मैंने कोई विरोध नहीं किया, क्योंकि मैं यहूदी नहीं हूँ। जब उन लोगों ने कम्युनिस्ट लोगों को पकड़ा, मैंने विरोध नहीं किया, क्योंकि मैं कैथलिक नहीं था। लेकिन जब वे

लोग मुझे पकड़ने को आगे बढ़े, तब मैंने देखा, मेरे पक्ष में भी बोलनेवाला कोई नहीं है।

समाजतांत्रिक पार्टी, जिसने मेरे पक्ष में बयान दिया है, उनसे मेरा कभी कोई परिचय नहीं था। उनके साथ मैंने कभी घंटों-घंटों वक्त ख़र्च नहीं किया। मैंने उन लोगों से देश की राजनैतिक, आर्थिक, सामाजिक हालात की चर्चा कभी नहीं की। कट्टरवादी साम्प्रदायिक ताकतों के खिलाफ आंदोलन गढ़ने के बारे में भी, उनसे कभी विचार-विमर्श नहीं किया। लेकिन ये सब चर्चाएँ, मैंने और-और लोगों से खूब-खूब की थीं। हम, बहुत से लोग थे और हम सब एक ही आदर्श के लिए लड़ रहे थे, वे लोग आज कहाँ गुम हो गए? उनमें से कोई भी आज मेरे साथ क्यों नहीं है?

मेरा मन अंदर ही अंदर हाहाकार कर उठा। अचानक एक आशंका मेरी पोर-पोर में काँटे-सी चुभ गई। बंद खिड़की की तरफ निगाह गड़ाए, मैं खामोश लेटी रही। खिड़की की एक सूराख से, जो एक मद्धिम-सी रोशनी, कमरे में आ रही थी, धीरे-धीरे मंद पड़ने लगी। बाहर अँधेरा! अंदर भी अँधेरा! दोनों अँधेरों की बीच में मैं! मैं और सैकड़ों आशंकाएँ।

7 जून, मंगलवार।

कल जमाते इस्लामी ने मेरी सज़ा की माँग करते हुए विक्षोभ-जुलूस निकाला था। उस जुलूस में हजारों-हजारों लोग शामिल थे। जुलूस में आगे-आगे वे लोग जो बैनर लेकर चल रहे थे, उसमें 'तसलीमा को फाँसी दो' नहीं लिखा था। उसमें लिखा था--धर्मद्रोहियों के खिलाफ दंड का विधान चाहिए। खतरे की घंटी बज उठी थी! किसी को भी सुनाई दे रहा है? सुन रहे हो? जमाते इस्लामी सिर्फ तसलीमा को ही फाँसी देकर, संतुष्ट होने को राजी नहीं है। उसने संसद में धर्म-विद्वेषियों के खिलाफ दंड के विधान के लिए बिल पास करने की माँग की है। जमात की सभा में कहा गया है--खुमैनी के फतवे के डर से रुशदी भागता फिर रहा है, तसलीमा की भी वही हालत है! तसलीमा की खूँटी का जोर है, आधिपत्यवादी भारत, साम्राज्यवादी अमेरिका और ईसाई साम्राज्यवादी! हमें एकबद्ध जिहाद के जरिए इनका मुक़ाबला करना होगा। गुलाम आयम का हर दिन अब काफी सुनहरा होने लगा था। वे साहब आजकल दिन-रात व्यस्त रहने लगे हैं। सरकार पर दबाव डालकर, बहुत कुछ तो करा लिया गया, अगर यह काम भी हो जाए, तो गुलाम आयम की जमात मानों जग जीत लेगी। मुस्लिम लीग भी आंदोलन पर उतर आई है। अख़बारों में इस्लाम के बारे में तसलीमा की अमार्जनीय, धृष्टतापूर्ण उक्तियों के खिलाफ बयान-दर-बयान! बयानों का तूफान उमड़ आया है! जगन्नाथ विश्वविद्यालय कॉलेज के 101 छात्रों ने भी बयान दिया है। वे लोग भी तसलीमा की फाँसी के इच्छुक हैं। जातीय इस्लामिक

पार्टी! तहफ्फुजे हरमाइन कमिटी! इस्लामी छात्र मजलिस! सैकड़ों किस्म के दल! सिर्फ ढाका में ही नहीं, समूचे देश में फैले हुए! देश में इतने सारे इस्लामी दल मौजूद हैं, मुझे इसकी जानकारी नहीं थी। प्रगतिशील बुद्धिजीवी लोगों में बहुतों का कहना था—कट्टरवादी बेहद क्षुद्र, छोटी-सी ताकत है। इन लोगों के बारे में सोच-सोचकर, वक्त बर्बाद करना बेमतलब है। ये लोग तो उछल-कूद तो काफी मचाते हैं। मगर इन्हें वोट तो नहीं मिलता। हाँ, यह सच है कि ये लोग बहुसंख्यक होने के सहारे, क्षमता पर आसीन नहीं हो स े। लेकिन पहले, जहाँ इन लोगों को कुल तीन सीटें मिलती थीं, लेकिन अब इनक. ्री बारह सीटों पर कब्जा है। लेकिन इनकी सीटें भले कम हों, लेकिन इन लोगों जो-जो माँग की, सरकार तो सब मान लेती है। इन लोगों ने धर्मद्रोह के खिलाफ, मृत्युदंड के कानून की जो माँग की है। अगर कहीं सरकार ने इसे भी मान लिया, तो क्या होगा? इन लोगों की पार्टी बेहद क्षुद्र है, मैं जानती हूँ। लेकिन क्षुद्र दल, हमेशा क्षुद्र नहीं रहता। क्षुद्र दल, अलक्ष्य में ही दानव की तरह बढ़ता जाता है। खासकर तब, जब इन लोगों को शुरू से ही नाकाम न कर दिया जाए। चूँकि ये लोग क्षुद्र है, इसलिए इन्हें तुच्छ करके, बहुतेरे लोग कुछ और-और कामों में व्यस्त हो जाते हैं। बहुतेरे कट्टरवा: के विरोधी-प्रगतिशील लोग होते हैं। कट्टरवादियों के अलग-अलग दल हो सकते हैं, लेकिन ये ़ोग संघबद्ध होते हैं। प्रगतिशील लोगों के दल में भी विरोध होता है, बहस-मुबाहिर होते हैं, दल के सैकड़ों टुकड़े हो जाते हैं। अगर कहीं आपसी राय नहीं मिलती, ो एक-दूसरे के प्रति जन्म भर के दुश्मन बन जाते हैं। कट्टरवादियों में ऐसा नहीं होता। वे लोग बृहद् स्वार्थ के लिए कंधे से कंधा मिलाकर चलते हैं। उनका बृहद् स्वार्थ है—देश में इस्लामी शासन क़ायम करना। देश को आगे-पीछे, दाएँ-बाएँ से इस्लाममय कर देना! देश के सीने पर इस्लाम का कील ठोंक देना! इस्लाम अब कोई धर्म नहीं रहा, इस्लाम अब राजनीति है! अब इस राजनीत के जनप्रिय होने के दिन आ रहे हैं। इस्लामी नारों की लहरें उमड़ने लगी हैं! अब आशंकाएँ, सीने में सिर्फ चुभती ही नहीं, अपने तेज़-तेज़ दाँतों से काटकर, धज्जी-धज्जी करने लगी हैं। इंसान आखिर कितने दिनों तक यह सोच-सोचकर सुख पाता रहेगा कि कट्टरवादी दल महज, क्षुद्र और छोटा-सा है? इन्हें क्षुद्र दल समझकर जो इन्हें मैदान में खुला छोड़ दिया है और सोच रहे हैं कि ये लोग हमारे आँगन में दख़ल जमाने नहीं आएँगे, मगर तुम्हारी आँखों को यह नज़र नहीं आ रहा है कि इनका अंग-अंग काफी पुष्ट और तंदुरुस्त हो उठा है; इनके दाँत और नाखून कितने धारदार हो उठे हैं। ये लोग अब तुम्हारे आँगन में ही नहीं, दरवाजा तोड़कर तुम्हारे घरों में घुस आए हैं। देखो, देखो, धर्म का यह दैत्य, कैसे तुम लोगों की गर्दन पर सवार हो गया है। और अब देखो कैसे तुम्हारा गला दबोच रहा है। अब बताओ तो, साँस लेते हुए, अब कैसा महसूस हो रहा है।

पुलिस मुझे ढूँढ़ नहीं पा रही है; देश भर के चप्पे-चप्पे में पुलिस मुझे ढूँढ़

रही है! मयमनसिंह के मकान, नाते-रिश्तेदार, बंधु-बांधव, जाने-पहचाने–जितने भी घर-मकान हैं, हर जगह मुझे खोज आई। शांतिनगरवाले घर में एक जन नेस्तनाबूद हो रहा है। पुलिस मुतालिब को पकड़ ले गई है। मैं कहाँ हूँ, घर के किसी फर्द को पता नहीं, लेकिन पुलिस का ख्याल है, वे लोग जानते हैं। उन लोगों के पेट से बात निकालने की वे लोग यथासंभव कोशिश कर रहे हैं। मेरे रिश्तेदार मेरे वकील से नियमित संपर्क बनाए हुए हैं। मैं आज हाईकोर्ट जाऊँगी, कल लोअरकोर्ट, इस किस्म की खबरें हर रोज ही उड़ती रहती हैं और अदालत के अहाते में भीड़ बढ़ती जा रही है। लेकिन सब अकारथ! मेरी तो कहीं चुटिया तक नजर नहीं आई। एक और ख़बर ने तो मुझे बुरी तरह आतंकित कर दिया। चूँकि मैं पकड़ में नहीं आ रही हूँ, इसलिए गृहमंत्रालय अब मेरी जायदाद कुर्क करने पर विचार कर रहा है।

ख़बर : धर्मद्रोहियों को सजा देने के लिए, संसद में कानून पास करने की माँग करते हुए, जमाते इस्लामी ने बयतुल मुकर्रम मस्जिद के प्रांगण में एक विक्षोभ-सभा आयोजित की। जमाते इस्लामी बांग्लादेश के नायब से, अमीर मौलाना अबुल मुहम्मद यूसुफ ने कहा है कि तसलीमा नसरीन समेत सभी धर्म-दुश्मनों के मामले में प्रधानमंत्री और विरोधी दल के नेता से स्पष्ट वक्तव्य देना होगा। देशवासियों के सामने यह स्पष्ट करना होगा कि खालिदा हसीना, धर्म-दुश्मन तसलीमा के पक्ष में हैं या जनसाधारण के पक्ष में? तसलीमा पवित्र कुरान उलट-पलट देना चाहती है, फिर भी खालिदा हसीना ने एक भी बात नहीं की। तसलीमा के बेलगाम वक्तव्य और उच्छृंखलता सीमा लाँघ चुकी है। भारतीय और अंतर्राष्ट्रीय इस्लाम विरोधी-चक्र के साथ-साथ उसके कर्मकांड भी बढ़ गए हैं। बांग्लादेश की स्वाधीनता और सार्वभौमिकता के खिलाफ, वह बोलती रही है। बी.जे.पी. कलकत्ता के सॉल्ट लेक में उसके लिए घर बनवा रही है। तसलीमा ने खुद को वेश्या बना डाला है। अब वह और-और औरतों को भी वेश्या बनाना चाहती है। आगामी शुक्रवार को जुम्मा के नमाज़ के बाद, खुत्बे में तसलीमा के बारे में वक्तव्य रखने के लिए, उन्होंने मस्जिद के इमाम लोगों का आह्वान किया था। वक्ताओं में जमाते इस्लामी के बड़े-बड़े नेता शामिल थे, संसद सदस्य भी मौजूद थे। उन लोगों ने कहा है कि इस बार बांग्लादेश के एकबद्ध आंदोलन को सिर्फ राजपथ के आंदोलन तक ही सीमाबद्ध न रखकर, किसी न किसी परिणति तक ले जाया जाएगा, ताकि बांग्लादेश में कोई भी इस्लाम के खिलाफ कुछ कहने की हिम्मत न कर सके! मक्कारी की एक हद होती है। तसलीमा के इर्द-गिर्द पुलिस पहरा देगी और गिरफ्तारी का हुक्मनामा जारी करने के बावजूद उसे खोज नहीं निकालेंगे। यह कैसी बात?

ख़बर : समूचे देश में तसलीमा की फाँसी की माँग चरम पर पहुँच गई है। पवित्र कुरान के बारे में धृष्टतापूर्ण मंतव्य के लिए, कुख्यात लेखिका, तसलीमा नसरीन की फाँसी और दैनिक अखबार 'जनकंठ' बंद करने की माँग करते हुए पूरे देश भर

में प्रतिवाद-सभाएँ आयोजित की जा रही हैं, जुलूस निकाले जा रहे हैं, बयान पर बयान दिए जा रहे हैं और तसलीमा के प्रति घृणा और धिक्कार का ज्वार प्रबलतर होता जा रहा है; ढाका में तो यह सब हो ही रहा है। खुलना, चट्टग्राम, राजशाही के विभिन्न सभा-समिति-संगठन से माँग की जा रही है कि नास्तिकतावाद की नेता, 'लज्जा' की कुख्यात लेखिका, निर्लज्ज तसलीमा के खिलाफ सिर्फ गिरफ्तारी का ही परवाना जारी करने से नहीं चलेगा। उसे फाँसी देना होगी। 'जनकंठ' में तीसरे सुरा की ग़लत व्याख्या की गई है। इसलिए 'जनकंठ' को निषिद्ध करना होगा। हदीस फाउंडेशन के संचालक, डॉ. मुहम्मद असदुल्लाह-अल-गालिब ने अपने बयान में कहा है कि आठ हज़ार पश्चिमी लेखिकों और छः हज़ार तीन सौ पश्चिमी संगठनों ने तसलीमा के पक्ष में हमारी प्रधानमंत्री से आवेदन किया है, जरूर वह यहूदी ईसाइयों की इस देश में एजेंट है, इसमें अब कोई शक़ नहीं रहा। इसी वजह से सरकार इस बदनाम लड़की और उसकी लेखनी के खिलाफ कोई कदम उठाने से डरती है। आजकल उसकी गिरफ्तारी का एक आकर्षक नाटक दिखाकर, वर्तमान सरकार अपने वोटरों को आश्वस्त करने की कोशिश में लगी थी। लेकिन सरकार की यह चालाकी समझने में, किसी को कोई मुश्किल नहीं हुई।

गिरफ्तारी के हुक्मनामे के खिलाफ़ चारण सांस्कृतिक केंद्र (किसी दिन भी यह नाम नहीं सुना), लेखक-शिल्पी संसद के 25 नौजवान लेखक-लेखिका (जिसमें मृगांक सिंह के अलावा और कोई नाम मैंने नहीं सुना था) का बयान प्रकाशित हुआ था। विपरीत धारा के फ़िल्म निर्माता, मुर्शेदुल इस्लाम ने (नाम सुना है) व्यक्तिगत बयान दिया है। उन्हांने कहा है कि उन्हें यह देखकर भयंकर अचरज हो रहा है कि—मेरी गिरफ्तारी का हुक़्मनामा जारी करने के खिलाफ़, कोई, किसी तरह का प्रतिवाद नहीं कर रहा है!

आज सुबह जब 'घ' मेरे लिए नाश्ता लेकर आईं, तो उन्होंने आँख मारकर बताया कि आज उन्होंने घर की नौकरानी को सवेरे-सवेरे ही विदा कर दिया। तब मैं इस घर से बाहर निकल सकती हूँ। अगर मैं चाहूँ तो बाहर सोफे पर भी बैठ सकती हूँ। यह प्रस्ताव वाकई बेहद लोभनीय था। अगर मेरा यह कमरा प्रासाद है, तो बगल के कमरे का सोफा मेरा राजदरबार!

मैं बाक़ायदा मसनद पर आसीन हो गई।

मुझे अखबार पर झुकी देखकर, घ ने कहा, "इतना क्या पढ़ती रहती हो? चलो, छोड़ो यह पढ़ना-लिखना! आज नहीं, तो कल तुम्हें जमानत मिल जाएगी। तब यह हलचल नहीं रहेगी! देख लेना।"

"और अगर जमानत नहीं हुई?" मेरी मलिन-सी आवाज!

"हाँ, यह बात भी है! जमानत, अगर नहीं हुई, तो...? यह सरकार अगर तुम्हें जेल भेजने पर ही आमादा हो, तो चाहे जैसे भी हो, वह भेजकर ही रहेगी। इस देश की न्याय प्रणाली तो आज़ाद नहीं है, सारा कुछ सरकारी प्रभाव मुताबिक चलता है! लोअर कोर्ट तो सीधे-सीधे सरकार के मातहत है! हाईकोर्ट, भले कार्यरूप में सरकार के डाइरेक्ट कंट्रोल में न हो, मगर अप्रत्यक्ष रूप से, उसी के मातहत है। वर्ना हाईकोर्ट गुलाम आयम को बेकसूर खल्लास कैसे कर सकती है? बताओ? यह सरकार गुलाम आयम को रिहा करने का फैसला कर चुकी है! अब हाईकोर्ट को भी उसका फैसला मानना ही होगा। इसके अलावा, तमाम जज भी तो अलग-अलग पार्टी के लोग हैं।"

"हाँ, मेरी तकदीर में शायद जेल ही बदा है।" मैंने लंबी उसाँस भरकर कहा!

'घ' ने कहा, "जेल में तुम्हें राजनीतिक कैदियों के साथ तो रखेंगे नहीं! क्रिमिनल यानी अपराधियों के साथ रखेंगे। खूनी-बदमाशों के साथ! तुम्हारे खिलाफ भी जो केस है, वह भी तो क्रिमिनल केस ही है। तुम्हें क्रिमिनल की तरह ट्रीट किया जाएगा। लेकिन...जेल में तुम रहोगी कैसे? असंभव! मैंने जेल का भीतरी हिस्सा देखा है। अपराधियों को जहाँ रखा जाता है, वहाँ की बेहद जघन्य हालत होती है! जमीन पर ही सोना पड़ता है, कोई बेड वगैरह नहीं दिया जाता। कमरे में कोई पंखा तक नहीं होता! चारों ओर बदबू ही बदबू! सब बेतरह ठुँसे हुए, एक-दूसरे पर लदकर सोते-लेटते हैं! बेहद अन-हाइजिनिक और अन-हेल्दी माहौल होता है! पेशाब-पखाने की हालत की तो कल्पना ही नहीं की जा सकती, जहाँ सोते हैं, वहीं पेशाब-पखाना भी करते हैं! और खाना? उफ! उफ! बेहद जघन्य! बदबूदार और सड़ा-गला-बासी! सख्त लोहे जैसी मोटी-मोटी रोटियाँ! उफ! उफ!" घ के तन-बदन में पल-पल बेतरह कँपकँपी और सिहरन!

"................."

"यह सब तो ख़ैर, है ही! महिला-गार्ड कैदियों का जब-तब 'रेप'...यानी बलात्कार भी करती हैं! नहीं, नहीं, जेल का तो नाम भी मत लो! मैं तो ऐसा सोच भी नहीं सकती।"

दोपहर का वक्त! हँसती-मुस्कराती घ अचानक बेतरह झुँझला उठीं। "मलका बेगम ने फोन किया था। देश की हालत का जिक्र चल पड़ा और अब देश की हालत की चर्चा का मतलब है तुम्हारा जिक्र! सो, उन्होंने कहा क्या, पता है?"

"न्ना! मुझे तो पता नहीं! क्या कह रही थीं?"

"अच्छा! मलका बेगम के साथ कभी तुम्हारी कोई गड़बड़ तो नहीं हुई थी?"

"नहीं तो!"

"मैंने तो यह पूछा कि महिला परिषद से कोई प्रतिवाद किया जा रहा है या

नहीं! कहने लगीं, सवाल ही नहीं उठता! सो, भइया, यह कैसी नारीवादी हैं, जी? छिः छिः।''

मैं खामोश बैठी रही!

वे भी कुछ देर खामोश रहीं।

थोड़ा ठहरकर उन्होंने कहा, ''मलका बेगम तुम्हारी काफी निन्दा कर रही थीं! मुझे बिल्कुल अच्छा नहीं लगा, जिस ढंग से वे बात कर रही थीं...''

''किस क़िस्म की निन्दा?''

''कहने लगीं, जो हुआ, सो अच्छा ही हुआ! खूब सबक़ मिला! बी.जे.पी. से रुपए खाकर 'लज्जा' लिखी, अच्छा हुआ! धर्म के बारे में फिजूल की बकवास करती थी, उसे सजा क्यों न मिले? अरे, फ्रांस गई थी, रुपए बटोरने! उसको तो फाँसी होनी ही चाहिए।''

''मलका बेगम ने ऐसी बातें कहीं?'' मैंने अविश्वसनीय आँखों से घ के चेहरे की तरफ देखा!

''हाँ, कहीं! क्यों, तुम्हें विश्वास नहीं हो रहा है?''

मैंने इंकार में सिर हिलाना चाहा, मगर नहीं हिला पाई। पता नहीं, की होंगी बातें! आजकल कितना कुछ विचित्र और विकट घट रहा है! जिन लोगों को मैंने अब तक अपना दोस्त माना था, अब नज़र आया कि वे लोग मेरे सच्चे दोस्त नहीं थे।

हालाँकि घ ने मुझे यह बताया कि उन्हें मलका बेगम का मंतव्य पसंद नहीं आया। लेकिन मुझे एक बात का आभास हो गया कि उनके सारे मंतव्य, उससे गोंद की तरह चिपके हुए हैं!

इसके बाद, मलका बेगम नहीं, और-और बारे में, बातें छिड़ गईं—शाम की चाय के बारे में, गर्मी के बारे में, बिस्तर-चादर-तकिए के बारे में!

कुछ देर बाद, घ ने ही प्रसंग छेड़ा। माथे पर ढेरों आड़ी-तिरछी सलवटें।

''अच्छा, तुमने इतना खूबसूरत 'निर्वाचित कलाम' लिखा, तुम इतनी बेजोड़ कविताएँ लिखती हो। मैंने तुम्हारे सारे काव्य-संग्रह पढ़े हैं। पढ़ते-पढ़ते कुछ कविताएँ मुझे रट भी गई हैं। औरतों के बारे में, जितने बेहतर तरीके से तुम लिखती हो, वैसा और कोई नहीं लिख सकती। तुमने औरतों की वे बातें व्यक्त की हैं, जो वे लोग खुद व्यक्त नहीं कर पाती थीं। तुमने औरतों की सिर्फ व्यथा-कथा ही नहीं लिखी, उन लोगों को तुमने प्रेरणा भी दी, साहस भी दिया। बहुत-सी औरतों ने मुझसे कहा कि तुम्हारी लिखी कृतियाँ पढ़कर, अब उनका जीवन बिल्कुल बदल गया है! अब उन लोगों ने अपने को नए सिरे से पहचाना है। अब उन लोगों को अपने जीवन का मोल समझ में आ गया है! अब वे लोग अपना सिर ऊँचा करके जीना चाहती हैं। यह कितना बड़ा काम है, तुम समझती हो! जैसा तुमने लिखा, अतिशय मोहक

लिखा। सारा कुछ तो भला-भला ही था, अचानक तुम्हें 'लज्जा' लिखने का भूत क्यों चढ़ गया?''

यह मेरे लिए भयंकर विस्मय था!

घ और उसके पति कट्टरवाद और साम्प्रदायिकता के विरोधी आंदोलन में, सिर से पाँव तक ओतप्रोत थे और यही घ पूछ रही है कि मुझे 'लज्जा' लिखने का भूत क्यों सवार हो गया!

''तुम्हारा क्या दिमाग-विमाग भ्रष्ट हो गया था?''

मुझे सवाल का कोई जवाब नहीं सूझ पड़ा। इसलिए मैं अपराधी की तरह सिर झुकाए हुए अपने नाखून चबाती रही। नाखून से सिर उठाते ही मैंने देखा, उत्तर की उम्मीद में, घ की एकटक निगाहें, मेरे चेहरे पर गड़ी थीं।

मैंने मृदुल लहजे में जवाब दिया, ''यहाँ हिन्दुओं पर काफी अन्याय-अत्याचार हुए, मैंने उन सबका विरोध किया, क्योंकि मुझे लगा कि विरोध करना, मेरा फर्ज़ है।''

''सुनो, तुम नारीवादी लेखिका हो, तुम नारीवादी लेखन में लगी रहो। हिन्दू-मुसलमानों की समस्या पर लिखने के लिए बहुत सारे लोग मौजूद हैं। यह सब राजनैतिक लेखन है! तुम तो राजनीति नहीं करतीं। तुम्हारा एक अपना क्षेत्र है। उस क्षेत्र में तुमने अच्छा-ख़ासा नाम भी कमाया। तुम नारीवादी लेखन पर ही टिकी रह सकती थीं। खामखाह तुम अपनी 'डीरेल्ड' हो गईं, अपनी पटरी, बदल दी। सच तो यह है कि तुम्हें 'लज्जा' नहीं लिखनी चाहिए थी।''

''मैंने 'लज्जा' लिखी, इसलिए औरतों के बारे में लिखना बंद कर दिया, ऐसा तो नहीं था। मैं तो लिख ही रही हूँ, लगातार लिख रही हूँ।''

''हाँ, लिख तो रही हो, लेकिन चूँकि तुमने 'लज्जा' लिख मारी, इसलिए लोग-बाग अब तुम्हारे नारीवादी लेखन को भी भली नज़र से नहीं देख रहे हैं। मलका बेगम बता रही थीं कि तुमने बी.जे.पी. से रुपए लेकर, 'लज्जा' लिखी है। ख़ैर, यह बात सिर्फ मलका बेगम ने ही नहीं कही, बहुतेरे लोग कहते हैं। असल में 'लज्जा' लिखकर तुमने अपना बड़ा नुकसान किया है, तसलीमा!''

काश, उस वक्त मेरे कान बहरे हो जाते! अगर मैं वाकई बहरी होती, तो मेरे कान यह सब नहीं सुन पाते और मैं चैन से होती।

''तुम क्या यह नहीं जानतीं कि भारत में मुसलमानों को कैसे मारा जा रहा है? जलते चूल्हे में झोंककर, उन्हें खौला रहे हैं, गला रहे हैं! तुम्हें खबर है?''

चूल्हे में खौलाने की बात, अपनी जुबान पर लाते हुए घ का अंग-प्रत्यंग काँप उठा। मानों जिंदा इंसानों को उनकी आँखों के सामने ही, आग में खौलाया जा रहा है।

''मैंने तो ऐसी कोई बात नहीं सुनी! जलते चूल्हे में....''

घ उत्तेजित हो उठीं।

"तब तो तुम कुछ भी नहीं जानतीं। जिस विषय की तुम्हें जानकारी नहीं है, उस बारे में तुम लिखने क्यों गईं। पहले तुम्हें यह जानना चाहिए कि वहाँ क्या हो रहा है।"

मैं असहाय बैठी रही। मेरा सिर झुक गया।

घ की ऊँची आवाज़ अचानक मानों खाई में उतर आई।

उन्होंने बेहद धीमी आवाज़ में, लगभग कान में फुसफुसाते हुए कहा, "हाँ, यह सच है कि यहाँ भी हिन्दुओं पर अत्याचार बरसाए जा रहे हैं। लेकिन इसका डंका पीटने की क्या जरूरत है? वहाँ जो मुसलमानों पर इतना-इतना अत्याचार होता है, वे लोग कहते हैं? यह सब बोलने-बताने की ज़रूरत नहीं पड़ती। 'लज्जा' लिखकर तुमने भयंकर भूल की है तसलीमा!"

मेरा मन हुआ कि मैं उनका विरोध करूँ। मैं उनसे कहूँ कि नहीं, मैंने कोई भूल नहीं की। वहाँ क्या हो रहा है, न मैंने देखा, न सुना। यहाँ जो हो रहा है, जो मैंने अपनी आँखों से देखा, वही लिखा।

मेरी चुप्पी का कोई अर्थ लगाते हुए घ ने कहा, "यह एक सेंसिटिव इशू है! बेहद नाजुक मुद्दा। यह दो देशों के बीच का राजनैतिक मामला है। तुम्हें इसमें 'डील' करने का कोई हक़ नहीं है, क्योंकि तुम्हें दोनों तरफ की जानकारी नहीं है।"

इसके जवाब में मैंने कुछ नहीं कहा, बस, एक लंबी उसाँस भरी। मुझे पता था, इस वक्त घ जो कह रही हैं, वह सब देश के अधिकांश लोग कह रहे हैं। ना, अब मैं प्रतिवाद नहीं करूँगी। मैंने अपनी मानसिक, शारीरिक, सभी ताकत खो दी है।

घ आराम करने के लिए अपने कमरे में चली गईं। मेरा दरवाज़ा बाहर से बंद! अँधेरी खिड़की की तरफ मैं नज़रें गड़ाए लेटी रही। हालाँकि तय यह हुआ कि मैं राजदरबार में जाकर मसनद पर बैठूँगी। मगर ऐसा हो न सका! बहरहाल, मसनद में मेरी कोई दिलचस्पी भी नहीं जागी। इसी कमरे में लेटे-लेटे, सोते-बैठते, जमानत मिलने की खबर के इंतज़ार में, मैं एकाध पल नहीं, पूरा-पूरा युग गुज़ार रही थी। मैं सिर्फ क के आने की राह देख रही थी। क मेरी जमानत की खुशख़बरी लेकर, किसी दिन देवदूत की तरह उदित होंगी। उनके उदय होने की राह में आकुल-व्याकुल साँसें बिछाए, उनके आने की राह ताक रही थी।

अचानक घ मेरे कमरे में दाखिल हुईं।

उन्होंने क के बारे में दरयाफ़्त किया। वे यह जानने आई थीं कि क कहाँ है, मुझे इसकी कोई जानकारी है या नहीं।

"नहीं, मुझे तो कोई जानकारी नहीं है।"

“क से भेंट होना, मेरे लिए बेहद जरूरी है।”

क से मिलने ही उन्हें क्या ज़रूरत पड़ गई, मैंने नहीं पूछा।

उन्होंने खुद की कहा, “क का यहाँ आना बेहद जरूरी है, तुम्हें यहाँ से ले जाने के लिए।”

कान तुम बहरे हो जाओ!

कान बहरे नहीं हुए!

“आपने तो कहा था कि जितने दिन जरूरी हो, मैं यहाँ रह सकती हूँ?”

अपनी आवाज़ पर मैं खुद ही चौंक उठी! मेरी आवाज रुआँसी हो आई।

“हाँ, कहा था! उस वक्त मुझे अंदाजा नहीं था कि यह कितने बड़े जोखिम का काम है! इस वक्त क कहाँ मिलेगी, तुम्हें नहीं पता?”

मैंने सिर हिलाकर इंकार जताया। मेरी अब जुबान नहीं फूटी!

मैंने दुबारा अस्फुट आवाज़ में पूछा, “शायद कल तक मेरी जमानत हो जाए! कम से कम आज की रात अगर रह जाऊँ....”

“देखो, एक रात क्यों, तुम कई-कई रातें रह सकती थीं। लेकिन मुझे शक पड़ गया है! बगल के फ्लैट की महिला ने दो-दो बार मेरा दरवाजा खटखटाया। दोनों बार मैंने गौर किया कि वह दरवाजे के बाहर से ही अंदर झाँकने की कोशिश कर रही थी! ऐसी हरकत वह कभी नहीं करती। जरूर उसे कोई शक पड़ गया है!”

“क मुझे यहाँ से कहाँ ले जाएँगी? कहीं और ले जाने की उनके पास कोई जगह भी तो नहीं है।”

“यह क समझे!”

उनकी आवाज़ से गर्म लू निकली, जिसने मेरी आँखों को झुलसा दिया।

अविरल आँसुओं की धार से इसने मुझे बचा लिया।

‘घ’ दूसरे कमरे में चली गईं।

दूसरे कमरे से ‘घ’ की आवाज़ तैरते हुए मुझ तक पहुँचती रही, “पिछली बार तुम मेरे यहाँ एक कलम छोड़ गई थीं। आज वह लेती जाना। कलम आज ही ले लेना, क्योंकि कल सुबह मैं ढाका से बाहर जा रही हूँ। अगर तुम न आ सको, तो किसी और को भेजकर मँगवा लेना। उफ! आजकल कैसी गर्मी पड़ रही है, सफ़र करना भी मुश्किल है।”

क और ख आधी रात को आ पहुँचीं। दोनों के चेहरे पर फिक्र के सियाह निशान! उन निशानों को देखकर, मुझे फट् समझ आ गया कि मैं उन लोगों के लिए कितनी बड़ी बोझ....कितना बड़ा खतरा हूँ! मेरी रग-रग ने इस बोझ को महसूस किया।

मैंने आकुल आवाज़ में क से ही पूछा, “मेरी जमानत का क्या हुआ?”

क ने इंकार में सिर हिलाया।

घ ने एक बार क से ही पूछा, "अब इसे कहाँ ले जा रही हो?"

क ने कोई जवाब नहीं दिया।

घ ने मेरे सिर पर एक शॉल डालते हुए हिदायत दी कि मैं अपना सिर और चेहरा अच्छी तरह ढँक लूँ। सिर-चेहरा ढँककर मुझे तेज़-तेज़ चाल में नीचे उतरना पड़ा, ताकि अड़ोस-पड़ोस में किसी को दरवाज़ा खोलकर मुझे देखने का मौका न मिले। गाड़ी में चेहरा-सिर ढँके मुझे पत्थर की बुत की तरह बैठे रहना पड़ा। गाड़ी के अंदर, कोई, किसी से बात नहीं कर रहा था। गाड़ी कहाँ, किस दिशा में जा रही है, मुझे बिल्कुल समझ में नहीं आया।

गाड़ी अचानक कहीं आ रुकी। अँधेरे में अचानक ही कोई उछलकर, गाड़ी में सवार हो गया। गाड़ी में जो शख्स सवार हुआ, उसका नाम फर्ज़ कर लें, ङ था। क ख और ङ में कोई बातचीत नहीं हो रही थी। ङ सिर्फ ड्राइवर को दाहिने, बाएँ, सामने चलते जाने की हिदायत देते रहे। गाड़ी जब एक गली में दाखिल हुई उल्टी तरफ से एक ट्रक आकर, हमारा रास्ता रोककर खड़ी हो गई। दोनों में से कोई भी इस स्थिति में नहीं था कि कतराकर आगे निकल जाए। ट्रक के पीछे-पीछे दो गाड़ियाँ भी आ रुकीं, बगल में कतार से चार रिक्शे भी आ रुके। ट्रक-ड्राइवर गाड़ियों की भीड़ हटाने के लिए ट्रक से नीचे उतर आया। उसने हमारी गाड़ी के ड्राइवर को पीछे हटने का निर्देश दिया। रुकी हुई गाड़ियाँ लगातार हॉर्न बजाए जा रही थीं। उस भीड़ में चंद राहगीर भी खड़े-खड़े तमाशा देखने लगे! गाड़ी की हेडलाइट, अचानक चेहरे पर आ पड़ी। उकड़ूँ होकर, बोरे की तरह पड़ी रहूँ, यह भी संभव नहीं था। बोरी के दृश्य पर राहगीरों की नज़र पड़ सकती है। घूँघट ज्यादा लंबा भी नहीं किया जा सकता, क्योंकि तब लोगों को यूँ ही संदेह होने लगेगा। यूँ भी गर्मी के मौसम में ऊनी शॉल से मुँह ढँके रहना ही अजीब लग रहा था। मैं साड़ी के आँचल से नाक तक अपना चेहरा ढँकी रही, मानो धूल-रेत से बचाव के लिए मैंने नाक ढँक रखी है! नाक ढँकते हुए, ठुड्डी यूँ ही ढँक जाती है, होंठ गाल भी ढँक जाते हैं। सिर्फ दोनों आँखें ही बच रहीं। आँखों में खौफ की छाया। इस खौफ़ पर नज़र पड़ते ही, किस के भी मन में संशय जाग सकता था। लेकिन, मैं इस खौफ़ को आखिर कहाँ छुपाऊँ? खौफ़ और आशंका से मेरी आँखें झुकी रहीं। उधर रास्ते में गाड़ी-सवारियों और राहगीरों की भीड़। मैं आपादमस्तक बुरके में तो ढँकी नहीं थी, मैं आँखें उठाकर सामने का नज़ारा देख क्यों नहीं रही हूँ? गाड़ी में ड्राइवर के अलावा सभी, साँस रोककर बैठे हुए थे। ख ने आहिस्ते से मेरा सिर अपने कंधे पर टिका लिया। अब मैं मन ही मन समझ गई कि अब मुझे क्या करना है! मुझे आँखें मूँदे रहना है। क्योंकि मैं एक बीमार औरत हूँ और गाड़ी से अस्पताल जा रही हूँ। या अस्पताल से आ रही हूँ, जो कोई भी देखे, तो यही अंदाज़ा लगाए। गाड़ियों की गुत्थी सुलझने

और रास्ता साफ करने में करीब बारह मिनट गुज़र गए। ये बारह मिनट, मेरे लिए बारह वर्ष जितने लंबे हो आए। मानों बारह सालों से मैं सशस्त्र आतताई की निगाहों के सामने, निरस्त्र बैठी हुई थी। गाड़ी जहाँ रुकी, सबके साथ मुझे भी नीचे उतरना पड़ा। मैं सिर-चेहरा ढँके-ढँके (सिर्फ आँखें खुली हुई), सिर-चेहरा खुले लोगों के साथ-साथ चलती हुई, एक दो मंजिले मकान की दूसरी मंजिल पर जा पहुँची। कमरा अँधेरा किए, अंदर कोई औरत बैठी थी। फर्ज करें, उसका नाम 'च' है। कमरे के झुटपुटे अँधेरे में भी मैंने ङ को पहचान लिया। ङ देश के एक गण्यमान व्यक्ति थे। काफी ऊँचे मान के बुद्धिजीवी। ङ के घर मैं पहले भी दो बार आ चुकी थी। एक बार उन्होंने घरेलू बातचीत के लिए चंद साहित्यकारों को दावत दी थी और एक बार ङ और उनकी पत्नी ने मुझे और अन्य लोगों को आमंत्रित किया था। मैं उस आमंत्रण में भी गई थी। ङ जैसे इतने विराट इंसान, मेरी मदद के लिए आगे बढ़ आए हैं, इस अहसास ने मुझे निराशा के अँधेरे से खींचकर उजाले में ला खड़ा किया। ङ के साथ क का संपर्क कैसे बन गया, मुझे नहीं मालूम। ङ जिस घर में हमें ले आए, वह ङ की बेटी का घर था। च नामक औरत, ङ की बेटी थी!

अँधेरे-अँधेरे कमरे में क, ख, ङ, च और मैं! हममें काफी धीमी-धीमी आवाज में बातचीत होने लगी।

क ने कहा, "मैं तुम्हारे वकील के यहाँ गई थी। वकील तुम्हारी जमानत के लिए, अभी तक अदालत नहीं गई। डॉ. कमाल हुसेन देश में नहीं थे। अब वे लौट आए हैं और हालात का जायजा ले रहे हैं!" क ने थोड़ा ठहरकर दुबारा कहा, "चूँकि इस मामले में जमानत होती, इसलिए जमानत के लिए जो भी वकील लड़ेगा, उसे यह कहना होगा और इस बात का प्रमाण भी देना होगा कि देश की जनता, तुम्हारे ख़िलाफ जारी किए गए मुकदमे और गिरफ्तारी के हुक्मनामे का विरोध कर रही है। इसलिए तुम्हारे पक्ष में फिलहाल जनमत की जरूरत है, अखबारों में तुम्हारे पक्ष में बयानों की जरूरत है! इस स्थिति में, यही सबसे ज्यादा जरूरी है।"

क बयान जुटाने के लिए, खुद ही दरवाज़े-दरवाज़े घूम रही हैं। लेकिन कोई भी लेखक या बुद्धिजीवी या राजनीतिक मेरे पक्ष में बयान ही देने को राजी नहीं है।

कौन-कौन बयान देने को राजी नहीं है, यह पूछने का मुझमें साहस नहीं हुआ।

"लेकिन कुछेक बयान तो छपे हैं, मेरे पक्ष में!"

जवाब देते हुए, क के चेहरे पर फिक्र के सियाह निशान और गहरा आए, "उन चंद बयानों से काम नहीं चलेगा।"

ख ने कहा, "तुम्हारे पक्ष में इस देश की जनता-जनार्दन का सपोर्ट है, तुम्हारे पक्ष में खड़े होने का यही एकमात्र आधार है।"

ङ ने कहा, "विदेशों की कई अहम संस्थाओं ने तो इसका प्रतिवाद किया

है—''

क ने कहा, ''हाँ, विदेशी संस्थाओं का तो सपोर्ट है, लेकिन देशी सपोर्ट भी चाहिए! देशी सपोर्ट का मोल अभी ज्यादा है।''

''सारा हुसेन से आपकी बात हुई?'' मैंने क से पूछा।

''आपकी किस्मत काफी बुलंद है, जो आपको डॉक्टर कमाल हुसेन जैसा वकील मिल गया। उनकी बेटी, सारा हुसेन, आपकी जमानत के मामले में काफी व्यस्त है। कोर्ट में आपकी उपस्थिति के बिना ही, जमानत पाने की कोशिश जारी है, क्योंकि आपके कोर्ट जाने में काफी ख़तरा है। जहाँ तक लग रहा है, जमानत पाना, उतना आसान नहीं होगा। इस देश में आखिर कितने वकील हैं, जो इस क़िस्म के केस लेने का जोखिम उठा सकते हैं? चारों तरफ हल्ला मच गया है कि कमाल हुसेन आपके वकील हैं। भई, पब्लिक सेंटिमेंट का मामला है। कब, कौन, बमबाज़ी करके, वकील का दफ्तर ही उड़ा दे, क्या पता! उस पर से कमाल हुसेन किसी राजनैतिक पार्टी के लीडर भी हैं! आपके पक्ष में खड़े होते, तो नुकसान उनको भी होता।''

मैंने गले तक आई, लंबी उसाँस छिपा ली।

ख ने कहा, ''ङ ने बड़ा अहसान किया! अगर ङ से आज भेंट न होती, तो तुम्हें रखने के लिए, कोई घर ढूँढ़ निकालने का बूता मुझमें नहीं था। घ ने जब साफ कह दिया कि अब वे तुम्हें अपने यहाँ नहीं रखना चाहतीं, कुल सात लोगों से मैंने गुपचुप बात की, कोई भी तुम्हें अपने यहाँ रखने का जोखिम उठाने को तैयार नहीं हुआ। एकमात्र ङ ही तैयार हो गए।''

क ने अचानक बिल्कुल अप्रासंगिक तरीके से ही 'लज्जा' का जिक्र छेड़ दिया।

''असल में आपको 'लज्जा' में ज़रा बेलेंस रखना चाहिए था। भारत के मुसलमानों पर क्या गुज़र रही है, यह बात आप बिल्कुल ही टाल गई हैं। सच कहूँ तो इस देश के लोग, पहले जितना आपको पसंद करते थे, अब उतना नहीं करते।''

मैं ही जानती थी कि मेरी लंबी उसाँस कितनी लंबी है!

क एकदम से उठ खड़ी हुई और उन्होंने खीजभरे लहजे में कहा, ''आप इतने दिनों से औरतों के बारे में लिख रही थीं, आपका महिला-संगठनों से संपर्क क्यों नहीं हुआ? आपने उन लोगों से संपर्क क्यों नहीं रखा? देश में इतने सारे संगठन हैं, आप किसी की भी सदस्य नहीं हैं। आज अगर आप किसी एक भी महिला संगठन की सदस्य होतीं, तो आपको यह परेशानी नहीं होती।''

जाते-जाते, क, च को हिदायत दे गईं कि दरवाज़े के साथ-साथ खिड़कियाँ भी बंद रखी जाएँ, ताकि बाहर से मुझ पर किसी की नज़र न पड़े। उन्होंने टेलीफोन पर भी ताला बंद रखने को कहा, ताकि, टेलीफोन भी मेरे हाथ न लगे। कहीं मैं अपने घर वालों को भूल से फोन न कर बैठूँ और पुलिस आड़ से मेरी बातें सुन न ले, पुलिस तब जान जाएगी कि तसलीमा किसके यहाँ छिपी हुई है। कहीं पुलिस

को मेरा पता-ठिकाना मालूम हो गया, तो सिर्फ उसी का सर्वनाश नहीं होगा, च भी बेमौत मरेगी।

8 जून, बुधवार।

जो कमरा मुझे रहने के लिए दिया गया है, उसमें एक खिड़की है! खिड़की बंद रहती है। कमरे में कोई पंखा नहीं है। जून का महीना! तन-बदन खौला देनेवाली गर्मी! रात भर गर्मी में पसीने से तर-ब-तर रहती हूँ, छटपटाती रहती हूँ; रह-रहकर उठ बैठती हूँ; फिर दुबारा सो जाती हूँ। हर वक्त मच्छर भनभनाते रहते हैं और काटते-नोचते रहते हैं। अँधेरे में करवटें बदलती रहती हूँ। प्यास से तड़पती रहती हूँ। कहाँ से रोशनी मिले, पानी मिले, एक अदद हाथ पंखा मिले, पता नहीं! एक ही रात में सारा चेहरा अंधौरी से भर गया है। हाथ-पाँव, गाल-गले पर मच्छरों के डंक के लाल-लाल निशान! हर सुबह चाय की तलब! बेचैन होती रहती हूँ, लेकिन चाय कहाँ से मिले? इस घर में चाय का रिवाज़ नहीं है। च सुबह-सुबह ही अपनी चार वर्षीया बेटी को लेकर बाहर निकल गईं। बेटी को स्कूल छोड़कर वे दफ्तर के लिए निकल जाएँगी। शाम या रात को वे घर लौटेंगी। च के पति ढाका से बाहर रहते हैं। इस घर में च, अपनी बेटी के साथ रहती हैं। घर के कामकाज के लिए, दस-ग्यारह बरस का लड़का है—बोल्टू। बोल्टू खाना-वाना पकाकर, खुद खा-पीकर, ड्राइंगरूम में बैठा रहता है। मैं अंदर से खिड़की-दरवाजे बंद करके, पंखाहीन कमरे में बैठी रहती हूँ। पखाना-पेशाब के लिए, आस-पास देखकर, सिर पर आँचल डालकर, अपने को यथासंभव अनजान-अपरिचित बनाकर, फट् से बाथरूम होकर, दुबारा लौट आती हूँ। अगर भूख से जान निकल रही हो, जब पेट में कुछ डाले बिना नहीं चलता, तो टेबल के आसपास के घर-मकानों के बरामदे या खिड़की से कोई किसी छेद या दरार से भी मुझे देख न पाए, यूँ बैठकर मुँह में थोड़ा-बहुत ठूँस लेती! चलना-फिरना बेहद बेआवाज़ ढंग से, ताकि नीचे की मंजिल के बाशिन्दों को यह भनक न लगे कि ऊपर की मंजिल में कोई चल-फिर रहा है! सिर का आँचल कभी, भूले से भी न खिसके! बोल्टू को तनिक भी यह शक़ न पड़े कि मैं च की दूर के रिश्ते की नातेदार नहीं हूँ। या मेरा पति मरा नहीं है, या मैं अपने शहरी रिश्तेदारों से आर्थिक मदद माँगने नहीं आई हूँ। बोल्टू से यथासंभव मेरी आँखें न मिलें, आमना-सामना भी न हो, तो बेहतर! सदर दरवाजे पर अचानक बाहर से ताला लटका दिया जाए तो फिलहाल शक पड़ जाएगा। बोल्टू को तो शक होगा ही, अड़ोसी-पड़ोसी को भी संदेह होने लगेगा। इसलिए च जैसा पहले करती थीं, अभी भी वही करती हैं। सोने के कमरे में ताला लगा जाती हैं। सिर्फ रसोई और यह गर्म कमरा और बित्ते भर की यह खाने की जगह खुली रहती है। सुबह गुजरती रहती है, चाय नसीब नहीं

होती। लेकिन, चेहरे पर लंबा-सा घूँघट डालकर, बज्र-गाँव की लज्जाशीला फूल बीवी की तरह, दो रोटी, आधी चबाकर, आधी निगलकर, गर्मी में उबलती-खौलती, मैं बंद खिड़कीवाले कमरे में लौट आती हूँ। च के सोने के कमरे के दरवाजे के नीचे से टेलीफोन का तार बाहर नज़र आता रहता है। फोन खाने के कमरे से हटाकर सोने के कमरे में कैद कर दिया गया है, मानों मैं निरा बच्चा हूँ और काँच के बर्तन-सामान, मेरी पहुँच से दूर उठाकर रख दिया गया है। खैर, यही सही! इन दिनों काफी कुछ मैं बच्चा ही तो बन गई हूँ। सभी बातों के लिए दूसरों पर निर्भर रहने लगी हूँ। कहाँ गया वह स्वाधीनचेता इंसान? अब मैं अपने अंदर के उस इंसान से नज़रें तक नहीं मिला पाती। पता नहीं, देश में क्या हो रहा है? पता नहीं मुझे जमानत कब मिलेगी? कब तो यूँ छिप-छिपकर रहने से मुक्ति मिलेगी। मुझे कुछ नहीं मालूम! मुमकिन है, मुझे जमानत मिले ही नहीं; शायद मुझे कारीगार में ही ठूँस दिया जाए। उस सचमुच के कैदखाने में रहने के लिए, इस कैदनुमा घर में शायद मेरी ट्रेनिंग चल रही है।

ङ सुबह-सुबह ही आ पहुँचीं। आते ही उन्होंने खाने के कमरे की खिड़की के सामने खड़े-खड़े, बाहर चारों तरफ नज़रें दौड़ाईं। अचानक उन्होंने आविष्कार किया कि बगल के तिमंजिले मकान के बरामदे से अगर कोई चाहे, तो इस घर के खाने की जगह को पूरी तरह देख सकता है। वे सोचते रहीं, उस खिड़की पर एक पर्दा टाँग दें, तो कैसा रहे! लेकिन अगले ही पल उन्हें ख्याल आया कि यूँ अचानक पर्दा टाँग देने से किसी को शक न हो जाए! घर में एक घूँघटवती औरत दिखाई दी और उसके बाद से ही खिड़की पर पर्दा लटका दिया गया। वाकई यह शक की बात है! ङ खिड़की के सामने से हट आईं।

उन्होंने दबी-दबी आवाज़ में कहा, "देखो, इधर मत जाना।"

"नहीं, जाऊँगी।"

ङ क्या आज खिड़की-दरवाजे परखने आई हैं? मैं कहाँ जाऊँ, कहाँ न जाऊँ, उसकी निशानदेही करने आई थीं? नहीं, ङ इस वजह से नहीं आए थे। वे किसी जरूरी काम से आई थीं। ते मुझसे अभी ही एक ख़त लिखाने आई थीं। वह ख़त मुझे राष्ट्रीय संसद के स्पीकर के नाम लिखना था। ङ के माथे, गाल, गर्दन पर बूँद-बूँद पसीना! यही पसीना गर्मी की वजह से है या दहशत की वजह से–जब मैं इस सोच में डूबी हुई थी, उन्होंने बातचीत की पहल की।

"देश के हालात बेहद बुरे हैं, तसलीमा! यह सब क्या हो रहा है क्या होनेवाला है, हमारी तो अक्ल ही नहीं काम कर रही है। उस दिन से संसद भवन पर बांग्लादेश के झंडे की जगह, चाँद-तारों का झंडा लहरा रहा है।"

"यह आप क्या कह रही हैं? उन लोगों की इतनी बड़ी मजाल?" मैं आतंक से सिकुड़ आई।

ङ ने लंबी उसाँस भरकर कहा, "अच्छा, बताओ, तुम देशवासियों से क्या कहना चाहती हो? तुम्हारी बातें, लोग सुनें, यह बहुत जरूरी है। तुम लिखो कि तुमने कुरान में संशोधन की बात नहीं की।"

मैंने खीजभरे लहजे में जवाब दिया, "मैं तो कह चुकी हूँ कि मैंने यह सब नहीं कहा! अब, कितनी बार कहूँ?"

"फिर कहो! फिर-फिर कहो! फिर लिखो! यह ख़त स्पीकर के पास जाएगा, तमाम अखबारों में छपेगा। मैंने अपने चंद घनिष्ठ लोगों से इस बारे में बात की है। उन लोगों ने भी यही सलाह दी कि स्पीकर को खत भेजा जाए, तब देखें क्या होता है।"

"क्या लिखूँ? चूँकि मुझे कुरान पर विश्वास नहीं है, इसलिए उसमें संशोधन की बात करने की भी कोई वजह नहीं है।"

"देखो, तुम कुरान पर विश्वास नहीं करतीं, यह बात तुम्हें फिलहाल कहने की जरूरत नहीं है। यह सब तुम बहुत बार बोल चुकी हो। यह ख़त तुम्हें विनीत लहजे में कहना है। चलो, लिखो!"

ड. ने मेरी तरफ कागज-कलम बढ़ा दिया। मैं तेजी से लिखने लगी—

'माननीय स्पीकर साहब,
बांग्लादेश जातीय संसद

हाल ही में सरकार ने मुझ पर एक मुकद्मा दायर किया है। मेरे खिलाफ इल्ज़ाम यह है कि मैंने 'द स्टेट्समैन' अखबार में एक इंटरव्यू देते हुए यह कहा है कि मैंने कुरान शरीफ में संशोधन की बात कही है। लेकिन कुरान शरीफ में संशोधन की बात कभी, कहीं, किसी दिन भी मैं अपनी जुबान पर नहीं लाई। मेरे विश्वास और मेरी राय के बारे में, मेरी लिखी हुई 21 किताबों में, एक वाक्य में भी, कुरान में संशोधन का जिक्र नहीं है।

कलकत्ते के 'द स्टेट्समैन' अख़बार के लिए, जिस ग़ैर-मुसलमान लड़की ने मेरा इंटरव्यू लिया था, उसे कुरान और शरीयत क़ानून के बीच के फर्क़ की जानकारी नहीं थी। इसलिए शरीयत के बारे में मेरे जवाब को उसने क़ुरान से जोड़ लिया। उसने सवाल किया था—'इस बारे में आपकी क्या राय है?' मैंने जवाब में कहा था—'शरीयत कानून में मैं थोड़ा-सा बदलाव नहीं चाहती। सन् 1961 में हमारे देश में शरीयत कानून में कुछ परिवर्तन किए गए थे, लेकिन मैं चाहती हूँ कि संशोधित शरीयत क़ानून यानी मुस्लिम पारिवारिक क़ानून की जगह एक आधुनिक क़ानून (यूनीफॉर्म सिविल कोड) बने, जिसमें औरत और मर्द को बराबरी का हक़ सुनिश्चित हो। यह माँग मेरी अकेली की नहीं है, देश की हर नारी आंदोलन संस्था, यह माँग दीर्घ दिनों से करती आ रही है। स्टेट्समैन की अनाड़ी रिपोर्टर ने मेरे इस वक्तव्य को संक्षिप्त करके, शरीयत शब्द की जगह, 'कुरान' बिठा दिया। कुरान में संशोधन

नहीं किया जा सकता, यह असंभव है, यह बात मैं पहले ही किसी सवाल के जवाब में स्पष्ट रूप से कह चुकी हूँ। कुरान का एक भी शब्द, कभी, कोई बदल नहीं सकता। मेरा यह वक्तव्य ''दि स्टेट्समैन'' में छपा भी है। 9 मई के अंक में बड़ी-बड़ी भूलों समेत, मेरा यह इंटरव्यू 'द स्टेट्समैन' में छपा था। मैंने अगले दिन ही इसका विरोध किया और वह 11 मई को प्रकाशित भी हुआ। विरोध की मूल बात यह थी कि मैंने कभी भी, कहीं भी कुरान संशोधन की बात नहीं कही। जो लोग गलत इरादे से, जो बात मैंने कही नहीं, उसका प्रचार करके, मेरी फाँसी चाहते हैं, उनके खिलाफ कोई कार्रवाई न करके, सच्चाई की जाँच किए बिना, मुझे ही मुजरिम ठहराकर, सरकार ने मेरे विरुद्ध मुकद्दमा ठोंक दिया है। यह किसी भी इंसान के मौलिक और मानवाधिकार लंघन की एक हताशाजनक मिसाल है! मैं इस अन्यायपूर्ण आचरण का विरोध करती हूँ।'

इतना-सा लिखने के बाद, ड. ने कहा, ''कुरान के आगे 'पवित्र' शब्द बिठा दो।''

''नहीं, मैं नहीं लिखूँगी।'' मैंने कहा।

''भई, 'पवित्र' शब्द जोड़ देने में हर्ज़ क्या है?''

''हर्ज़ कोई नहीं है। लेकिन कुरान को मैं पवित्र नहीं मानती। मेरी किताबों में कुरान के बारे में काफी लंबी-चौड़ी समालोचना मौजूद है। इसके अलावा वेद, बाइबिल और कुरान की नारियों को मैं कतई पवित्र नहीं मानती। इसके अलावा 'पवित्र' लिखूँ या न लिखूँ, कुरान तो आखिर कुरान है! जो लोग इसे पवित्र मानते हैं, वे लोग तो मानते ही रहेंगे।''

ड. के होंठ कस गए।

कुछेक पल सोचकर, उन्होंने कहा, ''सुरक्षा के बारे में लिखो! अपनी और अपनी फैमिली की सुरक्षा के बारे में! तुम्हारे परिवार के किस-किस को तो वे पकड़ ले गए हैं। तुम्हारे अब्बू पर हमला हो रहा है। कट्टरपंथी हमला करने के लिए बहाने ढूँढ़ते फिर रहे हैं।''

मैंने फिर लिखना शुरू किया—

'मेरे खिलाफ ग़लत प्रचार करनेवाले और मेरे प्राण-नाश की धमकी देनेवाले, सिर्फ मेरी ही जिंदगी पर मुसीबत नहीं बरसा रहे हैं, मेरे परिवार के सदस्यों का भी जीना हराम कर दिया है। जो बात मैंने कभी उच्चारण भी नहीं की, उसके लिए मुझे जिम्मेदार ठहराकर, मेरे विरुद्ध जो मामला दायर किया है, उसे वापस लेने की मैं सरकार से माँग करती हूँ।'

इतना-सा लिखने के बाद, ड ने कहा, ''धार्मिक भावना पर चोट करने का तुम्हारा कोई इरादा नहीं था, यह भी लिखो।''

''देखिए, जो मुझे सच लगता है, मैं वही लिखती हूँ। इससे किसी की धार्मिक

भावनाओं को ठेस लगती है या नहीं, यह मैं नहीं सोचती।''

''लेकिन तुम जानबूझकर किसी की धार्मिक भावनाओं को ठेस पहुँचाने के लिए तो लिखती नहीं। तुम्हारा इरादा क्या किसी की धार्मिक भावना को चोट पहुँचाना होता है?''

''नहीं, ऐसा टुच्चा इरादा मेरा नहीं होता।''

''तो लिखो न।''

''उम्मीद करती हूँ कि इतना सारा हवाला देने के बाद, तमाम ग़तलफहमियों का अवसान हो जाएगा, क्योंकि अपनी राय या मंतव्य से किसी की धार्मिक अनुभूति पर चोट करने का मेरा इरादा, न पहले था, न अब है।''

मैंने उस पत्र पर दस्तख़्त कर दिया। तारीख लिखते समय, ङ मुझे रोककर, कुछ सोचती रहीं।

थोड़ा ठहरकर उन्होंने कहा, ''इस पर पिछले कल की तारीख दे दो।''

''क्यों?''

''यह सब कुछ तुम्हारी सुरक्षा की वजह से किया जा रहा है। आज जो आदमी, चिट्ठियाँ, लेटर-बॉक्स में गुपचुप डाल आएगा, अगर वह पहचान लिया गया, तो बात बिगड़ जाएगी।''

ङ चली गईं। जाते-जाते वे आज के सारे अख़बार छोड़ गईं।

अब बंद कमरे में बैठे-बैठे आग में झुलसो जलो। पंखाहीन, हवाहीन, कमरे की आग में नहीं, अखबारों की ख़बरों की आग में।

तसलीमा की करतूतों में, नाट्य-गुरु की भूमिका में भारत का एक वर्ग

देश के सर्वाधिक मशहूर और प्रचारित दैनिक अख़बार 'इन्क़लाब' के पहले पन्ने में मुख्य खबर के तौर पर एक ख़त छपा था–

Dearest Taslima, 25th May, 1994

Further to our telephone conversation this afternoon, here is my latest information.

It seems that due to an oversight by sumebody in our financial department, a cheque of $ 5, 144.21 (the advance payment of Lajja), dated 15th of April and in your favour was sent directly to yours address (instead of a bank order, to your bank account, as her my instructions)

This cheque was cashed and our account debited by the clearing bank in New York on the 19th of May.

I have asked the BNP (our bank) to fax me the copy of this cheque. I can't understand what happened unless it was stolen and your signature forged. This is what we want to find out.

The two other p yments were made according to my instructions on the 15t and 16th of May, and have gone to your bank who sho ld have the money very shortly if not already. Needless to say that I am pursuing my enquiries. I shall talk to our financial controller tomorrow to see how to solve the problem.

I am actully worried about you and the more furious that such a stupid thing should happen at such an inconvinient time.

With ots of Love
Chris aine Besse.

बांग्लादेश की वितर्कित लेखिका, काफी लंबे अर्से से इस्लाम धर्म, कानून, भारत विभाग, बांग्लादेश और बांग्लादेशी जातीयतावाद, देश के श्रद्धेय पीर, मशायेख, आलिम उलेमा लोगों के खिलाफ, युक्तिहीन, अप्रासंगिक और आपत्तिजनक मंतव्य देती रही है और लिखती रही है। उसके नज़रिए, बातचीत और लेखन के जरिए इस्लाम और मुसलमानों के खिलाफ़ खुलेआम तीखी घृणा और दुश्मनी जाहिर होती है। तसलीमा की करतूतों के पीछे, ईंधन जुटानेवाला और नाट्य-गुरु के तौर पर, भारत का एक ख़ास तबका शामिल है, यह बात सुविदित है। भारत, काफी लंबे अर्से से, मुस्लिम-विरोधी मनोभाव से उत्पन्न करतूतों को पालता-पोसता आया है या सुदूर प्रसारी लक्ष्य हासिल करने के इरादे से बनाए हुए नीले नक्शे को वास्तविक रूप देने के लिए, मुख्य रूप से तसलीमा नसरीन को अपनी खूँटी के तौर पर इस्तेमाल कर रहा है। इसलिए देखा यह जा रहा है कि इस्लाम और मुसलमान-विरोधी, राष्ट्रीय और जातीय स्वार्थ के खिलाफ़ भूमिका के लिए, तसलीमा नसरीन, जब देशप्रेमी जनगण के द्वारा धिक्कार और घृणा की पात्र बन गई है, तब भारत और उस देश का एक ख़ास तबका, उसे परम आदर से गले लगा रहा है और नक़द धन और विभिन्न मौका और सुविधा प्रदान करने के अलावा, प्रचार-माध्यमों में व्यापक अहमियत देकर, उसे प्रायः देवी की महिमा में प्रतिष्ठित करने की कोशिश कर रहा है। इसीलिए जो 'लज्जा' उपन्यास

पढ़कर, जनता-जनार्दन, लेखिका के प्रति हिकारत और धिक्कार की आवाज़ बुलन्द कर रही है, उसी 'लज्जा' उपन्यास को भारत के उच्च माध्यमिक स्तर के विद्यार्थियों के लिए पाठ्य-सूची में शामिल किया गया है। झूठी और बनावटी बातचीत से ठँसे उपन्यास के नाम पर, यह कु-उपन्यास पढ़कर, इसी बीच, वहाँ के विद्यार्थी गुमराह होने लगे हैं। वहाँ के अभिभावक वर्ग में, इस उपन्यास को पाठ्य-क्रम में शामिल करने के बारे में तीखे वितर्क की सृष्टि हुई है!

इधर हाल ही में, 'लज्जा' उपन्यास लिखने के लिए, वितर्कित लेखिका, तसलीमा नसरीन का भारतीय धन पाने की बात, अब निस्संदेह सच्ची साबित हुई है। भारत के उस ख़ास तबके की चालबाज़ी से सिर्फ रुपया ही नहीं, अब तो उसके नाम, बार-बार विदेशी डॉलर भी आने के हलचल भरे प्रमाण भी मिले हैं। तसलीमा नसरीन का 'लज्जा' उपन्यास प्रकाशित होने के बाद, इसकी भित्तिहीन, झूठे तथ्य के व्यापक प्रचार ने देशप्रेमी जनता को क्षुब्ध कर दिया है। साम्प्रदायिकता को उकसानेवाले वक्तव्य और तथ्यों से भरा हुआ यह, सभी नजरिए से राष्ट्रीय और जातीय-स्वार्थ-विरोधी होने की वजह से सरकार ने इस किताब को निषिद्ध कर दिया है। लेकिन, यह किताब, बांग्लादेश में निषिद्ध कर दिए जाने के बावजूद, पड़ोसी देश भारत का एक खास गुट और कट्टरवादी पार्टी बी.जे.पी ने 'लज्जा' को लपक लिया और वहाँ इस उपन्यास का व्यापक तरीके से मुद्रण और प्रचार शुरू हो गया है। बाद में विभिन्न सूत्रों से जानकारी मिली है कि बी.जे.पी. ने यह उपन्यास लिखने के लिए तसलीमा को 45 लाख रुपए दिए हैं। बांग्लादेश में तसलीमा के अनुरागी और भक्त मुहाल ने हल्ला मचा दिया और तसलीमा को दिए गए भारतीय मदद को 'कट्टरवादियों का प्रचार' कहकर, इसे बेबुनियाद प्रमाणित करने के लिए आकुल-व्याकुल हो उठा है। लेकिन ब्रह्मा ही रूठे हुए हैं; अभी बिल्कुल हाल में ही, अप्रत्याशित तरीके से हस्तगत तसलीमा के नाम, न्यूयॉर्क से भेजे गए एक फैक्स के जरिए इस बात का सनसनीखेज सबूत मिल गया है कि उसे भारत से धन-प्राप्ति हुई है। इस फैक्स से पता चलता है कि 'लज्जा' उपन्यास के लिए, भारत से तसलीमा को भारत से मिले धन के खतरे को छिपाने के लिए, बिल्कुल अलग तरह का कौशल इस्तेमाल किया गया है। इसलिए भारत से सीधे-सीधे नहीं, धन भेजा गया है अमेरिका के एक बैंक के माध्यम से। इस तरह धर्म, राष्ट्र और जातीय स्वार्थ की विरोधी, तसलीमा तसरीन को आर्थिक मदद जुटाई जा रही है, जो तसलीमा को धर्मप्राण और देशप्रेमी इंसानों के धिक्कार और प्रतिवाद के प्रति अवहेलना और उपेक्षा जाहिर करने का साहस जुटा रही है।

दूसरी तरफ पिछली 3 जून, कलकत्ता के आनंद बाज़ार पत्रिका के पहले पन्ने पर एक ख़बर प्रकाशित हुई है। इस ख़बर में यह कहा गया है कि वितर्कित लेखिका, तसलीमा नसरीन को क़ाबू में करने के लिए, मुसलमान कट्टरवादियों ने इस बार उसके बालिद पर दबाव डालना शुरू किया है। अखबार ने जानकारी दी है कि तसलीमा

के पिता होने की वजह से डॉ. रज़्ज़ब अली परेशानी में पड़ गए हैं। वैसे आनंद बाज़ार पत्रिका ने तसलीमा के बारे में उसके पिता का मंतव्य भी प्रकाशित किया है। जनाब रज़्ज़ब अली ने कहा है कि चूँकि मैं धर्म-विश्वासी मुसलमान हूँ, इसलिए मैं उसके (तसलीमा के) धर्म-विरोधी लेखन का समर्थन नहीं करता। धर्म के बारे में उसके वक्तव्य का मैं विरोधी हूँ।

यह बात ध्यान देने लायक है कि तसलीमा के अब्बा का यह सुस्पष्ट वक्तव्य और स्टैंड के बावजूद 'धर्म-विरोधी लेखन रोकने के लिए, तसलीमा के अब्बा पर दबाव' शीर्षक से यह ख़बर प्रकाशित करने के पीछे, भारत के इस्लाम और मुस्लिम-विरोधी खास तबके के साथ, आनंद बाज़ार पत्रिका ग्रुप के ख़ास इरादों का नग्न प्रदर्शन है।

यह ख़बर एक साँस में पढ़ जाने के बाद, मैं सोच में पड़ गई। क्रिश्चन बेस का भेजा हुआ फैक्स, 'इन्क़लाब' के लोगों के हाथ कैसे पड़ गया? यह फैक्स मुझे तो नहीं मिला। चूँकि मेरे पास फैक्स मशीन नहीं है। मैंने यास्मीन के दफ्तर की फैक्स का नंबर ही क्रिश्चन बेस को दे दिया था। वह फैक्स यास्मीन के हाथ न आकर, किसी और के हाथ पड़ गया होगा। बहरहाल, जिसके भी हाथ में वह फैक्स पड़ा, उसने इन्क़लाबवालों को थमा दिया। या क्रिश्चन बेस ने ही नंबर लिखने में कोई ग़लती कर दी और वह फैक्स इन्क़लाब के किसी बंदे के हाथ पड़ गया? या यह भी हो सकता है कि फैक्स किसी ऐसे के हाथ पड़ा हो, जिसने इन्क़लाब को चालान कर दिया। कुछ न कुछ तो हुआ ही होगा। लेकिन यह फैक्स निश्चित रूप से न्यूयॉर्क से नहीं भेजा गया। फ्रेंच देश का फ्राँ, न्यूयॉर्क के बैंक में डॉलर बनकर, बांग्लादेश के बैंक तक 'टाका' होकर पहुँचता है। नियम एक ही है। लेकिन न्यूयॉर्क बैंक का नाम देखकर, इन्क़लाबवालों ने यह समझ लिया कि यह फैक्स न्यूयॉर्क से आया है या फिर जानबूझकर, ऐसा प्रचार किया गया है।

अखबार छाँटते हुए, मैंने देखा बी एन पी पार्टी का अखबार, दैनिक दिनकाल में, एक ख़त छापकर, बड़े-बड़े अक्षरों में लिखा गया है कि सीधे-सीधे भारत से नहीं, तसलीमा के पास वाया अमेरिका, मोटी रकम, डॉलर के रूप में आ रही है! यास्मीन ने एक बार कहा भी था कि उसके दफ़्तर के मालिक के बड़े भाई, मइदुल इस्लाम, बी एन पी से जुड़े हुए हैं। जिया के ज़माने में मंत्री थे। तब क्या उन्होंने ही अपनी पार्टी के अखबार में छापने के लिए यह पत्र भेजा हो!

एक और अखबार ने आज की ख़बर छापी है।

'धर्मद्रोही, नास्तिक तसलीमा के अंतर्राष्ट्रीय मददगारों की आंशिक खोज मिल गई है। पिछले महीने के आखिरी हफ़्ते में, फ्रांस से भेजे गए एक फैक्स के मुताबिक,

फ्रांस ने 'लज्जा' के लिए तसलीमा नसरीन को, बयाने के तौर पर 5,144.21 डॉलर का भुगतान किया है। इसके अलावा पिछले 15 और 16 मई को और भी दो बार रकम दी गई है। प्राप्त फैक्स के मुताबिक 15 अप्रैल को भेजी गई पहली किस्त के रुपए ग़ायब हो गए। इस बारे में दोनों पक्षों में 25 मई की शाम को फोन पर बातचीत हुई। रुपए ग़ायब होने के मामले में फ्रांस के मि. बिशी बेहद फिक्रमंद हैं। इसलिए उन्होंने सूचना भेजी कि हमारे बैंक की न्यूयॉर्क शाखा से उक्त रुपयों का भुगतान हो चुका है? इसका उनके पास सबूत मौजूद है। इस वजह से मि. बिशी ने अपने बैंक बी एन पी को चेक की कॉपी भेजने का निर्देश दिया। उनका ख्याल है कि हस्ताक्षर जाली न हो या चेक चोरी न हो गया हो, तो ऐसी घटना नहीं घट सकती क्योंकि चेक सीधे-सीधे तसलीमा के पते पर भेजा गया है। फैक्स में यह भी कहा गया है कि भूलवश वह चेक तसलीमा के एकाउंट में न जाकर घर के पते पर भेज दिया गया है। फैक्स की सूचना मुताबिक मि. बिशी बेहद परेशान हैं। तसलीमा नसरीन अपना पासपोर्ट वापस पाने के बाद, पहले फ्रांस, बाद में न्यूयॉर्क और कलकत्ता होकर बांग्लादेश आईं। तसलीमा का 'लज्जा' उपन्यास बीजेपी के मुखपत्र के तौर पर मशहूर हो रहा है।

फैक्स इस अखबारवाले के हाथ लग गया, इस बारे में मैं निश्चिंत हो आई। कम से कम ये लोग जानते थे कि वह फैक्स फ्रांस से भेजा गया है। लेकिन मैं किस-किस देश से होकर बांग्लादेश पहुँची, इसका हवाला देते हुए, न्यूयॉर्क के जिक्र की शायद एक ही वजह है। फैक्स में न्यूयॉर्क के बैंक-प्रसंग का उल्लेख है, मैं अगर उस शहर से होकर आई, तो रुपए पाने की बात बिल्कुल साफ़ हो जाएगी इसलिए मैं उस शहर में भले नहीं गई, मगर अखबार मुझे उस शहर की सैर करा लाया। अब किसको क्या कहना है? बीजेपी ने मुझे 'लज्जा' लिखने के लिए 45 लाख रुपए दिए हैं, इस बात पर जिन लोगों ने अब तक विश्वास नहीं किया था, उन्हें विश्वास दिलाने के लिए, यह आकर्षक प्रमाण था। बहुतों ने कहा कि जो अफवाह है, उसमें कुछ तो सच्चा है। इसलिए 45 लाख रुपए की अफवाह में कुछ तो सच्चाई है, इस मामले में देश के कितने लाख-लाख लोगों को पक्का भरोसा हो जाएगा, मैंने अंदाज़ा लगाने की कोशिश की। मेरा सिर चकरा गया। आज, अगर ड. आकर मेरे सामने खड़ी हों, च आ जाएँ या क या ख ही खड़ी हों, तो वे लोग मुझे आखिर किस नज़र से देखेंगी? वे लोग जरूर यही कहेंगी—"नहीं, अब हम तुम्हारी मदद करने से रहीं। अब, तुम अपना रास्ता देखो"—उस वक्त मैं क्या करूँगी? मैं घर से निकलकर एक रिक्शा लूँगी, रिक्शे से मैं कितनी दूर जा सकूँगी? लोग—मुझे रिक्शे से खींचकर उतार लेंगे और रास्ते में ही कुचल-पीस डालेंगे। समूचे शहर में मेरी लाश के साथ, विराट उल्लास से विजय जुलूस निकलेगा। यह वारदात कितनी देर बाद होगी? मेरे बाहर निकलने के कितने मिनट बाद, यह सब सोचते हुए, मेरा जी मिचला उठा। पेशाबखाने

में जाकर, बोल्टू के पखाने-पेशाब की तीखी बदबू में, दरवाज़ा बंद करके, फर्श पर ही बैठ गई। जी मिचला रहा था, मगर उल्टी नहीं आ रही थी! पूरे तन-बदन और गले में जलन मच गयी। अपने ही गुंगुवाने की आवाज़ें सुनती रही। थोड़ी देर बाद, मैंने अपने को खींचकर उठाया और बिस्तर पर ले आई। बिस्तर पर अखबारों का ढेर पड़ा हुआ था। एक-एक अखबार हाथ में लेकर मैं उन पर निगाह दौड़ाती रही।

तसलीमा की गिरफ्तारी के लिए कोर्ट इलाके में पुलिस चौकन्नी

पुलिस लेखिका तसलीमा नसरीन को कल मंगलवार, रात 10 बजे तक गिरफ़्तार नहीं कर पाई। पुलिस सूत्र से इत्तला मिली है कि उसकी गिरफ़्तारी के लिए, मोतीझील थाना और गुप्तचर शाखा के एकाधिक विशेष दलों द्वारा ढाका महानगर और देश के कई अन्य हिस्सों में तलाश जारी है। उसका कहीं, कोई पता-ठिकाना नहीं मिल रहा है। तसलीमा आत्मसमर्पण के लिए अदालत आ सकती है, इस अफवाह पर पुलिस पिछले दो दिन हाईकोर्ट और जज कोर्ट इलाके में भी घात लगाए रही। (दैनिक संवाद)

तसलीमा की व्यापक खोज

पिछले तीन दिनों में तसलीमा की गिरफ़्तारी के लिए दो सौ से भी अधिक लोगों से पूछताछ और ढाका समेत, देश की पाँच सौ से भी ज्यादा संभाव्य जगहों में अभियान चलाया गया, लेकिन तसलीमा नहीं मिली। लेकिन पुलिस का ख्याल है कि वह देश में ही कहीं छिपी हुई है। ढाका, मयमनसिंह और देश के अन्यान्य संभाव्य स्थानों में खोज के बावजूद, पुलिस तसलीमा को ढूँढ़ निकालने में नाकाम रही है। तसलीमा के आत्मीय-स्वजन, घनिष्ठ लोगों की गतिविधियों पर कड़ी नज़र रखी जा रही है। जयदेवपुर के प्रभावशाली नौजवान, क़ैसर के ही आश्रय में तसलीमा छिपी हुई है, यह ख़बर पाकर, पुलिस की दौड़ उसके यहाँ भी पहुँची, मगर नाकाम रही। पुलिस से यह भी ख़बर मिली है कि तसलीमा के घर समेत, ऐसे कई लोगों की टेलीफोन-वार्ता, पुलिस रिकॉर्ड कर रही है। जिससे उसकी बाचतीत हो सकती है। पुलिस के ही एक अन्य सूत्र से इत्तला मिली है कि सी. एम. एम. अदालत और हाईकोर्ट इलाके में भी तलाश जारी है। पिछले रविवार को किसी गुप्त सूत्र से ख़बर पाकर पुलिस ने होटल शेरटन के कई कमरों में भी धावा बोला। (भोर का कागज़)

तसलीमा की गिरफ्तारी और फाँसी की माँग करते हुए बयान, विक्षोभ, समावेश

धर्मद्रोही तसलीमा नसरीन को फौरन गिरफ्तार करके, उसे कोई मिसाली सज़ा देने की माँग करते हुए, समूचे देश भर में सभा-समावेश, बयान और विक्षोभ-जुलूस जारी हैं। नेताओं ने धर्म-दुश्मनों को, इस्लामी क़ानून के मुताबिक सज़ा देने की ज़ोरदार माँग की है। 'जनकंठ' समेत, धर्मद्रोही सभी अखबारों की घोषणाएँ ख़ारिज! धर्म-विरोधी पुस्तकें निषिद्ध! और लेखक, प्रकाशक, संपादकों को सख्त सज़ा और एन जी ओ के कुकार्यों को बंद करने की माँग करते हुए, 30 जून, बृहस्पतिवार को यंग मुस्लिम सोसाइटी, बांग्लादेश की पुकार पर, समूचे देश में 30 जून को आधे दिन की हड़ताल मनाने की कार्यसूची ग्रहण की गई है।

आज सुबह 11 बजे, होटल उस्मानी इंटरनेशनल में सबूजबाग़, मोतीझील, डेमरा, सूत्रापुर थाना और यूनिट-प्रधानों की बैठक हो रही है। उसी दिन, शाम 5 बजे सबूजबाग़ थाना शाखा द्वारा आयोजित बहाव कॉलोनी के मोड़ पर जन-सभा और जुलूस की कार्यसूची बनाई गई है। कल, बृहस्पतिवार सुबह, 11 बजे, होटल उस्मानी इंटरनेशनल में लालबाग़ कोतवाली, रमना, धानमंडी थाना और यूनिट-प्रधानों की बैठक होने वाली है! उसी दिन शाम को 3 बजे, बयतुल मुकर्रम, दक्षिण चत्वर इस्लाम और राष्ट्रद्रोही तत्परता प्रतिरोध मोर्चा घोषित! नौजवानों का योगदान! शुक्रवार, सुबह 9 बजे, होटल उस्मानी इंटरनेशनल में मुहम्मदपुर, मीरपुर, पल्लवी तेज़गाँव, कैंटोनमेंट, गुलशन, उत्तरा थाना और यूनिट-प्रधानों की बैठक होने वाली थी। उसके सिर्फ एक दिन बाद, जुम्मा इस्लाम और राष्ट्रद्रोही तत्परता प्रतिरोध मोर्चा की पुकार पर, जुलूस में योगदान! कल 33, मिंटो रोड पर बांग्लादेश की जातीयतावादी उलेमा पार्टी द्वारा आयोजित एक सभा में, धर्मद्रोही तसलीमा नसरीन की अविलंब गिरफ़्तारी और मिसाली सज़ा की माँग की गई। बड़ा कटरा मदरसा छात्र संसद की प्रतिवाद सभा में भी तसलीमा की फाँसी की माँग की गई। तमद्दुन मजलिस द्वारा आयोजित सभा में यह माँग की गई कि ईस्ट इंडिया कंपनी जैसी विदेशी आर्थिक-मदद से फलने-फूलने वाले एन जी ओ समूह के कार्यक्रमों को नियंत्रित करने के लिए कठोर क़दम उठाए जाएँ। बदनामे-ज़माना तसलीमा नसरीन समेत एक वर्ग के बुद्धिजीवी और चंद अखबारों की इस्लाम-विरोधी क्रियाकलापों को कुचल दिया जाए और हमारी स्वाधीनता, धार्मिक विश्वास और जातीय संस्कृति-परम्परा के खिलाफ विदेशी मदद से किए गए अप-प्रचारों से मुक़ाबला करने का आह्वान किया गया। फ्रीडम पार्टी की मीटिंग में कहा गया कि सैकड़ों प्रलोभनों की थाल सजाकर, इस देश के बाशिंदों को इस्लाम की राह से गिराने के लिए, उन्हें लोभ दिखाने के बावजूद, जनता अपना ईमान नहीं बेचेगी। चट्टग्राम मदरसा शिक्षक मिलनायतन की विरोध सभा में, वक्ताओं ने कुख्यात लेखिका तसलीमा नसरीन के इस्लाम और क़ुरान के बारे में उद्धत वक्तव्यों की निंदा की

और उसकी सारी किताबें ज़ब्त करने और उसकी फाँसी की माँग की। 268, एलीफेंट रोड में बांग्लादेश नेशनल पार्टी (नैप मासानी) की मीटिंग में तसलीमा नसरीन समेत सभी धर्मद्वेषियों और धर्मद्रोहियों के विरुद्ध, आपात्कालीन स्तर पर ज़बर्दस्त माँग की गई! इसके अलावा, बांग्लादेश मुस्लिम लीग, बांग्लादेश इस्लामी छात्र बिरादरी ने भी तसलीमा को तत्काल गिरफ्तार करके उसे फाँसी पर चढ़ाने की माँग की है! बांग्लादेश सिरात मिशन के सभापति, मौलाना शाह अब्दुल सत्तार ने तसलीमा नसरीन को तत्काल ढूँढ़ निकालने के लिए एक लाख रुपयों की घोषणा करने के लिए सरकार से माँग की। धर्म-दुश्मनों को सज़ा देना, संसद में धर्म के दुश्मनों को सज़ा देने के लिए क़ानून पास करने की माँग पेश करते हुए, आज शाम साढ़े चार बजे, जमाते इस्लामी के प्रयास से बयतुल मुकर्रम के उत्तरी गेट पर एक सभा आयोजित की जाएगी। उस सभा में जमाते इस्लामी के सेक्रेटरी और जमात संसदीय पार्टी के नेता, मौलाना मोतिउर रहमान निज़ामी अपना वक्तव्य रखेंगे। इसके अलावा मशहूर मुफस्सिर कुरान, मौलाना दिलावर हुसेन शाहिदी और नेतागण भी भाषण देंगे। उस सभा में लोगों को काफी संख्या में शामिल होने के लिए, हर धर्मप्राण मुसलमानों के प्रति उदात्त आह्वान किया गया है। सिलहट मौलवी बाज़ार के 85 आलिम, शिक्षक और विशिष्ट व्यक्तियों ने दो अलग-अलग बयानों में कहा है—"हमारा ख़्याल है कि देश में इस्लाम के विरुद्ध चल रही मुरतादी यानी धर्म-विरोधी करतूतें, किसी गंभीर आधिपत्यवादी और साम्राज्यवादी हरक़तों का जाना-समझा हिस्सा है।" अपने बयान में उन लोगों ने एकताबद्ध दीन की प्रेरणा से, इन इस्लामद्रोही, आधिपत्यवादी तमाम ईसाई मिशनरी और यहूदीवादी साजिश के खिलाफ डटकर खड़े होने के लिए, ज़बर्दस्त आंदोलन शुरू करने का आह्वान किया है।

बरीसाल बीबी के पोखर तट पर शाम 3 बजे इस्लामी शासनतंत्र की सभा आयोजित की गई है। (दैनिक इंकलाब)

नास्तिक धर्मद्रोहियों के खिलाफ आंदोलन ज़ोरदार करना होगा

इस्लाम और राष्ट्रद्रोही तत्परता प्रतिरोध मोर्चा गठित करने के लिए, समन्वय कमिटी के युगल आह्वाकों और उलेमा कमिटी, बांग्लादेश के चेयरमैन, मुफ्ती फजलूल हक अमीनी ने नास्तिक धर्मद्रोहियों के विरुद्ध आंदोलन करने के साथ-साथ अल्लाह के दरबार में मोनाजत करने के लिए, सभी लोगों का आह्वान किया। मोर्चा घोषित 9 जून के युवकसभा और 10 जून का विक्षोभ दिवस सफल बनाने के लिए, कल मंगलवार को लाल बाग़ के जमेरा कुरानिया अरबिया द्वारा आयोजित एक दुआइया-सभा में, अपने वक्तव्य के दौरान, मौलाना अमीनी ने फरमाया—अल्लाह की दिखाई हुई राह की जो लोग अवमानना करते हैं, उनके लिए अल्लाह का विधान है कि उन्हें

ध्वंस कर दिया जाए। पाक़ कुरान समेत, जो चरम बेअदबी और उपहास किया जा रहा है, उसकी वजह से जिस किसी भी समय, यह जाति ध्वंस हो सकती है। इसलिए इस देश के अस्तित्व की रक्षा के लिए तसलीमा नसरीन के विरुद्ध, हर मुसलमान को विरोध-मुखर होना होगा। (दैनिक इत्तफाक़)

जमाते इस्लामी के अख़बार 'दैनिक संग्राम' में आज का संपादकीय

तसलीमा की रक्षा का अभिनव प्रयास

धर्म की दुश्मन, तसलीमा के खिलाफ, देर से ही सही गृह-मंत्रालय ने जब जमानत-अयोग्य गिरफ़्तारी वारंट जारी कर दिया, तो तसलीमा के रक्षक और उसकी गलीज रचनाओं के मुद्रण-प्रचार की जिम्मेदारी सम्हालने वाले, सेकुलरवादी एन जी ओ ने इसे परिस्थिति-भिन्न धारा में प्रवाहित करने के लिए, अब शायद पताका-नाटकों की शुरुआत की है। जब तसलीमा, अहमद शरीफ समेत जब धर्म-विद्वेषी और इस्लाम विरोधी वर्ग के बेशुमार अप-प्रचार की उच्छृंखलता के खिलाफ़, जब समूचे देश की धर्मप्राण जनता में स्वतःस्फूर्त, एकबद्ध प्रतिरोध जाग उठा है, तब नास्तिकतावादी मुरतादपंथियों ने षड्यंत्र के चोर-दरवाज़े से, तसलीमा की रक्षा के लिए नए क़िस्म के नाटक की शुरुआत की है! जातीय संसद का कार्यक्रम जब स्थगित था, तब संसद के दक्षिण प्लाज़ा में जातीय पताका की जगह जाने कौन या किन लोगों ने एक टुकड़ा वितर्कित रंगीन कपड़ा लहरा दिया और इस बात को लेकर तसलीमा पंथियों ने समूचे देश में हंगामा मचा दिया। इस मामले में विरोधी पार्टी की नेता, शेख हसीना की भूमिका भी, तसलीमा और, मुरतादपंथियों को बढ़ावा देगी। तसलीमा के खिलाफ मामला दायर करने और गिरफ़्तारी का परवाना जारी करने को, शेख हसीना ने अतिशयता माना है और इस तरह अपना स्टैंड स्पष्ट कर दिया है। जो औरत यौन-स्वाधीनता की प्रतिष्ठा करना चाहती है, जो औरत, मर्द के बलात्कार जैसी अशालीन और कुत्सित बातें करती है, जो औरत पाक क़ुरान में संशोधन की उद्धत बातें करती है, शेख हसीना उस औरत की रक्षक बनना चाहती हैं। शेख हसीना जैसी औरतों के हज़, मज़ार, जियारत जैसे कितने ही ढकोसले और आडंबर हैं, इसी बात से यह प्रमाण मिलता है। इस दौरान यह चर्चा भी छिड़ी है कि इस्लाम की मर्यादा को भुलंठित होने के मामले में शासक दल और अवामी लीग में कोई फर्क़ नहीं है। सरकार की जिस पुलिस ने अब तक तसलीमा को सुरक्षा दी है, उन्हीं की आँखों में धूल झोंककर, तसलीमा छिपी कैसे बैठी है? तो क्या तसलीमा के खिलाफ गिरफ़्तारी का हुक्मनामा जारी करने से पहले ही उसे ख़बर देकर, हटा दिया गया?

कहा जाता है कि पुलिस बस, दस मिनट देर से उसे पकड़ने में चूक गई। तसलीमा के मामले में सरकार की राजनैतिक सिद्धांतहीनता और गृह-मंत्रालय का लंबा संपर्क, सैकड़ों सवालों को जन्म देता है। लगता है, सरकार का पूरा का पूरा कार्यक्रम ही महज 'आइ वाश' है, आँखों का धोखा है। वैसे स्पीकर ने भी कहा है कि तसलीमा के धर्मद्रोही आचरण के प्रसंग में जातीय संसद में बात उठाई जाएगी।

लेकिन तसलीमा जैसी घृणित, बदचलन औरत की रक्षा के लिए, उसके भक्त, अनुरक्त, कट्टरतावाद-विरोधी साजिश ने जातीय पताका की तरह ही आखिरकार इस नाजुक मुद्दे का भी इस्तेमाल करके ही दम लिया है। पताका नीचे उतारने और उसकी जगह टुकड़ाभर कपड़ा लहराने के बारे में, संसद सचिवालय में प्रेसनोट जारी करके, परिस्थिति की व्याख्या कर दी। इसके अलावा इस मामले के लिए जिम्मेदार लोगों को सज़ा देने के इरादे से, व्यापक तलाशी जारी है। लेकिन इसके बावजूद एन जी ओ विरोधी फतवाबाज़ कट्टरवादियों को अपराधी बनाने का कुप्रचार चल रहा है! वामपंथियों के एक छोटे से गुट ने, इस बारे में जातीय प्रेस-क्लब के सामने एक सभा की, जुलूस तक निकाला। यहाँ तक कि किसी-किसी ने पताका के सम्मान की रक्षा में सरकारी नाकामी का प्रसंग छेड़कर, सरकार के पदत्याग तक की माँग कर डाली। एक पार्टी ने तो तसलीमा की गिरफ़्तारी के लिए हुक्मनामा जारी करने की निंदा भी की है। उन लोगों ने सरकार के खिलाफ, सैकड़ों तरह के वाक्य-वाण छोड़े हैं। कहा जा रहा है कि सरकार ने कट्टरपंथियों के आगे आत्मसमर्पण कर दिया है। तसलीमा के विरुद्ध मामला, जब अदालत में विचाराधीन है, इस हालत में यह मुद्दा राजनैतिक हथियार के तौर पर कैसे इस्तेमाल किया जा रहा है? पत्र-पत्रिकाओं का एक वर्ग, इसी मुद्दे को लेकर अखबारी नीतियों का उल्लंघन करके, विकृत और उकसाने वाली खबरें प्रचार कर रहा है। इस अतिशयता का अंत ज़रूरी है। सरकार अगर इन सब समाज विरोधी, शांतिविनाशक हरकतों का सख़्त हाथों से दमन नहीं करती, तो मुमकिन है कि हमें तसलीमा के गुम हो जाने का नाटक भी देखना पड़े। क्योंकि तसलीमा इन दिनों किसी खास वर्ग के हाथों में तुरुप का पत्ता है! तसलीमा की गिरफ़्तारी का नाटक, जितने दिनों चलता रहेगा, परिस्थिति सरकार के नियंत्रण से बाहर चली जाएगी।

तसलीमा नसरीन के मामले में एमनेस्टी इंटरनेशनल चिंतित

तसलीमा नसरीन का सुरक्षा विधान और ऊपर से उसकी परेशानी ख़त्म करने के लिए, अंतर्राष्ट्रीय मानवाधिकार संस्था ने गुहार लगाई है। ढाका में स्थित विभिन्न

दूतावासों के कूटनीतिज्ञ तसलीमा के मामले में खोज-ख़बर ले रहे हैं। विदेश राष्ट्रमंत्रालय ने उसके बारे में जानना चाहा है। मंत्रालय की तरफ से यह जानकारी दी गई है कि यह सब बांग्लादेश के प्रचलित कानून के तहत ही किया गया है। कोई भी क़ानून से बढ़कर नहीं है। क़ानून तो अपनी राह चलेगा। तसलीमा को चाहिए कि वह कानून की अवमानना न करके, पुलिस के आगे आत्मसमर्पण कर दे। (आजकेर काग़ज़)

तसलीमा नसरीन के विरुद्ध मामला दायर करने का विरोध

वीमेन डेवलपमेंट फोरम की पहल से कट्टरवादी प्रतिक्रियाशील गोष्ठी के नारी-समानाधिकार और उन्नयन-विरोधी अपकर्मों के प्रतिवाद में आयोजित सभा में तसलीमा नसरीन के विरुद्ध दायर किए गए मामले और गिरफ़्तारी के हुक्मनामे की निन्दा की गई। यह कहा गया कि तसलीमा ने पाक कुरान के बारे में कोई कटूक्ति नहीं की। सरकार यह मामला ठोंककर, कट्टरवादियों को प्रोत्साहित कर रही है! सभा में मामला वापस लेने की माँग की गई। बयान में यह भी कहा गया कि कट्टरवादी लोगों ने फतवा देकर औरत-मर्द को निष्कासित करना, उन लोगों को मारना, जला डालना, ज़हर खाकर खुदकुशी करने को लाचार करना, विकास कार्यक्रमों में नियुक्त गैर-सरकारी संस्थाओं के स्कूल, कार्यालय जलाकर ख़ाक कर देना, जातीय झंडे की अवमानना वगैरह जुर्म भले हो, इस बारे में सरकार समेत, संबद्ध वर्ग ने कोई क़दम नहीं उठाया। हालाँकि बिल्कुल अचानक ही सरकार ने तसलीमा के विरुद्ध, झूठा इल्ज़ाम लगाकर, मुकदमा भी दायर किया है। उस बयान पर 22 औरतों ने दस्तख़त किया है—रुकैया कबीर, शाहिदा बेगम, अफ़रोज़ा परबीन, शिरीन बानू, सालेहा खातून...। औरतों की तरफ से भी बयान दिया गया है। नारी पक्ष की आवाहिका फिरदौस अज़ीम ने कहा है कि कोई भी गणतांत्रिक राष्ट्र, अपने नागरिकों के मौलिक अधिकारों की बुनियाद पर प्रतिष्ठित है, जहाँ बराबरी की नागरिकता के साथ-साथ, वाक्-स्वाधीनता, मुक्तचिंतन और ऐसे परिवेश की मौजूदगी, जहाँ विभिन्न किस्म के मंतव्य व्यक्त करने का मौका, हर नागरिक के मौलिक अधिकार के रूप में सुरक्षित हो—किसी भी गणतांत्रिक प्रक्रिया को क़ायम रखने की न्यूनतम शर्त है। अपने बयान में उन्होंने कहा है कि सरकार ने यह हुक़्मनामा जारी करके, हमारे मौलिक गणतांत्रिक अधिकारों पर आघात किया है। उन्होंने इस गिरफ़्तारी के परवाने को तत्काल वापस लाने और तसलीमा की व्यक्तिगत सुरक्षा निश्चित करने की माँग की है!

गार्मेंट श्रमिक फ्रंट की अफ़रोजा बेगम ने तसलीमा की गिरफ़्तारी का परवाना, फौरन वापस लेने की माँग की है। इसके अलावा, नारी निर्यातन गार्मेंट्स श्रमिक कर्मचारी फेडरेशन के पक्ष से भी यही माँग की गई है!

सुप्रीम कोर्ट के 52 क़ानूनदां ने भी यही माँग दुहराई है।

चट्टग्राम के फतेहाबाद में शिवचर थाना के बरहामगंज ने भी तसलीमा के समर्थन में बोलते हुए, तसलीमा के विरुद्ध जारी की गई गिरफ़्तारी को तत्काल वापस लेने की माँग के साथ, मीटिंग आयोजित की। (इत्तफाक़)

ज्ञान को ज्ञान देकर, मुक़ाबला करने में ही असली मनीषा निहित है

मुक्तियुद्ध के विशिष्ट लेखक, मुक्तियोद्धा और बंगबंधु गवेषणा संस्था के सेक्रेटरी, जेनरल अबीर अहाद ने एक बयान में तसलीमा नसरीन को संग्रामी और मानवतावादी लेखिका कहा है और तथाकथित धर्मद्रोहिता का इल्ज़ाम लगाकर, उसके विरुद्ध सरकार की तरफ से मामला दायर करने को दुर्भाग्यपूर्ण कहा है। धर्म की समालोचना करने से अगर धर्म की क्षति होती है, तो यह समझ लेना होगा कि धर्म निहायत उनकी चीज़ है। कुरान में जहाँ यह बात साफ़-साफ़ कही गई है कि इस्लाम की रक्षा अल्लाह खुद करेंगे, वहाँ इस्लाम के खिलाफ़, किसने, क्या कहा, उसमें किसी का क्या आता-जाता है? धर्म की आलोचना को, कुरान में गुनाह कहा गया है और गुनाह का फैसला करेंगे, एक मात्र अल्लाह! ऐसे में इस्लाम के आलोचकों के न्याय की जिम्मेदारी, अल्लाह ने किसी इंसान को नहीं दी, जबकि इस्लामी की नामावली ओढ़कर, एक वर्ग के अनपढ़, धुरंधर, मुल्ला लोगों ने अल्लाह की जिम्मेदारी, अपने हाथों में लेकर, प्रकारांतर से उन्हीं लोगों ने अल्लाह-द्रोहिता का परिचय दिया है। उन्होंने ऐसे दुर्वृत्तों की साजिश को सही सबक़ सिखाने के लिए, प्रशासन से अपील की है। (आजकेर काग़ज़)

ढाका शहर का ऐसा कोई भी रास्ता नहीं है, जहाँ कट्टरवादियों की जमघट न लगती हो या जुलूस न निकाला जाता हो। देश की जातीय मस्जिद, बयतुल मुकर्रम के सामने जमाते इस्लामी की सभाओं में हज़ारों-हज़ार लोग जमा हुए। जमाते इस्लामी के महासचिव, जातीय संसद-सदस्य मोतीउर रहमान निज़ामी ने उस सभा में कहा—तसलीमा बांग्लादेश के इतिहास, परम्परा, धर्म, स्वाधीनता की सार्वभौमिकता के विरुद्ध साजिश कर रही है। स्वाधीन-चेतना के दावेदार तमाम नेता और पार्टियों ने उस लेखिका का समर्थन किया है। वे लोग भी मूलतः बांग्लादेश की स्वाधीनता की सार्वभौमिकता के विपक्ष में शामिल हो गए हैं। बाइबिल या ईसामसीह के विरुद्ध अपमानजनक मंतव्य या कटूक्ति करने पर, ब्रिटेन समेत तमाम पश्चिमी देशों में सज़ा का विधान मौजूद है, कुरान शरीफ के बारे में दुःसाहसिक वक्तव्यों की वजह से तसलीमा भी उसी सज़ा की हक़दार है। बीजेपी, आनंद बाज़ार पत्रिका, पश्चिमी संवाद माध्यम,

मानवाधिकार संस्थाएँ तसलीमा को ईंधन जुटा रही हैं। तसलीमा इस्लाम और बांग्लादेश के खिलाफ गहरी साजिश में लिप्त है। वगैरह-वगैरह! और धर्मद्रोहियों के विरुद्ध मृत्युदंड का क़ानून बनाने की माँग की है।

जमाते इस्लामी के मौलाना दिलावर हुसेन सईदी वक्ता के तौर पर काफी जनप्रिय हैं। उनके भाषणों का कैसेट हाट-घाट-माठ में मुरमुरे-लइया की जगह बिकता है। उन्होंने अनगिनत लोगों के सामने डंके की चोट पर कहा है कि जबसे समाज तंत्र में ढहने लगा है, नास्तिक और मुशरिक यानी धर्मद्रोही और यहूदी एकजुट होकर, इस्लाम को ध्वंस करने की कोशिश कर रहे हैं। देश की जनता इन दिनों तौहीदी और मुरताद, इन दो हिस्सों में बँट गई है। मुरताद दल की नेता है--तसलीमा। इसलिए तसलीमा को फाँसी देना पहला और अहम काम है। तसलीमा को फाँसी पर चढ़ाते ही मुरताद लोगों का साहस कम हो जाएगा।

शयखुल हदीस भी अपनी फौज लेकर सड़कों पर उतर पड़े हैं। अधिकांश लोगों की तरह वे भी मेरी गिरफ़्तारी न करने पर, सरकार को ही दोषी बता रहे हैं। उन्होंने कहा है--जनता के रुद्ररोष से बचाने के लिए सरकार ने ही तसलीमा को कहीं इधर-उधर कर दिया है। इस्लामी एकजुट के नेता, मौलाना उबेदुल हक़ ने मीटिंग में कहा है कि जनता के दबाव में आकर सरकार ने तसलीमा के खिलाफ गिरफ़्तारी का परवाना जारी तो कर दिया, लेकिन अब तक उसे गिरफ्तार न कर पाने की वजह से उसका असली चेहरा बेनक़ाब हो गया है!

मुझे हैरत है, बेतरह हैरत है। मेरे खिलाफ सरकार के इस अन्यायपूर्ण मुकदमे के प्रतिवाद में, कोई भी गण्यमान लेखक, नामी-दामी बुद्धिजीवी, कोई बड़ी राजनैतिक पार्टी, कोई भी साहित्यिक-सांस्कृतिक संस्था सामने नहीं आ रही है। वे लोग तो हमेशा ही जिस किसी अन्याय के खिलाफ विरोध जताते हैं, बयान देते हैं। उनकी यह चुप्पी, मेरी समझ से बाहर है। वकील और क़ानूनदां लोगों के जो बयान प्रकाशित हुए हैं, मुझे पूरा विश्वास है कि वह क ने जुटाये हैं! 52 वकील-बैरिस्टरों ने उस बयान पर दस्तखत किए हैं, पता नहीं क्यों तो मुझे इस पर विश्वास नहीं होता। लगता है, क ने कुछ ज़्यादा ही नाम-पते गिना दिए हैं। गार्मेंट्स श्रमिक फ्रंट के बयान के पीछे भी, मुझे लगता है कि साजू और जाहिद का हाथ है, यह बयान उन्हीं लोगों ने दिया है। वुमेन डेवलपमेंट फोरम की तरफ से दिया गया बयान, शायद ख ने जुटाया है। मेरी दिव्य-निगाहें देख पा रही हैं कि--मेरे लिए, गिनती के चंद लोग, दर-दर भीख माँग रहे हैं। आज मेरी यही परिणति है!

रात को ङ आए।

उन्होंने बताया कि वे बुद्धिजीवियों का भी एकाध बयान जुटाना चाहते हैं।

मगर दस्तख़त करने वाले ज्यादा लोग नहीं मिले। इसलिए ऐसा कोई बयान देना संभव नहीं हो पा रहा है!

ङ के साथ क भी आई थीं।

उन्होंने बताया कि देश की हालत दिनोंदिन भयंकर होती जा रही है। छिपकर, ज़िंदा रह सकूँगी, यह बिल्कुल निश्चित नहीं है। मुसीबत किसी भी पल हमलावर हो सकती है, ख़ासकर अगर कहीं कट्टरवादियों को मेरी भनक मिल जाए। जमानत की अनिश्चयता भी दिनोंदिन बढ़ती जा रही है। मुझे जमानत नहीं मिल सकती, अदालत के इस फैसले की भनक किसी तरह मेरे पक्ष के वकीलों को लग चुकी है! मुझे अगर जमानत न देने का ही फैसला किया गया है, तो मुझे आज़ाद इंसान की भीड़ के सामने, अदालत में पेश करने का कोई मतलब नहीं होता। जमानत तो मिलेगी नहीं, हाँ, फिजूल ही मुझे अपनी जान से हाथ धोना पड़ेगा। जमानत की इस अनिश्चयता और सबसे ऊपर ज़िंदगी की इस अनिश्चयता के पलों में, मैं एक काम कर सकती हूँ। इस पल, इससे बेहतर समाधान और कोई नहीं हो सकता, वह है, फ़रार हो जाना!

स्मगल्ड आउट!

शुरू-शुरू में मुझे लगा, वे लोग शायद मज़ाक कर रहे हैं। नहीं, वे लोग मज़ाक बिल्कुल नहीं कर रहे थे। क और ङ दोनों ही इस बारे में गुरु-गंभीर बातचीत करते रहे और अंत में एकमत हुए थे। देश छोड़कर भाग खड़े होना? मैं सैकड़ों असंभव बातों की कल्पना कर सकती हूँ, मगर यह ख्याल मेरे दिमाग़ में हरगिज नहीं आ सकता।

जब चार-चार निगाहों ने सवालिया मुद्रा में मेरी तरफ देखा, मैंने कहा, "मैं गैर-कानूनी तरीके से देश नहीं छोड़ूँगी! मैं भागूँगी नहीं।"

देश की परिस्थिति जब और भी भयंकर हो उठेगी, तब शायद मेरे भागने का भी कोई मौका नहीं बचेगा। अभी तो जोखिम उठाकर ही सही, यह काम किया जा सकता है। कोई गाड़ी किराए पर ले ली जाएगी! गाड़ी में मुझे सवार कराया जाएगा और कहीं, किसी सरहद की तरफ, अँधेरे में छोड़ आया जाएगा। मेरा चेहरा-मोहरा, वेशभूषा बिल्कुल बदली हुई होगी। ताकि वहाँ पकड़ी भी जाऊँ, तो कोई मुझे पहचान न सके। मैं पैदल-पैदल सीमा पार कर जाऊँगी। ज़िंदा रहने के लिए, इंसान बहुत कुछ करता है! मुझे बहुत जल्दी ही यानी फौरन ही कोई फैसला लेना होगा क्योंकि स्थितियाँ दिनोंदिन जटिल होती जा रही हैं। सरकार कट्टरवादियों के हाथ की कठपुतली बनती जा रही है। बात-बात में 'जनकंठ' का जिक्र! 'जनकंठ' में पिछले महीने, 'क्लांत पथिक' के छद्म नाम से ए टी एम शम्सुद्दीन का एक कॉलम छपा था। शम्सुद्दीन ने मुख्य रूप से उन मुल्ला लोगों की समालोचना की थी, जो गाँव-गाँव की एन जी ओ में कामगर महिलाओं पर फतवा झाड़ रहे थे। ब्रैक ने उत्तरी बंगाल की गरीब

औरतों को तूतिया के पौधे लगाने का काम सौंपा था। लेकिन गाँव के मुल्लाओं ने औरतों के लगाए हुए पौधे उखाड़ डाले और उनमें आग लगा दी। औरतों को यह धमकी दी गई कि वे लोग अगर एन जी ओ में काम करना बंद नहीं करेंगी, तो उन्हें बिरादरी-बाहर कर दिया जाएगा और उनके पतियों को उन्हें तलाक़ देने को लाचार कर दिया जाएगा। कॉलम लेखक ने यह कहना चाहा था कि ये कठमुल्ले, कुरान की ग़लत-सलत व्याख्या करके, ख़ामख़ाह फतवा दे रहे हैं। इस बात को स्पष्ट करने के लिए, उन्होंने अपने बचपन की एक घटना का जिक्र किया था—अमीन नामक एक शख़्स के पास, सुंदरी, विधवा, जैतून का वर्गा बैल था। अमीन ने जैतून से प्रेम-निवेदन किया, मगर नाकाम रहा। बदला लेने के लिए उसने वह बैल बेच दिया। जैतून ने बैल के रुपये माँगे। लेकिन अमीन ने अब यह दावा किया कि वह उसका अपना बैल था। अब जैतून ने गाँव के मुल्लाओं से न्याय की गुहार लगाई। पंचायत बैठी। इधर अमीन ने मुल्लाओं को पहले से ही घूस खिलाकर अपने पक्ष में तैयार कर लिया। गाँव की पंचायत में कठमुल्लाओं ने तीसरी सुरा का पाठ किया—वा हजाल बालादिन अमीन—जिसका मतलब था, पवित्र कुरान में कहा गया है कि वह बैल अमीन का ही है! अनपढ़ जैतून रोते-रोते अपने घर लौट आई। 'जनकंठ' का क़सूर यह था कि उसने मुल्लाओं का मज़ाक उड़ाने वाला कॉलम छाप दिया। ख़ैर, क्लांत पथिक ने तो फिर भी मुल्लाओं का सम्मान किया था। उन्होंने तो सिर्फ कठमुल्लों को गाली दी थी और कठमुल्लों को तो मुल्ला भी गालियाँ देते हैं। वे मूर्ख लोग, जो अपने मुल्ला होने का दावा करते हैं, लोगों को ठगने का कारोबार करते हैं, उन्हें ही कठमुल्ला कहा जाता है! कुरान में सही-सही और अच्छी बातें लिखी गई हैं, लेकिन इन कठमुल्लों को चूँकि क़ुरान हदीस के बारे में कोई जानकारी नहीं होती, इसलिए वे लोग किसी भी आयत या सुरा की सटीक व्याख्या नहीं कर पाते। और उनकी ग़लत व्याख्या करके, अपने स्वार्थ में चला देते हैं—क्लांत पथिक ने यह कहा था। उस रचना में कठमुल्लों पर फब्ती कसी गई थी, कुरान की सुरा को नहीं! लेकिन मौलवियों को कुछ न कुछ थामे रहना होता है, इसीलिए जनकंठ को ही दबोच लिया। जब मेरी फाँसी की माँग करते हुए, इन कट्टरवादियों के आंदोलन ने विशाल रूप ले लिया, तो उन लोगों को कट्टवाद-विरोधी ताकतों को एक-एक करके ज़ख्मी करने का मौका मिल गया। सरकार कट्टरवादियों की सभी माँगें मंजूर करती जा रही है। आज ही सरकार ने 'जनकंठ' के चार पत्रकारों के खिलाफ़ धारा 295 (क) के तहत मुकदमा ठोंककर, उन लोगों के लिए गिरफ़्तारी का परवाना जारी कर दिया है। पुलिस ने दो पत्रकारों को गिरफ़्तार कर लिया और दो अभी फ़रार हैं। कट्टरवादियों की माँगें पूरी करने के अलावा सरकार के पास फिलहाल और कोई कामधाम नहीं है। ख़ैर, मेरी परिस्थिति से इन पत्रकारों की परिस्थिति की कोई तुलना नहीं हो सकती, क्योंकि कट्टरवादियों ने इन पत्रकारों की फाँसी की माँग नहीं उठाई है। उनकी तो

माँग है 'जनकंठ' अखबार निषिद्ध किया जाए। वे लोग तो 'जनकंठ' का नाम भी नहीं जानते, उनको चेहरे से भी नहीं पहचानते। इसलिए सरकार ने इन पत्रकारों पर भी इसी क़िस्म का मामला ठोंका है, मगर मैं ही इन कट्टरवादियों की मूल टार्गेट हूँ।

क और ङ ने मेरे फ़रार होने के इंतज़ाम के बारे में एक प्लान तैयार कर लिया। उस वक्त कमरे में बेहद कम-सी रोशनी थी! बातचीत बिल्कुल दबी-दबी आवाज़ में चल रही थी। सारा कुछ कैसा तो भुतहा लग रहा था! एक पल ऐसा भी आ पहुँचा कि किसी के कानों तक, कोई भी बात नहीं पहुँच रही थी। समूचा तन-बदन काठ हो आया!

मैं अपनी आवाज़ पर खुद ही चौंक उठी।

मेरी आवाज़ ने कहा, "नहीं, मैं भागूँगी नहीं! इससे तो बेहतर है, मैं आत्मसमर्पण कर दूँ।"

इस वक्त आत्मसमर्पण करना और मौत की सज़ा क़बूल करना, बिल्कुल एक बात है, इस बारे में क और ङ काफी कुछ एकमत हैं। इस सरकार पर किसी को भरोसा नहीं है। कट्टरवादियों की माँग क़बूल करते हुए यह सरकार मेरी फाँसी का इंतजाम पक्का नहीं करेगी, यह बिल्कुल निश्चित नहीं है।

"आत्मसमर्पण?"

"हाँ, आत्मसमर्पण! मेरे बारे में फैसला करना चाहते हैं, करें, फैसला! चाहे जैसा भी है, देश का क़ानून है! क़ानून सभी लोग मानते हैं, मैं ही भला क्यों न मानूँ?"

"तुम यह बात सोच-समझकर कह रही हो?" ङ ने पूछा।

"इस कानून की तहत दो साल के लिए जेल की सज़ा होती है! दो साल जेल झेलूँगी! कितने ही लोग जेल की सजा काटते हैं–" मैंने अपने अंदर एक लंबी उसाँस दबा ली।

ङ ने पूछा, "जेल-जेल कर तो रही हो, मगर जेल में तुम्हारी सुरक्षा का क्या होगा?"

"जेल में सुरक्षा तो दी जाती है। दी जाती है या नहीं?"

"तुम्हें क्या ख़बर है कि जेल में अनगिनत राजनैतिक मर्डर भी होते हैं। तुम्हारा केस तो राजनैतिक केस से भी ज्यादा नाज़ुक है। धार्मिक सेंटीमेंट के बारे में तुम्हारी कोई धारणा ही नहीं है। इससे भयावह चीज़ दुनिया में और कुछ नहीं है।"

'क' सूखा-सूखा चेहरा लिए, ङ की बगल में बैठी रहीं। उनकी आँखों में हताश शून्यता धधक रही थी। मुझे इसकी ख़बर थी। मुझे भी अहसास था कि वे लोग मेरा क़त्ल कर सकते हैं। लेकिन मैंने दो बुरी संभावनाओं में से, एक को चुन लिया। चोर की तरह भागकर मरने से बेहतर है कि जेल जाकर क़त्ल हो जाऊँ। मैं भागूँ

क्यों? मैंने तो कोई अन्याय नहीं किया। दरअसल दो किस्मों की मौत में से मुझे एक मौत चुन लेने के अलावा फिलहाल मेरे लिए और कोई उपाय नहीं था। मैंने जेल की मौत चुन ली!

क और ङ ख़ामोश बैठी रहीं! च उढ़का दरवाजा खोलकर बेआवाज़ क़दमों से कमरे में दाखिल हुईं। वे भी क और ङ के पीछे, दीवार से टिकी खड़ी रहीं। सभी चुप!

सन्नाटे को तोड़ते हुए च ने पूछा, "आप कुछ खाएँगी?"

मैंने सिर हिलाकर, इंकार जताया।

आज मैंने दोपहर को भी कुछ नहीं खाया, रात को भी नहीं! मुझे भूख का अहसास ही नहीं हो रहा था।

क और ङ ने मुझे दो चिरकुट थमा दिया। ङ ने शम्सुर रहमान का लिखा हुआ एक चिरकुट थमाया—तसलीमा, मानसिक तौर पर मैं तुम्हारे साथ हूँ। क ने छोटकू का लिखा हुए एक चिरकुट दिया—नसरीन, हम सब तेरे लिए चिंतित हैं। तू हिम्मत मत हारना। सच की जय किसी न किसी दिन निश्चित है।

चिरकुट मेरे हाथ में सौंपते हुए क ने कहा, "आपका भाई मुझसे भेंट करने आया था। आप कहाँ हैं, कैसी हैं। मुझे आपकी कोई खोज-ख़बर है या नहीं—यही सब जानना चाहता था। मैंने उसे कुछ नहीं बताया। वह मुझे यह ख़त दे गया कि अगर कभी मेरी तुमसे भेंट हो, तो तुम्हें दे दूँ। वह बता रहा था कि मयमनसिंह से आपके वालिद ने ख़बर दी है कि अगर आपसे कहीं मुलाक़ात हो, तो आपको उनका संदेश दे दिया जाए कि आप अपना हौसला बनाए रखें, हताश न हों। कमाल अपने बीवी-बच्चों के साथ, आपके ही घर रह रहा है। वह आपके वकील के साथ नियमित संपर्क बनाए हुए है।

क और ङ, वहाँ और कितने दिन रुके रहीं, मुझे होश नहीं। किसी से मेरा एक भी वाक्य का आदान-प्रदान हुआ या नहीं, मुझे होश नहीं। मुझे अब यह भी याद नहीं कि उस रात मुझे नींद आई या नहीं, मैं सोई भी थी या नहीं!

9 जून, बृहस्पतिवार।

आज सभी अख़बारों में, स्पीकर को लिखा गया मेरा ख़त छापा गया है। चलो, अच्छी बात है। बहुत अच्छी बात! जिस बात की जानकारी मैं पहले भी दे चुकी थी, वही जानकारी मैंने दुबारा दे दी कि मैंने कुरान-संशोधन की बात नहीं की। इससे मेरा क्या भला होना था?

अब क्या कट्टरवादी यह क़बूल करेंगे कि हमें अफसोस है, हमसे भूल हो

गई। तसलीमा के खिलाफ आंदोलन करना, हमारी भूल थी, क्योंकि उसने तो कुरान में संशोधन की बात कही ही नहीं थी? इसलिए हम उसकी फाँसी की माँग वापस लेते हैं?

सरकार क्या अब यह कहेगी कि इश्श! कैसा झूठा मामला ठोंक दिया हमने? अब माफी माँगते हुए मुकदमा वापस ले लेते हैं? ना, यह कोई नहीं कहेगा, क्योंकि सिर्फ संशोधन की ही वजह से ही कट्टरवादी मुझ पर क्षुब्ध नहीं हैं; कुरान-संशोधन की बात सुनकर ही सरकार की धार्मिक भावनाओं को चोट नहीं लगी है। कट्टरवादियों का मंसूबा यह है कि किसी स्पर्शकातर, नाजुक विषय को लेकर मैदान में उतरना, अपना तेज़ दिखाना, गुस्सा जाहिर करना और लोगों को ख़ौफ दिखाना। उनका इरादा, शक्तिमान होने का है। यह तो कट्टरवादियों की चाहत है। सरकार की चाहत है, देश की अर्थनैतिक, राजनैतिक समस्याओं से जनगण का ध्यान, किसी और तरफ मोड़ देना। बीच में दुर्योग कौन भोग रही है? मैं! क्षमतासीन जातीयवादी दल या विरोधी दल, अवामी लीग (ये दोनों ही पार्टी आकार-आकृति, प्रतिश्रुति, संत्रास में सबसे ऊपर हैं)—किसी की भी मजाल नहीं है कि वह कट्टरवादियों के खिलाफ कड़ी-कड़ी बातें करे क्योंकि इन दोनों बड़ी पार्टियों को समय-समय पर इस कट्टरवादी दल से साँठ-गाँठ करना होती है! शायद सरकारी पार्टी को इसका अंदाज़ा नहीं था, अगर कट्टरवादियों को उकसा दिया जाए, तो वे विकराल ताकत का रूप ले सकते हैं! या सरकार यह समझती थी कि उसके अंतःस्थल में पर्याप्त धर्मांधता विराज करती है।

आज सभी अख़बारों में बयान छपा है। देश के तमाम बुद्धिजीवी लोगों ने भी बयान दिया है! देश में जितने भी राजनैतिक दल विद्यमान हैं (बी एन पी और कट्टरवादी पार्टी को छोड़कर) जितने भी प्रगतिशील संगठन हैं, संस्था, समिति, परिषद् मौजूद हैं; जितनी साहित्यिक-सांस्कृतिक गोष्ठियाँ हैं, लेखक, कवि, नाट्यकार, शिल्पी, पत्रकारों की संस्थाएँ हैं, सभी आवृत्ति मंडली, नाच-गानों की मंडली, खिलाड़ियों का झुंड—आज के अख़बार में सभी के बयान छपे हैं। आज समूचा देश प्रतिवाद से मुखर है। प्रतिवाद! प्रतिवाद! 'जनकंठ' के पत्रकारों के खिलाफ मामले का प्रतिवाद! आज समूचा देश माँग-मुखर है! बुद्धिजीवी लोगों में सबसे ऊपर हैं—शम्सुर रहमान! यह बयान किसने लिखा है? ज़रूर, शम्सुर रहमान ने! शौकत उस्मान, के. एम. शुभान, बेलाल चौधरी, वशीर-अल-हिलाल, निर्मलेंदु गुन, महादेव साहा, मुस्तफा नूरुल इस्लाम... बयान-पर-बयान! वाक्-स्वाधीनता के पक्ष में बयान! लेकिन, मेरी वाक्-स्वाधीनता के पक्ष में एक भी शब्द नहीं। सूफिया कमाल, मलका बेगम का बयान है! उधर हुमायूँ अहमद, सैयद शम्सुल हक़, इमदादुल हक़ मिलन, असद चौधुरी...सैकड़ों नाम! नामी-दामी इंसान!

विशेषज्ञ, पंडित! समाज के सिरमौर! तत्त्वविद् से लेकर पत्रकार तक, शिक्षक से लेकर चिकित्सक तक, वामपंथी-दक्षिणपंथी, मध्यपंथी, पंथीहीन, नास्तिक-आस्तिक—सबने बयान दिए हैं। देश के प्रगतिशील, मुक्तबुद्धि, युक्तिवादी—एक भी प्राणी चुप नहीं बैठा है। मैंने अखबार का चप्पा-चप्पा पढ़ डाला। कम से कम किसी एक बयान में मेरा नाम नज़र आ जाए। ना, कहीं, किसी शब्द की आड़ में मेरा नाम छपा हो! 'जनकंठ' के पत्रकारों के साथ, मेरा अकिंचन नाम, महज चार अक्षरों का नाम खोजती फिरी। चूँकि मेरे खिलाफ भी इसी क़िस्म की 295 (क) धारा के तहत मुकदमा दायर किया गया है, चूँकि मेरे साथ भी अन्याय हुआ है, चूँकि मेरे खिलाफ भी धार्मिक भावनाओं को ठेस लगाने का इल्ज़ाम है। मैं अपना नाम भी खोजती रही! कहीं, किसी ने, भूल से ही सही, मेरा नाम उल्लेख किया हो! मैं खोजती रही, खोजती रही! न्ना, मेरा नाम कहीं नहीं था। किसी बयान में भी मेरा नाम नहीं था। कहीं, कोई प्रतिवाद नहीं था। तो क्या यही सच है कि मेरे खिलाफ सरकार का मुकदमा दायर करना सही है? और 'जनकंठ' के पत्रकारों पर मुकदमा चलाना ग़लत है? बयानों में, मैं कहीं नहीं हूँ, मगर मेरा नाम जरूर मौजूद है। अख़बार के बाकी हिस्सों में, कट्टरवादियों के सभा-सम्मेलनों, जुलूसों, बैनरों में सिर्फ मेरे नाम का जिक्र है, और किसी का भी नाम नहीं है।

'जनकंठ' के पत्रकारों का मामला वापस लेने के लिए सरकार से माँग की गई है। उनकी गिरफ़्तारी का परवाना भी वापस लेने की बात कही गई है। मेरे सभी प्रगतिशील बंधुओं ने उन चारों पत्रकारों के खिलाफ दायर किए गए मामले को वापस लेने की गुहार लगाई है। लेकिन उनमें से किसी ने भी मेरे खिलाफ जारी किए गए मामले का जिक्र नहीं किया है। मेरे प्रगतिशील दोस्तों में से कोई भी मेरी गिरफ़्तारी के हुक्मनामे के खिलाफ चूँ तक नहीं किया है।

मुझे अपनी ही आँखों पर विश्वास नहीं हो रहा है। मैंने बार-बार ख़बरें पढ़ डालीं। मैं क्या ठीक देख रही हूँ? मैं क्या ठीक पढ़ रही हूँ? हाँ, मैं ठीक ही देख रही थी, ठीक ही पढ़ रही थी। ऐसा सच ही घटा है! हैरान हो रही हूँ? विस्मित हो रही हूँ। मुझे ताज्जुब हो रहा है, मेरे मन को ताज्जुब हो रहा है, मेरे अंग-प्रत्यंग को ताज्जुब हो रहा है। ताज्जुब के नशे में तिल भर भी हिल-डुल नहीं पा रही थी। न बाएँ-न दाएँ! घोर विस्मय से मैं पत्थर की बुत बनी बैठी रही! सुबह से ही! सुबह गुज़र गई, दोपहर ढल गई, शाम ने भी विदा ली! फिर भी, मेरी हैरत मिटी? नहीं मिटी!

अच्छा, मेरी साँसें क्या धड़क रही हैं? कहीं मेरे खून की रफ़्तार तो नहीं रुक गई? मुझे नहीं पता। घोर विस्मय ने मुझे मुक्ति नहीं दी! मूर्ति की आँखों से आँसू बहने लगे। चलो, बहने दो। उन बहते हुए आँसुओं को पोंछने के लिए मेरे हाथ भी आगे नहीं बढ़े! चलो, बहने दो आँसू! बहते हुए आँसुओं में मूर्ति नहा उठी।

पिछले पाँच दिनों से वह मूर्ति नहाई नहीं, इसलिए नहाने की उसे बेहद ज़रूरत थी।

10 जून, शुक्रवार।

"तसलीमा, रात को सोई थीं?"

"ना–"

"नींद नहीं आती?"

"ना–"

"तुम्हें पता है, आज तुम्हारे खिलाफ़ बैतुल मोकर्रम में जन-विक्षोभ और जुलूस आयोजित किया गया है?"

"पता है!"

"तुम्हें पता है, जुलूस आज तुम्हारे घर की तरफ जाएगा? तुम्हारे घर के घेराव का प्रोग्राम है आज, जानती हो!"

"जानती हूँ।"

"तुम्हें ख़बर है कि तुम्हारी फाँसी की माँग करते हुए 30 तारीख को समूचे देश में हड़ताल मनाई जाएगी?"

"खबर है!"

"तुम जानती हो कि तुम्हारे ठिकाने पर विदेशों से आए चिट्ठी-पत्र, पत्र-पत्रिकाएँ, पार्सल वगैरह कस्टम में अटके हुए हैं?"

"ना–"

"आज का अखबार पढ़ा?"

"ना–"

"क्यों पढ़ा क्यों नहीं? डर लगता है? कहीं तुम्हें दुबारा यह नज़र न आए कि किसी ने तुम्हारे पक्ष में बयान नहीं दिया। तुम्हारी वाक्-स्वाधीनता के पक्ष में किसी ने कुछ नहीं कहा। लेकिन, डर किस बात का? इंसानों के सच्चे और असली चेहरे ज़रा पहचान लो! उठो! देखो! पढ़ो! समझो।"

"आज क्या किसी ने कुछ लिखा है?"

"सुनो, तुम जैसी बुद्धू मैंने दूसरी नहीं देखी। आज भी सभी अखबारों में बयान छपे हैं। कल सारे बयान अखबारों में समा नहीं पाए। आज भी सभी अखबार, बयानों से भरे हुए हैं। लेकिन, किसी ने तुम्हारा जिक्र तक नहीं किया। तुम्हारा जिक्र भला कोई, क्यों करे? तुम होती कौन हो? सुनो, तुम कुछ भी नहीं हो। तुम कच्चू हो! तुम कद्दू हो! तुम ढेंगा हो! तुम तो बस, बुद्धू की तरह अकेले बैठी-बैठी बिलखती रहो। समाज का अँधेरा दूर करने के लिए बस, कलम ही घिसती रहो। अब बताओ, यह सब लिखकर क्या फ़ायदा हुआ? आज सबने मिलकर, 'जनकंठ' के पत्रकारों

की रिहाई की माँग की है। उन लोगों का मामला और हुलिया वापस लेने को कहा है। वैसे एक बात बताऊँ तुम्हें? क्या तुम जानती हो, धर्म की आलोचना तो बहुतेरे लोग करते हैं, लेकिन कट्टरवादियों ने तुम्हें ही अपना टार्गेट बनाया है, क्योंकि वे लोग जानते हैं कि तुम अकेली हो, असहाय हो। इस देश में तुम्हारे पक्ष में खड़ा होने वाला एक भी बंदा नहीं है, न कोई ऐसा संगठन है। ऐसा कोई राजनैतिक दल भी नहीं है। कट्टरवादियों के इस उत्थान में मदद कौन दे रहा है, पता है? उसे मदद दे रही हैं, तमाम राजनैतिक पार्टियाँ, प्रगतिशील लीग, संगठन और बुद्धिजीवी! जो लोग बयान दे सकते थे, उनकी जुबान पर ताले पड़े हैं! दरअसल, तुम्हें फाँसी ये कट्टरवादी नहीं दे रहे हैं, बल्कि प्रगतिशील लीग दे रहे हैं। आज भी कट्टरवादी अख़बारों को छोड़कर, बाकी सभी अखबारों में, बंगला, अंग्रेजी, सभी अखबारों में 'जनकंठ' के पत्रकारों के खिलाफ सरकार के दायर किए गए मुकदमे की सभी ने निंदा की है, सम्पादकीय लिखा गया है, उप-संपादकीय लिखा गया है। कॉलम छापे गए हैं। लेकिन, कहीं भी, किसी ने भी भूल से भी तुम्हारा नाम नहीं जोड़ा। तुम्हारे मामले में, कोई भूल से भी प्रतिवाद नहीं कर रहा है!

"किसी ने भी मेरा जिक्र नहीं किया? किसी ने भी नहीं?"

"नहीं! किसी ने भी नहीं! हाँ, एक शख़्स ने ज़िक्र किया है। समूचा कॉलम ही तुम पर लिखा गया है। वे हैं—बदरउद्दीन उमर! उन्होंने लिखा है कि प्रगतिशील बनने का तुम्हें कोई हक़ नहीं है, क्योंकि तुम न तो किसी दिन किसी जुलूस में शामिल हुईं, न कभी नारेबाज़ी की।"

"क्यों, जुलूस में न जाओ, नारेबाज़ी न करो, तो प्रगतिशील नहीं हुआ जा सकता?"

"उमर ने तो यही कहा है कि नहीं बन सकते।"

"फिर मैं क्या हूँ? प्रतिक्रियाशील?"

"तुम इससे भी ज़्यादा अधम हो! तुम एक फिजूल लेखिका हो! तुम्हें लिखना आता ही नहीं! राजनीति का एक अक्षर भी नहीं जानतीं। धर्म के बारे में तुम्हारी जो राय है, उसे तुम अपने पेट में नहीं रख सकतीं। मुसीबत का अंदाज़ा होने के बावजूद, फड़फड़ाकर सारी बातें उगल देती हो। धर्म के खिलाफ लिखकर, प्रगतिशील आंदोलन को तबाह कर रही हो! तुम्हारे लिखने की वजह से कट्टरवादियों को एक मुद्दा मिल गया है!"

"बदरउद्दीन उमर ने क्या 'जनकंठ' के पत्रकारों पर भी आरोप लगाया है? क्योंकि कट्टरपंथियों ने तो 'जनकंठ' को भी तो एक मुद्दा बनाया है!"

"नहीं, उन पर कोई आरोप नहीं लगाया है! उन्होंने तो 'जनकंठ' के पत्रकारों के ऊपर से मामला और हुलिया हटा लेने की अपील की है।"

"मेरे खिलाफ सरकार का मामला और गिरफ़्तारी का हुक्मनामा वापस लेने

के बारे में कुछ नहीं कहा?''

''नहीं! तुमने तो धर्म की आलोचना की है, तुम्हें तो ये सज़ाएँ देना ही चाहिए थीं, उनकी राय तो यही है। उनका कहना है कि तुम किसी दूसरे के हाथ की कठपुतली बनकर लिखती हो।''

''किसके हाथ की कठपुतली?''

''अब, खुद ही अंदाज़ा लगा लो! तुम्हें तो पता है कि तुम पर कौन-सा दोष मढ़ा जाता है? तुम बी. जे. पी. और आनंद बाज़ार के हाथ की कठपुतली हो।''

''यह सब तो मुल्ला लोग कहते हैं! प्रगतिशील वामपंथी भी यही कहते हैं? वे लोग अपने इस झूठ का कोई प्रमाण दे सकते हैं? नहीं दे सकते। मैं क्या बी. जे. पी. के किसी एक भी बंदे को पहचानती हूँ भला? नहीं पहचानती। आनंद बाज़ार का कोई बंदा क्या मुझे सिखा-पढ़ा देता है कि मैं क्या लिखूँ या न लिखूँ? कभी भी नहीं! पश्चिम बंगाल में मेरी रचनाएँ, पाठक, पढ़ना चाहते हैं, इसीलिए आनंद बाज़ार मेरी रचनाएँ या किताबें छापता है।''

''तुम्हें आनंद पुरस्कार मिल गया। इसे तुम्हारा कसूर माना जा रहा है।''

''यह मेरा कसूर कैसे हो सकता है? आनंद-पुरस्कार तो अनीसुज़्ज़मान और शम्सुर रहमान को भी मिला है, कोई इसे उनका कसूर तो नहीं मान रहा है?''

''वे लोग बहुत बड़ी हस्ती हैं! उन्हें आनंद पुरस्कार मिलना मुनासिब है। तुम इतनी कम उम्र हो, तुम्हें क्यों मिला, यही तुम्हारा क़सूर है। अगर तुम्हें कोई पुरस्कार-टुरस्कार नहीं मिला होता, तो मुमकिन है, आज तुम्हें थोड़ी-बहुत करुणा नसीब हो जाती।''

''अच्छा, प्रगतिशील आंदोलन को मैंने नुकसान पहुँचाया है या कट्टरवादियों ने? कट्टरवादियों का-पक्ष लेकर, यह सरकार ही उन्हें नुकसान पहुँचा रही है।''

''बदरउद्दीन उमर ने किसी कट्टरवादी या बी एन पी सरकार पर दोष नहीं लगाया है। उन्होंने तो सारा इल्ज़ाम सिर्फ तुम्हारे सिर पर मढ़ दिया है। उन्होंने तो कहा है कि नुकसान तुमने ही पहुँचाया है। तसलीमा, यह मंतव्य सिर्फ उनका ही नहीं है, प्रगतिशील आंदोलन के बहुतेरे नेताओं ने यही बात कही है। जिन लोगों को तुम अपना दोस्त समझती थीं, उन लोगों ने ही यह बात कही है।''

''यह भला कैसे मुमकिन है? मैंने तो देश के मंगल के लिए लिखा था। मैंने तो वैषम्यहीन, समाज का सपना देखा था। मैंने एक सेकुलर राष्ट्र के लिए आंदोलन छेड़ा था।''

''काज़ी शाहिद अहमद, 'आजकेर कागज' के लिए तुम्हारी रचनाओं की फर्माइश करते रहते थे। तुम्हारी रचनाओं से उनके अख़बार की बिक्री बढ़ती है—वे तो यही दुहाई देते थे न? तुमने भी उनके अख़बार में नियमित लिखा है। तुम तो उनके अखबार की साप्ताहिक पत्रिका में भी लिखा करती थीं। वे तुम्हें अकसर दावत वगैरह भी देते थे।

अपने उन दोस्तों से, जो तुम्हारी रचनाओं के भक्त थे, उनसे बड़े फख्र से तुम्हारा परिचय कराते थे वही काज़ी शाहिद अहमद, अब क्या करते हैं, तुम्हें पता है? कल उन्होंने एक सभा बुलाई थी। वहाँ तुम्हारे मामले को पूरी तरह वाद देकर, जनकंठ के पत्रकारों के खिलाफ़ जारी किए गए मामले का प्रतिवाद किया। 'आजकेर कागज' अखबार के आज के अंक में वह खबर, विस्तार से छपी भी है। तुम तो 'जाते-जाते दिन' नामक अखबार में भी तो लिखती थीं न? उस अखबार का सबसे प्रिय कॉलम, तुम्हारा ही था। 'जाते-जाते' पत्रिका के शफीक रहमान ने भी वही किया। मीटिंग बुलाई। मीटिंग में 'जनकंठ' के चारों संपादकों पर से मामला हटा लेने का दावा किया, तुम पर ठोंका गया मामला वापस लेने के बारे में कुछ नहीं कहा। इतने सालों से जो-जो साप्ताहिक पत्रिकाएँ, हर हफ़्ते तुम्हारी तस्वीर और ख़बर छापकर, अपना धंधा चलाते थे, उन सब पत्रिकाओं के संपादकों ने भी उन पत्रकारों की रिहाई की माँग की। उन पर दायर किया गया मामला वापस लेने की सिफारिश की। तुम्हारे दम पर कारोबार चलाते रहे, पैसे कमाते रहे और जब विरोध का वक्त आया, तो उन्होंने और किन्हीं लोगों के लिए अपनी जिम्मेदारी महसूस की! तुम्हें वाद दे दिया। सच तो यह है कि वे लोग 'जनकंठ' के उन पत्रकारों से अपने व्यक्तिगत परिचय की वजह से, उनके पक्ष में प्रतिवाद नहीं कर रहे हैं, बल्कि इसलिए कर रहे हैं क्योंकि वे लोग अन्याय के खिलाफ प्रतिवाद करने की अपनी जिम्मेदारी समझते हैं। यह सब लिखकर, कट्टरवादियों के निरंतर अत्याचार बर्दाश्त करके, तुमने कुछ भी अर्जित नहीं किया, तसलीमा! सारा कुछ शून्य था! तुम्हारी जिंदगी में घटाव ही घटाव मिला, जोड़ की जगह शून्य ही जमता रहा।''

''तो क्या मेरे खिलाफ मामला, कोई अन्यायपूर्ण मामला नहीं है?''

''उन्हें ऐसा नहीं लगता। 'जनकंठ' एक शक्तिशाली प्रतिष्ठान है और तुम ठहरीं निरी अकेली! सरकार और कट्टरवादी, दोनों ही तुम्हारे सिर पर तलवार ताने खड़े हैं, लेकिन 'जनकंठ' से कट्टरवादियों और सरकार का ख़ास विरोध कभी नहीं होगा। राजनैतिक कारणों से ही नहीं होगा। वे किसी न किसी वजह से एक दूसरे के पूरक हैं। इसके अलावा 'जनकंठ' के पीछे बहुत बड़ी ताकत है—अवामी लीग! इसलिए बयान देने वाले, किसी एक ताकत के पीछे गए, किसी स्रोत के पक्ष में गए। जो अकेली है, जिसका पक्ष लेना, मुसीबत को दावत देना है, कट्टरवादी सच ही जिसके विपक्ष में हैं, सरकार भी जिसे बर्बाद करने में लगी है, उसके पक्ष में कुछ भी नहीं कहा जा सकता। वर्ना कुरान की अवमानना के इस मुद्दे पर, प्रगतिशील लोग एकतरफा बातें क्यों कर रहे हैं? अगर वे यह कहें कि तुम्हारा लेखन उन्हें पसंद नहीं है, तो क्या होगा? भई राय या ख्याल फर्क़ हो सकते हैं, लेकिन जिस वजह से तुम्हारे खिलाफ मुकदमा दायर किया गया है, वह तो बेशक, अन्यायपूर्ण मामला है। यह क्या वे लोग नहीं जानते? बिल्कुल जानते हैं! जिन विवेकवान और नीतिवान लोगों को तुम्हारा लेखन पसंद नहीं है, वे लोग तुम्हारे खिलाफ दायरे किए गए मामले

का समर्थन क्यों करते हैं?''

''मुझे तो कुछ समझ में नहीं आ रहा है! सारा कुछ कैसा तो अजीब लग रहा है!''

''अजीब तो था ही, बस, तुमने ही पहले समझने में भूल की। कल जमात की आम सभा हुई! अब, वे लोग 'जनकंठ' के खिलाफ कुछ भी नहीं कह रहे हैं। वे लोग भी अब समझ चुके हैं कि 'जनकंठ' के खिलाफ गला फाड़ने से कुछ भी हासिल नहीं होगा। हाँ, लाभ होगा, तसलीमा की फाँसी की माँग करके। इसी से काम बनेगा। सबका समर्थन मिल जाएगा। वे लोग तुम्हें फाँसी पर लटकाना चाहते हैं, खुलेआम ऐलान कर रहे हैं कि वे लोग तुम्हें जान से मार डालेंगे। इसके बावजूद सरकार चुप है! सब चुप हैं। इस मौके का फ़ायदा उठाते हुए, जमाती लोग 'ब्लासफेमी' क़ानून बनाने की माँग कर रहे हैं! चुप्पे लोगों ने क्या एक बार भी यह सोचा कि अगर यह क़ानून बन गया, तो देश की क्या हालत होगी? हो सकता है, लोगों ने यह सोचा हो कि वे लोग तो तसलीमा की तरह हद से बाहर जाकर नहीं लिखते, वे लोग पार पा जाएँगे। संसद में इसका भला कौन विरोध करेगा? कोई भी नहीं! यह बिल बड़ी आसानी से संसद में पास हो जाएगा।''

''मुझे विश्वास नहीं होता कि इस क़िस्म का खौफनाक क़ानून, आसानी से पास हो जाएगा।''

''ब्लासफेमी की सज़ा तो मृत्युदंड है। जिस-तिस को जब-तब यह इल्ज़ाम थोप दिया जाएगा कि उसने ब्लासफेमी यानी कुफ्र किया है। पाकिस्तान ऐसा कर रहा है न? ईसाइयों के खिलाफ भी यही क़ानून इस्तेमाल किया जा रहा है! यहाँ भी गैर-मुसलमानों के खिलाफ यह कानून इस्तेमाल किया जाएगा। यहाँ भी जो लोग फतवे के खिलाफ बोलेंगे, जो भी लोग शरीयत क़ानून की आलोचना करेंगे, उसके लिए फट् कहा जाएगा, उसने कुफ्र किया। कट्टरवादी के अलावा, तब और कौन रिहाई पाएगा?''

''संसद में विरोधी पार्टी, इसे हरगिज क़ानून नहीं बनने देगी।''

''सुनो! शेख हसीना ने आज सरकार के इस मामले में जिसके तहत 'जनकंठ' के दो पत्रकारों को गिरफ्तार किया गया है, उन दोनों की रिहाई की माँग की है। उनके खिलाफ हुलिया हटाने की भी माँग की है। उन लोगों के साथ झमेला करने के लिए उन्होंने सरकार की तीखी निंदा की है। शेख हसीना ने उन चारों पत्रकारों का नाम उल्लेख करते हुए, उनके खिलाफ मुकदमा वापस लेने की माँग की है। उन्होंने साफ-साफ उन चारों के नामों का उल्लेख किया है, ताकि कोई भूल से भी यह न समझ ले कि वे तुम्हारे मुंकदमे के लिए भी विरोध कर रही हैं। अगर यही हैं विरोधी पार्टी की नेता, तो क्या तुम्हें उम्मीद है कि संसद में जब तुम्हें फाँसी देने के लिए 'ब्लासफेमी' क़ानून लाया जाएगा, तब वे विरोध करेंगी? नहीं, वे विरोध नहीं करेंगी।

वे विरोध इसलिए नहीं करेंगी कि तब वे इस्लाम-विरोधी के तौर पर चिह्नित की जाएँगी। इसकी एक और भी वजह है। बीएनपी जैसे जमात को खुश करना चाहती है, अवामी लीग भी इसी कोशिश में जुटी है। आजकल जमात के पौ बारह हैं। जमात, आजकल दोनों की नाक में नकेल डालकर नचा रही है। सच तो यह है कि दोनों पार्टियों को जमात की ज़रूरत है। जो भी पार्टी, जमात को अपना संगी बनाएगी, उस पार्टी की ताकत विपक्ष से ज़्यादा होगी। देखो, बुद्धिजीवी लोगों ने पत्रकारों के खिलाफ मामले का विरोध किया, लेकिन उन लोगों ने ब्लासफेमी क़ानून जारी करने के लिए कट्टरवादियों की चीख-पुकार के खिलाफ, ब्लासफेमी क़ानून के खिलाफ कोई आवाज़ नहीं उठाई। किसी भी बुद्धिवादी की तरफ से विरोध नहीं उठेगा, क्योंकि वे लोग इस बारे में बिल्कुल निश्चित हैं कि ब्लासफेमी जैसा अपराध, वे लोग कभी नहीं करेंगे। वे लोग अपनी ब्लासफेमी अपने पेट में ही दबाए रखेंगे। एकमात्र तसलीमा ही अपने कुफ्र की बात अपने पेट में नहीं रख सकती, उगल देती है। इसलिए इस ब्लासफेमी के खिलाफ क़ानून, सिर्फ तसलीमा के लिए ही ज़रूरी है।''

''लेकिन, फर्ज़ करें, यह कानून अगर बहाल हो गया, तो उन लोगों को भला छोड़ देगा?''

''नहीं! नहीं छोड़ेगा! लेकिन वे लोग शायद यह सोच रहे हैं कि उन लोगों को छोड़ दिया जाएगा। शायद, सच ही छोड़ भी दिया जाए, क्योंकि वे लोग तसलीमा की तरह बुद्धू नहीं हैं। वे लोग सोच-समझकर बातें करते हैं। तुम अकेली हो, तसलीमा। तुम्हारे साथ कोई नहीं है! तुमने सोचा था कि धार्मिक गँवारपन, अंधकार, अशिक्षा, कट्टरवाद—यह सब जैसे वे लोग मिटाना चाहते हैं, वैसे ही तुम भी मिटाना चाहती हो। तुमने सोचा था कि तुमने जो नहीं कहा, उसकी बुनियाद पर सरकार ने जो तुम्हारे खिलाफ मामला किया है, हुलिया जारी की है, सरकार के इस अन्याय के प्रतिवाद में, सभी उठ खड़े होंगे। तुम्हें उम्मीद थी कि कट्टरपंथी तुम्हारी फाँसी की माँग करते हुए यह जो देश भर में तांडव करते फिर रहे हैं, ऐसे दुःसमय में प्रगतिशील शक्ति तुम्हारा समर्थन करेंगी। विचार भले अलग हों, मगर वाक्-स्वाधीनता के लिए ही वे लोग तुम्हारे पक्ष में भिड़ जाएँगे। लेकिन यह तुम्हारी गलतफहमी थी। तुम्हारे साथ कोई नहीं है। तुम अकेली हो! तुम अकेली ही कट्टरवादी ताकतों से लड़ रही थीं! तुम अकेली हो, तसलीमा, तुम्हारा कोई नहीं है। इन दिनों तुम्हें अगर फाँसी दी जाए, तो जिन लोगों को तुम अपना दोस्त समझती थीं, सोचती थीं, तुम सबके साथ एक ही जंग में शामिल हो, वे ही लोग दूर खड़े, तुम्हारी फाँसी का तमाशा देखेंगे। तुम क्या समझती हो कि कट्टरवादी लोग तुम्हारी हत्या कर रहे हैं? न्ना! तुम्हारी पीठ पर छुरा कोई कट्टरपंथी नहीं बिठा रहा है। कट्टरवादी तो सड़कों पर उतरते हैं। वे लोग नेपथ्य में खड़े रहते हैं। अपने प्रगतिशील होने का दावा तो, वे सब मक्कार और ढोंगी लोग करते हैं। जिन्हें तुम अपना समझती थीं, वे धूर्तलोग! कितना बड़ा मक्कार और बनावटी होने पर, आज

प्रगतिशील राजनीतिविद्, लेखक, बुद्धिजीवी, शिल्पी, कोई भी तुम पर सरकारी और कट्टरवादी जघन्य, भयावह हमलों का विरोध न करके, 'जनकंठ' के पत्रकारों पर हमले का विरोध करते हैं। वे पत्रकार आखिर कौन हैं? अब तक उन लोगों ने ऐसा कौन सा कमाल दिखाया है? उनकी रचनाएँ कितने लोगों ने पढ़ी हैं? कट्टरवादियों के खिलाफ क्या उन लोगों ने कोई चुनौती दी थी? उन लोगों ने समाज को आखिर कितना-सा बदलना चाहा? समाज के अंधत्व को उन लोगों ने आखिर कितना कम किया? तुम्हारे प्रगतिशील, प्रतिवादी, दोस्तों से उन लोगों से आखिर कितनी घनिष्ठता थी? वे लोग क्या किसी भी कट्टरता विरोधी या साम्प्रदायिकता-विरोधी आंदोलन में कोई नाम बन सके? जो लोग मुझे वाद देकर, उन लोगों के लिए टसुए बहा रहे हैं, उन लोगों ने क्या उन लोगों की रचनाएँ पढ़ी हैं? उन लोगों को पहचानते हैं? वैसे यह भी सच है कि सारा ने उन लोगों के विरुद्ध अन्याय किया है। सरकार के इस आचरण के खिलाफ प्रतिवाद तो ज़रूर करना होगा, लेकिन कल या आज जो बयान दिए गए हैं, उनमें एक साथ पाँच लोगों के नाम का उल्लेख क्यों नहीं किया गया? उन लोगों को अलग करके, सिर्फ उन्हीं लोगों की रिहाई क्यों माँगी गई? क्यों सिर्फ उन्हीं चार लोगों की वाक्-स्वाधीनता की बात कही गई? तुम्हें ही वाक्-स्वाधीनता का शायद कोई हक़ नहीं है! जिस दिन उन लोगों के खिलाफ मामला ठोंका गया, उसके अगले दिन ही उनके समर्थन में सैकड़ों-सैकड़ों बयान आखिर कैसे इकट्ठे हो गए? तुम्हारे लिए रिहाई की माँग क्यों नहीं की गई? तुम्हारे पक्ष में कोई भी खड़ा नहीं होना चाहता। चलो, तुम्हारे पक्ष में न सही, कोई बात नहीं । लेकिन तुम पर अन्याय के विपक्ष में भी तो खड़े नहीं होना चाहते। क्यों नहीं चाहते, पता है? इसलिए कि तुम अकेली हो। मैं फिर कहती हूँ। बार-बार कहती हूँ कि तुम निचाट अकेली हो! इतनी-इतनी बार, तुम्हारे आगे ये बातें दोहरा रही हूँ, क्योंकि तुम यकीन ही नहीं करना चाहतीं कि तुम अकेली हो। 'जनकंठ' अख़बार अकेला नहीं है। वह एक बहुत बड़ी ताकत है। ताकतवर का पक्ष लेने में कोई भी जोखिम नहीं होता। कमजोर का पक्ष लेने में ख़तरा है! तुम्हारे साथ आज बहुतेरे लोग, मानसिक तौर पर तुम्हारे साथ हैं, लेकिन अपने बयानों में नहीं, खुलेआम नहीं! तुम खूबसूरत हो! जवान हो! तुम्हारे साथ मानसिक तौर पर ही रहना, सुरक्षित जो है!"

"फिजूल की बकवास न करो। मानसिक तौर पर साथ होना ही तो सबसे बड़ा साथ होता है। मैं जानती हूँ कि वे मेरे साथ हैं। वे मेरे लिए चिंतित हैं। वे लोग मुझे प्यार करते हैं।"

"मानसिक तौर पर तुम्हारे साथ हैं भी, तो फिलहाल तुम्हें क्या फ़ायदा है? अभी तुम्हें बयान की ज़रूरत है। समर्थन चाहिए, वर्ना तुम्हारा वकील तुम्हारे लिए कुछ भी नहीं कर पाएगा। अखबारों में बयानों के माध्यम से आंदोलन के जरिए, एक ही क़िस्म के मामले के आसामी जनकंठ के पत्रक़ारों के साथ हैं। और तुम्हारे संग एकांत, गोपन में, महज मानसिक तौर पर तुम्हारे साथ हैं। शम्सुर रहमान ने

कहा है कि—चूँकि दस्तख़त करने वाले लोग नहीं मिले, इसलिए तुम्हारे पक्ष में बयान नहीं दे सके। मैं पूछती हूँ—बयान देने के लिए वे अकेले ही बड़ी हस्ती नहीं हैं? सुनो, तुम जैसी बदनसीब और कोई नहीं है। उन्होंने तुम पर एक कविता लिखी है। शारदीया 'देश' में छपवाने के लिए, वह कविता उन्होंने तुम्हें थमा दी थी? तुमने भेजी थी?''

''नहीं, भेज नहीं सकी! मुझे वक्त ही कहाँ मिला? अगले दिन ही तो मेरी गिरफ़्तारी का परवाना जारी हो गया।''

''मेरा ख्याल है अब वे हरगिज नहीं चाहेंगे कि वह कविता कहीं छपे।''

''क्यों नहीं चाहेंगे? ज़रूर चाहेंगे! अपनी कविता भी भला कोई छिपाता है?''

''अब स्थितियाँ कुछ और हैं, तसलीमा! तुम्हारे पक्ष में कविता लिखने या कलाम लिखने में, अब बुद्धिजीवी लोग खौफ खाते हैं। लोग-बाग कहीं बदनाम न करें, इसलिए डरते हैं। लोग कहीं छिः-छिः न करें। तुम संख्यालघु लोगों के पक्ष में उठ खड़ी हुईं, सुरंजन लोगों की तकलीफ देखकर रो पड़ीं। लेकिन तुम क्या जानती हो, तुम सुरंजन लोगों से भी ज्यादा असहाय हो। सुरंजन जैसे जो लोग देश छोड़-छोड़कर जा रहे हैं, उन लोगों का जीवन क्या तुमसे ज्यादा अनिश्चित और असुरक्षित है? इन दिनों तुम संख्यालघु से भी बड़ी संख्यालघु हो! जो लोग मुसीबत में हैं, तुम उन लोगों से हज़ारों गुना ज्यादा मुसीबत में हो। तुम्हें और ज्यादा ताज्जुब होगा, जब तुम यह सुनोगी कि जिन हिंदू, बौद्ध, ईसाई समितियों ने आज 'जनकंठ' के पत्रकारों के पक्ष में बयान दिया है, उन लोगों ने तुम्हारा कोई जिक्र नहीं किया। तुम्हारी इज़्ज़त कोई नहीं करता, तसलीमा! तुम इंसानों के लिए ख़ामख़ाह ही लिख रही हो। लोग तुम्हें प्यार नहीं करते, तसलीमा! तुम देश-देश करके मरी जाती हो, लेकिन इस देश ने तुम्हें क्या दिया? देश ने तुम्हें नफरत दी, अवज्ञा दी और बहुत जल्दी ही तुम्हें फाँसी दे देगा। अगर तुम फाँसी की रस्सी से बच सकती हो, तो तुम इस देश में मत रहो, तसलीमा! छोड़ दो यह देश!''

''कहाँ जाऊँ?''

''किसी और देश चली जाओ। यह देश तुम्हारे लायक नहीं है या फिर तुम ही इस देश के लायक नहीं हो। तुम किसी सभ्य देश में चली जाओ।''

''क्यों जाऊँ? मुझे क्या इस देश में कोई भी, थोड़ा-सा भी प्यार नहीं करता?''

''प्यार तो करते हैं, तुम्हें वे लोग प्यार करते हैं, जिनकी तरफ तुमने कभी पलटकर भी नहीं देखा। जिन्हें प्यार करने की तुम्हें कभी फुर्सत ही नहीं मिली। तुम तो हमेशा अपने प्रगतिशील कवि, साहित्यकार दोस्तों में ही मगन रहीं! तुम अपने लिखने में डूबी रहीं। तुम हरदम दूसरों का भला करने में व्यस्त रहीं! तुम्हें प्यार करते हैं, तुम्हारे अब्बू, तुम्हारी अम्मी, तुम्हारे भाई-बहन! तुम्हें क्या कभी वक्त मिला है? जो लोग तुम्हें निःस्वार्थ भाव से प्यार करते हैं, कभी, पल भर के लिए उनके बारे

में सोचने की, तुम्हें फुर्सत मिली? तुम्हारे अब्बू के चेम्बर में, तुम्हारे खिलाफ़ पोस्टर चिपकाए गए हैं; उनकी नज़रों के सामने से ही जुलूस गुजरते रहते हैं। जिस किसी पल तुम्हारे अब्बू पर हमला हो सकता है, इसलिए कि वे तुम्हारे अब्बू हैं। जाने-पहचाने बहुतेरे दोस्तों ने तुम्हारे अब्बू के यहाँ जाना-आना बंद कर दिया है। मरीज भी उनके पास अपने इलाज के लिए नहीं आते। तुम्हारे अब्बू ने बताया कि अब उन्हें लोगों से सिर्फ घृणा मिलती है। इसके बावजूद उन्होंने तुम्हारा समर्थन किया है! तुम्हारे भाइयों के दोस्त-यार भी अब छूटते जा रहे हैं। तुम्हारे भाइयों के बच्चे जब स्कूल में होते हैं, तो उनके सहपाठी, स्कूल के छात्र उन पर छिः-छिः करते हैं। उन बच्चों पर बातों के तीर बरसाते हैं—तेरी बुआ को तो ज़ेल में ठूँस दिया जाएगा; तेरी बुआ को फाँसी लगेगी। घर का कोई भी बंदा, मारे शर्म के, घर से बाहर नहीं निकल पाता। तुम्हारी बहन की नौकरी अब, गई ही समझो, क्योंकि वह तुम्हारी बहन है! सभी लोग तुम्हारे लिए यंत्रणा भोग रहे हैं। इसके बावजूद वे लोग असंभव रूप से तुम्हें प्यार करते हैं। तुम अब्बू की ही बात सोचो न! वे जब रोगी देखकर, आधी रात के वक्त, चेम्बर से घर लौटते हैं, तब अकेले ही लौटते हैं न! उस वक्त अगर कोई पीछे से उनकी पीठ में छुरा घोंप दे! किसी भी दिन, तुम पर रुष्ट, धर्मांध लोग यह हरकत कर सकते हैं! तुम्हारे भाईजान का भी वे लोग यही हाल करेंगे। तुम्हारे भाईजान भी तो अपनी दवाओं की दुकान बंद करके, रात गए, पैदल-पैदल ही तो घर लौटते हैं! मयमनसिंह में धर्मांध लोगों की सभाएँ हो रही हैं, जुलूस निकाले जा रहे हैं। वे लोग तुम्हारे अब्बू और भाई को पहचानते हैं। तुम्हारे भाई के बेटे, शुभ को स्कूल से घर लौटते हुए, किसी दिन, कोई उठा लेगा और किसी हौज या खड्डे में उसे डुबाए रखेगा। और ढाका में, शांतिनगर वाले तुम्हारे घर में? तुम्हारी बहन सड़क पर निकली नहीं कि उसे जान से मार डालेंगे या फिर घर में घुसकर उसे छुरा घोंप दें, तो क्या होगा? छुरा घोंपना तो उन लोगों के लिए दाल-भात जैसा है। तुम अखबार पढ़ो न, कितने ही लोगों को, उन लोगों ने इसी तरह छुरा घोंपकर मार डाला! जो कोई भी उन्हें नापसंद हुआ, जिन पर भी उन्हें गुस्सा चढ़ा, वे लोग उसे जिबह कर डालते हैं। शिविरों के संत्रास से आज तमाम विश्वविद्यालय तक मारे दहशत के थर-थर काँपते रहते हैं। गर्दन तराशना, नसें काटकर अलग कर देना, छुरा घुसेड़ देना, क़त्ल कर देना, उन लोगों के लिए दाल-भात है। किसी दिन तुम अख़बार के पन्नों में पढ़ोगी, पिछली रात तसलीमा के घर में घुसकर, हथियारबंद नौजवानों के एक गिरोह ने उसकी माँ-बहन, भाई-भतीजी को जिबह कर डाला! तुम्हें यह आशंका नहीं होती? यह देश छोड़कर चली जाओ।''

''अपना यह प्रिय देश छोड़कर, अपने शैशव और किशोर उम्र की यादों को अलविदा कहकर, अपनी प्रिय नदी, मैदान, पेड़...सबकुछ छोड़-छाड़कर....''

''कितने ही लोग अपना देश छोड़कर चले जाते हैं। क्या फ़र्क़ पड़ता है? जिस

देश के लोग तुम्हें प्यार नहीं करते, उस देश में रहने-बसने का तुम्हारा मन कैसे करता है, मुझे तो यह समझ नहीं आता।''

''लेकिन, मैं भागना नहीं चाहती।''

''भागने की तो तुम्हारे लिए राह भी नहीं बची। तुम कहीं भी सुरक्षित नहीं हो! न जेल में, न अदालत में! भागने की भी कोई राह नहीं है। जमानत पाने की तो तुम उम्मीद ही मत करो। जमानत लेने के लिए अदालत जाना होता है। अदालत में तुम्हारी सुरक्षा कहाँ है? तुमने क्या सोचा है, पुलिस वहाँ तुम्हारी हिफ़ाज़त करेगी? पुलिस जिसे गिरफ़्तार करने के लिए चप्पा-चप्पा सूँघती फिर रही है, वह तुम्हें भला क्या सुरक्षा देगी? बल्कि पुलिस ही तुम्हें लाखों-लाखों निर्मम पंजों के हवाले कर देगी। वे पगलाए हुए मुल्ला-कुत्ते तुम्हें नोच खाएँगे और तुम्हारे दोस्त लोग दूर खड़े, मज़ा लेते रहेंगे। जैसे पिछले साल पुस्तक मेले में तुम पर हमला हुआ था, तो तुम्हारे दोस्त-साथी दूर खड़े तमाशा देखते रहे थे और, सुनो पुस्तक मेले के उस हमले से, इस हमले की तुलना तो करना मत! यह हमला, उस हमले से लाख गुना भयंकर होगा। वाक-पक्षी की तरह तुम अचानक अदालत पहुँचकर जमानत पाना चाहोगी। तुम्हारे वकील ने तुम्हें आश्वासन दिया है कि वे तुम्हारी जमानत के लिए हाईकोर्ट जाएँगे। जाओ, अदालत जाओ, बेमौत मरो। तुम क्या सोचती हो, मुल्लों को तुम्हारे जाने की ख़बर नहीं मिलेगी? तुम बुद्धू हो, तुम्हें समझ नहीं आ रहा है? ख़बर तो अदालत ही उन्हें दे देगी। जमाते इस्लामी पार्टी के कितने ही लोग यहाँ जज के रूप में मौजूद हैं, तुम्हें ख़बर नहीं? कितने ही मुल्ले, वकील हैं, नहीं जानतीं? शयखुल हदीस दल, अमीनी दल, यंग मुस्लिम सोसाइटी को यह ख़बर अदालत के लोग ही दे देंगे। जेल चली जाओगी? जेल में भी तुम भला कैसे बचोगी? वहाँ भी तुम्हारे तन-बदन पर दाँत गड़े होंगे। चोर-छिछोरों तक को अपने धर्म के प्रति अतिशय अनुराग होता है। बात यह है कि तुम कहीं भी सुरक्षित नहीं हो। इन सबके बावजूद अगर तुम्हारा ज़िंदा बचना संभव हुआ, तो इस देश में हरगिज मत रहना! लोग तो मरेंगे ही, तुम भी मरोगी। भई, चाहे जो भी करो, इन मुल्लों के हाथों अपनी जान मत गँवाना! तुम अगर देश में रहीं, तो किसी न किसी दिन वे लोग ज़रूर तुम्हें मार डालेंगे।''

''चलो, सच के लिए अगर जान भी गँवाना पड़े, तो मर लूँगी।''

''बड़ा गैलिलिओ-गैलिलिओ हो गई हो अपने को बड़ा जियोदार्नो ब्रूनो समझ रही हो? याद रखो, इस धरती पर अनेक लेखकों पर जुल्म हुए हैं, उन सबने निर्वासन में ही ज़िंदगी बसर की है। तुम अकेली नहीं हो।''

''नहीं, मैं निर्वासन में नहीं जाऊँगी। डॉक्टर कमाल हुसेन मेरे लिए लड़ेंगे। वे बहुत बड़े बैरिस्टर हैं।''

''देखो! तुम्हारा वकील हताश होते-होते लोगों का धिक्कार झेलते-झेलते, धमकियाँ सुनते-सुनते, तुम्हारे मुकदमे से कहीं खिसक न ले, ऐसा कुछ होना, अब

असंभव भी नहीं, तसलीमा।''

''मेरे तो ढेरों-ढेरों पाठक थे। मेरे पाठक, मुझे प्यार भी करते थे। कितनी-कितनी औरतें थीं। वे औरतें भी क्या अचानक मेरी विरोधी हो उठी हैं? जरूर ऐसा नहीं है।''

''तुम आम इंसानों की बात कर रही हो न? तुम्हें ख़बर नहीं हुई, आम इंसानों में भी तुम्हारा समर्थन अब घट गया है। हाँ, किताबें शायद ज्यादा बिकी हैं। तुम्हारी किताबें तो मुल्ला लोग भी खरीदते हैं। इसके अलावा, बिल्कुल अचानक ही तुम्हारे पाठकों का समर्थन भी काफी कम हो गया है।''

''क्यों?''

''कुप्रचार, तसलीमा, कुप्रचार! चटखारेदार किस्से-कहानियों वाली पत्रिकाओं में, कट्टरवादी और सरकारी प्रचार माध्यमों में तुम्हें लेकर हजारहा गप-किस्से रचे-गढ़े जा रहे हैं, तुमने नहीं देखा? जो तुमने नहीं लिखा, उसी का उदाहरण देकर, तुम्हारे नाम पर चलाया जा रहा है। तुमने बीजेपी से 45 लाख रुपए लिए हैं, किसी-किसी ने तो यह दावा किया है कि तुमने 48 लाख रुपए वसूल किए हैं और इसके बदले में 'लज्जा' लिखी है। आनंद बाजार ने तुम्हें इस्लाम-विरोधी लिखने के लिए, 30 लाख रुपए थमा दिए और सॉल्ट लेक में एक मकान भी देनेवाले हैं। तुम देशद्रोही हो, तसलीमा, रॉ की एजेंट हो। भारत से रुपए पाकर, तुमने देश में घर-मकान, गाड़ी खरीदी। तुम चाहती हो, औरतें अपनी घर-गृहस्थी तोड़-फोड़ डालें। तुमने औरतों को बर्बाद कर डाला। तुम फ्री-सेक्स में विश्वास करती हो। तुम मर्दों का बलात्कार करना चाहती हो। एक सौ एक मर्दों के साथ तुम्हारे नाजायज रिश्ते हैं। तुम यौन-संबंधों की आजादी चाहती हो। सरकारी दैनिक अखबारों ने ये खबरें पहले पन्ने पर, काफी अहम ढंग से छापी हैं। इन सब कुप्रचारों से तुम्हारे पाठक काफी कम हो गए हैं।''

''लेकिन, जो लोग यह सब सुनकर भी मेरा लेखन पसंद करते हैं, वे लोग आज कहाँ हैं?''

''वे लोग भी हैं। चुपचाप अपने-अपने घरों में बैठे हैं। वे लोग संगठित नहीं हैं। वे लोग बयान देने लायक व्यक्तित्व वाले नहीं हैं। प्रतिवाद करने लायक संगठन का जोर भी उनमें नहीं है। इन सबके ऊपर एक और बात—भय! बहुत से लोग सामने आने में खौफ़ खाते हैं! ऐसे लोगों की ही तादाद ज्यादा है। ऐसे लोग तो जुबान खोलने से भी डरते हैं। तुम्हारा लेखन पसंद हो, तब भी मुँह नहीं खोलेंगे! तुम्हारे प्रति अन्याय हो रहा है, यह देखकर भी किसी के आगे यह क़बूल नहीं करेंगे। भई, जिन्हें सामने आने में कोई डर-भय नहीं है, जिनके खूँटे का जोर काफी मजबूत है, जब ऐसे लोग ही खामोश हैं, तब औरों को दोष देने से क्या फ़ायदा? अभागी तो तुम हो तसलीमा! चार पत्रकारों के लिए आज लोग प्यार और ममता से आँसू बहा रहे हैं, सिर्फ तुम्हारे लिए ही ऐसा कोई नहीं है, जो तुम्हारे बारे में दो अक्षर बोल ले! सुनो, तुम लिखना-विखना छोड़ दो, तसलीमा! अब मत लिखा करो।''

"असंभव! मैं लिखना नहीं छोड़ सकती।"

"लेकिन, तुम क्यों लिखो, भई? किसके लिए लिखो? जो लोग तुम्हें जेल में ठूँसने को आमादा हैं; फाँसी पर लटकाने को तैयार हैं, उन लोगों के लिए? तुम इतनी उदार क्यों होने लगीं? हत्यारों के चरणों में फूल क्यों चढ़ाओ, बताओ? अगर तुम जिंदा रहीं, यह लिखना-विखना छोड़ो! खत्म करो, लिखना! लेकिन इस देश में नहीं, किसी और देश में।"

"नहीं, ऐसा तो मैं सोच भी नहीं सकती।"

"लेकिन, अब तुम्हें सोचना पड़ेगा, तसलीमा! इस देश में अब तुम्हारे खड़े होने की कोई जगह नहीं है। तुम्हें देशान्तरी होना ही होगा। अगर तुम गँवारों की तरह मरना चाहती हो, तो पड़ी रहो इस देश में और मरो! सपरिवार मरो! लेकिन मेरी सलाह मानो तो अ-लेखक, अ-विप्लवी होकर जिंदा रहो! न कोई झूठ-झमेला, न धमकी-हुंकार! न जेल, न फाँसी! न अख़बार, न साक्षात्कार! अब तुम ऐसी ही शांत, स्निग्ध, निश्चित शांति की जिंदगी चुन लो।"

"विदेशों के कई मानवाधिकार संगठन, कई लेखक संगठनों ने प्रधानमंत्री को मुझे सुरक्षा देने की अपील की है।"

"छोड़ो, छोड़ो! विदेशों के सारे आवेदन, अपील रद्दी की टोकरी में फेंक दी जाती हैं। तुम जाकर देखो तो सही, देश का क्या हाल है, यही बड़ी बात है! अरे, भई पहले अपना घर तो सम्हाल लो, फिर बाहर देखना! पहले अपनी गद्दी तो सम्हालो, उसके बाद और कुछ! अच्छा, बताओ तो, हॉलीडे के सम्पादक इनायतुल्लाह ख़ान क्या कट्टरवादी हैं?"

"न्ना!"

"आज उन्होंने अपने अखबार में तुम्हारी 'लज्जा' किताब की समीक्षा छापी है। भूमिका में संपादक हज़रत ने लिखा है कि तुम बीजेपी की तरफ हो। तुम साम्प्रदायिक हो। तुमने देश की सांप्रदायिक सद्भावना को तबाह करने को अपना मिशन बना लिया है! इस वक्त, ये सब बातें लिखने का क्या मतलब है, तुम्हें पता है? लोगों को भड़काना! तुम्हारे पीछे मुल्लाओं को लगा देना! सरकार को ईंधन जुटाना! तुम अगर जेल चली गईं, तुम्हें फाँसी हो जाए, तो ये ही लोग सबसे ज्यादा खुश होंगे। ये लोग ही ज्यादा तालियाँ बजाएँगे। क्यों? अब चुप क्यों हो गईं? क्या सोच रही हो?"

"नहीं, मैं कुछ सोच नहीं रही हूँ।"

"सोच रही हो! कुछ-कुछ तो सोच ही रही हो। तुम सोच रही हो कि तुम्हारे कंप्यूटर के हार्ड-डिस्क का क्या होगा? अक्षर-अक्षर लिखा हुआ! तुम सोच रही हो कि वे सब लिखे हुए स्क्रिप्ट, पुलिस कहीं मिटा न दे! चलो, छोड़ो तुम्हारा लिखा हुआ नष्ट हो जाने दो! ले जाए पुलिस! लिखने के बारे में सोचना छोड़ दो। मैं फिर

आगाह करती हूँ, अगर जिंदा बच गईं, तो और कुछ भले होना, लेखिका बनने की हरगिज न सोचना! उम्मीद है, लेखिका बनने का चाव, अब पूरा हो चुका होगा। लेखिका बनकर, तुमने अँधेरा दूर करना चाहा था, लेकिन देखो न, यह अँधेरा ही पूरे दम-ख़म से तुम्हें निगल गया। सभी लोग बाहर, रोशनी में चल रहे हैं, मजा कर रहे हैं, अकेली तुम ही अँधेरे में पड़ी हो। अब अँधेरा ही तुम्हारा ठिकाना है। लिखकर, तुम्हें यही तो मिला है! यही तो तुम्हारा इनाम है! यहाँ, इस घुटनभरे कमरे में बैठी-बैठी, जेल जाने या क़ब्र में उतरने की तैयारी कर रही हो।''

''लेकिन मेरे तो हज़ारहा सपने थे...''

''सपने! तुम न सच्ची, मुझे हँसाने पर तुली हो! तुम जैसी बेचारी लड़की, सपने देखना भी जानती थी। लेकिन, सुनो, तुम्हारे सपने अब मुर्दा हैं; भूली हुई बात है। अब तुम्हारे सपने कौओं ने कुतर डाले हैं, चील उठा ले गए। तुम्हारे सपने लोगों के थूक-खँखार-खाँसी में लिथड़े पड़े हैं। लोगों के जूतों तले दब-कुचल गए।''

''चुप करो! मुझे ये बातें अच्छी नहीं लग रही हैं।''

''अच्छी भले न लगें, मगर ये सच हैं, यह तुम भी जानती हो। तुम यह भी जानती हो कि तुम हार गई हो। तुम्हें लगा कि काफी थोड़ा-सा ही सही, शायद तुम समाज का कुछ भला कर पाई हो। तुमने सोचा था कि औरत-मर्द की वैषम्यहीनता की बात करके, तुम इस बारे में इंसानों को थोड़ा बहुत जागरूक पाई हो। तुमने सोचा था कि मामूली-सा ही सही, तुम सांप्रदायिकता, कट्टरवाद, अँधेरा, कुसंस्कार दूर करने में कामयाब हुई हो। लेकिन तुम कुछ भी नहीं कर कर पाईं, तसलीमा! तुम भयंकर रूप से हार गई हो। सांप्रदायिकता के खिलाफ किताब लिखकर भी, तुम्हें सांप्रदायिक होने का ही खिताब मिला। जिन लोगों को तुमने अपना हमक़दम माना, उन्हीं लोगों ने तुम्हें कट्टरवाद के हिंस्र पंजों के हवाले कर दिया है। इतनी लंबी लड़ाई का यही इनाम मिला है तुम्हें। इस इनाम को सिर झुकाकर क़बूल करने के लिए कल या परसों किसी क़ैदखाने में दाखिल होगी या फाँसी की कड़ी से झूल जाओगी। तुम निश्चित मौत की तरह रवाना हो जाओगी। तसलीमा, मुझे तुम पर बेहद तरस आता है। बेभाव तरस आता है। तुम जैसी बदक़िस्मती लेकर दुनिया में कहीं, कोई पैदा न हो।''

''सुनो, मुझे अकेली छोड़ दो! कोई बात न करो! मुझे तंग मत करो।''

''रहो, अकेली पड़ी रहो! तुम अकेली ही तो है! तुम रो रही हो? चलो, रो लो, तसलीमा, रो लो।''

तकिये में मुँह गड़ाकर मैं फूट-फूटकर रोड़ पड़ी। मेरी रुलाई की आवाज, कहीं सुनाई न दे जाए, इसलिए मैंने अपनी आवाज़ का गला घोंट दिया। जब मैंने अपना सिर

उठाया, तो मेरे कानों में च और उसके बच्चे की आवाज़ सुनायी दी। वैसे इस कमरे में मेरे अलावा और कोई नहीं था। लेकिन एक जन मौजूद था, ज़रूर मौजूद था, जिससे मेरी देर-देर तक बातें होती रही हैं। इस कमरे में वह भी मौजूद था। वह भी वहीं बैठा हुआ था। उसी कुर्सी पर। उसके बाद में वह बिस्तर पर आ बैठा। उसने मुझे छू लिया, मेरे माथे पर अपनी ठंडी हथेली रख दी। हाँ, एक बार, सिर्फ एक बार ठिठका था। उसने खुद ही कहा, मैं जी भरकर रो लूँ! मुझे उम्मीद थी कि कम से कम एक बार वह कहेगा, 'बहुत रो लिया, अब मत रोओ!' हाँ, मुझे लगा था कि वह मेरे कंधे पर हाथ रख देगा।

दरवाजे पर अंदर से सिटकिनी लगी हुई थी। अब वह दरवाजा खुला हुआ था! हैरत है! दरवाज़ा खोलकर, मुझसे बिना कुछ कहे-सुने, वह चुपचाप चला भी गया! लेकिन...एक बार वह कहकर तो जाता।

11 जून, शनिवार।

पिछली चार तारीख को मैंने घर छोड़ा था। जिन कपड़ों में, मैंने घर छोड़ा था, आज भी मेरे बदन पर वही कपड़े मौजूद थे। समूचे तन-बदन में पसीने की बदबू! धूल-पसीने और आँखों के आँसुओं से तन-बदन चिपचिपा हो आया था। असहनीय गर्मी! कमरे में टुकड़ा भर हवा दाखिल होने तक का भी मौका नहीं, मानो मैं धधकते चूल्हे पर बैठी थी। नहीं, बदन की बदबू या चिपचिपाहट दूर करने के लिए नहीं, मैं बदन की आग दूर करने के लिए गुसलखाने की तरफ चली गई। गुसलखाने में न तो साबुन, न तौलिया। न कोई बाल्टी, न लोटा या मग! नल ज़मीन से दो फुट ऊँचा! बदन भिगोने के लिए, नल के नीचे बैठकर, नल-तले बैठकर, बदन भिगोने के अलावा और कोई तरीका नहीं था। इस नल-तले बोल्टू भले गुसल कर ले, यह मेरे वश की बात नहीं थी। मेरी पीठ पर पानी पड़ा, तो सिर नहीं भीगा। इसलिए लाचारी में हाथ-पैर-माथा वगैरह अलग-अलग करके मैंने बमुश्किल बदन को भिगोया। अंजुरी में पानी भर-भर कर सीना और पीठ भिगोया। पानी भी पानी जैसा नहीं था, बल्कि खौलता हुआ था। गुसलखाने की फर्श पर टुकड़ा भर साबुन चिपका हुआ था। यह शायद बोल्टू के कपड़े धोने का साबुन था। वही साबुन, चिमटी से उठा-उठाकर, मैंने अपने बदन पर मल लिया। पूरे बदन पर साबुन रगड़ने से पहले ही, साबुन ख़त्म हो गया। इसके बाद, बदन कैसे पोंछूँ? पहनी हुई साड़ी से बदन पोंछकर, घ का दिया हुआ वह लम्बा लबादा, मैंने अपने बदन पर डाल लिया। 'घ' का दिया हुआ कुर्ता, वह घर छोड़ते हुए, वहीं उतार दिया था। घ ने वह कुर्ता मुझे सौंपते हुए कहा—इसे

ले जाओ। बहरहाल गुसल तो हो गया, मगर इसे गुसल नहीं कहा जा सकता। ऐसे नहाने को क्या कहते हैं, मुझे नहीं पता। गुसलखाने के खौलते पानी से लौटकर, मैं दुबारा धधकते चूल्हे पर आ बैठी। पूरे बदन में चुभती हुई अँधौरियों की खुजलाहट लिए मैं बैठी-बैठी लंबी उसाँसें भरती रही। इसके अलावा मेरे पास और कोई उपाय भी नहीं था। यूँ ही, इसी मुद्रा में बैठे-बैठे मैं किसी का इंतजार करती रही। यह इंतज़ार मुझे इस कमरे में निश्चल और पथराई मुद्रा में बैठे-बैठे करना था। इतने वर्षों से जैसी मेरी आदत थी, किसी के इंतज़ार में दरवाज़ा खोले खड़ी रहूँ या खिड़की खोलकर बार-बार बाहर झाँकती रहूँ, वह आदत मैंने सख्ती से लपेटकर, अपने बिस्तर तले दबा दी। बस, मैंने अपने कान खड़े रखे। किसी के क़दमों की आहट सुनने के लिए, मेरे कान चौकन्ने रहे मेरे कान इतने सजग थे कि बिल्ली के पैरों की आहट भी सुनते रहे।

ङ खुशख़बरी लेकर, दोपहर के वक्त आयीं। आज अखबारों में बुद्धिजीवी लोगों का बयान छपा है। ङ वे सब बयान इकट्ठे कर लायी थीं।

तसलीमा के विरुद्ध मामला, मौलिक अधिकारों का उल्लंघन

कल शुक्रवार को विशिष्ट बुद्धिजीवी लोगों ने एक बयान में कहा कि सरकार ने जानबूझकर, कानून की ग़लत व्याख्या करते हुए, लेखिका तसलीमा नसरीन के खिलाफ जो मामला दायर करके, कट्टरवादी साजिश में हाथ मिलाया है। सरकार के इस आचरण को सचाई, ईमानदारी और नागरिक अधिकारों का हनन मानते हुए, बुद्धिजीवी लोगों ने अपने बयान में इसकी कड़ी आलोचना की है और तसलीमा नसरीन के खिलाफ़ मामला वापस लेने की माँग की। बयान में कहा गया था कि सरकार ने तसलीमा नसरीन पर जो इल्ज़ाम लगाते हुए, मामला दायर किया है, लेखिका ने उस सच से इंकार करते हुए, अपना 'स्टैंड' साफ़-साफ़ जाहिर किया है। लेखिका ने स्पष्ट लहजे में कहा है कि उन्होंने पवित्र कुरान में संशोधन की बात नहीं कही, इसलिए जो बात उन्होंने नहीं कही, उसके जरिए किसी की धार्मिक भावनाओं को आघात पहुँचाने का आरोप अवांतर और अलीक है। यह बात कहने की जरूरत नहीं है कि शरीयत कानून में संशोधन की माँग करना, हर नागरिक का हक़ है और इस दौरान यह माँग कई वर्षों से उठाई गई है। बांग्लादेश महिला परिषद ने इस मामले में सरकार के विधि मंत्रालय में इस बीच बिल भी दाखिल किया है।

कट्टरवादी ताकत के दबाव में आकर सरकार के इस आचरण की हमने निंदा की है और तसलीमा नसरीन के खिलाफ जो मुकदमा ठोंका गया है, उसे फौरन वापस

लेने की माँग की है। हम लेखिका और उसके परिवार की सुरक्षा का यथानुरूप इंतज़ाम करने के लिए, सरकार से माँग करती हैं। ये कट्टरवादी, तसलीमा नसरीन समेत देश के चंद प्रतिष्ठित बुद्धिजीवियों के कत्ल की धमकी देकर नियम-कानून की स्थिति में गड़बड़ी मचा रहे हैं! कानून की हालत बदतर होती जा रही है और सरकार ने इनके खिलाफ किसी सजा का विधान न करके, लेखिका और पत्रकारों के अधिकारों का उल्लंघन किया है। हम इस दुःसह परिस्थिति का अवसान चाहती हैं, हम भयंकर ताज्जुब से देख रही हैं कि जनता-जनार्दन द्वारा निर्वाचित, यह सरकार एक के बाद एक गणतंत्रविरोधी कार्यों में लिप्त होकर, गणतंत्र को क्रमशः विपन्न कर रही है।

इस बयान पर बाईस बुद्धिजीवी लोगों ने दस्तखत किए हैं—के एम सुभान, ख़ान सरवर मुर्शिद, शम्सुर रहमान, कबीर चौधुरी, जिल्लूर रहमान सिद्दीकी, कलीम शराफी, मुमताजउद्दीन अहमद, फैज अहमद, रफीकुननबी, क़य्यूम चौधुरी, अमीनुल इस्लाम, हाशिम खान, मोहम्मद रफ़ीक़, शफी अहमद, हयात महमूद, पन्ना कैसर, असदुज़्ज़मान नूर, अली याकेर, हासन हबीब, नसिरुद्दीन यूसुफ, अख्तरुज़्ज़मान, अली अनवर...।

आज, आठ दिनों बाद यह बयान! इस बीच इन्हीं लोगों ने मेरे मुकदमे के बाद जारी होने वाले मामले के खिलाफ बयान दिया है। मैं ऐसा नाम बन गई हूँ, जिसे अपनी जुबान पर लाते हुए, लोगों को शर्म आती है, डर लगता है। मुझे मालूम है कि जो लोग मेरी वाक्-आजादी के पक्ष में हैं, जो लोग मेरे लेखन से शत-प्रतिशत एकमत हैं, उन लोगों के मन से भी शर्म और ख़ौफ नहीं गया है! सबको यही आशंका है कि पता नहीं लोग क्या कहेंगे! पता नहीं, कौन-सी मुसीबत आ पड़े। बहरहाल, गार्मेण्ट्स के वे सब दरिद्र मजदूर, इन आशंकाओं की परवाह नहीं करते। साजू, जाहिदा, लव्ली वगैरह ने भी बयान दिया, सभाएँ आयोजित कीं। गार्मेण्ट्स के और भी चंद श्रमिकों ने—'हम चंद लोग तसलीमा के पक्ष में'—नामक एक दल बनाया और बार-बार सभाएँ बुलाईं, लीफलेट छापे। लेकिन वे लोग ठहरे अनजान-अपरिचित लोग। इनकी सभाओं और बयानों का कोई मोल नहीं। लेकिन इसके बाद वे लोग बौखला गए और असाध्य साधन की राह उतर पड़े हैं। यह ख़बर जिस दिन उनके कानों में पड़ी, उसी दिन उन लोगों ने विरोध की आवाज़ बुलंद की। आज जिन लोगों ने प्रतिवाद किया, उन लोगों ने सोच-समझकर किया। खैर, उन लोगों ने विरोध किया तो सही, भले तरस खाकर किया हो, मगर किया तो सही! वे चाहते, तो ऐसा नहीं भी कर सकते थे। कल तक जो विषाद मुझे निगलता जा रहा था, वह दूर हो गया। दूर होने के बावजूद, मन से चिंता नहीं मिटी, फिक्र से रिहाई नहीं मिली। इस बयान की वजह से मुझ पर से मुकदमा नहीं हटाया जाएगा, लेकिन मुझे जमानत तो मिल जाएगी न?

ङ ने बताया कि क ने उन्हें इत्तला दी है कि कल सुबह, किसी वक्त, मुझे अदालत में पेश होना पड़े। अचानक अदालत में प्रकट होकर मुझे जमानत माँगना होगी, मेरे वकील ने ऐसा ही इंतजाम कर रखा है। क लगातार मेरे वकील से संपर्क बनाए हुए हैं और तत्कालीन हाल की खबर रख रही हैं। जमानत के लिए, जब मेरी उपस्थिति की ज़रूरत हो, उन्हें सूचित किया जाए, मेरे वकील ने यह भी कह रखा है। तभी क मुझे साथ ले जाने का इंतज़ाम करेंगी।

कल मुझे कितने बजे जाना होगा, कैसे जाना होगा, यह सब मुझे अभी तक नहीं मालूम।

ङ ने कहा, ''असल में पहले से कोई, कुछ नहीं जानता। वकील क को इत्तला देगा और उसके दस मिनट बाद ही हमें चल देना है! हवा में यह ख़बर फैलने से पहले ही वहाँ पेशी देना और जमानत लेकर निकल पड़ना है। जिसे कहते हैं, तूफानी रफ्तार से!''

लेकिन वह रफ्तार कितनी तेज़ होगी। इस बारे में क निश्चित तौर पर कुछ नहीं बता सकतीं। जमानत न होने तक हर पल अनिश्चित है! पता नहीं, जमानत मिलेगी भी या नहीं, हुई तो कब होगी! पता नहीं। यूँ छिपे रहना संभव होगा या नहीं, अगर न हुआ, तो क्या होगा? इन सब सवालों का जवाब कौन देता? पुलिस से सैकड़ों गुने ज्यादा आशंका मुल्लाओं को लेकर थी! आजकल तो घर-घर में मुल्ला मौजूद हैं। इस घर के आस-पास ही कितने मुल्ला बसे हैं, क्या पता? अगर किसी को एक बार मेरी भनक भी मिल जाए, तो इसका क्या नतीजा होगा, ङ और मैं बखूबी अंदाज़ा लगा सकते हैं। ङ चलने को उठ खड़ी हुईं। मैंने उनसे कुछ देर और ठहरने का अनुरोध किया। ङ आधा घंटे तक रुकी रहीं, मगर मुझे एकाध पल ही लगा। क या ङ आ जाती हैं, तो घड़ी का काँटा अचानक उछल-उछलकर पार होने लगता है।

इन दिनों क और ङ के अलावा, मेरा और कौन है? अगर क और ङ न होते, तो जाने कब की मौत मुझे अपने आगोश में खींच लेती! मैं जो पल-पल ज़िंदा हूँ, इसका मतलब है, एक-एक पल क और ङ ही मुझे बचाए हुए हैं!

'अवकाश' में अब्बू के चेम्बर में तीन-तीन बार हमला हुआ। घर और चेम्बर में तोड़-फोड़! मुझे पता नहीं कि अब्बू और भाईजान के बदन पर कितने चपत या कितने राम-दाँव के कोप पड़े! मुझे पता नहीं कि मारे चिंता-फिक्र के, अब्बू का रक्तचाप कितना बढ़ा है। उनके दिल को फिर एक धक्का तो नहीं लगा? उनके दिमाग़ से कहीं खून झरना तो नहीं शुरू हो गया? उन्हें कुछ न कुछ तो ज़रूर हो रहा है। मैंने देखा है, कहीं कोई मामूली-सी भी वजह होती है, तो अब्बू का रक्तचाप इस

क़दर बढ़ जाता है और उनकी ऐसी हालत हो जाती है कि दिल की धड़कन ही रुकने लगती है। रक्तचाप जल्द से जल्द कम करने के लिए दो-तीन निफिडिपिन टेबलेट निगलकर मौत को टालते रहते हैं। इन दिनों अब्बू कैसा भयंकर समय झेल रहे होंगे। उनकी आँखों के सामने से हर दिन उनकी बेटी का क़त्ल करने के लिए विशाल-विशाल जुलूस निकल रहे हैं। उनकी आँखों के सामने ही अवकाश और चेम्बर में दरवाजे पर पोस्टर चिपकाए जा रहे हैं—कुख्यात मुरताद, धर्म-दुश्मन, तसलीमा को फाँसी दो—यह पढ़कर उनका रक्तचाप स्वाभाविक तो नहीं होगा। वे किसी भी पल मौत को टालने में नाकाम हो सकते हैं! अखबारों को क्या सारी खबर मिलती है? ऐसा भी हो सकता है कि उन लोगों ने अब्बू को छुरों की कोप से छलनी कर डाला हो। वे लोग अपने कुर्ते के नीचे ही राम-दांव लेकर घूम-फिर रहे हैं। जाने कितने-कितने लोगों को उन लोगों ने छुरे से छेदकर मार डाला है! उन लोगों ने कुर्बानी की गाय की तरह इंसानों की गर्दन कलम करके, उन्हें जिबह कर डाला है। वे लोग क्या अब्बू को भी जिबह कर देंगे? उन्हें भी कोप-कोपकर मार डालेंगे? जेल से निकलकर क्या मैं अपने अब्बू को नहीं देख पाऊँगी? उफ! मेरे सीने में भयंकर दर्द हो रहा है! सीने से यह यंत्रणा समूचे अंग-प्रत्यंग में फैल गई है। कल बैतुल मुकर्रम से निकाले गए जुलूस में हजारों-हज़ार लोग शामिल थे। जब जुलूस शांतिनगर पहुँचा, तो भीड़ के लोग एकदम से उत्तेजित हो उठे। उत्तेजित क्यों हो उठे? मेरे एपार्टमेंट में जाकर, मेरे लोगों की गर्दन काटने के लिए ही न? अब पुलिस भी उन्हें नहीं रोकेगी। कल क्या मुझे यह सुनना होगा कि मेरे परिवार के चार-पाँच सदस्यों को क़त्ल कर दिया गया?

मैं आँखें मूँदे बैठी रही। हाथ का अखबार, हाथ में ही झूलता रहा। कल दैनिक ख़बर का पत्रकार, तपन दे, जब जुलूस की तस्वीरें उतार रहा था, पुराने पलटन के मोड़ पर कट्टरवादियों ने उसका कैमरा छीनकर, उसे तोड़-ताड़ डाला और उसे बुरी तरह पीट दिया। अंत में चंद पत्रकारों ने उसे उन लोगों के शिकंजे से किसी तरह छुड़ाया और उसे अस्पताल ले गए। तपन दे पुलिस से मदद की गुहार लगाता रहा, मगर पुलिस ने उसे मदद नहीं दी। पुलिस उसकी आँखों के सामने ही निष्क्रिय खड़ी रही।

जमाते इस्लामी और बाकी सभी कट्टरवादी दलों के साथ, अब और भी कई राजनीतिक दल आ जुड़े। फ्रीडम पार्टी—शेख मुजीबुर रहमान के हत्यारों ने जो राजनैतिक पार्टी बनाई, वह तो ख़ैर थी ही, किसी ज़माने के वाम राजनीतिविद् अनवर जाहिद, अपने दल समेत, इस्लामी एक्य में जा मिले थे। शफीउल आलम प्रधान, किसी ज़माने में प्रगतिशील राजनैतिक पार्टी के नेता थे, अब वे भी अपनी जागपा पार्टी समेत इसमें शामिल हो गए हैं। कट्टरवादियों की विशाल-विराट शक्ति देखकर, वे लोग इस क़दर

मुग्ध हो उठे थे कि उन सबने यह सोच लिया कि यही ताकत, देश की सबसे बड़ी ताकत बनकर सत्ता में आनेवाली है, इसलिए इसी दल में भिड़ जाना ही बुद्धिमानी का काम होगा। अनवर जाहिद और प्रधान की जुबान पर कट्टरवादियों की भाषा चढ़ी हुई है, तसलीमा की फाँसी की माँग करते हुए, वे लोग जुलूस के आगे-आगे रहते हैं। वे लोग भी नारे लगाते हैं। कल जुम्मा के नमाज के बाद, हजारों-हजार धर्मप्राण मुलसमानों ने बैतुल मुकर्रम में सभा बुलाई थी। तमाम मशहूर इस्लामी नेताओं ने उसमें भाषण दिया। शयखुल हादिस और मौलाना अज़ीजुल हक़ ने कहा कि धर्मद्रोही सिर्फ इस्लाम के ही दुश्मन नहीं हैं वे लोग देश और जनगण के भी शत्रु हैं। धर्म विरोधी नास्तिक मुरताद के खिलाफ, जो आंदोलन शुरू हुआ है, वह सिर्फ आलिम, उलेमा या पीर, मशायेख का ही आंदोलन नहीं है, देश के सभी स्तर के धर्मप्राण इंसान, आज इस मामले में एकजुट हो गए हैं। इस आंदोलन की जीत होगी, इंशा अल्लाह! इस्लामी शासनतंत्र आंदोलन के नेता, बरगुना के पीर, मौलाना अब्दुर रशीद ने कहा है—तसलीमा और जनकंठ हमारा मूल लक्ष्य नहीं है, हमारा मूल लक्ष्य है, इस्लाम और कुरान के खिलाफ रचे गए षड्यंत्र को धूल में मिलाकर, इस्लामी शासन की प्रतिष्ठा करना। तसलीमा को अगर गिरफ्तार न किया गया, बी एन पी सरकार की हालत भयावह हो उठेगी। मौलाना उबैहुल हक, एम पी ने कहा है कि संसद के चालू अधिवेशन में ही धर्मद्रोह विरोधी क़ानून पास कराएँ, वर्ना जनता ही धर्मद्रोहियों की सजा का इंतज़ाम खुद करने को लाचार हो जाएगी। बैरिस्टर कुर्बान अली ने कहा कि जन-गण की माँग की उपेक्षा करना, आग से खेलना होगा। इस्लाम और राज्यद्रोही हरक़तों के प्रतिरोध मोर्चा का आवाहक, मौलाना महीउद्दीन अहमद ने नास्तिकों के जनाजे न पढ़ाने के लिए, तमाम मुल्लों और मुसल्ली से अनुरोध किया है। लालबाग़ मदरसा के प्रिंसिपल मौलाना फज़लूल हक़ अमीनी ने कहा है कि ईमान और इस्लाम की बात करने पर हमें कट्टरवादी, फतवाबाज़ वगैरह कहा जाता है। नमाज, रोज़ा, हज़ पालन करने से अगर कट्टरवादी कहा जाता है, तो हसीना खालिद भी कट्टरपंथी हैं। अमीनी ने 30 जून के अंदर विशेष ट्रिब्यूनल में तसलीमा नसरीन के बारे में निर्णय लेने की माँग की है।

30 जून से पहले ही तसलीमा को फाँसी देना होगी

इस्लाम और राष्ट्रद्रोही तत्परता प्रतिरोध मोर्चा की तरफ से आयोजित विक्षोभ समावेश में नेताओं ने सरकार के लिए 30 जून तक की अंतिम समय-सीमा बाँध दी है। इस तयशुदा तारीख के अंदर अगर तसलीमा नसरीन को फाँसी नहीं दी गई, तो समूचे देश में आधे दिन की हड़ताल मनाई जाएगी और आगामी कार्यसूची की घोषणा की जाएगी। विभिन्न धार्मिक संगठनों ने भी 30 जून की हड़ताल में समर्थन ज्ञापित

किया है। अखबारों में जुलूस की तस्वीरें भी देखीं। हज़ारों-हज़ार लोगों का जुलूस। सफेद टोपियों और सफेद कुर्तों से नगर का समूचा राजपथ छा गया। जुलूस के आगे-आगे बैनर! बैनर में लिखा हुआ था—तसलीमा नसरीन समेत तमाम नास्तिकों को फाँसी, एन जी ओ लोगों की अप-तत्परता और जनकंठ बंद करने की माँग के साथ विरोध, समावेश और विक्षोभ जुलूस! यह इस्लाम और राष्ट्रद्रोही तत्परता प्रतिरोध मोर्चा का जुलूस! 'ईमान बचाओ, देश बचाओ' आंदोलन जुलूस के बैनर में लिखा था—तसलीमा नसरीन समेत सभी धर्मद्रोही और नास्तिक मुरतादों को फाँसी और विदेशी मदद से पुष्ट, इस्लाम विरोधी एन जी ओ लोगों की हरकतें बंद करने की माँग। जमाते इस्लामी के जुलूस के बैनर पर अंकित था—अल्लाह रसूल (साः) और इस्लाम का उल्लंघन करनेवाले गुनहगारों को सजा दें; संसद में धर्मद्रोही लोगों के लिए सज़ा स्वरूप क़ानून पास करें। एन जी ओ लोगों की करतूतें और नास्तिक मुरताद प्रतिरोध आंदोलन जुलूस के बैनर पर भी लिखा था—तसलीमा नसरीन समेत सभी नास्तिक मुरतादों को फाँसी दो। धर्म दुश्मन-विरोधी कानून प्रणयन करो। एन जी ओ की करतूतें बंद करो। सिर्फ ढाका का राजपथ ही टोपियों से सफेद नहीं हुआ, ढाका में जो घट रहा था, ढाका के बाहर भी वही कुछ जारी था। वहाँ भी टोपियों की भरमार! सड़कों पर गाड़ी-सवारियाँ ठप्प! जुलूस-दर-जुलूस!

मैंने अपनी जिंदगी में कट्टरवादियों का इतना बड़ा जुलूस नहीं देखा। जिंदगी में मैंने कट्टरवादियों को कभी इतना संगठित और शक्तिशाली होते हुए नहीं देखा।

तसलीमा और धर्मद्रोही नास्तिकों की सजा की माँग जारी

अभी तक सरकार मुझे गिरफ्तार नहीं कर पाई, इस क्षेत्र में, विभिन्न गोष्ठियाँ सरकार की निंदा में पंचमुख हैं। चट्टग्राम की जनसभा में बांग्लादेश खिलाफ़त आंदोलन के महासचिव, मोहम्मद ज़फरुल्लाहा खान ने कहा है कि कुलंगार तसलीमा ने किताबुल्लाह के संशोधन की माँग करके, धृष्टता का परिचय दिया है, इसलिए ईमान समेत ज़िंदा रहने के लिए इनके खिलाफ़ आवाज़ उठाना जरूरी है। मुसलमान होने के बावजूद, वह कुरान में भक्ति नहीं रखती; बांग्लादेश की नागरिक होने के बावजूद, वह इस देश में आस्था नहीं रखती, इस देश के आगे नतसिर नहीं है। उसकी सच्चाई ब्राह्मणवादी भारत के प्रति है। इसलिए धर्मद्रोह के साथ-साथ राष्ट्रद्रोह के गुनाह के लिए उसे अनिवार्य रूप से फाँसी देनी चाहिए। तसलीमा को लेकर सरकार ने भानुमती का खेल शुरू किया है। पूरा हफ़्ता गुजर गया। पुलिस अभी भी उसे गिरफ़्तार नहीं कर पाई, जबकि वह देश में ही, स्पीकर को ख़त भेज रही है। मेरी फाँसी की माँग में नए-नए संगठन भी शामिल होते जा रहे हैं। नारी अधिकार आंदोलन की सभानेत्री, प्रोफेसर चिमनआरा और सेक्रेटरी हबीबा चौधुरी ने बयान दिया है कि तसलीमा नसरीन

खुद औरत होते हुए भी, औरत-बिरादरी की बेइज़्ज़ती और अमर्यादा कर रही है, अस्तु उन्हें गिरफ़्तार किया जाए और उन्हें फाँसी पर चढ़ा दिया जाए। सांस्कृतिक चेतना विकास केंद्र ने भी मेरी गिरफ़्तारी और मेरे बारे में फैसला सुनाने की माँग की है। एक और संगठन भी बना है—यंग हिंदू सोसायटी! इन लोगों ने भी मेरे लिए सज़ा की माँग की है। यंग हिंदू सोसाइटी के नेता, स्वप्न कुमार विश्वास, श्रीकृष्ण चंद्र दे, सुभाष चन्द्र दे ने भी धार्मिक-विवाद और उत्तेजना फैलानेवाली, तसलीमा नसरीन गिरोह को सज़ा और ब्लासफेमी कानून के दायरे में हिंदू धर्म को शामिल करने की माँग की है।

कट्टरवादी सामाजिक-संस्कृति एकता और गणतांत्रिक परिवेश नष्ट करने के पैंतरे कसते हुए

आज सामूहिक सांस्कृतिक जोड़ का भी एक बयान प्रकाशित हुआ है। गठजोड़ की तरफ से, भार प्राप्त सभापति, रमेन्दु मजूमदार और साधारण-सचिव गुलाम कुद्दूस ने कल एक बयान में कहा है कि बेहद अफसोस के साथ हमने गौर किया है कि जिस देश में उग्र कट्टरवादी गुट, चक्रान्तमूलक सामाजिक-संस्कृति और गणतांत्रिक परिवेश विनष्ट करने में जुटा हुआ है और धार्मिक भावनाओं का अपव्यवहार करते हुए, इस षड्यंत्र को सुदृढ़ कर रहे हैं, उनकी इन हरकतों पर रोक लगाने के बजाय खेद है कि सरकार इस कट्टरवादी गुट के हाथों का खिलौना बन गई है। विकास प्रक्रिया में औरतों की वर्तमान भागीदारी के खिलाफ ग़लत व्याख्याकारों के फतवे, राष्ट्रीय स्तर पर सम्मानित, प्रतिष्ठित लेखक, बुद्धिजीवी को मुरताद कहना और उकसाने वाले वक्तव्य देकर, जातीय संसद में आजादी के संदर्भ में अपमानजनक विपरीत झंडोत्तोलन, सरकारी अखबार की जगह अशालीन, अनुमोदनहीन अखबार वितरण, चट्टग्राम विश्वविद्यालय के छात्र शिविर में नए सिरे से सशस्त्र हमले वगैरह के खिलाफ, सरकार निष्क्रिय भूमिका का पालन कर रही है। पन्द्रह दिन बाद, कथित आरोप के आधार पर, जातीय दैनिक 'जनकंठ' के सलाहकार, सचिव, श्रद्धेय और प्रवीण पत्रकार तैयब खान और निर्वाही सचिव, बुरहान अहमद को गिरफ्तार करके जेल के हाजत में ठूँस दिया गया है। अपनी राय जाहिर करने की आजादी के मामले में लगाए गए आरोप पर विचार के लिए प्रेस-काउंसिल की शरण में आने के बजाय, सरकार ने जिस तरीके का क़दम उठाया, उससे गणतांत्रिक समाज की भावमूर्ति चरम रूप से कलंकित हुई है। हम इस घटना की तीव्र निंदा करते हैं और पत्रकारों की तत्काल रिहाई की माँग करते हैं।

इसके साथ ही लेखिका तसलीमा नसरीन द्वारा किए गए अस्वीकार के बावजूद, उनके साक्षात्कार की विकृत व्याख्या करके, फ़ायदा हासिल करने का खेल बंद करने

और उनके स्पष्ट वक्तव्य के संदर्भ में हम उनके खिलाफ मामला वापस लेने की माँग करते हैं।

ख़ैर, मेरे प्रसंग में पूँछ की तरह यानी सबसे अंत में कहा गया है, लेकिन कहा तो गया है। मैं उनके प्रति कृतज्ञ हो आई। सामूहिक सांस्कृतिक गठजोड़—बड़ी बात है! किसी छोटे-से दल ने तसलीमा के पक्ष में एक पोस्टर छापकर, शहर की दीवारों पर चिपकाया है—

मैंने पाक कुरान में संशोधन की बात, कभी, कहीं नहीं कही

तसलीमा नसरीन

* तसलीमा नसरीन पर दायर किया गया मामला वापस लें।

* अखबारों और राय-प्रकाश की आज़ादी चाहिए।

* फतवाबाज़ों का सख़्ती से मुकाबला करें।

मुक्तबुद्धि चर्चा केंद्र से भी एक लीफलेट निकाला गया है। मुझे नहीं मालूम कि इस केंद्र में साजू ज़ाहिदा वगैरह का दल भी शामिल है या नहीं। मेरा नाम लेने में उन्हें कोई शर्म-झिझक नहीं है—

तसलीमा नसरीन के खिलाफ हुलिया वापस लो
फतवाबाज़ों के खिलाफ डटकर खड़े हो!

प्रिय देशवासी,

कुरान के बारे में तसलीमा नसरीन की कथित उक्ति की वजह से, सरकार ने उन पर मामला दायर किया है और हुलिया जारी किया है। जिस कथित उक्ति के लिए उनके खिलाफ मुकदमा ठोंका गया है, उस उक्ति के बारे में तसलीमा नसरीन खुद ही बोल चुकी हैं कि यह बात उन्होंने नहीं कही। कलकत्ता के स्टेट्समैन अख़बार ने ग़लत छापा है। 'स्टेट्समैन' अखबार को भेजे गए विरोध-पत्र में तसलीमा नसरीन ने कहा है कि कुरान में परिवर्तन की बात उन्होंने नहीं कही। उन्होंने शरीयत क़ानून में परिवर्तन की बात की है।

स्टेट्समैन अखबार में प्रकाशित, तसलीमा नसरीन की यह कथित उक्ति की ख़बर, सबसे पहले दैनिक बांग्ला बाज़ार में प्रकाशित हुई। उसके बाद, यह ख़बर दैनिक 'इंक़लाब' ने लपक ली। इसके बाद से प्रायः हर रोज़ 'इंक़लाब' में तसलीमा नसरीन के खिलाफ़ ख़बरें छपने लगीं। इसी ग्रुप की साप्ताहिक पत्रिका, 'पूर्णिमा' पिछले दो सालों में तसलीमा नसरीन को लेकर एक के बाद एक, लगातार कवर-स्टोरी छापती रही है। आधे पन्ने के लेख में, डेढ़ पृष्ठों पर तसलीमा नसरीन की तस्वीर छापकर, ये अखबार व्यावसायिक फ़ायदे लूट रहे हैं। वजह यह है कि तसलीमा नसरीन पर कुछ-कुछ लिखते रहने से वह पत्रिका या अखबार ज्यादा चलता है, उनकी बिक्री

बढ़ती है। आजकल, इस ख़ास अखबार के नेपथ्य-मालिक, कुख्यात मौलाना मन्नान के उकसाने पर गठित सांप्रदायिक गोष्ठियाँ एन जी ओ के खिलाफ ज़हर उगल रही हैं। आज़ाद बांग्लादेश के अभ्युदय के बाद से ही एन जी ओ समूह इस देश में काम कर रहे हैं, इसके बावजूद इस देश में एन जी ओ का विरोध इतने चरम पर नहीं था। अचानक इतने विरोध की क्या वजह नज़र आने लगी? एन जी ओ समूह ने अब व्यापक रूप से प्राथमिक और प्रौढ़ शिक्षा की शुरुआत की है। यह सांप्रदायिक गोष्ठी यह नहीं चाहती कि हमारे देश के लोग शिक्षित हों। अपना रोब-दाब और खबरदारी टिकाए रखने के लिए, इस देश के इंसानों को अनपढ़ रखना चाहती है। एन जी ओ लोगों के आर्थिक कार्यक्रम और ग्रामीण लोगों के आर्थिक विकास से, इनके स्वार्थ को धक्का पहुँचता है, क्योंकि इस वजह से उनकी महाजनी और कर्ज़ का फलता-फूलता कारोबार बंद हो जाएगा।

इन सब साम्प्रदायिक और फतवाबाज़ संस्थाओं के मामले में सरकार एक चुप, हजार चुप है, बल्कि यह कहना चाहिए कि अप्रत्यक्ष रूप से साथ दे रही है। तसलीमा नसरीन और जनकंठ के खिलाफ मामला इसी सच की गवाही है। इसलिए आज यह सवाल उठने लगा है कि इस स्वार्थी, धुरंधर साम्प्रदायिक गोष्ठी के खप्पर में पड़कर देश क्या मध्ययुग में वापस लौट जाए? या हम लोग गणतंत्र की राह, व्यक्ति-स्वाधीनता की राह, मनुष्य के मानवीय मूल्यबोध की राह पर अग्रसर होंगे? हमारी माँग है कि तसलीमा नसरीन के खिलाफ आरोपित मामला और हुलिया वापस लिया जाए। दैनिक जनकंठ के पत्रकारों पर आरोपित मुकदमा हटाया जाए। फतवाबाजों के गैरकानूनी क्रियाकलाप और करतूतें बंद की जाएँ।

मुक्तबोध चर्चा केन्द्र

अभी आज की एक ख़बर तो मैंने बताई ही नहीं। अखबार के पहले पन्ने पर पहली ख़बर! यह ख़बर न बताने की वजह यह थी कि शायद ज़िंदा रहने की एक छोटी-सी उम्मीद, चाहे जितनी भी कमजोर उम्मीद क्यों न हो, मैंने कसकर थामे रखना चाहा था। लेकिन अब मैं जान गई हूँ कि मेरे जिंदा रहने की अब कोई उम्मीद बाकी नहीं है। यह फतवा सिलहट के छाहाबा सैनिक परिषद के दिए हुए फतवे जैसा नहीं है। यह फतवा और ही तरह का है। यह फतवा मुफ़्ती का दिया हुआ फतवा है। इस्लामी क़ानून में एकमात्र मुफ़्ती को ही फतवा देने का हक़ है। अब अगर मेरी मौत न हो, तो इस अन्याय का प्रतिवाद शायद कोई नहीं करेगा। किसी भी वक्त, कोई भी शख्स, मेरा सर कलम कर सकता है। पहले का पचास हजार और अब यह एक लाख, कुल डेढ़ लाख, मेरे सिर की कीमत रखी गई है। मेरा यह क़ीमती सिर बेतरह चकराने लगा। अपने इस क़ीमती सिर के बचाव की कोई भी राह, मेरे सिर को नहीं सूझ रही है।

तसलीमा की हत्या के लिए लाख टके पुरस्कार की घोषणा

खुलना, 10 जून! आज शाम स्थानीय शहीद पार्क में आयोजित, सिरातुन्नबी सम्मेलन में, लेखिका तसलीमा नसरीन की हत्या के लिए, एक लाख टके के पुरस्कार की घोषणा की गई है।

जमीयते उलामा में इस्लाम की खुलना जिला कमिटी के उद्योग से अनुष्ठित, इस सम्मेलन का सभापतित्व किया, मौलाना रफी अहमद महल्ली ने। सिरातुन्नबी सम्मेलन में अन्यतम वक्ता थे, सैयद नज़रुल इस्लाम। उन्होंने तसलीमा नसरीन की हत्या की घोषणा करते हुए कहा कि इस्लाम की दुश्मन, कुरान की कुव्याख्या करनेवाली, तसलीमा नसरीन को जो भी शख्स क़त्ल करेगा, उसे 1 लाख टका इनाम मिलेगा। उस सिलसिले में उन्होंने अपने बैंक एकाउंट नंबर का भी जिक्र कर दिया। तसलीमा के क़ातिल को उन्होंने अपने ढाका के ठिकाने (314/2, लाल बाग़) पर संपर्क करने का अनुरोध किया।

12 जून, रविवार।

इन्क़लाब के पहले पन्ने से लेकर आखिरी पन्ने तक तसलीमा के गिरोह के खिलाफ जिहादी आन्दोलनों की खबर ही छपी होती है। संपादकीय, उपसंपादकीय, मंतव्य, कॉलम, हर रोज ही जो सिलसिला जारी है, वह सब तसलीमा के खिलाफ!

तसलीमा समेत मुरतादों की फाँसी और धर्मद्रोही अखबार ज़ब्त करने के लिए देशव्यापी विक्षोभ

इस्लाम को नुकसान पहुँचाने के लिए युग-युगों से कुलंगारों का आविर्भाव होता रहा है

यह बात कही है, मिजानुर रहमान चौधुरी ने! लेखिका तसलीमा के मन में जो भी आए, वे लिखती रहें, लेकिन लेखन की आज़ादी के नाम पर, किसी के धार्मिक विश्वासों पर आघात करने का हक़, उन्हें हरगिज नहीं है। समूचे देश भर में जो जिहादी आंदोलन जारी है, इसका उन्होंने समर्थन किया है और धर्मद्रोह के खिलाफ़ कानून बनाने के मामले की भी उन्होंने हिमायत की है।

मिजान चौधुरी कोई ऐरे-गैरे, मामूली इंसान नहीं थे। वे साहब किसी ज़माने में अवामी लीग के नेता थे। बाद में वे इरशाद की जातीय पार्टी में शामिल हो गए। इन दिनों वे जातीय पार्टी के भार प्राप्त चेयरमैन हैं। भारप्राप्त इसलिए हैं, क्योंकि असली चेयरमैन, इन दिनों जेल में हैं। खालिदा ने उन्हें जेल में क़ैद रखा है। सन् नब्बे के इरशाद-विरोधी आंदोलन में, जातीय पार्टी की लोकप्रियता कम हो गई थी,

इसलिए लोकप्रियता अर्जित करने के लिए मिजान चौधुरी, इस्लामी पार्टी का समर्थन पाकर, आगे बढ़ गए।

देश और ईमान-विरोधी साजिश रोकने के लिए,
आज के संग्रामी जुलूस में हिस्सा लें

इस्लाम और राष्ट्रद्रोही तत्परता प्रतिरोध मोर्चा गठन के लिए, बनाई गई समन्वय कमेटी के आवाहक, मासिक मदीना के संपादक, मौलाना मुइउद्दीन ख़ान, समन्वय कमेटी के आवाहक, मुफ़्ती फज़लूल हक अमीनी ने आज 12 जून की सुबह दस बजे बैतुल मोकर्रम मस्जिद के दक्षिणी गेट पर देशवासियों को इकट्ठे होकर देश और ईमान-विरोधी क्रिया-कलापों को रोकने के लिए संग्रामी जुलूस में शरीक होने का आह्वान किया है।

उन लोगों ने कहा है कि हम लोग जनता का जुलूस लेकर गृह मंत्रालय जाएँगे और मुरताद तसलीमा नसरीन गोष्ठी की फाँसी, 'जनकंठ' ज़ब्त करने और धर्मद्रोह के लिए मृत्युदंड कानून बनाने की माँग समेत एक मेमोरंडम पेश करेंगे। इन्हीं नियमों के जरिए हम उन सब भेड़ियों की साजिश दफ़्न करने की दिशा में आगे बढ़ते रहेंगे, जो लोग निरे सरल, धर्मप्राण और आत्ममर्यादित जाति को बार-बार बेवकूफ समझकर, खून में नहला रहे हैं। इस गिरोह-चक्र का दुस्साहस आज सीमाहीन स्पर्धा का रूप ले चुका है। ये लोग मुक्तबुद्धि, प्रगतिशीलता, अभिव्यक्ति की आजादी और मानवता की आवाज उठाकर, लगातार ईमान और इस्लाम के खिलाफ हर तरह के हथियार आजमा रहे हैं। भेड़ियों का यह चक्र अब समूची जाति के आमने-सामने खड़े होने की कोशिश कर रहा है। इनके खिलाफ शहर-बंदर, गाँव-गिराम स्तर के सभी लोग एकबद्ध हो उठे हैं। इनकी मौत सुनिश्चित करने के लिए, 12 जून के स्मारक-पत्र पेश करने और शोभायात्रा में शरीक होने के लिए नेताओं ने देशवासियों का आह्वान किया है।

तसलीमा की फाँसी की माँग करते हुए, बरीसाल में यादगार विशालतम जुलूस
इस्लाम और राष्ट्रद्रोहियों के खिलाफ देशव्यापी प्रतिरोध गढ़ें
तसलीमा की फाँसी और 'जनकंठ' निषिद्ध करने की माँग क़ायम
नास्तिक मुरतादों के पक्ष में बयान के परिणाम खौफनाक होंगे
नास्तिक मुरतादों की फाँसी की माँग करते हुए तौहीदी जनता राजपथ पर
मुरताद तसलीमा के लिए आनंद बाजार गोष्ठी आकुल-व्याकुल

मुरताद, धर्मद्रोही औरत तसलीमा के लिए, भारत का आनंद बाज़ार ग्रुप बेतरह बेचैन

हो उठा है। उन लोगों ने बताया है कि तसलीमा उनकी आत्मा की रिश्तेदार है। आनंद बाज़ार के इतनी अपनी और सगी, बांग्लादेश के सभी स्तर के लोगों के हाथों घृणा, धिक्कार और अपमानजनक ज़हरीले तीरों से जर्जरित हो रही है, उससे वे लोग अस्थिर हो उठे हैं, क्योंकि यह तीर उन्हीं लोगों पर आघात कर रही है, उन लोगों को तसलीमा जैसी ही भ्रष्ट औरत की ही जरूरत है, जो भ्रष्ट होने में ही गौरव महसूस करती है, ऐसी औरत, जो नीति-नैतिकता की परवाह नहीं करती, जो देश की आजादी को आनंद बाज़ारियों के हाथ में सौंप देना चाहती है। इस उपमहादेश में मुसलमानों के मान-सम्मान, समृद्ध परंपरा और गौरव को धूल में मिलाने में मददगार हो सकती है, ऐसी मुस्लिम नामधारी, तलवे चाटनेवाली कुलंगार की ही आनंद बाज़ार को ज़रूरत है। जो औरत देश की सार्वभौम स्वाधीन सीमा को मिटाकर, भारत के साथ एकाकार हो जाना चाहती है और जो उन लोगों के लिए बेहद ज़रूरी, भ्रष्ट औरत बांग्लादेश में मुसीबत में है, आनंद बाज़ारिये भला इसे कैसे बर्दाश्त कर सकते हैं? वे लोग तसलीमा नामक कुलंगार का उद्धार करने के लिए बेसब्र हो उठे हैं। उन लोगों की चिंता-परेशानी-पीड़ा दिनोंदिन बढ़ती जा रही है। बांग्लादेश में तसलीमा के खिलाफ गिरफ्तारी का हुक्मनामा जारी होने की वजह से, इस दौरान भारत का उग्र हिंदू संगठन, बीजेपी, युवा-कांग्रेस और अखिल भारत गणतांत्रिक महिला समिति ने अलग-अलग बयान देकर, बांग्लादेश के भीतरी मामलों में हस्तक्षेप किया है। आनंद बाज़ार ग्रुप इस पर भी दम लेने को राजी नहीं है। मानो उन लोगों से यह बर्दाश्त नहीं हो रहा है। वे लोग चाहते हैं कि समूचे भारत में बांग्लादेश के खिलाफ तूफान उठ खड़ा हो। इसलिए आनंद बाज़ारिये, कई-कई तरीकों से पश्चिम बंगाल के राज्य सरकार समेत, भारत के विभिन्न संगठनों को बांग्लादेश के खिलाफ उकसाने जैसे घृणित काम में मगन हो उठे हैं। आनंद बाज़ार ने लिखा है कि दुनिया में कहीं भी, पान से अगर चूना भी झर जाए, तो विरोध के नारे बुलंद करने में तिल मात्र भी देर नहीं करते, उन्हीं वामपंथियों के पड़ोसी देश की लेखिका तसलीमा नसरीन पर राष्ट्र के आघात के खिलाफ प्रतिवाद ज्ञापित करने के मामले में, प्राथमिक जड़ता ही कटने में काफी देर हो गई। आनंद बाज़ार ने पश्चिम बंगाल की वाम सरकार और कांग्रेस को इसके लिए कसूरवार ठहराया है कि कहीं उनके वोट न बिगड़ जाएँ। इस डर से वे लोग तसलीमा के मामले में खामोश हैं। जिन लोगों ने विरोध जताने में देर कर दी, आनंद बाज़ार ने कड़े शब्दों में उन पर हमला किया है। लेकिन दिल्ली में सी पी एम की महिला संगठन, गणतांत्रिक महिला समिति ने बांग्लादेश के हाइ कमिश्नर को तसलीमा के पक्ष में एक स्मारक-पत्र सौंपा है, जिसमें उन लोगों को तसलीमा के लिए कुछ करने के लिए आशा की किरण नज़र आ रही है। आनंद बाज़ारिये यह देखकर भी थोड़ा-बहुत आश्वस्त हुए हैं कि बांग्लादेश के अंदर भी चंद मुरताद, तसलीमा नसरीन के कुकर्म की खुलेआम हिमायत करने का दुःसाहस दिखाने में

कामयाब हो गए हैं। आनंद बाज़ार अब इस बात का बेभाव प्रचार कर रहा है कि तसलीमा के पक्ष में अब ढाका शहर में भी आवाज़ बुलंद होने लगी है। आनंद बाज़ार ने लिखा है कि आज बिलकुल खुलेआम, बांग्लादेश की वर्कर्स पार्टी और बांग्लादेश की समाजतंत्री पार्टी जैसी पार्टियाँ तसलीमा के समर्थन में आवाज उठा रही हैं।

आत्मा के आत्मीय, तसलीमा नसरीन के पक्ष में भारतीय अधिकारी और विभिन्न संघटन कुछ कर क्यों नहीं रहे हैं, इस बात पर आनंद बाज़ार ग्रुप बेतरह नाराज है और बांग्लादेश के चंद गुमराह लोग, तसलीमा के पक्ष में आवाज उठा रहे हैं, इस बात पर काफी पुलकित भी हैं।

इन्क़लाब के लोग, भारत-विरोधी होने के बावजूद, भारत में कहीं भी मेरी निंदा होती है, तो उसे लपक लेते हैं और उसे अपने अखबार में दुबारा प्रकाशित करते हैं। भारतीय हिंदू सोमक दास को इंक़लाब ग्रुप ने बाकायदा सम्मानित किया है। ''तसलीमा नसरीन का नारीवाद और लेखक सत्ता' शीर्षक से, सोमक दास की धारावाहिक किस्तें, हर रोज 'इंक़लाब' में छप रही हैं–तसलीमा नसरीन के हाथों में ताश के दो पत्ते हैं–यौनता और इस्लाम! वे अपनी सभी रचनाओं, आलोचनाओं और साक्षात्कारों में, ताश के इन्हीं दो पत्तों का इस्तेमाल किए जा रही हैं। उनके नारीवाद में नारी-स्वाधीनता का सवाल, यौन स्वेच्छाचार में बदल गया है। असल में धर्म की व्याख्या, उन्होंने पश्चिम के नज़रिए से की है। वैसे लेखिका के तौर पर ही वे विषय और भाषा के बारे में कितनी सजग हैं? खैर, यही सवाल उन्होंने खुद से भी किया है और खुद ही जो जवाब दिया है, वह इंक़लाब ग्रुप को काफी पसंद आया है।

मुझे अब तक गिरफ़्तार क्यों नहीं किया गया, इस बात को लेकर, बहुतों के मन में सन्देह जाग उठा है। सरकार क्या जान-बूझकर मुझे गिरफ़्तार नहीं कर रही है? सत्यसंघ ने अपने नियमित कॉलम में लिखा है कि तसलीमा नसरीन काफी पहले से ही सरकार की आँखों में चढ़ी हुई है। सरकारी नौकर होने के बावजूद, उसने अपना परिचय गुप्त रखकर, विदेश जाते समय, उसे जिया अंतर्राष्ट्रीय हवाईअड्डे पर रोक लिया गया था और इसीलिए काफी दिनों तक उसका पासपोर्ट रोके रखा गया था। अभी हाल ही में विदेश-सफर के दौरान बांग्लादेश की सार्वभौमिकता और इस देश के अवाम के धार्मिक विश्वास के प्रति कटाक्ष करने की वजह से, समूचे देश में उसके गुनाहों पर विचार करने की माँग करते हुए, फूत्कार कर उठी है। इसी प्रसंग में उसके खिलाफ गिरफ़्तारी का हुक्मनामा जारी किया गया है लेकिन गिरफ़्तारी का हुक्मनामा जारी करने के बावजूद, पुलिस उसे आज तक गिरफ़्तार नहीं कर सकी। इस देश की आज़ादी और सार्वभौमिकता के खिलाफ जुबान खोलने की वजह से, जिसकी कृतियाँ गुनाहभरी हैं, जिसके बाहर जाने की गैरकानूनी कोशिश की वजह से उसका पासपोर्ट रोका जा सकता है और जो विदेश जाकर, इस देश के कानून

और सार्वभौमिकता को ठेंगा दिखाकर, वक्तव्य देने का दुस्साहस रखती है, जिसके साथ अंतर्राष्ट्रीय कुचक्री वर्ग का गहरा रिश्ता, साफ़-साफ़ प्रमाणित हो चुका है। उसकी गतिविधियों के बारे में पुलिस कोई खोज-ख़बर नहीं रखती, यह क्या विश्वसनीय बात हो सकती है? अगर ऐसा ही है, तो पुलिस या स्पेशल ब्रांच की ज़रूरत ही क्या है? हाँ, हम यकीनन समूचे पुलिस विभाग की बात नहीं कर रहे हैं। हमारे कानून-व्यवस्था विभाग के अधिकांश सदस्य, अगर कर्तव्यपरायण नहीं हुए, तो देश इतने दिनों में ही इंसान के रहने-सहने के योग्य न रह पाता। गृहमंत्री बेहद सच्चे और कर्तव्यपरायण हैं। हमें बखूबी जानकारी है कि तसलीमा नसरीन जैसी वितर्कित हस्ती की गतिविधियों के बारे में कड़ी नज़र रखने की जिम्मेदारी, सरकार के संबद्ध विभाग की है और हमारा विश्वास है कि गिरफ़्तारी का हुक्मनामा जारी करने के पहले भी इस जिम्मेदारी का यथा रीति पालन होना चाहिए था। इसलिए सवाल यह उठता है कि गिरफ्तारी का हुक्मनामा जारी करने के फौरन बाद ही तसलीमा को फौरन गायब हो जाने का मौका और मदद किससे मिली? इसलिए हमारा कहना है कि बांग्लादेश में शायद सरकार में भी कोई अदृश्य शक्ति विद्यमान है, जिसका काम है नियम तांत्रिक सरकार की तमाम नीति और कर्मकांड को ध्वंस करना।

इस काम में सरकार अगर नाकाम हो गई, तो जनता-जनार्दन ही इन मुरताद लोगों के विष-दाँत तोड़ डालेगी—यह बात चट्टग्राम में जमाते इस्लामी की सभा में कही गई है। तसलीमा नसरीन, अहमद शफीक़, कबीर चौधुरी गुट को सज़ा देने में, अगर सरकार असफल रही, तो देश की धर्मप्राण जनता ही एकजुट होकर, इन सब धर्म-दुश्मनों के ज़हर के दाँत तोड़ देगी। देशव्यापी इस्लामी पुनर्जागरण को टालने और ब्राह्मणवादी भारत उपमहादेश में राम-राज्य प्रतिष्ठा के इरादे से, टेस्ट-केस के तौर पर इस देश के एजेंटों के जरिए, यह सब षड्यंत्र चला रहे हैं। वे लोग बहुसंख्यक मुसलमानों के इमान-अकीदे पर आघात करते हुए, यह जाँच-परख कर रहे हैं कि उनके खिलाफ प्रतिवाद का स्वर किस हद तक मुखर होता है। दूसरी तरफ, सरकार इन सब साजिशों में मदद कर रही है। ख़ैर, तसलीमा को गिरफ़्तार न कर पाने की नाकामी को भुनाकर, जन-गण को ब्लैकमेल करने के अलावा, यह कुछ नहीं है। अल्लाह की आसमानी किताब, पवित्र कुरान के बारे में, तसलीमा की धृष्टता भरी उक्तियों की तीखी निंदा, क्षोभ और धिक्कार जाहिर करते हुए, अंतर्राष्ट्रीय इस्लाम-विरोधी चक्र की अन्यतम सदस्य, तसलीमा को खुलेआम फाँसी का इंतजाम करना और धर्मद्रोह की सजा का बिल पास करने की माँग की गई है। पाक कुरान में संपूर्ण परिवर्तन की माँग करते हुए और इस्लाम तथा मुस्लिम मिल्लत के ध्वंस करने का पैंतरा कसने जैसा गुनाह करके, कुख्यात लेखिका तसलीमा को, अल्लाह की इस ज़मीन पर ज़िंदा रहने का कोई हक़ नहीं है। सरकार, तसलीमा को बचाने के लिए कोशिश तदबीर कर रही है, वर्ना उसे गिरफ्तार करना, सरकार के लिए इतना मुश्किल नहीं होता।

राजशाही में जमाते इस्लाम के विशाल विक्षोभ-जुलूस के अंत में यह कहा गया कि नास्तिक मुरतादों का दुस्साहस सीमा लाँघ चुका है। इस्लाम-जागरण का ज्वार देखकर, साम्राज्यवादियों ने षड्यंत्र रचना शुरू कर दिया है। उनके तनख्वाहयाफ़्ता दलालों ने अल्लाह रसूल और कुरान-हदीस के बारे में मंतव्य देनेवाले, कतिपय लेखक-लेखिकाओं की मानसिक विकृति कहा है। सरकार उनकी रहस्यमय चुप्पी तोड़कर मुरतादों के मामले में अगर कोई कदम उठाने में व्यर्थ हुई, तो अ-पामर जनता क़दम उठाने को विवश होगी।

बुद्धिजीवी लोगों ने मेरे पक्ष में बयान दिया है। उनकी आलोचना करते हुए, जमाते इस्लामी पार्टी के अखबार में आज एक संपादकीय निकला है—धर्मद्रोही राहू का ग्रास।

...उँगली पर गिने जाने लायक, चंद बुद्धिजीवी और कवियों को बांग्लादेश से इस्लाम को जड़ से उखाड़ डालने की ख़ब्त सवार हो गई है और वे लोग इस्लाम के सर्वनाश की कोशिश कर रहे हैं। जब कभी वे लोग खुद ही दलबद्ध तरीके से, प्रगति के नाम पर कुछ करते हैं, तभी जैसे धार्मिक मूल्यबोध को खुलेआम आहत करने की कोशिश करते हैं, वैसे ही व्यक्तिगत भाव से उन्हीं लोगों द्वारा प्रेरित, कोई व्यक्ति-विशेष, अपनी किसी रचना में या भाषण या बयान में, जब भी इस्लामी चेतना पर आघात करते हैं, तब आहत मुसलमानों की प्रतिक्रिया को कुपथ पर खदेड़ने के लिए ये ही चंद व्यक्ति, अपने विविध वक्तव्य और बयान प्रचारित करके इस्लाम को हमलावर अन्याय के पक्ष में ले लेते हैं। उन लोगों का ख़्याल है कि इस्लाम, पवित्र कुरान और नबी रसूल पर आक्रमण करते हुए या आघात करते हुए, कुछेक रचनाएँ करने या बोलने को उनका प्रगतिशील अधिकार है। धर्म के पक्ष में खड़े होने को प्रतिक्रियाशील आचरण मानते हैं। किसी को इस्लाम के पक्ष में खड़े होने को वे लोग महा-अपराध मानते हैं, क्योंकि उनकी नज़र में धर्म महज धप्पाबाजी है।

वे लोग अपने इस नज़रिए को गणतांत्रिक नज़रिए के रूप में प्रचारित करने की कोशिश करते हैं। नतीजा यह होता है कि तसलीमा नसरीन जैसी देशद्रोही और धर्मद्रोही के पवित्र कुरान की अवमानना का भी, वे लोग भरपूर साहस के साथ समर्थन करते हैं और उसके अन्याय की सफ़ाई देने को आगे बढ़ आते हैं। तसलीमा ने जब पवित्र कुरान की शुद्धि की सलाह देते हुए, विदेशी अखबार में इंटरव्यू दिया या देश की सार्वभौम सीमा का उल्लंघन करते हुए भारत के साथ मिलाने को कहा, उस वक्त मुक्ति युद्ध के ये सब चेतनावादी चाटुकार, पीठ पीछे वाह-वाह करते फिरते हैं। जब इसकी प्रतिक्रिया स्वरूप, समूचे देश की आध्यात्मिक चेतना सहसा प्रचंड आघात से गुर्रा उठती है, गली-सड़कों पर क्षुब्ध जन-गण जुलूसों की शक्ल ले लेते हैं और धर्म के बारे में उदासीन, क्षमतासीन सरकार, जब तसलीमा नसरीन की गिरफ़्तारी

का आश्वासन देकर, उसको छिपने का मौका देते हुए, तमाशा देखती रहती है, तब ये सब प्रगतिवादी बुद्धिजीवी लोग, अपने खड्डे-गड्ढों से निकलकर, लगातार बयान-दर-बयानों पर दस्तख़त करते रहते हैं कि तसलीमा के गणतांत्रिक अधिकारों पर हस्तक्षेप किया जा रहा है। सच तो यह है कि सरकार ने कट्टरवादियों के दबाव में आकर सिर झुका दिया और तसलीमा के खिलाफ गिरफ़्तारी का हुक्मनामा जारी कर दिया। सरकार को चाहिए कि इसे फौरन वापस ले। वगैरह-वगैरह। बयानों पर जिन लोगों के बार-बार हस्ताक्षर देखते-देखते, हमारी आँखें अभ्यस्त हो चुकी हैं, वे हैं—कबीर चौधुरी, कवि शम्सुर रहमान, ख़ान सरवर मुरशिद, फ़ैज़ अहमद और जिल्लूर रहमान सिद्दीकी। हमारे धर्म के खिलाफ, हर आघातकारी मुद्दे पर क्यों यही लोग बार-बार बयानों पर दस्तख़त करते हैं? इस देश में बसे हुए ग्यारह करोड़ मुसलमानों का इस्लाम के प्रति आग्रह क्या उनके ख्याल से किसी मौलिक अधिकार के दायरे में नहीं आता? सिर्फ तसलीमा नसरीन का इस्लाम और पाक़ कुरान की अवमानना का अधिकार ही मौलिक नागरिक अधिकार है? तसलीमा नसरीन की सांप्रदायिक-प्रीति विनष्टकारी पुस्तक 'लज्जा' को लेकर, जब भारत में दंगे शुरू हो गए और वहाँ के मुसलमानों की अंधाधुंध हत्या की गई, उन पर जोर-जुल्म बरसाए गए, उन लोगों को आग में झोंक दिया गया, मुसलमान औरतों का बेरोक-टोक बलात्कार किया गया, तब कबीर चौधुरी, शम्सुर रहमान, ख़ान सरवर मुरशिद, फ़ैज़ अहमद और जिल्लूर रहमान सिद्दीकी कहाँ थे?

इस्लाम के खिलाफ खुलेआम विद्वेष का प्रचार, इस देश की अवाम साँस रोककर, सिर्फ मौलिक नागरिक अधिकार के बारे में ही सोचकर, बर्दाश्त करती रही। इसका मतलब यह हरगिज न लगाया जाए कि ग्यारह करोड़ मुसलमान, अपने पवित्र कुरान को बदल डालने की बात भी हजम कर जाने की हालत में आ पहुँचे हैं। इन दिनों जो चाहे, कहा जा सकता है और कोई और कहे, तो बयान देकर उसका समर्थन भी किया जा सकता है। हाँ, वर्तमान सरकार के ज़माने में आपात् दृष्टि से यही प्रकट होता है। लेकिन हम लोग बेहद विनम्रता से सरकार को यह बता देना चाहते हैं कि यह सच नहीं है। वर्तमान सरकार में अगर यह दम-खम भले न हो, मगर ग्यारह करोड़ मुसलमान औरत-मर्द में बेशक इतनी क्षमता है कि वे लोग नास्तिकवादी चंद शैतान के बच्चों के विद्रूप और अवहेलना से अपने धर्म की रक्षा कर सकें।

सिर्फ बयानों से कट्टरवादी ताकतों को रोका नहीं जा सकता, इसे रोकने के लिए घातक दलाल निर्मूल कमिटी सड़कों पर उतर आई है। कल शाम चार बजे, निर्मूल कमिटी की मीटिंग में नेताओं ने कहा है कि स्वाधीनता विरोधी, पराजित शक्ति ने जिस इरादे से सन् इकहत्तर में बुद्धिजीवी लोगों की हत्या की थी, बिल्कुल उसी इरादे से आज वे लोग हमारे मुक्तबुद्धि के अखबारों पर हमला कर रहे हैं। हम लोगों ने ही, जिन्होंने मुक्तियुद्ध किया, इन पराजित शत्रुओं को सिर उठाने का मौका दिया

है। यह शक्ति, इस देश को पाकिस्तान बनाना चाहती है; देश का झंडा और जातीय संगीत बदलना चाहती है। उन लोगों के खिलाफ अब नए सिरे से जिहाद पर उतरना होगा। समावेश में 'जनकंठ' के पत्रकारों पर से मामला और गिरफ़्तारी का हुक्मनामा उठा लेने की जबर्दस्त माँग करते हैं। डॉ. कमाल हुसेन ने कल बरीसाल के अश्विनी कुमार टाउन हॉल में, गण फोरम द्वारा आयोजित सभा में भाषण दिया। उन्होंने कहा कि धर्म के नाम पर जो लोग विभिन्न व्यक्तियों की फाँसी चाहते हैं, उनके खिलाफ एकबद्ध हों। वर्तमान संसद ः सी भी समस्या का समाधान नहीं कर पाई। यह संसद देश में विकास का स्पर्श नह। े सकी। सत्ताधारी और विरोधी पक्ष, सभी नाकाम रहे। अनगिनत त्याग और तिर्ति ःक्षा के जरिए, एक गणतांत्रिक सरकार की स्थापना की गई है। इसकी रक्षा करना हर नागरिक का फर्ज़ है। देश में इस्लाम विपन्न नहीं हुआ। धर्म के व्यापारियों ने इस्लाम को विपन्न किया है। अफ्रीका के नेल्सन मंडेला, श्वेतांगों के साथ बातचीत के लिए बैठ सकते हैं। अराफात, इज़राइल के साथ संवाद कर सकते हैं, लेकिन हमारी दोनों नेता, देश के विकास के लिए आपसी विचार-विमर्श के लिए हरगिज नहीं बैठ सकतीं। विचार विभाग को, निर्वाही विभाग से अभी तक अलग नहीं किया गया। ...सरकार अखबारों की स्वाधीनता के नाम पर अखबारों के संपादकों को गिरफ़्तार और पत्रकारों को परेशान कर रही है। जन-गण की उपेक्षा करके देश चला रही है। वगेरह-वगैरह!

मेरे सिर के मोल के ऐलान के खिलाफ आवाज़ उठाई है—उ.ी साजू, जाहिदा, लवली और उनके दल ने। उनके अलावा, आज के अखबार में मे! सिर को लेकर, किसी का भी सिर-दर्द नज़र नहीं आया। हाँ, मेरे सिर के बारे में बीबीसी ने एक इंटरव्यू प्रचारित किया। खबर कुछ यूँ थी। खुलना में कट्टरवादियों की एक जनसभा में, लेखिका तसलीमा नसरीन की हत्या के लिए 1 लाख टके का इनाम घोषणा के बारे में राज्य गृह मंत्री अज़ीमउद्दीन अहमद ने कल, शनिवार को एक साक्षात्कार में कहा कि आरोप लगाया गया है कि मौलाना ने उस पुरस्कार का ऐलान किया है। उन्होंने ठीक-ठीक क्या कहा और खुलना में ठीक क्या घटा था, सरकार फिलहाल यह पता लगाने की कोशिश कर रही है। उन्होंने यह भी कहा कि यह ख़बर अगर सच हुई, तो जिसके खिलाफ यह बात कही गई है, वे कानून का आश्रय ले सकती हैं। तसलीमा फिलहाल छिपी हुई हैं, ऐसी हालत में वे अपनी हिफ़ाज़त का अनुरोध कैसे कर सकती हैं? सचिव ने कहा कि तसलीमा नसरीन को चाहिए कि सरकार के आगे या अदालत के आगे आत्मसमर्पण करें। कट्टरवादियों ने अखबारों पर और तसलीमा नसरीन के घर पर हमला किया है, उनके खिलाफ सरकार ने क्या कोई पूछताछ या जाँच की है? यह कोई मामूली गुनाह नहीं है, कोई मामूली तोड़-फोड़ या गुंडई का अपराध भी नहीं है। यह तो कुछ और है लेकिन कोई अगर किसी संपत्ति को नुकसान पहुँचाए, किसी को आहत करे या अन्यान्य कोई हरक़त करे

या कानून की नजर में अपराध करे, तो इस बारे में कोई न कोई इंतज़ाम जरूर किया जाएगा। इतनी-सी खबर देने के बाद, बीबीसी के रिपोर्टर ने इत्तला दी है कि मैंने उन्हें बंगला में इंटरव्यू देने का अनुरोध किया था, जवाब में उन्होंने कहा था कि उनकी मातृभाषा बंगला नहीं, उर्दू है।

आज सुबह ढल गई, दोपहर गुजर गई, शाम ने भी विदा ली, क या ङ का कोई अता-पता नहीं था। मुझे तो हाईकोर्ट ले जाने की बात थी। आज का जाना रुक क्यों गया, मुझे समझ में नहीं आया! च ने मेरे साथ रात का खाना खाया। मेरा खाने का बिल्कुल मन नहीं था। मैं थोड़ा-सा खाकर उठ गई। च जितनी देर घर पर रहती हैं, वे अपनी बेटी में ही मगन रहती हैं। आज रात का खाना-पीना निपटाकर, वे कुछ देर मेरे पास बैठी रहीं। चंद अख़बारों में सरसरी निगाह दौड़ाकर उन्होंने बताया कि आज उनके दफ़्तर में मेरे बारे में किसी औरत से बात हो रही थी। प्रसंग उस महिला ने ही छेड़ा था। उसने कहा, 'लज्जा' बकवास किताब है। 'लज्जा' किताब लिखकर उस लेखिका ने काफी भूल की है।

मैं खामोश रही। मैंने मन ही मन सोचा, कि च ज़रूर उस महिला की राय से सहमत नहीं होंगी।

लेकिन च ने छूटते ही कहा, "मैंने आपकी सारी किताबें पढ़ी हैं, 'लज्जा' मुझे भी अच्छी नहीं लगी। बेहद एकतरफा लिखा गया है।"

"एकतरफा?"

"हाँ, एकतरफा! उसमें काफी कुछ सच नहीं है। इस देश में हिंदू राजनीतिज्ञ हैं, हिंदू आर्टिस्ट हैं, यूनिवर्सिटी के प्रोफेसर भी हिंदू हैं, हिंदू डॉक्टर-इंजीनियर भी हैं, हिंदू वैज्ञानिक भी हैं। 'लज्जा' में उन लोगों का जिक्र तो तुमने किया ही नहीं। सांप्रदायिकता के खिलाफ कितने बड़े-बड़े आंदोलन हुए, 'लज्जा' में तो इसका भी जिक्र नहीं है।"

मैं सिर झुकाए बैठी रही। सिर झुकाए-झुकाए अपने दिल की धड़कनें सुनती रही। मारे दहशत के, मुझे च की तरफ देखने तक की हिम्मत नहीं हुई। कहीं च भी, घ की तरह यह न कह दें कि अब इस घर में तुम्हारा रहना नहीं हो सकता।

13 जून, सोमवार।

काफी रात गए क और ख आ पहुँचीं और मुझे गाड़ी में लिटाकर, चहारदीवारी से घिरे मैदान वाले घर में ले आईं। कमरे के भीतर बैठक घर में, एक बड़े-से सोफे पर एक भारी-भरकम महिला बैठी हुई थीं। उन्होंने मुझे तीखी निगाहों से घूरकर देखा।

उस नज़र में ऐसा कुछ था कि देखकर, कँपकँपी आने लगी। उन्होंने गहराई हुई आवाज में मुझे बैठने को कहा। खैर, तन-बदन भले काँप गया हो, मगर वे मेरी रक्षक थीं। वे मुझे शरण देने को राजी हुई हैं। जिंदगी में उन्होंने अनगिनत लड़कियों का कल्याण किया है, अब मेरा भी उपकार करने को राजी हैं। असल में 'च' का घर छोड़ने की वजह यह थी, जैसा कि क ने कहा था, कि एक ही घर में ज़्यादा दिन रहना ठीक नहीं होगा। आत्मगोपन का भी एक ख़ास तरीका होता है, इतना सब मुझे नहीं मालूम था। किसी एक जगह, चाहे वह कितनी भी सुरक्षित क्यों न हो, ज्यादा दिनों तक वहाँ ठहरना नहीं चलेगा, बार-बार जगह बदलनी होगी। मेरा ख्याल है कि क को अगर मेरे लिए आश्रय की जगह मिलती रहती, तो वे हर बार ही जैसे बिल्ली अपने बच्चे को लिए फिरती है, वैसे ही वे भी जगह बदल-बदलकर मुझे ले जातीं। मैंने एक बात गौर की है, जब वे मुझे एक मकान से किसी दूसरे मकान में ले जाती हैं, तब क किसी को यह नहीं बतातीं कि वे मुझे कहाँ ले जा रही हैं। उन्होंने च को भी नहीं बताया कि वे छ के घर जा रही हैं छ को भी नहीं बताया कि च के घर से मुझे लाया गया है। यहाँ तक कि क मुझे भी नहीं बतातीं कि वे कहाँ जा रही हैं। कहीं पहुँचने के बाद ही मुझे पता चलता है कि मैं कहाँ आ गई।

छ के यहाँ ठहराकर, छ को दिखाकर उन्होंने मुझसे कहा, "ये छ हैं। काफी लंबे अर्से से ये नारी-विकास के कार्यों से जुड़ी हैं।"

मेरा परिचय देने की ज़रूरत नहीं होती। मैं फ़रार आसामी हूँ। फ़रार आसामी को देखते ही लोग पहचान जाते हैं।

जमानत के बारे में वकील ने उन्हें कुछ बताया या नहीं, मैंने जानना चाहा। क ने मुझे जो कुछ बताया, उसका सारांश यह था कि मेरे वकील ने आखिरी पलों में अपना फैसला बदल दिया, क्योंकि कल अदालत में जो जज बैठा था, वह घोर कट्टरवादी जीव था। यह बिल्कुल निश्चित था कि वह जज मुझे जमानत हरगिज नहीं देता। मेरे वकील अदालत में जिस किसी जज के सामने मेरी जमानत के लिए आवेदन नहीं करना चाहते थे। यह मेरे जीने-मरने का सवाल था। जब किसी जज के बारे में यह पक्के तौर पर सुनिश्चित हो जाए कि वे मुझे जमानत दे देंगे या दे सकेंगे, तभी मेरी जान का जोखिम उठाकर, मुझे अदालत में पेश करने के बारे में सोच सकते हैं। इन दिनों डॉ. कमाल हुसेन और भी एक कोशिश कर रहे हैं, वह है, मुझे हाज़िर किए बिना ही मेरी जमानत प्राप्त करना! ऐसा अगर हो जाए, तो ज़रा देर ही सही, यही बेहतर होगा। तब किसी आततायी की गोली से, अदालत में क़त्ल होने का जोखिम नहीं रहेगा। लोअर कोर्ट ने इस दौरान जमानत का आवेदन ख़ारिज कर दिया था। अब तो सिर्फ हाईकोर्ट का ही भरोसा था। जमानत पाना, जब तक सुनिश्चित न हो जाए, वे आगे नहीं बढ़ना चाहते थे। मेरे घर के किसी बंदे से बातचीत हुई है या नहीं, यह पूछने पर क ने बताया कि वकील के चेम्बर

में छोटकू और भाईजान से उनकी भेंट हुई थी। क ने उनसे मिलन के बारे में पूछा, तो पता चला, मिलन अभी तक घर नहीं लौटा। कुछेक पलों के लिए सही, क की छोटकू और भाईजान से भेंट हुई थी, यह सुनकर मैंने मन ही मन राहत की साँस ली, मानों क नहीं मैंने ही उन दोनों से मिल-भेंट लिया हो। यानी भाईजान इन दिनों ढाका में हैं। जो शख़्स मयमनसिंह छोड़कर, कहीं भी जाना नहीं चाहता था, आज वही ढाका में मेरे वकील के दफ़्तर में धरना दिए बैठा है। मैं अंदाजा लगा सकती हूँ कि मेरे परिवार में अब किसी की भी जिंदगी पहले जैसी नहीं रही। सबकी जिंदगी बदल चुकी है।

छ ने मुझे जिस कमरे में ठहराया है, वह अब तक के सभी कमरों में सबसे बेहतर था। मोटा गद्देदार, गुदगुदा बिस्तर! माथे पर घूमता हुआ पंखा! बिस्तर की बगल में टेबल! टेबल पर टेबल लैंप! दोज़ख से बहिश्त जाने पर जो खुशी होती है, बिल्कुल वैसी ही खुशी भले न हो, कमोबेश उसी क़िस्म की खुशी का मुझे अहसास हुआ। चूँकि इस बहिश्त में मेरा रहना बिल्कुल अनिश्चित था, इसलिए खुश होने के बावजूद, मुझे ज्यादा खुशी नहीं हुई। बहिश्त में मेरी ऐश के लिए बिस्तर बिछा हुआ था। बिस्तर पर साफ-सुथरी चादर! फिलहाल तुम चैन से सो जाओ, तसलीमा, मैंने मन ही मन अपने को तसल्ली दी। दरअसल मैंने गौर किया है कि आजकल ज्यादातर वक्त मैं अपने को तसलीमा लगती ही नहीं। पहले की तसलीमा और अब की तसलीमा को मैं मिला नहीं पाती। मेरा हुलिया तसलीमा जैसा जरूर है, इसके अलावा दोनों तसलीमा में और कोई मेल नहीं है। उस साहसी लड़की को अब फाँसी दे दी गई है। अब धक्-धक् आत्मा लिए, एक अदद डरपोक, कायर, निश्चल, शंकित, घूँघट काढ़े, नत आँखों वाली बेजान औरत भर रह गई है, बात-बात पर जिसका गला सूखने लगता है, जुबान ऐंठने लगती है, आवाज़ रुँधने लगती है—ऐसी ही एक अदद कातर, करुण लड़की! अपनी ओर देखते हुए, कभी-कभी मेरा मन होता है कि मुझे अपने चंगुल में पाकर, उन मुल्लाओं को भी, मेरा सिर तराशते हुए हिचकिचाहट होगी।

रात को मैं बिस्तर पर अधलेटी हुई, आज के तमाम अखबार पढ़ती रही। अच्छी-गहरी नींद मुझे अकेली छोड़कर, कब, कहाँ फ़रार हो गई थी, मुझे पता ही नहीं चला। जुलूस की तस्वीरों को निहारते हुए मेरा तन-बदन बर्फ हो आया! टोपीवालों की तादाद बढ़ती जा रही है, काले सिरों की संख्या भी अब बढ़ रही है। काले सिर, जब सफेद सिरों के साथ, एक क़तार में खड़े हैं, यह शुभ लक्षण नहीं है। इस बार का बैनर है—

तसलीमा नसरीन को फाँसी, ब्लासफेमी ऐक्ट का प्रवर्तन और दैनिक 'जनकंठ' ज़ब्त करने की माँग करते हुए गृह मंत्रालय के सामने विक्षोभ समागम

इस्लाम और राष्ट्रद्रोही तत्परता प्रतिरोध मोर्चा गठन के लिए समन्वय कमिटी

बैतुल मुकर्रम के उत्तरी या दक्षिणी गेट पर पहला जन-समावेश आयोजित हुआ। मंच पर बड़े-बड़े नेताओं ने भाषण दिया। इसके बाद शहर के बड़े-बड़े रास्तों पर जुलूस निकाले गए। मैंने एक बात ग़ौर की, भाषणों में पहले से ज्यादा ताप, ज्यादा तेज था। लोक-संख्या बढ़े, तो मनोबल भी बढ़ जाता है और धीरे-धीरे मज़बूत होता जाता है। जो बंदा जितनी सख़्त-सख़्त बातें कर सके, उसे उतनी ज्यादा तालियाँ मिलती हैं। उस विराट समावेश में नेताओं ने कहा—कुख्यात तसलीमा नसरीन की फाँसी को कार्यरूप देने और 'जनकंठ' समेत सभी धर्मद्रोही अख़बारों को निषिद्ध करने के लिए सरकार अगर असफल रहती है, तो आगामी निर्वाचन में यह सरकार कूड़े की टोकरी में फेंक दी जाएगी। जनता-जनार्दन के प्रचंड रोष में सरकार, तसलीमा और जनकंठ के समर्थकों का कोई अता-पता खोजने पर भी नहीं मिलेगा। धर्मद्रोही तसलीमा गिरोह की जो भी इंसान सफ़ाई गाएगा, उन लोगों को भी फाँसी पर चढ़ा दिया जाए। धर्मद्रोहियों के किसी भी षड्यंत्र को नाकाम करने के लिए, दीनदार मुसलमानों को अगर अपने सीने का ताजा खून भी देना पड़े, तो वे लोग दे डालेंगे। इसके लिए वे लोग संकल्पबद्ध हैं। जो तमाम नेता, नेतृी और तथाकथित बुद्धिजीवी, तसलीमा नसरीन और जनकंठ की सफाई गा रहे हैं, वे लोग यहूदी और भारतीय दलाल हैं। बाबरी मस्जिद ध्वंस के समय, जो सब नेता-नेतृी ने कोई प्रतिवाद जाहिर नहीं किया, वे ही लोग अब इस्लाम विरोधी 'जनकंठ' के पक्ष में बयान देते फिर रहे हैं। धर्मद्रोही और 'र' के एजेंट जनकंठ के पक्ष में बयान देकर, शेख हसीना खुद अपनी ही मर्यादा नष्ट कर रही हैं। विरोधी दल की नेता अगर तौहीदी जनता का समर्थन चाहती हैं, तो उन्हें देशवासियों से माफी माँगनी होगी। अब बातचीत का वक्त ख़त्म! अब इस्लाम विरोधियों के खिलाफ जिहाद पर उतर पड़ने का वक्त है! यह मुहर्रम का महीना है! यह विप्लव का महीना है। इसी महीने से हम इस्लामी विप्लव शुरू कर रहे हैं। हम कुछ जलाना-फूँकना नहीं चाहते। लेकिन अगर उन लोगों ने हमें जलाया, तो हम लोग भी उन लोगों को जला मारेंगे। भारतीय ब्राह्मणवादी लोग यह देश हरगिज दख़ल नहीं कर पाएँगे। इंशा अल्लाह! हम दिल्ली की मसनद पर इस्लाम की पताका लहराएँगे। चिह्नित एक दल नास्तिक, अखंड भारत की बोली रटते हुए देश में विच्छिन्नता आंदोलन को हवा दे रहे हैं, उन लोगों को जड़ से उखाड़ फेंका जाएगा। तसलीमा नसरीन की फाँसी की माँग अगर सरकार कार्यान्वित नहीं करती, तो चाहे अपनी छाती का ताज़ा रक्त ही क्यों न देना पड़े, फाँसी की माँग खुद देश की अवाम ही पूरा करके दम लेगी। इंशा अल्लाह! सभा के सभी वक्ताओं ने इस फाँसी की माँग पर, 30 जून को देशव्यापी हड़ताल पालन के लिए, जनगण का आह्वान किया है। इस्लामी मोर्चा ने 6 दफ़ा माँगों की जो स्मारक लिपि, गृहमंत्री को पेश की है, वह है—1. तसलीमा नसरीन समेत इस्लाम और राष्ट्रद्रोहियों की अविलंब गिरफ़्तारी और फाँसी। 2. 'जनकंठ' और 'आजकेर कागज' समेत सभी धर्मद्रोही अखबारों के

प्रकाशन को निषिद्ध घोषित करना। 3. ब्लासफेमी एक्ट प्रवर्तन। 4. एन जी ओ समूह के क्रिया-कलाप बंद करना। 5. रेडियो, टीवी समेत सभी प्रचार माध्यमों में इस्लामी अक़ीदा और विश्वास के साथ, असामंजस्यपूर्ण प्रचार बंद कर देना। 6. कादियानी लोगों को गैर-मुस्लिम घोषित करना।

'जनकंठ' के साथ अब 'आजकेर कागज' का नाम भी जोड़ दिया गया। पत्र-पत्रिकाओं के साथ रेडियो-टेलीविजन भी जुड़ गया। मेरा ख़्याल है कि दिनोंदिन वे लोग और भी बहुत कुछ जोड़ते जाएँगे। इन दिनों जनता-जनार्दन की धार्मिक अनुभूतियाँ उन लोगों की मुट्ठी में हैं।

अखबार में और भी खबर है। नारी जाति की कलंक, कुख्यात लेखिका तसलीमा नसरीन को गिरफ़्तार करके, विशेष ट्रिब्यूनल में उसका विचार और जनकंठ का डिक्लेरेशन खारिज करने और ब्लासफेमी कानून प्रणयन की माँग करते हुए, चट्टग्राम में ढाका की तरह ही विरामहीन मीटिंग सभाओं का दौर जारी है; जुलूस भी जारी है। आंदोलन में अब कुछ और नए संगठन आ जुड़े हैं। अल्लामा, तैयबिया सोसाइटी, कुतुबदिया फाउंडेशन, अलअमीन जामे मस्जिद परिचालक कमिटी, बांगलादेश जमियातुल अन्सार, मुस्लिम साहित्य परिषद, मदरसाइ उलूमे द्वीनिया और यतीमखाना, जातीयवादी उलेमा दल, देशी चिकित्सक और कैनभासर कल्याण समिति। मेरे मन में एक और ख्याल ने जन्म लिया। चूँकि आंदोलन दिनोंदिन काफी जोरदार होता जा रहा है, इसलिए अफरातफरी में ही कई संगठन भी खड़े किए जा रहे हैं। मेरे मन में एक और ख्याल भी आ रहा है, कोई भी आंदोलन जब शक्तिशाली हो उठता है, तो लोगों में उस आंदोलन से जुड़ने का उत्साह मर जाता है। वैसे कट्टरवादी सिर्फ संगठित हो रहे हैं, ऐसा भी नहीं है। बहुतेरे गैर-कट्टरवादी इस्लाम धँसता जा रहा है, सिर्फ इसी आशंका से संगठित हो रहे हैं। यही बात मृत्यु जैसी भयंकर है।

30 तारीख की हड़ताल सफल करने के लिए, टेकनाफ से तेतुलिया तक धर्मप्राण अवाम जाग उठी है। जमाते इस्लामी ने 27 जून को माँग-दिवस पालन करने का ऐलान किया है। फ्रीडम पार्टी और युव कमांड, कट्टरवादी दल की माँग का समर्थन करते हुए, इस्लामी मंच पर खड़े होकर, अपना-अपना राजनीतिक भाषण दिए जा रही हैं। इस दल का मूल शत्रु है, अवामी लीग। अवामी लीग को संबोधित करके कहा जा रहा है कि भारतीय दलाल चक्र ने एक बार फिर स्वाधीनता और सार्वभौमिकता के विरुद्ध साजिश रचना शुरू किया है। शेख हसीना ने धर्मविद्वेषी तसलीमा नसरीन के पक्ष का समर्थन करते हुए बयान दिया है, वगैरह-वगैरह! जमाते इस्लामी, फ्रीडम पार्टी के साथ एक मंच पर खड़ी हो रही है। जमाते इस्लामी, बी एन पी और अवामी लीग, दोनों ही पार्टियों की आलोचना कर रही है। लेकिन जमात के नेता जानते हैं कि आगामी चुनाव में दो बड़े दलों में से किसी एक दल को मिलाना होगा। शेख हसीना अब कट्टरवादी दल के विपक्ष में जाने की नहीं सोच रही हैं, क्योंकि आगामी

चुनाव में बी एन पी को हराने के लिए, उन्हें इस्लामी सहयोग की ज़रूरत पड़ेगी। इस कट्टरवादी उत्थान में शेख हसीना आश्चर्यजनक रूप से खामोश हैं। वे तो तमाम बातों के लिए, लगातार बी एन पी को ही दोष दिए जा रही हैं। लेकिन जमाते इस्लामी या अन्य कट्टरवादी दलों के खिलाफ वे चूँ तक नहीं कर रही हैं। इस पल जमाते इस्लामी की तरह मूल्यवान और कोई राजनैतिक पार्टी नहीं है। बी एन पी भी बी एन पी को अपने हाथ में रखना चाहती है। शेख हसीना के लिए यह निहायत पसोपेश की स्थिति है, मैं समझ सकती हूँ। अब इन कट्टरवादी लोगों की जागृति रोकने के लिए अगर वे आंदोलन पर उतरती हैं, तो उन पर धर्म विरोधी होने का इल्ज़ाम मढ़ दिया जाएगा। वे यह काम करने को राजी नहीं हैं, क्योंकि कट्टरवादियों का वोट न भी जुटे, तो भी वे देश के पचासी प्रतिशत मुसलमानों के वोट से वंचित नहीं होना चाहतीं। पत्रकारों के खिलाफ मामला करने के खिलाफ बोलने के बावजूद तसलीमा के मामले के खिलाफ उन्होंने एक शब्द भी नहीं कहा, क्योंकि जनकंठ के पत्रकारों के बदन पर धर्महीनता की कालिमा उतनी नहीं लगी, जितनी तसलीमा के बदन पर! जनकंठ के सभी पत्रकार मूलतः आस्तिक हैं। उनमें से किसी ने भी कभी, किसी दिन यह दावा नहीं किया कि वे लोग धर्मप्राण मुसलमान नहीं हैं। तसलीमा के पक्ष में जुबान खोलने से, हसीना को कोई लाभ भी तो नहीं होनेवाला, क्योंकि तसलीमा की कोई पार्टी नहीं है, न ही उसके पीछे जन-समर्थन है।

कल संसद में भी तसलीमा नसरीन का प्रसंग उठा था। गृहमंत्री, अब्दुल मतीन चौधुरी को जवाबदेही करनी पड़ी कि मेरा पासेपोर्ट रोका गया था और यथानुरूप क़दम भी उठाए गए थे। मेरे कुकर्म के खिलाफ यह मुकदमा दायर करने से पहले भी इस सरकार ने मुझे थोड़ी बहुत सजा दी थी, इस बारे में सफाई देकर, उन्होंने संसद में सवाल करनेवालों को किसी तरह शांत किया। इस तरफ मुक्तियुद्ध की चेतना वास्तवायन कमिटी और जातीय समन्वय कमिटी के ढाका महानगर के आवाहक मोफज़्ज़ल हुसैन चौधुरी ने उर्दू भाषी गृह-सचिव को हटाने की माँग करते हुए, बयान दिया है। उन्होंने कहा है कि बंगाली लोगों ने अपना खून देकर जंग करके, मातृभाषा बंगला को अर्जित किया है। स्वाधीन देश में राष्ट्रीय प्रशासन की सचिव होने के बावजूद, राष्ट्रीय भाषा को अस्वीकार करके, उसे हेय समझकर, उसकी अवमानना करते हुए, सचिव ने कहा है कि उनकी मातृभाषा बंगला नहीं, उर्दू है। इसलिए यह बात साबित हो जाती है कि वे इस देश के नागरिक नहीं हैं। कोई विदेशी नागरिक, भिन्नभाषी राष्ट्रीय ऊँचे पद पर क्षमता में नहीं रह सकता।

छोटी-मोटी भूलें निकालकर, कई छोटे-मोटे दलों ने भी प्रतिवाद किया है। लेकिन अहम मुद्दा इस्लाम के बारे में कुछ भी कहने की हिम्मत, किसी भी दल में नहीं है। कोई भी शख्स ज़ोरदार आवाज़ में यह कहने की हिम्मत नहीं जुटा पाता कि नहीं, हम इस्लामी शासन नहीं चाहते, ब्लासफेमी के विरुद्ध कोई कानून नहीं चाहिए,

तसलीमा धर्मद्रोही भले हो, हम उसकी फाँसी नहीं चाहते। हम वाक्-स्वाधीनता, मुक्त-विचार में विश्वास करते हैं। अगर इंसान को धर्म के गीत गाने का अधिकार है, उसी तरह धर्म की समालोचना करने का भी अधिकार है।

आज और भी एक ख़बर है–मौत की धमकी से बचने के लिए, तसलीमा का परिवार, कानूनदाँ लोगों से सलाह-मशविरा कर रहा है।

मौत की धमकी, मेरे परिवार को भी मिल रही है। खैर, मेरी मौत हो, तो हो, मेरी वज़ह से कुछेक निरपराध लोगों की मौत क्यों हो? मेरी आँखों में क्या आँसू आ रहे हैं? हाँ, आ तो रहे हैं। अखबार में छपे 'मौत की धमकी'–इन दोनों शब्दों पर टप् से दो-बूँद आँसू टपक गए। तसलीमा का परिवार...इन दो शब्दों पर मैंने होले से उँगली रख दी, मानो मैं अपने अब्बू, अम्मी, भाइयों को छू रही हूँ, मानो मैं यास्मीन और भालोबाशा को छू रही हूँ। जिंदगी में उन लोगों से, अब शायद कभी भेंट न हो, इसलिए उन लोगों को छू-छूकर महसूस कर रही हूँ। अम्मी दिन-रात ज़रूर आँसू बहा रही होंगी, अब्बू की आँखों में आँसू, कभी नज़र नहीं आते, इन दिनों शायद उनकी भी आँखें नम होंगी। यास्मीन भी रो रही होगी। घर में सबका नहाना-खाना हराम होगा। मेरा क्या होगा, यह डर तो है ही, उस पर से अब अपनों के लिए भी आशंका! गहन-गंभीर आशंकाओं के साथ इंसान आखिर कितने दिनों जी सकता है?

अखबारों पर मेरे आँसू लगातार झरते रहे, जब मैंने पढ़ा कि कुमिल्ला के एक छोटे-से शहर, ब्राह्मणबाड़िया के एक छोटे-से गाँव, नासिरनगर से छोटा-सा एक इंसान, अजहरुल इस्लाम ने अखबार में सरकार को एक छोटा-सा पत्र लिखा था–सरकार को यह समझना चाहिए कि मुल्लातंत्र के फतवों से आज समूचा देश आक्रांत है, उन्हीं फतवाबाजों की मदद से सरकार अगर तसलीमा नसरीन को गिरफ़्तार करती है, तो समूची जाति का विवेक कलंकित होगा। मुक्त-सोच की आजादी में किसी को भी हस्तक्षेप नहीं करना चाहिए। इसलिए ये सब ग़लत क्रियाकलाप बंद करने और जन-जन की प्रिय तसलीमा नसरीन के खिलाफ गिरफ़्तारी का परवाना वापस लेने की ज़ोरदार माँग करता हूँ।

14 जून, मंगलवार।

सुबह मेरे कमरे में ट्रे में नाश्ता हाजिर किया गया। रोटी-सब्जी-अंडे! छ मेरा इतना समादर न करतीं, तो भी चलता। लेकिन उन्होंने मेरी पर्याप्त ख़ातिर की। उन्होंने मुझे गंदे-मैले कपड़े, धोने को डाल देने की हिदायत दी। उन्होंने यह भी कहा कि कमरे में सिर पर आँचल डालकर बैठे रहना बेतुकी बात है! फाँक-दरार? नहीं, फाँक-फोकर से कोई नहीं देख सकता। नौकर-चाकर? घर के नौकर-चाकर में घर

की बात बाहर कहने-सुनने की हिम्मत नहीं है! काफी देर तक वे अपने ही बारे में बताती रहीं। बचपन में ब्याह दी गईं, लेकिन उन्होंने पढ़ना-लिखना नहीं छोड़ा। उनकी जिंदगी में ढेर-ढेर बाधाएँ आईं। उन्होंने अकेले, अपने मनोबल के दम पर सारी बाधाएँ खुद पार कर लीं, साहसी औरतों की आपबीती सुनना, मुझे बेहद भला लगता है। उन्होंने कैसी-कैसी बाधाओं का सामना किया, वे बाधाएँ उन्होंने कैसे पार कीं—ये सब बातें मैं काफी ध्यान से सुनती रही। उनका विवाह हुआ, बाल-बच्चे हुए। पति अत्याचार बरसाने लगा, तो उन्होंने पति को खदेड़ दिया। विश्वविद्यालय तक पढ़ाई की, डिग्री ली और अपने पैरों पर खड़ी हो गईं। उन्होंने कभी किसी की निंदा-बदनामी-अफवाहों की परवाह नहीं की। उन्होंने एक नारी विकास संस्था खोली है। उस संस्था में निरक्षर लड़कियों के लिए एक स्कूल है। बेरोजगार लड़कियों के लिए उन्होंने सिलाई-बुनाई का इंतजाम किया है।

उन्होंने कहा, ''लड़कियों के लिए अगर कुछ करना चाहो, तो तुम्हें गाँवों में जाना होगा, गाँव की लड़कियाँ बेहद मेहनती होती हैं। वे लोग अगर पढ़-लिखकर शिक्षित हो जाएँ, अपने पैरों पर खड़ी हो जाएँ, तो देश में कोई समस्या ही न रहे।''

मैंने छ की बातों में सहमति जतायी। इतने बड़े-बड़े कामों का मुझे कभी मौका नहीं मिला। अभी तो जिंदा रहने के ही लाले पड़े हैं। वैसे लिखने के बजाय, अगर गाँव की लड़कियों को आत्मनिर्भर बनने में मदद की होती, तो सच ही काम जैसा काम होता, मैं समझती हूँ! अपना आपा मुझे बेहद तुच्छ...बेहद अकिंचन लगा।

छ ने जब अखबार पढ़ डाला, तो उन्होंने दो अखबार मुझे भी थमा दिए। देश के समस्त अंचलों से 30 जून की हड़ताल सफल करने की अपील की गई है। हड़ताल का जिक्र सबसे पहले यंग मुस्लिम सोसायटी ने किया था। इसके बाद, देश के सभी कट्टरवादी और गैर-कट्टरवादी, राजनीतिक-गैरराजनीतिक दलों ने इस 'हड़ताल' शब्द को लपक लिया। हड़ताल को सफल बनाने के लिए, देश भर में सर्वत्र, सभा-जुलूस और माँग जारी है। मस्जिद का सुरक्षित आँगन छोड़कर, कट्टरवादी अब उन इलाकों में सभाएँ करते रहे, जहाँ उनका रोब-दाब नहीं था।

कल ढाका के गेंडारिया की सभा में मुफ्ती अमीनी ने कहा है, ''मृत्युदंड से रिहाई पाने के लिए तसलीमा ने झूठ का सहारा लिया है—'' स्पीकर को लिखे गए मेरे ख़त का प्रसंग छेड़ते हुए कहा कि तसलीमा ने डर के मारे कहा है कि उसने कुरान में संशोधन की बात नहीं कही, उन्होंने यह भी कहा कि मामूली से मामूली अपराध के लिए, सरकार अगर मुजरिम की गिरफ़्तारी पर इनाम की घोषणा कर सकती है, तो दुनिया के सर्वश्रेष्ठ, पवित्रतम ग्रंथ के बारे में धृष्ट मंतव्य करने के जुर्म में, तसलीमा की गिरफ़्तारी पर पुरस्कार-घोषणा में रुकावट कहाँ है? 25 जून को सुबह 11 बजे, मुफ्ती दल की तरफ से प्रेस-क्लब के सामने समावेश की घोषणा की गई है। बांग्लादेश इस्लामी छात्र परिषद की सभा में कहा गया कि कुख्यात लेखिका,

मुरताद तसलीमा नसरीन को रहस्यजनक तरीके से गिरफ्तार नहीं किया जा रहा है। इस परिस्थिति को और ज्यादा दूर बढ़ने नहीं देना चाहिए। अभी भी वक्त है, उसे गिरफ्तार करके, उसका विचार किया जाए। तसलीमा की फाँसी की माँग करते हुए। उन्होंने कल संसद भवन का घेराव करने के लिए, धर्मप्राण मुसलमान भाइयों का आह्वान किया है। सचेतन मुस्लिम युव फोरम, मन्दार पुर इस्लामी पाठागार, पांजेरी पाठागार ने हड़ताल के समर्थन में बयान दिया है। पाठागार के लोग तक संगठित हो रहे हैं। इन दिनों मुहल्ले-मुहल्ले में उत्तेजना फैल गई है। यह किस बात का लक्षण है?

एक और बयान पढ़कर मेरे सिर से पाँव तक कँपकँपी फैल गई। 101 वकीलों ने तसलीमा की गिरफ़्तारी और विचार की माँग की है। इत्तफाक की ख़बर मुताबिक, बांग्लादेश में सुप्रीम कोर्ट बार एसोसिएशन के 101 वकील बैरिस्टरों ने, कल सोमवार को एक संयुक्त बयान में इस्लाम के दुश्मनों को मदद जुटाने पवित्र कुरान शरीफ के बारे में तसलीमा नसरीन ने अपमानजनक मंतव्य देकर, मुसलमानों की धार्मिक चेतना पर चरम आघात देने और समाज को उच्छृंखलता की तरफ धकेलने की कुचेष्टा के प्रति गहरी चिंता जाहिर की है। भविष्य में किसी को भी इस क़िस्म की हरक़त का साहस न हो, इसकी मिसाल देने के लिए, वकीलों ने तसलीमा की तत्काल गिरफ़्तारी और विचार के जरिए सज़ा देने की माँग की। उन लोगों ने कहा है कि अगर ऐसा नहीं किया गया, तो स्थिति जैसा विकराल रूप लेगी, उसका सभी दाय-दायित्व सरकार को ही वहन करना होगा। बयान देनेवाले वकीलों में शामिल हैं—एस एम अबुल कासिम, भूतपूर्व जज, मो. अब्दुल वाहब, बैरिस्टर शहीद आलम, बैरिस्टर इमदादुर रहमान, बैरिस्टर फरीदउद्दीन, मो. रजा, बैरिस्टर कुर्बान अली, मो. गुलाम माउला बकुल, मु. खलिलुर रहमान रोकनी, सैयद मयमुना बेग़म और मो. महमूद हुसेन।

इसी तरह की एक और खबर!

जनसभा में खुलेआम लेखिका तसलीमा की हत्या को धमकी और उसके सिर की कीमत की घोषणा करते हुए, दूसरे-दूसरे लोगों को उसकी हत्या के लिए उकसाने का इल्ज़ाम लगाते हुए, लेखिका के भाई, फैजुल कबीर नोमान ने कल खुलना मुख्य नगर हाकिम अदालत में 9 लोगों को आसामी बनाकर, मुकदमा दायर किया है। भाईजान केस करने के लिए खुलना गए हैं। यह मुकदमा मुफ़्ती सैयद नजरुल इस्लाम के खिलाफ किया जा रहा है, जिसने पिछले दिनों मेरे सिर का मोल एक लाख टके घोषित किया है। मुकदमा करने का फैसला, कब लिया गया, किसने लिया, मुझे इसकी जानकारी नहीं है। मेरा अंदाजा है कि वकील के दफ़्तर से ही भाईजान को खुलना भेजा जा रहा है। मैंने जी भरकर राहत की साँस ली। इस साँस के साथ एक ताकत मेरे तन-बदन में भर गई। मैंने महसूस किया कि मैं अपनी मुट्ठियाँ कस सकती हूँ। लेकिन अगले ही पल मेरी मुट्ठियाँ शिथिल हो आईं, जब मुझे खुलना में भाईजान की असुरक्षा और जान-जोखिम का ख्याल हो आया। इन्हीं भाईजान से मुझे

अनगिनत शिकायतें थीं। विवाह के बाद, उनका अचानक बदल जाना, असहनीय तरह से कंजूस हो जाना, स्वार्थी हो जाना वगैरह-वगैरह ढेरों शिकायतें! लेकिन आज उनके सभी अन्याय के लिए उन्हें माफ कर देने का मन हो आया। आज मुझे लगा कि भाईजान सच ही मुझे प्यार करते हैं जैसे बचपन में मुझे प्यार करते थे, वैसे ही आज भी प्यार करते हैं। बचपन में वे मेरे लिए फ्रॉक कपड़े खरीद लाते थे, 'शीला' में तरह-तरह की डिज़ाइनों की ड्रेस के लिए ऑर्डर दे आते, विश्वविद्यालय में अपने खाने के पैसे बचाकर, मेरे लिए फुटपाथ से पुराने कपड़े ख़रीद लाते, तस्वीरें बनाने के लिए रंग खरीद देते, मेरी आँकी हुई रवींद्रनाथ और नज़रुल की तस्वीरें दीवार पर टाँगे रहते, खुद कविता लिखकर, अपनी 'पत्ता' पत्रिका में मेरे नाम से छाप देते; चित्ररूपा स्टूडियो में साथ ले जाकर; मेरी तस्वीर उतरवाते; फिल्में दिखाने ले जाते; वह जो 'संझा-बाती' की पांडुलिपि प्रेस में ले जाते; संझा-बाती छपाने के लिए टके देते--मुझे लगा, मेरे यह भाईजान, वही भाईजान हैं! भाईजान से अब कभी मेरी भेंट होगी? मुझे उन्हें देखने का बेहद मन हो आया। लेकिन अब, इस जिंदगी में ऐसा भला संभव है? मेरी क्या अब किसी से भी भेंट-मुलाक़ात होगी?

अखबार हटाकर, मैं लेट गई। मेरे अन्तस में शैशव-किशोर हौले से दाखिल हुए और एकदम से 'गोल्लाछूट' का खेल खेलने लगे। लेकिन...गोल्लाछूट का वह खेल, एकदम से थम गया, जब साहबा सैनिक परिषद के कार्यक्रम पर नजर पड़ी। सिलहट के साहबा सैनिक परिषद की जनसभा में 23 जून को सिलहट में आधे दिन की हड़ताल-पालन समेत, दो हफ्तों की लगातार कार्यसूची की घोषणा की गई है। उस कार्यसूची में शामिल हैं--आज मंगलवार 14 जून से 16 जून तक, विभिन्न राजनैतिक और सामाजिक संगठनों के साथ संपर्क स्थापित करना और विचारों का आदान-प्रदान; 17 जून को, दोपहर दो बजे परिषद कार्यालय में विभिन्न राजनैतिक, सामाजिक, सांस्कृतिक संगठन और धार्मिक प्रतिष्ठानों के प्रतिनिधियों से विचार-विमर्श; 18 से 21 जून तक जन-संयोग सप्ताह पालन; 22 जून को हड़ताल-समर्थित जुलूस और समावेश और 23 जून को आधे दिन की हड़ताल!

वाह! बहुत खूब! खुला मैदान मिला है, खेलते रहो! जितनी मर्ज़ी, गोल दिए जाओ, तुम लोगों को रोकनेवाला कोई नहीं है। तुम लोग तो हर रोज़ ही बीभत्स कांड किए जा रहे हो। हर दिन की तरह, तुम्हारा कोई विरोधी दल, तुम लोगों की तरह, आज भी सड़क पर नहीं उतरता। इसलिए जय तुम्हारी है! मुझे मार डालो। देश में जितने भी बुद्धिजीवी हैं, उन सबको क़त्ल कर डालो। प्रगति की राह में अग्रसर, तमाम अखबार बंद कर दो। ब्लासफेमी के खिलाफ क़ानून बना डालो। इस्लामी शासन क़ायम करो। लड़कियों, औरतों को पकड़-पकड़कर जला डालो। उन पर पत्थर बरसाओ। तुम्हारी विजय सुनिश्चित है, इंशाअल्लाह!

घर की नौकरानी, दोपहर का खाना दे गई। मैंने गउग्रास की तरह खाना शुरू

किया। फाँसी के आसामियों को डटकर खाना होता है। तुम भी खा लो, तसलीमा! मछली-मांस खाओ। मुमकिन है, कल तुम्हें खाने का मौका न मिले। मैंने अपने को खूब-खूब समझाया, मगर मुझसे खाया नहीं गया। खाना लज़ीज़ है, लेकिन खाने का मन नहीं हो रहा है। दो मुट्ठी खाते ही, ऐसा लगा, मानो गले-गले तक खाना ठुँस गया है। मेरा जी मिचलाने लगा।

शाम को उढ़का हुआ दरवाजा खोलकर, छ कमरे में दाखिल हुईं।

"चलो, बरामदे में चलकर बैठते हैं।"

"बरामदे में?" मैं उनके प्रस्ताव पर चौंक उठी।

जिस लड़की को खिड़की-दरवाजे बंद करके, कमरे में कैद रहना होता है, वह बाहर का उजाला देखे? सिर पर आँचल डालकर, मैं छ के पीछे-पीछे चल पड़ी। बरामदे में एक कुर्सी पर बैठ गई। भीतरी बरामदे में ही उन्होंने मुझे बैठने को बुलाया था। यहाँ बैठने से आस-पास के घरों से किसी को झाँकने या देखने का मौका नहीं मिलेगा।

कुर्सी से पीठ टिकाते हुए छ ने कहा, "मेरे घर में जाने कितने ही अंडरग्राउंड पार्टी के लोग आकर ठहरे हैं। मुझे मालूम है, उन लोगों को कैसे रखना चाहिए।"

उसके बाद, उन्होंने वही-वही प्रसंग दुबारा छेड़ दिया, जो वे आज सुबह ही विस्तार से बता चुकी थीं। आज वे जिस जगह पर हैं, कैसे वे इस जगह तक आ पहुँचीं। यहाँ तक पहुँचने के लिए, उन्हें कितनी मशक्कत करनी पड़ी, कितना काठ-फूस जलाना पड़ा। उनमें कितना प्रचंड मनोबल था...।

अचानक उन्होंने कहा, "मुझे एक बात समझ में नहीं आती, तुम जैसी मासूम-निरीह लड़की, जिसके गले में कोई आवाज़ ही नहीं है, मन में तेज नहीं है, ये मुल्ले तुम्हें मारना क्यों चाहते हैं?"

मैंने सिर झुका लिया।

उन्होंने सवाल किया, "तुम ऐसा क्या लिखती हो, जो मुल्ले भड़क गए?"

"धर्म के बारे में लिखा है, इसलिए..."

"धर्म के बारे में ऐसा क्या लिख दिया?"

"असल में, धर्म तो औरत जात की आजादी की राह में रुकावट है..."

छ ने एकदम से डपट दिया, "किसने कहा कि धर्म रुकावट है?"

उनकी डाँट सुनकर मैं अचकचा गई।

"गाँव में मेरे इतने-इतने एन जी ओ हैं। उसमें कितनी ही औरतें काम करती हैं। गाँव के मुल्ले उन लोगों का कुछ नुकसान कर पाए? जरा भी बाल बाँका कर पाए? हाँ, दो-एक बार नुकसान पहुँचाने की कोशिश ज़रूर की थी, लेकिन नाकाम रहे। मैं तो कुरान लेकर, सीधे मस्जिद के इमाम के पास जा पहुँची। कुरान का सुरा पढ़-पढ़कर तर्जुमा भी कर आई। मैंने कहा—देखो! इसमें क्या लिखा है, देखो! यहाँ औरतों के हक़ की बात साफ़-साफ़ लिखी गई है। वे लोग मुझे क्या कुरान पढ़ाएँगे-सिखाएँगे?

मैं ही उन्हें सिखा आई।''

"तो क्या आपको यह लगता है कि धार्मिक नियम क़ानून में औरतों की...?"

मैं अपनी बात पूरी भी नहीं कर पाई, उन्होंने बीच में ही काटते हुए कहा, "इस देश में जो सब धार्मिक नियम-कानून हैं, अगर वह सब मानकर चलते, तो औरतों के 90 प्रतिशत दुःख-कष्ट, दुर्दशा कट जाती।''

"लेकिन धार्मिक कानून में तो...''

"देखो, तलाक़ होने पर औरत को खाना-खुराकी मिलना चाहिए। कितने मर्द अपनी तलाकशुदा बीवियों को खाना-कपड़ा देते हैं? नहीं देते। औरतें भी नहीं जानतीं कि उनके पक्ष में इतना बेहतरीन क़ानून मौजूद है। निकाह के वक्त जो देन-मेहर की बात कही जाती है, कितने मर्द अपनी बीवी को देन-मेहर देते हैं? नहीं देते! वे लोग कानून का उल्लंघन करते हैं। औरतों को अगर इन सब कानून की जानकारी होती, तो वे अपने पतियों के खिलाफ मुक़दमा ठोंक सकती थीं। तुम चार-चार विवाह की बात करती हो? कुरान में यह बात साफ़-साफ़ लिखी हुई है कि अगर चार औरतों के प्रति समान बर्ताव नहीं कर सकते, तो चार विवांह हरगिज मत करो, सिर्फ एक विवाह करो। यही तो सबूत है कि चार विवाह न करने को कहा गया है। कौन पति अपनी चार-चार बीवियों को बराबरी की मर्यादा दे सकता है? समान प्यार दे सकता है? नहीं दे सकता? नई बीवी के प्रति ऐसे लोगों को ज्यादा आकर्षण होता है। नहीं, जी, धर्म हमारे लिए कोई समस्या नहीं है। समस्या अगर कोई है, तो वह है आर्थिक समस्या! औरतें अगर शिक्षित हों, स्वावलंबी हों, तभी उनकी समस्याएँ दूर होंगी। सुनो, धर्म इन कठमुल्लों की बपौती नहीं है, धर्म हमारा है! हमें तो यह दावा करना होगा कि हम धर्म मानती हैं। धर्म को अगर फिजूल और गलत लोगों के हवाले कर दिया गया, तो वे लोग धर्म की ग़लत-सलत व्याख्या करेंगे। इस्लाम धर्म में औरतों को जितनी मर्यादा दी गई है, अन्यान्य अनेक धर्मों में उतनी मर्यादा नहीं दी गई। उत्तराधिकार में लड़कियों को बाप की जायदाद में हिस्सा मिलता है। हिंदू धर्म में नहीं मिलता। भारत में तो लड़कियों को जायदाद में हिस्सा देने के लिए कानून बनाना पड़ा है। लेकिन इस्लाम धर्म में औरतों की हिस्सेदारी पहले से ही मौजूद है। लेकिन कितनी औरतें हैं, जिन्हें सचमुच यह हक़ मिलता है? नहीं मिलता। क्यों नहीं मिलता? क्योंकि यह हक़ उन्हें नहीं दिया जाता। धर्म में जो अधिकार वगैरह है, उसे पाने के लिए, पहले कोशिश करनी होगी। अचानक ही तुम धार्मिक कानून बदल डालो; बराबरी का कोई कानून चालू कर दो, तो क्या समझती हो, बात बन जाएगी? क्या सोचती हो, ऐसा कोई कानून बना नहीं कि बस, अब से कोई विषमता नहीं रहेगी? भूल! भूल!''

मैं छ की बातें बड़े ध्यान से सुनती रही। मुझे भी लगा कि छ ने कुछ गलत नहीं कहा, खासकर समान अधिकार कानून चालू करते ही, विषमता दूर नहीं होगी,

उन्होंने सच कहा था। पितृतांत्रिक समाज में विषमता तो नस-नस में भरी हुई है। खैर, इस समाज में औरत को इतनी आसानी से उसका हक़ मिल जाएगा, मुझे भी नहीं लगता।

इसके बावजूद, मुझे वे ग़लत न समझ लें, इसलिए मैंने जवाब देना चाहा। उनकी जबर्दस्त गहराई हुई आवाज के मुकाबले मेरी आवाज बेहद मृदुल, बेहद नरम सुनाई दी।

मैंने कहा, ''मैंने सिर्फ धर्म के बारे में ही नहीं लिखा। औरतों के शिक्षित और स्वावलंबी होने की ज़रूरत की बात भी लिखी है। शिक्षा और आर्थिक स्वनिर्भरता के साथ-साथ समानाधिकार का कानून भी मौजूद हो, तो और बेहतर हो। मैंने उसी बेहतर स्थिति का सपना देखा था।''

''सपना...सपना...सपना...! बैठे-बैठे सिर्फ सपना देखने से ही ठेंगा होगा। काम करना होगा। वास्तविक जगत का सामना करना होगा। किया है कभी सामना? कभी गाँव-गाँव में घर-घर जाकर लड़कियों, औरतों से बात की है? उनसे, उनकी ही जुबान में बात करनी होगी? उनकी भाषा जानती हो?''

मैं खामोश रही! मेरा सिर धीरे-धीरे झुकता गया।

''देश की अस्सी प्रतिशत अवाम अशिक्षित है। तुम जो यह दावा करती हो कि तुम औरतों के लिए लिखती हो। मैं पूछती हूँ, कितनी औरतें तुम्हारा लिखा हुआ पढ़ती हैं? पढ़ सकती हैं? कौन लड़कियाँ तुम्हारा लेख पढ़ती हैं? सिर्फ पढ़ी-लिखी लड़कियों ने पढ़ा है। पढ़ी-लिखी लड़कियों को ही स्वावलंबी होने का मौका होता है। वे लोग अगर इस मौके का फ़ायदा न उठाएँ, तो यह उनका कसूर है, जो स्वावलंबी होना चाहती हैं, मगर जिन्हें मौका नहीं मिलता, हमें उनकी मदद करना होगी।''

छ अचानक उठ खड़ी हुईं। काफी देर तक लगातार बैठे रहने से उनकी पीठ में दर्द होने लगता है। अब उन्हें दो घंटे लेटे-लेटे आराम करना होगा।

मैं भी उठकर अपने कमरे में चली आई। अपने कमरे में खामोश बैठी रही। अपना आपा बेहद तुच्छ, बेहद निकम्मा, नितांत बुद्धू जान पड़ा। मुझे अपने पर गुस्सा आता रहा, हिकारत भी होती रही। अपने गालों पर तमाचा जड़ने का मन हुआ।

15 जून, बुधवार।

छ के घर पर ङ आ पहुँचीं। ङ, छ को बखूबी पहचानती हैं। किसी जमाने में वे दोनों विश्वविद्यालय में सहपाठी थीं। छ, ङ को अपने कमरे में ले गईं और उन दोनों में अपने पुराने दिनों की गपशप होती रही। काफी देर तक वे आपस में बोलती-बतियाती रहीं। छ इतनी ऊँची आवाज में बातें कर रही थीं कि उनकी सारी बातें, मैं अपने कमरे में बैठी-बैठी सुनती रही। ङ क्या बातें कर रही थीं, वह मैं

चाहकर भी नहीं सुन पाई। ङ की आवाज़ किसी खाई में उतर गई थी। छ के साथ गपशप करते हुए, ज़रा-सा मौका मिलते ही ङ ने मुझसे भेंट करने के लिए छ से अनुमति माँगी। उनसे अनुमति लेकर ङ मेरे कमरे में आईं। ङ को देखकर मुझे बेहद भला लगा।

मैंने छूटते ही पूछा, "आपको जमानत के बारे में कोई जानकारी है? क को कुछ पता चला कि जमानत होगी या नहीं? आप या क, वकील के यहाँ गई थीं? कट्टरवादियों का उत्थान टालने के लिए, कोई दल सड़क पर नहीं उतरेगा? क से मेरे भाई लोग मिले थे? मेरे घरवाले क्या जिंदा हैं? मेरे वकील ने क्या उम्मीद छोड़ दी है? 'जनकंठ' के पत्रकारों को जमानत मिल गई, मेरी जमानत क्यों नहीं हो रही है?"

ङ के माथे पर बूँद-बूँद फिक्र और परेशानी!

ङ मेरे सभी सवालों का जवाब नहीं दे सकीं।

उन्होंने सिर्फ इतना ही कहा, "इस वक्त हमें क्या करना चाहिए, हमारी अक्ल ही काम नहीं कर रही है। जमानत के बारे में तुम्हारे वकील अभी भी आगे नहीं बढ़ पा रहे हैं।"

अचानक छ ने चीखकर ङ को आवाज दी। ङ को मेरे कमरे से जाना पड़ा। छ ने ङ को चाय पीने के लिए आवाज दी थी! बगल के कमरे में चाय-बिस्कुट रख दिए गए थे। मेरा बेहद मन हुआ कि मैं भी छ के कमरे में जाऊँ, मगर जब तक न बुलाएँ, मुझे उनके कमरे में नहीं जाना चाहिए। मैं उनकी पुकार के इंतजार में थी। मुझे इस बात का भी इंतजार था कि ङ शायद फिर एक बार मेरे कमरे में आएँ। इंतजार की बेचैनी कभी मुझे बिस्तर से उठाकर कुर्सी पर बिठा देती, कभी कुर्सी से उठाकर फिर बिस्तर पर! तभी आधा घंटा गुजर गया। उढ़के हुए दरवाजे पर हलका-सा धक्का देकर छ ने मेरे कमरे में झाँका। छ की गर्दन के पीछे, ङ का चेहरा झाँकता हुआ।

छ ने कहा, "ङ जा रही हैं..."

ङ ने पीछे से सिर्फ इतना ही कहा, "मैं चलती हूँ, तसलीमा!"

ङ के माथे पर उस वक्त भी फिक्र की बूँदें। मेरी आँखों की आकुलता ङ ने पढ़ ली। ङ की आँखों में भी मुझसे कुछेक पल बातें करने की व्यग्रता, मुझे भी नज़र आ गई। लेकिन परिस्थिति ने मुझे वह मौका नहीं दिया।

छ ने मुझे किस वजह से, ङ से देर तक बात नहीं करने दी, मुझे समझ में नहीं आया। ङ तो यहाँ, मुझसे ही मिलने आई थीं। मुझे ङ पर तरस आने लगा। ङ के जाने के बाद, छ मेरे कमरे में आईं।

वे फिर शुरू हो गईं कि कैसे वे अपने पैरों पर खड़ी हुईं, किसने-किसने उनकी मदद की थी, किसने-किसने नहीं की, उनकी बेटियों में से कौन, कहाँ हैं, क्या कर

रही हैं, वगैरह-वगैरह! छ की बेटियों ने बड़ी-बड़ी डिग्रियाँ हासिल की थीं, अब बड़े-बड़े काम कर रही थीं। कोई इसी देश में है, कोई विदेश में! उन सबकी व्यस्त जिंदगी! छ की जिंदगी बेहद सार्थक! बेहद सुखी! उन्हें तृप्ति का अहसास लेशमात्र भी नहीं है, उन्हें कुछ नहीं मिला या मिलना बाकी रह गया, छ को ऐसा कोई अफसोस नहीं है! उन्होंने जिंदगी में जो कुछ चाहा था, उससे बहुत ज्यादा ही उन्हें मिला। ऐसी सुखी-संतुष्ट हस्ती को निरखते-परखते हुए, अचानक रह-रहकर मुझे लगता है कि सभी कुछ अर्जित करने वाली छ अपनी पीठ-दर्द की तरह कोई एक महीन-सा अकेलेपन का दर्द भी, उनके दिल में टीसता रहता है।

16 जून, बृहस्पतिवार।

बिस्मिल्लाहिर रहमानिर रहीम

* धर्म, जाति और राष्ट्रद्रोहियों को सजा
* जातीय संसद में जमायत का पेश किया गया धर्मद्रोह का सज़ा-कानून बिल पास
* कादियानी लोगों के गैर-मुस्लिम होने की घोषणा
* एन जी ओ वर्ग के अपकर्म बंद करने की मांग

विक्षोभ समावेश

तारीख : 17 जून, शुक्रवार

समय : जुम्मा के बाद

स्थान : बैतुल मुकर्रम, उत्तरी गेट

प्रधान वक्ता : मौ. मोतीउर रहमान निज़ामी एम पी सेक्रेटरी जनरल और जमायत संसदीय दल के नेता।

सभापति : ए टी एम, अज़हारुल इस्लाम।

झुंड-झुंड में शामिल हों

जमायते इस्लामी बांग्लादेश, ढाका महानगर।

बांग्लादेश जमियातुल मोदार्रेछीन के पक्ष से, समस्त देश के सकल मदरसों के प्रधान और अन्यान्य शिक्षकों के लिए अति ज़रूरी विज्ञप्ति।

तसलीमा नसरीन समेत मुरताद लोगों को फाँसी! कुरान के अवमाननाकारी पत्र-पत्रिकाओं-पुस्तकों को निषिद्ध करने की घोषणा! ब्लासफेमी कानून प्रवर्तन की माँग करते हुए, बांग्लादेश जमियातुल मोदार्रेछीन की कार्यसूची।

अस्सलाम वालेकुम,

बांग्लादेश जमियातुल मोदार्रेछीन की तरफ से धर्म-दुश्मन, मुरताद तसलीमा नसरीन समेत, इस्लाम और राष्ट्रद्रोहियों को फाँसी, इस्लाम-शरीयत, कुरान हदीस

अवमाननाकारी पत्र-पत्रिकाओं और किताबों के प्रकाशन को निषिद्ध करना और ईमान, अकीदा-विरोधी प्रचार और मुसलमानों की धार्मिक भावनाओं को चोट पहुँचानेवाले प्रचार और प्रकाशन के जुर्म के लिए मिसाली सज़ा और ब्लासफेमी कानून प्रवर्तन की माँगों समेत, निम्नलिखित कर्मसूची ग्रहण की गई है। बांग्लादेश जमियातुल मोदार्रेछीन की केंद्रीय निर्वाही कमिटी के सभी सदस्य, आंचलिक जमियात, जिला जमियात, थाना जमियात समेत, सभी स्तरों के, सभी संगठन के नेतागण और कार्यकर्ताओं के प्रति, इस कर्मसूची के कार्यान्वयन के लिए अपील की गई है।

कर्मसूची

24 जून : हर थाना जमियात और ज़िला जमियात की तरफ से विक्षोभ जुलूस समेत, हर थाने के टी एन ओ, जिला के डी सी और डिवीजनल कमिश्नर साहबों को स्मारक-पत्र पेश करना।

25 जून : सुबह 10 बजे केंद्रीय जमियात कार्यालय में जमियातुल मोदार्रेछीन की केंद्रीय वर्किंग कमिटी की सभा।

26 जून : सुबह 9 बजे बैतुल मुकर्रम के दक्षिणी गेट पर देश के सभी मदरसे के शिक्षकों का महासमावेश और विक्षोभ जुलूस समेत सचिवालय का घेराव, प्रधानमंत्री को स्मारक-पत्र पेश करना।

इस विज्ञप्ति को दावत समझा जाए। जो सज्जन भी यह विज्ञप्ति पढ़ें, अल्लाह और रसूल की खुशी के नाम पर, इस दावतनामे की फोटोस्टेट प्रतियाँ बनाकर, विभिन्न मदरसों तक पहुँचा दें। खासकर थाना, जिला और आंचलिक जमियात से अनुरोध है कि यह दावत सभी तक पहुँचाने का इंतजाम करें। घोषित कर्मसूची यथायथ रूप में सफल करने के लिए और सभी प्रकार के इंतज़ाम के लिए, सबसे अनुरोध किया जाता है।

विस्तारित जानकारी के लिए, प्रतिदिन सुबह 8 बजे से रात 10 बजे तक निम्नलिखित टेलीफोन पर संपर्क करने का आग्रह किया जाता है। फोन : 608228; 608338

आयोजन और प्रचार
बांग्लादेश जमियातुल मोदार्रेछीन, ढाका।

तसलीमा नसरीन समेत मुरतादों की सजा और 'जनकंठ' निषिद्ध करने की माँग क़ायम! ढाका समेत खुलना, बरीसाल, राजशाही, चट्टग्राम में अवाम का भारी जुलूस! जुलूस की तस्वीरें! सभाओं की खबरें! सभाओं में वक्ताओं के वक्तव्य! एक ही जैसी बात! एक ही जैसा वक्तव्य! गुलाम आयम अब मंच पर हैं! जमाते इस्लामी के केंद्रीय कार्यालय के कक्ष से अन्यत्र भी उनका गुणगान शुरू हो गया है। जो बात कहने

के लिए आज वे उलामा समावेश के मंच पर आए हैं, वह जमात के स्वार्थ में काफी मूल्यवान है! तसलीमा की फाँसी आंदोलन में अन्यान्य इस्लामी दल जमाते इस्लामी दल से आकार-आकृति में कहीं विशाल नज़र आने लगे हैं। किसी की भी धार्मिक भावनाएँ खूब प्रबल होते ही या कोई कट्टरवादी हो, तो वह जमाते इस्लामी का सदस्य हो जाता है, ऐसी बात नहीं है। गुलाम आयम ने कहा है कि जमाते इस्लामी से भिन्न राय होने के बावजूद यह आंदोलन एक साथ मिलकर, एक ही प्लेटफॉर्म से छेड़ना चाहिए, यह बात बेहद जरूरी है। जमाते इस्लामी दल को मजबूत बनाना ही उनका मूल उद्देश्य है। इतने बड़े आंदोलन का नेतृत्व देने का लोभ, जमाते इस्लामी भला कैसे सम्हाले? जमाते इस्लामी के आमिर गुलाम आयम ने कहा है, "इस्लाम किसी के अधीन रहने के लिए नहीं आया। इसलिए हमारा अहम काम होगा इस ज़मीन पर अल्लाह के द्वीन की प्रतिष्ठा करना। जब तक द्वीन की प्रतिष्ठा नहीं होगी तब तक अहम काम होगा आलिम-उलामा लोगों को एकबद्ध होकर, सच्चे कामों के लिए सलाह-मशविरा देना, झूठ-बेईमानी और ग़लत कामों पर रोक लगाना। सरकार के जरिए इस्लाम-विरोधी-कर्मकांड बंद करने के लिए, लाखों-लाखों जनता की उपस्थिति में आवाज बुलंद करना होगा। इसके लिए जरूरी है सम्मिलित नेतृत्व! मस्जिद, मदरसे, मक़तब के जरिए द्वीन की खिदमत की जा सकती है, लेकिन द्वीन क़ायम नहीं किया जा सकता। यह सब द्वीन की प्रतिष्ठा के आंदोलन में सहायक शक्ति के रूप में कार्यकर होगा। आलिम-उलामा ने एकबद्ध होने की कोशिश जरूर की, मगर नाकामयाब रहे। ये लोग एक क्यों नहीं हो पाते, इसके पीछे कौन-सी रुकावट है, यह जानना ज़रूरी है। मेरी नागरिकता के मामले का फैसला हो जाए, तो मैं जन-गण को लेकर इस्लामी आंदोलन में उतर पड़ूँगा। हम दिखा देंगे कि इस देश में इस्लाम की ताकत ज्यादा है या विपक्ष की ताकत।

मोतीउर रहमान निज़ामी और बाकी नेताओं ने समावेश में यही बात दोहरायी। एकबद्ध न हुए, तो अल्लाह के ग़ज़ब से बचना असंभव होगा। इस्लाम पर जो हमला हुआ है, उसका अकेले मुकाबला करना असंभव है। आलिम बिरादरी को एकजुट होकर जंग करना होगी। आलिम बिरादरी की एकता ही हमारी ताकत है! हमें एक ही प्लेटफॉर्म से लड़ना होगा।

गैर-राजनीतिक मुल्ला, मुसल्ली, पीर, उलामा, मशायेख, आलिम, इमाम लोगों को आज राजनैतिक प्लेटफॉर्म इस्तेमाल करने के लिए आमंत्रित किया गया है।

यह सब खबरें पढ़कर दहशत होती है और सैयद शम्सुल हक़ का लेख पढ़कर मैंने मन ही मन उन्हीं की एक कविता दोहरायी—आओ, लौट आओ, बांग्लादेश में/कहाँ जा रहे हो तुम यूँ ता-धिन्ना नाचते हुए?

सैयद शम्सुल हक़ ने आज लिखा है—हम बेहद संक्रांति काल में उपस्थित हुए हैं। आज मेरी रातें निद्राहीन कटती हैं, हमारी रातें! हमारी देशमाता की रातें! कटती हैं निद्राहीन! देश की वर्तमान हालत और हाल की चंद घटनाओं का उल्लेख करते हुए (मेरे खिलाफ चलाए गए मुकदमे का जिक्र करना नहीं भूले) उन्होंने कहा—हमें काली खाई में धकेल दिया है। बांग्लादेश के लोगों के मन से मानव-धारावाहिकता, मुक्तियुद्ध के अहम कारण और चेतना को भुला देना चाहते हैं, मुझे तो यह भी शक है कि हमें आत्मघाती गृहयुद्ध की तरफ धकेला जा रहा है, जिसके नतीजे में गणतंत्र दम तोड़ देगा, स्वच्छंद शासन पुनर्जीवित हो उठेगा और बांग्लादेश का हज़ार वर्षों की सांस्कृतिक परंपरा, चेतना और मूल्यबोध निर्वासित हो जाएगा।

बिल्कुल यही आशंका ही मैंने की थी। वही आशंका अब कई-कई लोगों के मन में जागने लगी है! धर्म की दुहाई देकर, हमारे देश में शोषण की प्रक्रिया जारी रहेगी। अतीत के दुःस्वप्न से जागे हुए इन सब लोगों को प्रगति-विमुख करने की एक साजिश, भीतर-बाहर कहीं जारी है और राष्ट्र की क्षमता दखल करना और चाहे कैसे भी हो, सत्ता को कसकर जकड़े रहने, टिके रहने की जैसी किसी ने कसम खा रखी हो। इंसान अब भी अगर सजग नहीं हुआ, देश की सुरक्षा नहीं की...।

छ की पुकार पर, मेरी सोच की डोर अचानक टूट गई। छ मुझे फल-फूल दिखाने के लिए अपने बाग़ में ले जाना चाहती थीं। बहरहाल फूल-फल देखने में, मेरा मन नहीं जमा। मैं मन ही मन सैयद हक़ की कविता की कड़ी दुहराती रही—लौट आओ, बांग्लादेश, कहाँ जा रहे हो ता-धिन्ना नाचते हुए?

17 जून, शुक्रवार।

शुक्रवार का दिन बेहद खौफनाक दिन था। यह दिन धार्मिक दिन था। कट्टरवादियों का दिन! कट्टरवादी इस दिन के इंतज़ार में रहते हैं, क्योंकि इस दिन आम लोग दोपहर की नमाज़ पढ़ने के लिए मस्जिदों में आते हैं। जो लोग हफ्ते में और किसी दिन किसी भी वक्त नमाज पढ़ने नहीं जाते, वे लोग भी छुट्टी के दिन, नींद से जागकर, नाश्ता-वाश्ता करने के बाद, गुसल वगैरह निपटाकर नमाज पढ़ने, मस्जिद में चले आते हैं। बचपन का रटा-रटाया दो-एक सुरा अगर याद रहा, तो वही बुदबुदा लेते हैं। या फिर सुरा वगैरह न भी याद हो, तो इमाम के पीछे खड़े हो जाते हैं। जैसे और लोग उठ-बैठ करते हैं, वैसे ही वे लोग भी करते हैं। आजकल कट्टरवादियों की निगाह इन्हीं उठक-बैठक करते लोगों पर गड़ी रहती है। वे कट्टरवादी इन्हीं लोगों को अपने दल में समेटना चाहते हैं। हफ्ते में कुल एक बार उठ-बैठ करनेवाले लोग आम मध्यवित्त इंसान होते हैं। वे लोग न तो मुल्ला होते हैं, न मुसल्ली! ये लोग धर्म के बारे में भी कोई सिर-दर्द नहीं पालते! रोजे के दिन आते हैं, तो

रोज़ा रख लेते हैं। इसके पीछे धार्मिक वजह उतनी नहीं होती, जितनी सामाजिक! वे लोग खाते-पीते हैं, नौकरी-चाकरी करते हैं, गृहस्थी बसाते हैं और बाल-बच्चे पालते हैं। वे लोग अपने वास्तविक जीवन में ही मगन रहते हैं! गृहस्थी के सैकड़ों चिंता-फिक्र में डूबे हुए! धर्म के बारे में सोचने की उन्हें फुर्सत ही नहीं मिलती। लेकिन उनके दिलों में एक सुप्त विश्वास करवटें लेता रहता है कि ऊपर, कोई अल्लाह है, परलोक भी कुछ होता है, दोज़ख-बहिश्त भी कहीं मौजूद है। ये लोग, चुनाव के दौरान या तो अवामी लीग या बी एन पी का समर्थन करते हैं। जमाते इस्लामी दल की तरफ किसी को, कोई ख़ास मोह नहीं है। वे लोग गणतंत्र में विश्वासी होते हैं, स्वस्थ राजनैतिक स्थिति में, सामानों की स्थिरता में विश्वासी हैं। वे लोग यकीन करते हैं कि अस्पतालों में पर्याप्त परिमाण में दवाएँ मौजूद हों, सड़क-दुर्घटनाएँ कम हों, संत्रास खत्म हो, हड़ताल वगैरह न हो। ऐसे लोगों के दिमाग़ में अगर यह ख़्याल भर दिया जाए कि एक औरत इस्लाम ध्वंस कर रही है! वह महिला भारत की जासूस है। हिंदू कट्टरवादियों से बढ़ावा पाकर और मुसलमानों के जात-शत्रु, यहूदियों से साठ-गाँठ करके, इस्लाम-ध्वंस का षड्यंत्र रच रही है, तब जाति-अभिमान को ठेस तो लगेगी ही। उस वक्त वे लोग चल पड़ते हैं। आज भले न जाएँ, परसों न जाएँ, तरसों वे लोग शयखुल हादिस के जुलूस में ज़रूर जा खड़े होते हैं। जो लोग अभी तक जाकर खड़े नहीं हुए, उनके दिमाग में इस्लाम ध्वंस की बात भरकर, धर्म के ये कारोबारी उन लोगों को सभा और जुलूस में खींचने की कोशिश करते हैं।

तसलीमा की गिरफ़्तारी में मददगार के लिए इनाम की घोषणा

सिलहट : शाह वलीउल्लाह (रः) युव संस्था नामक एक संगठन ने लेखिका तसलीमा नसरीन को पकड़ाने के बदले 50 हजार टकों का इनाम देने का ऐलान किया है। सिलहट शहर के 24, पूर्वाशा, तालतला इलाके में संस्था का कार्यालय स्थित है। अलहाज़ नूरे आलम हमीदी के सभापतित्व में आयोजित संस्था की एक आपात्कालीन मीटिंग में, देश, जाति और धर्म के स्वार्थ में, तसलीमा नसरीन को गिरफ़्तार कराने के लिए, सभी स्तर की जनता के प्रति आह्वान किया है।

इस गरीब देश में ऐसे पुरस्कार का लोभ दिखाने पर सिर्फ कट्टरवादी ही नहीं, ऐसे अनगिनत लोग भी मुझे ढूँढ़ने निकल पड़ेंगे। जहाँ कुल 100 टके देकर, किसी का भी खून करने के लिए आदमी किराए पर मिल जाते हैं, वहाँ डेढ़ लाख टके तो बहुत सारी दौलत होती है। इन धर्मान्ध मूर्खों का विश्वास है कि मेरा खून करके, आखिरत का बहिश्त निश्चित है। मेरा खून करके, अब किसी भी अभावग्रस्त शख़्स के ईहजगत

के सारे अभाव दूर हो जाएँगे। भला कौन मुझे क़त्ल नहीं करना चाहेगा? खून-ख़राबे में न जाकर, सिर्फ मुझे पकड़ा दें, तो 50,000 टके उनके हो जाएँगे। यह कम टके नहीं हैं। बहुत-से लोगों ने इतने रुपयों का सपना भी नहीं देखा होगा। अभी कुछ दिनों पहले ही किसी कट्टरवादी नेता ने घोषणा की है—तसलीमा को अभी तक पुलिस ने गिरफ़्तार नहीं किया, अब हम ही उसकी गिरफ़्तारी का जिम्मा लेंगे। घर-घर छान मारेंगे, तसलीमा को पकड़कर ही दम लेंगे।

टके के लालच में सच-सच ही घर-घर तलाशी शुरू हो चुकी होगी।

कुरान के 153 हाफ़िजों ने 30 जून की हड़ताल को सफल बनाने के लिए बयान दिया है। अपनी छाती का ताजा खून देकर भी वे लोग कुरान की इज़्ज़त की हिफ़ाज़त करेंगे। इस्लाम और राष्ट्रद्रोही प्रतिरोध मोर्चा, जो होते-होते भी नहीं हो पा रहा था, अब गठित हो गया। इसीलिए शुक्रवार को सुगठित मोर्चा लेकर सड़कों पर उतर आना संभव हो गया है।

छ ने आवाज़ देकर मुझे अपने कमरे में बुला लिया। वे लेटी-लेटी, मेरा लिखा हुआ 'निर्वाचित कलाम' पढ़ रही थीं। उन्होंने बताया कि वे बाहर निकली थीं। अपनी बेटी के घर का भी एक चक्कर लगा आईं। वहाँ मेरी किताब, 'निर्वाचित कलाम' दिख गई। वे वह किताब ले आईं, उनके बिस्तर के करीब ही एक कुर्सी पड़ी हुई थी। उन्होंने मुझे उस पर बैठ जाने का इशारा किया।

उन्होंने पूछा, ''यह सब तुमने क्या लिखा है?''

मैं चुप!

''तुम्हारा लेखन बेहद सुपरफिसियल है! निरा बनावटी। लोग तुम्हें नारीवादी क्यों कहते हैं? यह सब तो नारीवाद नहीं है।''

मैं चुप!

''तुम्हारे लेखन में किसी बात का विश्लेषण नहीं है। कोई तथ्यपूर्ण विचार नहीं है। कहीं-कहीं तुमने समस्या का जिक्र ज़रूर किया है, लेकिन उन समस्याओं का समाधान कैसे होगा, इसकी तुम्हें बिल्कुल भी जानकारी नहीं है।''

मैं चुप!

''बेहद हल्के क़िस्म का लेखन है! मेरा ख़्याल था कि तुम्हारा इतना नाम-डाक हुआ है। तुमने शायद काफी सोच-समझकर लिखा हो। अच्छा लिखती हो! लेकिन, नहीं! मुझे तो, भई, बेहद निराशा हुई!''

मैं चुप!

''तुम मेरा लिखा हुआ नारीवाद पढ़कर देखो। तब तुम समझ सकोगी कि नारीवाद किसे कहते हैं!''

चुप!

''तुम जो लिखती हो, उन्हें क्या कहते हैं, पता है?''

चुप!

"इसे रूमानियत कहते हैं! इस रूमानियत से तुम समाज का कोई भला नहीं कर सकतीं।"

लंबी उसाँस!

"अगर तुम सच्ची नारीवादी होतीं, सच ही नारीवाद पर लिखतीं, तो मुल्लों को तुम्हारे खिलाफ कुछ कहने का मौका नहीं मिलता।"

लंबी उसाँस!

"बिना समझे-बूझे इस्लाम धर्म के बारे में उल्टा-पल्टा लिख मारा, इसलिए तो वे लोग भड़क गए।"

फिर लंबी उसाँस!

"मुल्लाओं को गुस्सा दिलाने के लिए, बहुतेरे लोग तुम्हें ही जिम्मेदार ठहरा रहे हैं।"

लंबी उसाँस!

जब मैं अपने कमरे में लौटी, मैं चित लेट गई और कमरे में छाए अँधेरे में नज़रें गड़ाए घूरती रही। अपनी ही हस्ती मुझे बेतरह परेशान लगी। मैं मन ही मन मनाती रही कि अगली भोर का उजाला न फूटे, मुझे अपना चेहरा न देखना पड़े।

18 जून, शनिवार।

कल अहमद शरीफ के घर पर तीन-तीन बम फेंके गए। कभी उनकी भी फाँसी की माँग करते हुए, ये मुल्ले सड़क पर उतर आए थे। इन दिनों उनके नाम का जिक्र भले न करें, मगर उन्हें तसलीमा गिरोह में ही शामिल समझते हैं। अहमद शरीफ उन लोगों के पुराने दुश्मन थे। अब नए-नए दुश्मनों में व्यस्त रहने के बावजूद अपने पुराने दुश्मन को वे लोग नहीं भूले थे। इसलिए बम हमला! बांग्लादेश समाजतांत्रिक दल (वासद), ढाका विश्वविद्यालय की शिक्षक समिति, साम्यवादी दल, सम्मिलित सांस्कृतिक गठजोड़, विप्लवी श्रमिक आंदोलन, छात्र लीग, छात्र यूनियन ने इस बम-हमले की निंदा की है। प्रगतिशील दलों ने कट्टरवादी आंदोलन को तसलीमा का व्यक्तिगत मामला मानकर, बहुत ज्यादा चूँ-चपड़ नहीं किया था। लेकिन अब उन्हें अहसास हो रहा है कि ऐसा नहीं होने देना चाहिए। यह शक्ति अब भयंकर तरीके से, सबको कुचल-मसलकर, कुछ ज्यादा ही सिर उठाने लगी है। अब सिर्फ बयान देकर बैठे रहने का वक्त नहीं है। सम्मिलित सांस्कृतिक गठजोड़ ने आह्वान किया है कि 30 तारीख की हड़ताल नाकामयाब की जाए। 24 सांस्कृतिक संगठनों ने इसे असफल बनाने में सहमति जताई है। अंत में इन संगठनों की तरफ से कहा गया कि सरकार के प्रत्यक्ष सहयोग में, देश में उग्र कट्टरवादी, फतवाबाज और

सांप्रदायिक अपशक्ति, जनसाधारण की धर्मानुभूति का गलत इस्तेमाल करते हुए, वाक्-स्वाधीनता, सामाजिक एकता और गणतांत्रिक परिवेश को ध्वंस करने की साजिश में उन्मत्त हो उठा है। धार्मिक अनुभूति को आघात पहुँचाने का इल्ज़ाम मढ़कर अखबार और पत्रकारों पर सरकारी निर्देश पर मुकदमा ठोंककर, लोगों को परेशान कर रही है और उन लोगों पर जुल्म बरसा रही है। सरकार की यह भूमिका, कट्टरवादी साजिश की आग में घी का काम कर रही है। किसी एक गणतांत्रिक-राष्ट्र और समाज गठन को नुकसान पहुँचाकर, सांप्रदायिक राजनीति को और ज्यादा शक्तिशाली बनाने के मंसूबे बनाकर, सन् इकहत्तर की घातक जमात शिविर और सत्ताधारी सरकार मिलकर षड्यंत्रमूलक हरकतें कर रही है। जमात-जापा के सहयोग में क्षमता दखल के सपने में विभोर, अवामी लीग की आदर्शहीन राजनीति से सांप्रदायिक जमात शिविर को पूरा-पूरा फ़ायदा उठाने का मौका मिल गया है।

सम्मिलित सांस्कृतिक गठजोड़ ने इस समय, सभी गणतांत्रिक प्रगतिशील संगठन और मुक्तियुद्ध की चेतना में उद्बुद्ध देशवासियों को फतवाबाज़, सांप्रदायिक अपशक्ति के प्रतिरोध में आगे आने का आह्वान किया है।

वाम फ्रंट का आरोप है कि गृह मंत्रालय ने कट्टरवादी ताकतों से हाथ मिलाया है। वाम फ्रंट अब बयान नहीं देगी, सीधे सड़क पर उतरेगी। आगामी 27 जून को वाम गणतांत्रिक फ्रंट माँग-दिवस का पालन करेगी।

कट्टरवादी ताकतों को मात देने के बिना काम नहीं चलेगा। यानी नेताओं के कान अब खड़े हो गए हैं। जासद के नेतागण ने सांप्रदायिक गोष्ठियों को ईंधन जुटाने, आग से खेलने की नीति का सहारा लेना बंद करने के लिए, सरकार का आह्वान किया है। उन लोगों ने कहा है कि तसलीमा नसरीन के इंटरव्यू में प्रकाशित वक्तव्य को निशाना बनाकर, इस कट्टरवादी गोष्ठी ने जैसा अंधेर-राज और हिंस्र परिस्थिति रची है उससे देश का गणतांत्रिक और मानवताबोध-संपन्न इंसान क्षुब्ध हुए बिना नहीं रह सकता। इस बीच सरकारी निर्देश से दैनिक 'जनकंठ', 'आजकेर कागज'' वगैरह अखबार और पत्रकारों पर, मुकदमा, परेशानी और जोर-जुल्म शुरू हो गया है। देश की वर्तमान राजनैतिक अचल स्थिति से कतराने के लिए, प्रतिक्रियाशील शक्ति को बढ़ावा देकर उसे सक्रिय करने की सरकारी नीति और अवामी लीग की विभ्रांत और संकीर्ण राजनीति का फ़ायदा उठाते हुए, जमात शिविर और नरघाती गुलाम आयम जैसे लोग नए सिरे से शक्ति-संचय के जो मंसूबे बाँध रहे हैं, उसे अगर अभी ही कुचला न गया, तो भविष्य में इस जाति को काफी हरजाना चुकाना होगा।

साम्यवादी दल ने कहा है कि वर्तमान संसद में अवामी लीग, जातीय पार्टी और जमायत की अशुभ साँठगाँठ की पृष्ठभूमि में जमात ने नए सिरे से सांप्रदायिक राजनीति को अग्रसर करने के लिए, मौके का सही इस्तेमाल किया है। देशवासी

अगर अभी ही सतर्क न हुए, तो जमात और सांप्रदायिक शक्ति, देश को गृहयुद्ध की ओर धकेल देगी। गणतांत्रिक छात्र एक्य ने कल साम्प्रदायिक फासीवाद प्रतिरोध दिवस पालन करने का ऐलान किया है। गणतांत्रिक छात्र एक्य में छात्र लीग भी शामिल है। अवामी लीग का छात्र संगठन, छात्र लीग, कट्टरवाद आंदोलन में उतर पड़ा है, लेकिन अवामी लीग ऐसा कुछ नहीं करेगा। अवामी लीग, जमाते इस्लामी और जातीय पार्टी को लेकर, सरकार-विरोधी आंदोलन कर रहा है। इसलिए अवामी लीग, जमात के खिलाफ खड़े होकर, अपना भविष्य नष्ट नहीं करना चाहती। छात्र लीग के विद्यार्थी अभी भी गंदी राजनीति में नहीं डूबे हैं, इसलिए कट्टरवादी ताकतों को मात देने के लिए, वे आगे बढ़ आए हैं। सच तो यह है कि जो थोड़ा-बहुत आदर्श और सच्चाई विद्यमान होती है, वह कमउम्र में ही होती है। कोई बड़ा नेता बनते ही सच्चाई और आदर्श धीरे-धीरे ग़ायब हो जाते हैं।

कॉलम लिखना भी शुरू हो गया है। के एम सुभान ने 'कट्टरवादियों के आगे सरकार का आत्मसमर्पण' शीर्षक से जो कॉलम लिखा है, उसमें मेरा भी नाम लिया गया है। लेकिन फिलहाल कट्टरवादी ताकत या सरकार ने मेरे साथ क्या किया, इससे ज्यादा फिक्र की बात है कि इसने देश की क्या हालत कर दी और अब देश को कहाँ ले जा रहा है। यह मेरा व्यक्तिगत मामला नहीं है। अब बहुतेरे लोग यह बात समझ गए हैं कि कट्टरवादियों का उत्थान, तमाम मुक्त मन पर धमकी है।

प्रतिरोध मोर्चा ने घोषणा की है कि 30 जून की हड़ताल सफल करने के लिए, वह देशव्यापी तूफानी दौरा और विभिन्न जगहों पर जनसभा करेगा। 18 जून, शनिवार को चौक बाजार; 20 जून, सोमवार को सिलहट; 21 जून, मंगलवार को विवाड़िया (ब्राह्मणबाड़िया को वे लोग विवाड़िया कहना ज्यादा पसंद करते हैं) और भैरव; 22 जून, बुधवार को कुमिल्ला; माइजपि फेमी, 23 जून, बृहस्पतिवार को चट्टग्राम, 24 जून, शुक्रवार को खुलना; 25 जून, फ़रीदपुर; 26 जून, रविवार को बगुड़ा और 27 जून, सोमवार को मोमेनशाही (मयमनसिंह को वे लोग मोमनशाही बोलना पसंद करते हैं) और किशोरगंज में सभा। 24 जून, शुक्रवार को देशव्यापी प्रतिवाद और विक्षोभ दिवस! बांग्लादेश अहले सुन्नत बाल जमात नामक संगठन मोर्चा भी इन कर्मकांडों में आ जुड़ा है। इस्लामपंथी बुद्धिजीवी लोगों ने भी सभा का आयोजन किया है। इस आलोचना-सभा में भी सभी लोग इस बात पर एकमत हुए हैं कि इंसान की व्यक्तिगत और समष्टिगत तथा धार्मिक विश्वासों पर जानबूझकर आघात और इसकी विकृत व्याख्या किसी शर्त पर भी लेखक की स्वाधीनता के हक में नहीं पड़ती। उस सभा में देश के जातीय प्रोफेसर सैयद अली अहसन, दारुल अहसन, विश्वविद्यालय के वी सी डॉ. सैयद अली अशरफ, डॉ. काज़ी दीन मुहम्मद, प्रोफेसर अब्दुल गफूर, जज नूरुल इस्लाम, डॉ. महमूद शाह कोटेश, रज़िया खान अमीन, कवि जहानआरा आरजू, कवि अल महमूद, शम्स रशीद, फज़ल शाहाबुद्दीन, हासन रशीद वगैरह शामिल

थे। इनमें फज़ल शाहाबुद्दीन को मैं व्यक्तिगत तौर पर बेहद पसंद करती हूँ। उनके प्रबल रस बोध की मैं वाकई भक्त हूँ। उनके साथ काफी दिनों, देर-देर तक गपशप होती रही है। वे मुझे कभी भी कोई धार्मिक व्यक्ति नहीं लगे। मेरे साथ अड्डा देते हुए, उन्हें शम्सुर रहमान के बारे में ढरे-ढेर बातें करने का शौक था। बहरहाल, उनके साथ उनकी जैसी हद-दोस्ती थी, वैसी ही अब दुश्मनी भी गहरी है। फज़ल शाहाबुद्दीन में प्रतिभा थी लेकिन इसके बावजूद, वे शम्सुर रहमान की तरह कोई बड़े कवि नहीं हो सके। मेरा ख़्याल है कि यह पीड़ा उन्हें मन ही मन व्यथित करती थी। शम्सुर रहमान की तरह उनकी किस्मत नहीं चमकी, इसीलिए शायद उन पर यह ज़िद सवार हो गई कि वे शम्सुर रहमान के दल के विपक्ष दल में शामिल हो गए। इस दल ने सरकारी दल की तरफ खेलते-खाते पर्याप्त धन-दौलत, किताबों का प्रकाशन वगैरह वसूल कर लिया था। इरशाद के कविता-उत्सव में भी फज़ल शाहाबुद्दीन जा भिड़े थे। अब तो वे प्रतिक्रियाशील दल के कवि के तौर पर चिह्नित हो चुके हैं। अलमहमूद भी उसी दल में गिने जाते हैं। वैसे इस दल में अलमहमूद के भिड़ने की वजह भी थी। वे प्रबल धार्मिक व्यक्ति थे। चूँकि वे अल्लाह में विश्वास करते हैं, इसलिए 'कंडॉम' में यानी परिवार नियोजन में विश्वास नहीं करते। सुना है, उनके तेरह-चौदह कच्चे-बच्चे हैं।

सैयद अली अहसन, शर्ट-पैंट में चुस्त-दुरुस्त, पढ़े-लिखे मौलवी थे। वे ही बांग्लादेश पेन (पी ई एन) के प्रेसिडेंट भी थे। कवि, लेखक, नाटककारों की सामूहिक संस्था का नाम है—पेन! भारत के पश्चिम बंगाल में इस संगठन के प्रेसिडेंट हैं—अन्नदाशंकर राय, बांग्लादेश में सैयद अली अहसन! इस पेन संगठन का मूल आंदोलन है, लेखक की लेखन-स्वाधीनता सुनिश्चित करना! पेन संगठन किसी भी सेंसरशिप, किताब ज़ब्त करने, लेखकों पर किसी तरह के हमले के खिलाफ, विश्वव्यापी आंदोलन में जुटा हुआ है! सिर्फ बांग्लादेश पेन ही लेखकों के लेखन की आजादी के विपक्ष में है! पेन की मीटिंग में तजुर्बेकार लोगों ने कहा कि पेन लेखकों की अभिव्यक्ति की आजादी में विश्वास करता है, लेकिन इस अधिकार का प्रयोग करके, जनगण के विश्वास और आदर्शों पर विद्रूप करना, किसी भी लेखक को शोभा नहीं देता। किसी भी लेखक को झूठ का आश्रय लेना और किसी धर्म या धर्म प्रचारकों के खिलाफ असम्मानजनक मंतव्य नहीं करना चाहिए।

मुझे पक्का विश्वास है कि लंदन पेन के मुख्य कार्यालय में शायद किसी को भी चरम दक्षिणपंथी कट्टरवादियों के हाथों में क़ैद बांग्लादेश के पेन की कोई जानकारी नहीं है।

कल के अखबार में जुलूस की एक तस्वीर पर नजर पड़ते ही मैं बेतरह चौंक गई। वह औरतों का जुलूस था। बुर्कापोश औरतें बड़े-से बैनर तले हाथों में झंडियाँ लिये, सड़क पर उतरी थीं। बैनर पर लिखा हुआ था—कुख्यात तसलीमा को फाँसी

दें। एन जी ओ के ग़लत क्रिया-कलाप बंद करें। इस्लाम की अवमानना करने वालों के खिलाफ जुलूस! बांग्लादेश इस्लामी महिला मजलिस! बांग्लादेश इस्लामी छात्रा मजलिस! अफसोस-सद-अफसोस! अंत में औरतें भी?

जमाते इस्लामी की सभा में मोतीउर रहमान निज़ामी, हमारे संसद सदस्य ने कहा कि तसलीमा और उसके समर्थक महज कूड़ा-कर्कट हैं, जो किसी दिन जन-ज्वार में बह जाएँगे। तसलीमा नसरीन, दुनिया के दूसरे नंबर के बृहदम मुस्लिम राष्ट्र, बांग्लादेश की सीमा मिटा डालने को आमादा है, इसीलिए भारत और पश्चिमी जगत् ने उसे लपक लिया है। तसलीमा या उसके समर्थक कोई भी आजादी के पक्ष में ताकत नहीं बन सकता। तसलीमा और उसका समर्थक घादानी (घातक दलाल निर्मूल) कमिटी, असल में एक ही राह के राही हैं। संसद में जमात ने धर्मद्रोही बिल पास करने का प्रस्ताव दिया है, उसके पास होते ही तसलीमा-अहमद शरीफ गुट को इस्लाम पर चोट करने का कोई भी मौका नहीं मिलेगा। यह बिल, सिर्फ जमाते इस्लामी का बिल नहीं है। यह बिल समस्त मुसलमान बिरादरी का बिल है। इस बिल को पास न करने का मतलब है, धर्मप्राण लोगों के साथ विश्वासघात करना।

जमात के और एक नेता, सैयद अब्दुल्लाह ताहिर ने कहा है कि 30 जून को तसलीमा नसरीन के पक्ष में जो भी बंदा मैदान में उतरा, उसकी खाल उधेड़ दी जाएगी। जमाते इस्लामी का अगला कार्यक्रम है—21 जून से 28 जून तक देशव्यापी मीटिंग सभाएँ, 29 जून को विक्षोभ जुलूस, 30 जून को आधे दिन की हड़ताल!

कल ऑर्गनाइजेशन फॉर पीस द्वारा शहर में एक विशाल जुलूस भी निकाला गया। उन लोगों की सभा में सांप्रदायिक शांति नष्ट करने और देशद्रोह के जुर्म में तसलीमा नसरीन की नागरिकता रद्द करने की अपील की गई। कल आँधी-तूफान-बारिश की उपेक्षा करते हुए, सभाएँ, जुलूस का ताँता लगा रहा। नगर के सभी बड़े-बड़े रास्ते बंद करके, बीचोंबीच मंच मनाए गए। अब इससे जनता का दुर्योग झेलना पड़े, तो झेलें। वे लोग बड़े आंदोलन पर उतरे हैं, इसलिए बिना कष्ट उठाए, केष्टो (कृष्ण) कैसे मिलेगा, बंधु?

देश के सभी अंचलों से, तसलीमा-विरोधी विशाल-विशाल सभाओं और जुलूसों में शामिल होने के लिए आए हुए लोगों की ख़बरें, राष्ट्रीय अख़बारों में छापी जा रही हैं। इधर सरकारी दल भी मैदान में उतर पड़ा है। राजशाही के जिला परिषद, मिलनायतन में राजशाही कार्पोरेशन के मेयर, संसद सदस्य अजीजुर रहमान और इस्लामी फाउंडेशन के बड़े-बड़े वक्ताओं की एक मीटिंग हुई, जिसमें राजशाही के विभागीय कमिश्नर ने बताया कि संस्थापन प्रतिमंत्री, बैरिस्टर अमीनुल हक ने कहा है कि इस देश के रुशदी जैसे लोग, इस्लाम को हेय और विपन्न करने के लिए जैसे हाथ धोकर पीछे पड़ गए हैं। सभी लोगों को इनसे होशियार रहना होगा। इस्लाम एक पूर्णांग जीवन-व्यवस्था है। इस्लाम की गलत व्याख्या या कुव्याख्या बर्दाश्त नहीं

की जाएगी। इस्लाम का गुणगान करते हुए उन्होंने कहा कि इस्लाम के दो-चार दुश्मनों को छोड़कर, दुनियाभर के सभी मनीषियों ने यह स्वीकार किया है कि आज का ज्ञान-विज्ञान जिस स्तर पर पहुँच चुका है, वह इस्लाम की ही वजह से। इस्लाम के आलोक में ज्ञान-विज्ञान का प्रचार-प्रसार करना होगा।

अब इस घर से भी मेरी विदाई का वक्त आ पहुँचा। आधी रात को क और ङ आईं, मेरा चेहरा-सिर ढँककर, गाड़ी की पिछली सीट पर बिठाकर, ङ के यहाँ ले गयीं। मैं बेहद दबे पाँव ङ के लाइब्रेरी कमरे में जा घुसी! ङ ने मुझे बता दिया था कि उनके घर में किसी को भी कानोंकान खबर नहीं है कि मैं इस कमरे में हूँ, इसलिए मेरा इस कमरे से बाहर निकलना नहीं चलेगा, कमरे से किसी भी तरह की आवाज़ आना भी नहीं चलेगा।

मैं गुपचुप सिर्फ साँस-प्रश्वास भर लेने-छोड़ने को आज़ाद थी। पता नहीं कब तो मुझे यह हुक्म दिया जाएगा कि साँस-प्रश्वास की आवाज भी नहीं चलेगा। आवाज़ सुनाई न दे, इसके लिए मैं साँस-प्रश्वास भी रोक लूँ।

19 जून, रविवार।

शम्सुर रहमान ने 'भोर के कागज' में कॉलम लिखा है—'वर्ना बहुत ज़्यादा देर हो जाएगी।' शुरू में उन्होंने लिखा है—हम लोग जो लेखक या कलाकार हैं या पत्रकार हैं, वे लोग आज बेतरह चिंतित, परेशान और विपन्न हैं। देश में गणतंत्र की प्रतिष्ठा का संकल्प लेकर, हम लोगों ने स्वेच्छाचारी इरशाद सरकार के खिलाफ आंदोलन किया। सड़कों पर उतरकर, ढेरों जोखिम मोल लेकर, लगातार जंग करते रहे। स्वेच्छाचारी शासक को हटाकर, हम सब उल्लसित हो उठे थे, तीन-तीन पार्टियों के गठजोड़ की रूपरेखा कार्यान्वित होगी, हम आशावादी हो उठे थे। जनगण की राय से एक निर्वाचित सरकार की प्रतिष्ठा हुई। अर्से बाद गणतंत्र का उजला-आलोकित चेहरा देखने की उम्मीद में हम उत्सुक और बेचैन रहे। लेकिन बी एन पी जैसे ही सत्ता में आई। वह बेमालूम तरीके से तीन-जोड़ की रूपरेखा भूल गई। गणतंत्र के लिबास में वही स्वेच्छाचारी सरकार बहाल रही। वर्तमान सरकार के क्रियाकलाप से गणतंत्र आज संकट में है। गणतंत्र की एक अहम शर्त है—वाक्-स्वाधीनता! असली गणतांत्रिक राष्ट्र में वाक्-स्वाधीनता नष्ट करने की कोई गुंजाइश नहीं है। जितने मत, उतने पथ! हर किसी को अपनी राय जाहिर करने का हक़ है। ईश्वर में आस्था रखनेवाला कोई भी व्यक्ति, जैसे अपनी निजी राय जाहिर करने को स्वतंत्र है, उसी तरह कोई भी निरीश्वरवादी अपनी राय जाहिर कर सकता है, उसे हक़ है! अपनी-अपनी

राय जाहिर करने की वजह से कोई भी अपमानित, उत्पीड़ित नहीं होगा—यही गणतंत्र की अन्यतम शर्त है। जाति-धर्म से परे, सभी समान अधिकार जिएँगे। आस्तिक और नास्तिक के अधिकार अभिन्न होंगे। फ्रेंच लेखक, वाल्टेयर ने कहा है, "तुम्हारे मत से हम एकमत भले न हों, लेकिन तुम अकुंठ भाव से अपनी राय अभिव्यक्त कर सको, इसके लिए मैं अपने खून की आखिरी बूँद तक देकर लड़ता रहूँगा।" वाल्टेयर का यह अमर वाक्य दरअसल विशुद्ध गणतंत्र की ही वाणी है। लेकिन हमारे देश में क्या हो रहा है? सच्चे गणतंत्र का पालन क्या यहाँ हो रहा है? अफसोस के साथ कहना पड़ता है—नहीं। मत-प्रकाश की वजह से लेखक और पत्रकार धज्जी-धज्जी हो रहे हैं; खंडित हो रहे हैं। कलमजीवी लोगों पर हर पल तलवार झूलती रहती है। कब, किसकी गर्दन कलम कर दी जाएगी, कोई नहीं कह सकता। जिस लेखक ने जो नहीं कहा, उस पर वही आरोपित करके, उसे सज़ा दी जाती है। यहाँ स्वाभाविक तौर पर ही तसलीमा नसरीन का जिक्र आ पड़ता है।...इसके बाद, थोड़ा-बहुत मेरे प्रसंग में कहने के बाद, उन्होंने अहमद शरीफ के घर पर हुए हमले का प्रसंग छेड़ा था—बी एन पी सरकार, अदरक-नमक खाकर इस देश को फतवाबाज़ और कट्टरवादी दलों के हाथ गिरवी रखने को तुल गई है, जो लोग शुरू से अंत तक बांग्लादेश अभ्युदय के खिलाफ रहे, जिनके नेता (गुलाम आयम) बांग्लादेश प्रतिष्ठित होने के बाद भी विदेशों में स्वाधीन, सार्वभौम बांग्लादेश के खिलाफ कार्यरत हैं, जो लोग बड़े गर्व से यह कहते फिरते हैं कि सन् इकहत्तर में उन लोगों ने कोई भूल नहीं की थी, उन्हीं लोगों ने जब मुक्तियुद्ध के पक्षधरों को देशद्रोही कहा, तो उन्हें क्या कहा जाए, हम इसके फैसले का जिम्मा जनसाधारण पर ही छोड़ देते हैं।...इसके बाद, नास्तिक शम्सुर रहमान को थोड़ा-बहुत डिप्लोमेट होना पड़ा है। उन्होंने कहा है...हम जानते हैं, इस्लाम, शांति का धर्म है। इस्लाम के नाम पर जो लोग अशांति फैलाते हैं, क्षमता दखल करने के लिए धर्मान्धता का आश्रय लेते हैं, सौदागर की तरह, धर्म का इस्तेमाल करते हैं, तब क्या हम लोग मरहबा! मरहबा! कहते हुए परम उल्लास से फट पड़ें। इस्लाम विपन्न है—यह रोना हम बचपन से ही सुनते आ रहे हैं। जो लोग सच ही आलिम और धार्मिक हैं, वे लोग समझते हैं कि इस्लाम की हिफ़ाज़त की सर्वशक्ति अल्लाहताला के पास मौजूद है। इस्लाम की विपन्नता ख़त्म करने के बहाने, किसी को इस्लाम के रखवाला का रूप धारकर, औरों की शांति नष्ट करने, दंगा-फसाद करने की कोई ज़रूरत नहीं है। जिस-तिस को मुरताद कहकर ग़लाबाज़ी करना भी निरर्थक है। जो लोग जन-सभाओं में खुलेआम किसी के सर का मोल लाख टके लगाते हैं, सरल बुद्धिवाले इंसान को, कानून अपने हाथ में ले लेने के लिए उकसाते हैं, समाज के गण्यमान व्यक्तियों को कूड़ा-करकट कहने की बेअदबी करते हैं, खून-हत्या की राजनीति में विश्वास करते हैं, उन सब फासीवादियों के खिलाफ, सरकार गिरफ़्तारी का परवाना क्यों नहीं जारी करती? किसी की हत्या

करने के लिए बढ़ावा देना, क्या दंडनीय अपराध नहीं है? सरकार से हम सबका एक और भी सवाल है—आप लोग हड़ताल का विरोध करते हैं, हड़ताल होने से आप लोगों के विकास के ज्वार में भाटा पड़ जाता है, आप लोग यह बात भी जोर-शोर से दोहराते रहते हैं। लेकिन 30 जून को जिस तथाकथित हड़ताल का आह्वान किया गया है, उस विषय में आप लोग खामोश क्यों हैं? मानो चुप रहकर, इस हड़ताल को सफल बनाने में समर्थन दे रहे हैं...।

उनके वक्तव्य की ये आखिरी बातें बेहद अहम हैं।...जिन प्रतिक्रियाशील, फासीवादी, मुक्तियुद्ध-विरोधी दुराचारी ताकतों का रोब-दाब घटने के बजाय, ख़ासा बढ़ता जा रहा है, उन लोगों के खिलाफ मुक्तियुद्ध के हर प्रतिष्ठान और व्यक्ति को सुदृढ़ प्रतिरोध गढ़ने का आह्वान करते हैं। प्रत्येक राजनैतिक दल को प्रतिरोध के लिए आगे आना चाहिए। अगर इस अशुभ शक्ति को न कुचला गया, तो हमारी साहित्य-संस्कृति विपन्न होगी; मानवतावादी, प्रगतिशील चिंतन रुद्ध हो जाएगा। हम मध्ययुगीन अंधकार में गुम हो जाएँगे; हमारा जीवन कूपमंडूकता में गर्क़ हो जाएगा। जिनके पुरखे, काज़ी नज़रुल इस्लाम जैसे महाप्राण कवि को काफ़िर की संज्ञा दे सकते हैं, वे लोग ही इस देश के सृजनशील लेखक और भावुक लोगों की आवाज़ का गला घोंटने में जरा-सी भी आनाकानी नहीं करेंगे। वे लोग तो अभी से पैंतरे कसने लगे हैं। हम क्या इन लोगों की अधीनता कबूल कर लें? या मुक्तियुद्ध की चेतना को समुन्नत रखते हुए, इस अशुभ शक्ति के खिलाफ पैर जमाकर खड़े हों। इसका जवाब हमें इसी पल देना होगा, वर्ना बहुत ज्यादा देर हो जाएगी। ये फतवाबाज़ यह समझते हैं कि उनके खिलाफ आवाज़ उठाने का मतलब है, इस्लाम के खिलाफ बोलना और वे ही लोग पूरे दम से फूत्कार उठे हैं और अपने फूत्कार का आतंक दिखाकर, बहुतों को अपने दल में खींचने की कुचेष्टा कर रहे हैं। हमें सूक्ष्म राजनैतिक तत्त्व-विश्लेषण छोड़कर एकबद्ध तरीके से जनसाधारण को साथ लेकर, इस फूत्कार के दंश से अपनी मुक्तियुद्ध चेतना को बचाना होगा। लाखों-लाखों लोगों के आत्मत्याग से अर्जित अपने प्राणप्यारे स्वदेश को पाकिस्तान बना डालने की साजिश को धराशायी करना होगा।

आज 'आजकेर कागज' में कबीर चौधुरी और सैकत चौधुरी का समवेत कॉलम निकला है—कट्टरवादी राष्ट्र के तौर पर बांग्लादेश का अभ्युदय? उन दोनों ने यह सवाल किया है। कॉलम की शुरुआत में उन्होंने मेरा प्रसंग उल्लेख किया है। इस मामले का ज़िक्र करते हुए उन्होंने अपना मंतव्य रखा है; अपने आवेग और तर्क पेश किए हैं। पूरी तरह आवेग, अनुभूति और विश्वास से परिचालित होकर, इंसान जब आवेग की धार में अपने को बहा देता है, तब युक्ति और तर्क की आँखें अंधी हो जाती हैं। उन्होंने कहा है—तर्क इंसान को सच्चा बनने की सीख देता है, प्रगति, कल्याण और सभ्यता के धारावाहिक क्रम विकास के गति-वेग को तेज़ करता है। अंधा आवेग, सभी तर्कों की शालीनता को बर्बर तरीके से वर्जित कर देता है, जिसकी

वजह से बेहद स्वाभाविक ढंग से मानव समाज और मानवतावाद को गंभीर नुकसान पहुँचाता है! आवेग की यह सर्वग्रासी भूख, उपयुक्त कारणों से ही कुसंस्कारग्रस्त, मूरख, दकियानूस और दरिद्र जन-जीवन में अपनी खास जगह बना लेता है। इसकी वजह यह है कि नियतिवादी इंसान धर्मग्रंथ से शिक्षा ग्रहण करता है और जीवनयापन के लिए धर्म के पारलौकिक बीजमंत्र में दीक्षित होता है। इसी आवेग को पूँजी बनाकर, एक दल वर्तमान स्वार्थी बाँसुरीवादक, अपनी सीमाहीन लालसा का विष, समाज में बिखेर देता है। एकपक्षीय, वैषम्यपूर्ण यह समाज-व्यवस्था में उत्पीड़न का शिकार होता है जन-साधारण! रिक्त, निःस्व ये इंसान, आगे चलकर दुबारा सिर उठाकर खड़े नहीं हो पाते और नतीजा यह होता है कि सच्चाई की क्रमविकास-व्यवस्था पूरी तरह ढह जाती है।

इधर, कट्टरवादी, जब नूरजहान को मिट्टी में गाड़कर उसकी हत्या कर रहे हैं, धर्म के नाम पर अमानवीय फतवा देकर, जन-हितकारी प्रतिष्ठान और अखबारों के दफ़्तर पर हमले कर रहे हैं। पिछली 3 जून को पुराने पलटन सी पी बी दफ्तर से जुड़ी किताब की दुकान पर आयोजित पाठक-मेले में अबाध लूटपाट मचाई और कुरान हदीस शरीफ की अवमानना की, तब धर्म की बहुरुपिया यह सरकार, उनके विरुद्ध उचित क़दम क्यों नहीं उठा रही है? सरकार को समूची अवाम के सामने इसका जवाब देना होगा, वर्ना यह बात साबित हो जाएगी कि प्रगतिशील सभी कार्य रोध करने के माध्यम से निंदित, घृणित, स्वाधीनता विरोधी शक्ति को तुष्ट करने में लगी है। मूलतः इस घटना के माध्यम से सरकार, स्वाधीनता-विरोधी शक्ति को मदद दे रही है। कई पार्टियों का लगातार संसद-बहिष्कार, बजट अधिवेशन में विरोधी दल की अनुपस्थिति, संभावित राजनैतिक संकट से जनगण की निगाहें किसी और तरफ फेरने के कौशल के तौर पर, सरकार ने इस राजनैतिक अप-कौशल का सहारा लिया है। लेकिन यह कौशल सरकार के लिए आत्मघाती हो उठा है। पिछले दिनों तसलीमा के जीवन-नाश की धमकी, सिर के लिए पुरस्कार-घोषणा, 'लज्जा' उपन्यास निषिद्ध करने और तसलीमा का पासपोर्ट रोकने की वजह को, सरकार ने निरपेक्ष नज़रिए से दुनिया के सामने रखने की कोशिश की। वैसे तसलीमा की हिफ़ाज़त-समेत, उसके जीवन-नाश के लिए उकसाने वालों को गिरफ़्तार न करने से सरकार के प्रति सजग वर्ग की निंदा लगातार जारी रही। वर्तमान संकट ख़त्म न करके, अवाम की निगाहें दूसरी तरफ हटाने की कोशिश में सरकार ने तसलीमा के खिलाफ यह एकतरफा अप-कार्य शुरू किया है। लेकिन इस वजह से सरकार काफी लंबे अर्से से अपनी जिस असलियत को छिपाती आई है, उसका वह कट्टरवादी रूप जनता के सामने उघड़ गया है। जितना-जितना यह मुखौटा खिसकता जा रहा है, हम उतने ही आतंकित हो उठे हैं, क्योंकि सीमाहीन कूपमंडूकता, दकियानूस विचार-चिंतन ने सरकार के चरित्र पर एक स्थायी छाप अंकित कर दी है। इतना सब करके, बहुत जल्दी ही, अंतर्राष्ट्रीय

आँगन में, बांग्लादेश, कट्टरवादी राष्ट्र के रूप में स्वीकृति प्राप्त कर लेगा। असल में, तसलीमा के खिलाफ सरकार का यह विद्वेषपूर्ण आचरण, पूरी-पूरी तरह पूर्व-परिकल्पित है। पिछले दिनों फतवे के जरिए तसलीमा को मृत्युदंड के आदेश की घोषणा होते ही, तसलीमा कानून का आश्रय माँग बैठी। इसलिए लाचारी में सिर्फ 'लज्जा' उपन्यास पर प्रतिबंध लगाकर और उसका पासपोर्ट रोककर, सरकार को सब्र कर लेना पड़ा। बाद में तसलीमा के पक्ष में और सरकार के विपक्ष में, जो विश्वव्यापी जनमत तैयार हुआ, उसे देखकर सरकार को उसका पासपोर्ट लौटाना पड़ा। लेकिन अंदर ही अंदर सरकार उपयुक्त मौके के लिए घात लगाए बैठी रही कि कब, कहाँ, किस वक्त तसलीमा सर्वजनीनता की उपेक्षा करके, कोई ऐसा मंतव्य कर बैठे, जिसे अपराध बताकर, सरकार उनके विरुद्ध कानून (!) के जरिए, बदला लेने के लिए क़दम बढ़ा सके। अब यह बात, बेशक प्रमाणित हो चुकी है कि गृहमंत्रालय की तरफ से तसलीमा के विरुद्ध मुकदमा दायर करना और जल-थल-अंतरिक्ष की राह तसलीमा के बाहर जाने पर निषेधाज्ञा जारी करके, सरकार के कट्टरवादी चरित्र का मुखौटा खिसक गया है, जो उनके क्रोध और घृणा का बाह्य प्रकाश है। तसलीमा के प्रति सरकार का यह रवैया, लेखक के मौलिक अधिकारों के विपरीत है। इसलिए हम लोग सरकार की इस प्रगतिविरोधी, सभी कट्टरवादी कर्मकांड की तीव्र निंदा करते हैं और इसके खिलाफ सभी प्रगतिशील, सभी विवेकवान लोगों, समाज और संप्रदाय से आवाज बुलंद करने का आग्रह करते हैं।

ये दोनों ही लेख पढ़कर मेरा मन चंगा हो आया। देश के दो अहम बुद्धिजीवी, आज मेरी बात साफ-साफ दोहराने में बिल्कुल नहीं हिचके और फिलहाल जो सबसे ज़रूरी मुद्दा है—कट्टरवादियों को मात देना, उन लोगों ने इसी के लिए अपील की है। अब मुझे यह नहीं लग रहा है कि मेरी फाँसी का मुद्दा, कोई बहुत बड़ा मुद्दा है। मेरे सिर से, काफी बढ़कर बेशकीमती, यह देश है। इस देश को कट्टरवाद के शिकंजे से सुरक्षित रखना, फिलहाल सबसे ज्यादा जरूरी है। कट्टरवाद-विरोधी आंदोलन में अपनी अनुपस्थिति का, मुझे बेहद अफसोस होता है। मुझे अपनी फाँसी रोकने की कोशिश में व्यस्त रहना होगा। मुझे व्यस्त रहना होगा, इस जाती-जाती जिंदगी को न जाने देने की कोशिश में।

मैं ङ के घर में ही थी, लेकिन उनसे जी भरकर बातें करने का मौका नसीब नहीं हो रहा है। ङ अगर इस कमरे में मुझसे बातचीत करने आईं, तो आवाज़ सुनकर नीचे की मंज़िल के लोग ऊपर आ सकते हैं। जिस किसी को भी यह शक हो सकता है कि इस घर में ङ के अलावा और भी कोई मौजूद है। ङ अगर उन्हें अपने कमरे में आने से रोकने की कोशिश करें, तो उन लोगों का शक़ और पक्का हो जाएगा

कि इस घर में कोई निषिद्ध जीव मौजूद है और तब यह शक़ एक से दूसरे तक फैल जाएगा और अंत में शहर भर में यह ख़बर प्रचारित हो जाएगी। इसलिए निःशब्द बैठे रहना, निःशब्द साँसें लेते रहना, अब जैसे मेरे लिए जरूरी है, उसी तरह ङ के लिए भी! इसलिए जब भी सीढ़ियों पर किसी की पदचाप सुनती हूँ, मैं अपने को और ङ को बचाए रखने के लिए साँस रोककर बैठी रहती हूँ। दूसरी मंजिल पर, ङ के बेडरूम की बगल में ही यह लाइब्रेरी-कमरा! नीचे की मंजिल पर दूसरे लोगों के कमरे! बैठक घर! रसोईघर! खाने का कमरा वगैरह! ङ सुबह-सुबह ही पढ़ने के लिए अखबार थमा गए थीं और इशारे-इशारे में यह कह गई थीं कि अगर बाथरूम जाना हो, तो मेज पर एक बार ठुकठुका दूँ! सिर्फ एक बार! वे समझ जाएँगी और आस-पास यह देख लेने के बाद कि कहीं कोई है तो नहीं, वे मुझे इशारा करेंगी। तब मैं झट् से ङ के कमरे में घुसकर, संलग्न बाथरूम में समा जाऊँगी। ङ बगल के कमरे में ही लेटे-बैठे पत्र-पत्रिकाएँ पढ़ती रहेंगी, लेकिन उनके कान मेरी ठकठकाहट सुनने के लिए चौकन्ने रहेंगे। चूँकि मुझे घर का खाना देना संभव नहीं है, इसलिए वे मेरा खाना बाहर से ले आएँगी। मारे चिंता और घबड़ाहट के ङ की जुबान और गला इस कदर सूख गया है कि वे चाहें भी तो उनके मुँह से कोई आवाज़ नहीं निकल सकती।

कट्टरवाद-विरोधी आंदोलन में 30 जून की हड़ताल नाकाम करने की कार्यसूची का आह्वान, पहले किसी राजनैतिक दल ने नहीं किया। इसकी सूचना पहले सम्मिलित सांस्कृतिक गुट ने दी। इस गठजोड़ के साथ 27 अन्य सांस्कृतिक संगठनों ने एकता जाहिर की है—नागरिक नाट्य संप्रदाय, आरण्यक, ढाका थियेटर, नाट्य चक्र, देश नाटक, नाट्यकेंद्र, ढाका नाट्यम, पदातिक नाट्य संसद, ग्राम थियेटर, मुक्त नाटक दल, नवधारा नाट्य सम्प्रदाय, ढाका सुवचन, बांग्लादेश थियेटर, प्रेक्षापट, ऋषिज शिल्पी गोष्ठी, गणशिल्पी संस्था, ढाका थियेटर मंच, स्वर श्रुति, कंठशीलन, मुक्तधारा, कारक नाट्य संप्रदाय, श्रोत आवृत्ति संसद, नटराज, दिव्य ढाका; विश्वविद्यालय चारु शिल्पी परिषद वगैरह! बांग्लादेश समाजतांत्रिक दल के (वासद) आवाहक, खलिकुज़्ज़मान ने एक बयान में कट्टरवादी ताकतों की तरफ से 30 जून की हड़ताल को नाकाम करने के लिए सम्मिलित सांस्कृतिक जोड़ के आह्वान का स्वागत किया है। उन्होंने कहा है—कट्टरवादी ताकतें काफी लंबे अर्से से गणतांत्रिक प्रगतिशील ध्यान-धारणा पर चोट करने की कुचेष्टा में लिप्त हैं। नतीजा यह हुआ है कि तसलीमा नसरीन को निशाना बनाकर, ये कट्टरवादी ताकतें, विभिन्न राय-मंतव्यों के माध्यम से मुक्त तर्क-वितर्क के परिवेश का अपहरण करना चाहती हैं, जो वाक्-स्वाधीनता और लेखक की अभिव्यक्ति के खिलाफ है। इन लोगों के अपकर्म को नाकाम करने के लिए

उन्होंने सभी स्तर के प्रगतिशील गणतांत्रिक वर्ग और लोगों को आगे आने की अपील की है। आज शाम 5 बजे, वासद, राष्ट्रीय प्रेस-क्लब के सामने विक्षोभ प्रदर्शन करेगा। जातीय छात्र लीग के सभापति, आशिक खान और साधारण सचिव, सुरंजन घोष ने फतवाबाज़ धर्मांध, पक्के कट्टरवादी, स्वाधीनता-विरोधी ग़लत ताकतों को राजनैतिक तौर पर, सामाजिक तौर पर असफल बनाने के लिए देश के सभी राजनैतिक, सामाजिक, सांस्कृतिक और छात्र संगठनों को आमंत्रित किया है। वर्क्स पार्टी के पॉलित ब्यूरो के सदस्य, हैदर अकबर खान नो ने कहा है कि धर्म की आड़ में अनाचार और क्षमता दखल की साजिश के खि ाफ देशवासियों को सजग रहना होगा। वर्क्स पार्टी 7 दफा कार्यक्रम के साथ 27 जू ा को समावेश करेगी। 27 जून को एकबद्ध नारी समाज, फतवाबाजों के खिलाफ जन-प्रतिरोध तैयार करने का आह्वान करते हुए, जुलूस निकालेगा। बांग्लादेश लेखक शिविर ने भी हड़ताल को नाकाम बनाने के लिए आह्वान किया है। आज गणतांत्रिक छात्र एक्य परिषद भी प्रेस-क्लब के सामने मीटिंग करेगा। सांप्रदायिक संप्रीति परिषद से भी हड़ताल-प्रतिरोध करने की अपील की है।

इधर हवा में यह सुनगुन भी फैली हुई थी कि कट्टरवादियों की हड़ताल को लेकर, सरकार के नीति-निर्धारक महल में विरोध चल रहा है। देश में अवामी लीग जब भी किसी हड़ताल का आह्वान करती है, सरकार की तरफ से बार-बार निदेश जारी होते हैं। लेकिन इस बार की हड़ताल के मामले में हर तरफ बिलकुल चुप्पी! लेकिन कई-कई बी एन पी मंत्रियों ने हड़ताल रोकने के लिए प्रधानमंत्री से कहते-कहते भी, किसी तरह भी जुबान नहीं खोल सके।

इधर इबलिस की जोड़ीदार, तसलीमा की फाँसी की माँग करते हुए 30 जून की हड़ताल सफल करने के लिए, समूचे देश में सभा-समावेश, जुलूसों की हवा बह रही है। इस्लामी एकजुट पर यह धुन सवार है कि चाहे जैसे भी हो, वे लोग हड़ताल करके ही रहेंगे। मुस्लिम लीग भी यही रट रही थी। मस्जिद-मस्जिद में सभाएँ हो रही हैं।

फज़लूल हक़ अमीनी ने चक बाज़ार की शाही मस्जिद के आँगन में अपने भाषण के दौरान कहा है—हमारे द्वारा घोषित 30 जून की हड़ताल ज़रूर होगी। यह हड़ताल कुरान की मर्यादा की रक्षा के लिए की जा रही है। इस हड़ताल को नाक़ाम करने की मजाल इस देश में किसी की भी नहीं है। इस सर-ज़मीन पर अल्लाह के कुरान की अवमानना की गई है, इंशाअल्लाह इसी सरज़मीन पर कुरानी शासन क़ायम होगा। वर्तमान संसद में जो अचल हालत जारी है, यहाँ कुरानी प्रतिष्ठा के अलावा, इस हालत में हरगिज सुधार नहीं होगा। इस देश में संसद, कुरान के विधान के मुताबिक चलेगा, वर्ना शांति की उम्मीद फिजूल है। आज समूची जाति दो शिविरों में बँट गई है। एक दल कुरान की रक्षा करना चाहता है, दूसरा दल इस्लाम और कुरान को मिटा देने की ज़िद ठाने बैठा है। आगामी 30 तारीख को ही यह प्रमाणित

हो जाएगा कि कौन लोग टिके रहेंगे और कौन मिट्टी में मिल जाएँगे।

इतना सब हो रहा है, फिर भी मेरा मन कहीं से हल्का हो आया है, कहीं से खुश है, इसलिए कि कट्टरवाद को मात देने के लिए, प्रगति के पक्ष में लोग एकबद्ध हो रहे हैं।

ङ मेरे लिए, ठोंगे में दोपहर का खाना ले आई। कुछ देर देश की परिस्थिति के बारे में, हम फुसफुसाहट के लहजे में बातें करते रहे। कट्टरवादी दल, सरकारी दल का सहयोग पाकर, प्रतिपक्ष से भी ज्यादा ताकतवर हो उठा है। इस हवा को क्या कोई प्रतिरोध रोक सकेगा? क्या यह संभव है? बहरहाल, संभव न भी हो, तो भी इसे संभव बनाने के लिए सभी प्रकार की कोशिशें करनी होंगी। इसके अलावा हमारे पास कोई उपाय नहीं है। ख़ैर, प्रतिरोध की आहट तो सुनाई दे रही है, लेकिन मेरी जिंदगी का ख़तरा बूँद भर भी कम नहीं हुआ, ङ ने मुझे याद दिला दिया।

बाथरूम जाने का जोखिम न उठाने के लिए मैंने दिन भर यथासंभव कुछ भी मुँह में नहीं डाला। वैसे आजकल मुझे भूख-प्यास भी नहीं लगती। ख़ैर, एक तरह से यह अच्छा ही है। रॉबट जैसी जिंदगी। आँखों में नींद नहीं! रात भर जगे-जगे आँखों में गुज़र जाती है! चुपचाप, बेआवाज़ किताबें पढ़ती रहती हूँ। खाँसी आती है, तो मुँह पर तकिया रखकर आवाज दबा लेती हूँ! जब रुलाई आती है, तब भी वही करती हूँ!

20 जून, सोमवार।

कल प्रेस-क्लब में बांग्लादेश संवादपत्र परिषद आयोजित, वैचारिक आदान-प्रदान सभा में, स्वाधीनता विरोधी ताकत के अनाचार और कुचेष्टाओं को कुचलने के लिए 'जातीय प्रतिरोध कमिटी' गठित की गई है। प्रगति के हिमायती अखबारों के संपादक, नामी-गिरामी पत्रकार, शम्सुर रहमान, कबीर चौधुरी, के एम सुभान, नीलिमा इब्राहिम—सभी अहम हस्तियाँ मौजूद थीं। वहाँ अवामी लीग के दो नेता भी मौजूद थे—अब्दुर रज़्ज़ाक और अमीर हुसेन आम, पाँच दल के नेता, काज़ी आरिफ अहमद भी मौजूद थे। घातक दलाल निर्मूल कमिटी के लोग भी थे। कमिटी में शम्सुर रहमान आवाहक, 'आजकेर कागज' के संपादक, काज़ी शाहिद अहमद सदस्य-सचिव! जातीय प्रतिरोध कमिटी ने आगामी 30 जून, सुबह 10 बजे, प्रेस-क्लब में, ढाका शहर समेत, समूचे देश के लोगों को प्रतिवाद-समावेश में शामिल होने का संदेश दिया है। कमिटी ने आह्वान किया है कि उस दिन साइकिल रिक्शा, मोटर साइकिल, गाड़ी, बस, ट्रक चाहें जिस भी सवारी से आ सकें, ढाका समेत सभी अंचलों के सभी लोग प्रेस-क्लब में जमा हों। देश के सभी स्तरों पर जातीय प्रतिरोध कमिटी गठित करने का भी आवेदन किया गया।

जमाते इस्लामी या अन्य कोई भी कट्टरवादी दल, आज तक देश के किसी क्षुद्र अंचल में भी हड़ताल का आह्वान करने का साहस नहीं कर पाया था। आज उन लोगों की हिम्मत इस हद तक पहुँच गई है कि उन्होंने देशव्यापी हड़ताल का आह्वान किया है। वाकई यह बेहद खौफनाक घटना है।

अब तो बहुतेरे लोग सांप्रदायिक शैतानी ताकत को कुचलने के इरादे से सामाजिक, सांस्कृतिक मोर्चा गढ़ने की बात सोचने लगे हैं। समूचे देश भर में गणतंत्र और मुक्तियुद्ध के मूल्यबोध को ध्वंस करने की साजिश में लिप्त, फतवाबाज और सांप्रदायिक अपशक्तियों के खिलाफ एकबद्ध होकर प्रतिरोध गढ़ने के लिए, प्रगतिशील और मुक्तियुद्ध के समर्थक सभी सामाजिक, सांस्कृतिक शक्तियों से सम्मिलित क़दम उठाने की अपील की गई है।

लेखक शिविर कहता है कि हड़ताल रोकने की कोशिश करो। जासद कहता है, नहीं सिर्फ प्रतिरोध नहीं, स्वाधीनता-विरोधी कट्टरवादी चक्र को जड़ से मिटाना होगा। इतने दिनों बाद, ढाका के राजपथ पर कट्टरवाद-विरोधी दल का जुलूस निकाला गया।

धर्म के नाम पर फतवाबाज़ी, उन्माद, जनसाधारण को भड़काने के खिलाफ डटकर मुक़ाबला करो।

सांप्रदायिक फासीवाद को कुचल दो।

नेतागण ने कहा, 30 जून के हड़ताल कार्यक्रम को दाँत खट्टे कर देनेवाला जवाब, देशवासी देंगे। यह भी कहा कि हमारी स्वाधीनता और पताका के ऊपर एक अशुभ शक्ति अपने विषैले फन काढ़े खड़ी है, चाहे किसी भी कीमत पर हमें इसे रोकना होगा। छात्र नेताओं ने इंक़लाब और दैनिक संग्राम निषिद्ध करने की माँग की है। 23 जून को जुलूस, समावेश, 25 जून को फतवाबाज़ों को रोकने की माँग के साथ देशव्यापी विक्षोभ-समावेश आयोजित किया जाएगा। हड़ताल प्रतिरोध कर्मसूची के प्रति टेलीविजन और मंच-नाटकों के विख्यात अभिनेता-अभिनेत्रियों ने भी समर्थन दिया है।

उधर कल मदरसों के छात्र,—एक विशाल जुलूस की शक्ल में संसद भवन की तरफ गए थे। तसलीमा की फाँसी की माँग करते हुए, संसद भवन के घेराव का अभियान। इस बीच 30 जून के हड़ताल-विरोधी वर्ग, मुरताद चक्र के जोड़ीदार और समर्थकों ने यही घोषणा की है।

बांग्लादेश के शहर-बंदर, गाँव-गंज, हर जगह ज़ोरदार आवाज़ें उठ रही हैं कि धर्मद्रोही तसलीमा और नास्तिक अहमद शरीफ समेत उनके चेले-चामुंडों और मददगारों को फाँसी देनी होगी। तसलीमा नसरीन की फाँसी को कार्यरूप, 'जनकंठ' निषिद्ध, कादियानी लोगों को गैर-मुस्लिम होने की घोषणा और एन जी ओ वर्ग को...ब्ला! ब्ला! ब्ला!

इस्लामी छात्र शिविर ने कहा है कि देश से मुरताद चक्र को जड़ से उखाड़ना होगा। इस्लामी चिंतकों ने एकता बनाए रखने की अपील की है। जातीय सुन्नी गण-आंदोलन प्रस्तुति परिषद के नेताओं ने कहा है कि समस्त दुनिया के मुसलमानों को मुस्लिम जातीयतावाद के आधार पर एकबद्ध होना होगा।

सिर्फ छात्र एक्य का जुलूस ही नहीं, वासद का जुलूस भी निकाला गया है।

युद्ध के अपराधी और फतवाबाज़ों की मनहूस साँठगाँठ तोड़ दो! मोड़ दो!

कट्टरवादियों का जुलूस और कट्टरवाद-विरोधी जुलूस! दोनों दलों के जुलूस! इन दोनों जुलूसों के बीच कट्टरवादियों के जुलूस में अगर 30 हज़ार लोग। कट्टरवाद-विरोधी जुलूस में 300 लोग! यह सुनना अच्छा नहीं लगता, यह देखना अच्छा नहीं लगता, इस पर विश्वास करना भी अच्छा नहीं लगता, मगर सच यही है। बिल्कुल सच्ची घटना!

कॉलम लिखना पूरे दम से जारी है। दोनों दल के अख़बारों में समान ताल में कॉलम लिखा जा रहा है।

फैज़ अहमद ने लिखा है कि देश के कल्याण के लिए, 30 जून को अप-शक्ति के खिलाफ, सभी गणतांत्रिक राजनैतिक दलों को प्रतिवाद गढ़ना होगा। कृष्णपद सरकार ने लिखा है कि जातीय जीवन में बेहद मुश्किल समय आन पड़ा है। विपक्ष दल की तरफ से भी हमले जारी हैं।

21 जून, मंगलवार।

ङ की आँखों से सिर्फ एक व्यक्ति की आँखें मिली हैं। ङ किसी कार्यक्रम में गई थीं, जहाँ कलाकार कट्टरवादियों के खिलाफ, एक आंदोलन गढ़ने का फैसला लेने में जुटे थे। ज खुद भी एक कलाकार हैं। कलाकार की आँखों का भाव समझकर, ङ की आँखों में उद्वेग, उत्कंठा, शंका! ङ की आँखें मानो कुछ खोजती हुईं, किसी को खोजती हुईं। ज भी ङ की आँखों में झाँकती रहीं। ङ की आँखें चारों तरफ घूमती हुईं ज की आँखों पर ही आकर थिर हो गईं। दोनों की आँखें दुबारा चारों तरफ घूमती रहीं और एकाध पल बाद, दुबारा दोनों की आँखें एक-दूसरे पर आकर टिक गईं। उन दो जोड़ी आँखों में एक भाषा लहरा उठी। दोनों ही वह भाषा पढ़ने की कोशिश करती रहीं। आँखों की वह भाषा पढ़ते-पढ़ते, दोनों एक-दूसरे को देखती रहीं। करीब आते ही दोनों में हल्का-फुल्का संवाद शुरू हो गया।

"कैसी हैं आप?"

"अब क्या सकुशल रहने की कोई स्थिति बच रही है?"

"सोचा भी नहीं जा सकता कि देश में यह सब हो रहा है। प्रतिरोध के अलावा अब कोई उपाय नहीं है।"

“बेशक! बेशक!”

ज समझ गईं की ङ का मन इस प्रतिरोध आंदोलन की तरफ बिलकुल नहीं है। ङ किसी गंभीर सोच में डूबी हुई हैं।

अचानक ज ने कहा, “क्या मैं किसी रूप में आपकी मदद कर सकती हूँ?”

ङ एकदम से चौंक उठीं।

उन्होंने पूछा, “कैसी मदद?”

“किसी भी किस्म की मदद! मैं हर तरह से मदद कर सकती हूँ।” जने इधर-उधर निगाहें दौड़ाते हुए, धीर-गंभीर आवाज में कहा।

“आप क्या मदद कर सकती हैं?”

“फिलहाल, इस वक्त जिस मदद की आपको ज़रूरत है, मैं कर सकती हूँ वह मदद!”

“मुझे किस मदद की जरूरत है, यह आपने कैसे समझ लिया?”

“मुझे ऐसा लगा...”

“क्या लगा?”

ङ और ज चलते-चलते लोगों की भीड़ से काफी आगे निकल आईं।

“आपको क्या किसी सुरक्षित जगह की ज़रूरत है?”

“सुरक्षित जगह?”

“हाँ, सुरक्षित जगह! अगर कभी इसकी ज़रूरत हो, तो मुझे बताइएगा। हाँ और एक बात, मुझ पर भरोसा रखें।”

ज ने ङ के हाथ में अपना टेलीफोन नंबर लिखकर थमा दिया और लोगों की भीड़ में दुबारा जा मिलीं।

हैरत है! वह ज थी! ज मेरी परिचित थी। ङ भी मेरी परिचित थी। लेकिन ज से कभी ङ के बारे में या ङ से ज के बारे में मेरी कभी, किसी दिन भी कोई बात नहीं हुई। ज या ङ किसी को भी यह जानकारी नहीं थी कि दोनों ही मेरी परिचित हैं! मैं दोनों को जानती हूँ।

इसके बाद ङ ने ज से बात की और उन्हें किसी सुरक्षित जगह का पता मिल गया। इसके बाद अचानक फिर वही आधी रात का वक्त! यहाँ तक कि मुझे भी यह नहीं बताया गया कि यह आज की रात ही होना है। मुझे अपना चेहरा, माथा, तन-बदन, हाथ-पाँव ढँककर, फिर गाड़ी में सवार होना पड़ा। गाड़ी में सवार होते हुए अगर किसी की नज़र मुझ पर पड़ भी जाती, तो वह यही सोच लेता कि इस घर की कोई पर्दानशीन बूढ़ी (ङ की माँ) को शायद अस्पताल ले जाया जा रहा है या वह बूढ़ी औरत, नातिन की बीमारी की ख़बर पाकर, अपनी नातिन को देखने जा रही

है। गाड़ी की पिछली सीट पर मुझे कुकुर-कुंडली मारकर लेट जाना पड़ा और मेरा तन-बदन, फिजूल और रद्दी सामानों से ढँक दिया गया।

गाड़ी कहाँ जा रही है, किस तरफ...यह जानने का मुझमें बूता नहीं था। गाड़ी जब रुकी, मुझे फौरन उतर आना पड़ा। क और ङ, मेरी अगल-बगल, इस मुद्रा में चलती रहीं कि मैं उनकी आड़ में हो जाऊँ। हमारे सामने ऐसा कोई भी नहीं था, जिसकी मुझ पर नजर पड़ती।

सामने अँधेरे में झ खड़ी थीं। यह झ का घर था। झ हमारे ही इंतज़ार में, घर के सदर दरवाजे पर खड़ी थीं। हमारे अंदर दाखिल होते ही, उन्होंने दरवाजे पर बड़ा-सा ताला जड़ दिया। अब बेहद ख़ामोशी से झ क का अनुसरण करने लगीं। क के पीछे-पीछे मैं! मेरे पीछे ङ। झ हमें जिस राह से अपने घर के अंदर ले गईं, वह घर का पिछवाड़ा था। झ हमें लेकर ढाई मंजिले में स्थित किसी कमरे में ले आईं। छोटा-सा कमरा! कमरे में फर्श पर एक तरफ बिस्तर बिछा हुआ, दूसरी तरफ दो कुर्सियाँ! बीच में काठ की बनी हुई एक कलाकृति! दाढ़ी वाले किसी दैत्य का चेहरा! हाथ भर लंबी जुबान निकाले हुए!

झ पहले से ही मेरी परिचित थीं! यूँ किसी जान-पहचान के शख़्स को देखते ही, चेहरे पर हँसी खिल उठती है। दोनों एक-दूसरे से बातें करते हैं। लेकिन झ का चेहरा गंभीर! मेरा चेहरा फक! हम दोनों में से किसी ने भी किसी से नहीं पूछा कि कैसी हैं या कैसी हो! हम जानती थीं कि हम कैसी हैं! हमें एक दूसरे से पूछने की ज़रूरत नहीं पड़ी। झ ने क और ङ से बेहद धीमी आवाज़ में बातें कीं।

उन्होंने कहा, "इस घर में ढेरों लोग हैं।"

झ का आठ वर्षीय बेटा भी है। इसके अलावा घर में काम करनेवाली तीन नौकरानियाँ! एक अदद दरबान! सभी की आँखों को चकमा देकर, मुझे इस कमरे में रहना है। कमरे से संलग्न, छोटा-सा गुसलखाना। मुझे यह गुसलखाना भी बेहद ख़ामोशी से इस्तेमाल करना होगा, ताकि किसी तरह की कोई आवाज नीचे वालों तक न पहुँचे। इस कमरे में बाहर से ताला पड़ा रहेगा। घरवाले यही समझेंगे कि इस कमरे में कोई प्राणी नहीं है। इसलिए इस कमरे में रहने वाले प्राणी को अगाध चुप्पी और अथाह अँधेरे में जिंदगी गुजारनी होगी। प्यास मिटाने के लिए गुसलखाना ही काफी है। भूख मिटाने के लिए झ घरवालों से नज़रें बचाकर, मेरे लिए खाना जुटाने की यथासाध्य कोशिश करेंगी। यह है नियमावली। "यहाँ मैं कितने दिनों रह पाऊँगी?" यह पूछने पर, झ ने जवाब दिया, "जितने दिन मुझे ज़रूरत हो।"

झ की इस उदारता पर मेरी आँखें भर आईं। कमरे की बगल वाले बरामदे को देखने के लिए, खिड़की से झाँकने के बहाने, मैंने अपने आँसू छिपा लिए। क और ङ चली गईं। अब वे दोनों दुबारा कब आएँगी, कब मुझे अपनी जमानत की ख़बर मिलेगी—मैं कुछ भी नहीं जानती। उन लोगों ने भी मुझे कुछ नहीं बताया।

रात को झ मुझे कमरे में छोड़कर, बाहर से ताला लगाकर चली गईं।

जाते-जाते उन्होंने काठ की जुबान वाले उस दैत्य के चेहरे की तरफ उँगली उठाकर सिर्फ इतना ही पूछा, "इसे पहचाना? यह चेहरा किसका है?"

मैं कोई जवाब दूँ, इससे पहले झ खुद ही बोलीं, "गुलाम आयम!"

अँधेरे को जागी आँखों से घूरते हुए, सारी रात गुज़र गई। मैं काठ बनी बैठी रही। मेरी बगल में काठ का गुलाम आयम!

22 जून, बुधवार।

सुबह हो आई। पंछी-पखेरू, लोग-बाग़, गाड़ी-सवारियों की आवाजें सुनकर, मैंने अंदाजा लगाया कि सुबह हो गई है। बंद खिड़की की दरारों पर अटके हुए, टुकड़े-टुकड़े उजाले को देखकर अहसास हुआ कि बाहर सुबह हो चुकी है। लेटे-लेटे अच्छा नहीं लगता, इसलिए बैठी रहती हूँ। लेकिन लगातार बैठे रहना भी आखिर कितनी देर भला लग सकता है? कुछ देर बाद, मैं उठ खड़ी होती हूँ। काफी देर तक खड़ी रहती हूँ। लेकिन कितनी देर? कितनी देर तक खड़ा रहा जा सकता है? बेहद-बेहद धीमे-धीमे दो-एक कदम चलती हूँ। लेकिन धड़का लगा रहता है कि चलते हुए पैरों की आहट शायद काफी तेज है। नीचे कहीं, कोई सुन न रहा हो! आखिरकार फिर बैठ जाती हूँ। हौले-हौले आती हुई दोपहरी के वक्त उठंग जाती हूँ। मैं मेज पर ही लेट जाती हूँ। माथे में हल्की-हल्की झनझनाहट होती रहती है। तन-बदन अवश-अवश लगता है।

झ जब कमरे में दाखिल हुईं, शाम हो चुकी थी! दफ़्तर से लौटकर, झ इस कमरे में आने का मौका ढूँढ़ रही थीं। बेटा जब सो गया, घर के नौकर-चाकर जब जरा आराम करने चले गए, झ अपने खाने की थाली लेकर, ऊपर इस कमरे में चली आईं। झ के हिस्से के खाने में मुझे भी हिस्सा लगाना पड़ा। जो थाली, ढक्कन के तौर पर इस्तेमाल की जा रही थी, झ ने उसी में मेरा खाना डाल दिया। मछली, तरकारी, बराबर-बराबर बाँट लिया। इस आधे-अधूरे खाने में न मेरा कुछ बनना था, न झ का! लेकिन इसके अलावा और कोई उपाय भी नहीं था। इस घर की कुशल महराजिन जब और पाँच लोगों के लिए खाना पकाती है, तो पाँच-छः लोगों की जगह सात लोग भी खा ही सकते हैं, लेकिन ज्यादा खाना झ इस कमरे तक कैसे पहुँचाएँ? नहीं, कोई उपाय नहीं था। कम से कम झ को कोई उपाय नज़र नहीं आया। इस तरह खाना पहुँचाने से घरवालों के कानों में भनक पड़ ही जाएगी। भनक पड़ गई, तो लोगों को शक़ हो जाएगा कि ऊपर की मंज़िल पर ज़रूर कोई रहता है। वह प्राणी कौन है, उन लोगों को यह जानने का कौतूहल होगा। हालाँकि यह घर झ का ही है, उनके नौकर-चाकर उनके निर्देश का अक्षरशः पालन करते हैं, इसके बावजूद

झ किसी को भी यह बता सकतीं कि उनके घर में उनका एक अतिथि भी है। झ को पूरा-पूरा हक़ है कि वह किसी अतिथि के लिए जो चाहें, सो करें, मगर वे मेरे लिए अलग थाली में खाना परोसकर नहीं ला सकतीं। झ को अपने हाथ समेटे रखना पड़ता है। कदम-कदम पर यह आशंका कि कोई भी अतिथि का परिचय जान सकता है और आस-पास के किसी व्यक्ति को बता सकता है। उसके बाद ख़बर एक कान से सैकड़ों कानों तक फैल जाएगी। इन सब झमेलों से बचने के लिए, झ को अपनी ही थाली से मुझे खाना देना ज्यादा सुरक्षित लगता है। झ के लिए तकलीफ होती है। वे दफ्तर से काम-काज करके लौटती हैं, फिर भी आधा पेट खाती हैं। मैं चालाकी से काफी कम खाना लेने की कोशिश करती हूँ।

खाना वगैरह, निपट जाने के बाद, झ ने एक सिगरेट सुलगा ली। फर्श पर ही अधलेटी होकर, वे सिगरेट फूँकती रहीं। वे फर्श पर अधलेटी मुद्रा में सिगरेट का कश लेती रहीं। उन्होंने आवाज दबाकर, लगभग शब्दहीन लहजे में बताया कि दफ़्तर से घर लौटते वक्त उन्होंने मुल्लाओं का एक जुलूस देखा।

उन्होंने लंबी उसाँस भरते हुए कहा, "अगर वे लोग हड़ताल में कामयाब हो गए, तो समझो, सव्वनाश! हमारे लिए यह बहुत बड़ी चुनौती है। महज मुल्लाओं की पुकार पर देश में हड़ताल नामुमकिन है, हमें यह साबित करना ही होगा।"

झ के हाथों में उनका कॉर्डलैस फोन! उनका कंठस्वर अगर किसी को सुनाई भी पड़ा, तो यह समझ लिया जाएगा कि वे फोन पर किसी से बातें कर रही हैं।

मैं झ के बिल्कुल करीब खिसक आई, ताकि मेरी आवाज़ कमरे से बाहर न जाए।

मैंने फुसफुसाकर पूछा, "आपको क्या लगता है, हड़ताल रोकना संभव होगा?"

"अभी भी कुछ समझ में नहीं आ रहा है। मुल्लाओं का जुलूस तो काफी विशाल है। वे लोग ऑर्गनाइज्ड भी हैं। हमारे वाले ही ऑर्गनाइज़्ड नहीं हैं। इसको यह पसंद है, तो उसको नहीं! उसकी ना तो इसकी हाँ! इस वक्त हसीना क्या कर रही है? कुच्छ नहीं..."

झ ने एक सिगरेट मेरी तरफ उछाल दी। मैंने सिगरेट सुलगाकर, एक कश ली ही थी कि जोर से खाँसी आ गई। मैंने खाँसी रोकने के लिए अपनी दोनों हथेलियों से मुँह दबा लिया। झ ने इत्मीनान से सिगरेट मेरे हाथों से लेकर, आराम से कश लगाया।

झ यहाँ ज्यादा देर तक नहीं बैठ सकतीं। अगर कहीं उनकी खोज शुरू हो गई, तो मुश्किल! वे चली गईं, मैंने उनसे अखबार दे जाने का कातर अनुरोध किया। करीब घंटे भर बाद, दरवाजे के नीचे से कुछेक अखबार मेरे कमरे में घुस आए। मानो दिन भर के उपवास के बाद, अभी-अभी खाना जुटा हो, मैं ऐसे गउग्रास की मुद्रा में, कौर निगलने की तरह, ख़बरें निगलने लगीं।

देश में फिलहाल यही सबसे बड़ी खबर है। हड़ताल और हड़ताल प्रतिरोध! इन दिनों ऐसा आलम है कि स्वाधीनता विरोधी शक्ति प्रतिरोध जातीय कमिटी को घोषणा करनी पड़ी है कि **हम लोग ही कुरान की पक्षधर ताकत हैं।** 30 जून को हड़ताल के पक्ष में स्वाधीनता-विरोधी सांप्रदायिक कट्टरवादी शक्ति समूह पवित्र कुरान शरीफ की रक्षा के लिए हड़ताल का जो अप-प्रचार चला रही है, वह पूरी तरह बंडलबाज़ी है, क्योंकि यह विश्वस्तर पर स्वीकृत सच्चाई है कि मौदूदी ने कुरान की ग़लत व्याख्या की है और उसी के संगठन, जमाते इस्लामी कुरान को विकृत करके, उसका ग़लत इस्तेमाल करके, धर्म का कारोबार चला रहा है। दरअसल ये लोग धर्म के नाम पर व्यक्ति स्वार्थ, कारोबारी स्वार्थ और राजनैतिक स्वार्थ सिद्ध करना चाहते हैं। इस बार उनका लक्ष्य है, प्रगतिशील अख़बारों की आवाज़ का गला घोंट देना! अस्तु, 30 जून की हड़ताल के पक्ष में उन लोगों का दावा सफेद झूठ है और जनसाधारण को गुमराह करने की कुचेष्टा! सनू इकहत्तर के हत्यारे, चालबाज़, मौलाना लोग कुरान और इस्लाम की रक्षा कैसे कर सकते हैं? ये लोग तो कुरान की दुहाई देकर, मौदूदीवाद की रक्षा की हीन साजिश कर रहे हैं। इन लोगों के विरोध के ज़रिए ही पवित्र कुरान की रक्षा की जाएगी और यह कमिटी कुरान की रक्षा के लिए ही इस हड़ताल के विरोध की अपील कर रही है! असली और सच्चे इस्लाम को नुकसान पहुँचाने की क्षमता, इस क़िस्म के मौलाना और स्वार्थी धर्म के ठेकेदारों में नहीं है! आमतौर पर हड़ताल अपने अधिकार वसूलने के लिए आयोजित की जाती है और ये अप-शक्तियाँ अखबारों समेत गणतांत्रिक अधिकारों के अपहरण के लिए बुलाई गई हैं। सभा में सर्वसम्मत राय व्यक्त की गई है कि हम ही कुरान की शक्ति हैं।

शम्सुर रहमान जिस कमिटी के सभापति हैं, उसमें अनगिनत नास्तिक लोग हैं। उनमें से अनेक लोगों ने किसी दिन भी कुरान नहीं पढ़ा। उन लोगों ने कुरान को कभी हाथ भी नहीं लगाया, उसी कमिटी को कहना पड़ा, दावा भी करना पड़ा—हम कुरान की पक्षधर शक्ति हैं। इस बात से साफ़ जाहिर था कि कट्टरवाद विरोधी शक्ति, इन दिनों जी-जान से कोशिश किए जा रही है कि कट्टरवादियों को रोका जाए। इस वक्त कुरान का इस्तेमाल करके, उन्हें रोकने का काम बखूबी कर सकें, तो इसका इस्तेमाल करने में भी उन लोगों को कोई एतराज नहीं है। मुझे लगता है कि इस प्रतिरोध कमिटी ने एक भूल की। सिर्फ जमाते इस्लामी पर मौदूदीवादी होने का इल्ज़ाम देकर, अपने को कुरान की पक्षधर शक्ति बताने से कोई फ़ायदा नहीं होगा, क्योंकि जमाते इस्लामी ने इस आंदोलन में सिर्फ साथ दिया है। यह आंदोलन जमाते इस्लामी ने शुरू नहीं किया, हड़ताल का आह्वान भी जमाते इस्लामी ने नहीं किया। इसलिए प्रतिरोध कमिटी अगर सिर्फ जमाते इस्लामी को ही किसी ओने-कोने में ठूँसने की कोशिश करेगी, तो अन्य कट्टरवादी ताकतों को कोई फर्क़ नहीं पड़ेगा। वे लोग न मौदूदीवादी हैं, न जमाते इस्लामी, लेकिन उनकी ताक़त बहुत बड़ी है।

वे लोग जमात को अपने साथ न भी लें, तो भी उनका काम चल जाएगा। सच तो यह है कि जमाते इस्लामी को उन लोगों ने अपने साथ जोड़ा ही नहीं था, जमात ही इस विराट कट्टरवादी आंदोलन से जुड़ गया था।

इन दिनों एक नया नियम शुरू हो गया था। मत-विनिमय सभा! सम्मिलित सांस्कृतिक गठजोड़, परसों मत-विनिमय सभा करेगी।

इधर मोर्चा के वक्ताओं ने, किसी भी त्याग के दम पर, आगामी 30 जून को बुलाई गई हड़ताल सफल करने के लिए, जनसाधारण से अपील की है। आगामी 30 जून की हड़ताल ने पूरी जाति को दो हिस्सों में बाँट दिया है। इसी दिन यह प्रमाणित हो जाएगा कि कौन कुरान हदीस के पक्ष में है और कौन दल विपक्ष में है। तसलीमा, अहमद शरीफ के दलालों ने हड़ताल नाकाम करने की घोषणा की है। उनका यह सपना कभी सच नहीं होगा।

ख़िलाफ़त मजलिस, प्रतिरोध आंदोलन, जमियते उलामा-ए-इस्लाम, तहफ़्फ़ुज-ए-हरमाइन, ईमान बचाओ-देश बचाओ, इस्लामी शासनतंत्र छात्र आंदोलन, जमियातुस सहाबा, मस्जिद परिषद, बांग्लादेश, ढाका साहित्य संस्कृति केंद्र, पोस्तगोला ट्रक मालिक समिति, इस्लामी समाज कल्याण परिषद, बांग्लादेश इस्लामी छात्र मजलिस, अपसंस्कृति प्रतिरोध कमांड, अनुपम साहित्य संसद--इसी क़िस्म के हज़ारों इस्लामपंथी संगठनों ने सभा समावेश करके हड़ताल के पक्ष में अपना समर्थन दिया है। जमाते इस्लामी ने पवित्र आशुरा के मौके पर आलोचना सभा का आयोजन किया है। और-और सालों में आशुरा कोई ख़ास घटना नहीं थी, लेकिन इस साल वाकई काफी अहम है। मोतीउर रहमान निज़ामी ने इस कार्यक्रम में यज़ीद के खिलाफ इमाम हुसैन के समझौताहीन संग्राम का इतिहास बयान किया। खोलाफा में राशेदीन के बाद, इस्लाम के नेतृत्व चुनाव की मौलिक पद्धति को विकृत करके, राजतंत्र क़ायम किया गया था। इस्लामी जनता की स्वतःस्फूर्त आस्था और समर्थन ही, इस्लाम में नेता को चुनाव का स्वीकृत तरीका है। नबी करीम उर्फ हयबत मोहम्मद उर्फ अल्लाह के प्यारे बंदे उर्फ अल्लाह रसूल के बाद, चार लोग खलीफाओं ने एक साथ मस्जिद के इमामी और राजनैतिक पक्ष का निदर्शन किया। निज़ामी ने उन्हीं खलीफाओं के जमाने की खूबसूरत व्यवस्था को याद किया और इस देश में उसी तरह की व्यवस्था की कामना की। निजामी, बांग्लादेश जातीय संसद के सदस्य होने के बावजूद गणतंत्र के खिलाफ पता नहीं कैसे तो कह गए कि आजकल जिन सब देशों में शरीयत नियम-कानून चालू है, उन सबको इस्लामी राष्ट्र नहीं कहा जा सकता, क्योंकि इस्लामी तरीके में नेतृत्व चुनाव का कोई विधान नहीं है। वे किसी तरह का राजतंत्र नहीं चाहते, गणतंत्र भी नहीं चाहते। वे इस देश में सचमुच का इस्लामतंत्र चाहते हैं।

तसलीमा और धर्मद्रोह मुरताद के संदर्भ में उन्होंने कहा कि कर्बला के शहीदों की तरह समझौताहीन तरीके से अगर हम भी जीवन-संग्राम जारी रख सकें, तो हमारी

जीत, सूर्य की तरह निश्चित होगी। नाफरमानी की जिंदगी गुज़ारने से बेहतर है कि अल्लाह की राह पर संग्रामरत रहते हुए, मौत को गले लगा लिया जाए। निज़ामी तो खैर कह ही रहे हैं, बाकी नेतागण ने भी जिहाद करते हुए, मृत्युवरण करने की सलाह दी है। मुहर्रम का महीना! इमाम हुसैन ने मुहम्मद की बेटी के पक्ष के नाती, कर्बला में यजीद से लड़ते-लड़ते अपनी जान दे दी। इसलिए आज वही मिसाल पेश करते हुए, जमाते इस्लामी के नेताओं ने कहा है कि इमाम हुसैन की शहादत, अन्याय के खिलाफ़ जीवंत प्रतिवाद के तौर पर, अखंड कालव्यापी प्रेरणा का उत्स बनी रहेगी। सच्चाई से च्युत न होकर, शहादत वरण करना बेहतर है—आज इस सबक की बेहद जरूरत है। 14 सौ साल पहले, इमाम हुसेन ने जिस आदर्श के लिए, ज़ालिमों के खिलाफ जंग करते हुए अपनी जान दे दी थी, आज वही आदर्श इस्लाम, अल-कुरान और अल्लाह के बारे में जो षड्यंत्र जारी है, अल्लाह के दरबार में, शहादत का नज़राना पेश कर सकें, तो हमारी जीत निश्चित है।

कैसी भयंकर अपील! कैसा ख़ौफनाक आह्वान! नेताओं ने अपने शागिर्दों से तो कह दिया है कि अगर ज़रूरत पड़ी, तो चाहे तुम्हारी जान ही क्यों न चली जाए, कोई परवाह नहीं! यह मृत्यु पवित्र है। ऐसी मौत हुई, तो तुम शहीद हो जाओगे। यह मौत तुम्हारे लिए बहिश्त निश्चित करेगी। दरअसल नेतागण कई-कई मौतें चाहते हैं। अगर मौतें हुईं, तो वे लोग इस देश में 'हैंग' राजनीति शुरू कर सकेंगे। हड़ताली और हड़ताल-विरोधियों के बीच किसी संघर्ष में, अगर हड़तालियों में से किसी की मौत हो जाए, तो ये हड़तालिए परम उल्लास से, लाशों की राजनीति शुरू कर देंगे। लाश देखकर जनता का आवेग उफन आएगा। इस्लाम का सच ही खून हो रहा है, यह महसूस करते हुए, जनसाधारण की धार्मिक अनुभूति सौ गुने बढ़ जाएगी। सरकार मुसीबत में पड़ जाएगी और अंत में ब्लासफेमी कानून लागू करने को लाचार हो जाएगी। सरकार में शामिल, वह जो कट्टरवादी दल मौजूद है, वह दल ही दबाव डालकर, यह कानून पास करा लेगा। इस बीच सरकार के नीति-निर्धारक वर्ग में हड़ताल पर बहस छिड़ गई है। एक पार्टी हड़ताल के पक्ष में है और दूसरा दल विपक्ष में। पक्षधर दल ताकतवर है।

जमाते इस्लामी के अखबार में अपने हाल के कॉलम में मखफिर ने लिखा है—राजधानी के राजपथ से लेकर, गाँव के उजाड़ इलाकों तक इन दिनों एक ही बात! एक ही माँग! देश की सीमा मिटा देने को आमादा, मुरताद तसलीमा और उसके सहयोगी का विचार करो। स्वाधीनता के बनावटी हमदर्द का रूप धारकर, जो लोग देश को भारत के हाथ में सौंप देने की साजिश में लिप्त हैं, जो लोग अन्नदाशंकर की कविता छापकर, शिशु-किशोर बच्चों को बांग्लादेश की वर्तमान सीमा मिटा देने के लिए अप्रत्यक्ष रूप से उकसा रहे हैं, जो अखबार विदेशी एन जी ओ वर्ग से पैसे खाकर, उनकी दलाली करते हैं और कुरान की आयतों के बारे में व्यंग्य-विद्रूप करते

हैं और महानबी (सः) की बदनामी की गाथा रचनेवाली मुरताद के विरुद्ध आयोजित जन-आंदोलन और प्रतिवाद-दिवस को नष्ट करना चाहते हैं, उनका असली चेहरा तौहीदी जनता के सामने बिल्कुल बेनकाब हो गया है। यौन-स्वाधीनता की हिमायती, मुरताद तसलीमा के समर्थक इस देश में कौन हैं? वही लोग, जो यहाँ की अवाम का धार्मिक परिचय, जातीय विशिष्टता और शिक्षा-संस्कृति को धूर्त कौशल से ध्वंस करके, बांग्लादेश के मुस्लिमों की जाति-सत्ता को ब्राह्मण समाज और संस्कृति में विलीन कर देना चाहते हैं। उन लोगों का असली चेहरा सामने आ गया है। उनके प्रचार-तरीकों तक की पहचान हो चुकी है।

देश की स्वाधीनता और जाति के कलंक, इन सब धर्मद्रोही गद्दार श्रेणी का असली चेहरा, तब बेनक़ाब हुआ, जब इन लोगों ने थोक तरीके से धर्म के असली सेवक, देश के आलिम समाज को फतवेबाज कहा और उन लोगों के खिलाफ झूठ के प्रचार में जुटे हैं। अब तक वे लोग समाज के ख़ास-ख़ास सम्मानित कुछेक इस्लामी व्यक्तित्व और किसी-किसी इस्लामी संगठन तथा उनके नेताओं के विरुद्ध सैकड़ों झूठ का प्रचार करते आ रहे थे। उनके चरम झूठे प्रचार की शैली देखकर ऐसा लगा था कि दरअसल इन लोगों का निशाना, कोई विशेष इस्लामी संगठन या व्यक्तित्व नहीं, बल्कि इस्लाम को इस देश से उखाड़ फेंकना ही, उन लोगों का अहम उद्देश्य है।

स्वाधीनता और धर्मद्रोही यह वर्ग, इस्लामी-विरोधी एन जी ओ के पक्ष में प्रकाशित चंद अखबार, हाथ में आते ही, वे लोग अपने मूल इरादों की ओर अग्रसर हुए यानी इस्लाम के मूल प्रचारक, सेवक, आलिम उलामा को समाज में हेय करने का काम शुरू कर दिया गया है। वे लोग उलामा, मशायख को समाज की उन्नति की अग्रगति के दुश्मन के तौर पर निशानदेही करने के लिए, झूठे प्रचार का सहारा लेते हैं। उनके चरित्र-हनन के लिए, विभिन्न प्रचार-मीडिया में कार्यरत अपने संगी-साथियों के जरिए, आलिम समाज के लिए, अपमानजनक कहानियाँ तैयार कराते हैं। ख़ासकर टीवी नाटकों के खलनायकों को ज्यादातर उलामा, मशायख की पोशाक, टोपी, कुर्ता, रूमाल, तसबीह वगैरह पहनाकर, दर्शकों के मन में उनकी भावमूर्ति और मर्यादा ध्वंस करने के अभियान में लिप्त रहते हैं। उन्हें नहीं मालूम कि यह रात कितनी भयावह है। उन्हें याद रखना चाहिए कि विभिन्न कारणों से समाज के उलामा अकराम, इस देश की राजनीति में व्यापक और सक्रिय भाव से भले हिस्सा न लें, लेकिन वे लोग इस उपमहादेश के इतिहास और राजनीति में शुरू से अंत तक विराट भूमिका पालन करते आ रहे हैं। हिमालय क्षेत्र के उपमहादेश में औपनिवेशिक ब्रिटिश शासन के खिलाफ, सबसे पहले किन लोगों ने हथियार उठाया था? सन् 1857 में सिपाही-विद्रोह की शुरुआत किसने की थी? मूलतः आज बांग्लादेश में जो सब उलामा, यहाँ के कुख्यात मुरताद और नबी-दुश्मनों के विरुद्ध अपनी जान की बाज़ी लगाकर, आंदोलन

में उतरे हैं, वे लोग दरअसल हमारे उन संग्रामी वीर मुजाहिदों के ही वारिस हैं। सैयद अहमद शहीद, मुजद्दिदसे अलफेसानी, हयबत शाह जलाल, हाजी शरीयतुल्लाह और शहीद हाजी निसार अली तीतूमीर वगैरह मुक्ति-संग्राम और इस्लामी आंदोलनों के पूर्वपुरुष, हिंदू और एक वर्ग के मुसलमान अंग्रेजों के साथ हाथ मिलाकर, अपना घर भर सकते थे, मगर उन्होंने ऐसा नहीं किया।

इन तमाम संग्रामी पूर्वपुरुषों के उत्तराधिकारी हैं, ये उलामा, मशायख और देश के करोड़ों-करोड़ तौहीदी जनता ही आज इस्लाम के लिए सड़कों पर उतर आई है। जनता के इस आवेग, विवेचना बोध और पदक्षेप की, क्षमतासीन सरकार को उपेक्षा नहीं करनी चाहिए। जल्द से जल्द उनकी माँगें मंजूर कर लेना, अपराधियों को सज़ा देना और देश में ब्लासफेमी क़ानून लागू करना, सरकार का कर्तव्य है। देश की स्वाधीनता और सार्वभौम सीमांतों की रक्षा करना, जैसे सरकार के लिए अनिवार्य है, उसी तरह ज़रूरी है, जाति की धार्मिक और सांस्कृतिक सत्ता की रक्षा करना, जो देश और जातीय अस्तित्व के लिए अपरिहार्य है। इसी तरह एक और धर्मविद्वेषी गोष्ठी ने इस्लाम के विरुद्ध अप-प्रचार को अपना मिशन मान लिया है। अप-संस्कृति के धारक-वाहक मुरताद तसलीमा-शरीफ गिरोह का पक्ष ले रहे हैं। 30 जून के हड़ताल-विरोधी जहाँ भी मिलेंगे, वहीं उनसे निपटा जाएगा।

ये तमाम बातें इस्लामी छात्र शिविर के तीन दिन व्यापी केंद्रीय सांस्कृतिक शिविर में कही गयी हैं। जमाते इस्लामी का संत्रासी संगठन, यह शिविर बेहद ठंडे दिमाग से इंसान का गला काटने, हाथ-पैर की नसें काट देने का अभ्यस्त है। इस शिविर के लोग, जब किसी काम में उतरते हैं, तो वह काम, चाहे जैसे भी हो, करके ही दम लेते हैं।

धुँधली-धुँधली रोशनी में मैं पढ़ रही थी। अखबार से नजरें उठाकर देखा, तो समूचे कमरे में अँधेरा था। कमरे में कोई रोशनी भी नहीं! बाहर बहुत देर पहले ही शाम उतर आई थी। आँखें टीसने लगीं। अखबार एक किनारे रखकर, अँधेरे की गोद में सिर रखे, मैं बैठी रही। सारी रात! सारी रात मेरी तरफ आँखें फाड़कर घूर-घूरकर देखते हुए, गुलाम आयम मुझे डराता-धमकाता रहा।

23 जून, बृहस्पतिवार।

दिन के करीब ग्यारह बजे, दरवाजे के नीचे से, दो अख़बार और एक थाली कमरे में चली आई। थाली में दो रोटी और एक अदद तला हुआ अंडा! मैं समझ गई कि झ सबकी आँखों में धूल झोंककर, अपने नाश्ते का बचा हुआ हिस्सा तो मुझे खिसका गई, लेकिन इस कमरे में आने का मौका नहीं निकाल पाई। लेकिन इस वक्त तक तो झ को दफ़्तर चले जाना चाहिए था। आज क्या वे दफ्तर नहीं

गई? मुझे कोई जानकारी नहीं मिली। रोटी-अंडा खाते-खाते मैं अखबार पढ़ने लगी। आज भी वही ख़बर! हड़ताल सफल और प्रतिरोध करने का आह्वान! हड़ताल सफल करने के लिए सभा-समावेश और जुलूस! हड़ताल के विपक्ष में सिर्फ बयान पर बयान दिए जा रहे थे। हड़ताल प्रतिरोध के लिए आह्वान करते हुए 109 विशिष्ट व्यक्तियों ने बयान दिया है। धर्म के नाम पर लेखक, बुद्धिजीवी, पत्रकार, शिक्षक समेत सभी स्तर के आम लोगों पर कट्टरवादी चक्र और कोई फासीवादी हमला न कर सके, इसके लिए जागरूक इंसानों को ग्राम, शहर, गली-मुहल्ला समेत सभी स्तर पर प्रतिरोध आंदोलन में टूट पड़ने की अपील की जा रही है। समाज के गण्यमान लोग, प्रोफेसर सिराजुल इस्लाम चौधुरी, प्रोफेसर हुमायूँ आजाद, डॉ. हयात महमूद, मुन्तसिर मायून, मोहम्मद रफीक, प्रोफेसर नरेन विश्वास, मेघना गुहाठाकुरता, हरिपद भट्टाचार्य, अबुल हसनाव, डॉ. दुर्गादास भट्टाचार्य, प्रोफेसर अबुल कासिम फज़लूल हक जैसे अनेक गण्यमान लोगों ने इस अपील पर दस्तख़त किया है।

एक बयान बिल्कुल और ही तरह का है। यह बयान मौलवी लोगों की तरफ से दिया गया है। यह बयान कट्टरवादियों के खिलाफ है। इसके मालिक-मुख्तार के साथ मेरा व्यक्तिगत परिचय है। खैर, उस बारे में बाद में कहूँगी। खबर है—30 जून की हड़ताल से धर्मप्राण मुसलमानों से कोई नाता-रिश्ता नहीं है। बांग्लादेश के इस्लामी विप्लवी आंदोलन के नेतागण ने एक पत्रकार-सम्मेलन में कहा है कि तसलीमा नसरीन की फाँसी और दैनिक जनकंठ निषिद्ध करने की माँग के साथ 30 जून को आयोजित हड़ताल के साथ भूख और गरीबी से अभावग्रस्त, धर्मप्राण मुसलमानों का कोई नाता-रिश्ता नहीं है। इस्लामी विप्लवी आंदोलन के महासचिव, हाफिज़ जियाउल हसन ने कहा है कि अगर कोई जानबूझकर कुरान और इस्लामी शिक्षा का अपमान करे, तो बेशक यह अल्लाह के दरबार में गुनहगार है। लेकिन, इस गुनाह के लिए सजा देने या माफी देने की जिम्मेदारी, अल्लाह ने किसी इंसान को नहीं सौंपी, क्योंकि यह गुनाह इतना विराट और जघन्य है कि इंसान में इसके प्रतिकार की क्षमता नहीं है। इसलिए अल्लाह ने हक़ अपने ही पास रखा है। इस्लाम मुक्ति और सौहार्द का धर्म है, उत्तम चरित्र-प्रदर्शन के माध्यम से इंसान का मन जय करने का धर्म! कुरान के विधान के मुताबिक सटीक युक्ति और उत्तर प्रदान न करके, बात-बात में हत्या और फाँसी के फतवे उछालना न्यायसंगत नहीं है। इसके अलावा धमकी दे-देकर सस्ते-पस्ते आंदोलनों का नेता तो हुआ जा सकता है, लेकिन इस्लाम का सच्चा खिदमतगार नहीं हुआ जा सकता। सच्चे आलिम की जिम्मेदारी है कि वह देशवासियों के सामने कुरान की सुंदर शिक्षा बेहद आकर्षक ढंग से पेश करे। लेकिन ऐसा न करके, कोई-कोई इंसान इस्लाम के नाम पर गैर-इस्लामी ढंग से फतवा दे-देकर, कीचड़ में मछली का शिकार करना चाहते हैं। इस्लाम के लिए घड़ियाल के आँसू रो देनेवाले ये लोग, सन् 71 में लाखों-लाखों धर्मप्राण मुसलमानों की हत्या और दो लाख माँ-बहनों

की इज्जत लूटनेवाले मउदीवादी जमात शिविर चक्र के मामले में खामोशी की भूमिका पालन करते आए हैं। इन्हीं लोगों ने अब सन् इकहत्तर के नरघातक गुलाम आयम की रक्षा करने के लिए, तसलीमा की फाँसी और जनकंठ निषिद्ध की माँग करते हुए आंदोलन छेड़ रखा है। इस आंदोलन में ऐसे अनगिनत नेता हैं, जो लोग जिन मदरसों के प्रिंसिपल हैं, वहाँ राष्ट्रीय झंडा नहीं लहराया जाता, राष्ट्र-गान भी नहीं गाया जाता और जो राष्ट्र-द्रोह के नामांतर भर हैं! जातीय झंडे और जातीय संगीत का अपमान करने वाले और गैर-इस्लामी फतवा देकर देश का अमन-चैन और कानून नष्ट करने वाले हैं। इन फतवाबाजों के खिलाफ कानूनी कार्रवाई करने के लिए हम सरकार से माँग कर रहे हैं—यह जियाउल हसन ने कहा है।

जियाउल हसन से अगर मेरी सीधे-सीधे बातचीत न हुई होती, तो मैं यह समझ लेती कि मौलवी का रूप धारकर, यह किसी गैर-कट्टर या गैर-कट्टरवादी का काम है। इन दिनों देश को बचाने के लिए कोई भी, कुछ भी रूप ओढ़ सकता है। अगर नास्तिकों को यह कहना पड़े कि हम कुरान की पक्षधर शक्ति हैं, तब तो आधे नास्तिक ही मौलवी बनकर, कट्टरवादियों के तर्कों का खंडन ज़रूर कर सकते हैं। लेकिन बात दरअसल यह नहीं है। जियाउल हसन नामक बंदा, झोलमझाल झब्बाधारी, टोपी-दाढ़ीवाला, आपाद्मस्तक मौलवी है। तांडव के वक्त इस आदमी ने मुझसे भेंट करने की बेहद कोशिश की थी। मैं ही राजी नहीं हुई। लेकिन अहमद शरीफ के आग्रह पर, आखिरकार जियाउल हसन को मैंने अपने यहाँ आने की अनुमति दे दी, उन्हें बैठने भी दिया और बातचीत भी करने दिया। मैं उनसे यथासंभव दूरी रखकर बैठी थी। अपने साथ मिलन, मोतालिब, कैसर को भी पास बिठा लिया। जियाउल हसन को जो कुछ कहना था, मुझे तो बस, वह सुनना भर था। वह बंदा मुझसे भी ज्यादा कम उम्र था। इसी उम्र में कुरान का हाफिज़ बन बैठा है। कह सकते हैं, उसे पूरा का पूरा कुरान रट गया है। मेरे कमरे में बैठे-बैठे जनाब हाफिज मौलवी बीच-बीच में दम ले-लेकर यह सफाई देते रहे कि वे कट्टरवादी नहीं हैं। कट्टरवादियों से उनके विचार नहीं मिलते। किसी के सिर का मोल लगाना या घोषणा करना इस्लाम में नहीं है, वगैरह-वगैरह! वे मुक्तियुद्ध में, देश की आजादी में विश्वास करते हैं, वगैरह-वगैरह! उसके बाद हज़रत ने फरमाया कि अगर मैं रुपए-पैसों से उनकी मदद करूँ, तो वे मेरे पक्ष में लीफलेट छाप देंगे। मैंने सीधे-सीधे इंकार कर दिया। मेरा कहना था, मैं पैसे देकर अपने पक्ष में लीफलेट नहीं छपाऊँगी। जियाउल हसन को अगर सच ही लगे कि उन्हें मेरे समर्थन में बोलना चाहिए, तो वे खुद इस बारे में आयोजन करें।

बेचारे हाफिज़ मौलाना भारी मन से विदा हुए! मैं अपने आदर्श पर स्थिर रही। दरअसल, सच तो यह है कि जियाउल हसन ने काफी खूबसूरत और लच्छेदार बातें कीं, इसके बावजूद मुझे यह विश्वास नहीं हुआ कि वे वाकई कोई प्रगतिशील इंसान

हैं। कोई भी मौलवी, कभी प्रगतिशील हो सकता है, मुझे इस बात पर कभी भरोसा नहीं हुआ। उन्होंने कहा कि इस्लाम किसी भी अविश्वासी या अनास्थावादी की हत्या करने की इजाजत नहीं देता।

नहीं, मैं यह बात नहीं मानती, क्योंकि मैं जानती हूँ कि कुरान में ही इस्लाम में अविश्वासी लोगों की हत्या कर देने की हिदायत दी गई है।

आज वही जियाउल हसन प्रेस कॉन्फ्रेंस करके, इस्लामी-विप्लवी आंदोलन के जरिए कट्टरवादियों के विपक्ष में वक्तव्य दे रहे हैं। स्पीकर को लिखा गया मेरा खत, अखबारों में प्रकाशित होने के बाद, जियाउल हसन की पार्टी ने एक बयान दिया था, वह भी कट्टरवादियों के शिकंजे से मुझे बचाने के लिए दिया गया था। 21 आलिम लोगों के दिए हुए बयान में कहा गया था—''तसलीमा का विनम्र मनोभाव शुभ लक्षण है।'' माननीय स्पीकर को लिखे गए खत में तसलीमा ने जो विनम्रता और क्षमाप्रार्थना की भंगिमा में अपना वक्तव्य रखा है, उसके लिए लेखिका को हम साधुवाद देते हैं। मैंने कभी भी कुरान शरीफ में परिवर्तन की बात नहीं कही, यह जो उनकी स्वीकारोक्ति है, वह शुभ लक्षण है। लेकिन उनका यह वक्तव्य कोई नई धूर्तता तो नहीं है, हम बेहद सावधानी के साथ, उसकी समीक्षा कर रहे हैं। कुरान शरीफ के बारे में कोई भी अशोभनय बात या मंतव्य या चालाकी का मौका उन्हें नहीं देंगे! इसके रक्षक खुद अल्लाताला हैं। वे परम दयालु और क्षमाशील हैं। तसलीमा नसरीन अगर विनम्र लहजे में माफी माँगे और इस्लाम के नियम-नीति और शरीयत का अनुसरण करते हुए जिंदगी गुज़ारे, फिर भी अल्लाह इस नादान लेखिका को ज़रूर माफ कर देंगे।

लेकिन नादान लेखिका को अल्लाहताला क्षमा करने के मूड में नहीं हैं। नादान लेखिका इस वक्त रोशनी-वाताशहीन बंद कमरे में कैद है। नादान लेखिका को अगर पेशाब भी आए, तो कैसे चुपचाप पेशाब किया जाए, नादान लेखिका इसकी जी-जान से कोशिश करती है। पेशाब या पखाने के बाद, फ्लश खींचने पर आवाज़ आती है, वह फ्लश भी नहीं खींचती। कहीं इसकी आवाज़ नीचेवालों तक चली जाए। नादान लेखिका तो अपनी साँसों की आवाज़ से भी डरती है। कहीं साँसों की आवाज भी कोई सुन न ले। इस छोटी-सी कोठरी में नादान लेखिका की साँसें कभी-कभी रुकने लगती हैं। लेकिन रुकते-रुकते भी बिल्कुल बंद कभी नहीं होतीं। चूँकि साँसें पूरी तरह बंद नहीं होतीं, इसलिए नादान लेखिका अभी भी ज़िंदा है।

झ शाम को आईं। उनके कदमों की आवाज सुनकर मैं हड़बड़ाकर उठ बैठी। झ के कमरे में आने का मतलब था, एक झलक रोशनी, टुकड़ा भर प्राण का दाखिल होना। अब तो मुझे लगता है, जैसे मैं बेजान लाश हूँ, मर चुकी हूँ मैं। लेकिन झ जब कमरे में आईं, तो अहसास हुआ कि मैं अभी भी जिंदा हूँ। झ एक कैनवास ले आईं, एक ईजल और एक टेप-रिकॉर्डर! उन्होंने बिना कोई बातचीत किए, ऊँची

आवाज में गाना चला दिया और कमरे से बाहर निकल गईं। कुछेक मिनट बाद, वे भात-तरकारी की प्लेट लिए दुबारा कमरे में लौट आईं। गाना चल रहा हो, तो आवाज खास दबाकर बात करने की जरूरत नहीं होती। बातचीत गाने की आवाज में दब जाती है। झ ने बताया कि आज वे अपने दफ़्तर नहीं गईं। इस तरह मुझे इस कमरे में रखकर दफ़्तर जाना सुरक्षित नहीं है। किसी पल, घरवाले या कोई एक बंदा झट ताड़ जाएगा कि इस कमरे में कोई प्राणी बैठा है। इसी आशंका से वे दफ़्तर से गैरहाज़िर रहीं, लेकिन इस तरह ज्यादा दिन छुट्टी नहीं मारी जा सकती। इस कमरे में वे ईजल और कैनवास उठा लाई हैं। इसका मतलब यह है कि अब से जब भी वे इस कमरे में आएँगी, घरवाले यही समझेंगे कि इस वक्त वे पेंटिंग में व्यस्त हैं। उन्होंने अपने नौकर-चाकरों से भी कह दिया है कि इस वक्त उनका ध्यान पेंटिंग में लगा हुआ है, कोई भी उन्हें तंग करने न आए। आज भी मुझे झ के खाने में हिस्सा बँटाना पड़ा। मगर आधा पेट खाने के बाद भी मेरे मन में कोई अतृप्ति नहीं है। मेरी जिंदगी महीन धागे से अटकी हुई है, धागा टूटते ही, शौक और जतन से पाली हुई यह देह आग की खाई में गिरकर खाक़ हो जाएगी। और तब आधा पेट या चवन्नी पेट भी खाना जुटे, तो क़िस्मत की बात है, न जुटे, तो भी कोई बात नहीं! झ खाना खाने के बाद भी, मारे गर्मी के हाँफती रहीं। उन्होंने एक सिगरेट सुलगा ली। सिगरेट पूरी तरह पी भी नहीं कि वे दुबारा नीचे चली गईं। थोड़ी ही देर में एक टेबल फैन और एक टेबल-लैम्प लेकर दुबारा लौट आईं। उनकी काँख में किसी कपड़े का पैकेट। झ का कोई रिश्तेदार किसी गार्मेंट फैक्टरी का मालिक जैसा कुछ था। उसी की मेहरबानी से घर में पहनने के लिए, उन्हें लंबी-लंबी नाइटी मिल गई थी। उसी में से दो नाइटी, वे मेरे लिए ले आईं। नाइटी की एक जेब से एक साबुन और एक टूथपेस्ट भी निकल आया। "मांगा नहीं दयामय, फिर भी तुमने, दिया है सकल, भूख में आहार और प्यास में जल।"—मैं यह कड़ी मन ही मन दोहराती रही। झ के चेहरे से यह कभी जाहिर नहीं हुआ कि उन्होंने यह गौर किया है कि मेरे पास न पहनने को कपड़े हैं, न दाँत साफ करने को कुछ और मुझे इसकी ज़रूरत हो सकती है! उन्होंने कुछ कागज और एक कलम भी दिया। गर्मी में मुझे तकलीफ़ हो रही होगी। मुझे पंखे की ज़रूरत होगी। वे छोटा-सा एक टेबल-लैंप भी ले आईं। उन्हें लगा, रात को जब मैं जगी रहती हूँ, मुझे इन चीजों की ज़रूरत होती होगी।

"सुनो, बेकार बैठी क्यों रहो, लिखा करो!"

झ का यह प्यार, मेरे अंतस में झरने की तरह झर उठा।

देश की स्थिति का प्रसंग छिड़ते ही, झ ने कहा, "देखा? कट्टरवाद-विरोधी दल कैसे हार गया?"

"हार गया? कैसे?"

"हड़ताल वे लोग नहीं रोक सकेंगे, यह बात वे लोग समझ गए। इसलिए

अब उन लोगों ने खुद ही हड़ताल का आह्वान किया है। कट्टरवादी समूचे देश में आधे दिन की हड़ताल की बात कर रहे हैं। और हमारे लड़के क्या कह रहे हैं, पता है?'' झ ने अपने हाथ का मुड़ा हुआ कागज खोलकर, उसकी सुर्खी पढ़ी—गुलाम आयम समेत युद्ध के सभी अपराधियों का विचार और धर्म-आधारित राजनीति निषिद्ध करने की माँग करते हुए, 30 जून को सुबह से शाम तक हड़ताल।

मैंने सच ही अपना माथा पीट लिया।

मैंने दर्द से तड़पकर कहा, ''यह आप क्या कह रही हैं? ऐसा तो नहीं होना चाहिए था। हड़ताल के विरोध की बात तो बहुत दिनों से हो रही है। इतने सारे दल एकबद्ध होकर हड़ताल नहीं रोक सकेंगे? यह भी कोई बात हुई?''

झ मेरी तरफ मुड़ीं, ''तसलीमा, तुम यह क्यों नहीं समझ रही हो कि हड़ताल अगर हो ही जाए, तो इसका विरोध करने वाले, अपना मुँह कैसे दिखाएँगे? इसलिए अपनी इज़्ज़त बचाने के लिए, ऐसा कोई इन्तज़ाम करने के अलावा और कोई उपाय नहीं है।''

झ अखबार पर नज़रें गड़ाए, लगातार बोलती रहीं, ''साम्प्रदायिकता-विरोधी छात्र समाज और मुक्तियोद्धा छात्र कमांड ने गुलाम आयम समेत सभी युद्ध के अपराधियों, फतवाबाज़ों, मुक्ति-युद्ध और स्वाधीनता की चेतना की अवमानना करने वाले और अख़बारों पर हमला करनेवालों का विचार और उन लोगों की फाँसी की माँग की है और धर्म-आधारित राजनीति को भी निषिद्ध करने की भी माँग उठाई है, इसलिए आगामी 30 जून को सुबह से शाम तक हड़ताल का आह्वान किया है। हड़ताल का यह फैसला कल 11 बजे, आइ बी ए भवन में, सांप्रदायिकता-विरोधी छात्र समाज की एक जरूरी बैठक में लिया गया। 30 जून की हड़ताल को सफल बनाने के लिए, 24 जून की सुबह, 10 बजे, मधुर कैंटीन में एक प्रतिनिधि सम्मेलन होगा। उस सम्मेलन में महानगर कमिटी के सभी सदस्य, सभी थाना, कॉलेज, वार्ड कमिटी के सभापति और साधारण संपादक वगैरह मौजूद रहेंगे। 25 जून को समूचे देश में सभा-समावेश, 26 जून को सामूहिक सांस्कृतिक गठजोड़ के समावेश में योगदान, 28 जून को जातीय समन्वय कमिटी की मीटिंग में योगदान, 29 जून, शाम को मशाल-जुलूस!''

''आपको क्या लगता है, सुबह से शाम तक हड़ताल होगी?''

''होगी! लेकिन यह हड़ताल अगर सफल हो भी गयी, तो मूलतः जीत कट्टरवादियों की ही होगी।''

''लेकिन उन लोगों ने तो सुबह से शाम तक हड़ताल बुलाई नहीं!''

''नहीं बुलाई तो क्या? लेकिन हड़ताल की बात तो उन्हीं लोगों ने पहले उठाई थी।''

''दोपहर के बाद तो बहुत से लोग अपनी गाड़ियाँ निकाल सकते हैं।''

"अरे, नहीं, डर के मारे कोई गाड़ी बाहर नहीं निकालेगा। हड़ताल चाहे आधे दिन की भी हो, बहुतेरे लोग अपनी गाड़ी सवारी सड़क पर नहीं निकालते।"

झ की आँखें यथावत् अखबार पर गड़ी रहीं।

"—नारी-प्रगति विरोधियों को रोकने का आह्वान—"

"यह आह्वान किसकी तरफ से है?"

"असमीमा हुसेन की तरफ से।"

"ओ, अच्छा!"

"असमीमा को पहचानती हो?"

"पहचानती हूँ। अनन्या अखबार की संपादिका! उस अखबार में मैं कॉलम लिखती थी।"

"अनन्या अखबार के कार्यालय में विचार-समीक्षा का कार्यक्रम हुआ। उसमें कहा गया है कि नारी की प्रगति की विपक्षी ताकतें, धीरे-धीरे समाज में बढ़ती जा रही हैं और इस वजह से समाज में निराशाजनक परिस्थिति उत्पन्न हो गई है। सलमा ख़ान ने कहा है कि देश में औरतें वैषम्य की शिकार हैं। प्रचलित क़ानून अगर औरत की समस्या का समाधान करने में अक्षम है, तो ज़रूरत पड़ने पर नए कानून बनाने चाहिए! ज़रूरत हो तो संशोधन करना चाहिए।"

इतना-सा पढ़ने के बाद ही झ हँस पड़ीं।

"सलमा ख़ान ने धर्म शब्द का इस्तेमाल नहीं किया।"

"धर्म शब्द का उच्चारण न करते हुए भी, धर्म की नाक में नकेल डाली जा सकती है। ये गधे मुल्ले, यह नहीं जानते।"

झ की आँखें, दुबारा अखबार पर गड़ गईं।

अचानक वे बोल उठीं, "देखो! देखो, देश भर में जितने भी पीर हैं। वे सब भी इस आंदोलन में उतर पड़े हैं। चरमोनाइ के पीर ने कहा है कि बदनामे-ज़माना तसलीमा की हत्या की माँग करते हुए, हड़ताल होगी ही होगी। इस पीर के शागिर्दों की तादाद का तुम अन्दाज़ा लगा सकती हो? लाख-लाख! किसी भी राजनीतिक लीडर से इन पीरों की लोकप्रियता बहुत ज्यादा है। चरमोनाइ का पीर, शर्षिना का पीर...सबके सब सड़क पर उतर आए हैं।"

झ की बातें मैं ध्यान से सुनती रही। उनके माथे पर परेशानी की लकीरें! मैंने 'इंक़लाब' अखबार खोलकर, झ के हाथों में थमा दिया। पहले ही पन्ने पर बड़े-बड़े अक्षरों में खबर की सुर्खी!

30 जून की हड़ताल सफल बनाने के लिए देशव्यापी जन-ज्वार की सृष्टि! व्यापक सभा समावेश और विक्षोभ जारी! मोर्चा के नेतागण ढाका के बाहर जा-जाकर विशाल-विशाल जनसभाओं में भाषण दे रहे हैं। बांग्लादेश इस्लामी छात्र सेना आज बैतुल मुकर्रम में समावेश कर रही है। जुलूस निकाल रही है। बांग्लादेश हॉकर संग्राम

परिषद (बी. एच. एस.); देशी चिकित्सक और कैनवासर कल्याण समिति ने भी, तसलीमा की फाँसी की माँग करते हुए 30 जून की हड़ताल के समर्थन में विक्षोभ-जुलूस निकाला। निज़ामे इस्लामी पार्टी ने आखर के नमाज के बाद निकाला। कल इस्लामी शासनतंत्र छात्र आंदोलन भी आखर की नमाज़ के बाद, बयतुल मुकर्रम के सामने जुलूस निकालेगा। इस्लाम और राष्ट्रद्रोही प्रतिरोध मोर्चा कल भी समूचे देश में विक्षोभ दिवस पालन करेगा। आज वे लोग ढाका के मोहम्मदपुर टाउनहॉल प्रांगण में जनसभा कर रहे हैं। मोर्चा के चंद नेता तूफानी दौरे पर देश की अन्यान्य सभाओं में भाषण दे रहे हैं। ब्राह्मणबाड़िया में कल यादगार बृहद्तम सभा हुई। सभा में 34 स्कूल-कॉलेजों के अध्यक्ष और प्रिंसिपल मौजूद थे। पौर सभा के चेयरमैन थे। मुफ़्ती अमीनी ने उस सभा में कहा कि सरकार ने अगर 30 तारीख की हड़ताल के बाद भी हमारी माँगें नहीं मानीं, तो वे लोग बहत्तर घंटों की हड़ताल पर जाएँगे। ब्राह्मणबाड़िया से कुमिल्ला के रास्ते में मुफ्ती अमीनी रुक-रुककर विभिन्न सभाओं में भाषण देते रहे हैं! बांग्लादेश जातीय इमाम समिति मस्जिद-मस्जिद में काफी रात गए तक ज़रूरी सभाएँ कर रही है। देश के हर मदरसे में सभा हो रही है, जुलूस निकल रहे हैं! यंग मुस्लिम सोसाइटी जातीय प्रेस-क्लब के सामने 30 तारीख को समावेश करेगी। देश भर में फैले हुए उनके समर्थकों से कहा गया है कि प्रेस-क्लब के सामने समावेश करें!

झ काफी देर तक चुपचाप बैठी रहीं।

मैंने कहा, ''कल तो संसद में भी दो सदस्यों ने मेरी गिरफ्तारी के लिए गृहमंत्री को कहा है।''

झ ने बताया कि उन्होंने यह ख़बर पढ़ी है।

मौलाना अताउर रहमान ख़ान और गुलाम रब्बानी ने संसद की कार्यप्रणाली विधि की 71वीं विधि के मुताबिक ज़रूरी जनगुरुत्वसंपन्न विषय के तौर पर ध्यानाकर्षण नोटिस देकर, जब उन्हें बात करने का मौका मिला, उन्होंने कानून मंत्री और प्रधान मंत्री से कहा कि तसलीमा की फाँसी और ब्लासफेमी कानून प्रवर्तन करने में देर न हो!

झ ने पूछा, ''क़ानून मंत्री और प्रधानमंत्री ने उस वक्त क्या कहा? ज़रूर उन्होंने सिर हिलाकर हामी भर दी होगी कि वे लोग इसमें बिल्कुल देर नहीं करेंगे।''

मेरे चेहरे पर उदास हँसी बिखर गई।

झ ने कहा, ''देखा? इंकलाब के बच्चे अब क्या कर रहे हैं? सुना है कि वॉएस ऑफ अमेरिका ने कहा है कि ऑस्ट्रेलिया के किसी रेडियो को इंटरव्यू देते हुए, तुमने कहा है कि इस्लाम धर्म औरतों को कोई मानवीय मर्यादा नहीं देता। इस्लाम धर्म में औरत के साथ ज़रखरीद दासियों जैसा आचरण किया जाता है। यह ख़बर खूब मिर्च-मसाला लगाकर छापी गयी है। यह छापने का उद्देश्य यह है कि आम जनता

तुम पर और भड़क जाए।''

झ फर्श पर ही अपने दोनों पाँव फैलाए, दीवार से टिककर बैठी हुई थीं। मैंने अपना तकिया झ की तरफ बढ़ा दिया, ताकि वे तकिए के सहारे बैठ जाएँ। झ ने वह तकिया झट से लपक लिया।

तकिए पर कोहनी टिकाकर, उन्होंने अधलेटे हुए कहा, ''विदेश मंत्री की ख़बर पढ़ी? विदेशी पत्र-पत्रिकाओं में भी काफी लिखा जा रहा है कि तुम्हारी फाँसी की माँग की गई है। यह सब मानवाधिकार का उल्लंघन है। सरकार कुछ भी नहीं कर रही है। तुम्हें सुरक्षा भी नहीं दे रही है। सुना है कि विदेश में ये ख़बरें छापी गई हैं, इस बात पर उन्होंने अफसोस जाहिर किया है। उन्होंने कहा है कि इस देश के क़ानून में सभी नागरिकों के मौलिक अधिकार पूरी तरह सुनिश्चित करने का विधान है! लेकिन अगर कोई फ़रार हो चुकी है, कानून की पकड़ से बाहर हो, तो उस हालत में वह क़ानूनी हिफ़ाज़त की माँग नहीं कर सकती।''

मैंने कहा, ''दिखा तो ऐसे रहे हैं जैसे मेरी हिफ़ाज़त की माँग करते ही, वे फौरन मुझे हिफ़ाज़त दे डालेंगे।''

झ हँस पड़ी, ''लगता है, वे लोग यही चाहते हैं। जैसे ही तुम सुरक्षा माँगोगी, फौरन तुम्हें गिरफ़्तार करके तुम्हें जेल में ठूँस देंगे। उसके बाद फाँसी दे देंगे। विदेशों के अख़बारों में मानवाधिकार के उल्लंघन की बात लिखी गई, तो ये लोग कह देंगे कि हम गणतांत्रिक सरकार हैं, देश के बहुसंख्यक जन-गण जो माँग करते हैं, हमने वही माँग पूरी की है। इसके ऊपर तो और कोई बात नहीं। जनगण की माँग पूरी करना ही तो गणतांत्रिक सरकार का कर्तव्य है।''

झ ने एक और सिगरेट सुलगा ली।

सिगरेट का कश लेकर, धुआँ छोड़ते हुए उन्होंने कहा, ''न तुम बिल्कुल मत डरना। यहाँ तुम्हें कोई भी नहीं पकड़ सकता। यह बेहद बेल-प्रोटेक्टेड घर है! गेट पर दरबान तैनात रहता है। नौकर-चाकर निचली मंजिल पर मौजूद हैं। ड्रॉइंगरूम भी नीचे ही है। रसोई, खाने का कमरा भी नीचे! दूसरी मंज़िल पर, सिर्फ मेरा सोने का कमरा है। नौकर ऊपर आता है, मेरे कमरे की साफ़-सफाई करके, नीचे उतर जाता है। ढाई मंज़िल या तीसरी मंज़िल तक कोई नहीं आता। वैसे जब मैं घर पर नहीं होती, तो वे लोग किस मंज़िल पर आते हैं, यह मैं नहीं जानती। बस, इसीलिए मन में एक धड़का बना रहता है। मैं ज्यादा दिनों तो दफ़्तर से गैरहाज़िर नहीं रह सकती। कल तो ख़ैर, छुट्टी है! परसों से तो दफ़्तर जाना ही होगा। और सुनो, अगर कभी ऐसा हुआ कि कोई मुसीबत आ पड़ी या ऐसी कोई आशंका हुई, और कुछ हो ही जाए, वो मुल्ले अगर घर पर आ ही धमकें, अगर उन्हें भनक लग ही गई, वैसे वक्त के लिए मैंने क्या सोचा है, पता है?''

''क्या सोचा है?'' मैंने उत्सुक निगाहों से देखा, लेकिन अंदर ही अंदर मैं काँप उठी।

"इस कमरे से जुड़े गुसलखाने के ऊपर एक छोटा-सा खोखर है। फिज़ूल का कबाड़ या अतिरिक्त चीजें ठुँसी रहती हैं। काठ की एक तख़्ती से वह खोखर बंद कर दिया गया है!" खोप की ओर इशारा करके, झ ने अपनी बात पूरी की, "तुम्हें सीधे वहाँ चढ़ा दूँगी। छान मारें सारा घर, तुम किसी के हाथ नहीं लगोगी। अगर अवस्था बिगड़ गई, तो यही व्यवस्था बहाल होगी। क्यों, कैसा रहेगा?"

ऊपर उस कबूतर के दरबेनुमा खोप की तरफ देखते हुए मैंने पूछा, "मैं वहाँ समा पाऊँगी?"

"सुनो, जब मुसीबत आ पड़े, तो एक फुट की जगह में ही पाँच फुट की देह समा जाती है! ऐसा करना पड़ता है! यही इस घर की सबसे सुरक्षित जगह है।"

अब, खोप में रहना होगा, यह सुनकर इंसान शायद बेहोश ही हो जाए, लेकिन मैंने राहत की साँस ली। झ इस वक्त, अगर यह भी कहतीं कि फर्ज़ करो, मुल्लों को तुम्हारे यहाँ होने की ख़बर हो ही गई, इस घर पर टूट पड़ें, तो मिट्टी का एक गड्ढा खोदकर, तुम्हें वहाँ गाड़ दूँगी, तो भी मैं शायद राहत महसूस करती। मिट्टी में गाड़ दिए जाने के बावजूद, जीने की तो गुंजाइश बच रहती है, मुल्लों के हाथ पड़ गई, तो यह भी मुमकिन नहीं होगा।

झ उठकर टेपरिकॉर्डर के पास गईं। बटन दबा-दबाकर उन्होंने बीबीसी लगाया। बीबीसी में बंगला खबरें चल रही थीं। जमाते इस्लामी के इरादों का थोड़ा-बहुत उल्लेख करने के बाद, कहा गया—"लेखिका तसलीमा नसरीन और जो अखबार उनके कॉलम छापते थे, उनके खिलाफ़ जमात के समर्थक हिंसक आंदोलन की तैयारी में लगे हैं।..." कुछ देर बाद, खबरों की आवाज़ में गड़बड़ी शुरू हो गई।

"धत्तेरे की!" झ ने झुँझलाकर रेडियो के कान उमेठकर, उसे बंद कर दिया।

वे जाने के लिए उठ खड़ी हुईं!

"सुनो, दरवाजा अंदर से बंद किए रखना। दरवाजे का ताला खोलकर, अगर हल्का-सा एक ठोंका मारूँ, तो समझ लेना मैं हूँ! और तुम अंदर से सिटकिनी खोल देना।"

झ के जाने के बाद, कमरा बेहद खाली-खाली हो आया! उसके बाद, मैं और गुलाम आयम दोबारा एक-दूसरे के आमने-सामने! मुझे लगता रहा कि जुबान निकाले हुए यह काठ का गुलाम और शायद मुझे देखकर हँस रहा है कि मेरी मौत बहुत जल्द होनेवाली है। इसी खुशी से उसकी आँखें चमक उठी थीं। मैंने मुँह फेर लिया, अपने दोनों घुटनों के बीच अपना सिर टिकाए सोचती रही कि मौत का चेहरा कैसा होगा। जब आदमी आखिरी साँसों में होता है, धीरे-धीरे मरने लगता है, तो देह-मन क्या महसूस करता है। आखिरी साँस लेते हुए, क्या मैं महसूस करती रहूँगी कि मैं मर रही हूँ? मैं क्या समझ सकूँगी कि मैं इस धरती से हमेशा-हमेशा के लिए विदा ले रही हूँ? अब मैं कभी, किसी दिन भी नहीं लौटूँगी। अब कभी, किसी से मेरी

भेंट नहीं होगी। यह जो मैं हूँ, वह कहीं होगा। मेरे सीने में अजब-सी चिनचिनाहट फैल गई! एक अजब सी टीम सीने से निकलकर, ऊपर की तरफ उठ आयी। मेरे तन-बदन में महानंद डूबती-उतराती रही।

आधी रात मैंने जागकर ही गुज़ार दी। झ मेरे कमरे में आईं! यूँ ही चली आईं। घर में कोई निषिद्ध चीज़ मौजूद हो, तो ऐसा ही होता है। बार-बार टटोलकर देखना पड़ता है कि वह चीज़ सही-सलामत है या नहीं। उस चीज़ के बारे में चिंता-परेशानी कभी दूर नहीं होती।

मैंने झ से बैठने का आग्रह किया। कातर अनुरोध। इस छोटी-सी कोठरी में, बर्फीले मृत्यु-भय के साथ, सिर्फ अपनी लंबी उसाँसों की आवाज़ें सुनते रहना और प्रतिपल जागते रहना, ठीक किस तरह जीते हैं, मैं उन्हें समझा नहीं पाई।

झ ने कहा, "एक और सिगरेट पीने तक, मैं रुक सकती हूँ।"

वे बैठ गईं और एक की जगह दो सिगरेट पी गईं।

उनके चले जाने के बाद भी मैं आँखें मूँदे-मूँदे झ की मौजूदगी महसूस करने की कोशिश करती रही। मानो झ कहीं नहीं गईं, इसी कोठरी में मौजूद हैं, मेरी बगल में बैठी हैं। वे बातें नहीं कर रही हैं, मगर इसी कमरे में हैं। मानो मैं अकेली नहीं हूँ। मैं किसी भुतहे अँधेरे में नहीं बैठी हूँ। आज रात अगर कुछ घट भी गया, तो झ मुझे उस खोप में चढ़ा देंगी। आँखें मूँदे-मूँदे मैं यही सब महसूस करती रही। आँखें खोलते ही, कहीं ऐसा न हो कि मैं अपने को अकेली नज़र आऊँ, इस आशंका से मैंने आँखें नहीं खोलीं।

24 जून, शुक्रवार।

टेपरिकॉर्डर मेरे हाथ के क़रीब पड़ा हुआ था। मेरा हाथ कई बार उस टेप-रिकॉर्डर तक बढ़ा। लेकिन हर बार मैं अपना हाथ टेपरिकॉर्डर की तरफ से लौटा लाई। मुझसे वह टेपरिकॉर्डर भी बजाया नहीं गया। क्योंकि जिस कमरे में कोई नहीं है, जिस कमरे में ताला जड़ा है, वहाँ अचानक गाने नहीं गूँज सकते। जाने कितनी बार मैं उठकर, अनमने मन से दरवाजे तक पहुँचना चाहती हूँ। मगर अपने को सम्हाले रहती हूँ। मैं जहाँ होती हूँ वहीं अपने को सम्हाले रखती हूँ, कसकर रोके रखती हूँ। गर्मी में खौलती रहती हूँ, फिर भी पंखा नहीं चलाती। पंखा घूमते हुए क्रिं-क्रिं-क्रिं की आवाज़ आती रहती है। यह आवाज़ नीजे तक भले न जाए, दूसरी मंज़िल से अगर कोई कान लगाकर सुने, तो यह आवाज़ कहीं उसे सुनाई न दे जाए। इस कोठरी में, मैं बत्ती भी नहीं जला सकती। मैं बत्ती जलाऊँ, तो दरवाजे की दरार से, उस रोशनी पर किसी की नज़र न पड़ जाए। और उसे झट से पता चल जाए कि उस कोठरी में बत्ती जल रही है। चूँकि मेरा खाना-पीना पानी पीना वगैरह बेहद कम

है। इसलिए पेशाब-पखाने का खास झमेला भी नहीं है। कम से कम इस मामले में, टॉयलेट में फ्लश खींचने के शोर के जोखिम से मुझे रिहाई मिली है। ये तमाम प्राकृतिक काम मैं झ के आने तक खातिर-जमा रखती हूँ। झ जब इस कमरे में आकर गाने का टेप चलाएँगी, तब ये सब काम निपटा लेती हूँ। अगर मैं लेटी रहती हूँ, तो करवट भी काफी सावधानी से बदलती हूँ, ताकि कोई आवाज़ न हो, अखबारों के पन्ने उलटते-पलटते हुए भी खासी चौकन्नी रहती हूँ, ताकि कोई आवाज़ न हो। झ ने मुझे हिदायत दी है कि मैं—अपने लिए खुद ही निःशब्दता की दुनिया गढ़ लूँ। झ ने मुझे बिल्कुल साफ़-साफ़ बता दिया है कि उनके अलावा, घर के किसी एक बन्दे को भी यह ख़बर नहीं है कि इस कोठरी में कोई प्राणी रहता है। इसलिए मुझे इस कोठरी में, इसी तरह रहना होगा। प्राणहीन की तरह! मैं बिल्कुल बेजान, मुर्दे की तरह जिंदा रहकर अपने प्राण बचाए हुए हूँ!

मुझे यहाँ छोड़ जाने के बाद, क और ङ, दोनों का ही अता-पता नहीं था। मेरी जमानत होगी या नहीं, होगी, तो कब होगी, इस बारे में मुझे कोई जानकारी नहीं है। हर दिन मुझे क और ङ का इंतजार रहता है कि वे दोनों कोई न कोई ख़बर लेकर जरूर आएँगी। लेकिन उन दोनों में से कोई भी नहीं आई। झ से जितना हो सकता है, वे किए जा रही हैं। अगर उनका वश चलता, तो वे और भी बहुत कुछ कर गुज़रतीं। जिस शख़्स की हत्या के लिए, एक समूचा देश पगला उठा है, वहाँ बहुत कुछ करने जैसा कुछ होता भी नहीं।

दोपहर को झ खाना लेकर कमरे में आईं। एक ही प्लेट में भात-तरकारी, सारा कुछ! सच तो यह है कि भूख लगते-लगते, एक समय भूख मर जाती है! बस, हारी-थकी देह, बेजान-सी पड़ी रहती है! हर दिन मैं इसी तरह पड़ी रहती हूँ। खाने की प्लेट, बीच में रखकर, झ फर्श पर ही पालथी मारकर बैठ गईं। उसी प्लेट में खाने के लिए उन्होंने मुझे भी आवाज़ दी। थकी-थकी-सी मैं! बिना हाथ धोए ही, मैंने खाने का निवाला बनाकर, अपने मुँह में डाल लिया। मुझे लगा, मैं पूरा खाना चट कर जाऊँगी, मगर दो-तीन निवाले खाने के बाद, मुझसे खाया नहीं गया। मैं हाँफने लगी। खाना निगलने में भी तकलीफ होने लगी। मैं हाथ धोने के लिए उठ गई। दो घूँट पानी गले से नीचे उतारते ही, मुझे खाने से अरुचि हो गई। झ कमरे में एक गिलास रख गई थीं। उन्होंने समझाया था कि बीच-बीच में, मैं पानी ज़रूर पीती रहूँ। पानी ज़रूरी है! मुझे खुद भी जानकारी थी कि पानी पीते रहना मेरे लिए बेहद ज़रूरी है! नल के पानी में कैसी तो ब्लीचिंग पाउडर जैसी गंध आती है! मेरे शांतिनगर के घर में पानी खौलाकर पीया जाता है। यहाँ खौलाया हुआ पानी मिलना मुश्किल था। झ छिप-छिपाकर, इस कमरे में खाना ले आती हैं, वही बहुत है! उनसे खौलाए हुए पानी की फर्माइश करना, अतिशयता होगी! झ ने मेरी तरफ सिगरेट का पैकेट उछाल दिया। सिगरेट फूँकते हुए, जब मुझे खाँसी आने लगी, तो उन्होंने टेपरिकॉर्डर ऑन

कर दिया। कमरे में टेपरिकॉर्डर की आवाज़ तेज़ हो उठी।

झ की तरफ कातर निगाहों से देखते हुए मैंने सवाल किया, "ङ आ क्यों नहीं रही हैं? क भी नहीं आईं। मेरी जमानत क्या नहीं होगी?"

झ के पास मेरे इन सवालों का कोई जवाब नहीं था।

"आप ङ को एक फोन करेंगी?"

"इतनी बेचैन क्यों हो रही हो? ङ ने कहा है कि कोई ख़बर मिली, तो वे बताएँगी।"

मैं खामोश हो गई।

"आज के अख़बार दे जाएँगी?" मैंने चुप्पी तोड़ी।

खाना ख़त्म करके, झ ने सिगरेट की कश लगाते हुए पूछा, "कागज-कलम दे गई थी, तुमने कुछ लिखा?"

"ना–"

"क्यों?"

"लिखा नहीं जाता–"

"तुम तो सिर्फ अख़बार पढ़-पढ़कर टेंशन में रहती हो।"

"देश में क्या हो रहा है...क्या कुछ चल रहा है, यह जानने का भी तो मन करता है।"

"जानने से फ़ायदा? यह सब पढ़कर ख़ामख़ाह मन ख़राब होता है। अरे, बैठे-बैठे अपना लिखाई करो! कागज अगर और चाहिए, तो मैं दे जाऊँगी।"

"आपको कोई ख़बर है? क्या हो रहा है? जमानत के बारे में वकील क्या कह रहे हैं? मुझे तो कोई कुछ बताता ही नहीं। क को जरूर खबर होगी! वे भी कोई खबर नहीं दे रही हैं।"

"विदेशी इम्बैसियों के 30 प्रतिनिधियों ने विदेश सचिव और होम-सेक्रेटरी से भेंट की है। उन लोगों ने तुम्हारा कुशल-समाचार जानना चाहा है।"

"मेरा कुशल-समाचार?"

"हाँ, तुम्हारी ख़ैर-ख़बर ले रहे हैं। यूरोप और अमेरिका के एम्बेसडरों ने यह जानना चाहा है कि सरकार तुम्हारे मामले में क्या कर रही है? तुम्हारी सुरक्षा का कोई इंतज़ाम क्यों नहीं किया जा रहा है!"

"आपको कैसे पता?"

"ग़ैर-बाज़ारी तरीके से खबर छापी गई है–"

"ओऽऽ!"

"मंत्रालय से साफ़ कह दिया गया है कि तसलीमा क़ानून से बाहर नहीं है। वह क़ानूनन भागी हुई है। उसकी सुरक्षा का सवाल ही नहीं उठता। इधर कुछेक मुस्लिम देशों के डिप्लोमेट ने यह कहा है कि बांग्लादेश सरकार जो कर रही है, वह

ठीक कर रही है। तसलीमा को फाँसी मिलनी ही चाहिए।"

मैं बड़े ध्यान से झ की जुबानी ख़बरें सुनती रही।

"तुम्हारे मामले में जब एम्बेसडर लोग दख़ल दे रहे हैं, तो कुछ न कुछ ज़रूर भला होगा। अगर वे लोग तुम्हें जमानत देने को कहें, तो तुम्हारी जमानत हो भी सकती है। मेरा कहना है कि सरकार अब देश सम्हालेगी या विदेश सम्हालेगी? देश तो सबसे पहले है न!"

"ऐसे गरीब देश के लिए, देश पहले है!"

"मुस्लिम देशों से आर्थिक मदद जो मिलती है। अब आप सऊदी अरब को ही लें। बांग्लादेश के हज़ारों-हज़ार लोग वहाँ काम करते हैं इसके अलावा उनकी दौलत के दम पर ही, यहाँ बड़े-बड़े एन जी ओ हुए हैं, अस्पताल बने हैं! मुस्लिम देशों की बात सरकार क्यों न सुने?"

"हाँ, यह भी सच है।"

झ काफी देर तक चुप रहीं। अचानक वे उठ खड़ी हुईं। करीब घंटे भर बाद दो अखबार लेकर लौट आईं! मैंने एक अखबार लपक लिया! झ के हाथों में दूसरा अख़बार!

अखबार में हज़ारों-हज़ार कट्टरवादी जुलूसों की तस्वीर तो थी ही। लेकिन एक तस्वीर ने, सिर से पाँव तक मुझमें कँपकँपी भर दी। वह तस्वीर हॉकर संग्राम परिषद की थी। कल हाथ में साँप लिए, इन हॉकरों ने जुलूस निकाला था। उनके बैनर में लिखा हुआ है—तसलीमा नसरीन और अहमद शरीफ समेत सभी धर्मद्रोही, राष्ट्रद्रोही लोगों के लिए फाँसी/'जनकंठ' समेत सभी धर्मद्रोही अखबारों को निषिद्ध करते हुए, ब्लासफेमी क़ानून बनाना/30 जून को देशव्यापी आधे दिन की हड़ताल पालन करने की माँग/विक्षोभ जुलूस—बांग्लादेश हॉकर संग्राम परिषद्! हाथ में साँप लेकर जुलूस निकालने वाले हॉकर, शर्ट-पैंट में! किसी के चेहरे पर दाढ़ी नहीं थी, किसी के सिर पर टोपी नहीं थी। हॉकरों ने कहा है कि तसलीमा को अगर फाँसी नहीं दी गई, तो वे समूचे देश भर में ज़हरीले साँप छोड़ देंगे।

"आपने यह ख़बर देखी?" मैंने झ की तरफ वह अख़बार बढ़ा दिया। झ ने कहा, "यह आप-आप की रट छोड़ो तो! अब से 'तुम' कहा करो। यह 'आप' संबोधन मुझे ज़हर लगता है।"

यह कैसी अजीब बात? अचानक उन्हें 'आप' से 'तुम' कैसे कहूँ? 'तुम' कहने के बजाय, भाववाचक संबोधन के जरिए बातचीत ज़ारी रखना ही मुझे सुविधाजनक लगा।

"नेशनलिस्ट डेमोक्रेटिक एलाएंस के महासचिव, जाहिद अनवर ने कहा है—हड़ताल का विरोध करनेवालों के दाँत तोड़ दिए जाएँगे। कोई यह सोच सकता है भला? ये अनवर जाहिद कट्टरवादियों से कैसे जा मिले?"

झ ने जवाब दिया, "जातीय गणतंत्र पार्टी, जागपा के नेता, शफीउल आलम प्रधान भी तो उसी दल में जा भिड़े हैं।"

"देश में यह कैसा अजूबा कांड मचा है।"

"असल में इन लोगों का कोई चरित्र नहीं है, ये लोग जिस तरफ लहर का रुख देखते हैं, उधर ही पाल तान देते हैं।"

"ऐसे में अवामी लीग भला क्या कर रही है? वे लोग क्या आंदोलन में नहीं उतरेंगे?"

"छात्र लीग के लड़के-लड़कियाँ तो भन्नाए बैठे हैं, अवामी लीग की तरफ! छात्रों में अभी भी कुछ-कुछ आदर्श बच रहे हैं। वे लोग भी सड़कों पर उतर आए हैं। लेकिन अवामी लीग के केंद्रीय कार्यालय में कट्टरवाद-विरोधी आंदोलन में अभी तक कोई फैसला नहीं लिया गया है!"

"ऐसा पहले कभी नहीं सुना। आमतौर पर अवामी लीग की तरफ से अगर कोई फैसला लिया जाता है, तो छात्र लीग उसका अनुसरण करता है।"

"विकट स्थिति है!"

"मुझे नहीं लगता कि इतनी बड़ी कट्टरवादी पार्टी के खिलाफ, सिर्फ वासद, जासद, छात्र लीग और साहित्यिक-सांस्कृतिक जैसी छोटी-छोटी पार्टियाँ हरगिज सफल नहीं हो सकेंगी।"

नीचे फोन बज उठा। झ झटपट नीचे उतर गईं। मैं झ के इंतज़ार में बैठी रही। मेरा ख्याल था कि फोन पर बात करने के बाद, झ इस कमरे में लौट आएँगी। काफी देर इंतज़ार करने के बाद भी, झ के क़दमों की आहट नहीं मिली। झ क्या एक बार इस कमरे में नहीं आएँगी? कम से कम एक बार! मैं अखबार हाथ में लिए, फर्श पर ही लेट गई। दैनिक संग्राम के संपादकीय का शीर्षक था—पश्चिम और तसलीमा गिरोह! मेरी थकी-थकी आँखें संपादकीय पर टिकी रहीं—"इंसान के मौलिक अधिकार की रक्षा के प्रति दुनियावालों की सचेतनता, क्रमशः बढ़ती जा रही है, यह बेहद शुभ लक्षण है। अन्यायपूर्ण और गैर-कानूनी तरीके से, एक इंसान, दूसरे इंसान पर जुल्म बरसाए या एक गोष्ठी, दूसरी गोष्ठी पर अत्याचार करे, ऐसा नहीं होना चाहिए। और न ही ऐसा होने देना चाहिए। इस नज़रिए से जब हम किसी व्यक्ति को या मानवाधिकार संस्था को या किसी पत्र-पत्रिका को मानवाधिकार के पक्ष में आवाज़ बुलंद करते देखते हैं, तो हम उसका स्वागत करते हैं। लेकिन इन दिनों मानवाधिकार रक्षा के नाम पर ऐसे विवेकहीन और अर्वाचीन क्रियाकलापों को हवा दी जा रही है, जो असल में मानवाधिकार के विपरीत है। ख़ास कर पश्चिमी देशों में इस क़िस्म का अपकर्म बहुत ज्यादा चल रहा है। वे लोग ऐसी-ऐसी बातें कर रहे हैं, जिससे

यह लगता है कि खूनी को फाँसी न दी जा सकती और अपराधी के बदन को हाथ लगाना अन्याय होगा। इसकी सबसे ज्वलंत मिसाल है, तसलीमा नसरीन! तसलीमा नसरीन के खिलाफ बांग्लादेश में गिरफ्तारी का परवाना जारी किया गया है। इन दिनों वे फरार हैं। पुलिस उन्हें पकड़ने की कोशिश में जुटी है। कहते हैं, पश्चिमी नज़रिए से यह भयंकर अन्याय है। यह मानवाधिकार के भयंकर खिलाफ है। कहते हैं कि यह किसी की जुबान बंद करने जैसी है। वाशिंगटन पोस्ट जैसे बड़े अख़बार में, डबल कॉलम में इस किस्म की सुर्खी छापी गई है। अख़बारों में सिर्फ लिखा ही नहीं गया है, अपराधी के तौर पर, मुजरिम तसलीमा नसरीन के पक्ष में मंतव्यों की झड़ी लगा दी गई है, जिसके लिए विदेश मंत्रालय को आखिरकार खेद प्रकट करना पड़ा है। कमजोर देश का विदेश मंत्रालय होने की वजह से तसलीमा नसरीन का नाम तक उल्लेख न करके, सिर्फ इतना भर कहा है कि देश के क़ानून की नज़र में सभी नागरिकों के मौलिक अधिकार निश्चित और समुन्नत रखने का विधान है। हालाँकि कोई व्यक्ति फरार की हालत में, क़ानून की पकड़ से बाहर जाकर, अपनी सुरक्षा की माँग नहीं कर सकता। हमारे विदेश मंत्रालय ने साफ-साफ़ कह दिया है कि तसलीमा नसरीन पहले आत्मसमर्पण करें, अन्यान्य सभी नागरिकों की तरह, कानून का साथ दें। तभी वे सुरक्षा हासिल कर सकती हैं। लेकिन तसलीमा नसरीन ऐसा नहीं कर रही हैं, क्योंकि अपराधी कानून से डरता है, यही स्वाभाविक है! लेकिन पश्चिम के अप-प्रचारक यह हक़ीकत नहीं समझते। यही चरम विस्मय की बात है। हालाँकि हम जानते हैं कि कोई भी पश्चिमी देश, ख़ासकर मानवाधिकार के पक्ष में आवाज़ बुलंद करने वाले देश, अपराधियों को रत्ती भर भी रिहाई नहीं दी जाती। मसलन अमेरिकी युक्तराष्ट्र! अभी उसी दिन खून के इल्ज़ाम में अपराधी भूतपूर्व फुटबॉलर ओ. जे. सिम्पसन की गिरफ़्तारी के लिए पुलिस ने जल-थल-आकाश तक उसकी तलाश का जाल बिछा दिया। असल में दोष आखिर दोष ही होता है, अपराध, आखिर अपराध होता है। ओ. जे. सिम्पसन ने सिर्फ दो लोगों का क़त्ल किया है, लेकिन तसलीमा नसरीन ने करोड़ों-करोड़ दिलों का खून किया है। कोटि-कोटि दिलों की यंत्रणा की वजह से ही उसके विरुद्ध मामला ठोंका गया है; उसकी गिरफ़्तारी की कोशिश की जा रही है। वह भी ओ. जे. सिम्पसन की तरह ही क्रिमिनल है! ओ. जे. सिम्पसन को पकड़ने के लिए अगर अमेरिकी पुलिस उसके पीछे पड़ सकती है, तो तसलीमा नसरीन को पकड़ने के लिए बांग्लादेश की पुलिस भी कोशिश कर रही है! इस कोशिश को रोकने की कोशिश करने का मतलब है, मानवाधिकार के विरुद्ध आचरण करना। हमारा ख्याल है कि पश्चिमी लीग तसलीमा नसरीन जैसे लेखक-लेखिकाओं के पक्ष में चाहे जो भी क्रियाकलाप चलाएँ, सारा कुछ मानवाधिकार के विपरीत है। असल में कुछेक पश्चिमी देश, इस मामले में चाहे नासमझी की वजह से या विद्वेष-युक्त होकर, दोहरी नीति का पालन करते हैं। वे लोग अपने कानून

का इस्तेमाल करें, तो कोई दोष नहीं, हम अपना क़ानून इस्तेमाल नहीं कर सकते। पश्चिमी लोगों की इस दोमुँही नीति के मूल में, हमारे ख्याल से, विद्वेष से कहीं ज्यादा नासमझी काम कर रही है। वे लोग अपना क़ानून और मूल्यबोध जितना समझते हैं, हमारे क़ानून और मूल्यबोध से भी उतने ही अनजान हैं। लेकिन वे लोग इस हद तक़ अनजान हो सकते हैं, यह सोचने में भी हमें तकलीफ होती है! हमारी एक जाति है! एक धर्म है, आदर्श है! उस धर्म और आदर्श के मुताबिक विचार, सामाजिकता और जीवनयापन के लिए स्वतंत्र विधान मौजूद है। अगर हम यह सब नज़रअंदाज़ कर दें, तो हमारो कोई जाति ही नहीं रहेगी। जो लोग हमारी जाति के सदस्य हैं, वे लोग हमारे आदर्श और क़ानून के अधीन हैं। तसलीमा भी इन्हीं सबके अधीन है। यही तसलीमा अगर कोई जुर्म करती है, तो उसका विचार, हमारे आदर्श क़ानून के जरिए ही होगा, अमेरिका या और किसी भी देश के क़ानून या मूल्यबोध के आधार पर विचार नहीं किया जा सकता। हमारे इस दुनियावी अधिकार को, राष्ट्रसंघ सनद ने भी सुनिश्चित किया है। अस्तु यह सिर्फ जातिगत अधिकार और मानवाधिकार का ही उल्लंघन नहीं है, इससे राष्ट्रसंघ का सनद भी पददलित होता है। हमलोग इस विषय की तरफ पश्चिम से संबद्ध पहल का ध्यानाकर्षण करके, हम तसलीमा नसरीन जैसों के मामले में टाँग न अड़ाने के लिए, उनसे अपील करते हैं।

मैं सोचती रही टाँग अड़ाने से भी भला क्या फ़ायदा? मुझे पुलिस या मुल्लाओं का दल किसी न किसी दिन ज़रूर खोज निकालेगा उसके बाद चाहे जेल में ठूँस देगा या फाँसी चढ़ा देगा! इन उन्मादी मुल्लाओं के हाथ, जेल के अंदर या बाहर, या किसी और जगह मुझे क़त्ल होना ही होना है! मुझे अपना भविष्य बखूबी नज़र आ रहा है! यूँ फ़रार रहकर आखिर कितने दिनों ज़िंदा रह सकती हूँ? हाथों में विशाल-विशाल लाठी थामे, लोग जुलूस-पर-जुलूस निकाल रहे हैं। उस क़िस्म की लाठी का एक ही वार, मेरा काम तमाम कर देगा और मैं मरी पड़ी रहूँगी। मेरी ज़िंदगी अब ख़त्म होने को है, मैं समझती हूँ। चाहे मैं किसी भी खोप में जा छिपूँ, मेरी ज़िंदगी अब पूरी हो चुकी है। अपनी जान के प्रति मेरे मन में अजीब ममता उमड़ती रही। क, ङ और झ को खामखाह ही तकलीफ दे रही हूँ। इससे तो बेहतर है, मैं भी सड़कों पर उतर पड़ूँ। मैं उन लोगों के सामने चीख-चीखकर कहूँ—यह रही मैं! तुम्हारे मन में मेरे खिलाफ जो भी है, सारी भड़ास निकाल लो। अगर तुम्हें यही करना है, तो कर डालो। अभी! इसी वक्त! इस तरह चूहों की तरह जीने का अब मेरा भी मन नहीं है। इससे तो बेहतर है, मैं मर जाऊँ! एक अदृश्य मौत हौले-हौले क़दमों से मेरे कमरे में दाखिल हुई और मेरी बगल में लेट गई। मैं उस मौत को निहारती रही। मैं उस मौत को आपादमस्तक निरखती रही, मौत का स्वाद-गंध लेती रही। मौत मुझे बेहद जानी-पहचानी लगी। यह मौत जाने कितनी-कितनी बार, मेरे करीब आई है, जाने कितनी ही बार मेरे करीब आकर, बैठी रही है, मेरी बगल में

लेटी रही है!

—'30 जून की हड़ताल रोकने की ताकत किसी में भी नहीं'—कल यह जुमला सैकड़ों सभा-समावेशों में बार-बार दोहराया गया। मुसलमानों के इस देश में, कुरान की मर्यादा-रक्षा के लिए, यह हड़ताल आयोजित की गई है! किसी की भी इतनी मजाल नहीं कि इस हड़ताल को रोक ले। धर्म और देशद्रोह, निर्मूल न होने तक, अगर ज़रूरत पड़ी, तो वे लोग अपनी छाती का खून देकर भी, अपने आंदोलन को आगे बढ़ाते जाएँगे। अंतर्राष्ट्रीय मजलिस में तहाफ्फुजे खतमे नबूयत, बांग्लादेश के सदर दफ़्तर में ज़रूरी मीटिंग हो रही है। मुस्लिम लीग ने कहा है कि पवित्र कुरान, इस्लाम और मुसलमानों की इज़्ज़त की रक्षा के लिए यह हड़ताल बुलाई गई है। शयखुल हादिस, मौलाना अज़ीज़ुल हक यह कहते फिर रहे हैं कि हड़ताल के साथ पार्टी राजनीति का कोई संबंध नहीं है। सभी स्तर की जनता इस आंदोलन में हिस्सा ले रही है। छात्र शिविर ने सभी के स्तरों के इस्लाम-विश्वासी छात्रों और जनता से इस आंदोलन में भाग लेने की अपील की है। मदरसों के इमाम लोगों ने कहा है कि—अगर किसी नास्तिक या धर्मनिरपेक्षवादी ने मैदान में क़दम भी रखा, तो उसे अग्निकुंड में झोंक दिया जाएगा। नास्तिक लोग बांग्लादेश के सभी धर्मों और जनगण के दुश्मन हैं। सभी लोगों को धर्म की रक्षा के लिए जिहाद में कूद पड़ना होगा। इस्लाम की सम्मान-रक्षा में हम शहीद हो जाना चाहते हैं। सरकार अभी तक कुलंगार तसलीमा को गिरफ़्तार नहीं कर पाई। इस सरकार को सत्ता में रहने का कोई हक़ नहीं है! हम क़ानून अपने हाथों में नहीं लेना चाहते, लेकिन सरकार ने उसे अगर गिरफ्तार नहीं किया, तो हमारे नौजवान कोई भी क़दम उठा सकते हैं और इसकी जिम्मेदार सरकार होगी! इस्लाम के सवाल पर किसी तरह का भी समझौता नहीं किया जा सकता। जागपा ने शहर में विक्षोभ-जुलूस निकाला है। ऐतिहासिक पलासी-दिवस मनाया गया है। शफीउल आलम प्रधान ने कहा है कि जाति के तौर पर, सिर उठाकर खड़े होने के लिए, अभी ही नए मीरज़ाफर, उमीचंद और घसीटी बेगम जैसे लोगों के कासिम बाज़ारवाली कोठी पर हमला करना होगा। 23 साल बाद, एक बार फिर जातीय पुनर्जागरण शुरू हुआ है। 30 तारीख की हड़ताल, गद्दी दखल करने के लिए या हलवा-रोटी की हड़ताल नहीं है। यह हड़ताल धार्मिक स्वाधीनता और जातीय स्वाधीनता की रक्षा के लिए है। यह पवित्र कुरान की मर्यादा-रक्षा के लिए आयोजित हड़ताल है। भारतीय आधिपत्य के खिलाफ आज़ादी-पागल जनता की हड़ताल है। जान की बाज़ी लगाकर भी इस संग्राम को सफल बनाना होगा। इस बार की हड़ताल रोकने के लिए जिन लोगों को मैदान में उतारा गया है, देशवासी उन्हें पहचानते हैं। क्षमतासीन दिल्ली लॉबी को होशियार करते हुए, प्रधान ने कहा है कि भारतीय रजाकारों को मैदान में उतारकर, स्वाधीनचेता धर्मप्राण लोगों के इस गण-विस्फोरण को दबा नहीं सकते। तसलीमा और उसके गिरोह के बारे में विचार चाहिए। लेकिन जो अप्रत्यक्ष

ताकतें, तसलीमा का निर्माण करती हैं, जो हुकूमत और क़ानून देशद्रोही, धर्मद्रोही ताकतों को प्रश्रय देती हैं और उन्हें पालती-पोसती हैं, देशप्रेमी जनता अब, इस बार ऐसे लोगों को जड़ से उखाड़ डालेगी। देशप्रेमी लोगों का फर्ज़ है कि देश तक बेच डालने वाले गद्दार और धर्मद्रोहियों के विष-दाँत, हमेशा-हमेशा के लिए तोड़ देना है। पलासी को अब दोहराया नहीं जाएगा। जातीय युव कमांड अब देश भर में संत्रास फैलाते फिर रहे हैं। इस पार्टी ने भी देश में बड़ी-बड़ी सभाएँ कीं और कहा कि जो लोग हमारे देश की स्वाधीनता और मुक्तियुद्ध, यहाँ तक कि मुक्तियोद्धाओं को मिलाकर राजनैतिक बिसात में लिप्त रही है, उन लोगों को देशप्रेमी जनता के पक्ष में इसका प्रतिरोध करना ही होगा। क्योंकि ये लोग देश के सीधे-सीधे जहर बुझे शत्रु हैं। 30 जून की हड़ताल में जो लोग बाधा देने की धमकी दे रहे हैं, दरअसल वे लोग ही स्वाधीनता के अप्रत्यक्ष दुश्मन हैं! वे लोग स्वाधीनता के पक्ष के नाम पर, तसलीमा की हिफ़ाज़त करना चाहते हैं। जिस तसलीमा ने बांग्लादेश को 'सूअर का बच्चा' कहकर गाली दी है। यहाँ तक कि बांग्लादेश की सीमा को रबड़ से मिटा देने का भी ऐलान किया है।

मुझे पता नहीं, वह अखबार कब मेरे हाथों से फिसल गया, जाने कब ढेर भर अवसाद ने मुझे निस्तेज करके, गहरी नींद सुला दिया। यह नींद थी या और कुछ? मैं बार-बार चौंक-चौंक उठती थी। नींद या अवसाद में ही मैंने देखा कि मेरे चारों तरफ साँप ही साँप किलबिला रहे थे। साँप-साँप और साँप! सबके सब विषधर साँप! अचानक मेरी देह पर भी एक साँप सरसराने लगा। मैं उछल पड़ी।

मैंने झट से आँख खोल दी। मैंने देखा झ का हाथ मेरे बदन पर था।

झ ने पूछा, "क्या हो गया है तुम्हें? नींद में इतनी छटपटा क्यों रही थीं?"

"मैं क्या सो गई थी?"

घर्र-घर्र पंखा घूमता हुआ मगर मैं पसीने में भीगी हुई थी!

"कैसा तमाशा है, लो देखो!" झ ने मेरी तरफ सिगरेट का पैकेट बढ़ाते हुए कहा, "यह पैकेट अपने पास ही रख लो! जब कभी टेंशन हो, एकाध सिगरेट पी लेना।"

"रात के कितने बजे हैं?"

"डेढ़ बजे हैं–" झ ने नाक सिकोड़कर कहा, "इस घर में तुमने कभी, एक दिन भी गुसल किया?"

"ना–"

"क्यों नहीं किया, भई? वह जो एक पोशाक चढ़ा रखी है, यह भी कभी नहीं बदली।"

"नल खोलने से आवाज़ होती है, इसीलिए..."

"ठीक है! अभी मैं हूँ यहाँ! गाना लगा देती हूँ। तुम गुसल करके कपड़े बदल

लो। तुम्हारे तन-बदन, कपड़ों से बदबू आने लगी है।''

झ के आदेश पर मैं अपनी देह को बमुश्किल उठाकर गुसलखाने तक ले गई। आईने में अपनी सूरत पहचानी नहीं जा रही थी। आँखों के नीचे गहरी सियाही! सिर के बाल गोंद की तरह चिट्-चिट् करते हुए। मैंने अपनी देह को नल के नीचे धकेल दिया। लेकिन नहाने का मेरा मन नहीं था। गुसल करके, देह की साफ-सफ़ाई करने से क्या फ़ायदा? अगर मर ही गई, तो इस देह का आखिर क्या होना है? बहरहाल, अपने लिए नहीं, झ के लिए मैंने गुसल किया।

अपनी देह से पसीने की बदबू दूर करके जब मैं झ के करीब आई, तो झ ने कहा, ''चलो, छत पर चलते हैं। चलो, मेरे साथ!''

''छत पर? यह क्या कह रही हो? अगर कहीं, कोई देख ले?''

झ इतनी अपनी लगने लगी थीं कि मेरी जुबान से उनके लिए 'तुम' ही निकला।

''चलो, चलो, इतनी रात को, किसी को पता नहीं चलेगा।''

बरामदे का दरवाजा खोलकर, झ मुझे साथ लेकर छत पर चली आईं। छत पर चढ़ने का मतलब सीढ़ियाँ चढ़कर, सचमुच किसी छत पर चढ़ना नहीं। टाली की खड़ी छत पर चढ़ना! अगर सम्हल-सम्हलकर न चलें, और पैर लड़खड़ा जाए, तो गिरकर भुर्ता ही बन जाऊँगी!

झ तेज़-तेज़ चाल में चढ़ गईं। अँधेरे में उनके पीछे-पीछे मैं! छत पर बैठी-बैठी मैं तारों भरे आकाश को निहारती रही। जाने कितने-कितने दिनों से मैंने आकाश नहीं देखा। कितने ही दिनों से मैंने सितारों पर नज़र नहीं डाली! जाने किसने तो कभी कहा था कि आदमी मरने के बाद, आसमान में तारा बन जाता है। मैं भी क्या नन्हा-सा तारा बनकर, अपने देश को देखा करूँगी? मैं उसी वक्त तारा बनकर, टाली की छत पर बैठी-बैठी अपने को देखती रही। बूँद भर अपने को देखती रही। मैंने भरपूर साँस ली। गर्मी की रातों में 'अवकाश' की छत पर घूमते हुए हवा खाना, कितना-कितना भला लगता था! अब मेरी ज़िंदगी से 'अवकाश', शांतिनगर, अम्मी-अब्बू, भाई-बहन, बंधु-बांधव, साहित्यिक-सांस्कृतिक दुनिया गुम हो चुकी है। इन दिनों मैं फ़रार आसामी हूँ। जिस किसी पल मुझे क़त्ल कर दिया जाएगा। इस खूबसूरत, इतनी ताज्जुबभरी दुनिया में अब मैं ज़िंदा नहीं रह सकूँगी। मुझे कोई जीने नहीं देगा। मर जाने के बाद, मैं तो अब कभी, दुनिया के किसी हिस्से में दुबारा लौटकर नहीं आ सकूँगी। मेरी मौत के बाद भी, दुनिया जैसे चल रही है, उसी तरह चलती रहेगी। इस दुनिया में सभी रहेंगे, एक मैं ही नहीं रहूँगी। हर रात इसी तरह आसमान में सितारे निकला करेंगे, लेकिन जैसे मैं रात जाग-जागकर इन तारों को निहार रही हूँ, वैसे ही कोई और इन्हें निहारा करेगा, सिर्फ मैं ही इनसे वंचित रहूँगी। गर्मी के बाद बरसात आएगी! बारिश के रिमझिम शब्द, अब मैं कभी नहीं सुन पाऊँगी। अम्मी के हाथों पकाई हुई खिचड़ी और ईलिश मछली भी कभी नहीं खा पाऊँगी। शरत

के आकाश में छाए, आश्चर्यजनक, खूबसूरत बादलों का नज़ारा करती रहूँगी। जब बरसात आएगी, चारों तरफ जश्न का माहौल होगा। अब मैं सुबह-सुबह हरसिंगार की नशीली खुशबू नहीं ले सकूँगी! बचपन के दिनों की तरह मैं 'मयाया हुआ पीठा' नहीं खा पाऊँगी! वसंत में रंग-बिरंगे फूल खिलेंगे, समूचे देश में लाल-सुर्ख कृष्णचूड़ा छाया होगा—यह सब मैं नहीं देख पाऊँगी। मौत इतनी भयंकर क्यों होती है? इतनी जघन्य क्यों है? इतनी क्रूर, इतनी निष्ठुर क्यों है? छत पर बैठी-बैठी, झिर-झिर हवा में साँस लेते-लेते, मुझे इतना भला-भला लग रहा था कि मेरा मरने का भी मन नहीं हो रहा था!

मैंने झ से कहा, "सुनो, मेरा मरने का मन नहीं हो रहा है।"

झ ने ज़रा क़रीब आकर मेरा हाथ छू लिया। झ का हाथ मैंने कसकर थाम लिया।

25 जून, शनिवार।

धर्म के ठेकेदार, फतवाबाज़, देश, जाति, मानवता और इस्लाम के शत्रु हैं! इन्हें मात दीजिए।

इस्लाम शांति, न्याय और मानवता का धर्म है! यह धर्म इंसान-इंसान में आपसी हमले, द्वंद्व, कलह, मारपीट का समर्थन नहीं करता। धर्म के बारे में अतिशयता, ज़ोर-जबर्दस्ती, इस्लामी आदर्श के विपरीत है! बांग्लादेश के संख्याबहुल लोग धर्मप्राण और शांतिप्रिय हैं! युग-युगों से इस देश के इंसान, धर्म, वर्ण, गोत्र की भिन्नता से परे, शांतिपूर्ण तरीके से साथ-साथ रहते-सहते आए हैं। चेतना और भावना में वे लोग असांप्रदायिक हैं और एक-दूसरे के धार्मिक विश्वासों के प्रति श्रद्धाशील हैं। लेकिन दुर्भाग्य है कि एक खास स्वार्थी तबका, अपने जघन्य राजनैतिक और गोष्ठी-स्वार्थ की वजह से धर्म और धार्मिक प्रतिष्ठान समूह का ग़लत इस्तेमाल करता रहा है। अतिशय कौशल से इस देश के सरल बुद्धि इंसानों को आत्मघाती संघात की तरफ धकेल देने की लगातार कुचेष्टा में लिप्त है! यह वर्ग सन् 1971 में, हमारे महान् मुक्तियुद्ध के समय, इस्लाम की रक्षा के बहाने, लाखों-लाखों बेकसूर इंसानों की हत्या, औरतों का बलात्कार और लूट-पाट समेट, समग्र जाति के खिलाफ नज़रहीन किसी ध्वंसयज्ञ में लिप्त हुआ था। उस दिन की उस बर्बरता की याद, किसी भी दिन इस देश के लोगों के मन से कभी भी नहीं मिटेगी। ज़ाहिर है कि ये लोग इस्लाम के कलंक हैं, जाति के कलंक और मानवता के कलंक!

इस्लाम और मानवता के चिह्नित दुश्मनों ने एक बार फिर सिर उठाया है! मनगढ़ंत फतवाबाज़ी के जरिए, सन् इकहत्तर की तरह ही, इस देश की धर्मप्राण अवाम को वे लोग, इस बार फिर आत्मघाती संघात की तरफ धकेल देने की साजिश में

जुटे हैं। यह स्वघोषित धर्मरक्षक श्रेणी, तथाकथित धर्म अवमानना का दोष मढ़ते हुए और इसके लिए सज़ा की माँग करते हुए लेखक, पत्रकार, कामगार औरतों, एन जी ओ और गरीबी दूर करने वाले, शिक्षा, स्वास्थ्य समेत जातीय विकास-प्रगति में नियुक्त व्यक्ति और प्रतिष्ठान समूहों के खिलाफ अप-प्रचार, बदनामी और बमबाज़ी समेत तरह-तरह के ध्वंसात्मक क्रियाकलाप जारी रखे हुए हैं। इन लोगों ने निरीह नारी समाज पर मनमाने अत्याचार और विभिन्न व्यक्तियों की फाँसी की माँग के साथ-साथ जब-तब, जिस भी व्यक्ति को हत्या की धमकी दिए जा रहे हैं! और किसी भी व्यक्ति को मुरताद, काफिर होने का फतवा देकर, जनजीवन को असहनीय बना रखा है। धर्म-रक्षा के बहाने, तथाकथित जिहादी चेतना का अफवाह फैलाकर, समाज में एक अंधा उन्माद फैला देना ही इन लोगों का लक्ष्य है! ये लोग धर्म के नाम पर देश के विकास और गणतंत्र की प्रक्रिया को नेतिवाचक धारा की तरफ धकेल देने की कुचेष्टा कर रहे हैं। इन्हीं लोगों ने एक दिन विशिष्ट इस्लामी चिंतक, इमाम गज्ज़ाली, मौलाना रूमी और हमारे राष्ट्रीय कवि नज़रुल इस्लाम को काफिर होने का फतवा देकर क़त्ल करने की माँग की थी।

हालाँकि इस्लाम की शिक्षा है—दूसरों के प्रति धर्म और मत सहिष्णुता! किसी की राय या धर्म से अगर अपनी राय भिन्न हो, तो उसको क़त्ल कर दिया जाए, यह इस्लाम में कहीं नहीं लिखा है, बल्कि पवित्र कुरान, इंसान को किसी भी धर्म-ग्रहण या वर्जन की आज़ादी देता है। 'मसलन' धर्म के मामले में किसी तरह की ज़ोर-ज़बरदस्ती नहीं है (सुरा-बकारा)। जिसकी मर्जी हो, स्वीकार करे और जिसकी मर्जी न हो, अस्वीकार कर दे (सुरा-कहाफ)। उपदेश ग्रहण करके, जो भी बंदा चाहे, अपने प्रभु की दिखाई हुई राह पर चल सकता है (सुरा दहर)। ईमान लाने के लिए, किसी को मजबूर नहीं किया जा सकता (सुरा यूनुस)! इसी किस्म की हज़ारहा मिसाल हदीस शरीफ और महानबी (सा.) के जीवन-आदर्श में मिल जाएगा। पवित्र मक्का-फतह के बाद, महानबी ने इस्लाम के कट्टर दुश्मनों की भी हत्या या किसी क़िस्म के अत्याचार की अनुमति नहीं दी बल्कि उन्होंने सकल धर्म और मतों के शांतिपूर्ण सह-स्थिति की एक ऐतिहासिक मिसाल पेश की थी। हज़ से विदाई के समय वह महामूल्यवान, चेतावनी तो सभी लोगों को ज्ञात है! हमारे प्रिय नबी ने साफ़-साफ़ कहा है तुम लोग धर्म के बारे में कोई अतिशयता न करना। धर्म की अतिशयता बहुतेरी जातियों के ध्वंस का कारण बनी है!

अपने धार्मिक विश्वास से च्युत होना या धर्म के विरुद्ध आचरण करने के लिए महानबी (सा.) ने कभी भी, किसी व्यक्ति की हत्या या किसी भी और क़िस्म की सज़ा का आदेश नहीं दिया। धर्म की अवमानना करने वालों के खिलाफ किसी भी किस्म की दुनियाबी सज़ा का विधान होता, तो महानबी (सा.) उसका पालन ज़रूर करते, क्योंकि इस्लाम का सम्मान और मर्यादा अक्षत रखने के मामले में, नबी

करीम (सा.) सर्वकाल के सर्वश्रेष्ठ व्यक्ति थे। उन्होंने जिस तरीके से इस्लाम की प्रतिष्ठा और उसकी रक्षा की है, उस तरीके को त्याग कर, अशांति और अराजकता पैदा करने वाले समस्त क्रियाकलाप, सच्चे मुसलमान के लिए कभी भी ग्रहणयोग्य नहीं हो सकते। इस्लाम की रक्षा निश्चित रूप से इस्लाम की शिक्षा और आदर्श के आधार पर ही की जानी चाहिए, वर्ना यह इस्लाम के लिए सिर्फ बदनामी ही नहीं लाएगा, बल्कि समूह-क्षति का भी कारण बन जाएगा।

हमें यह नहीं भूलना ...हिए कि अल्लाह के प्रवर्तित धर्म, जाति और मानवता का प्रधान शत्रु है, प्रतिक्रिय... ेल कट्टरवादी गिरोह। इस्लाम की सच्ची शिक्षा से इन कट्टरवादियों की अवस्थि... काफी दूर और फर्क़ है! इस्लाम की दुहाई देकर ये लोग अपने ही स्वार्थ को च...रितार्थ करने में जुटे हैं, जैसा ये लोग सन् 1971 में हासिल नहीं कर पाए थे। वह अप-शक्ति एक बार फिर गण-हत्या-यज्ञ के षड्यन्त्र में जुट गए हैं। अस्तु हमारी राय में यह पाखंड, नर घातक, धर्म-व्यवसायी, धर्म के ग़लत व्याख्याता और फतवाबाज़ चक्र को, अभी, इसी दम मात देना, हर देशप्रेमी और धर्मप्राण नागरिक की पवित्र जिम्मेदारी है।

सचेतन लेखक, शिल्पी और नागरिक समाज

दफ़्तर से लौटकर झ ने मुझे चंद लीफलेट थमा दिया। ये लीफलेट शहर भर में बाँटे जा रहे हैं, उनके हाथ भी पड़ गए। सचेतन लेखक, शिल्पी और नागरिक समाज का यह लीफलेट किसने छापा, झ इस बारे में कुछ जानती हैं या नहीं, मेरे यह पूछने पर झ ने बताया कि वे नहीं जानतीं।

सर्वहारा पार्टी की भी एक लीफलेट मेरे हाथ में थी। देश में एक ही अंडरग्राउंड पार्टी है–यही सर्वहारा पार्टी! शमीम सिकदार के भाई, सिराज सिकदार, इस सर्वहारा पार्टी के नेता थे। उन्हें सन् 74 में क़त्ल कर दिया गया। सर्वहारा पार्टी की लीफलेट, अन्यान्य लीफलेट से बिल्कुल अलग थी! इसमें धर्म के बारे में अच्छी-अच्छी बातें कहकर, धार्मिक कट्टरवादियों के दमन की कोई चेष्टा नहीं की गई है! चूँकि यह पार्टी अंडरग्राउंड थी, इसीलिए शायद ऐसा सम्भव हो सका कि उन लोगों ने यह स्टैंड लिया है! लीफलेट का शीर्षक था–**धार्मिक फासीवाद खत्म हो! साम्राज्यवाद और बड़े-बड़े बुर्जुआ ख़त्म हों।** इसके बाद ढेर-ढेर बातें! देश में धार्मिक फासिस्ट क्या-क्या करतूतें कर रहे हैं उसका हवाला! इसके बाद, कहा गया है कि धार्मिक फासीवादी क़ोई विच्छिन्न ताकत नहीं है। वे लोग इस प्रतिक्रियाशील राष्ट्रयंत्र और शासक वर्ग का ही हिस्सा हैं!

धार्मिक फासीवाद का क्या नतीजा हो सकता है। इसकी मिसाल समूची दुनिया

में नज़र आ रही है! पिछले 50 सालों में, इस उपमहादेश में लाखों-लाख हिंदू-मुसलमान, आम लोग इसकी बलि चढ़ाए जा चुके हैं। भारत, अफगानिस्तान, ईरान, बॉसनिया, पैलेस्टाइन में आज हिंदू-मुसलमान, ईसाई और यहूदी, कट्टरवादियों के हिंस्र पंजों से जर्जरित हैं। चाहे जिस भी धर्म का हो, सभी देश के धार्मिक फासीवादी, चोर-चोर मौसेरे भाई हैं। इस देश में उनके आंदोलन का नतीजा होगा, हिंदू-मुसलमान, शिया-सुन्नी, कादियानी सुन्नी दंगे-फसाद, जनगण में लूट-पाट, खून, औरतों के अधिकारों का अपहरण, विज्ञान सम्मत नज़रिए पर ज़ोर-जुल्म और आमतौर पर अवाम के अभिव्यक्ति की गणतांत्रिक अधिकारों का पूरी तरह अपहरण! इन लोगों के पुरखों ने ही वैज्ञानिक ब्रूनो को विज्ञान-प्रचार के लिए, उसे जलाकर मार डाला; गैलीलिओ को बंदी बना लिया था। बेगम रुकैया, नज़रुल, अरज अली जैसे धाकड़ लोगों पर जुल्म बरसाया था। समाज के अनगिनत क्रांतिकारियों को अपने अत्याचारों का शिकार बनाया और उन लोगों की हत्या कर डाली।

इसीलिए इस देश के मज़दूर, किसान, गरीब-गुरबा इंसान और प्रगतिशील जनगण को इस धर्मांध धर्म-व्यवसायी फासिस्टों के खिलाफ़ जंग की शुरुआत करना होगी, जो धार्मिक कट्टरवाद को जड़ से मिटा देगी। ऐसा तभी सम्भव है, जब सिर्फ इसी फासीवादी राष्ट्रतंत्र और शासक श्रेणी का उच्छेद कर दिया जाए, क्योंकि यही राष्ट्रतंत्र, बड़े-बड़े धनी वर्ग और साम्राज्यवादी, प्रचारकों ने विभिन्न देशों में विभिन्न नामों के धार्मिक कट्टरवाद को टिका रखा है। दरअसल, धार्मिक कट्टरवादी इन्हीं लोगों के हिस्सा हैं। धार्मिक फासिस्ट व्यापक दंगा-फसाद और जुल्म की तैयारी में हैं। उन लोगों ने जनगण पर सशस्त्र हमला शुरू कर दिया है। इसीलिए, जवाबी बल-प्रयोग और हाथ में अस्त्र उठाकर, उन लोगों का मुक़ाबला करना होगा।

सर्वहारा पार्टी ने आह्वान किया है कि इन फासीवादियों पर गुरिल्ला कौशल से सशस्त्र आक्रमण करें और उनके अड्डों, घाटियों और स्वार्थ-केंद्रों पर जंगी, गण-हमले करें। गुलाम आयम, मौलाना मन्नान, सईदी, निज़ामी, बयतुल मुकर्रम के रज़ाकर इमामों जैसे बदमाश पंडों को गुरिल्ला क़ायदे से ख़त्म कर दें। संग्राम, इंक़लाब जैसे अख़बारों पर हथियारबंद हमले करें, सामूहिक शक्ति से टूट पड़ें। उनके घर-आस्ताने-दफ़्तर फूँक डालें, जैसे देव, वैसी पूजा के अलावा प्रगतिशील अवाम के लिए और कोई उपाय नहीं है।

...व्यापक एकता के साथ दुर्धर्ष आंदोलन गढ़ें! आवाज़ बुलंद करें।

* सकल धार्मिक राजनीति निषिद्ध करो।
* सकल राष्ट्रीय कार्यक्रम से धर्म को काटकर अलग कर दो। धर्म व्यक्तिगत मामला है, इसी नीति की प्रतिष्ठा करो।
* धर्म के सवाल पर जिस किसी भी विश्वास और मतवाद (नास्तिकता समेत) के प्रचार-प्रसार की स्वाधीनता की प्रतिष्ठा करो।

* राजनीति से धर्म को ख़ारिज करो।
* मदरसा शिक्षा को साधारण शिक्षा में परिणत किया जाए।
* अनिवार्य धार्मिक शिक्षा और अनिवार्य अरबी और अंग्रेजी भाषा की शिक्षा ख़ारिज की जाए।
* मस्जिद, मंदिर, गिरजों को राष्ट्र की तरफ से अनुदान देना बंद करो। यह धन गरीब जनगण के लिए घर-चिकित्सा शिक्षा और अन्यान्य कल्याणों पर व्यय करें।
* औरत के खिलाफ फतवाबाज़ी, आवाज़, अनिवार्य रूप से पर्दा बुर्का समेत विविध जुल्म-अत्याचार वगैरह पर रोक लगायी जाए।
* धार्मिक आचार-अनुष्ठान को छोड़कर, तमाम न्याय विचार, प्रशासन में इमाम, मौलानाओं की भागीदारी निषिद्ध की जाए।
* परिवाद के नाम पर धर्म का व्यापार बन्द किया जाए।
* अहमद शरीफ, तसलीमा और 'जनकंठ' को हैरान करना बंद किया जाए।
* गुलाम आयम समेत सनू इकहत्तर के रजाकार पंडों को सख़्त सज़ा दी जाए।

इसके बाद भी ढेरों बातें! मज़दूर और किसानों की बातें! निम्नवित्त और मध्यवित्त की बातें! गाँव-गाँव में सर्वहारा पार्टी के सशस्त्र संग्राम छेड़ने की बातें! सशक्त विरोध और जवाबी हमले की बातें! बयान कुछेक नारों के साथ पूरा किया गया है—

ज़ोर-जुल्म की शिकार जनता की विजय अनिवार्य! विज्ञानसम्मत सत्य की जय अवश्यंभावी!

* गुप्त गुरिल्ला स्क्वाड तैयार करें।
* धार्मिक फासीवादियों पर सशक्त हमले करें।
* क्रांति का मतवाद, मार्क्सवाद-लेनिनवाद-माओवाद।
* माओवाद के आदर्श से सज्जित हों! ग्राम-ग्राम में गुरिल्ला युद्ध के लिए तैयारी करें!
* श्रमिक, किसान, मध्यवित्त की गणक्षमता की प्रतिष्ठा के लिए सर्वहारा पार्टी में एकबद्ध हों।

केन्द्रीय कमिटी, पूर्व बांग्ला सर्वहारा पार्टी, जून, 1994

मैंने झ से कहा, "मैं अपने वकील को कम से कम एक बार फोन करना चाहती हूँ। मैं अपनी जमानत के बारे में जानना चाहती हूँ। मेरी जमानत कब होगी? आखिर कब?"

झ न जवाब दिया, "क और ङ कह गई हैं कि तुम्हें कहीं फोन न करने दिया जाए।"

"डॉ. कमाल हुसेन को फोन करने में क्या हर्ज़ है?"

"तुम्हारे वकील का फोन शायद टेप किया जा रहा है। उन्हें शक है कि तुम उन्हें फोन ज़रूर करोगी। तब पुलिस को यह पता चल जाएगा कि तुमने कहाँ से फोन किया है। तब क्या होगा, इस बारे में कभी एक बार भी सोचा है?"

"मुमकिन है, टेप न किया जा रहा हो।"

"मुमकिन है, किया जा रहा हो।"

"तब क को ही एक फोन करना ज़रूरी है कि क आ क्यों नहीं रही हैं!"

"क का फोन नंबर मुझे नहीं मालूम है! क भी उस दिन कह गई हैं कि उन्हें फोन न किया जाए।"

"तो फिर ङ को..."

"ङ भी मना कर गई हैं। इसके बावजूद मैं उन्हें फोन करूँगी, क्योंकि तुम इस क़दर आकुल-व्याकुल हो रही हो।"

आज झ घर्र-घर्र करने वाले पंखे को बदलकर, एक आवाज़हीन पंखा दे गई हैं। लीफलेट तो दी ही थी, अब कुछेक अखबार भी पढ़ने को दे गईं। आज के अखबार में हड़ताल के पक्ष में समूचे देश में सभा-समावेश और जुलूसों की खबरें :

इस्लामी शासनतंत्र आंदोलन ने विशाल लाठी-जुलूस निकाला! सिर पर, हज़ारों-हज़ार मूली-बाँस घुमाते हुए! डॉ. कमाल हुसेन ने गण-फोरम की सभा में कहा है कि देश की राजनीति भीषण चिंताजनक है। आज़ादी के 22 साल बाद, गुलाम आयम की नागरिकता और स्वाधीनता के विरोधी लोगों को मात देने के लिए आंदोलन पर उतरना पड़े, यह अकल्पनीय बात है। सन् पचहत्तर के बाद सरकार देश में रज़ाकारों को ले आई, उन्हें प्रतिष्ठित भी कर दिया, वगैरह-वगैरह! अपने भाषण के अंत में उन्होंने कहा—अब, कट्टरवादियों को चाहे जैसे भी हो रोकना होगा, वर्ना सर्वनाश हो जाएगा। ढाका विश्वविद्यालय के टी एस सी (छात्र शिक्षक केन्द्र) के अंदर सम्मिलित सांस्कृतिक गठजोड़ का मत-विनिमय समावेश हुआ। सबकी एक ही राय—विनिमय के लिए कुछ भी नहीं है। सबका मत है—जमात विशिर समेत सभी साम्प्रदायिक राजनीति निषिद्ध करने का बिल, संसद में पास करना होगा। युद्ध के अपराधी, गुलाम आयम की सभा-समावेश पर पाबन्दी लगाना होगी। 30 जून को सुबह से शाम तक हड़ताल पालन, गुलाम आयम गिरोह का विशेष ट्रिब्यूनल में विचार, गण-अदालत की राय कार्यकर किए जाएँ, साम्प्रदायिक ताकतों को हमेशा-हमेशा के लिए निर्मूल किया जाए। गठजोड़ की इस सभा में सिर्फ कलाकार, साहित्यकार ही मौजूद थे, ऐसी बात भी नहीं थी। उस सभा में राजनीतिक नेतागण भी थे। ख़ासकर वामपंथी नेता। गठजोड़ की इस सभा में शम्सुर रहमान ने कहा कि हम आज एक विकट संकट के आमने-सामने

खड़े हैं। सभी पेशों के लोग आज गहरी चिंता-परेशानी में दिन गुज़ार रहे हैं। जिन लोगों ने सन् इकहत्तर में तीस लाख लोगों की हत्या की, जिन लोगों ने बुद्धिजीवियों की हत्या की, आज वे लोग भी मैदान में उतर पड़े हैं। हमारी खामोशी से लाभ उठाते हुए, आज उन लोगों ने भी फन काढ़ लिए हैं। चाहे जिस किसी भी मूल्य पर हो, इस अपशक्ति को रोका नहीं गया, तो इस देश में गहरा अँधेरा उतर आएगा।

नगर में अवामी लीग के समावेश में यह कहा गया है कि सन् इकहत्तर की गण-हत्या के नायक, गुलाम आयम को नागरिक बनाने के लिए, यह देश स्वाधीन नहीं हुआ। तत्त्ववेत्ता सरकार से अपनी माँगें पूरी करने के लिए, जनता जब अपनी आवाज़ बुलंद कर रही थी। ऐन उसी वक्त, सरकार स्वाधीनता विरोधी, साम्प्रदायिक ताकतों को पीछे लगाकर, देश को सर्वनाश की ओर धकेल रही है। तरह-तरह की बातें। ढेर-ढेर बातें!

सिर्फ एक शख्स ने मेरा ज़िक्र किया था—तसलीमा नसरीन की लिखी हुई बहुत-सी बातों से उस संस्था के नेतागण एकमत नहीं हैं। प्रमाण मौजूद हो, तो कोई भी क़ानून का सहारा ले सकता है, लेकिन सिर कलम करने के लिए, पचास हज़ार टकों की घोषणा करके, इंसान को बुद्धू बनाने की कुचेष्टा को सामूहिक तरीके से रोकना होगा। जातीय समन्वय कमिटी की सभा में स्वाधीनता विरोधी, युद्ध के अपराधी, सांप्रदायिक, फासिस्ट ताकतों को नगर-बंदर, गाँव-गंज, गली-मुहल्ले में प्रत्यक्ष रोकथाम के लिए अपील की गई है! 28 जून, शाम चार बजे इस कमिटी का समावेश होगा। आज साढ़े चार बजे शहीद मीनार में सम्मिलित सांस्कृतिक गुट की नागरिक सभा है। और जन-जुलूस भी निकाला जाएगा। शाम साढ़े सात बजे नगर समन्वय कमिटी का संयुक्त सेवक समावेश है। 27 जून शाम चार बजे, वाम गणतांत्रिक फ्रंट की जनसभा, टी एस सी में चार बजे, मुक्तियुद्ध छात्र कमांड की सभा, 29 जून को साम्प्रदायिकता-विरोधी छात्रों का मशाल जुलूस, 30 जून सुबह, ग्यारह बजे स्वाधीनता विरोधी शक्ति प्रतिरोध कमिटी की सभा में सर्वात्मक समर्थन जताया गया है। नए कार्यक्रम में यह घोषणा की गई है कि 29 जून, रात आठ बजे, जातीय समन्वय कमिटी की सभा होगी और 30 जून, शाम चार बजे, विश्वबंधु में जनसभा होगी...। यानी कुछ हो रहा है...कुछ न कुछ होगा। आशा नामक एक शिशु मानो पइयाँ-पइयाँ चलते हुए, मेरी तरफ बढ़ आया। मन ही मन मैं उस शिशु से खेलने लगी।

शाम को झ ज को लेकर कमरे में आई। ज मेरी बगल में आ बैठी और मेरा एक हाथ अपनी मुट्ठी में लेकर, मेरी तरफ एकटक देखती रही। आँखों में असीम ममता! झ फर्श पर आसन बिछाकर बैठ गई। ज ने मेरा कुशल-समाचार नहीं पूछा। उन्होंने मुझे देखकर ही मेरी जनोदशा का अंदाज़ा लगा लिया। मेरे उदास चेहरे को वे हौले-हौले सहलाती रहीं। मेरे बाल और पीठ पर हाथ फेरती रहीं। मैं पथराई-सी बैठी-बैठी, ज के चेहरे की तरफ टकटकी बाँधे देखती रही! ज की आँखें भरी हुईं!

ज ने कहा, "तुम्हें क्या कहकर तसल्ली दूँ, समझ में नहीं आ रहा है। हमें कोई भाषा नहीं सूझ रही है।"

मेरा मन हुआ कि ज की गोद में सिर रखकर सो जाऊँ। बैठे-बैठे सिर चकराता रहता है! लगता है मैं अब गिरी कि तब गिरी।

झ ने मुझे एक सिगरेट थमा दी।

झ ने ही बातचीत की पहल की, "यह तो काफी टेंशन में है। न खाती-पीती है, न सोती है। मैंने ही कहा, सिगरेट पीया करो, टेंशन कम हो जाएगा।"

ज न कहा, "सिगरेट पीने से तो उसे और भी नुकसान होगा। लेकिन, खाना-बाना क्यों नहीं खा रही है?"

"कहती है कि खाने का मन नहीं करता। यूँ भी मुझे छिप-छिपाकर खाना लाना होता है। कोई देख भी लेता है, तो मैं सफाई दे देती हूँ कि मैं अपना खाना, कमरे में ले जा रही हूँ। लेकिन, यह हर बार तो नहीं कहा जा सकता। मुझे यह भी डर लगा रहता है कि कहीं उन्हें शक न पड़ जाए।"

"थोड़े-से बिस्कुट कमरे में रख ले और बीच-बीच में खाती रहे। खाना लाने में परेशानी होती हो, तो बिस्कुट खा लिया करे।"

"हाँ, यह बात आपने अच्छी सुझाई। कल से मैं केला-बिस्कुट वगैरह लाकर रख दूँगी।" झ ने कहा।

"मुझे पता होता, तो मैं भी कुछ ले आती।" ज ने कहा, मैं सूनी-सूनी आँखों से दीवार घूरती रही।

ज ने कहा, "सुनो, कुछ न कुछ तो तुम्हें खाते रहना होगा। कुछ ही दिनों में कैसी सूख गई हो! खाओगी नहीं, तो कैसे चलेगा? ज़िंदा तो रहना है न!"

यह खाना-पीना, गपशप करना, मुझे अच्छा नहीं लगता। मैंने ज से ही पूछा कि ङ से उनकी भेंट हुई थी या नहीं!

ज ने बताया, "एक बार, सिर्फ फोन पर बात हुई थी। ङ सम्मिलित सांस्कृतिक गठजोड़ में व्यस्त हैं! आंदोलन में लग हुई हैं!"

ङ मुझे यहाँ रख गई हैं, उन्होंने ही ज को बताया। उन्होंने ज से मुझसे मिल लेने को भी कहा।

"ङ क्या नहीं आएँगी?"

"ज़रूर आएँगी। आएँगी क्यों नहीं! अभी शायद मौका नहीं होगा, इसीलिए नहीं आईं। पता नहीं, कब, कौन, किसके पीछे लग जाए, कुछ तय नहीं है। मैं ही काफी डरते-डरते आई हूँ। बार-बार यहाँ-वहाँ रिक्शा रोक-रोककर देखती रही कि कोई मेरा पीछा तो नहीं कर रहा है। वैसे भी सीधे यहाँ नहीं आई, रिक्शा काफी घुमा-फिराकर लाई।"

मेरी आवाज़ बेहद शिथिल और उदास थी, मैं समझ रही थी। मेरी तो जुबान

ही नहीं फूट रही थी। बात करते हुए खरखराया हुआ गला, एकदम से जलने लगता था। ऐसा लगा, जैसे कंठनली में घाव हो गया हो! अपने ही कानों को अपनी आवाज़ अपरिचित लगी।

ज ने मुझसे वादा किया कि वे ङ के घर जाकर, उन्हें मुझसे एक बार मिल लेने को कह आएँगी।

झ ने तीस तारीख की हड़ताल के बारे में ज की राय जानना चाही।

अपनी कोई राय देने के बजाय, ज ने कहा, ''आज अवामी लीग ने जुलूस निकाला है।''

''सच्ची?''

''हाँ, सच!''

झ ने मुट्ठी बाँधकर हाथ ऊपर उठाया और जय ध्वनि की!

''शेख हसीना उस जुलूस में थीं?'' झ ने पूछा।

''नहीं, नेता नहीं थी! लेकिन अब्दुर रज्जाक, अमीर हुसेन आमू वगैरह कई लोग मौजूद थे।''

''आखिरकार तो, भज गोविन्दम्! अगर उतरना ही था, तो ज़रा पहले क्यों नहीं उतरीं?''

''सच तो यह है कि उतरने का मन बिल्कुल नहीं था, लेकिन छात्र लीग काफी नाराज़ होने लगी। जो-जो बुद्धिजीवी अवामी लीग को सपोर्ट करते हैं, वे लोग तो हसीना पर बेतरह भड़क गए। लगता है, आखिरकार, हसीना को अक्ल आ गई कि इस तरह जमात को नमो-नमो करके, खास सुविधा नहीं होगी। उन्हें आभास हो गया कि अपना सपोर्ट वे खोने लगी हैं!''

मेरी तरफ देखते हुए झ हँस पड़ीं, ''यह तो तुम्हारे लिए खुशख़बरी है, भई! मुल्लों से 'फाइट' करनेवाली पार्टी अब आ पहुँची है।''

ज ने होंठ बिचकाकर कहा, ''अभी साफ़-साफ़ पता नहीं चल रहा है कि स्थिति क्या होगी। अवामी लीग में ऐसे बहुत-से लोग हैं, जो सड़कों पर नहीं उतरना चाहते। कहते हैं, इसमें असुविधा है! पहली बात तो यह है कि लोग-बाग़ यह राय बना लेंगे कि अवामी लीग, तसलीमा के पक्ष में है यानी पार्टी नास्तिकता के पक्ष में है। मुल्लों के विरुद्ध आंदोलन में उतरने का मतलब है, तसलीमा का पक्ष लेना। अवामी लीग का कोई भी बंदा, तसलीमा के नाम से जुड़ना नहीं चाहता। अवामी लीग ने काफी कोशिश-तदबीर से अपने नाम पर लगी, धर्मनिरपेक्षता की बदनामी से जान छुड़ाई है। अब वे लोग दिन-रात—'अल्लाहो अकबर! जय बांग्ला' के नारे लगाते फिर रहे हैं। ज़रा एक और डोज़ पड़ जाए, तो तो नारा लगाने लगेंगे—'नाराए तकबीर, अल्लाहू अकबर!' मुझे नहीं लगता कि अवामी लीग, पार्टी स्तर पर आंदोलन पर उतरी है! मुमकिन है, उँगली पर गिने जाने लायक चंद नेता। सिर्फ साम्प्रदायिकता-विरोधी छात्र

दल में भागीदारी निभा रहे हैं।"

झ ने कहा, "उनका अहम मकसद तो है, जमात को साथ लेकर बी एन पी के खिलाफ आंदोलन करना..."

ज ने सहमति जताते हुए कहा, "हाँ, जमात और जातीय पार्टी को साथ लेकर, सरकार गिराने के आंदोलन, काफी जमकर करने का इरादा रखते हैं अब, जमात के खिलाफ उतरने का मतलब है जमात हाथ से फिसल जाएगा। इस बात से पार्टी के बहुत से लोग नाखुश हैं!"

आज छात्रों का जो जंगी जुलूस निकला है, ज ने उसकी भी ख़बर दी। गुलाम आयम की फाँसी को कार्यरूप देने और फतवाबाज़ों को जड़ से उखाड़ फेंकने के लिए, 30 जून को देशव्यापी सुबह से शाम तक की हड़ताल/साम्प्रदायिकता-विरोधी छात्र बिरादरी! हाथ में बैनर लिए, इन छात्रों का एक जुलूस, विश्वविद्यालय से निकलकर, प्रेस क्लब के करीब यंग मुस्लिम सोसाइटी के सामने पहुँचा। यंग मुस्लिम सोसाइटी वहाँ विक्षोभ सभा कर रही थी। छात्रों ने उसी दम 'पकड़ो-पकड़ो कट्टरवादियों को! पकड़ो रज़ाकारों को'—का नारा लगाते हुए यंग मुस्लिम पर हमला बोल दिया। समावेश में जो कुर्सियाँ बिछी हुई थीं, उन्हें उठा-उठाकर फेंकते हुए छात्रों ने यंग मुस्लिम नेताओं को पीट डाला। इस अचानक हमले से और बेधड़क पिट जाने के बाद, सोसाइटी के लोग, प्रेस क्लब के अहाते से भागकर, सचिवालय में जा घुसे। वे लोग दूर-दूर से ही छात्रों पर कंकड़-पत्थर बरसाते रहे। छात्रों ने भी जवाब में पत्थर बरसाए। उसके बाद, पुलिस आ पहुँची और उसने छात्रों पर लाठी चार्ज कर दिया। कुछेक छात्र नेता ज़ख्मी हो गए। उधर पुलिस की मदद से यंग मुस्लिम सोसाइटी के लोग भाग खड़े हुए। इस तोड़-फोड़, मार-पीट के समय ट्रैफिक ठप पड़ गई, दुकानदारों ने अपनी-अपनी दुकान के शटर गिरा लिए और राहगीर, किसी सुरक्षित जगह की तलाश में साँस रोककर दौड़ पड़े। बुधवार को भी इसी तरह पुलिस और छात्रों में जंग छिड़ गई थी। पुलिस, रमेन मंडल नामक छात्र को गिरफ़्तार करके ले गई। एक और संघर्ष छिड़ते-छिड़ते रह गया। गार्मेंट श्रमिक फ्रंट ने भी प्रेस क्लब के सामने मीटिंग की। इस्लामी शासनतंत्र के जुलूस की तरफ से, श्रमिकों पर हमला शुरू ही होनेवाला था कि पुलिस दोनों दलों के बीच बाधा बनकर खड़ी हो गई।

झ अचानक बोल उठीं, "आज तो तसलीमा के शहर से एग्रिकल्चर यूनिवर्सिटी के 180 शिक्षकों ने भी तसलीमा की फाँसी की माँग की।"

"तसलीमा का कोई घर नहीं है, कोई शहर नहीं है, कोई देश नहीं है," मैंने मंतव्य जड़ा!

ज और झ दोनों ने ही एक-दूसरे की तरफ देखकर, संक्षिप्त-सी उसाँस भरी।

30 तारीख को क्या होगा, ज को कोई अंदाज़ा नहीं था। पूरे देश में 'क्या होगा! पता नहीं, क्या होनेवाला है' जैसा माहौल! ज को यह माहौल सन् इकहत्तर जैसा लग रहा था। सन् इकहत्तर के मार्च महीने की तरह बेतरह खौफनाक और अनिश्चित! मानो सच ही कोई जंग शुरू होने वाली है!

झ ने सिगरेट का धुआँ, शून्य में उड़ाते हुए कहा, ''अफसोस की बात यह है कि इस बार की जंग में बड़ी ताकत है, कट्टरवादी दल और छोटी ताकत है—प्रगतिशील दल!''

ज ने सिर हिलाकर कहा, ''असल में तसलीमा के मुद्दे ने यह बखूबी समझा दिया कि इस देश में कट्टरवादी कितना बड़ा दल है। इन बदमाशों ने समूचे देश को कैसा कँपा दिया है! हमलोगों ने तो यह सोचा था कि कट्टरवादी दल, नितांत ही छुटका-सा है। हमने तो कभी इस दल को तवोज्जोह ही नहीं दी थी—''

ज ने लंबी उसाँस भरकर कहा, ''यह देश अब कट्टरवादियों के हाथ में जा रहा है, इस बात पर मुझे जैसे भरोसा ही नहीं होता।''

''भरोसा होता किसे है? यह सब तो अविश्वासनीय घटना है।'' झ ने मंतव्य दिया।

झ आज रात निश्चित मन से, काफी रात तक बैठ सकती हैं, क्योंकि घरवालों को ख़बर है कि आज उनके पास एक मेहमान आया है। झ अपने ढाई तल में बैठी-बैठी, उससे गपशप कर रही हैं। झ नीचे जाकर, ट्रे में चाय-नाश्ता सजाकर ऊपर ले आईं। मेहमान के लिए चाय-नाश्ता! किसी को भौंहें सिकोड़ने की कोई गुंजाइश नहीं थी।

ज जब जाने को उठ खड़ी हुईं, मैंने बेहद कातर लहजे में उनसे अनुरोध किया कि एक बार वे मेरे शांतिनगर वाले घर में ज़रूर हो आएँ। मेरे अब्बू-अम्मी, भाई-बहन किस हाल में हैं, ज़िंदा भी हैं या नहीं, ज़रा देख आएँ।

ज ने वादा किया कि वे ज़रूर जाएँगी। उन्होंने यह भी वादा किया कि वे मुझसे मिलने, दुबारा ज़रूर आएँगी।

27 जून, रविवार।

''एइ लड़की, तुम तो मरनेवाली हो।''

''मरनेवाली हूँ? नहीं, तो अभी भी मेरी नाड़ी बखूबी चल रही है। मैं साँस भी ले रही हूँ! मरनेवाली हूँ, ऐसा तो नहीं लगता! इसके अलावा मुझे कोई रोग-बीमारी भी नहीं है कि मैं फट से मर जाऊँ।''

''रोग-बीमारी क्या है, यह तो पता नहीं। लेकिन बहुत-से लोग ऐसे होते हैं, जो शौकिया मरना चाहते हैं। तुम भी वैसे ही मरने वाली हो।''

''मर जाऊँ, तो अच्छा ही हो! एक तरह से जी जाऊँगी। तब कोई चिंता-फिक्र

नहीं रहेगी कि कोई मुझे शायद आज ही राम-दाँव से मेरी गर्दन काट देगा।''

''फिक्र मत करो! आराम से ज़िन्दा रहो। जीने जैसी खूबसूरत चीज़ और कुछ नहीं है।''

''लेकिन, मुझे ऐसा नहीं लगता। जीना मुझे बेहद दुःसह...बेहद असहनीय लगता है।''

''अभी ऐसा लग रहा है! जब यह आँधी तूफान गुज़र जाएगा, तब ऐसा नहीं लगेगा—''

''कभी गुज़र भी जाएगा?''

''पता नहीं! लेकिन अगर गुज़र जाए! अच्छा, पहले तो तुम, किसी भी बात पर इस क़दर हताश नहीं होती थीं। हर वक्त उम्मीद लिए, आँखों में सपने लिए, तीखे आवेग और भरपूर दम-ख़म से जी रही थीं। चारों तरफ इतनी-इतनी दुश्मनी! इतनी-इतनी धमकियाँ...लेकिन तुम..रत्ती भर भी परवाह नहीं करती थीं।''

''आज के वक्त से भला, उस गुज़रे हुए कल की तुलना क्या चलती है?''

''हाँ, सो तो सच है! अब सब कुछ बिल्कुल अलग ढंग का है! इन दिनों किसी शर्त पर भी कमरे से बाहर क़दम, बिल्कुल नहीं चलेगा। तुम हो कहाँ?''

''मुझे यह ज़िंदगी बेहद जघन्य और हिकारतभरी लग रही है। ऐसे जीने से तो, न जीना ही बेहतर है! यह चूहों जैसी ज़िंदगी, मुझसे जी नहीं जाती। मारे दहशत के, खड्डे में छिपती फिर रही हूँ। ऐसा तो मैंने कभी सोचा भी नहीं था। मैं तो कभी भी ऐसी नहीं थी! मैं कभी, किसी से, कहीं भी छिपती नहीं फिरी थी। ज़िंदगी में तो कम मुसीबतें नहीं झेलीं!''

''तुम्हारे लिए अब कोई उपाय भी तो नहीं है। पहले की मुसीबतों और आज की मुसीबतों में फर्क़ है! बहुत कुछ भला न लगे, फिर भी मान लेना होता है। तुम्हें ज़िंदगी जीने के लिए, सारा कुछ क़बूल कर लेना होगा। ज़िंदगी जितनी बेशक़ीमती और कुछ भी नहीं। सारी दुःख तकलीफ बर्दाश्त करना पड़ती है! आगामी दिनों का सोचकर ही, सब्र करना पड़ता है।''

''मेरा कोई भविष्य...कोई आगामी है, मुझे ऐसा नहीं लगता।''

''फिजूल की बकवास न करो! अभी तुम्हारे दिन बुरे हैं, इसलिए यह मत सोचो कि तुम्हारा सारा का सारा वक्त बुरा ही गुज़ारेगा। जाने कितने बड़े-बड़े नेताओं को, कितने-कितने सालों तक, उन लोगों को ऐसे ही दिन गुज़ारने पड़े हैं। कम्युनिस्ट पार्टी पर जब पाबंदी लगी थी, तो वे लोग इसी तरह छिपे रहे। इतने में ही तुम्हारा जी उखड़ गया? ऐसा, कैसे चलेगा?''

''मैं कोई बड़ी, राजनेता नहीं हूँ। मैं एक आम इंसान हूँ। बेहद मामूली-मामूली, थोड़ा-बहुत लिखा है।''

''नहीं तुमने साधारण या मामूली नहीं लिखा! कोई मामूली बात लिखती, तो

समूचे देश में तुम्हारे खिलाफ ऐसा आंदोलन न छिड़ता!"

"मेरे पक्ष में कोई नहीं है! यह जो अभी कट्टरवाद विरोधी आंदोलन जारी है, इनमें मेरे पक्ष के कोई नहीं हैं। मुझे कोई पसंद नहीं करता।"

"ऐसा कौन कहता है? इस देश में तुम्हारे पक्ष में अनगिनत लोग हैं।"

"बारह करोड़ लोगों में से बारह लोग, अगर मेरे पक्ष में हैं, तो इससे क्या फ़ायदा?"

"फ़ायदे की बात क्यों सोचती हो? मत सोचो! पहले तो तुम इस ढर्रे पर नहीं सोचती थीं! पहले तो तुम्हारे जी में जो आता था, वही करती थीं। फ़ायदे की सोचकर तो तुमने कुछ नहीं किया। नफा-नुकसान के बारे में तुमने कभी नहीं सोचा।"

"पहले शायद मैं बुद्धू थी, इसलिए यह सब नहीं सोचा।"

"नहीं! बुद्धूपन तो तुम अब कर रही हो! इन दिनों तुम हिसाब-किताब कर रही हो। अगर तुम्हें कोई प्यार न करता, तो तुम्हें लगातार यूँ पनाह कैसे मिल रही है?"

"वह तो उँगली पर गिने हुए, कुछ लोग हैं!"

"तुम ऐसी उम्मीद भला कैसे कर सकती हो, कि तुमने जो सब लिख मारा है, उस वजह से लाखों-लाखों लोग तुम्हारी हिमायत करेंगे? तुम्हारी क़िस्मत अच्छी है कि कुछेक लोग तुम्हारी वाक्-स्वाधीनता के पक्ष में बोल रहे हैं। तुम तो, भई, बेहद जुझारू लड़की थीं। कभी भी कोई समझौता नहीं किया, कभी किसी सच को छिपाया नहीं, लोग क्या कहेंगे, ये सोचकर तुमने किसी काम को छूकर, नहीं छोड़ा। अब अगर तुम ही इस क़दर निस्तेज पड़ गईं, मारे खौफ़ के यूँ डरी-सहमी रहो, मौत आने से पहले ही अगर मर जाओ, तब तो वे पाजी-बदमाश मुल्ले ही जीत जाएँगे न?"

"जीत तो वे लोग रहे हैं!"

"नहीं, वे लोग हरगिज नहीं जीत सकते। लोग, आज न सही, किसी न किसी दिन यह ज़रूर समझ जाएँगे कि धर्म और कट्टरवाद किस क़दर भयंकर चीज़ है! फर्ज़ करो, वे लोग तुम्हें मार ही डालें, तो क्या सोचती हो तुम, वे लोग जीत जाएँगे? बिल्कुल भी नहीं!"

"मुझे वे लोग मार ही डालेंगे, तो अंत में वे लोग जीतें या हारें, यह मैं तो देखने नहीं आऊँगी।"

"चलो, मान लिया कि तुम नहीं देख सकोगी लेकिन जितने दिन तुम उम्मीद पर जीती रहो, सपनों में साँस लेती रहो। तुम देखना मन में ज़ोर जागेगा। मन का ज़ोर ही, इंसान को ज़िंदा रखता है।"

"किसी न किसी दिन, तो वे लोग मुझे ज़रूर ढूँढ़ निकालेंगे। ऐसे कितने दिन छिपी रहूँगी? जिस पल मुझे धर लेंगे, गर्दन काटकर ले जाएँगे। बाकी देह किसी नाले या नाली में पड़ी-पड़ी सड़ती रहेगी या सियार-कुत्ते खा-चबा जाएँगे। मैंने सोचा था कि मैं अपनी देह, मेडिकल कॉलेज को दान कर जाऊँगी, लेकिन..."

"भई, तुम जब मर ही गईं, तो तुम्हारी देह चाहे नाले में पड़ी-पड़ी सड़े या सियार-कुत्ते खाएँ या मेडिकल कॉलेज ले जाए, तुम नहीं देख पाओगी। तुम तो आत्मा में भी विश्वास नहीं करतीं कि अपनी बेजान देह का दाह-संस्कार देखकर, तुम्हारी आत्मा शांति महसूस करेगी! जितने दिनों जीना है, अच्छी तरह जीओ। जब मर गईं, तो मर ही गईं...इससे क्या फर्क पड़ता है?"

"लेकिन अभी तो मेरा कितना ही काम बाकी पड़ा था..."

"काम क्या सभी पूरा करके ही मरते हैं? यह मौका भला कितने इंसानों को मिलता है? मौत तो इंसान को अचानक आती है। देखती नहीं, आए दिन लॉन्च, बस, ट्रेन दुर्घटनाएँ होती रहती हैं! कितने ही लोगों की जानें जा रही हैं! उन लोगों ने क्या सोचा था, वे उसी दिन मर जाएँगे? उनके काम अधूरे नहीं पड़ रह गए?"

"लेकिन यह कोई दुर्घटना तो नहीं है! मेरी फाँसी होना या उन लोगों के हाथों मेरा खून होना?"

"दुर्घटना तो है ही! बेशक, दुर्घटना ही है! कितने ही लोगों की ज़िंदगी में, कितनी ही दुर्घटनाएँ होती रहती हैं! कितने ही लोगों को झूठे मामले में फँसाकर, उन्हें अपराधी बनाकर, उन लोगों को फाँसी दे दी जाती है! तुम ऐसा क्यों सोचती हो कि तुम्हारी ज़िंदगी में सिर्फ दुर्घटना ही दुर्घटना होती रहेगी?"

"लेकिन मैंने तो कोई ग़लती नहीं की–"

"सज़ा क्या सिर्फ ग़लती करने से ही होती है? ग़लती न करने से भी तो होती है। इसके अलावा तुम्हारी नज़र में जो ग़लती नहीं है, दूसरों के लिए वही शायद ग़लती हो। इसलिए तुम यह मान लो कि तुमने.अपने देश के लोगों को जो समझाना चाहा, लेकिन समझा नहीं पायीं! उन लोगों ने तुम्हें भूल समझा है, इसलिए तुम्हारा खून करने पर आमादा हैं। इतिहास में ऐसी बहुत सी घटनाएँ हैं, जहाँ लोगों को बेवजह ही अपने जीवन का विसर्जन देना पड़ा है! कितने बड़े-बड़े मानवतावादी, विज्ञानी, लेखक, कलाकार, राजनीति विशेषज्ञों की, बिना कुछ सोचे-समझे हत्या कर दी गई है! उन सबकी तुलना में तुम तो कुछ भी नहीं हो, तसलीमा।"

"हाँ, यह तो सच है! लगता है, मैं कुछ भी नहीं हूँ, इसीलिए शायद मुझे मरने से बेहद डर लगता है।"

"अरे, भई, ज़रा अक्ल से काम लो! तुम डरो मत! यूँ बैठे-बैठे, दिन-दिन भर परेशान रहकर, निस्तेज पड़े रहकर, वक्त बर्बाद न करो! जो वक्त है तुम्हारे पास, उसे काम में लगाओ। लिखो! लिखना ही तुम्हें ज़िंदा रखेगा।"

"लिखने का मेरा मन नहीं करता! मुझसे लिखा नहीं जाता। वैसे लिखकर अब होगा भी क्या? क्या फ़ायदा?"

"फिर तुम फ़ायदा देखने लगीं?"

"हाँ, देख रही हूँ।"

"तब, तुम करना क्या चाहती हो?"

"कभी-कभी मेरा मन होता है, मैं आत्महत्या कर लूँ। काश, मैं ज़िंदगी के कुछेक साल पीछे ले जा सकती। तो...तो, मैं हरगिज नहीं लिखती! अगर लिखती, तो प्रेम-कहानियाँ लिखती! प्रकृति की कविताएँ लिखती। तब, मेरा कोई खून नहीं करना चाहता।"

"तुम न! निरी नाकारा हो बिल्कुल फिजूल! तुम्हारे लिए यह जो विदेशों में लेखक वर्ग, नारीवादी वर्ग, मानवतावादी लोग आंदोलन में जुटे हैं, तुम उनके बिल्कुल काबिल नहीं हो! तुम निरी डरपोक, बुजदिल, स्वार्थी औरत हो! तुम्हें तो चाहिए था कि अपने घरवालों की पसंद किए लड़के के साथ ब्याह के पाटे पर बैठ जातीं। शांत-शिष्ट गृहवधू की तरह मन लगाकर गृहस्थी बसातीं। बच्चे-कच्चे पैदा करतीं, उनका पालन-पोषण करतीं..."

"हाँ, शायद वह बेहतर होता..."

"क्या बात है? तुम्हारा चेहरा यूँ लटक क्यों गया? फिर मुर्दे की तरह लेट गईं! जा ब्बाबा! इतनी देर तक पढ़ाया-समझाया, तुम पर कोई असर ही नहीं हुआ! अब, तुम दिन-रात अगर यूँ ही पड़ी रहोगी? जगी रहोगी, मगर हिलोगी-डुलोगी नहीं? आँखें फाड़-फाड़कर, सफेद दीवार की तरफ! दिन-दिन भर एकटक देखती रहोगी। पता नहीं क्या-क्या सोचती रहती हो! और कुछ नहीं, तो इन दिनों के ख्यालों को ही कलमबंद करती रहो।"

"मैं ठहरी एक तुच्छ प्राणी! ज़िंदगी में, मैंने कब, क्या सोचा था, लोग यह जानकर क्या करेंगे? क्या फायदा होगा इससे?"

"तुम सच ही बेहद तुच्छ जीव हो! वाकई तुम मर ही जाओ, यही बेहतर है। तुम सभय और निर्भय होकर अपनी मौत की ही दुआ कर रही हो। असल में, तुम्हें जीने के लिए कभी जंग नहीं करना पड़ा, इसलिए तुम नहीं जानतीं कि जीना, क्या होता है।"

हाँ, यह तो सच है, मैं यह बात नहीं जानती! लेकिन मेरा यह जानने का बेहद मन होता है कि जीना कैसा होता है! मैं मुर्दे की तरह पड़ी रही। भूख लगते-लगते, अचानक मैंने देखा, मुझे अब भूख भी नहीं लगती! नींद भी नहीं आती, न दिन में न रात में! मेरे तन-मन में जो शक्ति थी, पता नहीं कहाँ तो गायब हो गई! शक्तिहीन, तेजहीन, ज़िदहीन, आशाहीन, स्वप्नहीन एक जीवन, अभी भी मैं धारण किए हूँ! क्यों धारण किए हूँ, पता नहीं!

काफी रात गए झ झट से मेरे कमरे में दाखिल हुईं और एक अखबार थमाकर झटपट निकल गईं।

अखबार के पहले पन्ने की सुर्खी, मेरी तरफ घूर-घूरकर देखने लगी। अखबार की तरफ हाथ बढ़ाते हुए, मैंने देखा, मेरे हाथ काँप रहे हैं। मेरे हाथ अखबार तक

पहुँचकर एकदम से बेजान हो आए। मेरी आँखें धीरे-धीरे मुँद आईं। आँखें खोलते हुए भी मुझे डर लगा। मुझे लगा, आँखें खोलते ही, मुझे कोई अपने सामने खड़ा नज़र आएगा। और मेरी गर्दन में रस्सी बाँधकर, मरे हुए कुत्ते की तरह खींचते-घसीटते, मोहम्मद आलम के पास ले जाएगा! उसे पचास हज़ार टके जो वसूल करने हैं। मेरे तन-बदन में असहनीय यंत्रणा फैल गई। मानो ईंट-पत्थर की सख़्त और नुकीली राह पर मेरे बदन की चमड़ी रगड़ खा-खाकर छिल गई है, मांस निकल आया है, हड्डियाँ घिस गई हैं। इसके बावजूद मुझे घसीटा जा रहा है। मेरी कोई गुहार, कोई रुलाई किसी के मन को रत्ती भर भी नहीं छू रही है। सड़क पर आते-जाते राहगीर मेरा तमाशा देख रहे हैं और हँस-हँसकर तालियाँ बजा रहे हैं। तमाशबीन में से कोई-कोई दौड़कर आता है और मेरी छाती-पीठ-पेट पर लातें जमा जाता है। मुझे झटका दे-देकर घसीटा जा रहा है, गर्दन काट दी गई है, धार-धार खून झर रहा है! सिर फट गया है, वहाँ से भी खून की धार छूट रही है, इसके बावजूद कोई मुझे घसीटने से रोक नहीं रहा है! मैं दम तोड़ रही हूँ! साँस होठों पर है! उस मोहम्मद आलम नामक शख़्स ने मेरी लाश कुत्तों के सामने डाल दी है। वह मेरी बोटी-बोटी कुत्तों को खिला रहा है, क्योंकि बांग्ला की पावन मिट्टी पर मुझ जैसी अपावन इंसान के लिए कोई ठाँव नहीं होना चाहिए।

तसलीमा को जीवित या मृत पकड़ाने वाले को 50 हजार टका इनाम

26 बगुड़ा जून (जिला रिपोर्टर)...लेखिका तसलीमा नसरीन को जीवित या मृत गिरफ्तार कराने वाले को 50 हज़ार टका इनाम देने की घोषणा की गई है। इस्लाम और राष्ट्रद्रोही तत्परता प्रतिरोध मोर्चा द्वारा बगुड़ा जिला शाखा में आयोजित ख़ोकन पार्क की जनसभा में आज शाम, वक्ता, मोहम्मद आलम ने यह ऐलान किया।

28 जून, सोमवार।
आज झ इस कमरे में नहीं आईं। वे शायद भूल गई थीं कि बाहर से ताला जड़े हुए और अंदर आलतू-फालतू कबाड़ रखने वाले प्रकाश-वाताशहीन इस छोटी-सी कोठरी के अँधेरे में एक अदद ज़िंदा इंसान रहता है! दिन भर बरामदे, सीढ़ी, दरवाजे पर उनके कदमों की आहट मिलती रही। मैं लगभग साँस रोके, लेटी रही। मैं हाथ-पाँव समेटे, गुड़ीमुड़ी-सी बिल्कुल छोटी-सी बनी यूँ लेटी रही, मानो किसी भी छेद या दरार से अन्दर झाँके भी, तो मैं नजर न आऊँ। अगर नजर आ भी जाऊँ, तो मैं इन्सान न लगूँ, मानो मैं कमरे के कोने में पड़ी, आलतू-फालतू कबाड़ की पोटली लगूँ।

29 जून, मंगलवार।

दोपहर को झ खाना लेकर आयीं। उन्होंने बताया कि कल वे भूली नहीं थीं, कल दिन भर वे बाहर-बाहर ही रहीं। रात को कुछ मेहमान आ गए थे। उनके लिए इस कमरे में आना संभव नहीं हुआ। आज वे दफ्तर से जल्दी-जल्दी घर लौट आयीं। कल रात ङ से भी उनकी बातचीत हुई। ङ ने कहा है कि आज रात वे आएँगी।

झ पिछले दो दिनों की घटनाएँ बयान करने लगीं। इतवार को वे दिन भर विश्वविद्यालय इलाके में थीं! शाम को शहीद मीनार में सम्मिलित सांस्कृतिक गठजोड़ की नागरिक-सभा थी। सभा खत्म होने के बाद, लगभग गोधूलि के वक्त—सन् इकहत्तर के हत्यारों का विचार हो—यह नारा लगाते-लगाते, एक जुलूस प्रेस-क्लब की तरफ चल पड़ा। प्रेस-क्लब के सामने उस वक्त विशाल मंच बनाकर, कट्टरवादियों की सभा चल रही थी। कट्टरवादियों के हाथ में गजारी काठ की लाठियाँ! बस, दोनों दलों में घमासान छिड़ गया। हमले-प्रति-हमले! एक दल हमले में व्यस्त हो गया। स्टेडियम के पुराना पलटन इलाके तक ये सब सरगर्मियाँ जारी थीं। छात्रों के एक दल ने कट्टरपंथियों का मंच दखल कर लिया! मंच जला दिया गया। उन लोगों के झंडे तक जलाकर फूँक डाले गए; माइक-कुर्सियाँ तोड़ डाली गईं। झुंड-झुंड छात्र जुलूसों में, कट्टरवादी नारे बुलंद करते रहे। पुलिस आ गई और अचानक उसने लाठी चार्ज कर दिया। बहुत सारे लोग जख्मी हो गए। उस भीड़ में झूनू नामक एक लड़की भी घायल हो गई।

"झूनू? कौन झूनू?"

"रौशनआरा झूनू!"

हाँ, वही झूनू, जिस लड़की ने नाहीद के साथ मिलकर, मेरे पक्ष में गोष्ठी आयोजित की थी।

लाठीचार्ज के बाद, वहीं, उसी जगह, सभा शुरू हो गई, लोगों ने भाषण दिये। मोफज्जल हुसेन, यात्रा और असदुज़्ज़मान ने भाषण दिये। उसके बाद, रात करीब सात बजे छात्रों का एक जुलूस, बंगबंधु की तरफ आगे बढ़ा! जीरो प्वाइंट से होते हुए स्टेडियम की तरफ बढ़ते हुए, बयतुल मुकर्रम के दक्षिणी गेट पर खड़े कई-कई सौ कट्टरवादियों ने हाथ में गजारी लाठी थामे हुए, जुलूस पर हमला बोल दिया। कुछ लोग जख्मी हो गए। इस तरह कई-कई बार, ताबड़तोड़ हमले हुए। कट्टरवाद-विरोधीं छात्र दल भाग खड़ा हुआ। एक झुंड अवामी लीग के दफ्तर की तरफ दौड़ पड़ा, दूसरा दल जीरो प्वाइंट की तरफ! पुलिस ने लाठीचार्ज किया, आँसू-गैस छोड़ी। दोनों पार्टियों में हमले-जवाबी हमले शुरू हो गए। स्टेडियम में खेल चल रहा था, खेल के चंद दर्शक, 'रजाकार-रजाकार' का नारा लगाते हुए, हमलावरों की तरफ कंकड़-पत्थर फेंकते रहे, पुलिस भी पहुँच गई और उन पर भी हमला किया गया। बासद, जासद, समाजतांत्रिक छात्र फ्रंट केन्द्रीय कमिटी, छात्र एक्य फोरम केन्द्रीय कमिटी ने जुलूस

पर पुलिस के लाठीचार्ज और कट्टरवादियों के बर्बर हमले का प्रतिवाद किया है।

इस देश में आखिर हो क्या रहा है? झ ने संक्षेप में बताया–1. छांत्र नेताओं ने कहा है कि आगामी कल बयतुल मुकर्रम मस्जिद से स्वाधीनता-विरोधी, जमाती फतवाबाजों को विताड़ित किया जाएगा, गृहमंत्री चाहे कितनी भी कोशिश करें, पुलिस चाहे जितना भी पहरा दे, जाग्रत जनरोष से स्वाधीनता-विरोधी लोगों की रक्षा नहीं कर पाएगी। चाहे जिस भी कीमत पर हो, बांग्ला की माटी पर स्वाधीनता-विरोधियों को मात दी जाएगी। 2. ढाका विश्वविद्यालय की शिक्षक समिति कार्यकर परिषद की इस जरूरी सभा में स्वाधीनता-विरोधी, फतवाबाज, धर्म के व्यवसायी और चंद कट्टरवादी राजनीतिक पार्टियाँ, समूचे देश भर में विशृंखलता और अराजकता फैला रही हैं, उसे रोकना होगा। 3. तसलीमा पक्ष ने मीरपुर में सभा की है। वे लोग कल सुबह स्वाधीनता-विरोधी शक्ति प्रतिरोध कमिटी में शामिल होंगे। 4. इंकलाब के विरुद्ध धार्मिक दंगे और अराजकता सृष्टि का इल्जाम लगाकर, ढाका के चीफ मेट्रोपोलिटन अदालत में ढाका विश्वविद्यालय के लोक प्रशासन विभाग के छात्र नसफूल इस्लाम ने एक मामला दायर किया है।

"शहीद मीनार में जो गठजोड़ नागरिक सभा हुई, उसमें किसने, क्या कहा?"

"सूफिया कमाल ने कहा कि भाषा आन्दोलन से मुक्ति युद्ध तक, किसी भी आन्दोलन में बंगाली ने सिर नहीं झुकाया। अभी भी नहीं झुकाएँगे। धर्मान्ध मुल्ले आज फतवे के नाम पर साम्प्रदायिकता फैला रहे हैं। अल्लाह के नाम पर जाग उठें, कट्टरवादियों के हाथ से देश को मुक्त करें। शम्सुर रहमान ने कहा है कि अब हमारी पीठ दीवार से टिक गई है, अब और पीछे हटने का कोई उपाय नहीं है। अब चाहे जान जाए, तो चली जाए, लेकिन इन्सान के कल्याण के लिए हमें आगे ही आगे बढ़ते जाना होगा। यह हमारी अग्नि-परीक्षा का वक्त है, अगर हम जय-लाभ न कर सके, तो हम बेनिशान हो जाएँगे। अवामी लीग के नेता, अब्दुल रज्जाक ने कहा है कि देश आज गंभीर संकट के सामने है। सभी लोगों को एकबद्ध होकर, साम्प्रदायिक गोष्ठी को पराजित करना होगा। साम्प्रदायिक शक्तियाँ हमारी स्वाधीनता को विपन्न करना चाहती हैं। उनका मुकाबला करके, हमें यह समझा देना होगा कि बांग्लादेश आजाद हुआ, आजाद ही रहेगा। चाहे जिस भी कीमत पर ही, बांग्ला की माटी पर घातक और युद्ध-अपराधियों का विचार करना होगा।"

"और क्या-क्या हुआ?"

"प्रतिक्रियाशील कट्टरवाद का उत्थान और प्रतिकार–शीर्षक से एक सेमिनार, जातीय ग्रन्थ केन्द्र में आयोजित हुआ। कबीर चौधुरी ने कहा कि कट्टरवादी, धर्म के स्वार्थ में नहीं, अपने-अपने स्वार्थ में धर्म का इस्तेमाल कर रहे हैं। एक बाहरी शक्ति इन लोगों को हथियार और रकम दे रही है। ये लोग अवाम की नस-नस काट रहे हैं। सरकार ने जान-बूझकर इन लोगों के खिलाफ राष्ट्रद्रोह का मुकदमा

चलाया है! इसी तरह कट्टरवाद ने सिर उठाया है और ये लोग देश को भयंकर संघात की तरफ ले जा रहे हैं। सेमिनार के अंत में कबीर चौधुरी, वाजिद मियां, मौलाना सैयद अब्दुल्लाह अल चिश्ती, हाफिज जियाउल हक ने खास मोनाजत की।''

''कबीर चौधुरी ने मोनाजत की?'' मारे ताज्जुब के मैं सन्न रह गई।

''हाँ, की है!'' मन ने निर्लिप्त जवाब दिया।

''ना, मुझे विश्वास नहीं होता।''

''कहा न, उन्होंने ऐसा किया है।''

''अपनी दोनों बाँहें उठाकर?''

''हाँ, दोनों हाथ उठाकर उनकी तस्वीर भी छपी है।''

''उधर मुल्ले क्या कर रहे हैं?''

''मुल्ले काफी कुछ कर रहे हैं, पूरे शहर भर में जुलूस निकाल रहे हैं, सभाएँ कर रहे हैं। गाँवों की हालत खराब है! जिन एन जी ओ में लड़कियाँ-औरतें काम कर रही थीं, अब डरी हुई हैं। अब, अपने काम पर नहीं जा रही हैं। एन जी ओ के स्कूलों में भी छात्राओं की तादाद कम हो गई है। पता चला है कि एन जी ओ वर्ग, गाँवों के लोगों को ईसाई बनाने का मतलब गाँठ रहे हैं। तीस तारीख की हड़ताल के समय, यह आशंका की जा रही है कि एन जी ओ लोगों पर भी हमला होगा।''

''और क्या खबर है?''

''और भी बहुत कुछ हो रहा है। इतना कुछ जानने की चाह मत करो। अपना दिमाग जरा हल्का रखो। भई!'' झ ने अपनी जलती हुई सिगरेट, मेरी तरफ बढ़ा दी।

सिगरेट पीते-पीते उन्होंने सरकारी प्रेस-नोट के बारे में जानकारी दी। गृह-मंत्रालय से जारी किए गए एक प्रेस नोट में कहा गया है कि इधर काफी दिनों से सरकार ने गौर किया है कि कतिपय लोग और संगठनों ने खुलेआम विभिन्न समयों में, किसी-किसी व्यक्ति के प्राणनाश की धमकी दी है और हत्या करनेवालों के नाम इनाम की घोषणा की है। इस किस्म की घोषणा कानून की नजर से दंडनीय अपराध है। सरकार को उम्मीद है कि इस किस्म की गैर-कानूनी घोषणा से सम्बद्ध लोग अलग रहें और कानून के प्रति श्रद्धाशील रहें, वर्ना सरकार, ऐसे लोगों के खिलाफ कानूनी कार्रवाई करने को लाचार होगी।

सरकार को क्या होश आ गया है? नहीं, होश नहीं आया है, वर्ना इतने सारे मुल्लों ने मेरी हत्या के लिए इनामों की जो घोषणाएँ की हैं, उन लोगों को धर दबोचा जाता। लेकिन अभी तक किसी को भी गिरफ्तार नहीं किया गया। खुलना में भाईजान ने जो मामला दायर किया था, उसका कोई नतीजा निकलता। लेकिन, कोई नतीजा नहीं निकला। कानूनी कदम उठाया जाएगा, यह बताने की भला क्या जरूरत होती? कानूनी कदम उठाओ तो सही! भविष्य में फतवा जारी करने का इन्तजार क्यों कर रहे हो, बाप? फतवा तो आज भी बहाल है। हर रोज मुल्ले जुलूस और मीटिंग में

यही चीखे जा रहे हैं कि अगर सरकार ने तसलीमा को फाँसी नहीं दी, तो वे लोग खुद उसे फाँसी पर चढ़ा देंगे। सरकार उन लोगों को पकड़ती क्यों नहीं? लेकिन, सवाल यह है कि सरकार क्या सच ही ऐसे लोगों को गिरफ्तार करने का इरादा रखती है? कानूनी कदम उठाना चाहती है? ना, सरकार का ऐसा कोई इरादा नहीं है।

ङ रात को आयीं।

मैंने एक ही साँस में उनसे ढेर सारे सवाल कर डाले—"जमानत की क्या खबर है? क कैसी हैं? क आ क्यों नहीं रही हैं? किसी की भी वकील से कोई बातचीत हुई या नहीं? मेरे घरवाले जिन्दा हैं या नहीं? हड़ताल होगी या नहीं?" वगैरह-वगैरह!

ङ ने कहा, "जमानत के बारे में मेरी कोई जानकारी नहीं है। क व्यस्त हैं। उनकी नौकरी-चाकरी भी तो है। उस पर से उन्होंने अपने को कट्टरवाद-विरोधी आन्दोलन में लपेट लिया है। क से मेरी सिर्फ एक बार भेंट हुई है। उन्होंने बताया कि वे तुम्हारे वकील से मिली थीं। वकील ने कह दिया है कि उन्हें ऐसा कोई आश्वासन नहीं मिला है कि तुम्हारी जमानत हो ही जाएगी। डॉ. कमाल हुसेन ने देश की अनेक जगहों में गण-फोरम की सभाओं में भाषण दिया है कि इन्सान को कट्टरवादी ताकतों के खिलाफ टूट पड़ना होगा। इन दिनों वे किसी अन्तर्राष्ट्रीय मानवाधिकार सम्मेलन में भाषण देने के लिए, देश के बाहर गए हैं। जब तक वे लौटकर नहीं आते, कोई नयी खबर मिलने से रही। तुम्हारे घरवालों की कोई खबर नहीं है मुझे। वे लोग जिन्दा हैं या नहीं, मुझे नहीं पता। मेरा ख्याल है कि हड़ताल होगी और दोनों पार्टियों में जबर्दस्त भिड़न्त होगी और मुझे तो आशंका है कि बहुत-से लोगों की जानें जाएँगी।"

क और ङ, दोनों ही व्यस्त हैं। ङ सांस्कृतिक गठजोड़ के कार्यक्रम में व्यस्त हैं, विभिन्न सभाओं में वे भाषण दे रही हैं। मेरी बात वे भूली नहीं हैं। हाँ, मुझे देखने नहीं आतीं। मेरी ही सुरक्षा की वजह से नहीं आतीं। क और ङ, दोनों ही मेरे आश्रय के लिए, किसी नयी जगह की तलाश में हैं। लेकिन नया कोई आश्रय फिलहाल मिल नहीं रहा है। वैसे उनकी कोशिश जारी है। आज भी उन्होंने किसी से शरण देने का अनुरोध किया है। जवाब कल तक मिलेगा।

ङ ने मेरी पीठ पर हाथ रखकर, मुझे तसल्ली दी। अपनी हिम्मत बनाये रखने को कहा। उन्होंने यह भी कहा कि अगर मेरी जमानत संभव नहीं हुई, तो मुझे देश से भागकर, अपनी जान बचाने के बारे में सोचना होगा। दिनोंदिन देश की परिस्थिति अस्वाभाविक तौर पर बिगड़ती जा रही है। अब, किसी भी वक्त, खौफनाक कुछ घट सकता है।

30 जून, बृहस्पतिवार।

आज झ दिन भर घर पर रहीं। उनका बेहद मन था कि वे बाहर जाकर,

जुलूस में शामिल हों। मगर अंत में, वे बाहर ही निकलीं। सभी लोगों का कहना है कि दोनों पार्टियों के घमासान में बहुतेरे लोग मरेंगे। दिन भर, रह-रहकर जुलूस और नारों की आवाजें आती रहीं। सड़कों पर गूँजते हुए नारों की आवाजें आती रहीं—तसलीमा को फाँसी दो। मुझे बार-बार यही लगता रहा कि एक सशस्त्र लोग, अभी, इसी वक्त, इस घर में घुस आएँगे और दरवाजा तोड़कर इस कमरे में टूट पड़ेंगे। टूटनेवाले हैं। लो, टूट पड़ें। दिन भर रह-रहकर तन-बदन काँपता रहा! दिन भर साँस लेते हुए, मानो साँस थमती जा रही है!

झ दो बार खाना लेकर, कमरे में आयीं। दोनों बार उन्होंने देखा कि मैं सिर से पाँव तक चादर ओढ़े गुड़ीमुड़ी-सी लेटी हुई हूँ। दोनों बार, उन्होंने मुझे उठाकर खिलाने की कोशिश की। दोनों बार मैंने खाने से मना कर दिया। दिन भर झ अपने जान-पहचानवालों को फोन करके, हड़ताल की खबरों की जानकारी लेती रहीं। समूचे देश में हड़ताल मनायी जा रही है! कहीं, कोई गाड़ी-घोड़ा, सवारी नहीं चली! दुकान-पाट भी नहीं खुले! हड़ताल के समर्थक और विरोधी, दोनों ही सड़कों पर मौजूद थे। दोनों पार्टियों के संघर्ष और पुलिस हमले में लगभग पाँच सौ लोग जख्मी हुए हैं। काफी संख्या में पुलिस भी जख्मी हुई है। जख्मी लोगों को अस्पताल में दाखिल करा दिया गया है। पुलिस ने बहुत सारे लोगों को गिरफ्तार किया है। किशोरगंज में पुलिस की गोलियों से, अरमान नामक एक चौदहवर्षीय उम्र का लड़का मारा गया! बहुत से लोग गोलियों के शिकार हुए। वे लोग मयमनसिंह अस्पताल में भर्ती हैं! कट्टरवादियों ने एक सौ दस स्कूल जलाकर राख कर दिए। ढाका का प्रेस-क्लब इलाक़ा कट्टरवाद-विरोधी छात्रों की दखल में था। बाकी तमाम इलाके, कट्टरवादियों के दखल में थे।

करीब आधी रात को झ ने मुझे लगभग खींचकर उठाया। वे मेरे सामने खाना रखकर, बगल में बैठी-बैठी सिगरेट फूँकती रहीं और इस हड़ताल के बारे में खौफनाक किस्से-कहानियाँ सुनाती रहीं! यहाँ-वहाँ ढेरों बम-विस्फोट हुए हैं। पुलिस ने आँसू-गैस छोड़ा, लाठीचार्ज किया, गोलियाँ बरसायीं। अनगिनत लोगों को गोलियाँ लगी हैं। सचिवालय के सामने बैरिकेड खड़ा कर दिया गया है। आशंका की गई थी कि इस संघर्ष में काफी लोग मारे जाएँगे। लेकिन ऐसा नहीं हुआ। चूँकि ऐसा नहीं हुआ, इसलिए उन लोगों ने राहत की साँस ली है।

"हड़ताल में, सचमुच किसकी विजय हुई?" मैंने पूछा।

काफी देर सोचने के बाद, झ ने जवाब दिया, "सच कहूँ?"

"हाँ, बेशक!"

"हालाँकि यह सच सुनकर अच्छा नहीं लगेगा, फिर भी सच यही है कि हड़ताल में कट्टरवादी ही जीते हैं।"

"क्यों? हड़ताल तो कट्टरवाद-विरोधियों ने भी बुलायी थी...?"

"तुम्हें तो यह बात मैं पहले ही बता चुकी हूँ। छात्रों ने हड़ताल मजबूरी में

बुलायी थी। उन लोगों को रोक न पाने की लाचारी में उन्हें हड़ताल का आह्वान करना पड़ा। समूचे देश में सड़कों पर हड़ताल के पिकेटर कौन थे? कट्टरवादी लोग! किन लोगों ने बड़ी-बड़ी सभाएँ कीं? कट्टरवादियों ने! शहर की सड़कों पर जुलूस निकाला किन लोगों ने? कट्टरवादियों ने! हाँ, बस, थोड़ी-सी जगहों में कट्टरवाद-विरोधी लोगों ने खड़े-खड़े सिर्फ नारे लगाये। उन लोगों ने यह साबित करना चाहा कि उन्हीं लोगों की पुकार पर यह हड़ताल हुई है। लेकिन जनता को तो मालूम है कि यह हड़ताल किसकी पुकार पर हुई है! इधर, चलो, अच्छा ही हुआ, विपक्षी पार्टी ने जो ऐलान किया था कि वे लोग, किसी भी कीमत पर हड़ताल रोकेंगे। आज अगर वे लोग कुछ करते, तो अनगिनत लोगों को अपनी जान से हाथ धोना पड़ता।

सोने जाने से पहले, झ ने कहा, "तसलीमा पक्ष संगठन के चंद लड़के-लड़कियाँ, हाथ में बैनर थामे, प्रेस-क्लब के सामने चल रही सभा में आए थे। कट्टरवाद-विरोधी छात्र-नेताओं ने तसलीमा के पक्ष का बैनर, प्लेकार्ड वगैरह छीनकर फाड़-फूड़ डाला और साफ कह दिया कि हम यहाँ तसलीमा के समर्थन में सभा नहीं कर रहे हैं, कट्टरवाद-विरोधी आन्दोलन पर उतरने का मतलब तसलीमा के समर्थन में उतरना नही है।"

1 जुलाई, शुक्रवार।

आज शुक्रवार है! झ ऑफिस नहीं जाएँगी। वैसे झ जिस दिन ऑफिस न जाएँ, तो इस कमरे में आकर ज्यादा-ज्यादा वक्त गुजारें, ऐसा नहीं है। लेकिन फिर भी...झ अगर घर में हों, तो मैं राहत महसूस करती हूँ! इसलिए नहीं कि उस दिन दोनों वक्त मुझे खाना नसीब होगा। मुझे राहत इसलिए मिलती है कि उस दिन घर में, अजाने आततायी घुस भी आएँ। झ उन्हें रोक लेंगी। झ के पास आत्मरक्षा के लिए हर वक्त पिस्तौल मौजूद रहती है। झ वाकई गोली मार सकती हैं या नहीं, सशस्त्र लोगों का झुंड घर में अगर जबरन आ घुसे, तो वे उसे रोक पाएँगी या नहीं, इस बारे में भले निश्चित नहीं हूँ। मगर फिर भी यह घर सुरक्षित लगता है। झ की पिस्तौल भी अगर काम न करे, तो भी पहले से खबर पाकर वे मुझे कम से कम उस खोखर में घुसेड़कर बचा तो सकती हैं।

कट्टरवादी समूचे देश में जयजयकार कर रहे हैं। वे लोग हड़ताल सफल करने के लिए, अवाम का अभिनन्दन कर रहे थे। हड़ताल सफल हुई। विजय अवश्यंभावी है! तसलीमा को फाँसी होगी ही होगी। ब्लासफेमी कानून भी जरूर पास होगा। उन लोगों ने अपना अगला नया कार्यक्रम भी पेश कर दिया है। आज शाम बयतुल मुकर्रम के उत्तरी गेट पर जमाते इस्लामी का समावेश और विक्षोभ-जुलूस! आज से 25 जुलाई तक जन-सम्पर्क, 16 से 31 जुलाई तक हर थाने में इमाम-उलेमा सम्मेलन। इस वक्त

तक सारी माँगें अगर पूरी नहीं हुईं, तो अगले आन्दोलन के नये कार्यक्रम के बारे में घोषणा की जाएगी। जमाते इस्लामी की सभा में कहा गया है कि बांग्लादेश की अवाम, शहीद होने के लिए तैयार है। कुरान और अल्लाह रसूल की अवमानना बर्दाश्त नहीं की जाएगी। यह भी कहा गया है कि प्रेसिडेंड क्लिंटन ने तसलीमा की व्यक्तिगत सुरक्षा के लिए चिन्ता जाहिर की है। हालाँकि 12 करोड़ मुसलमानों की धार्मिक अनुभूति को चोट लगने के बारे में, एक भी शब्द नहीं कहा। शयखुल हादिस ने कहा है कि माँगें पूरी न होने तक, वे अपने घर नहीं लौटेंगे।

साम्प्रदायिकता-विरोधी छात्र वर्ग ने भी महीने भर की नयी कर्मसूची पेश करने के बारे में सोच रखा है। अखबार में एक और खुशखबरी भी छपी है। नॉर्वे के राजदूत दिल्ली होते हुए, बांग्लादेश आए हैं। मेरी सुरक्षा के बारे में वे बांग्लादेश सरकार से बात करेंगे।

यह खबर देखकर झ ने कहा, "सुना है, नॉर्वे, बांग्लादेश को काफी आर्थिक मदद देता है। खालिदा सरकार ने अगर दायें-बायें किया, तो वे मुसीबत में पड़ जाएँगी। उस पर से अमेरिका के प्रेसिडेंट, खुद बिल क्लिंटन ने कहा है कि वे तुम्हारी सुरक्षा के बारे में सोच रहे हैं।"

"तो क्या मेरी जमानत नहीं होगी? सरकार मुझे सुरक्षा देगी? मुकदमा वापस ले लेगी? लेकिन सरकार ने अगर ऐसा नहीं किया, तो कट्टरवादी सरकार को कच्चा ही निगल जाएँगे।"

—कच्चा ही निगल जाएँगे—यह भाषा-प्रयोग सुनकर, झ ने जोर का ठहाका लगाया।

उन्होंने सिर हिलाते हुए कहा, "देखो, तुम हिम्मत मत हारना! देखो तो सही, क्या होता है! वेट ऐंड वाच! इन्तजार करो और देखती रहो।"

आज इन्कलाब अखबार में एक अहम खबर छपी है—पूरे पन्ने पर यही यही खबरें!

—अल कुरान की मर्यादा को समुन्नत रखने के लिए सुबह से शाम तक हड़ताल पालन!

—**कल समूचा बांग्लादेश तौहीदी जनता की दखल में;** नास्तिक, मुरताद, इस्लाम-विरोधी और राष्ट्रद्रोही लोगों के खिलाफ करोड़ों-करोड़ मुसलमानों की राय़।

कल, बृहस्पतिवार, अभूतपूर्व हड़ताल का दिन था। समूचा बांग्लादेश तौहीदी जनता की दखल में आ गया। राजधानी ढाका समेत, बांग्लादेश के प्रति शहर-बन्दर से शुरू करके, 68 हजार गाँवों में नास्तिक, मुरताद, इस्लाम और राष्ट्रद्रोहियों के खिलाफ, सुबह से शाम तक, हड़ताल मनायी गई। यह हड़ताल किस लिए? इस्लाम का इतिहास, सांस्कृतिक परम्परा और अल-कुरान की मर्यादा अक्षत रखना ही इस हड़ताल का लक्ष्य था। हड़ताल की माँग थी—लोगों की धार्मिक भावनाओं को ठेस

पहुँचानेवाले और इस्लाम से खिलवाड़ करनेवालों को मिसाली सजा देना होगी। तथाकथित मुक्तिबुद्धि की चर्चा और गणतांत्रिक अधिकारों के नाम पर 'फ्री-स्टाइल' पंथियों की दुष्ट-बुद्धि के हमलों से, धर्म और धार्मिक महापुरुषों की मर्यादा की हिफाजत के लिए, फौरन से पेशतर, ब्लासफेमी कानून पास करना होगा। धर्मद्रोही पत्र-पत्रिकाएँ खारिज करना होंगी। सेवा के नाम पर, एक खास वर्ग के एन जी ओ क्रियाकलाप बंद करने होंगे। इस्लाम के इतिहास, सभ्यता-संस्कृति और अल-कुरान का सम्मान अटूट रखने के संकल्प के साथ, कल जो घटनाएँ घटीं, ऐसा और कहीं भी, कभी घटा है, इसकी कतई जानकारी नहीं है। बांग्लादेश के इतिहास में ऐसी तीखी और स्वतःस्फूर्त हड़ताल कभी नहीं हुई। कल बांग्लादेश के राजपथ पर आलिम-इस्लामपंथी जनता की दखल में था। मंगलवार को ढाका में घादानी में शामिल, एक नेता ने अपने भाषण के दौरान, चीख-चीखकर यह घोषणा की थी कि धर्मद्रोह पर विचार की माँग करते हुए, हड़ताल बुलानेवालों को, 30 जून को मैदान में नहीं उतरने देंगे। उनकी भाषा में धर्मद्रोह के विरुद्ध जो आन्दोलकारी लोग हैं, वे लोग रजाकार हैं और पाकिस्तान के दलाल हैं। लेकिन कल ये नेता जनाब और उनके चेले-चांटी मैदान में नजर ही नहीं आए। धर्मद्रोह के विचार की माँग करनेवाले आलिम और इस्लामपंथी ही कल दिन भर, राजधानी ढाका समेत, समग्र बांग्लादेश के मैदान में विचार करते रहे। सिर्फ ढाका के प्रेस-क्लब के सामने, हद से हद दो सौ घादानी, पुलिस की छत्रछाया में मौजूद थे। इसके अलावा, घादानी लोगों का कहीं, कोई अता-पता नहीं था। पता चला है कि भोर चार बजे, तसलीमा समर्थक, ये सब घादानी, प्रेस-क्लब के सामने, तोपखाना रोड तक आए और पुलिस से कह-सुनकर, वहाँ अपनी उपस्थिति कायम रखने का इन्तजाम किया; वर्ना मान-इज्जत एकबारगी चला जाता। इनके अलावा, समूचे बांग्लादेश में और कहीं भी, सुबह से शाम तक, स्वेच्छा से धर्मद्रोह के पक्षधर, इन सब घादानी चक्रों की चुटिया तक नजर नहीं आयी। इसी से यह साबित हो जाता है कि यह देश मुसलमानों का है; यह देश पवित्र कुरान के भक्तों का है। अब यह प्रमाणित हो गया है कि फतवाबाज साम्प्रदायिक रजाकार वगैरह फिजूल का धुआँ रचकर, गाली-गलौज देकर, मूल विषय को दबाते हुए, आम जनता को बेवकूफ नहीं बनाया जा सकता। कल रात फज्र की नमाज के बाद से ही राजपथ में तौहीदी जनता का रेला उमड़ पड़ा। हजारों-लाखों ने आवाज बुलन्द की—नारा-ए-तकबीर! अल्लाहो-अकबर! हमारा उत्स क्या है? ला इलाहा इलल्लाह! तुम्हारा नेता, मेरा नेता—विश्व नबी मुस्तफा! धर्मप्राण हजारों-हजार कंठों से निकले हुए नारों से जनपद, राजपथ मुखर हो उठा! विभिन्न जगहों पर धर्मद्रोही और मुरताद चक्र के चोरी-छिपे हमलों में, अल्लाह के इन बन्दों का खून झर रहा है, लेकिन उन लोगों को आगे बढ़ने से रोका नहीं जा सका। नतीजा यह हुआ कि घादानी-मुक्त बांग्लादेश के करोड़ों-करोड़ लोगों ने अपनी राय घोषित कर दी है—इस देश में धर्म को लेकर खिलवाड़

नहीं चलेगा। इस देश में धर्मद्रोही और उनके मददगारों और जोड़ीदारों के लिए कोई जगह नहीं है। तसलीमा, अहमद शरीफ गुट समेत, सभी धर्मद्रोहियों को सजा देना ही होगी। धर्मद्रोह के चिर-अवसान के लिये, फौरन से पेश्तर, ब्लासफेमी किस्म के कानून का प्रवर्तन करना होगा। दीर्घ 12 घंटों तक समूचे बांग्लादेश की जन-मैदान में प्रतिफलित और प्रतिबिम्बित, यह ऐतिहासिक गण-राय, आगामी दिनों में, बांग्लादेश के राजनीतिक परिमंडल में जरूर यह मील के पत्थर का काम करेगा। इधर काफी दिनों से यह गौर किया जा रहा है कि बांग्लादेश के एक खास वर्ग के बुद्धिजीवी लोगों में इस्लाम के विरुद्ध जहर उगलना, एक फैशन बन गया है। भारतीय ब्राह्मणवाद के तलबे चाटनेवाले ये तमाम लोग, उन लोगों के तन्खाहयाफ्ता एजेण्ट के अलावा, और कुछ नहीं हैं। तसलीमा, अहमद शरीफ गिरोह और इस गिरोह में शामिल लोगों के कुत्सित क्रियाकलापों के विरोध में 30 जून को हड़ताल की पुकार देते ही, भारतीय दलालों ने इस हड़ताल के प्रतिरोध की धमकी दी है। लेकिन जब उन लोगों को पता चला कि यह हड़ताल रोकी नहीं जा सकती, तब उन लोगों ने इसी 30 तारीख को जवाबी हड़ताल करके, कुछ-कुछ हासिल करने का मतलब गाँठने में जुट गए थे, हालाँकि अपना मतलब हासिल कर पाना तो दूर की बात, बेचारा घादानी चक्र मैदान में ही नहीं उतर पाये। उलामा बिरादरी कल एक मरण-संकल्प लेकर मैदान में उतरी थी--सिर देंगे, नहीं देंगे अमामा! राजनीतिक तबके की राय में कल बांग्लादेश में उलामा और इस्लामपंथियों के नेतृत्व में, संचालित, नजीरविहीन इस हड़ताल ने इस्लामी आन्दोलन की धारा में, सर्वथा नयी राह दिखायी है, नयी-नयी दिशाएँ खोल दी हैं। इस पृष्ठभूमि में, यह भी याद रखना जरूरी है कि राष्ट्रीय कवि नजरुल की मशहूर कविता की एक पंक्ति है--'बजा धमामा, बाँध रे, अमामा : सिर ऊँचा कर, मुसलमान! दावत देता नया जमाना, टूटे किले पर उड़े निशान!'

और भी खबरें!

युव कमांड और दलाल प्रतिरोध कमिटी के समावेश में वक्ताओं ने कहा--तसलीमा गिरोह को, सरकार अगर नाकाम रही, तो उसे चरम मूल्य चुकाना होगा। कल दैनिक बांग्ला के मोड़ पर, जातीय युव कमांड और भारतीय दलाल प्रतिरोध कमिटी द्वारा आयोजित, अलग-अलग सभाएँ हुईं। जनाब बी.एम. नजमुल हक और जनाब गुलाम नासिर के सभापतित्व में आयोजित, दो सभाओं में, प्रधान अतिथि के भाषण में, एन डी ओ सेक्रेटरी, अनवर जाहिद ने कहा--"आज के इस ऐतिहासिक हड़ताल के जरिये, जनता ने जो स्वतःस्फूर्त राय दी है, उसके प्रति श्रद्धा प्रदर्शित करते हुए, सरकार को तसलीमा गिरोह को सजा देने और 'जनकंठ' अखबार को निषिद्ध करने के बारे में कार्रवाई करना होगी। सरकार अगर ऐसा करने में व्यर्थ रही, तो सरकार

को इसका चरम मूल्य चुकाना होगा, जो बेहद खौफनाक होगा।...इस ऐतिहासिक हड़ताल से ही जंग की शुरुआत हुई है। अपनी जान, अपनी आजादी और अपना धर्म बचाने के लिए ही यह जंग बेहद जरूरी है।'' उन्होंने कहा, ''इस देश की माटी पर धर्म-पालन करने के लिए, देश को बचाना होगा और नास्तिकों को मात देना होगी। आज का दिन हमारे लिए विजय का दिन है। कुरान के विजय का दिन! स्वाधीनता की विजय का दिन। आज वह वक्त आ पहुँचा है, जब हर मुसलमान कंधे से कंधा मिलाकर, एकबद्ध हों और आलिम-उलामा, जातीयवादी झुंडों के नेताओं का, एक ही मंच पर जमा होना जरूरी है। एन जी ओ के पैसों से जो सब अखबार चलते हैं, वे लोग, एन जी ओ के खिलाफ बातें करने, आजादी की रक्षा के लिए आवाज उठाने की वजह से, अफवाहें फैला रहे हैं। इस्लाम, कुरान और मुसलमानों के खिलाफ जो लोग बदनामी फैलाते हैं, वे मुसलमान नहीं हैं। वे लोग जानते हैं कि इस देश से मुसलमानों को अगर हटाया जा सके, तो इस देश को कर चुकानेवाले राज्य में परिणत किया जा सकता है। आज की यह हड़ताल उनके लिए जीने-मरने का सवाल है। इसलिए अब फैसले की घड़ी आ पहुँची है। इस देश में या तो वे लोग रहेंगे या तौहीदी अवाम!''

मेजर बजलूल हुदा ने कहा है—''आज जो लोग हड़ताल को प्रतिहत करने के लिए मैदान में उतरे हैं, उन लोगों ने गणतंत्र की पीठ में छुरा भोंका है। स्वाधीनता, गणतंत्र और धार्मिक चेतना की रक्षा करने के लिए, हम काफी खून बहा चुके हैं। अब हम खून नहीं देंगे, खून लेंगे। यह सच है कि पिंडी के हाथ से देश को आजाद कराने के लिए, हमने सन् 71 में मुक्ति-युद्ध किया था, लेकिन इस देश को दिल्ली का गुलाम बनाने के लिए नहीं!''

प्रिंसिपल सिराजुल हक़ गोरा ने कहा—''आज हमारे देश और धर्मद्रोही लोगों को हमेशा-हमेशा के लिए निर्मूल करने की शपथ लेना होगी।''

खन्दकार अब्दुल मन्ना ने कहा—''सभी देशप्रेमी, राजनीतिक शक्तियों को एक ही मंच पर एकबद्ध होने के माध्यम से ही इस हड़ताल की मर्यादा-रक्षा संभव है।''

अब्दुल्लाहिल मसूद का वक्तव्य है—'देशद्रोही' घातक दलालों को जब तक इस देश से न खदेड़ा गया, हम अपने घर लौटकर नहीं जाएँगे।''

बाकी लोगों ने भी इसी तरह का वक्तव्य दिया—''देशद्रोहियों ने कहा था कि वे लोग देशप्रेमियों को सड़कों पर नहीं रहने देंगे। लेकिन आज यह बात साबित हो चुकी है कि बांग्लादेश में, देशद्रोही और धर्मद्रोही लोगों के लिए जगह नहीं है। इस देश में धार्मिक लोग ही रहेंगे। वगैरह-वगैरह!''

बयतुल मुकर्रम के उत्तरी गेट पर, मौलाना निजामी ने भाषण दिया। गेट के करीब खड़े होकर, वे भाषण नहीं देते। ऐसी राजनीतिक सभाओं के लिए, सड़क रोककर, विशाल मंच बनाया गया। जमाते इस्लामी के सेक्रेटरी और संसदीय दल

के नेता, मौलाना मोतीउर रहमान निजामी ने कहा—''स्वतःस्फूर्त इस हड़ताल के माध्यम से यह बात साबित हो गई कि इस्लाम और कुरान का अपमान करनेवालों के लिए, इस देश में कोई जगह नहीं है। जिन लोगों ने कुरान, आलेमा-उलामा लोगों के प्रति बेअदबी की है, इस हड़ताल के बाद, उन लोगों को तौबा कर लेनी चाहिए। धर्मप्राण लोगों के इमानी तकाजे पर ही यह स्वतःस्फूर्त हड़ताल मनायी गई है। इस हड़ताल के दौरान पुलिस उतारने की जरूरत नहीं थी। सरकार ने घादानी कमिटी की रक्षा के लिए ही, कल सड़कों पर पुलिस को उतारा। पिछले कई दिनों की घटना ने यह प्रमाणित कर दिया कि घादानी लोगों के साथ, सरकार का गहरा सम्पर्क है। घादानिकों की तरह ही नष्टा-भ्रष्टा लेखिका के साथ भी सरकार का रिश्ता है!''

इसके बाद निजामी साहब ने उस नष्टा-भ्रष्टा लेखिका के बारे में विस्तार से वक्तव्य दिया।

इस्लामी छात्र शिविर नाराज है। उसने कहा है कि सरकार मुरतादों के पक्ष में है! 'भोरेर कागज' की खबर है—समूचे देश में हड़ताल की गयी। संघर्ष में 1 मृत, 300 से अधिक जख्मी! सिलहट में कट्टरवादियों ने एन जी ओ कार्यालय, क्लिनिक फूँक डाला। हड़ताल के बारे में संसद में गृहमंत्री का बयान! ढाका की घटना में 17 पुलिसकर्मी समेत सौ से भी अधिक आहत! हड़ताल के दौरान, विभिन्न स्थानों में व्यापक संघर्ष, तोड़-फोड़! अखबार और पत्रकारों पर आक्रोश!

एन जी ओ कार्यालय जला डाला? हाँ, जला डाला। कट्टरवादी फतवाबाजों ने कल सिलहट के जकीगंज थाने के आटग्राम में एन जी ओ संगठन, ग्राम विकास एफआइडीडीबी कार्यालय और कोवलिशन मेडिकल क्लिनिक में आग लगा दी। पूर्वयोजना मुताबिक, कल दोपहर 12 बजे, कई सौ कट्टरवादी, लोगों की जान लेने को आमादा हो गए और उन्होंने जकीगंज के आटग्राम में स्थित, एफआइडीडीबी कार्यालय पर हमला बोल दिया। आग बुझाने के लिए जब स्थानीय लोग आगे बढ़े, तो उन लोगों ने बाधा देकर रोक लिया। कार्यालय और क्लिनिक पूरी तरह जलकर खाक हो गया। थाने के निर्वाही अधिकारी ने बताया कि उन लोगों ने लगभग एक करोड़ रुपयों की सम्पत्ति जला डाली। घटना के दौरान दो पुलिस जानलेवा तरीके से जख्मी हुए हैं। संत्रासवादियों ने तीन मोटरसायकिलें जला डालीं। घटना के बाद, सिलहट से रिजर्व पुलिस समेत, एक एएसपी और एडीएम जकीगंज गए हैं। इधर कल सुबह से ही कुछेक कट्टरवादी कर्मियों ने सिलहट शहर के हॉकर प्वाइंट पर हमला करके, इन्कलाब और संग्राम को छोड़कर, भोरेर कागज, जनकंठ, आजकेर कागज समेत अन्यान्य अखबार छीन लिये। उन लोगों ने इन्कलाब और संग्राम को छोड़कर, बाकी सभी अखबारों की बिक्री बंद रखने को, हॉकरों को लाचार कर दिया। नतीजा यह हुआ कि सौ से अधिक अखबारों के हॉकरों का काफी नुकसान हुआ!

हड़ताल के बारे में सरकारी पक्ष, जैसे हमेशा से बयान देता आया है, इस

बार भी उसी तरह का बयान!—'विभिन्न राजनीतिक दल और संगठन की पुकार पर हड़ताल तथा जवाबी हड़ताल से ढाका में बस-गाड़ी, सवारियों के आवागमन में काफी परेशानी हुई! लेकिन समूचे देश में ट्रेन, लॉन्च का आवागमन स्वाभाविक था।' हालाँकि गृह मंत्री, अब्दुल मतीन चौधरी ने कम से कम चंद आहत-निहत लोगों की संख्या का जिक्र जरूर किया। कहाँ-कहाँ संघर्ष हुआ, कहाँ-कहाँ कॉकटेल फूटा, उसकी भी संक्षिप्त-सी फेहरिस्त दी गई है। लेकिन पुलिस ने किशोरगंज में एक नौजवान पर गोली क्यों चलाई, इस बारे में उन्होंने फरमाया—"किशोरगंज में एक झुंड लोगों ने ट्रेन रोकने की कोशिश की, पुलिस ने जाकर उस ट्रेन का उद्धार किया। इसके बाद जुलूस के लोगों ने पुलिस पर हमला बोल दिया और उनके हथियार छीनने की कोशिश की। उस वक्त हथियार और आत्मरक्षा के लिए पुलिस को गोली चलाना पड़ी। इसमें दो लोगों को गोली लगी। अरमान नामक एक शख्स ने दम तोड़ दिया। उसके वालिद का नाम अनवर हुसेन है। एक और शख्स भी गोली का शिकार हुआ। मयमनसिंह मेडिकल कॉलेज अस्पताल में उसका इलाज जारी है। उसका नाम अशरफ है।

कल शुक्रवार, सुबह से शाम तक हड़ताल के दौरान, चट्टग्राम, बरीसाल, सिराजगंज, किशोरगंज समेत विभिन्न जगहों में व्यापक संघर्ष, बमबाजी, हमले, जवाबी हमलों की घटना हुई। हड़ताल की पुकार देनेवाले, परस्पर-विरोधी, दोनों पक्षों के संघर्ष और टकराव में तीन सौ से अधिक लोगों के जख्मी होने की खबर मिली है।

मौलाना निजामी ने कहा है कि इस हड़ताल ने यह प्रमाणित कर दिया कि इस्लाम और क़ुरान की अवमानना करनेवालों के लिए इस देश में कोई जगह नहीं है। जिन लोगों ने कुरान और आलिम-उलामा लोगों के प्रति बेअदबी की है, इस हड़ताल के बाद, उन लोगों को तौबा कर लेना चाहिए। मौलाना निजामी ने और भी बहुत सारी बातें कहीं। इतनी सारी बातें पढ़ते-पढ़ते मेरा जी उचट गया। मेरा मन दहशत से भर उठा। मेरे देश में ही मेरे लिए जगह नहीं है, यह सुनना, अब मेरी बर्दाश्त बाहर हो गया।

2 जुलाई, शनिवार।

'इस्लाम कायम न होने तक यह जनजागरण नहीं थमेगा।'—शयखुल हादिस ने कहा है; कल 30 जून की हड़ताल में पुलिस की गोली से किशोरगंज के शहीद अरमान की रूह की मगफिरात कामना और नास्तिक मुरताद एन जी ओ एजेंटों के संत्रास के प्रतिवाद में दुआएँ की गईं और विक्षोभ-जुलूस निकाला गया। एन जी ओ क्रियाकलाप और नास्तिक मुरताद प्रतिरोध आन्दोलन के आवाहक् और बांग्लादेश **खिलाफत** मजलिस के अभिभावक, परिषद के चेयरमैन, शयखुल हादिस ने कहा है

कि चाहे अपना खून ही क्यों न बहाना पड़े, मगर इस देश में इस्लाम चाहिए ही चाहिए। आज दलालों की पहचान कर ली गई है। ये दलाल-आसामी लोग अगर रिहा कर दिए गए, तो सरकार को ही आसामी चिन्हित किया जाएगा। न्याय का यह पूर्व-अभियान देखकर, खारिज लोगों के बदन में आग लग गई है। खैर, इसमें कोई डर की बात नहीं। सच्चाई सामने लाने के लिए, इन्कलाब के सम्पादक का खून करने की कोशिश की गई है। मुसलमान झूठ के सामने कभी सिर नहीं झुकाता।

अरमान को अपनी पार्टी का सदस्य होने का दावा करते हुए, कोई भी पार्टी जुलूस निकालने को तैयार नहीं है। यूँ तो पुलिस की गोली से अगर कोई मर जाता है, तो विरोधी राजनीतिक पार्टियों में, उसे अपनी पार्टी में खींचने के लिए आपस में छीना-झपटी मच जाती है। लेकिन इस बार अवामी लीग की तरफ से कोई दावा नहीं किया गया। इसलिए यह लड़का बेहद स्वाभाविक ढंग से ही शयखुल हादिस की ही पार्टी का है!

इधर कल सिलहट में कट्टरवादियों ने पाटमंत्री की गाड़ी तोड़-फोड़ डाली। पाट-मंत्री, हन्नान शाह मुक्तियोद्धा थे! जब वे सर्किट हाउस से लाकातूरा गॉल्फ क्लब की तरफ जा रहे थे, तो पौर प्वाइंट पर, नास्तिक मुरताद प्रतिरोध आन्दोलन की सभा से—पकड़ो-पकड़ो, मुक्तियोद्धा को पकड़ो—का शोर मचाते हुए, मंत्री की गाड़ी को निशाना बनाकर, कुछ लोगों ने कंकड़-पत्थर फेंका। गाड़ी चकनाचूर हो गई। आखिरकार पुलिस, मंत्री जी को सर्किट हाउस में वापस ले गई। पुलिस और कट्टरवादियों में मुठभेड़ हो गई! कंकड़-पत्थर के हमले में 25 लोग जख्मी हो गए। कट्टरवादियों के हमले से बी एन पी के कर्मचारी बेतरह भड़क गए, जिससे पूरे शहर भर में उत्तेजना फैल गई। इस घटना के बाद पुलिस-गश्त और बढ़ा दी गई है और हर मोड़ पर पुलिस तैनात कर दी गई है।

कल ही किशोरगंज में अरमान का नमाजे-जनाजा भी अदा किया गया। जनाजे में बीस हजार से भी ज्यादा लोगों ने हिस्सा लिया। किशोरगंज शहर में अभी भी उत्तेजना फैली हुई है और स्थिति तनावपूर्ण है। परिस्थिति पर काबू पाने के लिए पुलिस सुपर ने फौरन कार्रवाई करते हुए, छः पुलिसवालों को संस्पेंड कर दिया। शहर में धारा 144 की अवधि 48 घंटे और बढ़ा दी गई है।

'भोरेर कागज' की एक छोटी-सी ख़बर, सारी ख़बरों की आड़ में पड़ गई है। खबर की सुर्खी है—'तसलीमा की छोटी बहन को टेलीफोन पर धमकी!' तसलीमा नसरीन के पारिवारिक सूत्रों से पता चला है कि पिछले दो दिनों से टेलीफोन पर जाने कौन या कौन लोग, उन लोगों की हत्या की धमकी दे रहे हैं। तसलीमा की छोटी बहन, यास्मीन ने बताया कि पिछले कुछ दिनों से टेलीफोन पर यह धमकी दी जा रही है कि वे लोग अगर सड़क पर निकले, तो उनका खून कर दिया जाएगा।

'आजकेर कागज' की खबर—धर्म के कारोबारी शिविर संत्रासवादियों के हाथ,

बैंक अधिकर्ता लांछित! गालिब रज़ा नामक, एक बैंक अधिकर्ता, इस्लामी शिविर के सशस्त्र लोगों के हाथों से, अपनी जान से तो बच गए, मगर उनके शरीर पर आठ-आठ टाँके लगे हैं और टूटा हाथ लिए, दर्द से छटपटा रहे हैं। पिछले बृहस्पतिवार को साम्प्रदायिकता-विरोधी छात्र समाज की पुकार पर की गई हड़ताल के दौरान, गालिब रजा पैदल-पैदल मोतीझील की तरफ जा रहे थे। शिविर के कैडरों ने उन्हें निर्मूल कमिटी का आदमी समझकर, खूब मारा-पीटा। आस-पास के सहकर्मी, आखिरकार, गालिब को पी जी अस्पताल में भर्ती करा आए। हड़ताल के दिन निरीह राहगीरों के अलावा, विभिन्न दैनिक समाचारों के पत्रकारों को भी, कट्टरवादियों ने लांछित किया।

वासद के नेता, खालेकुज्जमान ने तोपखाना रोड पर कट्टरवादियों की बमबाजी की निन्दा की है। उन्होंने कहा है कि देश के लोगों की धार्मिक अनुभूतियों को पूँजी बनाकर, ये लोग आज संत्रासी कर्मकांड में लिप्त हैं। देश के असंख्य लोग धार्मिक आचार-अनुष्ठानों का पालन करते हैं। इसके लिए बमों की जरूरत नहीं पड़ती। लेकिन कट्टरवादियों की नजर मध्य-पूर्व के कच्चे रुपयों पर गड़ी है। मध्य-प्राच्य के विभिन्न देशों से ये लोग करोड़ों-करोड़ रुपए हथिया रहे हैं और देश के सरल धर्मप्राण लोगों को गुमराह करने के लिए, धर्म को साइनबोर्ड के तौर पर इस्तेमाल कर रहे हैं। उन्होंने धर्म के राजनीतिक और व्यावसायिक इस्तेमाल के प्रति, देशवासियों को सजग रहने का आह्वान किया है।

बी.बी.सी. पर डॉ. कमाल हुसेन का इंटरव्यू प्रचारित किया गया है! कमाल हुसेन ने कहा है कि ये कट्टरवादी ताकतें अब समझ गई हैं कि देश में अगर गणतंत्र अटूट रह गया, संसदीय गणतंत्र के जरिए अगर गणतंत्र के प्रतिष्ठानिक स्वरूप को रूपायित किया गया, तो उन लोगों की राजनीति बारह के भाव नष्ट हो जाएगी। इसीलिए ये कट्टरवादी कभी भी गणतंत्र को अटूट नहीं रहने देंगे; वे लोग नहीं चाहते कि गणतंत्र मजबूत हो! इन दिनों उन लोगों ने विचित्र कौशल अपनाया है। एक तरफ वे लोग सरकार से रिश्ता बनाए हुए हैं, उनसे सांठगांठ कर ली है, पार्लियामेंट में बी एन पी को सरकार गठन में मदद की है। लेकिन अगले चरण में, ये ही कट्टरवादी, विरोधी दल से गठजोड़ करके, पार्लियामेंट का लगातार बहिष्कार कर रहे हैं। सबसे विचित्र बात यह है कि सरकार से नाता-रिश्ता बनाए रखने के साथ-साथ विरोधी पार्टियों के साथ भी सम्पर्क रखकर, उन लोगों ने अजीब अस्वाभाविक स्थिति रच डाली है। पार्लियामेंट को ठप्प करने के मामले में उन लोगों की एक निश्चित भूमिका है। पार्लियामेंट के बाहर, वे ही लोग, कई-कई बहानों से स्थिति को उत्तप्त बनाए रखने की कोशिश कर रहे हैं। अवाम को गुमराह करने की कोशिश कर रहे हैं।

जरूरत पड़ी तो, अमेरिकी दूतावास का घेराव किया जाएगा—यह बात तहफ्फुजे हरमाइन कमिटी के सभापति, मौलाना सादिक अहमद ने कही है। अमेरिकन प्रेसिडेंट,

बिल क्लिंटन ने मेरे पक्ष में वक्तव्य दिया है, इसी वजह से मूलतः विरोध करते हुए सादिक अहमद ने कहा है, 'तसलीमा को गिरफ्तार करने के मामले में सरकार की तरफ से देरी काफी रहस्यजनक है और अमेरिकी सरकार के हालिया वक्तव्य से इसका गहरा सम्बन्ध है! ऐसी स्थिति में अगर जरूरत पड़ी, तो अमेरिकी दूतावास का घेराव किया जाएगा।'

'आजकेर कागज' में खबर छपी है—सादिक अहमद के इस भड़काऊ और कूटनीतिक राजनीति-वर्जित बयान से समूची अवाम आज आतंकित, उद्विग्न, शंकित और मर्माहत है। किसी देश के अन्तर्राष्ट्रीय सम्पर्क के मामले में दूतावास, सर्वोच्च सम्मानित, निरपेक्ष और स्पर्श-कातर इलाका होता है। यहाँ तक कि जंग के दिनों में भी परस्पर विरोधी ताकतें, दूतावास पर हमले से परहेज रखती हैं। यह अन्तर्राष्ट्रीय कानून है! ऐसी स्थिति में अमेरिकी दूतावास घेराव करने की धमकी, हमारे अन्तर्राष्ट्रीय सम्पर्क के मामले में कितना बड़ा विपर्यय है और इस वजह से कितनी मुसीबत हो सकती है। यह बात कोई भी स्वस्थ और शांतिप्रिय इन्सान बखूबी समझ सकता है। लेकिन हमारे देश का एक वर्ग, उग्रपंथी, साम्प्रदायिक-स्वाधीनता-विरोधी, अपशक्ति, अन्तर्राष्ट्रीय रीति-नीति की परवाह न करते हुए, हमेशा ही ऐसे भड़काऊ भाषण दिए जा रहा है, जो देश-विदेश में हमारा मान-सम्मान, इज्जत धूल में मिला रहा है। ऐसे साम्प्रदायिक, स्वाधीनता-विरोधी और कट्टरवादी चक्र के भड़काऊ बयान और वक्तव्यों में ढाका का विदेशी कूटनीतिज्ञ महल, अपनी सुरक्षा के बारे में बेहद चिन्तित है—यह भी पता चला है। लेकिन यह बात दुखद भले हो, लेकिन सच है कि हमारी सौ प्रतिशत गणतांत्रिक सरकार के दावेदार भी, इन सब उग्रपंथी साम्प्रदायिक ताकतों की सभी अपकर्मों की तरह, कूटनीतिक शिष्टाचार-विवर्जित, उद्वेगपूर्ण क्रियाकलापों को भी चुपचाप हजम करती रही है। किसी दूतावास के घेराव जैसा वक्तव्य प्रकाशित होने के बाद भी, सरकार...गणतांत्रिक सरकार...विकासोन्मुख सरकार, यूँ खामोश कैसे रह सकती है। हमारी समझ से बाहर है।...

काफी लम्बा लेख है। मूलतः इसमें सरकार को ही दोष दिया गया है। कट्टरवाद के उत्थान पर, सरकार खामोश क्यों है? असल में सरकार से चाहे जितने भी सवाल किए जाएँ, सरकार क्या कभी, कोई जवाब देगी? नहीं, हरगिज नहीं देगी। सरकार की चाहे जितनी भी निन्दा की जाए। सरकार क्या इसकी नोटिस लेती है? नहीं! नहीं लेती!

रात एक बजे को क आईं। आते ही, बिना कोई और बातचीत किए, फट्‌ से कहा, "चलिए!"

कहाँ जाना है, यह नहीं मालूम! वैसे, मेरे लिए तैयार होने जैसा कुछ भी नहीं

था। मैंने झट साड़ी लपेट ली।

झ कुछ देर हतबुद्ध-सी खड़ी रहीं।

थोड़ा ठहरकर, उन्होंने क से पूछा, "इसे कहाँ ले जा रही हैं?"

क ने कोई जवाब नहीं दिया।

वैसे मैंने भी पूछा, मगर जवाब नहीं मिला।

इस वक्त क जो अच्छा समझेंगी, वही करेंगी। मैंने अपनी जिन्दगी, पूरी तरह क के हाथों में सौंप दी है। इन दिनों क अगर चाहें, तो मुझे बयतुल मुकर्रम में छोड़ आएँ, चाहें तो किसी अँधेरी गुफा में फेंक आएँ। मेरा जीना-मरना क के फैसले पर ही निर्भर करता है।

बाहर लाल रंग की एक गाड़ी अँधेरे में इन्तजार कर रही थी। माथे पर पल्ला डाले, मैं जल्दी से गाड़ी के अन्दर समा गई। क ने मुझे पिछली सीट पर बिल्कुल लेट जाने को कहा और खुद सामने की सीट पर आ बैठीं। गाड़ी चल पड़ी।

गाड़ी कहीं आ रुकी!

कहाँ? इसका अनुमान लगाना, मेरे बूते से बाहर है। सामने एक दुमंजिला मकान। क के पीछे-पीछे मैं भी उस मकान में दाखिल होती हूँ। दरवाजा खोलकर, जो शख्स मेरे सामने आ खड़े हुए, उन्हें देखकर मैं अवाक् रह गई। वे इस देश की मशहूर कलाकार हैं! फर्ज करें, वे ञ हैं! ञ और उनकी पत्नी ने मुझे एक कमरे में धकेल दिया। क दरवाजे से ही अंतर्धान हो गईं।

ञ से मेरा कोई पूर्व-परिचय नहीं था। इससे पहले, ञ जैसे कलाकार को दूर से देखकर ही मैं धन्य हो जाती थी। उनके करीब जाकर, उनसे जान-पहचान करूँ, इतना साहस मुझमें कभी नहीं था। अब, मैं ञ के घर आ गई हूँ। उन्होंने मुझे रहने के लिए, अलग एक कमरा दे दिया है। कमरा छोटा है। लेकिन खूबसूरत है! घर में सारा सामान सुव्यवस्थित! सजा-सँवरा! काठ के बेड पर बिस्तर बिछा हुआ! बेड की बगल में एक मेज! मेज की बगल में एक कुर्सी! सिर पर पंखा! मैंने पंखा ऑन किया और बिस्तर पर लेट गई। हैरत है! मुझे जरा भी डर नहीं लग रहा है। इस घर में, मैं काफी सुरक्षित महसूस कर रही हूँ! सच तो यह है कि इस घर में अगर कोई मुझे मार भी डाले, तो मुझे कोई दुःख नहीं होगा। मैं तो यह अन्दाजा लगाने की कोशिश करती रही कि उस शख्स का मन कितना विशाल होगा, जो मेरे ऐसे समय में मुझे पनाह देने को राजी हो जाए। जब कलाकार, साहित्यकारों ने मुझे अस्वीकार कर दिया, जब उँगलियों पर गिनने लायक, महज चंद लोग, मेरे पक्ष में डरते-सहमते, अचानक-अचानक जुबान खोल रहे हैं, तब ऐसे बड़े कलाकार ने, कितना बड़ा खतरा मोल लेकर मुझे पनाह देने की हिम्मत दिखाई है, हालाँकि इसका अन्दाजा लगाना मुश्किल है, फिर भी मैंने अन्दाजा लगाने की कोशिश की। मेरे प्रति ञ की संवेदना ने मेरा मनोबल बढ़ा दिया है। इसने मेरा मृत्यु-भय कम कर दिया है।

३ जुलाई, रविवार।

इस कमरे के दरवाजे पर, झ के दरवाजे की तरह, बाहर से ताला नहीं लगाना पड़ता। वैसे कमरे से बाहर निकलने की मुझे मनाही है। कमरा अन्दर से बंद करके बैठे रहो, बस! इस घर का नौकर भी नीचे, बावर्चीखाने में ही व्यस्त रहता है। ऊपर की मंजिल पर सोने का कमरा! ञ और उनकी पत्नी, हमेशा ऊपर की मंजिल पर बने रहते हैं। उनकी निगाहों के सामने, कोई नौकर-चाकर की इतनी मजाल नहीं है कि वह इस कमरे में ताक-झाँक करे और कोई निषिद्ध चेहरा देखे। यहाँ ऐसी कोई आशंका नहीं है।

सुबह-सवेरे ञ की पत्नी ट्रे में नाश्ता सजाकर ले आईं; दोपहर और रात का खाना भी वे ही पहुँचा गईं। अच्छा खाना! भात, मछली, साग-सब्जी! मैंने सारा खाना चाट-पोटकर खाया। पेट में मानो जन्मों की भूख समायी हुई! ञ और उनकी पत्नी काफी देर तक मुझसे गपशप करते रहे। देश के हालात पर, दोनों प्राणी अफसोस जाहिर करते रहे।

ञ ने लम्बी-लम्बी उसाँसें छोड़ते हुए कहा, "देश में कट्टरवादियों ने अन्दर ही अन्दर इतनी ताकत इकट्ठी कर ली है, मुझे अन्दाजा नहीं था।" वे मेरे बारे में भी बेहद चिन्तित हैं। आजकल तो सभी प्रगतिशील लोगों के लिए फिक्र होने लगी है। कट्टरवाद अगर रोका नहीं गया, तो सर्वनाश हो जाएगा। यह देश पूरी तरह, कट्टरवादियों के हत्थे चढ़ जाएगा। तब यह देश मुक्त-बुद्धि लोगों के रहने-बसने लायक नहीं रह जाएगा।

खैर, यह देश रहने लायक नहीं रहेगा, यह मैं भी समझती थी। अखबारों में विशाल-विशाल जुलूसों की तस्वीरें। मुक्तियुद्ध के पक्षधर, तमाम अखबार, हालाँकि कट्टरवादियों की विशाल सभाओं, जुलूसों की कोई खबर नहीं छपती थी। फिर भी दिखाते ऐसा थे मानो आन्दोलनों में कट्टरवाद-विरोधी ताकतों की विजय हो रही है। लेकिन, जब कट्टरवादियों के अखबारों पर नजर डालते थे, तो एकदम से आतंकित हो उठते थे। ये कट्टरवादी कई-कई खौफनाक और भयानक कांडों को अंजाम दे चुके हैं। कट्टरवाद की खबरें छापना अगर बंद कर दें, तो भी कट्टरवाद मर नहीं जाता। कट्टरवाद बदस्तूर जारी है! वही लोग सब जगहों पर राज-पाट कर रहे हैं। कल लंदन टाइम्स में जो सम्पादकीय प्रकाशित हुआ था, आज देश के विभिन्न अखबारों में भी छपा है। यहाँ के अखबारों में इस खबर का शीर्षक है—बांग्लादेश! बांग्लादेश में अनाजों की पैदावार बढ़ी है। देश में अब खाद्य का अभाव नहीं है। लेकिन अब यह तरक्की, धमकियाँ झेल रही है! उग्र कट्टरवादियों के हिंस्र आन्दोलन, देश के लिए मुसीबत को दावत देने लगे हैं।

ऐसी असावधानी में देश में किसी भयंकर अग्निकांड का दृश्य आँखों के सामने होगा। बांग्लादेश सरकार की कमजोरी की वजह से, इस्लामी उग्रवादियों के इन

आन्दोलनों की शुरुआत से ऐसे हादसों की आशंका जाहिर होने लगी है। सरकार ने नारीवादी लेखिका, तसलीमा नसरीन के खिलाफ गिरफ्तारी का वारंट जारी करके और दो पत्रकारों को हाजत में भरकर, अपनी इसी कमजोरी का परिचय दिया है। इसी घटना की वजह से देश में परस्पर विरोधी हड़तालें हुईं। सरकार ने पहली भूल तो यह की कि तसलीमा नसरीन का 'लज्जा' उपन्यास निषिद्ध कर दिया। सरकार ने इससे भी बड़ी भूल यह ऐलान कर दिया कि तसलीमा नसरीन ने शरीयत-संस्कार की माँग करके धर्मद्रोह का परिचय दिया है और कट्टरवादियों की माँग के आगे सिर झुका दिया। ऐसा करके, सरकार ने कट्टरवादियों के आन्दोलन की आग में घी डालने का काम किया है। कट्टरवादी लोग अब धर्मद्रोह का कानून पास कराने और अखबार पर सेंसरशिप लागू करने के लिए आन्दोलन कर रहे हैं और सहायक संस्थाओं पर पाबन्दी लगाने की माँग कर रहे हैं, जबकि बांग्लादेश के ग्रामीण बैंक और ग्रामीण ऐक्शन कमिटी, समूचे विश्व में मार्गदर्शन का काम कर रही है। बेगम जिया सरकार को कट्टरवादियों के शिकंजे से निकलने के लिए अब राह खोजना होगी।

संयुक्त राष्ट्र ने बांग्लादेश की राजनीतिक परिस्थिति और तसलीमा नसरीन के बारे में चिन्ता व्यक्त की है। यह खबर वाशिंगटन से भेजी गई है। खबर कुछ यूँ है—बांग्लादेश की सामग्रिक परिस्थिति और राजनीतिक संकट को लेकर चिन्तित है। लेखिका तसलीमा नसरीन की सुरक्षा को लेकर भी वे लोग बेहद फिक्रमन्द हैं। अमेरिकी विदेश कार्यालय के बांग्लादेश डेस्क की प्रधान, मिसेज रॅबीन रफाएल ने उच्च स्तर के किसी कूटनीतिज्ञ को बुलाकर, अपने देश की तरफ से चिन्ता जतायी है। उन्होंने कहा है कि बांग्लादेश में इन दिनों जो घट रहा है, वह कतई सुखद नहीं है। संयुक्त राष्ट्र सरकार चुप बैठी नहीं रह सकती। उन्होंने कहा कि हमारे पास विभिन्न सूत्रों से हर रोज ही खबरें पहुँच रही हैं। वहाँ हालात इन दिनों बेहद अस्थिर हैं। मौलिक अधिकार को चोट पहुँच रही है। बेहद व्यापक रूप में मानवाधिकार का उल्लंघन किया जा रहा है।

रफाएल ने कहा कि बांग्लादेश में संयुक्त राष्ट्र का कौशलगत कोई स्वार्थ नहीं है। संयुक्त राष्ट्र तो यह चाहता है कि यह देश आर्थिक तरक्की करे, अपनी अवाम का जीवन-स्तर में विकास करे। आर्थिक-सुधार कार्यक्रम, शुरू-शुरू में तो बुरा नहीं था। हालाँकि इसमें कोई निवेश नहीं लगा था। उम्मीद यह की गई थी कि यहाँ गणतांत्रिक प्रक्रिया सही ढंग से चलती रहेगी! लेकिन हाल की परिस्थितियों का विश्लेषण किया जाए, तो साफ जाहिर होता है कि गणतांत्रिक प्रक्रिया, भयंकर धमकियों का सामना कर रही है। सरकार और विरोधी दल में लेशमात्र भी तालमेल नहीं है। सत्ताधारी सरकार और विरोधी दल के 'स्टैंड' में जमीन-आसमान का फर्क है। ऐसी स्थिति में संकट बढ़ता जा रहा है। रफाएल ने कहा है कि संयुक्त राष्ट्र ने तो बांग्लादेश के गणतांत्रिक प्रतिष्ठानों को और ज्यादा सुदृढ़ करने की कोशिश की है। 20 संसद

सदस्यों को संयुक्त राष्ट्र में आमंत्रित करके, गणतांत्रिक प्रक्रिया के बारे में समझाया गया है। वर्तमान संकट मिटाने के लिए, ढाका में स्थित अमेरिका राष्ट्रदूत ने काफी कोशिश की। लेकिन् अब उन्होंने हथियार डाल दिए हैं। 5 जुलाई से 20 जुलाई तक, वे छुट्टी पर जा रहे हैं। लेखिका तसलीमा नसरीन के बारे में रॅबीन रफाएल ने साफ-साफ कह दिया है कि उनके लिखने की आजादी नहीं छीनी जा सकती। उनकी सुरक्षा निश्चित करनी होगी! वाशिंगटन से 'सेंसरशिप बाइ मैनहंट' शीर्षक से एक सम्पादकीय प्रकाशित किए जाने के घंटे भर के अन्दर-अन्दर, बांग्लादेश के एक कूटनीतिज्ञ को विदेश मंत्रालय में बुलाकर कहा गया है कि दुनिया भर के प्रचार-माध्यम क्या लिर रहे हैं, आपलोग जरूर देख रहे होंगे। सरकार, तसलीमा नसरीन को सुरक्षा क्यों नहीं दे रही है?—बांग्लादेश के कूटनीतिज्ञ ने जवाब दिया, सरकार उन्हें सुरक्षा नहीं दे रही है, यह बात गलत है। यह विषय अदालत तक पहुँच चुका है। तसलीमा अदालत में पेश हो जाएँ। उसके बाद सरकार उन्हें पूरी सुरक्षा देगी। उन्हें विदेश जाने की अनुमति दे दी गई है। पासपोर्ट लेकर वे हाल ही में विदेश सफर पर भी गई हैं। सफर के दौरान ही उन्होंने स्टेट्समैन अखबार को एक इंटरव्यू दे डाला।—संयुक्त राष्ट्र के मशहूर 'वाशिंगटन पोस्ट' अखबार ने तसलीमा की मदद के लिए दुनिया भर के देशों से आगे आने की अपील की है। तसलीमा के मृत्युदंड की खबर के बारे में उन्होंने कहा है कि वहाँ की सरकार ने जो कदम उठाए हैं, वह किसी भी सभ्यता में शामिल नहीं हैं। कोई भी सभ्य सरकार ऐसा नहीं कर सकती।

इधर बांग्लादेश के कूटनीतिज्ञों की नींद हराम हो गई है। लगभग दो हफ्तों से राजदूत हुमायूँ कबीर न्यूयॉर्क में हैं। वहाँ टाइम, न्यूज वीक और न्यूयॉर्क टाइम्स के साथ उन्होंने कई-कई मीटिंगें कीं। उन लोगों को यह समझाने की कोशिश की है कि तसलीमा के मामले में सरकार ने कोई कड़ा रुख नहीं अपनाया है। लेकिन लगता नहीं है कि इससे काम बन पाया। कुछ ही दिनों के अन्दर न्यूयॉर्क टाइम्स एक रिपोर्ट प्रकाशित करने जा रही है। टाइम मैगजीन ने अपने ढाका रिपोर्टर को विस्तृत रिपोर्ट भेजने के लिए पैगाम भेजा है। वहाँ भी खत के जरिए यह सूचना दी गई है कि तसलीमा के बारे में सरकार ने क्या 'स्टैंड' लिया है। न्यूजवीक ने कहा है कि तुम्हारे ही लोगों ने रिपोर्ट भेजी है। हम उसमें क्या कर सकते थे? तसलीमा की सुरक्षा सुनिश्चित करने के लिए संयुक्त राष्ट्र के लगभग तीन सौ मशहूर कवि, साहित्यकारों ने बयान दिया है। उन लोगों ने कहा है कि बांग्लादेश सरकार कट्टरवादियों के स्वार्थ की रक्षा कर रही है; मानवाधिकार की हत्या कर रही है! उसने वाक्-स्वाधीनता छीन ली है। वाशिंगटन और न्यूयॉर्क दूतावास में हर रोज निन्दा और सैकड़ों धमकी भरी चिट्ठियाँ पहुँच रही हैं। एक कूटनीतिज्ञ ने कहा है कि हम क्या इन्हीं सबमें व्यस्त रहेंगे? देश के लिए और कुछ भी करने की स्थिति नहीं है।

सबसे आखिरी खबर संयुक्त राष्ट्र का ख्याल है कि बेगम खालिदा जिया की

सरकार, कट्टरवादियों की विकल्प ताकत के तौर पर काम कर रही है। हमें याद रखना चाहिए कि क्लिंटन प्रशासन, किसी भी किस्म के कट्टरवादी क्रियाकलाप को प्रश्रय देने को राजी नहीं है।

बांग्ला बाजार में भी यह खबर है।

विदेश में हालाँकि मेरा नाम बार-बार लिया जा रहा है, लेकिन देश में कट्टरवादियों के अलावा और कोई भी मेरा नाम अपनी जुबान पर नहीं ला रहा है। मेरा नाम जुबान पर न लाने के बावजूद, वे लोग कट्टरवादी ताकतों के खिलाफ लड़ रहे हैं। चलो, यह भी गनीमत है! इसे मेरा व्यक्तिगत मामला बताकर, पहले तो कोई मैदान में उतरना ही नहीं चाहता था। अवामी लीग की मीटिंग में जिल्लूर रहमान ने कहा है—"सरकारी छत्रछाया में कट्टरवादी ताकतें मैदान में उतरी हैं।"

गनीमत है कि उन्होंने जुबान तो खोली। प्रेस क्लब के सामने छात्र-संघ ने साम्प्रदायिकता-विरोधी सभा की। वक्ताओं ने कहा है कि स्वाधीनता-विरोधी गुट कट्टरवादी फतवाबाज चक्र, समूचे देश में अराजकता फैला रहा है। इस अपशक्ति को अभी ही एकबद्ध तरीके से मात देने का यह चरम समय है। टी एस सी में मुक्तियोद्धा संसद की विचार-विमर्श सभा हुई। सभा में, अध्यक्ष आहाद चौधुरी, अब्दुर रज्जाक एम पी, काजी आरिफ अहमद, नूरुल इस्लाम नाहीद, पन्ना कैसर, मोइनुद्दीन खान बादल, प्रोफेसर मजहारुल इस्लाम, शाहिद अली, सुधांशु चक्रवर्ती वगैरह सभी ने प्रायः एक ही जैसा वक्तव्य दिया है—"सन् इकहत्तर के हत्यारे हमें चुनौती दे रहे हैं। यही हमारी उपलब्धि का समय है। उन लोगों के खिलाफ अगर हम सख्ती से खड़े नहीं हुए, तो हमारा नामोनिशान नहीं रहेगा। मुक्तियुद्ध के इतिहास की रक्षा के लिए, अगर जरूरत पड़ी, तो हम अपनी जान तक दे देंगे। राजनीतिक एकता और एकबद्ध आन्दोलन ही हमें एकजुट कर सकती है और एकमात्र इसी माध्यम से हम सन् इकहत्तर के हत्यारों को मात दे सकते हैं।" विचार-विमर्श के इस कार्यक्रम में मुक्तियुद्ध की चेतना, सर्वसाधारण में उद्‌बुद्ध कर देना और सन् इकहत्तर के कट्टरवादी हत्यारों को मात देने के इरादे से 14 फैसले लिए गए हैं। इनमें शामिल हैं—साम्प्रदायिक राजनीति को निषिद्ध करने की मांग के लिए जनमत गठन के इरादे से, स्कूल, कॉलेज मदरसा और विश्वविद्यालयों के विद्यार्थियों के हस्ताक्षर लेना, ऐसे वक्तव्य न देना, जो धार्मिक भावनाओं को ठेस पहुँचाएँ और घातक दलालों को मात देने के लिए, दल-मत निर्विशेष, सभी को एकबद्ध होने की अपील, वगैरह-वगैरह!

बाकी खबरों की सुर्खियाँ कुछ यूँ थीं—'हेल्थ क्वालीशन जलाने से जुड़े, जमात कार्यवाहकों को पुलिस गिरफ्तार नहीं कर रही है।', 'मानवता-विरोधी अपशक्ति के खिलाफ एक हों।'—छात्र लीग! 'कट्टरवादी शक्ति के खिलाफ नरसिंगी में स्वतःस्फूर्त हड़ताल! कट्टरवादी गिरोह धर्म के मामले में जो अतिशयता कर रहा है, वह शुभ नहीं है—कादिर सिद्दी की!' 'इस बंगाल में कट्टरवाद के लिए कोई जगह नहीं—कुष्ठिया

साम्प्रदायिक शक्ति प्रतिरोध कमिटी!' 30 जून की हड़ताल में छात्र-जनता पर जुल्म, निर्यातन के प्रतिवाद में समावेश, जुलूस!

4 जुलाई, सोमवार।

आज इन्कलाब का पूरा का पूरा पन्ना भरा हुआ है।

'—30 जून की ऐतिहासिक आम राय, ब्लासफेमी कानून का कोई विकल्प नहीं है।' विकल्प क्यों नहीं है, इसकी व्याख्या करते हुए, मसूद निजामी ने लिखा है—तसलीमा नसरीन ने आखिरकार कबूल किया कि वे नास्तिक हैं यानी वे सृष्टिकर्ता और धर्म में विश्वास नहीं करतीं। डॉ. शरीफ ने भी नास्तिक के तौर पर अपना परिचय दिया है। कोई शख्स आस्तिक है या नास्तिक या आस्तिक है भी, तो किस धर्म का अनुयायी है, इस बारे में सिर खपाने की जरूरत नहीं है। सवाल है, पारस्परिक सह-अवस्थान का! हर कोई अपने-अपने विश्वासों का प्रचार करेंगे, अपनी बात कहेंगे—लिखेंगे। लेकिन वे किसी और को खोंचा नहीं देंगे और किसी अन्य की धार्मिक भावनाओं पर आघात नहीं कर सकते, क्योंकि अपने-अपने धर्म का पालन, इन्सान का मौलिक मानवाधिकार है। किसी के भी इस अधिकार में कोई भी हस्तक्षेप नहीं कर सकता। सबके विश्वासों का आदर करते हुए ही, अपने विश्वास जाहिर करने के अधिकार, का उपयोग किया जा सकता है। यही गणतंत्र की रीति है और मानवाधिकार की विश्वजनीन स्वीकृत नीति। लेकिन स्वेच्छा से अपने को नास्तिक घोषित करनेवाले, डॉ. अहमद शरीफ और तसलीमा नसरीन ने धर्म के मामले में हद ही कर दी। उन लोगों ने खासतौर पर इस्लाम धर्म के खिलाफ और इस धर्म की विभूतियों और महापुरुषों के बारे में खुलेआम ढेरों आपत्तिजनक बातें कही हैं। जाहिर है कि स्वाभाविक नियम मुताबिक, इस्लाम धर्म के प्रति आस्थावान् धर्मप्राण मुसलमानों ने इसके विरुद्ध आवाज उठायी है। डॉ. अहमद शरीफ ने मुसलमानों की धार्मिक अनुभूति को आघात पहुँचाने के लिए अफसोस तो नहीं जाहिर किया, मगर वे ज्यादा दूर न जाकर, बीच में ही रुक गए। लेकिन तसलीमा नहीं रुकीं। तथाकथित नारी अधिकार आन्दोलन की उद्धारकर्ता बनकर, धर्म और इस्लाम के बारे में अज्ञता और व्यक्तिगत विद्वेष को मिलाकर, वे साहिबा बार-बार इस्लाम के विरुद्ध फूहड़ आलोचना करती रहीं। सिर्फ इतना ही नहीं, वे औरतों को उच्छृंखल होने के लिए उकसाती रही हैं। उन्होंने यह भी मंतव्य किया है कि पवित्र कुरान इन्सान का लिखा हुआ है और आधुनिक सभ्य समाज में यह ग्रंथ नितान्त अवैज्ञानिक है और इसकी कोई जरूरत नहीं है। इन सब हरकतों के लिए, तसलीमा को मिसाली सजा देने के लिए आलिम समाज और धर्मप्राण मुसलमान सरकार से माँग कर रहे हैं। यह बात गौरतलब है कि तसलीमा की हरकतों का जितना ही विरोध किया जा रहा है वे

उतनी ही लापरवाह होती जा रही हैं। उन्होंने कई बार यह मंतव्य भी जाहिर किया है कि उन्होंने बांग्लादेश का नक्शा मिटाकर, भारत के साथ बांग्लादेश को एकमेक करने का संकल्प लिया है। देशद्रोह और धर्मद्रोह की वजह से जब तसलीमा को गिरफ्तार करके सजा देने की जोरदार मांग उठायी गई, तो घादानिक लाइन पर, धरना देनेवालों ने तसलीमा के पक्ष में बयान और भाषण झाड़ना शुरू कर दिया। अतीत में जिन पर दलाली का ठप्पा लग चुका है, ऐसे चंद अपराधी भी तसलीमा को समर्थन देकर, अपनी प्रगतिशीलता का परिचय देने के लिए हाथ धोकर पीछे पड़ गए। इस बीच, देश में विशृंखलता फैलानेवाले एन जी ओ के समर्थन-पुष्ट चंद अखबार भी तसलीमा के पक्ष में हो गए हैं। जो लोग धर्मद्रोह का विचार और ब्लासफेमी कानून बनाने की मांग करते हुए आन्दोलन कर रहे हैं, तसलीमा समर्थक ये गिरोह, उन लोगों को फतवाबाज, धर्म-व्यवसायी और रजाकार कहते हैं और खुद कुरान की ताकत के तौर पर, इस्लाम के असली खादिम बनने को पगला उठे हैं। लेकिन धक्का-मुक्की में फँसकर, कुरान के पक्ष में शक्ति के तौर पर, इस्लाम का लिबास पहनने की कोशिश के बावजूद ये धूर्त-मक्कार बगुलों की बातें, अवाम ने ग्रहण नहीं कीं। सैकड़ों अप-प्रचार के बावजूद, आलिम और धर्मप्राण मुसलमानों ने धर्मद्रोह का विचार, ब्लासफेमी कानून लागू करने की मांग करते हुए, उनकी 30 जून की हड़ताल का आम जनता ने पालन किया। समूचे देश में स्वतःस्फूर्त हड़ताल का इस ढंग से पालन किया गया, जैसा इस देश में किसी दिन नहीं हुआ।

विरोधी पक्ष हड़ताल प्रतिरोध की पहली घोषणा करके, खास सुविधा नहीं कर पाए। इसलिए अगली बार उन लोगों ने एक ही दिन जवाबी हड़ताल की घोषणा कर दी। लेकिन हड़ताल के दिन तोपखाना सड़क पर पुलिस पहरे में चंद घादानिपंथी के अलावा, और किसी का भी अता-पता नहीं मिला। नजीरविहीन इस हड़ताल से साबित हो गया कि इस देश में धर्म से खिलवाड़ नहीं चलेगा। धर्मद्रोही और उनके मददगार और साथियों के लिए, इस देश में कोई जगह नहीं है। दीर्घ 12 घंटों के देशव्यापी हड़ताल के फलस्वरूप, जनता के दरबार में प्रतिफलित और प्रतिबिम्बित हुआ, ऐतिहासिक जनमत—इन्सान की धार्मिक भावनाओं पर चोट करना, नहीं चलेगा। धर्मद्रोह का विचार करना होगा और धर्मद्रोह हमेशा के लिए बंद करने के लिए, ब्लासफेमी कानून पास करना होगा। हड़ताल के दौरान किशोरगंज में पुलिस की गोली से स्कूल-छात्र, अरमान शहीद हो गया। वितर्कित एन जी ओ की नालिश पर, पुलिस ने सिलहट अंचल के मशहूर पीर, हयबत मौलाना अब्दुल लतीफ शाह चौधुरी के बेटे और नाती समेत, चंद लोगों को गिरफ्तार कर लिया। वैसे बाद में उन लोगों को छोड़ भी दिया गया। लेकिन मुकदमा वापस नहीं लिया गया। हड़ताल के दिन ही ब्राह्मणवादी और यहूदी मीडिया के तौर पर समालोचित, बी.बी.सी. ने सिगरेट पीनेवाली तसलीमा के जरिए कुरान के पन्नों से छेड़छाड़ कराया और उसके आंय-बांय

बकने के दृश्य को प्रचारित किया। दुर्भाग्य की बात यह थी कि बांग्लादेश टेलीविजन के जरिए यह दृश्य यहाँ भी टेलीकास्ट किया गया, वह भी हड़ताल के दिन! मुसलमानों के जले पर, इस घटना ने, नमक छिड़कने के लिए ही बी.बी.सी. ने तसलीमा का इंटरव्यू भी प्रचारित कर दिया है, यह बात कहने की अपेक्षा नहीं रखती। इस बीच, जर्मनी का 'डस स्पिगेल' पत्रिका ने 27 जून को तसलीमा के धर्मद्रोह से संबंधित इंटरव्यू भी छाप दिया। ऑस्ट्रेलिया की 'दी एज' पत्रिका में भी उसका इंटरव्यू छपा। जहाँ तक पता चला है, तसलीमा इन दिनों, ढाका स्थित किसी पश्चिमी देश के राजदूत हजरत की हिफाजत में हैं, यह बात कानून के खिलाफ है! ऐसा वे लोग हरगिज नहीं कर सकते। इस बीच नॉर्वे और स्वीडन की तरफ से भी तसलीमा के लिए चिन्ता व्यक्त की गई है। भारत का आनन्दबाजार और स्टेट्समैन अखबार और उस देश के कतिपय पंडित, तसलीमा को लेकर, अब, पहले की तरह लहालोट नहीं होते। पश्चिम बंगाल समेत, उस देश के मुसलमान भी तसलीमा की हरकतों से नाराज हैं। इन मुसलमानों के वोट खो देने के खौफ से, उस देश में तसलीमा को लेकर नाचना-कूदना फिलहाल स्थगित है। वैसे मौका मिले, वे लोग भी ताली बजाने से बाज नहीं आएँगे।

बांग्लादेश की अवाम की धार्मिक भावनाओं से खेलने का नतीजा, पश्चिमी लोगों की कल्पना में भी नहीं है, इसीलिए उस देश के अखबार, 'लंदन टाइम्स' ने बांग्लादेश में धर्मद्रोह की सजा कानून पास कराने की माँग की, अपनी जुबान में आलोचना कर ही सकता है। लेकिन उसके जो लोग यहाँ मौजूद हैं, वे लोग बखूबी जानते हैं कि अब स्व-विरोध की आँखमिचौनी के खेल के जरिए इस देश के लोगों को बुद्धू नहीं बनाया जा सकता।

बांग्लादेश के क्रिश्चियन पीस कॉन्फ्रेंस ने कहा है कि पश्चिमी मीड़िया समूह, दरिद्र देशों के लोगों की धार्मिक भावनाओं पर हमेशा ही चोट करते आए हैं। इस्लाम के विरुद्ध इस किस्म की चोट, अगर जारी रही, तो इसकी प्रतिक्रिया में ईसाई, बौद्ध वगैरह धर्मों के मामले में भी ऐसा ही होने की सरासर आशंका है। बांग्लादेश में धर्मद्रोह के विचार के लिए अगर ब्लासफेमी किस्म का कानून बना, तो लंदन टाइम्स अखबार का क्या नुकसान होगा, जो वे लोग इसका विरोध कर रहे हैं? उन लोगों के देशों में भी तो धर्म की रक्षा के लिए ब्लासफेमी कानून मौजूद है। असली बात यह है कि पश्चिमी लोग, अपने देश में सेकुलर होने के बावजूद मुसलमानों के मामले में भयंकर साम्प्रदायिक हैं। लंदन टाइम्स समेत कतिपय पश्चिमी देशों का आचरण, यही प्रमाणित करता है। यूरोप के बाल्कन क्षेत्र का मुस्लिम राष्ट्र—बोसनिया, अमेरिका के धार्मिक नेता, शेख उमर अब्दुल रहमान, इस्लामी राष्ट्र ईरान, अल्जीरिया का पुनर्जागरण और मुस्लिम जातीयवादी राष्ट्र, लीबिया को लेकर, विश्व ईसाई यहूदी चक्र, जो खेल खेल रहा है, वह सब जानते हैं। दुनिया भर में हर जगह, मुस्लिम

जागरण को ईसाई-यहूदी चक्र ने कट्टरवाद कहकर, इसे संत्रासवाद की सूची में शामिल कर लिया है और इसे ध्वंस करने को जी-जान से जुट गई है। बांग्लादेश के इस्लामी जागरण ने भी पश्चिमी और पड़ोसी ब्राह्मणवादी समुदाय को चिन्ता में डाल दिया है। इसीलिए वे लोग इस देश के इस्लामी पटरी पर चलनेवाले लोगों को कट्टरवादी होने का आरोप लगाना चाहते हैं और जनता-जनार्दन के सामने उन लोगों पर घोर निन्दा और धिक्कार बरसाना चाहते हैं! इसी पृष्ठभूमि में जिन्हें इस्लाम से दुश्मनी में लिप्त देखेंगे, उन्हें तरह-तरह से प्रोत्साहित करना चाहते हैं, जैसा कि इस देश में बसे उनके गुलाम और अन्यान्य साथी कर रहे हैं। दरअसल बांग्लादेश मूलतः अन्तर्राष्ट्रीय और भूमंडलीय साजिश का शिकार होकर, इस परिस्थिति में फँस गया है। हमारे देशवासी चूँकि उनकी चाल समझ गए हैं, इसलिए षड्यन्त्रकारी परेशानी में पड़ गए हैं, क्योंकि उन लोगों को यह अन्दाजा हो गया है कि साम्राज्यवाद और आधिपत्यवाद के खिदमतगार गुलाम, मौका पाते ही, इस देश और जाति के विरुद्ध स्टैंड ले सकें। भारत के फरक्का समेत 54 बाँधों का निर्माण, तालपट्टी और मुहुरी के रेत-तट दखल करने के साथ-साथ, बांग्लादेश का लगातार सर्वनाश करते रहने के बावजूद, जो सब वर्ग भारत की निन्दा नहीं करते, जो लोग पहाड़ी चट्टग्राम में अशांति रचनेवाली, खूनी शांति-वाहिनी के पक्ष में बातें करते हैं, जो लोग हर वक्त देश की शानदार संस्कृति और परम्परा के विरोध में डटे रहते हैं, देश के खिलाफ बयान देते हैं, वही सब जाने-पहचाने चेहरे, तसलीमा का पक्ष लेकर, अपने विदेशी मालिकों का हुक्म बजा लाने में जुटे हुए हैं। जिस तसलीमा ने पाक कुरान को अवैज्ञानिक कहकर यह घोषणा की कि आधुनिक सभ्य समाज में इसकी कोई जरूरत नहीं है, उन्हीं के पक्ष में खड़े होकर ज़ब इन लोगों ने अपने आपको कुरान की ताकत जाहिर करने की कोशिश की, तब क्या सजग देशवासियों को यह पहचानने में कोई तकलीफ हुई कि ये लोग कौन हैं और इनका इरादा क्या है? उम्मीद की बात यह है कि जनता की यह उपलब्धि ही, इस देश की स्वाधीनता, सार्वभौमिकता, धर्म और संस्कृति का रक्षाकवच है। 30 जून को घोषित इस ऐतिहासिक जनमत के कार्यरूप देने की जिम्मेदारी अब सरकार पर आ पड़ी है। "देश में अशांति न फैले, देश की सुरक्षा के लिए ही देशद्रोह पर मुकदमा चलाना और कोई फैसला, बेहद जरूरी है। ब्लासफेमी कानून पास हो जाए, तो सभी धर्मों के लिए रक्षा-कवच बन जाएगा। सभी धर्मों के शांतिपूर्ण सह-अवस्थान के लिए, यह कानून अनिवार्य हो गया है।"

यह लेख पढ़कर, काफी देर तक मैं खामोश बैठी रही। निस्सन्देह, यह लेख किसी पढ़े-लिखे शख्स ने लिखा है। यह महमूद निजामी कौन है, मुझे नहीं पता! इसका नाम, पहले कभी सुना है, यह भी याद नहीं पड़ता। यह किसी का असली नाम है या छद्म नाम, यह भी नहीं मालूम। मेरे मन में एक सवाल जाग उठा कि ये कट्टरवादी, ब्लासफेमी कानून की माँग क्यों कर रहे हैं? ये लोग अगर चाहें, तो

अल्लाह के कानून की माँग कर सकते हैं, जिस कानून के तहत, इस धर्म में अविश्वास करनेवालों की हत्या का विधान है। वे लोग, मुरतादों के लिए मृत्युदंड के हुक्म को कार्यरूप देने के लिए, ईसाइयों के द्वारा तैयार किए हुए, ब्लासफेमी कानून की माँग क्यों कर रही है? ये लोग अल्लाह के कानून की माँग क्यों नहीं कर रहे हैं? जिसमें नास्तिकों की हत्या की जाती है। दाहिना हाथ और बायाँ पैर, बायाँ पैर और दाहिना हाथ, पीछे की तरफ से घचांग-घचांग काट फेंका जाता है। अल्लाह के कानून के मुकाबले, ईसाइयों के बनाए हुए कानून में, इन लोगों को ज्यादा आस्था है? इसके पीछे क्या वजह है? काफी सोचने के बाद, मुझे लगा, युगों-युगों से उपनिवेशवाद ताकतों के अधीन रहते हुए, सिर झुकाए रखने का प्रभु-प्रेम, उनके दिलों से अभी गया नहीं। गोरी चमड़ी देखी नहीं कि ये लोग भक्ति-भाव से अभिभूत हो जाते हैं। इन लोगों के प्रति इनके मन में अल्लाह से भी ज्यादा भक्ति उमड़ती है।

प्रचार-माध्यमों में यह खासियत है कि कोई भी बुरी या चटखारेदार खबर, हवा से भी तेजतर रफ्तार में, आग की तरह फैल जाती है। कोई भी बंदा अगर कहीं कोई एक भी झूठ लिख देता है, तो वह झूठ इस देश में फौरन प्रतिष्ठित हो जाता है। किसी अखबार में यह खबर छप गई कि कुरान पढ़ते-पढ़ते मैं सिगरेट पी रही थी। बस, अब यही बात ध्रुव-सत्य बन गई है, जैसे यह खबर आम हो गई थी कि 'लज्जा' लिखकर मुझे बी.जे.पी. से 45 या 48 लाख रुपए मिले हैं। यह खबर इन्कलाब में छपी थी। जो लोग 'इन्कलाब' की किसी भी खबर पर यकीन नहीं करते थे, वे लोग भी रुपयों की इस खबर पर, बड़ी खूबसूरती से विश्वास किए बैठे हैं। मैंने उस झूठ का विरोध किया, उसे किसी ने भी मंजूर नहीं किया। मैंने गौर किया है कि मेरे बारे में नेतिवाचक खबरें, लोगों के दिल में पैठ जाती हैं। मसलन् मैंने कुरान में संशोधन की बात कही है—इस बात का मैंने खंडन किया है। मैंने बार-बार कहा कि मैंने यह बात नहीं कही, लेकिन लोगों ने यह बात सुनकर भी अनसुनी कर दी। एक बात और भी गौरतलब है कि कट्टरवादियों ने कहा है कि उनकी मुखालिफ ताकतें, तसलीमा की पक्षधर हैं। लेकिन कट्टरवादी आन्दोलनों में मेरा नाम, लोगों की जुबान पर नहीं आता। वे लोग मेरे पक्षधर नहीं हैं। मुझे बिल्कुल भी पसंद नहीं करते। यह बखूबी समझाए दे रहे हैं। इसके बावजूद कट्टरवादी लोग, गैर-कट्टरवादियों के सिर पर इल्जाम मढ़ने के लिए, 'तसलीमा समर्थक' कहकर, उन्हें गालियाँ दे रहे हैं। तसलीमा का समर्थन करना, इस देश में महान् गुनाह है! तसलीमा यहाँ घृणित नाम है। यह नाम निहायत कालिमाभरा, कुत्सित नाम है। इस नाम की कालिख पोतकर, कोई अछूत नहीं होना चाहता।

ञ की पत्नी ने आज मुझे पुलाव-गोश्त खिलाया। उन्होंने सामने खड़े रहकर,

खुद अपने हाथों से मुझे खाना परोसा। मानो मैं इस घर की कोई सम्मानित अतिथि हूँ। उन्होंने कई-कई बार मुझसे और ज्यादा खाने की भी जिद की! काफी कुछ अम्मी की तरह!

पता नहीं अम्मी किस हाल में होगी। अम्मी खाना-पीना तो कर रही होगी न? नहीं ऐसा लगता तो नहीं! जरूर अम्मी की नींद तक हराम होगी! खाना-पीना-सोना त्यागकर, अम्मी जरूर रात-रात भर रो रही होगी। अम्मी को धीरज बँधानेवाला, कोई उनके पास होगा? ना, मुझे कोई खबर नहीं है। ञ की पत्नी ने बताया कि यह घर, मेरे घर से ज्यादा दूर नहीं है। अपने घर के इतने करीब बैठी हुई हूँ। फिर भी मेरी इतनी मजाल नहीं है कि एक बार, अपने घर हो आऊँ। मेरे घरवालों में, किसी को यह खबर है कि मैं इस वक्त उनके करीब मौजूद हूँ? अम्मी से भी ज्यादा, मुझे अब्बू का ख्याल आता है। अब्बू कभी भी, किसी हालत में, रो पड़नेवाले जीव नहीं हैं। वे काफी सख़्त-पुख्ता इन्सान हैं। मैं यहीं से उनकी हालत की कल्पना कर सकती हूँ। मारे फिक्र के वे सिर के बालों को अपनी मुट्ठियों में कसे हुए बैठे हैं। उनका ब्लड-प्रेशर बढ़ गया है। ब्लड-प्रेशर कम करने के लिए वे लइया-मुरमुरे की तरह दवाएँ फाँक रहे हैं, लेकिन ब्लड-प्रेशर किसी हाल भी कम नहीं हो रहा है। वे अपनी अभागी बेटी की यादों में खोए होंगे। अब्बू का ब्लड-प्रेशर बढ़ते-बढ़ते, अगर उनका दिल काम करना बंद कर दे, तो! तब तो उनकी मौत के लिए, मैं ही जिम्मेदार होऊँगी! मैं अपने को किसी दिन भी माफ नहीं कर पाऊँगी। अच्छा, उनकी या अपनी मौत से पहले, मैं अपने अब्बू को एक बार देख तो सकूँगी न? हमारी क्या एक बार भी भेंट नहीं होगी? हाँ, इन दिनों मेरा मन करता है कि एक बार फिर अपनी उसी किशोर उम्र में लौट जाऊँ। एक बार फिर, अब्बू-अम्मी, भाई-बहन के साथ, एक खूबसूरत झंझटमुक्त जिन्दगी जीने का मन करता है। ना, मैं लिखता-विखना नहीं करूँगी। डॉक्टरी करूँगी! अब्बू मुझे जैसा बड़ा डॉक्टर बनाना चाहते थे, वैसी ही, बड़ी डॉक्टर बनूँगी। शहर में एक क्लिनिक खोल लूँगी, देखना, वे कितने खुश होंगे! मेरे अलावा उनका और कोई बेटा-बेटी डॉक्टर नहीं बना। मुझे देख-देखकर, वे अपनी जिन्दगी सार्थक महसूस करेंगे।—यही सपना लिए-दिए मैं लेट गई। उस रात मुझे सचमुच नींद आ गई।

5 जुलाई, मंगलवार।

कल अखबारों में छपी ख़बरें मैंने जानबूझकर नहीं पढ़ीं। आज अखबार खोला, तो बड़ी-बड़ी तस्वीरें! जुलूस की तस्वीरें! संत्रासी, स्वच्छन्दवादी लोगों की गिरफ्तारी और विचार! दैनिक इन्कलाब समेत विभिन्न अखबारों में हमलावरों को सजा देने और ब्लासफेमी कानून बनाने की माँग के साथ जातीय युव कमांड केन्द्रीय कमिटी

ने कल राजधानी में जो विशाल जुलूस निकाला था, उसकी तस्वीरें छपी थीं।

तसलीमा अगर भाग गई, तो सरकार को जनता की अदालत में पेश होना होगा

जातीय युव कमांड ने घोषणा की है कि तसलीमा नसरीन के बारे में अमेरिकी प्रेसिडेंट बिल क्लिंटन का वक्तव्य, अखबारों में, प्रचारकर्ता यू. सी. एस. की प्रेस-विज्ञप्ति के लिए खेद न प्रकट किया गया, तो युव कमांड, बांग्लादेश के अमेरिकी सूचना-केन्द्र का घेराव करेगा। कल दैनिक बांग्ला के मोड़ पर आयोजित एक मीटिंग में युव कमांड नेताओं ने यह घोषणा की है। उन लोगों ने कहा है कि बांग्लादेश की मिट्टी पर कुख्यात मुरताद तसलीमा नसरीन की फाँसी को कार्यरूप दिया जाएगा। उन लोगों ने सरकार को ललकारकर कहा है कि सरकारी संस्थाओं को चकमा देकर, तसलीमा अगर फरार हो गई, तो सत्ताधारियों को जनता की अदालत में खड़ा किया जाएगा। वक्ताओं ने अविलम्ब तसलीमा नसरीन की गिरफ्तारी की माँग की है। युव कमांड के सभापति ने अमेरिकी प्रेसिडेंट, क्लिंटन को सम्बोधित करके कहा है कि तसलीमा के प्रति भले तुम्हें प्यार-मुहब्बत हो, लेकिन यह देश अमेरिका नहीं है। यह बांग्लादेश है। उलामा, मशायखों के इस देश में अगर इस्लाम की अवमानना की गई, तो जनता चुप नहीं बैठेगी। तसलीमा को इस देश से निकाल ले जाने में नॉर्वे के कूटनीतिज्ञों की अगर कोई भूमिका नजर आयी, तो पूरा बांग्लादेश धधक उठेगा। इन्कलाब की अहम खबरें थीं—गाँव-गंज, देश के ओने-कोने की तौहीदी जनता, हमारी फाँसी की माँग करते हुए, एकदम से फूत्कार उठी है। ग्राम-गंज में हड़ताल भी सफल हुई है। हड़ताल सफल होने का मतलब है मन-प्राण से इस देश की जन-गण, तसलीमा की फाँसी की माँग कर रही है, ब्लासफेमी कानून चाहती है। चारों तरफ धर्मप्राण लोगों की सभाएँ हो रही हैं। वे लोग एक ही बात बार-बार दोहरा रहे हैं कि धर्मद्रोही तसलीमा को मुक्ति हरगिज नहीं मिलेगी। सरकार ने अगर उसका पक्ष लिया, तो वे लोग उसे भी देख लेंगे। गाँव-गाँव, गंज-कस्बों में नास्तिक, मुरताद प्रतिरोधी कमिटी गठित की जा रही है। जिस छोटे-से शहर में, मेरे बचपन के कुछ दिन बीते थे, उसी शहर, ईश्वरगंज में, जहाँ यास्मीन पैदा हुई थी, उसी शहर के लोग-बाग, अब 'तसलीमा की फाँसी चाहिए'—लिखे, बैनर तले, जुलूसों में शामिल हो रहे हैं। उस तस्वीर पर नजर पड़ते ही, यह अन्दाजा लग जाता है कि उस जुलूस में कितने सौ लोग शामिल हुए थे। उस मीटिंग में बड़े-बड़े टीचर-प्रोफेसरों ने कहा है कि यहूदी, ईसाई और ब्राह्मणवाद के तलवे चाटनेवाले, इस्लाम और देश की दुश्मन की अशुभ शक्ति हैं। अल्लाह, अल्लाहे-रसूल और पवित्र कुरान का गलत तर्जुमा करते हुए उन लोगों ने व्यंग्य विद्रूप किया है। कुलंगार तसलीमा ने, नारी स्वाधीनता के नाम पर, पवित्र कुरान

में आमूल परिवर्तन की माँग की है। **फलस्वरूप, समूचे देश के विश्वासी विरोध में फट पड़े हैं और तसलीमा समेत, सभी मुरतादों की फाँसी की माँग कर रहे हैं।**

अमेरिका और बी.बी.सी. के दोहरे मानदंड के बारे में इन्कलाब की रिपोर्टः—99 प्रतिशत लोगों ने नहीं, एक प्रतिशत ईसाई दुनिया ने तसलीमा का समर्थन किया है। बांग्लादेश के करोड़ों-करोड़ों लोगों के द्वारा तसलीमा नसरीन को चरम धिक्कार और हिकारतभरी थू-थू मिलने के बाद, उसके उद्धार और पुनर्वासन की जिम्मेदारी, अमेरिका और भारत समेत ईसाई दुनिया ने अपने कंधों पर ले ली है। उनकी इस हरकत में प्रमुख हथियार के रूप में शामिल हैं, उत्कट तरीके से मुसलमान-विरोधी और प्रबल तरीके से बांग्लादेश और पाकिस्तान-विरोधी और निर्लज्ज तरीके से भारतपंथी ब्रिटिश ब्रॉडकास्टिंग कार्पोरेशन या बी.बी.सी.! यह स्व-आरोपित जिम्मेदारी पालन करते हुए, इन सब ताकतों ने, अनगिनत अन्दरूनी मामलों में हस्तक्षेप न करने की महान् नीति का भी चरम तरीके से उल्लंघन और पददलित किया है। तसलीमा नसरीन के मामले में अनाहूत दर्द और एकात्मकता व्यक्त करते हुए, भारत, अमेरिका, पश्चिमी दुनिया और बी.बी.सी. ने मत-प्रकाश की स्वाधीनता के आवरण में जो सारी बातें कही हैं, उसके फलस्वरूप, उन लोगों के अनजाने में ही उनका 'डबल स्टैंडर्ड' रूप विकट तरीके से व्यक्त हो गया है।

विदेश मंत्रालय से भी बयान भेजा गया है। उसमें कहा गया है कि पश्चिमी दूतावासों के अन्तर्राष्ट्रीय कानून और इस देश के क़ानून के प्रति निश्चित रूप से उन लोगों के मन में श्रद्धा है और निश्चित रूप से उन लोगों ने गैरक़ानूनी तरीके से अपने किसी दूतावास में तसलीमा को आश्रय नहीं दिया है।

'इन्कलाब' की खबर है—**तसलीमा के बारे में पश्चिमी अनुरागियों की अतिशयता एक भयानक विकृति है।** वितर्कित लेखिका, तसलीमा नसरीन के भक्त, पश्चिमी समाचार माध्यमों और अधिकारियों की अतिशयता, एशियाई जन-माध्यमों की नजर में एक भयानक विकृति के रूप में चिन्हित किया गया है। दक्षिण-पूर्व एशिया के सर्वाधिक प्रचारित, अंग्रेजी दैनिक, बैंकाक पोस्ट की पहली जुलाई के अंक में 'धार्मिक सतकर्ता के मामले में चिन्ताजनक नुकसान' शीर्षक सम्पादकीय लेख में धर्म के स्वस्थ प्रभाव का उल्लेख करते हुए कहा गया है कि सेकुलरिज्म के नाम पर धर्म को अस्वीकार करने की प्रवणता, एक किस्म की उग्रता है। उस अखबार में कहा गया है कि उग्रता ने ही इस 'सेकुलरिज्म' शब्द को विकृति में परिणत कर दिया है। भारतीय पत्रकार, खुशवन्त सिंह का उदाहरण देते हुए, यह कहा गया है कि तसलीमा नसरीन जैसी, दूसरे दर्जे की काल्पनिक उपन्यास-लेखिका के मामले में कुछ भी करना, अब नितान्त जोखिमभरा हो उठा है। यह जोखिम सेकुलर फंडामेंटलिस्ट यानी धर्मनिरपेक्षपंथी, कट्टरवादियों की तरफ से! क्योंकि ये लोग हालाँकि इस्लाम धर्म के खिलाफ अपनी असहिष्णुता बिखेर रहे हैं, मगर असल में इसके जरिए, वे सभी धर्मों के मूल पर

चोट कर रहे हैं। रुशदी के रचे-गढ़े यंत्रणादायक हो-हल्ले के अंत में, इस बार जो 'तसलीमा अफेयर' का उद्भव हुआ है, वह कहीं सेकुलरिज्म की उग्र विकृति में न विलीन हो जाए! यहाँ की परिस्थिति को, 'रिलीजियस फंडामेंटलिज्म' यानी धार्मिक कट्टरवाद कहकर, जहर उगलने का कोई उपाय नहीं है, बल्कि उद्भूत परिस्थिति में कट्टरवाद शब्द को ही, अब नए तरीके से, नयी परिभाषा देना होगी। पूरी सच्चाई और ईमानदारी के साथ, धर्म की तरफ देखें, तो किसी को भी कट्टरवाद-कट्टरवाद की चीख-पुकार मचाने की जरूरत नहीं होगी। तसलीमा नसरीन के लेखन और उसकी जीवन-कथा के बारे में जितना-सा पता चला है, उसे अगर ध्यान देने योग्य न भी समझा जाए, फिर भी वह जो मत-प्रकाश की सीमा काफी पीछे छोड़ गई है, यह बात मानना ही होगी।

एक और खबर खिलाफत आन्दोलन के केन्द्रीय कार्यालय में देश के मशहूर उलामा-ए-कराम और इस्लामी चिन्तकों की एक बैठक में, कुख्यात तसलीमा नसरीन को लेकर, हाल ही में, देशी-विदेशी षड्यंत्र में गंभीर उत्कंठा प्रकट की गई है और कहा गया है कि अपनी नाकामी छिपाने के लिए, अवाम की निगाह किसी और तरफ फेरने के लिए ही सरकार ने एक भ्रष्टा लड़की को मुहरा बनाकर, घृणित राजनीति शुरू की है, उसका नतीजा अंत में सरकार को ही भुगतना होगा। उस मीटिंग में देश की वर्तमान परिस्थिति के आशु अवसान के लिए, तसलीमा नसरीन को अविलम्ब गिरफ्तार करके, उसे सजा देने के लिए, सरकार से जोर-शोर से अपील की गई। मीटिंग में ग्रहण किए गए एक प्रस्ताव में कहा गया है कि सरकार अगर आगामी 10 जुलाई, रविवार के अन्दर, तसलीमा समेत, चिन्हित सभी धर्मद्रोही, राष्ट्रद्रोहियों को गिरफ्तार करके, उन लोगों पर चलाए गए मुकदमों पर विचार नहीं करती, तो तौहीदी देशवासियों को अपने साथ लेकर, आगामी 11 जुलाई को प्रधानमंत्री का सुगन्धा कार्यालय घेराव किया जाएगा। मीटिंग में निःस्वार्थ कंठ से घोषणा की गई कि सरकार अगर तसलीमा को देश से बाहर निकल जाने का मौका देगी, तो समूचे देश में सरकार-विरोधी आन्दोलन शुरू कर दिया जाएगा।

इस्लामी पार्टियों ने अरमान की हत्या को अपनी पूँजी बतायी है। अरमान का कत्ल क्यों किया गया, इस बात को लेकर जुलूसें निकाल रही हैं। खुलना में इस्लाम और राष्ट्रद्रोही प्रतिरोध कमेटी की विशाल मीटिंग हो रही है, जुलसू निकाले जा रहे हैं! इधर वामपंथी रुझान वाले अखबारों ने जानकारी दी है कि वामफ्रण्ट समावेश भी आयोजित हुए हैं, जुलूस निकाले गए हैं। कट्टरवादियों को मात देने के लिए, एकताबद्ध आन्दोलन के लिए तैयार रहने की अपील की गई है। कट्टरवादी अखबारों में हर रोज ही गर्मागर्म खबरें प्रकाशित हो रही हैं। सिलहट में तौहीदी छात्र, जनता की गिरफ्तारी के विरोध में सिलहट समावेश आयोजित किया गया है। धर्मद्रोही, मुरताद, नास्तिक, एन जी ओ चक्र के खिलाफ गाँव-गंज में स्वतःस्फूर्त हड़ताल मनायी गई

है और गैर-कट्टरवादी लोगों के हमले में जख्मी लोगों का विवरण देकर, लिखा-पढ़ी चल रही है।

देश भर में भयावह माहौल विराज रहा है। ऐसी हालत में अदालत में हाजिर होने की, मेरी जो तारीख थी, वह तारीख तुमुल तांडव में बह गई। हाँ, कल अदालत में, मेरी पेशी का दिन था। कल मुख्य महानगर अदालत के हाकिम ने, मेरी हाजिरी का समय, एक महीने और बढ़ा दिया है।

आज दोपहर का खाना-पीना निपट जाने के बाद, ञ काफी देर तक मुझसे बातें करते रहे। ञ अपने जीवन की ढेर सारी बातों की चर्चा करते रहे। कट्टरवाद विरोधी आन्दोलनों के साथ, वे पाकिस्तान के जमाने से ही जुड़े हुए हैं। वे उन दिनों के आन्दोलनों के स्वरूप का बयान करते रहे। वे बताते रहे कि उन दिनों वे और उनके उन दिनों के संगी-साथी, पाकिस्तान सरकार की साम्प्रदायिक नीतियों का डटकर मुकाबला करते रहे। उत्साह और हौसले से धधकते हुए, एक-एक स्वप्नवान, नौजवान योद्धा सरकारी अत्याचार के शिकार होते रहे, लेकिन उन लोगों ने अपने आदर्श का विसर्जन नहीं किया। उन पिछले दिनों से अगर तुलना की जाए, तो इन दिनों कट्टरवाद का जोर बहुत ज्यादा है। ञ के सपने टूट-फूटकर चकनाचूर हो गए। कितनी-कितनी जंग, कितनी तपस्या के बाद, अपने लोगों के लिए एक देश मिला है। वही देश अब ध्वंस की कगार पर खड़ा है। इतने सबके बाद भी ञ की आँखों में दो बूँद सपने, मानो नक्षत्र की तरह चमक उठे। नक्षत्र की वह रोशनी, मेरी आँखों से आ मिली। मैंने जी भरकर साँस ली। गुम हो गई कोई ताकत, नन्ही-नन्ही बूँद की तरह, धीरे-धीरे मुझमें वापस लौटने लगी।

'बांग्लादेश कट्टरवाद का अभयारण्य—' इस शीर्षक से आज कबीर चौधुरी के साथ सैकत चौधुरी का एक कॉलम प्रकाशित हुआ है।

कॉलम की शुरुआत यूँ की गई है—

कैसी हो, तसलीमा?

जरूर तुम ठीकठाक नहीं हो! ठीकठाक रहना संभव भी नहीं है। सिर पर गिरफ्तारी का हुक्मनामा लिए, अपने स्वजन-मित्रों से छूटी हुई, सबसे ऊपर लेखन-जगत से दूर रहना, किसी भी रचनाकार के लिए बेहद तकलीफदेह स्थिति है।

वैसे ठीकठाक हम भी नहीं हैं, तसलीमा! बांग्लादेश भी सकुशल नहीं है। समूचा प्यार, इन दिनों निर्वासन झेल रहा है। स्वाधीनता, सार्वभौमिकता, धर्म की शाश्वत कल्याण-वाणी, ऊर्ध्वमुखी प्रगति—सारा कुछ, एक वर्ग के धर्मान्ध, क्रोधान्ध, वर्णवादी, मतलबबाज लोगों के हत्थे चढ़ गई है। व्यक्ति स्वार्थ चरितार्थ हो रहा है; लोभ, हिंसा, घात-प्रतिघात, हमले, क्षमता वगैरह की रस्सी, कसकर थामे रहने की जी-जान से

कोशिश ने मध्ययुगीन बर्बरता को भी हरा दिया है! देश में हर ओर समूची जाति को परमुखापेक्षी, मेरुदंडहीन पीढ़ी में परिणत करने की हीन कोशिशें जारी हैं। हमारे घरों के कोने, जिस स्निग्ध, सहिष्णु स्नेह-प्यार के आँचल से सजाए गए थे, आज उन पर कट्टरवादियों के हिंस्र पंजे हमलावर हो उठे हैं। अभी, उसी दिन डॉ. अहमद शरीफ के घर पर बम का हमला हुआ। उसके बाद, हमला हुआ, शफीक रहमान पर! कट्टरवादी अपशक्ति, अपनी ताकत का प्रदर्शन करके, प्रगति की देह में आग सुलगाकर, अपनी क्षमता के हथियार चमका रहे हैं। घर में आग, बाहर आग, सीने के अन्दर आकंठ धधकती हुई आग—मानो यही जिन्दगी बन गई है। इधर इकतीस प्रतिशत वोटरों के गणतांत्रिक (!) सरकार—गणतंत्र लाए हैं। गणतंत्र दिया है—साँड़ की तरह गला फाड़-फाड़कर चिल्ला रही है। हमारी आँखें खुली हुई हैं; कान भी खुले हुए हैं, फिर भी सीने में कंठरोध का तकलीफदेह मातम है। समय की घड़ी धीरे-धीरे आगे बढ़ती जा रही है और हमारा देश धीरे-धीरे पिछड़ता जा रहा है। हजारों साल पीछे चला गया है। तमाम कानून-शृंखला और सभ्यता की राजनीति की उपेक्षा करके, धर्म के सेवकों ने अलिखित, लेकिन खुलेआम धर्मयुद्ध की घोषणा की है। धर्म के नाम पर अमानवीय फतवे देकर जनहितकर प्रतिष्ठानों को ध्वंस कर रही है, धर्म-नाश की अफवाह फैलाकर, ये नरपशु, आम जनता को मिट्टी में गाड़ रहे हैं, अखबार के दफ्तर और गणतंत्र की शुरुआती फौज की वासभूमि पर बमबाजी कर रहे हैं। आज समूचे देश भर में आकाश में, सन् इकहत्तर के वे सब पुराने शकुन, उड़ते फिर रहे हैं। वक्त आ पहुँचा है, तसलीमा, जंग में जाने का वक्त आ गया है।

तुम मजे में हो, तसलीमा, आपात् सुरक्षा में रहकर, इन सबसे दूर हो। कितनी उम्मीद थी हमें कि दीर्घ अँधेरे से उजाले में आकर, सन् नब्बे के जन-अभ्युत्थान के जरिए हमें एक सेकुलर, धर्मनिरपेक्ष अपना बांग्लादेश वापस मिलेगा। कैसे गलत घर में हमने बांग्लादेश गढ़ा और क्यों ऐसी कुबेला में, उस भूल से प्यार के अन्तस में यूँ बूँद-बूँद खून टपकने लगा है!

उसके बाद ढेर-ढेर बातें! अपना कॉलम अंत में उन्होंने यूँ पूरा किया है—"इधर धर्मान्ध तौहीदी कीटों ने 30 जून को हड़ताल का आह्वान किया था। मक्कार सरकार ने वह हड़ताल रोकने की कोशिश भी नहीं की। हम, स्वाधीनता के पक्षधर लोगों ने यह हड़ताल रोकने के लिए, सबको इकट्ठे होने की पुकार दी थी। हमें इस बात की भी बखूबी जानकारी है कि इस वजह से हम पर भी हमला हो सकता है। इसके बावजूद हमलोग सभी अपशक्तियों के खिलाफ पैर जमाकर खड़े हैं, सभी धार्मिक उन्मादना के खिलाफ, हम अटल खड़े हैं। हम निःस्वार्थ आवाज में, धर्मोन्मादियों और कट्टरवादी सरकार को यह बता देना चाहते हैं कि हम अपने शरीर की आखिरी बूँद तक देकर, सभी तरह के कट्टरवाद के खिलाफ, आजीवन लड़ते रहेंगे! ना, हम मृत्युभय से भयभीत नहीं हैं। हम सबको यह दिखा देना चाहते हैं और आगाह करा

देना चाहते हैं कि इस सरकार के हाथों, सिर्फ इस्लाम धर्म और लेखक, कलाकार, पत्रकार ही विपन्न नहीं हैं, साथ ही देश की बारह करोड़ अवाम भी भीषण खतरे में है। ये कट्टरवादी धर्म के नाम पर धर्म का ही नाश करने पर आमादा हैं और सरकार गणतंत्र के नाम पर हमारी स्वाधीनता और सार्वभौमिक चेतना की बलि चढ़ा रही है।

तसलीमा, जो नौजवान हैं, मन के विश्वास और संकल्प के मामले में हौसलामंद हैं, उनके लिए युद्ध में जाने का यह श्रेष्ठ समय है।'

पूरा कॉलम पढ़ने के बाद, मैंने आँखें मूँद लीं। बन्द आँखों का बाँध तोड़कर, धार-धार आँसू उतर आए। आँसू, गालों तक बह निकले। मैंने दोनों हथेलियों से अपने आँसू पोंछ लिए। आँखों में आँसुओं की बाढ़ उतर आयी। अपना चेहरा तकिए में गड़ा लिया। तकिया भीगता रहा। कोई बात नहीं, चलो, छोड़ो! भीगने दो! आज सब कुछ भीगकर बह जाए।

अचानक काफी रात गए, क अपने दल-बल समेत आँधी-तूफान की रफ्तार में आईं और मुझे ञ के घर से बटोरकर, ट के घर पहुँचा गईं। ट भी एक कलाकार हैं। लेकिन वे ञ या झ की तरह मशहूर नहीं हैं। क और उनका ड्राइवर दोस्त, आज मुझे इस घर के अन्दर धकेलकर ही विदा नहीं हुए। वे दोनों ही अन्दर दाखिल हुए! उन लोगों ने ट से मेरा परिचय करा दिया। ट भी हमारी ही राह देख रहे थे। उन्होंने पूरे मकान की बत्तियाँ बुझा दी थीं और बैठक कमरे में मद्धिम-सी रोशनी जला रखी थी। यह कोई अलग-सा मकान नहीं था, अपार्टमेंट बिल्डिंग थी। ट इस अपार्टमेंट में अकेले रहते हैं। क और उनका मित्र और ट बैठे-बैठे, काफी देर तक देश के हालात पर बातचीत करते रहे। मैं निर्वाक् श्रोता! ट बेहद प्रतिभावान नौजवान हैं! काफी सालों वे यूरोप में रह चुके हैं! अब स्वदेश लौटकर, उन्होंने कला की सेवा में अर्पित कर दिया है। वे क के काफी पुराने मित्र हैं। क की वजह से ही ट के यहाँ आश्रय पाना संभव हुआ है। लेकिन यहाँ दूसरा ही झमेला उठ खड़ा हुआ! ट इस घर में रांधते-पकाते नहीं हैं। वे सुबह-सवेरे ही निकल जाते हैं, रात गए घर लौटते हैं। ऐसी हालत में, मैं यहाँ रह तो सकती हूँ, लेकिन मेरे खाने-पीने का क्या इन्तजाम होगा। यह तय नहीं हो पाया। क ने मुझे आश्वस्त किया कि मेरा खाना, वे खुद ले आएँगी या किसी के हाथ खाना भेजने का इन्तजाम कर देंगी। सिर्फ खाना दे जाने का ही नहीं, वे कोई ऐसा इन्तजाम करेंगी कि दिन के वक्त कोई मेरे साथ रहे। क मुझे पहले से भी ज्यादा प्राणवन्त लगीं। उनके चेहरे पर अब पहले जैसी चिन्ता की लकीरें नहीं हैं! असल में काफी दिनों तक मुसीबत झेलते-झेलते, मुसीबत, मुसीबत नहीं रह जाती। मुसीबत का अहसास कहीं पीछे छूट जाता है। इन दिनों

क कट्टरवाद-विरोधी आन्दोलन में साहसी योद्धा की भूमिका निभा रही थीं। उन्होंने मुझे भी एक अहम जिम्मेदारी सौंप दी। मुझे फतवाबाजों के खिलाफ, चन्द 'छड़ा' (दोहे) लिख देना होगा। वे बहुत जल्दी ही एक लीफलेट छपवाने जा रही हैं। उन्होंने कहा कि वे कल आकर, छड़ा ले जाएँगी।

क और उनका सुदर्शन, ड्राइवर मित्र, जब विदा हो गए, तो ट मेरे साथ अँधेरे में आ बैठे। ढेर भर काला आकाश हमारी आँखों के सामने था। समूचे मुहल्ले में सन्नाटा! ट सपनीले लहजे में अपनी गुजरी हुई जिन्दगी के बारे में टुकड़े-टुकड़ों में बातें करते रहे। इस घर में अपनी प्रेमिका के साथ, उन्होंने काफी दिनों तक गृहस्थी बसाए रखी। उनकी प्रेमिका इन दिनों पढ़ने-लिखने के लिए लंदन गई हुई थी। कुछ ही महीनों में वे लौट आएँगी। ट और उनकी महिला-मित्र विवाह-संस्था में यकीन नहीं रखते, वे दोनों प्यार में विश्वास करते हैं। सच तो यही है कि प्यार ही तो रिश्ता टिकाए रखता है।

मैंने पूछा, "विवाह न करने के बावजूद, पति-पत्नी की तरह रहते-सहते हुए, आप दोनों को कोई असुविधा नहीं होती? यानी लोग आप दोनों को भ्रष्ट नहीं कहते? बातें नहीं बनाते?"

ट के होठों पर खूबसूरत-सी हँसी झलक उठी, "लोग हमें बुरा कहते हैं, तो कहते रहें, हमारी बला से!"

"आपकी मित्र भी क्या, आप ही की तरह हैं? लोगों की बातों की परवाह नहीं करतीं?"

"वह तो मुझसे भी बढ़कर साहसी है।"

ऐसी जोड़ी समाज में विरल है। इसके बावजूद यह सोचकर भला लगा कि इस कुसंस्कारग्रस्त समाज में ही कुछेक ऐसे साहसी लोग भी मौजूद हैं, जो अपनी पसंद की जिन्दगी गुजारते हैं। अब बहुत-से लोग, अन्दर ही अन्दर संस्कार तोड़ने लगे हैं। मुझे विश्वास है कि किसी न किसी दिन, पुरानी सड़ी-गली नीतियाँ टूट-फूटकर, धूल हो जाएँगी और इन्सान अपनी समूची जिंदगी, पूरे अधिकार के साथ, पूरी-पूरी आजादी से जीएगा। बेहद शिक्षित और खूबसूरत समाज में जिन्दगी गुजारेगा।

ट और मैं बरामदे में बैठे-बैठे रात का अपरूप रूप निहारते रहे! शीतल-सर्द हवा आ-आकर भीषण गर्मी की आग में जली-झुलसी हमारी देह पर शांति का परस देकर, प्यार से सहला गई। हमारे मन में भी हल्की-फुरफुरी हवा बहने लगी। अब हम देश के हालात की चर्चा करते हुए दुःखी नहीं हो रहे थे। अब हम जीवन और जगत की खूबसूरती के बारे में बातें करते रहे! काफी दिनों बाद, मुझे लगा, जीवन बेहद सुन्दर है, इसे खो देने का कोई मतलब नहीं होता।

रात को 'ट' ने मेरे लिए अपने सोने का कमरा खाली कर दिया। वे सोने के लिए दूसरे कमरे में चले गए।

6 जुलाई, बुधवार।

सुबह 'ट' बाहर से डबलरोटी और अंडे खरीद लाए। टोस्ट सेंककर और अंडे तलने के बाद, उन्होंने मुझे नाश्ते के लिए आवाज दी। खाने के कमरे में चारों तरफ खिड़कियाँ! पर्दाहीन खिड़कियाँ! खिड़की के सामने खड़े होते ही, ढेर सारी रोशनी में, मेरी आँखें चौंधिया गईं। अर्से पहले, उजाला देखने की मेरी आदत छूट चुकी थी। ट ने भी अचानक गौर किया। खिड़कियों पर पर्दे नहीं थे। आस-पास के मकान से अगर किसी की नजर पड़ जाती, तो वह मुझे देख लेता। रसोई में जाने का भी कोई उपाय नहीं था। क्योंकि रसोईघर की खिड़कियों पर पर्दे नहीं थे। ट मुश्किल में पड़ गए। हारकर, हमें बैठक घर में ही नाश्ता करना पड़ा। मैं जिस कमरे में सोयी थी, वहाँ बिस्तर के पास, एक टेलीफोन भी था। टेलीफोन पर ताला जड़ा हुआ।

मैंने ट से कहा, "मुझे एक फोन करना है, बेहद जरूरी फोन! जरा फोन की चाबी दे दें।"

ट ने बेहद नीरस लहजे में जवाब दिया, "चाबी मेरे पास थी तो सही, मगर कहीं गुम हो गई है।"

मैं ठीक समझ गई, उन्हें किसने यह पट्टी पढ़ाई है! मैं कहीं, किसी को भी फोन न कर सकूँ। यह इन्तजाम वे पहले ही कर गई हैं।

'ट' बाहर निकल गए। वे मुझे दरवाजे की चाबी थमा गए।

उन्होंने कहा, "क या क का भेजा हुआ, कोई बंदा आए, तो दरवाजे के नीचे से मैं यह चाबी खिसका दूँ! दरवाजे में एक सूराख मौजूद है, जिसके जरिए बाहर खड़े इन्सान को देखा जा सकता है! आप भी उस सूराख से पहले देख लीजिएगा कि कौन आया है।"

ट के अदृश्य हो जाने के बाद, अब मैं इस घर में अकेली हूँ। जाने कैसा तो खौफ हो आया। अगर किसी को यह पता चल जाए कि मैं इस घर में हूँ, तो? कट्टरवादी दल अगर जुलूस बनाकर यहाँ आ धमकें और दरवाजा तोड़कर अन्दर घुस आएँ, तो? मैं इस चिन्ता-फिक्र से अपना ध्यान बँटाने के लिए, ट के बैठक-कमरे में सजी किताबें देखने में जुट गई। सभी अँग्रेजी की किताबें! बड़े-बड़े विदेशी लेखकों की किताबें! मैंने ताखे से, रुशदी की 'सैटानिक वर्सेज' किताब उठा ली! बिस्तर पर लेटे-लेटे मैं उस किताब के कई पन्ने पढ़ गई। पढ़ तो डाला। मगर क्या समझ पाई? ना, मुझे कुछ भी समझ में नहीं आया। मुझे तो कई-कई शब्दों का अर्थ ही समझ में नहीं आया। अपने पास अंग्रेजी-बंगला शब्दकोश लेकर बैठे बिना, इस किताब का मतलब, मेरी समझ में नहीं आएगा। वह किताब मैंने जहाँ की तहाँ रख दी। पूरे फ्लैट में कोई भी कीमती सामान नहीं था। लेकिन समूचा घर कीमती-कीमती किताबों से भरा हुआ! वाकई यह सचमुच किसी कलाकार का घर था! अव्यवस्थित! उदासीन! दीवारों पर जो तस्वीरें टँगी हुई थीं, वह भी बड़े-बड़े चित्रकारों द्वारा बनायी

हुईं! यहाँ-वहाँ कला के चंद दुष्प्राप्य नमूने! ट की मित्र की एक तस्वीर पर भी नजर पड़ी। पता नहीं, यह ट की मित्र ही थी या किसी और की तस्वीर! लेकिन मैंने यही अन्दाजा लगाया कि यह चित्र उसकी सहेली का ही है।

दोपहर को खाना लेकर ज आईं। ज को देखकर, मुझे बेहद खुशी हुई! ट ने खुद जाकर, ज को यहाँ आने की हिदायत दी। उन दोनों की इशारे-इशारे में ही बात हुई। पता नहीं क्यों तो, ज मुझे बेहद अपनी लगती हैं। जितनी देर वे मेरे पास रहती हैं, मुझे लगता है कि मैं अपने ही घर में हूँ। ज में किसी को भी अपना बना लेने का अद्भुत हुनर है। ऐसे सहज-सरल, उदार और उन्मुक्त मन के इन्सान, दुनिया में बहुत ज्यादा नहीं हैं। इस 'ज' पर मैंने एक कहानी भी लिखी थी। मेरी किसी किताब में वह कहानी प्रकाशित भी हुई है। वह कहानी पढ़कर, ज की आँखें भर आयी थीं। मेरा मन होता है, 'ज' पर पूरा एक उपन्यास ही लिख डालूँ। उनकी जिन्दगी, असल में, रोमांचक लम्बे उपन्यास जैसी ही है। लेकिन लिखने का वक्त कहाँ है मेरे पास? मैं क्या जिन्दा रहूँगी? जिसे मौत कसकर गले लगाने को आमादा है, वह अब लिखने का सपना देख रही है। धत्!

ज चाहती हैं कि मैं जिन्दा रहने के लिए जंग करूँ! वे भी देश से भाग जाने की, मेरे जीने की एकमात्र राह मानने लगी हैं। मैंने ज को अपने मन की बात बता दी, मैं किसी शर्त पर भी भागना नहीं चाहती थी। वे काफी देर तक मेरे साथ रहीं। जाते-जाते वे कह गईं कि मेरे साथ रहने के लिए, कल वे अपनी बेटी को भेज देंगी।

रात का खाना लेकर, क आईं। भात, साग, चिंगड़ी मछली! मेरा प्रिय खाना! यह खाना क की माँ ने पकाया है। खाने में बेहद स्वाद लगा! खाना खाने के बाद, कुछेक 'छड़ा' लिख देने के लिए हड़बड़ी मचाने लगीं। क को अपने पास ही बिठाकर, मैंने 'छड़ा' लिख दिया। क वे 'छड़ा' लेकर चली गईं। जाते-जाते वे बता गईं कि कल, रुमाना नामक एक लड़की खाना लेकर आएगी। कल दोपहर को नीली साड़ी पहने हुए, एक लड़की आएगी और दरवाजे पर दस्तक देगी। वह लड़की, रुमाना होगी। मैं उसके लिए दरवाजा खोल दूँ। क मुझे प्लास्टिक का एक बैग दे गई हैं। बैग में मेरे लिए दो साड़ियाँ, दो ब्लाउज और एक तौलिया था।

क के जाने के बाद, ट ने कहा, ''कट्टरवादी ताकतें अब सच ही मैदान में उतर आयी हैं।''

वे लोग क्या-क्या कह रहे हैं, वे एक-एक करके बताते रहे। अपनी तरफ से बोलने से ज्यादा, वे प्रमुख-प्रमुख अखबार पढ़कर सुनाते रहे।

एलीफेंट रोड में जन-फोरम की सभा में, डॉ. कमाल हुसेन ने कहा है कि सन् इकहत्तर में जमात की भूमिका, कोई वितर्कित विषय नहीं है। इसके बावजूद आज सुविधावादी राजनीति के फाँक-फोकट का फायदा उठाते हुए, ये लोग दुबारा अपने लिए जगह बना रहे हैं। ऐसे में मुक्तियुद्ध की चेतना को हम भुला बैठें, तो जाति के

तौर पर हमारे पास कुछ भी नहीं बच रहेगा। स्वाधीनता की चेतना को सार्थक बनाने के लिए, दल्लालों की राजनीति को बांग्लादेश की माटी से जड़ से मिटा देना होगा।

नारी और शिशु मंत्रालय के उपमंत्री, सरवरी रहमान ने कहा है कि फतवाबाज लोग औरत की प्रगति की राह में रोड़ा हैं। धर्म का इस्तेमाल करके, अगर कोई औरत के प्रति अन्याय, अमानवीय आचरण करेगा, तो उसके खिलाफ कठोर कदम उठाया जाएगा।

कट्टरवाद और साम्प्रदायिकता विरोधी संग्राम को जोरदार करने के लिए जातीय कन्वेंशन का सहारा लिया गया है। आगामी 15 या 16 जुलाई को यह कन्वेंशन आयोजित किया जाएगा। गण फोरम, नैप, गणतंत्री पार्टी, पीपुल्स पार्टी समेत, मुक्तियुद्ध के पक्ष में सभी दल और छात्र वर्ग, युवा, कृषक, खेत-मजूर, कानूनदां, पत्रकार, शिक्षक, नाट्य-सांस्कृतिक कर्मियों समेत, विभिन्न श्रेणी और पेशे के विभिन्न संगठनों को भी आमंत्रण दिया जाएगा। इस कन्वेंशन में अवामी लीग के शामिल होने की भी एक संभावना है।

मैंने ट से कहा, "आज भी बस, कोशिश की ही बात चल रही है। लेकिन काम जैसा कोई काम हो रहा है भला! अभी भी क्या सभी दलों के इकट्ठे होने का वक्त नहीं हुआ है? देखें न कट्टरवादियों में भी मतों की भिन्नता है। इसके बावजूद वे लोग एक होकर, एक साथ सड़क पर उतर पड़े हैं। मैंने सुना है कि उस दिन, अवामी लीग भी आन्दोलन में शामिल हुई थी।"

ट का चेहरा उदास हो आया।

उन्होंने सिर हिलाते हुए कहा, "नहीं, अवामी लीग कट्टरवाद-विरोधी आन्दोलन में शामिल नहीं हुई।"

उधर कट्टरवादी लोग कितनी दूर तक बढ़े हैं, मैंने ट से दरयाफ्त किया।

ट ने बताया, "गाँव-गंज में नजीर विहीन हड़ताल मनायी गई। किशोरगंज के अरमान के अलावा भी, सुनने में आया है कि ब्राह्मण बेड़िया में, बेलाल नामक एक लड़के को जुलूस में गोली मार दी गई। इन दोनों मौतों को अब वे लोग राजनीति में इस्तेमाल करते रहे। अब और ज्यादा जोरदार आवाज में घोषणा की है कि बांग्लादेश की माटी पर मुरताद, नास्तिक चक्र के लिए कोई जगह नहीं है।"

ट ने अपने हाथों में थामे हुए अखबार में से कट्टरवादियों का आगामी कार्यक्रम पढ़कर सुनाया। 29 जुलाई को इस्लाम और राष्ट्रद्रोही तत्परता प्रतिरोध मोर्चा कुरान दिवस पालन करेगा। समूचे देश के कोने-कोने से लोग लोंग-मार्च करते हुए ढाका आ पहुँचेंगे। देश के 40 विशिष्ट आलिम ने इस लोंग-मार्च कार्यक्रम से एकात्मकता जाहिर की है। उन-लोगों ने कहा है, 'कुरान की इज्जत की रक्षा करने के लिए, इस लोंग-मार्च को सफल बनाना, हर मुसलमान की इमानी जिम्मेदारी है। कुरान को

लेकर तसलीमा और जनकंठ गिरोह ने जो लापरवाही शुरू की है, उसके विरोध में अगर हमने आवाज बुलन्द की, तो अल्लाह के दरबार में जवाबदेही करना होगी। हम पर खुदाई गजब का कहर टूट पड़ेगा।' हड़ताल के दिन, देश की विभिन्न जगहों पर गिरफ्तार किए गए लोगों को बिना किसी शर्त के मुक्त करने की माँग करते हुए उन्होंने कहा, 'वर्ना समूचे देश में विरोध की आग धधक उठेगी। सरकार गिर जाएगी।'

ट आगे कुछ बताएँ, इससे पहले ही मैं सवाल कर बैठी, "क्या यह अकेला दल ही लोंग-मार्च कर रहा है?"

अखबार एक किनारे रखते हुए, ट ने कहा, "उनके साथ और भी कई दल शामिल हैं। जातीय नास्तिक निर्मूल कमिटी..."

"जातीय नास्तिक निर्मूल कमिटी? इसका मतलब, सिर्फ आस्तिकों को ही जिन्दा रहने का हक है? नास्तिकों को बिल्कुल नहीं?"

ट हँस पड़े।

ट ने जब हँसते-हँसते ही मेरी तरफ देखा, तो उनकी आँखों से टपू-टपू करुणा झरने लगी। यह वक्त ऐसा है कि किसी की भी करुण निगाहों से देखते ही, खुद अपने ही ऊपर करुणा होने लगती है। अपना आपा सबसे अलग-थलग लगता है। मैं बाकी और लोगों की तरह नहीं हूँ। मैं ठहरी पापी-तापी! नष्ट-भ्रष्ट! क्या कोई मेरी जगह अपने को बिठाकर, अन्दाजा लगा सकता है भला कि मुझे कैसा लग रहा है? असल में अगर मरना ही है, तो मौत का अहसास किए बिना ही, मर जाना बेहतर है। जो लोग फट् से मर जाते हैं, वे सचमुच तकदीरवाले होते हैं। लम्बे अर्से से, इन्सान को अगर पल-पल महसूस करना पड़े कि मौत अब आयी...कि तब आयी; वह अभी मरा या अगले पल। तब हर पल, हर हमला, एक-एक मौत की तरह, असहनीय हो उठता है। इतनी सारी अनगिनत मौतें, भला कौन चाहता है?

7 जुलाई, बृहस्पतिवार।

ट अपने बैठक-कमरे का दरवाजा बंद करके बातें करते हैं। वे तो अकेले हैं, फिर बातें किससे करते हैं? मैंने अन्दाजा लगाया, जरूर वे फोन पर किसी से बातें कर रहे हैं। ना, फोन की घंटी नहीं बजी थी। वे ही फोन पर बातें कर रहे हैं। इसका मतलब यह हुआ कि वे फोन पर पड़ा ताला खोलकर, बातें कर रहे हैं। ट ने मुझसे झूठ कहा था कि फोन की चाबी गुम हो गई है। यह बात उन्हें जताकर, उन्हें शर्मिन्दा करने का मेरा मन नहीं हुआ। जब उन्होंने कमरे का दरवाजा खोलकर, मुझे आवाज दी और मैं उनके सामने गई, तो मैंने ऐसी मुद्रा बनाई, मानो मैंने उन्हें फोन पर बातें करते हुए नहीं सुना; मानो मुझे कुछ समझ नहीं आया।

ट ने कहा, "अकेली बैठे-बैठे अगर आपका मन ऊबने लगे, तो इस कमरे में आकर किताबें-विताबें पढ़ा करें।"

मुझे उस कमरे में बिठाकर, उन्होंने मेरी कई तस्वीरें उतारीं। तस्वीरें उतारने का उन्हें शौक है! बेहद खूबसूरत तस्वीरें उतारते हैं वे। उनके पास कई बड़े-बड़े कैमरे मौजूद हैं। ट खासे आधुनिक इन्सान हैं। उनके कमरे में एक कम्प्यूटर भी है। उसमें वे एक अदद इलेक्ट्रिक मेल फिट करना चाहते हैं ताकि वे लंदन में अपनी सहेली को चंद सेकंड में खत भेज सकें। इसके अलावा, दुनिया के किसी भी देश से चंद सेकंड में ही उनके पास खबर या खत आ पहुँचे। उनका कहना है कि आजकल इन्सान-इन्सान में सम्पर्क की राह, अद्‌भुत तरीके से आसान हो गई है।

दोपहर को खाना लेकर, नीलाम्बरी महिला, रुमाना आ पहुँचीं। रुमाना ट की सहेली की सहेली हैं। रुमाना बेहद निःसंकोच भाव से अपनी जीवन-कथा सुनाती रहीं। उन्होंने विवाह किया, पति ने उन्हें आगे पढ़ाई-लिखाई करने से मना कर दिया। उन्हें नौकरी भी नहीं करने दी। पति चाहता था कि उसकी बीवी, उसके हुक्म मुताबिक चले। आखिरकार उन्होंने पति को तलाक दे दिया और अब अकेली रहती हैं। किसी स्कूल में पढ़ाती हैं। अब वे खासी चैन से हैं! कभी-कभी निःसंगता उन्हें बेचैन कर जाती है। इसके बावजूद वे किसी की दासी-बांदी बनकर, जिन्दगी नहीं गुजार रही हैं, यही उनका सबसे बड़ा संतोष है। मैंने एक और बात गौर की है। कोई भी मेरी कहानी सुनने की जिज्ञासा प्रकट नहीं करता। मुमकिन है, लोग मेरी कहानी सुनने में इसलिए दिलचस्पी न रखते हों, क्योंकि वे लोग मेरी व्यक्तिगत जीवन कथा पत्र-पत्रिकाओं में पढ़ चुके हैं या किसी की जुबानी सुन चुके हों, इसलिए उन्हें मेरी कहानी में कोई दिलचस्पी नहीं है। लेक़िन लोग-बाग जो पढ़ चुके हैं या सुन चुके हैं, वह सच भी है या नहीं, इसकी भी जाँच करने में कोई दिलचस्पी नहीं रखता। मुझे लगता है कि मेरी कहानी वे लोग इसलिए नहीं पूछना चाहते कि कहीं मैं संकोच से गड़ न जाऊँ। क्योंकि मेरी जिन्दगी में अनगिनत रिश्तों की कथा जुड़ी हुई है। बहुत से ऐसे लोग, जो मेरे पक्ष में हैं, वे लोग भी मेरे व्यक्तिगत जीवन को लेकर कभी-कभी ऐसे संकोच में पड़ जाते हैं कि मेरा पक्ष लेकर बहस करते हुए, यह कहकर निकल लेना चाहते हैं कि किसी की व्यक्तिगत जिन्दगी से छेड़छाड़ करने की क्या जरूरत है? व्यक्ति का चरित्र चाहे जैसा भी हो, किसी भी लेखक/लेखिका का विचार उसके लेखन मुताबिक किया जाता है। व्यक्तिगत जीवन में चूँकि मैंने कई विवाह किए, इसलिए मेरा चाल-चलन ठीक नहीं है—यह बात मेरे पक्ष के अनेक लोग मन ही मन कबूल करते हैं। चरित्र भ्रष्ट हो, तभी कोई औरत कई-कई विवाह करती है। यह धारणा, हमारे बड़े-बड़े प्रगतिशील के दिमाग में, कहीं अनजाने में ही, किसी कोने में छिपी होती है। जो लोग मेरे लेखन के पक्ष में, औरों से बहस करते हैं, उनमें से किसी को भी मेरे निजी जीवन के पक्ष में, पराए मर्दों से जोड़े हुए रिश्तों

के बारे में, कभी एक शब्द भी कहते हुए नहीं सुना।

आज रुमाना मेरे सामने अपनी जिन्दगी की कहानी सुनाने बैठी थी। मुझे इसकी दो वजह समझ में आयी हैं। एक वजह तो यह है कि मैं जुल्म की शिकार, औरतों के बारे में लिखती हूँ, इसलिए उन्होंने शायद यह सोचा हो कि मुझसे आधे घंटे के परिचय में ही अपने जीवन की सारी गुप्त बातें मुझे बता सकती हैं। दूसरी वजह शायद यह हो कि चूँकि मैं अपने पति को तलाक दे चुकी हूँ। इसलिए मैं उनके तलाक की कहानी सुनकर जुबान काटकर यह नहीं कहूँगी, ''उफ! उफ! यह कैसा गजब!'' मैं भी तलाक की घटना को अतिशय स्वाभाविक ढंग से मान लूँगी। रुमाना अपने अकेलेपन का जिक्र करती रहीं। निःसंगता की वजह से ही वे अक्सर बेचैन रहती हैं। मेरा ख्याल है कि उन्हें लगा है कि निःसंगता का अहसास मुझे भी है, इसलिए मैं उनकी निःसंगता को समझ सकूँगी।

रुमाना का अक्षर-अक्षर बयान, मैंने काफी ध्यान से सुना। मैंने तो ऐसी कितनी ही लड़कियों और औरतों की बातें सुनी हैं। जो औरतें, मुझसे अपनी व्यक्तिगत दुःख-तकलीफ, दर्द और जिन्दगी की पराजय के किस्से निःसंकोच बताती हैं, मुझे मालूम है कि वे मुझसे कोई जवाब भी चाहती हैं। जिन्दगी में वे क्या करें, उन्हें क्या करना चाहिए, इस बारे में सलाह-मशविरा चाहती हैं। लेकिन मैं तो कोई सलाह दे नहीं सकती। रहीमा सिद्दीकी की गृहस्थी खुशहाल नहीं थी। उसका पाशा, नामक पति बेहद चरित्र-भ्रष्ट था। पति के अत्याचारों से तंग आकर, रहीमा सिद्दीकी ने जब मुझसे पूछा, ''नसरीन, बताओ, मैं क्या करूँ?'' मैं बेहद सकपका गई। मुझे मालूम है कि इन सब मामलों में बहुतेरे लोग अच्छी-अच्छी सलाहें दे सकते हैं। लेकिन मुझसे यह नहीं हो पाता। मुझे लगता था कि रहीमा सिद्दीकी को सलाह देनेवाली मैं कौन होती हूँ। वे खुद राह निकालेंगी कि उन्हें क्या करना चाहिए। जो उनका मन कहे, उन्हें वही करना चाहिए। बहुतेरी औरतें, जो मुझसे अपनी समस्याओं का समाधान चाहती थीं, मैं उनसे कहती थी—तुम्हारा या आपका जो करने का मन करे, आप वही कीजिए। लेकिन मेरा यह जवाब, किसी को खुश कर पाया, मुझे ऐसा कभी नहीं लगा।

रुमाना ने मुझसे कोई सलाह नहीं माँगी। छिपा हुआ इन्सान, अक्सर बेहद कमजोर होता है। ऐसे कमजोर इन्सान से कोई सलाह नहीं माँगता। आजकल तो मैं खुद ही सबसे सलाह माँगती फिर रही हूँ। मसलन क जैसे ही सामने आती हैं, मैं पूछती हूँ, ''बताइए, मैं क्या करूँ?'' क मुझे काफी ताकतवर लगती हैं।

क कहती हैं, ''भाग जाइए या छिपी रहिए। फिलहाल, इन दोनों उपायों के अलावा, आपके लिए और कोई राह नहीं है।'' मेरी चाह-इच्छाएँ इन दिनों इस कदर सीमित हैं कि मैं अपनी चाह मुताबिक कुछ भी नहीं कर सकती। इन दिनों मुझे ख्याल आता है कि औरतें जब मुझसे सलाह माँगती थीं, तब उनकी भी आशा-आकांक्षा शायद काफी सीमित होती होगी। ऐसी कितनी लड़कियाँ हैं, जो अपनी मन-मर्जी

का कर सकती हैं?

रुमाना के साथ मेरा पूरा दिन गुजर गया। पिछली रात वे अपने संगी-साथियों के साथ दीवारों पर पोस्टर चिपकाती रहीं। 'फतवाबाज का सर्वनाश हो—' पोस्टर पर यही नारा लिखा हुआ था! रुमाना की तरह मेरा भी मन होता है कि मैं दीवारों पर पोस्टर चिपकाऊँ, जुलूसों में शामिल होऊँ। मैं भी कट्टरवाद-विरोधी आन्दोलन का हिस्सा बनना चाहती हूँ। लेकिन मुझमें वह क्षमता कहाँ?

8 जुलाई, शुक्रवार।

आज दोपहर का खाना लेकर, ज की बेटी आयी। अपनी तमाम चिन्ता-फिक्र दूर खिसकाकर, फिलहाल मैं छुटपुट विषयों में मगन हो सकती थी। लेकिन यह भला कैसे संभव है? ज की बेटी से बातें करते-करते, बार-बार मैं अनमनी हो आयी। मन कहीं भी स्थिर नहीं हो पा रहा है। अन्दर ही अन्दर तुमुल तूफान लिए, बाहर से जड़-पत्थर बनी बैठे रहना होता है! अन्दर से इस कदर पथरायी हुई कि बूँद भर हवा, कभी भूल से भी अन्दर दाखिल नहीं हो पा रही है। ज की बेटी की जुबानी मैं ढेरों किस्से-कहानियाँ सुनती रही, लेकिन मेरा मन उन किस्से-कहानियों में नहीं, बल्कि बयतुल मुकर्रम, पलटन, जुलूस-मीटिंग में भटकता रहा!

रात को ङ आईं। वे देश की भयावह स्थिति का बयान करती रहीं। वाकई, बेहद खौफनाक स्थिति है। जमाते इस्लामी की सभा हुई। धर्मद्रोही, राष्ट्रद्रोही, नास्तिक, मुरतादों को सजा की माँग के साथ-साथ, जमात ने गृहमंत्री को मेमोरंडम दिया है। पलटन की विशाल सभा में मोतीउर रहमान निजामी ने कहा है—"देश आज दो दलों में बँट गया है। एक दल कुरान के पक्ष में है, दूसरा दल विपक्ष में। कुरान के विरुद्ध शक्ति को प्रश्रय देकर बी एन पी ने धर्मप्राण वोटरों का समर्थन पाने का हक खो दिया है। अगर उनकी यही हरकतें जारी रहीं, तो जल्दी ही सरकार भंग करने के लिए आन्दोलन शुरू किया जाएगा। जो क्षुद्र समुदाय कुरान या इस्लाम के खिलाफ प्रचार करते फिर रहे हैं या लिख रहे हैं, वे देश, जाति और संविधान के विरोधी हैं। वाक्-स्वाधीनता का बहाना बनाकर, ये लोग धर्म के विरुद्ध बातें कर रहे हैं। दुनिया भर में ऐसा नजीर कहीं नहीं है। बी एन पी सरकार इन्हें कुचलने में अफसल रही है। उन लोगों ने इस मामले में अदक्षता और अदूरदर्शिता का परिचय दिया है। मैं साफ-साफ भाषा में एक बार फिर उन्हें सावधान करना चाहता हूँ कि इसका नतीजा अच्छा नहीं होगा। इसके लिए उन्हें बहुत बड़ी कीमत चुकाना होगी। सरकार की एन जी ओ विषयक ब्यूरो ने 52 एन जी ओ के खिलाफ देश के स्वार्थ और सार्वभौमिकता-विरोधी करतूतें का इल्जाम लगाया है। इस मामले में भी सरकार ने अपनी स्पष्ट भूमिका पालन करने में असमर्थता का परिचय दिया है। उन लोगों ने

अगर इसी तरह लगातार, अपनी असमर्थता का सिलसिला जारी रखा, तो वे लोग ज्यादा दिनों तक क्षमता में नहीं टिक सकेंगे। कुरान नहीं बचा, तो हम भी नहीं बचेंगे। हम कुरान की सम्मान-रक्षा के लिए संघर्ष कर रहे हैं। देश में जो लोग धर्मद्रोह के कुकर्म में लिप्त हैं, हमलोग सिर्फ उन्हीं के खिलाफ नहीं हैं, बल्कि उन लोगों को जो अन्तर्राष्ट्रीय चमचे नचा रहे हैं, हम लोग उनके भी खिलाफ हैं। बी एन पी में जो राय और वामपंथी घात लगाए बैठे हैं, वे लोग बार-बार मुस्लिम जन-समुदाय के खिलाफ जहर उगल रहे हैं। सरकार अगर उन लोगों से निपटने में नाकाम रही, तो सरकार का भविष्य भी अन्धरकारमय है।'' वक्ताओं में शामिल थे—मोतीउर रहमान निजामी, मौलाना अब्दुल सुभान (दोनों ही संसद सदस्य), मुहम्मद कमरुज्जमान, अब्दुल कादिर मुल्ला, जसीमउद्दीन सरकार, सैफुल इस्लाम खान मिलन, अबु जफर मोहम्मद उबैदुल्लाह वगैरह!

इस्लाम और कुरान की अवमाननाकारी लोगों के लिए सजा की माँग, 13 संगठनों के संग्राम परिषदों का गठन किया गया है। इस परिषद में शामिल हैं, अपने दल-बल समेत, बयतुल मुकर्रम के खतीब, मौलाना उबैदुल हक, नारिन्दा के पीर साहब, इस्लाम और राष्ट्रद्रोही तत्परता-विरोध मोर्चा के आवाहक्, मौलाना मुहिउद्दीन खान, महासचिव फजलूल हक अमीनी, एन.डी.ओ. के सेक्रेटरी, अनवर जाहिद, फ्रीडम पार्टी के सेक्रेटरी, भूतपूर्व जेनरल मेजर बजलूल हुदा, खिलाफत मजलिस के प्रोफेसर अख्तर फारुक, जागपा के सभापति शफीउल आलम प्रधान, इस्लामी शासनतंत्र आन्दोलन के मौलाना ए.टी.एम. हिमायतउद्दीन, मुस्लिम लीग के एडवोकेट, मोहम्मद आयेनुद्दीन, निजामे इस्लाम पार्टी के सभापति, अशरफ अली, पी एन पी के सभापति, शेख शौकत हुसेन नीलू, भारतीय दलाल प्रतिरोध कमिटी के गुलाम नासिर, युव कमांड के सदस्य-सचिव, अबु नासिर मोहम्मद रहमतउल्लाह। संग्राम परिषद की तरफ से सम्मिलित कार्यक्रम के जरिए, संघर्ष जारी रखने का फैसला लिया गया है। किसके लिए संग्राम? संग्राम है, इस्लाम और कुरान का अपमानकारियों को सजा देना; ब्लासफेमी कानून का प्रवर्तन; कादियानी लोगों को गैर-मुसलमान घोषित करना, धर्मद्रोही, देशद्रोही और एक श्रेणी के एन जी ओ की गलत क्रियाकलापों को रोकना, भारतीय अग्रासन और विजातीय हस्तक्षेप रोकना! इन माँगों के लिए लगातार संग्राम करना! 14 और 29 जुलाई के सम्मिलित कार्यक्रम सफल करने के लिए, मूल प्रतिनिधियों की एक जरूरी सभा, कल शाम, सात बजे, इस्लामी शासनतंत्र आन्दोलन के कार्यालय में आयोजित होनेवाली है। सभा-मीटिंग और विक्षोभ-प्रदर्शन, पहले की तरह ही जारी है। समूचे देश भर में! खिलाफत छात्र आन्दोलन, जातीय नास्तिक निर्मूल कमिटी, मुस्लिम ब्रिगेड, इस्लामिक पार्टी, बांग्लादेश इमाम-उलामा परिषद, मुस्लिम लीग, इस्लामी शासनतंत्र आन्दोलन, सत्य-संधानी आन्दोलन वगैरह दल आजकल बदस्तूर व्यस्त हैं।

इतने दिनों बाद, अर्थमंत्री, सैफुर रहमान की नींद टूटी है। उन्होंने कहा है,

"बांग्लादेश के स्वाधीनता-संग्राम की चेतना के साथ, कट्टरवाद का कोई रिश्ता नहीं है। इस देश के लोग, कट्टरवादी हो ही नहीं सकते। धर्मान्धता और फतवाबाजी की जगह से अन्तर्राष्ट्रीय तरीके से देश की भावमूर्ति नष्ट हो रही है और इससे देश के विकास में रुकावट की आशंका नजर आने लगी है। धर्म, इन्सान का व्यक्तिगत मामला है। इन सबमें अतिशयता से काम लिया गया, तो नतीजा अच्छा नहीं होगा।" सैफुर रहमान की नींद इस वजह से टूटी है कि विदेशी निवेशक, अब इस देश में रुपए नहीं लगाना चाहते। कट्टरवादियों ने समूचे देश को अचल कर डाला है। इसका विरोध करते हुए, उन्होंने आराम से फरमा दिया कि धर्म इन्सान का व्यक्तिगत मामला है। लेकिन, सच तो यह है कि इस देश में धर्म, कोई व्यक्तिगत मामला नहीं है। यहाँ धर्म राष्ट्रीय मामला है। कानून का मामला है।

'आजकेर कागज' की खबर : बांग्लादेश में कट्टरवादियों की हिंस्रता के कारण, पिछले दो महीनों में 8 विदेशी कम्पनियाँ, यहाँ रुपए निवेश करने के बजाय, वापस लौट गईं। इनमें तीन जापानी प्रतिष्ठान भी थे। ये लोग बांग्लादेश में निवेश की संभावना की जाँच-पड़ताल करने के लिए आए थे, मगर कट्टरवादी हरकतें देखकर—परिवेश अनुकूल नहीं है—यह कहकर वापस लौट गए। ये तीनों जापानी कम्पनियाँ बांग्लादेश में संयुक्त-सहयोग से इलेक्ट्रोनिक उद्योग की संभावना की जाँच करने आयी थीं। ब्रिटिश कम्पनी, मैक्सवेल के एक उच्च पदाधिकारी भी आए थे। वे संयुक्त-प्रयास से गार्मेण्ट्स उद्योग की स्थापना करना चाहते थे। बिल्कुल यही प्रस्ताव लेकर एक जर्मन कम्पनी भी आ पहुँची। मार्किन मुक्तराष्ट्र के जेवियर्स कम्पनी के मालिक भी खाद्य प्रक्रियाकरण उद्योग की संभावना पर खोज-पड़ताल करने आए थे। सुनने में आया है कि उस समय बांग्लादेश में एक के बाद एक कट्टरवादी क्रियाकलाप, खुलेआम हत्या की धमकी, अखबार के दफ्तरों पर हमलों की घटनाओं से, वे लोग अचम्भे में पड़ गए। किसी गणतांत्रिक राष्ट्र में इस किस्म की घटनाएँ कैसे घट रही हैं, यहाँ के स्थानीय कारोबारियों से उन लोगों ने यह सवाल पूछा भी था। अमेरिका कर्ता 30 जून, हड़ताल के दिन आ पहुँचे थे। उस दिन, सारा वक्त उन्हें अपने साथियों के साथ, हवाईअड्डे पर ही गुजारना पड़ा था। बाद में अमेरिकी दूतावास से बांग्लादेश के बारे में सारी जानकारी इकट्ठी करके, अगली ही फ्लाइट से वे वापस लौट गए। उनकी बुकिंग 'सोनार गाँव' नामक होटल में 11 जुलाई तक थी। उन्होंने वह भी खारिज कर दिया। विभिन्न दूतावासों में जब विदेशी निवेशक यहाँ के बारे में खोज-खबर ले रहे थे, तभी उन लोगों को बांग्लादेश में फतवों की घटना, साम्प्रदायिक गिरोहों द्वारा अखबार-कार्यालयों पर हमलों की घटना, सरकार द्वारा एन जी ओ-विरोधी कानून तैयार करने की कोशिश की खबर वगैरह के बारे में पता चला। ये सब जानकारी मिलने के बाद, निवेशक लोगों ने यहाँ अपनी दौलत निवेश करने में दिलचस्पी खो दी थी।

रात को सोने जाने से पहले क जो प्लास्टिक का थैला थमा गई थीं, उसमें से मैंने तौलिया निकाला। तौलिया भिगोकर, मैं हाथ चेहरा पोंछना चाहती थी। तौलिया निकालते हुए, अचानक उसमें से कागज की एक चिट मेरे पैरों पर आ गिरी। वह एक खत था। छोटा-सा खत! यास्मीन का लिखा हुआ खत!

—बूबू, तुम कहाँ हो, कैसी हो, हमें कुछ नहीं मालूम! जहाँ भी रहो, सकुशल जीती रहो! वैसे कितनी सकुशल हो, यह भी मुझे नहीं मालूम! इस वक्त किसी तरह जिन्दा रहना ही, सबसे ज्यादा जरूरी है। हाँ, एक बात हमेशा याद रखना, हम सब, हर पल तुम्हारे बारे में ही सोच रहे हैं; तुम्हारी ही फिक्र लगी हुई है। हम सब तुम्हें बेहद-बे-हद प्यार करते हैं, बूबू!

रात को बिस्तर पर तो आ लेटी, लेकिन नींद नहीं आयी। मैं करवटें बदलती रही। मुझे साँस लेने में भी तकलीफ होती रही। मेरे अन्दर से अजब गौंगियाने की आवाजें आती रहीं। 'मुझे घर जाना है; अपने घर जाना है।' —अन्दर से रुलाई उमड़ती रही। मैंने अपनी रुलाई तो रोक ली। मगर अपना गौंगियाना नहीं रोक सकी। आवाजें सुनकर, ट मेरे कमरे में दाखिल हुए। पेट के बल लेटी हुई मैं! मेरे सिरहाने बैठकर, वे हौले-हौले मेरा सिर सहलाने लगे!

9 जुलाई, शनिवार।

आज सुबह-सवेरे दो अच्छी खबरों पर नजर पड़ी। आज से वाम फ्रण्ट का प्रतिरोध शुरू हो रहा है। उनकी माँगें हैं—घातक दलाल, युद्ध के अपराधी, गुलाम आयम का विचार हो; साम्प्रदायिक राजनीति निषिद्ध हो; नारी-अधिकार, शिक्षा-व्यवस्था, परिवार कल्याण कार्यक्रम पर काम किया जाए; मत-प्रकाश की स्वाधीनता के खिलाफ कट्टरवादी फतवाबाजों के आक्रमण रोके जाएँ, विश्व-बैंक, आइ.एम.एफ. की खबरदारी पर रोक लगायी जाए; गैर-समझौता, काला धन और काले कानून का अंधेर-राज बंद हो; संत्रास, चंदेबाजी खत्म हो; उद्योग-कृषि की हिफाजत हो; मजदूर-किसान समेत, हर पेशे को उनके सही-सही अधिकार दिए जाएँ और सत्ताधारी सरकार के अधीन, अबाध, निरपेक्ष चुनाव! वाम-फ्रण्ट ने घोषणा की है कि एक-एक दिन, वे लोग एक-एक जगह सभा करेंगे! चलो, बेहतर है!

दूसरी खबर है, न्यूयॉर्क टाइम्स का सम्पादकीय! कट्टरवादियों के आगे, सरकार का आत्मसमर्पण शर्म की बात है। सम्पादकीय का शीर्षक है—**'मौत के जरिए निषेधाज्ञा'**। इस लेख में लिखा गया है—तसलीमा नसरीन का 'लज्जा' उपन्यास और हाल में एक अंग्रेजी दैनिक में प्रकाशित अपने इंटरव्यू में, इस्लाम धर्म के बारे में उनके कथित असम्मानजनक मंतव्य की वजह से समूचे देश भर में साम्प्रदायिक ताकतें फूत्कार उठी हैं। इसी शक्ति ने तसलीमा की फाँसी की माँग की है। यहाँ तक कि

एक धार्मिक नेता ने तो उसकी गर्दन उतारनेवाले को ढाई हजार अमेरिकी डॉलर के पुरस्कार तक की घोषणा कर डाली है। उग्रपंथी धर्मान्ध गिरोह ने तसलीमा नसरीन के नारीवादी ख्यालों और विचारों को सीधे-सीधे इस्लाम का अपमान बताया है। सरकार ने साम्प्रदायिक ताकतों की माँग के मुताबिक, उनका 'लज्जा' उपन्यास निषिद्ध कर दिया है। हाल ही में एक अदालत ने लेखिका के विरुद्ध, गिरफ्तारी का परवाना जारी किया है। इसलिए लेखिका कहीं छिप गई है। न्यूयॉर्क टाइम्स में मेरी घटना के साथ सलमान रुशदी की घटना की तुलना की है। सलमान रुशदी की घटना, फतवे की घटना थी, उसके मूल में एक किताब थी। पश्चिमी पत्रकार यहाँ भी वही दृश्य देखना चाहते हैं। लेकिन सच तो यह है कि ये दोनों दृश्य एक जैसे नहीं हैं। 'लज्जा' किताब की घटना, बहुत पहले ही घट चुकी है। सरकार ने सिर्फ वह किताब जब्त की है। 'लज्जा' के साथ, मेरे सिर का मोल तय करने या मुझ पर फतवा जारी करने की घटना का कोई सरोकार नहीं है। इन दिनों जो समूचे देश भर में तांडव चल रहा है, इसके साथ 'लज्जा' या फतवे का भी कोई सम्बन्ध नहीं है। हाँ, यह कहा जा सकता है कि एक घटना ने, दूसरी घटना में, आग में घी जैसा काम जरूर किया है, लेकिन यह कारण नहीं है। न्यूयॉर्क टाइम्स के सम्पादकीय मंतव्य में कहा गया है, 'असल में राजनैतिक उद्देश्य हासिल करने के लिए ही, किन्हीं खास पलों में मुक्त चिन्तन और मत-प्रकाश की स्वाधीनता को खामोश कर देने की कोशिश की जा रही है। ईरान के तत्कालीन धार्मिक नेता, अयातुल्लाह खोमैनी ने इस वक्त इस्लामी विप्लव के बाद अपने नेतृत्व को शक्तिशाली बनाने के लिए, हथियार के तौर पर 'दि सैटानिक वर्सेज' का इस्तेमाल किया है।' मिस्र के एक मानवाधिकार कर्मी का उदाहरण देकर यह कहा गया कि 'मिस्र में कलाकार और लेखकों को भी कट्टरवादियों ने सिर्फ नास्तिक ही नहीं कहा, सांसदों ने भी इन उग्रपंथियों के सुर में अपना सुर मिला दिया।'

सम्पादकीय में यह भी कहा गया है कि साम्प्रदायिक गिरोह के आगे, बांग्लादेश सरकार का आत्मसमर्पण निहायत शर्मिन्दगी की घटना है! लेख के अंत में न्यूयॉर्क टाइम्स में लेखिका का सुरक्षित तरीके से देशत्याग तय करने के लिए, नॉर्वे की कोशिशों की तारीफ की है।

तो, यह थी खबर!

आज भी रुमाना ही खाना लेकर आईं।

ङ के आने के बाद, रुमाना चली गईं।

ङ मेरे लिए कागज के पैकेट में मोड़कर कोई चीज ले आईं। वह चीज उन्होंने मेरे हाथों में नहीं सौंपी। उन्होंने मुझे आईने के सामने ला खड़ा किया। पैकेट से

वह चीज निकालकर, मेरे सिर पर पहना दी। पीठ तक लहराते हुए, लम्बे, काले बाल! नकली बाल!

ङ ने हँसकर कहा, "वा-ह! देखा न, तुम्हें पहचानने का कोई उपाय नहीं है। अब चेहरे पर जरा रंग-रोगन पोत दें, तो बिल्कुल भी पहचाना नहीं जाएगा।"

ङ मेरे लिए नकली बालों की सौगात ले आयी थीं। मारे खौफ के मेरी पलकें मुँद आईं। तो क्या मुझे देश से भाग जाना होगा? मेरे जीने की क्या और कोई राह नहीं है?

मैंने रुँधी आवाज में पूछा, "ये बाल आपको कहाँ मिल गए?"

खरीदकर लायी हूँ।

मुझे यह बात पता थी।

सबकुछ जानते हुए भी मैंने पूछा, "ये बाल आपने क्यों खरीदे?"

ङ ने जवाब दिया; "इसलिए खरीदे कि अगर..."

"मैं चोर की तरह मुँह छिपाकर नहीं भागूँगी। मैं ये बाल किसी दिन भी नहीं पहनूँगी! जो होना है, हो जाए!" मेरी आवाज में रुलाई, क्रोध, शर्म, खौफ के मिले-जुले भाव आ समाए।

ङ किसी से भी हँसी-मजाक करनेवाली जीव नहीं हैं। देश के शीर्षस्थानीय लोगों में वे एक हैं। गंभीर जीव! काफी सोच-समझकर बातें करती हैं। हर कदम काफी सूझ-बूझ के साथ उठाती हैं। ङ जो ये लम्बे-लम्बे बाल खरीदकर लायी हैं, इसके पीछे उनका किसी हँसी-मजाक का इरादा नहीं था। गंभीर चिन्तक के रूप में देश में उनका काफी सुनाम है। जो लोग उन्हें पहचानते हैं, वे जब उनके सामने पड़ जाते हैं, तो खट् से सिर झुका देते हैं। वे ही जब नकली बाल खरीदकर लायी हैं, तो जरूर सोच-समझकर ही लायी होंगी। क से वे उम्र में बड़ी हैं; काफी तजुर्बेकार हैं! ङ सलाह किए बिना, क किसी काम को हाथ नहीं लगातीं। 'क' कानून के नजरिए से सोचती हैं। मेरे वकील के साथ नियमित सम्पर्क में हैं। ङ चहुं ओर की परिस्थिति पर सामग्रिक दृष्टि से सोचती हैं! मेरे समूचे तन-बदन में मानो खौफ की लतर लिपट गई! मैं सिर झुकाए बैठी रही। मेरे सामने, बालों का वह पुलिन्दा!

आज रात, ट घर नहीं लौटेंगे। इसलिए क अपने ड्राइवर दोस्त के साथ आ पहुँचीं। आज रात वे यहीं रुकेंगी। क ने जो लीफलेट छपाया था, वह भी दिखाया। उन्होंने पूरे शहर भर में हजारों-हजारों लीफलेट बाँटे हैं। दो पन्नों में छपा हुआ लीफलेट! दोनों पन्नों पर स्केच आँके हुए! एक तरफ औरतें हाथ में प्लेकार्ड थामे, नारे लगा रही हैं। दूसरी तरफ कुछेक दाढ़ीवालों का स्केच! उनके प्लेकार्ड पर लिखा हुआ था—'जो सकल बेपर्दा औरतें कामकाज करके आय करती हैं, वे सब काफिर हैं!' एक और प्लेकार्ड पर लिखा हुआ था—'औरतों के खिलाफ फतवा! इस्लाम की अवमानना करने की किसकी मजाल?' लीफलेट के ऊपर लिखा हुआ है—'औरत-मर्द एक हों'! लीफलेट

के नीचे लिखा है—'फतवाबाजों का करो विरोध। सचेतन देशवासी!'—लीफलेट में मेरे लिखे हुए टुकड़े-टुकड़े नारे!

फतवाबाजी जो हुई न दूर, औरत बेमौत मरेगी जरूर
फतवाबाजी ध्वंस करो, पूरे दम से तोड़ो गरूर

चाहो अगर औरत की सुरक्षा, रहना हो जो जिन्दा
तोड़ो फतवाबाजी के काले पंजे, करो इन्हें शर्मिन्दा

मुल्लाओं की नीयत कैसी! नस-नस काटने की राजनीति
ये देश बनाएँ कब्रिस्तान, लाना चाहें पाकिस्तान

इनका निशाना बिल्कुल साफ, आज तसलीमा, कल हम पर घात
इनको अगर न रोका, प्रगतिवादी खाएँगे धोखा।

तसलीमा को डंसने आया, कट्टरवाद का साँप
अभी भी वक्त, रोको इनको, ये हैं इकहत्तर के पाप

मौका मिला तो, कर डालेंगे पूरा समाज तबाह
करेंगे ना किसी को रिहा

यही साँप हजम कर जाएँगे, आज मुझे, कल तुम्हें
लेने को आमादा ये, इकहत्तर की हार का शोध

जागो मानव, डटकर लड़ो, रोको, इनको रोको
धर्म को लेकर मातम मनाना, अधार्मिक का छल
नोचों इनका नकाब और छल,
देश के सब विवेकी, मुक्तिवादी दल!

क कट्टरवाद-विरोधी आन्दोलन में बेतरह व्यस्त हैं, मुझे अन्दाजा हो गया। अपने मित्र के साथ, उन्होंने और-और लीफलेट, पोस्टर वगैरह छपाने के बारे में विचार-विमर्श किया। लीफलेट कैसे बाँटे जाएँगे, कौन, कब दीवार पर पोस्टर चिपकाएगा, वे इन सबका हिसाब-किताब करती रहीं। क का यह उत्साह मुझे मुग्ध करता है। आज अगर मेरे लिए छिपकर रहने की मजबूरी नहीं होती, तो मैं भी इस आन्दोलन का हिस्सा होती, मुश्किल-मुश्किल कॉलम लिखती!

क को मैंने ङ के लाए हुए नकली बालों का किस्सा सुनाया। क को पहले से ही मालूम था कि ङ मेरे लिए नकली बाल लायी हैं।

"लेकिन ये बाल क्यों? मेरी क्या जमानत नहीं होगी?"

क ने सिर हिलाते हुए कहा, "जमानत के मामले में मुझे कुछ नहीं मालूम।"

"डॉ. कमाल हुसेन से क्या आपकी कोई बातचीत नहीं हुई? उन्होंने भी क्या कोई उम्मीद नहीं बँधायी? वे तो कह रहे थे कि मेरी जमानत के लिए वे कोशिश कर रहे हैं? मेरी जमानत हो जाएगी, इसकी उन्होंने उम्मीद भी बँधायी थी।"

क खामोशी से मेरी बात सुनती रहीं।

थोड़ा ठहरकर, उन्होंने मुझे शांत हो जाने को कहा।

"देखो, मेरा वकील मुझे कोई सलाह नहीं दे रहा है। अब सारा कुछ मेरे फैसले पर निर्भर करता है। अगर मैं कमाल हुसेन से यह कहूँ कि चाहे जैसे भी हो, तुम अभी ही जमानत के लिए कोर्ट जाओगी, तो वे कोई एतराज नहीं करेंगे। वे तुम्हें हाईकोर्ट में पेश करके, जमानत की अर्जी भी दे देंगे। लेकिन मेरा ख्याल है कि यह काम अभी हमें नहीं करना चाहिए, क्योंकि वहाँ जाने का खतरा अभी तुम्हें नहीं उठाना चाहिए। जमानत से जिन्दगी बड़ी होती है...!"

थोड़ी देर खामोश रहने के बाद, क ने दुबारा कहा, "वर्तमान परिस्थिति में हाईकोर्ट में तुम्हारा पेश होना, सुरक्षित नहीं है। इसलिए जब तक तुम्हारे वकील निश्चिन्त नहीं होते कि तुम्हारी गैर-मौजूदगी में जमानत मिल जाएगी, तब तक वे आगे नहीं बढ़ेंगे। उनका आगे बढ़ना सही नहीं होगा। जिसमें जान-जोखिम हो, ऐसा काम वे नहीं करेंगे। जब तुम्हें सुरक्षा दी जाए और जमानत के बारे में निश्चयता मिले, तभी वे यह जोखिम उठा सकते हैं। तभी जोखिम लेना चाहिए।" इतना कहकर क ने लम्बी उसाँस भरकर कहा, "आपके वकील, आपकी जमानत से ज्यादा, आपकी जान के बारे में फिक्रमंद हैं।"

मैं पाँव समेटकर, घुटनों पर ठुड्डी गड़ाए, खामोश बैठी रही।

क और उनके मित्र, राजनीति की सूक्ष्म विवेचना में जुट गए।

उनकी बातचीत में जरा विराम लगते ही, मैंने पूछा, "सुना है, अमेरिका के प्रेसिडेंट ने भी मेरे बारे में बात की है! यह भी सुना है कि नॉर्वे के विदेश मंत्री ने भी यहाँ की सरकार से बात की है?"

क ने जवाब दिया "वह सब तो काफी पॉजिटिव पक्ष हैं। एमनेस्टी इंटरनेशनल से शुरू होकर, विदेश में ऐसा कोई प्रोग्रेसिव ऑर्गनाइजेशन नहीं है, जिसने आपके लिए आन्दोलन नहीं किया। लेकिन इससे फायदा क्या हुआ? अब अमेरिका और यूरोप ही, बांग्लादेश पर, आपकी मुक्ति के लिए दबाव डाल सकते हैं। लेकिन आपको मुक्ति मिलेगी कैसे? विदेशी अखबार और पत्रिकाओं में आपको लेडी रुशदी कहा जा रहा है। लेकिन आपकी हालत सलमान रुशदी जैसी बिल्कुल नहीं है। सलमान

रुशदी ईरान में मौजूद नहीं थे। उन पर फतवा जारी होने के साथ-साथ ब्रिटेन की सरकार से उन्हें हाई सिक्योरिटी मिल गई थी। आप कहाँ बैठी हैं, पता है? हर दिन इस देश के लाखों-लाखों लोग, आपका खून करने पर आमादा हैं। आप उन लोगों के बीच में बैठी हैं। आपके और उन लोगों के बीच चार इंच को फासला है! अमेरिका का प्रेसिडेंट आपको आखिर कैसे बचाएगा? यूरोप के मंत्री आपकी तलाश कैसे कर पाएँगे? आप ही भला उनसे भेंट-मुलाकात कैसे करेंगी? इस देश में बारह करोड़ अवाम रहती-सहती है। आपको वे लोग, आखिर कहाँ से उठाएँगे? ऐसे ही जाने कितने लोग मुक्ति के लिए, अमेरिका-यूरोप के प्रेसिडेंट, प्राइममिनिस्टरों ने जो कहा है वह छोड़ो! वे तो, बस, बोलकर ही निपट गए। ऐसी हालत पर कुछ बोलना चाहिए, सो उन्होंने बोल दिया। इसमें उन लोगों की सचमुच कोई दिलचस्पी नहीं है। आप मर जाएँ। उनकी बला से! बॉसनिया में जो हो रहा है, वह क्या कोई कह-सुनकर या धमकी देकर रोक सकता है? इस देश की सरकार, कट्टरवादियों को साथ लेकर, राजनीति का जो खेल, खेलने निकली थी, अब उसमें वह खुद ही फँस गई है। सरकार अब अपनी गद्दी बचाए, अगला चुनाव जीतने के लिए देश में राजनीतिक माहौल तैयार करे या निर्वाचन में अपनी जीत की संभावना नष्ट करके, अमेरिका के अनुरोध की रक्षा करेगी? अमेरिका उस किस्म के लच्छेदार, खूबसूरत उपदेश आराम से झाड़ सकता है। अमेरिका मानवाधिकार में विश्वास करता है, यह बात वह लोगों को सुनाने के लिए कहता है। लेकिन सचमुच कितना विश्वास करता है, यही देखने की बात है। चूँकि दादागिरी करनी पड़ती है, इसलिए यह सब करना पड़ता है। एम्बेसी में जाकर देखिए न! आप क्या सोचती हैं, वे आपको आश्रय देंगे? नहीं, वे नहीं देंगे।"

मैंने लम्बी उसाँस भरी!

क ने कहा, "ऐसे में आप क्या करें, इस बारे में आपको काफी गंभीरता से फैसला करना होगा। एक और बात, जरा आप सोच देखें। आप यूँ छिप-छिपकर, आखिर कितने दिन रह सकेंगी? सुरक्षित तरीके से छिपे रहने का एक निश्चित समय होता है। यह समय काफी लम्बा नहीं होता। आपको बार-बार घर बदलना पड़ रहा है। जितनी बार घर बदला जाता है, आदमी उतना ही ज्यादा जुड़ता जाता है। अगर ज्यादा लोग जुड़ते जाएँगे, उतना ज्यादा ही लोगों में यह खबर फैलती जाएगी। एक जगह न टिककर, जगह बदलते रहना एक तरह से सुरक्षित है। लेकिन एक तरफ जोखिमभरा है। मैंने सारी हालत आपको बता दी। पहले भी आपको खबर देती रही हूँ। अब फैसला आप लें।

क ने अचानक घड़ी पर नजर डाली।

"काफी रात हो गई। अब आप सो जाएँ–" इतना कहकर क ने मुझे, कमरे

में भेज दिया। मैं बिस्तर पर लेट गई। उदास-पथरायी आँखों से अँधेरे की तरफ घूरती रही। सा-री रात! सारी रात नींद का, कहीं कोई अता-पता नहीं था।

10 जुलाई, रविवार।

ढाका विश्वविद्यालय में छात्र यूनियन का सेमिनार हुआ। विषय, 'फतवा : राष्ट्र, धर्म, समाज और राजनीति की पृष्ठभूमि में!' के. एम. सुभान ने कहा है कि सन् सत्तर के दशक में पूँजीवादी विश्व आविष्कार करके, समाजतंत्र को धता बताने के लिए, कट्टरवाद से ज्यादा अचूक हथियार और कोई नहीं है। मुजाहिदुल इस्लाम सलीम ने कहा है कि बी एन पी के उदय होने के बाद से ही, वह कट्टरवादियों को आश्रय और प्रश्रय देती आ रही है। यही थी बी एन पी के विरुद्ध हमारी अहम शिकायत! लेकिन दुःख की बात यह थी कि मुक्तियुद्ध के पक्ष का एक वर्ग, राजनैतिक स्ट्रेटेजी निर्धारण के नाम पर जमात के संग बैठकर बातचीत कर रहा है। फतवाबाजी के उद्भव के पीछे राष्ट्रीय मदद और सरकारी राजनीति, ग्रामीण क्षमता के ढाँचे में परिवर्तन, उपमहादेश की वर्तमान कट्टरवादी राजनीति, साम्राज्यवादी क्रियाकलाप, धर्मान्धता, वाम राजनीति की नाकामी, अंग्रेजों की 'डिवाइड ऐंड रूल' नीति की वजह से पाकिस्तान नामक कट्टरवादी राष्ट्र के उत्थान वगैरह को चिन्हित किया गया है।

इसके अलावा गणतांत्रिक छात्र एक्य ने आज देशव्यापी फतवाबाज प्रतिरोध पालन करने की घोषणा की है। यह तो है घर के अन्दर की घटना! घर में बैठकर, घोषणा करने की घटना! घर के बाहर क्या घट रहा है? सड़कों पर क्या घट रहा है? बड़े-बड़े मैदानों में क्या घट रहा है?

सिलहट में 29 जुलाई के लोंग-मार्च को सफल करने के लिए ऐतिहासिक रेजिस्ट्रारी मैदान में, इस्लाम और राष्ट्रद्रोही प्रतिरोध मोर्चा के महासचिव, मौलाना फजलूल हक अमीनी ने भाषण दिया। विशाल मैदान, विशाल जमघट, विशाल भाषण! सिलहट घूम आने के बाद, उन्होंने बयान दिया है कि सिलहट समेत, सारे देश में जो जन-जागरण देख आया हूँ, उससे स्पष्ट है कि आगामी 29 जुलाई, पवित्र कुरान दिवस में ढाका में तौहीदी जनता की बाढ़ उमड़ पड़ेगी! समूचे देश से लाखों-लाख जनता, लोंग-मार्च करते हुए ढाका पहुँचने के लिए व्यापक तैयारी कर रही है! तौहीदी जनता के ईमान के ज्वार में उस दिन नास्तिक, मुरताद चक्र को दफ़्न कर दिया जाएगा। 30 जून की सफल हड़ताल के बाद, प्रायः 9 दिन गुजर गए। मगर सरकार ने हमारी एक भी माँग पूरी नहीं की। एन जी ओ के पक्ष में सरकार के किन्हीं-किन्हीं मंत्रियों का समर्थन है और आलिम-उलेमाओं को अबाध भाव से फतवाबाज होने का नाम देने की वजह से जनता में और ज्यादा क्षोभ नजर आ रहा है। सरकार की यह भूमिका, देश में भयानक स्थिति को न्योता देना है! हम सब नियमतांत्रिक

आन्दोलन में विश्वास करते हैं। लेकिन हमारी नियमतांत्रिकता को अगर कमजोरी समझा जाए, तो वह भूल होगी!

चट्टग्राम में नेछारिया आलिया मदरसे के प्रयास से 'शहादत में कर्बला' विषय पर होनेवाले आलोचना कार्यक्रम में, वक्ताओं ने चुनौती देते हुए, कहा कि आज, एक श्रेणी के मुरताद, नास्तिक, धर्मद्रोही, देश में इमानी आवाज को बंद करने के लिए और देश को एक नास्तिकवादी राष्ट्र में परिणत करने के लिए, तरह-तरह की साजिश रच रहे हैं। उन लोगों ने तसलीमा जैसी बेहया, नास्तिक औरत को इस काम में भिड़ाकर, कुरान हदीस और द्वीन की ध्यान-धारणा पर निर्लज्ज हमला किए जा रहे हैं। ऐसी हालत में शदादत में कर्बला का दीप्त शपथ लेकर, सभी धर्मद्रोही मुरतादों को धूल चटाने की अपील करते हुए, वक्ताओं ने कहा, 12 करोड़ इस्लामप्रिय लोग, दल-मत से परे, एकबद्ध भाव से सभी इस्लाम द्रोहियों के जहर के दाँत तोड़ने ही होंगे।

खबर और भी है—**ढाका यूनिवर्सिटी के 265 छात्र-छात्राओं के बयान! तसलीमा नसरीन को अविलम्ब गिरफ्तार किया जाए।** अग्रासन प्रतिरोध जातीय कमिटी की छात्र शाखा के पक्ष में ढाका विश्वविद्यालय के 265 विद्यार्थियों ने एक बयान में स्वाधीनता संरक्षण और जातीय विकास निश्चित करने के लिए, देश-विदेशों में निन्दित, चरम साम्प्रदायिक, हमारा यह राष्ट्र और उसकी स्वाधीनता, सार्वभौमिकता के शत्रु, भारत के विश्व हिन्दू परिषद और बी.जे.पी. आनन्दबाजारियों की सेवादासी, तसलीमा नसरीन को धर्म और राष्ट्रद्रोह के जुर्म में अविलम्ब गिरफ्तार और विचार करने की माँग की है! उन लोगों ने कहा है कि इस लेखिका ने देश-विदेशों में प्रकाशित अपने लेखन में, साक्षात्कार में, बातचीत और बहस-मुबाहसों में जो अन्तर्राष्ट्रीय साम्प्रदायिक संघर्ष छेड़ने की कोशिश की है, वह अत्यन्त निन्दनीय है! बयान में तीन दिनों के अन्दर-अन्दर, तसलीमा की गिरफ्तारी और उसके समर्थक अखबारों को भी निषिद्ध करने की माँग करते हुए कहा गया है कि हम लोग तत्काल उक्त लेखिका की समस्त रचनाओं का मुद्रण, पुनःमुद्रण और अनुवाद, देश-विदेशों में निषिद्ध करने के बारे में भी कार्रवाई करने की, सरकार से माँग की है। तसलीमा जैसी राष्ट्रद्रोही, समाजद्रोही, धर्म और स्वाधीनता एवं सार्वभौमिकता की दुश्मन को मात देने के लिए, स्वाधीनता संरक्षण और जातीय विकास को कायम रखने के संग्राम में उन लोगों ने सचेतन और देशप्रेमी, सभी विद्यार्थियों, भाई-बहनों समेत समग्र जाति के प्रति भी आह्वान किया है। बयान देनेवालों में शामिल थे—मो. मनिरुज्जमान, मो. अब्दुल लतीफ, मो. यूसुफ अली, मो. छफीउल्लाह, मो. महबूब रहमान, मो. सलीम रजा, मो. फजलूल रहमान और नर्गिस अख्तर वगैरह!

ढाका में युव कमांड की विशाल सभा में कहा गया है कि 30 जून के जन-राय को नजरअन्दाज करने की दिशा में अगर कोई प्रयास किया गया, तो देशवासी हरगिज

नहीं मानेंगे। उधर, दिनाजपुर में मुरतादों की फाँसी की माँग करते हुए, जमाते इस्लामी की पुकार पर विक्षोभ दिवस पालन किया गया। पवित्र कुरान के अवमाननाकारी, धर्मद्रोही मुरतादों की गिरफ्तारी और फाँसी की माँग करते हुए, जमाते इस्लाम बांग्लादेश ने इस विक्षोभ की पुकार दी है। सुबह प्लेकार्ड और फेस्टून वगैरह लेकर, एक विक्षोभ जुलूस ने शहर की परिक्रमा की। बाद में जमातियों ने जिला प्रशासक को 8 दफा माँग का एक स्मारक-पत्र जमा दिया।

इन दिनों मेरे जीवन में क्या घट रहा है, देश में क्या हो रहा है, वह अखबारों में छपी खबरों में ही नजर आ रहा है। मैं तो दिन-दिन भर, अँधेरे कमरे में तन-बदन-सिर ढँके बैठी रहती हूँ। बैठे-बैठे पीठ अकड़ जाती है। पाँवों में झुनझुनी चढ़ जाती है। मेरी तो खास कोई खबर भी नहीं है। पथराई मुद्रा में बैठे-बैठे, मेरी अचल भंगिमा में लहरें उठाते हुए, अचानक-अचानक कोई चला आता है। ज दोपहर को उदय हुईं। ज के साथ कुछ देर देश के हालात के बारे में कहने-सुनने के बाद, हम दोनों ही खामोश बैठे रहे, हमारी निगाहें किसी हताशा पर गड़ी रहीं। थोड़ा ठहरकर ज ने बालों का जिक्र छेड़ दिया। उन्होंने ही बताया कि ङ ने ही ज को बाल खरीद लाने को कहा था! बाल! सच तो यह है कि ये बाल मुझे किसी हाल भी चैन नहीं लेने दे रहे हैं। भूत बनकर दिन-रात मुझे डराते रहते हैं। इन बालों के डर से, आधी-आधी रात को अचानक ही मेरी नींद टूट जाती है। बालों का प्रसंग मुझे इस कदर परेशान किए रहता है कि मैं प्रसंग बदलकर, देश के हालात की तरफ, अपना ध्यान समेट लेती हूँ। देश के बारे में बातें करते हुए, सूफिया कमाल का प्रसंग छेड़ गया। ज सूफिया कमाल की तारीफ करती रहीं, क्योंकि इतनी उम्र हो जाने के बाद भी, वे सभा-मीटिंग में आया-जाया करती हैं, कट्टरवादियों के खिलाफ, युव समाज को इसमें कूद पड़ने के लिए आह्वान करती हैं। सूफिया कमाल को वे खाला-अम्मा कहकर सबोधित करती हैं। सिर्फ ज ही नहीं, सूफिया कमाल से उम्र में छोटी सभी औरतें, उन्हें खाला-अम्मा बुलाती हैं यानी वे नगर-खाला-अम्मा बन गई हैं। जहानारा इमाम को अम्मा कहकर ही बुलाया जाता है। बहरहाल, अम्मा, खाला-अम्मा सम्बोधन मेरी जुबान से कभी नहीं निकला। मैं किसी को अचानक अम्मा नहीं बुला सकती। मैं यह भी नहीं मानती कि उन्हें इसी सम्बोधन से बुलाया जाए, तभी सम्मान दिखाना होता है, वर्ना नहीं। सूफिया कमाल को, सूफिया कमाल बुलाकर ही मैं उन्हें पर्याप्त सम्मान दे सकती हूँ। उन्होंने जातीय कमिटी की एक सभा में, लोगों को सम्बोधित करते हुए कहा—अल्लाह के नाम का वास्ता है आपलोगों को, जागें! जाग उठें! कट्टरवादियों के हाथों से देश को आजाद कराएँ। सूफिया कमाल खुद बेहद ईश्वर-विश्वासी जीव हैं। उन्होंने अपने विश्वास के मुताबिक ही इन्सानों को अल्लाह के नाम का वास्ता देकर, जाग उठने को कहा है। अल्लाह का नाम लेकर, कट्टरवादी जागते हैं, अब अल्लाह का ही नाम लेकर, गैर-कट्टरवादियों को भी जागना होगा। वैसे साम्यवाद

का नारा लगाकर भी जागा जा सकता है। असाम्प्रदायिकता का नाम लेकर भी तो जाग सकते हैं, मानवता का नाम लेकर भी जागते हैं। लेकिन क्यों? अल्लाह का नाम लेकर भी जागा जा सकता है। अल्लाह क्या कहीं भी, किसी भी रूप में, कोई असाम्प्रदायिक बात कह गए हैं?

ज ने बताया कि सूफिया कमाल के साथ उनकी एक दिन बातचीत हो रही थी। वहाँ अचानक मेरा प्रसंग छिड़ गया।

सूफिया कमाल एकदम से भड़क गईं, ''यह तसलीमा लड़की निहायत बेअदब है। मैंने उसे इतनी जरूरी खबर भेजी कि वह आकर मुझसे मिल जाए! ऐसी है वह लड़की कि नहीं आयी, तो नहीं आयी।''

मैं यह सुनकर अचकचा गई। उन्होंने मेरे शांतिबागवाले मकान में एक बार खबर भेजी कि मैं उनसे मिलूँ। अगले ही दिन मैं उनके यहाँ पहुँच गई। उन्होंने मुझसे हँसकर ही बातें कीं; सिर पर हाथ रखकर आशीर्वाद भी दिया था। मैंने ज को यह बात बतायी। ज ने कहा कि उस मुलाकात की बात वे जानती हैं। लेकिन सूफिया कमाल ने और एक दिन मुझे तलब किया था। हैरत है! दूसरी बार के बुलावे की खबर मुझे मिली ही नहीं! जिसके जरिए उन्होंने खबर भेजी थी, वह मुझ तक कभी आया ही नहीं! लेकिन यह बात क्या सूफिया कमाल जानती हैं कि उनके भेजे हुए दूत ने मुझ तक उनकी कोई खबर नहीं पहुँचायी?

ज ने सिर हिलाया, ''ना, इस बात की उन्हें खबर नहीं है!''

सूफिया कमाल से, उनके घर में भेंट होने के अलावा भी, और एक बार उनसे भेंट हुई थी! उनसे दूसरी भेंट हुई थी, पूरबी बसु की किसी पुस्तक-उन्मोचन के उत्सव में! सूफिया कमाल वहाँ प्रधान अतिथि थीं और मैं विशेष अतिथि! पूरबी बसु की किताब पर हम दोनों को ही चर्चा करनी थी। लेकिन चूँकि मैं, भाषण वगैरह में उतनी पटु नहीं हूँ, मैंने पूरबी बसु की किताब की संक्षिप्त-सी तारीफ की और बैठ गई। सूफिया कमाल काफी देर तक बोलीं। उन्होंने सिर्फ पूरबी बसु की किताब पर ही वक्तव्य नहीं दिया। मेरे बारे में भी थोड़ा-बहुत बोलीं। मेरे लेखन की भी चर्चा की! उनका सुनकर मैं चकित रह गई थी। उन्होंने अपने वक्तव्य में कहा कि मैं नारीवादी विषयों पर लिख रही हूँ, यह अच्छी बात है, मगर वह लेखन उग्र नहीं होना चाहिए। हाँ, औरतें असल में माँ होती हैं। उन्हें सहनशील होना होगा। मर्द जब भूले से भी गुस्से से भड़क जाता है, नाराज होता है, तो गृहस्थी कायम रखने के लिए, औरतों को ही नरम होना पड़ता है। मर्द स्वभाव से ही गर्म होता है। ऐसे में अगर औरत भी ताव खा जाए, तो गृहस्थी कैसे चलेगी? माँ जात की ढेरों जिम्मेदारियाँ होती हैं। माँ जात की ही जिम्मेदारी है कि मर्द को आदर-प्यार देकर, उन्हें करीब खींच लें; उनको समझना सीखें, अगर मर्द भूल करे, तो उसे माफ कर दें। माँ का कर्तव्य है, वह अपनी सन्तान का स्वस्थ तरीके से लालन-पालन करे, वगैरह-वगैरह! औरत का

गुस्सा होना, चीखना-चिल्लाना, मर्द को पछाड़कर, आगे बढ़ने की कोशिश करना; मर्दों के खिलाफ बोलना, उग्रता दिखाना—औरत को शोभा नहीं देता। इससे औरत की कमनीयता नष्ट होती है। देश के सबसे बड़े नारी संगठन की सभानेत्री की जुबान से यह सब सुनकर, मैं विस्मय से गूँगी हो आयी। मैं वाक्रुद्ध मुद्रा में खामोश बैठी रही।

बाद में मैंने पूरबी बसु के कानों में फुसफुसाकर कहा था, "मुझे तो पता भी नहीं था कि इन मोहतरमा के ख्यालात इतने कंजरवेटिव...इतने दकियानूस हैं।"

"अरे, भई, पुरनिया औरत ठहरीं, इनके ख्यालात ऐसे ही होते हैं।"

हाँ, यह तो सच है! पुराने लोग शायद इसी ढर्रे पर सोचते हैं। मेरी नानी भी शायद इसी पटरी पर सोचती हैं। लेकिन, नहीं, मेरी नानी ऐसी पुरातनपंथी कतई नहीं थीं! वे ऐसा बिल्कुल नहीं सोचती थीं। मुझे याद है, उन दिनों मैं रुद्र से अलग होने की सोच ही रही थी।

मेरी नानी ने कहा, "अरे, ओका जमावो दुइ लात अउर चली आ। एमें इत्ता सोचे-विचारे को का है? अब तो तू खुद डांग्दर भै गई। अब डांग्दरी करियो और अराम से, अपने मन-मुताबिक रहियो। तू काहे फिकिर करत है? ई कमबखत लोगन की शैतानी सहे, तोरी बला!"

लेकिन नानी, आखिर तो नानी थीं। उनकी बातों का कोई मोल था दुनिया में? अड़ोस-पड़ोस और कुल-खानदान के लोगों को छोड़कर, नानी को कोई पहचानता ही नहीं था। नानी ने, सूफिया कमाल की तरह उतनी लिखाई-पढ़ाई तो की नहीं थी। नानी उनकी तरह शुद्ध भाषा भी नहीं बोल सकती थीं। सूफिया कमाल को सभी पहचानते थे। स्कूल के पाठ्य-क्रम में, उनकी कविता, 'सांझ की माया' मैंने और मेरी हमउम्र सभी लड़कियों ने पढ़ी है। वही सूफिया कमाल मेरी नजरों के सामने बैठी हैं। नानी जैसी भले न हों, मगर इस उम्र में भी वे सभा-समिति करती हैं, मुक्तियुद्ध के पक्ष में भाषण देती हैं, इतना ही काफी है। जब हम लोग बूढ़े होंगे, हमारी ढेरों बातें शायद नयी पीढ़ी के लेखकों की नजर में, काफी पुरानी-धुरानी लगेंगी।

ज की आवाज ने मेरी तन्मयता तोड़ दी, "एक बात तुमने काफी दिनों से गौर की है, तसलीमा, तुम्हें काउंटर करने के लिए, अचानक, न कोई बात, न चीत, बेगम रुकय्या को झट् से पेश किया गया?"

"मतलब?" मैंने अचकचाकर पूछा।

"जैसे ही तुम नारीवादी लेख-कहानियाँ-उपन्यास लिखकर मशहूर हो गईं, फौरन एक झुंड लोग, भूली-बिसरी, बेगम रुकय्या को कब्र से खींच-घसीटकर सामने ला खड़ा किया, सौ साल पहले की बेगम रुकय्या को! तीस साल पहले, रुकय्या के बारे में स्कूल की किताबों में पढ़ा था। दैट्स ऑल! इतने सालों में रुकय्या को लेकर, किसी दिन, कोई लिखना-पढ़ना नहीं हुआ या कोर्ट मीटिंग-सभा होते नहीं देखी। बहुत

खोजने पर भी, उनकी कोई किताब भी पढ़ने को नहीं मिली। अचानक इधर ही दो-तीन सालों से रुकय्या को लेकर उत्सव-समारोह शुरू हुआ है। चारों तरफ उनका लेख, उनके बारे में लेख! तसलीमा से बहुत पहले ही बेगम रुकय्या नारीवाद पर लिख गई हैं। तसलीमा कहाँ से नारीवादी हो गई? नारीवादी तो थीं, बेगम रुकय्या! वगैरह-वगैरह! रुकय्या की किताबों का प्रकाशन शुरू हो गया। मानो रुकय्या ही अब इस समाज में नारी-मुक्ति करेगी। यह सब तुम्हें नीचा दिखाने के लिए है! तुम्हें आड़ में करने की कोशिश की जा रही है। मरे हुए को जिन्दा करना और जिन्दा को मृत कहकर, कब्र में गाड़ देना ही उनका मूल लक्ष्य है। अरे, जलन मची है, जलन! तुम्हारी शोहरत देखकर, लोगों की छाती पर साँप लोट रहा है।''

मैं हँस पड़ी, ''मैंने खुद भी तो बेगम रुकय्या पर लिखा है।''

''हाँ, लिखा है। तुम्हारे लिखने में और उनके इस रुकय्या के पागलपन में फर्क है! तुमने श्रद्धा के साथ लिखा है। वे लोग जो कर रहे हैं, बदनीयती से कर रहे हैं। चूँकि रुकय्या अब जिन्दा नहीं है, इसीलिए यह सब कर पा रहे हैं। अगर वह जिन्दा होती, तो उसे लेकर भी जलन मची होती।''

मेरे होठों पर उदास मुस्कान झलक उठी।

ज ने कहा, ''लेकिन, देखना, कभी तुम्हें भी कब्र से खोदकर, निकाल लाया जाएगा।''

मेरा जी धक् से रह गया। कब्र की बात क्यों उठ रही है।

''कब्र का जिक्र इसलिए किया...'' ज ने कहा, इन्सान तो मरेगा ही, किसी दिन मैं भी मर जाऊँगी। तुम भी मर जाओगी। भविष्य में बांग्लादेश में, अगर किसी दिन, कोई लड़की खूबसूरत नारीवादी लिखना शुरू करे, औरत के हक में जोर-शोर से बोलना या लिखना शुरू कर दे, तो उसकी अवज्ञा करने के लिए, तुम्हें भी कब्र से खोद लाएँगे। हमारे बुद्धिजीवी उर्फ कुचक्री लोग ऐसा ही करेंगे। ऐसे लोग हमेशा मौजूद थे, मौजूद रहेंगे।

यह सब सुनकर मैं अजीब चक्कर में पड़ गई।

''तुम्हारे फतवे के खिलाफ...'' ज ने कहा, ''तुमने गौर किया कि महिला-परिषद ने किसी किस्म का प्रतिवाद नहीं किया। सूफिया कमाल ने 'जनकंठ' के मामले के खिलाफ प्रतिवाद किया। लेकिन तुम्हारे मामले में कुछ नहीं किया।''

मैंने सिर हिलाकर जताया, मैं जानती हूँ।

ज ने लम्बी-सी उसाँस छोड़ी, मैंने अपनी साँस दबा ली।

ज ने कहा, ''जो लोग तुम्हें पहचानते भी नहीं! वे लोग भी तुम्हें खूब समझते हैं।''

मैं हँस पड़ी, ''जो लोग भी मुझे पहचानते हैं, वे लोग भी मुझे गलत समझते हैं।''

कुछ देर खामोश रहने के बाद, मैंने फिर कहा, ''या हो सकता है कि मुझे गलत न समझते हों, सही समझते हों। शायद मेरा आचार-आचरण, स्वभाव-चरित्र,

मेरा सोच-विचार उन्हें पसन्द नहीं आता।''

11 जुलाई, सोमवार।

मैं खबरों पर नजरें दौड़ाती रही। तमाम खबरें जमाते इस्लामी की ही हैं। जमाते इस्लामी, 4 दफा माँगों का स्मारक-पत्र लेकर गृह-मंत्रालय जा रहा है। 4 दफा में पहली माँग है, धर्म, जाति और राष्ट्रविरोधी लोगों को मिसाली सजा। बाकी माँगें जातीय संसद में जमाते इस्लामी के लाए हुए धर्म का उल्लंघन करनेवालों को सजा देने के बारे में कानून बनाने के बारे में बिल पास करना; कादियानी लोगों को गैर-मुस्लिम घोषित करना; एन जी ओ वर्ग को जाति, धर्म और सामाजिक मूल्यबोध विरोधी क्रियाकलाप बंद करना। हाउज बिल्डिंग फाइनेन्स कम्पनी के सामने विशाल सभा हुई। वहाँ मौलाना मोतीउर रहमान निजामी ने भाषण दिया। उन्होंने कहा कि वर्तमान सरकार को सत्ता में रहने का कोई अधिकार नहीं है, क्योंकि इस सरकार ने धर्मद्रोही तसलीमा और कादियानी और एन जी ओ समूह के जातीय-स्वार्थ विरोधी क्रियाकलापों को रोकने के दायित्व का पालन नहीं किया। जमाते इस्लामी के और-और नेताओं ने भी भाषण दिए। उसके बाद महामान्य नेतागण ने गृहमंत्रालय में स्मारक-पत्र दिया।

अन्य खबरों की तरफ भी मेरा ध्यान गया। जातीय संसद में आज सोमवार को तसलीमा को लेकर बहस हो सकती है। इस्लामी एकजुट के नेता, उबैदुल हक ने संसद की कार्यप्रणाली विधि की धारा 68 के मुताबिक संक्षिप्त बहस के लिए संसद सचिवालय में नोटिस जमा दी है।

थोड़ी देर बाद, मेरा जी उचट गया। मेरा इन खबरों पर नजर डालने का भी मन नहीं हुआ। अब यह जानने में भी मेरी दिलचस्पी नहीं रही कि संसद में मुझे लेकर क्या-क्या बातें हुईं। मुझे मालूम है कि क्या बातें होंगी, कैसी बातें होंगी। मुझे पता है कि लोग-बाग मुझे कहाँ, किस अँधेरे में धकेल रहे हैं! यह सच है कि कुछेक लोग मेरे पक्ष में हैं, लेकिन देश के अधिकांश लोग ही मेरे साथ नहीं हैं। देश के ज्यादातर लोग ही एक स्वर में मेरी मौत चाहते हैं। मुझे मालूम है। सब मालूम है।

बिना कोई बातचीत के आधी रात को क और उनके मित्र, अचानक आ पहुँचे और उन्होंने मुझे सिर से पाँव तक ढँककर, गाड़ी में भर लिया। गाड़ी झ के घर के सामने आ रुकी! झ हमारे इन्तजार में, दरवाजे पर ही खड़ी थीं! उन्होंने मुझे फिर उसी पुराने घर में ठहरा दिया।

12 जुलाई, मंगलवार।

दिन-दिन भर मैं कमरे में कैद पाखी की तरह बैठी रहती हूँ। बैठे-बैठे, जब

पीठ दर्द करने लगती है, तो लेट जाती हूँ! लेटे-लेटे जब सिर दर्द करने लगता है, तो उठ बैठती हूँ। बैठे-बैठे जब उल्टी आने लगती है, तो फिर लेट जाती हूँ। लेटे रहकर, जब जी मिचलाना कम हो जाता है, तो फिर उठकर बैठ जाती हूँ। बैठे-बैठे, अँधेरे में आँखें गड़ाए, आँखें जलने लगती हैं, तो फिर लेट जाती हूँ। आँखें मूँदकर लेटे-लेटे जब हाँफ जाती हूँ, साँस लेने में तकलीफ होने लगती है, तो फिर उठकर बैठ जाती हूँ! बैठे-बैठे जब साँस की तकलीफ कम होने लगती है, तो फिर लेट जाती हूँ! लेटे-लेटे जब समूचा बदन पसीने से तर-ब-तर हो जाता है, तो एक बार फिर उठकर बैठ जाती हूँ। पसीना पोंछकर, गर्मी का अहसास जरा कम होते ही, तो पहले की तरह ही लेट जाती हूँ। लेटे-लेटे जब आँख लग जाती है तो बुरे-बुरे सपने देखते हुए, चौंककर, जाग जाती हूँ। जागकर उठ बैठती हूँ। बैठे-बैठे मैं अपने को सांत्वना देती हूँ कि वह सब महज खौफनाक सपने थे, कुछ भी सच नहीं था। और दुबारा लेट जाती हूँ। लेटे-लेटे खौफनाक सपने देखने के डर से मैं अपनी पलकों पर नींद को बैठने भी नहीं देती। जब पलकों पर नींद ही नहीं उतरती, तो लेटे रहने में कोई तुक नहीं होता। इसलिए मैं एकदम से उठ जाती हूँ। सारे-सारे दिन, सारी-सारी रात, एक पंच फुटिया जगह में मेरा उठने-बैठने-लेटने का सिलसिला जारी रहता है।

13 जुलाई, बुधवार।

कल कोई अखबार नहीं आया! आज भी नहीं! झ के भी दर्शन नहीं हुए।

झ जब कमरे में दाखिल हुईं, तब रात हो चुकी थी। पूरे दो दिनों बाद, खाना नसीब हुआ! खाना निगलते हुए, गले में भीषण दर्द!

रात दस बजे क और ङ आईं। वे दोनों बेहद खामोशी से कमरे में दाखिल हुईं! वे दोनों हमेशा निःशब्द ही आती हैं। और निःशब्द ही चली जाती हैं। जब वे दोनों बातें करती हैं, तो प्रायः निःशब्द ही करती हैं। जब वे आती हैं, तो यह बिल्कुल नहीं लगता कि वे दोनों इसी दुनिया की वासी हैं। लगता है जैसे स्वर्ग से उतरी हुई देवदूत हों। मुझे मालूम है कि स्वर्ग नामक, कहीं, कोई जगह नहीं है। फिर भी मुझे ऐसा ही लगता है। वे दोनों भी सबकुछ जानती हैं, समझती भी हैं। जैसे लोग अल्लाह को अपनी जिन्दगी की जिम्मेदारी सौंपकर, भार-मुक्त हो जाते हैं, मैं भी उन दोनों के हाथों में अपनी जिन्दगी का समूचा दाय-दायित्व सौंपकर, चुपचाप बैठी रहती हूँ। वे दोनों चाहें, तो मुझे बचा लें, अगर न चाहें, तो बचाने से इन्कार कर दें। जितनी देर वे दोनों रहती हैं, तब तक मुझे अपनी हस्ती का होश ही नहीं रहता। उनकी जुबानी देश में घटनेवाले हजारहा तांडवों के किस्से सुनती रहती हूँ। मुझमें किसी हाल भी यह अहसास नहीं जागता कि देश भर में हो रहे विभिन्न तांडवों की जड़ में अकिंचन मैं हूँ! इतने सब तांडव, मुझ क्षुद्र प्राणी की

वजह से हैं। लगता है, तसलीमा नामक लड़की कोई और है। उन लोगों के साथ-साथ मैंने भी तसलीमा के लिए लम्बी उसाँस भरी। मैं जाने कैसी तो बेसुधी में खो जाती हूँ कि मुझे उनके सामने बैठे रहने या बातें करते रहने या सुनते रहने का भी ख्याल नहीं आता। जब वे दोनों चली जाती हैं, तब होश आता है कि वे दोनों आयी थीं। ङ ने खबर दी कि सरकार के साथ विदेशी कूटनीतिज्ञों की लम्बी-लम्बी बैठकें हो रही हैं। मेरे वकील के साथ भी मीटिंग जारी है। लेकिन सरकार मुझे जमानत देने को राजी नहीं है। ङ के हाथ में वही बाल! ट के यहाँ जो नकली बाल मैं छोड़ आयी थी। वे ले आयी थीं। मैं वह बाल हाथ में लिए बैठी रही। भावलेशहीन बैठी रही! स्पन्दनहीन बैठी रही।

क और ङ ने देश के जो हालात बताए, हाथ में पकड़ा हुआ अखबार पढ़कर सुनाया, उससे ज्ञात हुआ कि संयुक्त राष्ट्र में तैनात, बांग्लादेश के राजदूत, हुमायूँ कबीर, मेरे खिलाफ लगाए गए तमाम इल्जाम बिल्कुल संगत हैं—वे जनाब यह कहते फिर रहे हैं! यह सब वे सरकारी आदेश पर ही कह रहे हैं। जिन सब अखबारों में मेरी खबरें छप रही हैं, उनके कार्यालयों को खत भेजकर, यह सूचित किया जा रहा है कि बांग्लादेश सरकार जो कर रही है, बिल्कुल ठीक कर रही है। वाशिंगटन पोस्ट में मुझ पर लिखे हुए एक सम्पादकीय पर आपत्ति जतायी गई है। कहा यह जा रहा है कि दूसरों की धार्मिक भावनाओं को आघात पहुँचाकर, मैंने बांग्लादेश के धर्मनिरपेक्ष कानून की अवमानना की है। करीब सौ साल से भी पहले, ब्रिटिश सरकार ने 195 क नामक कानून लागू किया। कानून मेरा नहीं, उसका नहीं, खुद ब्रिटिश का कानून है। इसलिए यह कानून तो सभ्य होना ही था।

अच्छा, इस हुमायूँ कबीर नामक बंदे को क्या एक बार भी यह ख्याल आया है कि सौ साल पहले की पुरानी चीज, नयी जिन्दगी, नयी दुनिया में हमेशा नहीं चलती। गुजरते वक्त के साथ-साथ पुराने मूल्यबोध, पुराने कानून, पुरानी मानसिकता में सुधार करना होता है। कभी एक बार भी उन्होंने यह पता लगाने की कोशिश की है कि खुद अंग्रेज ही अब यह कानून इस्तेमाल करते हैं या नहीं? गणतंत्र किसे कहते हैं। हुमायूँ कबीर ने तो यह तक सिखाने की कोशिश की है। निर्वाचित गणतांत्रिक सरकार की जिम्मेदारी है कि तसलीमा के मौलिक अपराध के विरुद्ध, जन-गण के क्षोभ और असन्तोष को ध्यान में रखते हुए, कार्रवाई करना!

इधर सम्मिलित संग्राम परिषद ने एक विशाल महासभा का आयोजन किया है। उसमें शामिल होने के लिए और 29 जुलाई के लोंग-मार्च को सफल बनाने के लिए, जनगण का आह्वान किया गया है और बैतुल मुकर्रम की खतीब, शैखुल हदीस, चरमोनाइ के पीर, बैरिस्टर कुर्बान अली, अनवर जाहिद वगैरह ने मिलकर बयान दिया है। बयान यूँ है—30 जून की हड़ताल की अभूतपूर्व सफलता के माध्यम से बांग्लादेश के बारह करोड़ मुसलमानों ने यह राय दी है कि बांग्लादेश एक मुस्लिम राष्ट्र है

और इस राष्ट्र के किसी भी नागरिक का कुरान की अवमानना और इस्लाम-विरोधी क्रियाकलापों में लिप्त होने का कोई अधिकार नहीं है। इस हड़ताल के जरिए कुरान का असम्मान करनेवाले, नास्तिक मुरतादों के लिए सजा की माँग, राष्ट्रीय माँग में बदल गई है। बारह करोड़ अवाम ने यह राय दी है कि धर्मद्रोही, असल में राष्ट्रद्रोही होते हैं। बांग्लादेश के लोगों ने इस माँग का समर्थन किया है कि ब्लासफेमी कानून बनाना जरूरी है। बांग्लादेश की अवाम किसी गैर-सरकारी प्रतिष्ठान के अच्छे और जनकल्याण के कामों की विरोधी नहीं है, लेकिन एन जी ओ नामधारी, कुछेक प्रतिष्ठान, देश के संविधान और देश के धार्मिक विश्वास के विरुद्ध ग़लत क्रियाकलापों में लिप्त हैं। हमारी जनता की दरिद्रता का फ़ायदा उठाते हुए, वे लोग मुसलमानों के धर्मांतरण और इस्लाम-विरोधी और सामाजिक द्वंद्व सृष्टि का अपकर्म चलाए जा रहे हैं। 30 जून की हड़ताल के माध्यम से, बांग्लादेश की अवाम ने इस तथाकथित एन जी ओ वर्ग के ग़लत-सलत क्रियाकलाप बंद करने का भरपूर समर्थन जाहिर किया है। लेकिन बेहद अफसोस की बात यह है कि सत्तासीन सरकार ने बारह करोड़ लोगों की इस राय के प्रति सम्मान प्रदर्शित करते हुए, नास्तिक, मुरतादों को सजा, एन जी ओ के अपकर्म बंद करने, ब्लासफेमी कानून प्रणयन करने की दिशा में कोई क़दम नहीं उठा रही है, बल्कि आंदोलनकारी नेता और कर्मियों पर अत्याचार बरसाती रही है। सरकार ने अवाम के द्वारा धिक्कारी हुई तसलीमा नसरीन के खिलाफ, मुकदमा तो दायर कर दिया, मगर उसे गिरफ़्तार करने में आज तक नाकाम रही है। इधर सरकार की नाक की नोक पर बैठी तसलीमा नसरीन अपने धर्मद्रोही, राष्ट्रद्रोही अपकर्म लगातार चलाए जा रही है! सरकार के इस सिर झुकाने की नीति का फ़ायदा उठाते हुए, राष्ट्रीय-अस्तित्व-विरोधी, इस्लाम की दुश्मन, विदेशी ताकतें, हमारे देश के भीतरी विषयों में लगातार नग्न हस्तक्षेप कर रही हैं। तसलीमा नसरीन के बारे में अमेरिकी सरकार और पश्चिम के अन्यान्य देशों ने बेहद आपत्तिजनक भूमिका ग्रहण की है। वॉयस ऑफ अमेरिका समेत अमेरिका के सभी संवाद-माध्यम जो अपप्रचार चलाए जा रहे हैं, वह हमारे जातीय स्वार्थ के सवाल के प्रति जानलेवा दुश्मनी को हवा दे रहे हैं।

इसलिए 13 इस्लामी प्रतिष्ठान, राजनैतिक पार्टियाँ और सामाजिक प्रतिष्ठान के समन्वय से गठित, सम्मिलित संग्राम परिषद ने 14 जुलाई, बृहस्पतिवार, को सुबह दस बजे, बयतुल मुकर्रम के उत्तरी गेट पर एक विक्षोभ समावेश और अमेरिकी दूतावास की तरफ, एक विक्षोभ जुलूस और स्मारक-पत्र देने की तैयारी की है। दल-मत निर्विशेष, सभी नागरिकों को हम सब इस समावेश और जुलूस सफल बनाने का आह्वान कर रहे हैं।

"तौहीदी जनता, हर क़ीमत पर लोंग-मार्च सफल करेगी।" इन्कलाब अखबार अपने हाथ में लेते हुए, झ ने कहा।

"यह लोंग-मार्च अगर सच-सच सफल हो जाए। तो...?"

यह आशंका मेरे बदन से उतरकर, क, ङ, झ की तरफ बढ़ गई। यह आशंका पल भर के लिए हमें स्तब्ध कर गई।

झ कहती गईं, ''प्रतिरोध मोर्चा की तरफ से घोषणा की गई है कि कुरान की इज़्ज़त की रक्षा के लिए, समूचे देश भर में नजीरविहीन हड़ताल मनाई गई है, इसलिए अगली 29 जुलाई को कुरान दिवस पालन किया जाएगा। समूचे देश भर से ढाका की तरफ लोंग-मार्च के कार्यक्रम में, इससे कहीं अधिक लोगों की स्वतःस्फूर्त अंश-ग्रहण की अलामत का अंदेशा है। तौहीदी जनता के इस इमानी जवाब को, किसी भी षड्यंत्र के जरिए स्तब्ध नहीं किया जा सकता। इस्लाम-विरोधी, नास्तिक मुरताद लोग इस्लाम का पुनरुत्थान देखकर आशंकित हो उठे हैं। मैं देख रही हूँ, शयखुल हादिस का गिरोह, शहर-शहर जाकर भाषण झाड़ रहा है।''

ङ ने सवाल किया, ''सुनने में आया है कि तुमने परसों भी इंटरव्यू दिया है? कल के 'इन्कलाब' में यह खबर थी।''

''इंटरव्यू? परसों?'' मैंने असहाय निगाहों से देखा।

''हाँ, उस खबर में लिखा है कि तुमने ग्यारह तारीख को इंग्लैंड के 'दि टाइम्स' अखबार के पत्रकार, क्रिस्टोफर टॉमस से कहा है कि तुम अदालत जाते हुए रास्ते में या जेल के अंदर कट्टरवादियों के हाथ मरने को तैयार नहीं हो। खबर है कि तुमने सुरक्षा की माँग की है और कहा है कि तुम यह देश नहीं छोड़ोगी?''

''अच्छा? सच?'' मेरे होठों पर कड़वी मुस्कान झलक उठी।

''कहा जा रहा है कि किसी अखबार को दिया गया, यह तुम्हारा पहला साक्षात्कार है? 'हण्टेड फेमिनिस्ट सीक्स सेफ्टी। नॉट इस्केप सूट!' यह उस फीचर का शीर्षक है!''

हैरत है! ऐसी ख़बर भला कैसे दे सकते हैं? मुझे इन लोगों का मामला समझ में नहीं आया। मैंने कब, किससे, कहाँ बात की? मैं देश छोड़कर भागना नहीं चाहती, यह तो सच है। लेकिन, यह बात उन लोगों को कैसे पता चली? मैंने तो किसी पत्रकार से बात नहीं की।

ङ ने कहा, ''लगता है, उसने शायद अंदाज़ा लगा लिया होगा।''

''हो सकता है!''

ङ ने कहा, ''भई; आजकल के पत्रकार, अंदाज़े से ही बहुत कुछ लिख मारते हैं! लेकिन उस ख़बर में यह भी लिखा हुआ है कि तुम एक जगह से दूसरी जगह भागती फिर रही हो। यह बात उसे कैसे पता चली? और ऐसी झूठ-मूठ की बातें भला वह क्यों लिखेगा कि तुम्हारे साथ उसकी बात हुई है? एक बात बताओ, तुमसे, किसी की सीधे-सीधे बात हुई है या किसी माध्यम से? उसने तुम्हारे भाई, कमाल का जिक्र किया है! तुम पर महामुसीबत आने की वजह से, तुम्हारे घरवाले बेहद चिंतित हैं। कमाल ने कहा है कि तुम्हारे अब्बू के घर पर हमला हुआ है। वे लोग जहाँ भी जाते हैं, सरकारी जासूस उनके पीछे लगे रहते हैं। इन सब अत्याचारों से

मुक्त होकर, वे सभी लोग स्वाभाविक जीवन में लौट जाना चाहते हैं।''

क ने कहा, ''हो सकता है, कमाल के साथ ही क्रिस्टोफर की बात हुई हो।''

''हाँ, यह तो हो ही सकता है'', ङ ने कहा।

''अख़बार में जो लिखा गया है कि उसकी मेरे साथ बात हुई है, यह क्या सच है? या इन्कलाब ने अपने मन से गढ़कर गप्प ठोंक दी है?'' मैंने सवाल किया।

''इन्कलाब पर ही क्या भरोसा किया जाए? मुमकिन है, छिपने से पहले, टाइम्स से तुम्हारी कोई बात हुई हो! यह ज़रूर पहले का कोई इंटरव्यू है!'' क ने कहा।

ङ ने कहा, ''इससे पहले भी तो 'द टाइम्स' ने तुम्हारे बारे में संपादकीय भी लिखा था—सेंसरशिप बाइ डेथ! इन्कलाब ने यह ख़बर, ऑस्ट्रेलिया के अख़बार 'दि ऑस्ट्रेलियन' से ली है।''

झ ने सबको चुप कराते हुए कहा, ''यह तो बड़ी अच्छी ख़बर है कि इस बारे में विदेशों की बड़े-बड़े अखबारों में लिखा-पढ़ी चल रही है।''

''हाँ, सो तो सच है! बिल्कुल सच!'' क और ङ दोनों ने सहमति जताते हुए, अपनी तरफ से यह जुमला जोड़ा, ''देखो, ये पत्रकार आज अगर किसी भी तरह, मेरे-तुम्हारे संपर्क का पता लगा सकते हैं, तो मुल्लाओं को मुझे खोज निकालने में ज्यादा देर नहीं लगेगी। इसलिए, होशियार!''

मैं भी इस रहस्य के बारे में सोचती रही। 'इन्कलाब' की ख़बर अगर सच हुई, तो उस पत्रकार को कैसे पता चल जाता है कि मैं देश में क्या कर रही हूँ? कहीं कोई जासूस तो नहीं लगा है पीछे? मेरे लिए यह अजब पहेली बन गई।

झ ने प्रसंग बदलते हुए कहा, ''संसद में तुफैल अहमद, मुहम्मद नसीम, सुरंजित सेनगुप्ता ने कहा है कि साजिश के हिस्से के तौर पर सरकारी दल ने क़ानून से बाहर जाकर, बजट अधिवेशन के आखिरी पल में, मौलाना उबैदुल हक़ को तसलीमा के बारे में बोलने का मौका दे डाला।''

क हँस पड़ीं।

उन्होंने अखबार का एक पन्ना, झ की तरफ उछालते हुए कहा, ''गुलाम आयम का जिक्र तो नहीं छेड़ा गया। गुलाम आयम ने जमात की सभा में भाषण दिया है।''

''जरूर इनडोर मीटिंग में!'' यह कहते-कहते, झ ने अखबार का वह पन्ना उठा लिया।

''इनडोर में क्यों? विशाल मैदान में! दिन के उजाले में!''

मैं भी उस अख़बार में छपी एक तस्वीर पर झुक आई। मंच पर खड़े, गुलाम आयम के सिर पर जिन्ना-टोपी, चेहरे पर सफेद दाढ़ी! सामने अनगिनत, सफेद-टोपी श्रोता!

''क्या तमाशा है! क्या तमाशा! किसी ने बाधा नहीं डाली? गुलाम आयम की हिम्मत इतनी बढ़ गई? ऐसा दुस्साहस वह कर कैसे पाया? अब कहाँ गई अवामी

लीग? कहाँ गई निर्मूल कमिटी? कोई कुछ नहीं बोल रहा है?"

ङ ने होंठ बिचकाकर कहा, "अब कौन, क्या कर सकता है?"

"इस गुलाम आयम ने जाकर किससे भेंट की है, ज़रा पढ़िए—"

क के कहने पर, उस ख़बर पर सरकारी नज़र दौड़ाते हुए, मैंने पूरा बयान पढ़ डाला। पूरी ख़बर पढ़कर मैं सन्न रह गई। सुप्रीम कोर्ट द्वारा, गुलाम आयम को बांग्लादेश का नागरिक घोषित करने के बाद, बांग्लादेश हिंदू संग्राम कमिटी के लोगों ने, जमात के कार्यालय तक जाकर, उसका अभिनंदन किया।

गुलाम ने उन लोगों को संबोधित करते हुए कहा, "धर्म के आधार पर जो दोस्ती पनपती है, वही सच्ची दोस्ती होती है! इसी किस्म की दोस्ती सबसे ज्यादा गहरी होती है। धर्महीन दोस्ती निश्चित रूप से क्षणभंगुर होती है।"

हैरत है! गुलाम आयम ने उन हिंदुओं से कहा है, "आप लोग जैसे सत्य के साधक की श्रद्धा किए बिना, मैं अपने को रोक नहीं पा रहा हूँ क्योंकि आप लोगों द्वारा बांग्लादेश के निर्यातित संख्या लघु हिंदू संप्रदाय के मौलिक अधिकारों की प्रतिष्ठा के लिए आंदोलन किए जा रहे हैं। एक सच्चे धार्मिक के साथ, दूसरे सच्चे धार्मिक की दोस्ती का रिश्ता ज़रूर बन जाता है! कोई भी धार्मिक, किसी भी अधार्मिक के मुकाबले, धार्मिक को ही ज्यादा पसंद करता या करेगा, यही स्वाभाविक है।"

इतना-सा पढ़कर ही मैंने अखबार क की तरफ बढ़ाते हुए कहा, "वैसे गुलाम ने सच ही कहा, झूठ नहीं कहा। तभी तो हम देखते रहते हैं, इस देश के जमात नेता, भारत जाकर, बी. जे. पी. नेताओं के साथ भेंट करते हैं! गले मिलते हैं। दावतें उड़ाते हैं। दोनों दलों में अच्छी-खासी दोस्ती भी है।"

झ ने अखबार का वह पन्ना बीच से उठाते हुए, मंतव्य दिया, "देख रही हूँ कि समूचे देश में हड़ताल सफल होने के उत्साह में विशाल जनसभाएँ आयोजित की जा रही हैं। मुल्ले महाखुशी में जुलूस निकालते फिर रहे हैं। कहा है, 30 जून की सामग्रिक हड़ताल, इस देश में इस्लामी शासन क़ायम करने की राह में महत्त्वपूर्ण मील का पत्थर है। यही सब ख़बर है। कहीं कोई अच्छी ख़बर नहीं है?"

ङ ने कहा, "वाम गणतांत्रिक फ्रंट और गणफोरम की विचार-विमर्श सभा हुई है! सभा में कहा गया है कि सांप्रदायिक फासिस्ट शक्तियों के खिलाफ एकबद्धता संग्राम को आगे बढ़ाये लिए जाना होगा।"

झ ने कहा, "और कितना कहोगी यह सब? काफी कुछ तो सुन ही चुकी हूँ! आगे बढ़ना होगा, हमें आगे बढ़ना होगा—यही सब आखिर कब तक रटते रहेंगे? इससे अब काम नहीं चलेगा। अब यह दिखाना होगा कि हम आगे बढ़ गए हैं।"

असल में, कहीं, कोई आगे नहीं बढ़ रहा है। अगर आगे बढ़ा होता, तो क्या गुलाम आयम इस सभा में घुस सकता था?

झुटपुटी रोशनी में बैठे-बैठे हम सबमें बेहद दबी-दबी आवाजों में बातें अभी

भी ख़त्म नहीं हुई थीं, उस वक्त भी देश के हालात के बारे में जितना कुछ जाना, उतने से मन नहीं भरा। अचानक क और ङ उठ खड़ी हुईं। अँधेरे में बिल्ली की तरह चलती हुई, घर के पिछले दरवाजे से, वे लोग निकल जानेवाली थीं। झ उनको राह दिखाने के लिए उनके आगे-आगे चल पड़ीं।

काफी रात गए झ अपने एक शिष्य को लेकर कमरे में आईं! बेहद विश्वसनीय शिष्य! वह शिष्य छात्रनेता था! झ उस छात्रनेता को इसलिए ले आई थीं कि वह देश से भागने के बारे में मेरी मदद कर सकता है। मैं भागना नहीं चाहती थी, लेकिन झ का ख्याल था कि मेरे लिए बचने का और कोई उपाय नहीं है। प्रायः अँधेरे कमरे में बैठे-बैठे वह छात्रनेता, देश की सीमा लाँघकर, तरह-तरह के रोमहर्षक किस्से सुनाता रहे। मुझे रात के अँधेरे में, इस घर से उठाकर, सरहद के करीब, कहीं छोड़ दिया जाएगा। वहाँ पहाड़, खाई या जंगल के बीच से सीमांत अतिक्रम करके, साँस रोककर दौड़ना पड़ेगा।

मेरे बदन पर आपादमस्तक बुर्का होगा! और लंबे बाल! झ उसमें और जुड़ गईं।

मैंने उदास आवाज़ में कहा, "वहाँ अगर कोई बी डी आर मुझे देख ले? अगर कहीं मैं पकड़ी गई?"

"रुपये देने से काम हो जाएगा।"

"लेकिन रुपये देने से भी अगर काम न बने? अगर कहीं मैं मुल्लों के हत्थे चढ़ गई, तो?"

छात्रनेता ने चेहरा लटकाकर कहा, "यह सब जोखिम तो है ही! जोखिम उठाकर कितने ही लोग तो जाते हैं!"

भागने का कोई तरीका, मुझे आकर्षित नहीं करता। मैं मन उचाट किए बैठी रही! झ काफी एकाग्रता से छात्रनेता के सैकड़ों तरीकों पर गौर करती रहीं।

14 जुलाई, बृहस्पतिवार।

मेरी सुबह, दोपहर, शाम, नितांत खामोशी से गुज़र गईं। मेरी आँखें दीवार पर गड़ी हुईं; बीच-बीच में मेरी देह करवट बदलती हुई! एक बुर्कापोश औरत सरहद की तरफ दौड़कर जाती हुई! पीछे से राइफल और मजबूत काठ की लाठी और बड़े-बड़े पत्थर हाथ में लिये हुए, लोगों का एक हुजूम दौड़ता हुआ, मेरा पीछा करता हुआ! बुर्केवाली बहोत दूर तक नहीं दौड़ पाती, इससे पहले ही वह पकड़ ली जाती है। उसके पकड़े जाने के बाद, सब लोग मिलकर, उसे नंगी कर देते हैं और उसका बलात्कार करते हैं और उसकी गर्दन काटकर ले जाते हैं! उसका धड़ जंगल में कीचड़-कांदे में ही पड़ा रह जाता है! मैं काँपती-सिहरती रही। वह दृश्य मैं किसी हाल भी भुला नहीं पाती।

झ ने आज बिल्कुल और तरह की ख़बर सुनाई। ख़बर है कि आज तमाम अखबारों में अमेरिकी विदेशी कार्यालय की तरफ से एक रिपोर्ट प्रकाशित हुई है! आज के अख़बारों ने न्यूज़ ऐंड फीचर सर्विस की यह रिपोर्ट छापी है। देश के दो प्रमुख दलों की उदासीनता के कारण बांग्लादेश में कट्टरवादी क्रियाकलाप काफी बढ़ गए हैं। सत्ताधारी बी एन पी और प्रमुख विरोधी पक्ष अवामी लीग ने कट्टरवादियों के मामले में, ढीला-ढाला, झुका जानेवाला स्टैंड लिया है। नतीजे में देश में कट्टरवादियों ने तरह-तरह के अप-क्रियाकलाप शुरू कर दिए हैं। बांग्लादेश संसद में सरकार और विरोधी दल के बीच संकट उतर आया है। इस संकट का मूल कारण है, सरकार के विरोधी-पक्ष की माँगें! विरोधी-पक्ष से यह कहा गया है कि अबाध और निरपेक्ष निर्वाचन, सुनिश्चित करने के लिए, संविधान में संशोधन करके, संविधान में तत्वावधायक सरकार को विधान करना होगा। दूसरी तरफ सरकारी पार्टी ने यह माँग मानने से इंकार कर दिया है। अपनी माँगों पर ज़ोर देते हुए, विरोधी दलों ने अधिवेशन का, बहिष्कार कर दिया है। प्रमुख विरोधी-पार्टी, अवामी लीग के साथ भूतपूर्व राष्ट्रपति की जातीय पार्टी और कट्टरवादी संगठन, जमाते इस्लामी भी आ जुड़ा है। राजनीतिक संकट का फ़ायदा उठाते हुए, देश की कट्टरवादी, धर्मांध गोष्ठियों ने दुबारा सिर उठाया है। ये गोष्ठियाँ, देश के विभिन्न स्थानों में फतवा जारी करके, विकास कार्यक्रमों में रुकावट डाल रही हैं! अनेक अखबारों ने उनके विरुद्ध मंतव्य प्रकाशित किया है, इसलिए कट्टरवादियों ने उनके कार्यालयों पर हमला बोल दिया है। लेकिन सरकार, इन सबके खिलाफ, क़दम उठाने में नाकाम रही है। किसी स्वनाम धन्य लेखिका के खिलाफ, कट्टरवादियों ने जुलूस और सभा आयोजित की, इसलिए सरकार ने भी इस लेखिका के खिलाफ मुकदमा ठोंक दिया। फलस्वरूप कट्टरवादियों को और अधिक बढ़ावा मिल गया है। अवामी लीग और बी एन पी दोनों ही पार्टियाँ, आगामी निर्वाचन में क्षमता दखल करने के लोभ में, इन कट्टरवादियों को नाराज़ नहीं करना चाहतीं। पिछले चुनाव के बाद, कट्टरवादियों के मुख्य संगठन, जमाते-इस्लामी ने बी एन पी को समर्थन दिया था, इसलिए बी एन पीं की सरकार बनी थी। अब अवामी लीग को लग रहा है कि कट्टररवादियों को अपने हाथ की मुट्ठी में रखा जाए, तो चुनाव में उन लोगों को लाभ होगा। इसलिए अवामी लीग, कट्टरवाद-विरोधी कोई भी कार्यक्रम अपने हाथ में नहीं ले रही है, बल्कि संसद में जमात के साथ मीटिंग में हिस्सा ले रही है। अवामी लीग हालाँकि मुक्तियुद्ध के पक्ष में है और कट्टरवादियों के विपक्ष में उसने अपना खुला स्टैंड क़ायम रखा है! लेकिन सच तो यह है कि इसके पक्ष में वैसा कोई भी कार्यक्रम नहीं है। कट्टरवादी गिरोह इस मौके का फ़ायदा उठाने की पूरी कोशिश कर रहा है। इसका नतीजा यह हुआ है कि देश में हिंस्रता और बड़े किस्म की गड़बड़ी बस, छिड़ने ही वाली है! देश में विकास के कार्यक्रम में भी काफी व्यापक ढंग से रुकावट आ रही है!—थोड़ी-सी ही ख़बर पढ़कर, झ एकदम से लेट गईं।

सिगरेट जलाकर, एक लंबा-सा कश लेते हुए, उन्होंने पूछा, ''क्यों? क्या लग रहा है तुम्हें?''

झ की बढ़ाई हुई सिगरेट, हाथ में लेकर, एक लंबा-सा कश खींचते हुए, मैंने तकिए के पीछे टेक लगाकर कहा, ''अमेरिका की बहुत-सी बातें, मुझे पसंद नहीं हैं। ख़ासकर, उनकी विदेश नीति! कम्युनिस्टों को ख़त्म करने के लिए, ऐसा कोई दुष्कर्म नहीं है, जो उन लोगों ने नहीं किया। लैटिन अमेरिका के कितने ही देशों ने कैसा जघन्य हत्याकाण्ड चला रखा है। विएतनाम के निरीह लोगों को, कई साल तक, बेवजह क़त्ल करता रहा। सन् इकहत्तर की जंग में उसने पाकिस्तान की मदद की। लेकिन...''

''लेकिन क्या?'' झ ने दुबारा पूछा।

बांग्लादेश की राजनीति के बारे में फिलहाल जो कहा गया, वह सौ प्रतिशत ठीक है! मुसलमान कट्टरवादियों को वे लोग कभी पसंद करते थे, क्योंकि कम्युनिस्टों के खिलाफ, इन्हें बखूबी उकसाया और भिड़ाया जा सकता था। लेकिन अब, कम्युनिस्टों के खिलाफ जंग करने को कुछ भी नहीं है, शायद इसीलिए कट्टरवादियों ने अपना पाला-पोसा ढर्रा बिल्कुल खारिज कर दिया है! अब यह बात, उसने बखूबी समझ ली होगी कि कट्टरवादियों को बढ़ावा देकर, अगर उन्हें भड़का दिया जाए, तो उनके लिए भी यह कल्याणकारी नहीं होगा।

झ ने कहा, ''सुनो, अमेरिका की राजनीति छोड़ो, फिलहाल अपने बारे में सोचो। अब बांग्लादेश इस वक्त अमेरिका के दबाव में आकर, तुम्हें जमानत दे दे और सुरक्षा भी दे दे, तब तो, समझो, तुम बच गईं।''

''सब कुछ इतनी खूबसूरती से निपट जाएगा, ऐसा लगता तो नहीं! बी एन पी तो अपनी भीतरी पॉलिटिक्स भी देखेगी। धार्मिक लोगों को नाराज कर दिया, तो अगले चुनाव में उसे वोट नहीं मिलेंगे। इसलिए सरकार धर्मिक लोगों को नाराज करने का जोखिम उठाएगी, ऐसा नहीं लगता। अमेरिका तो चुनाव में बी एन पी की जीत निश्चित नहीं करेगा। देश के अधिकांश लोगों को खुश करके ही, वह क्षमता में आएगा। इसके अलावा, यहाँ नीति की राजनीति नहीं चलती, क्षमता की राजनीति चलती है।''

झ ने फिर कहा, ''आज सम्मिलित संग्राम परिषद, अमेरिकन इम्बैसी में जुलूस लेकर जा रही है।''

''क्यों?''

''ये मुल्ले बेतरह भड़क गए हैं, क्योंकि क्लिंटन ने तुम्हारा पक्ष लिया है। क्लिंटन ने कहा है कि वे वाक्-स्वाधीनता में विश्वास करते हैं, बांग्लादेश सरकार तुम्हारी सुरक्षा का इंतज़ाम करे।''

''यह बात क्या क्लिंटन ने सचमुच कही है?''

''वायेस ऑफ अमेरिका की ख़बर है यह। उन्होंने ऐसा जरूर कहा होगा, वर्ना

यह ख़बर क्यों बनती?"

हम दोनों काफी देर तक चुपचाप बैठे रहे। इंसान जब चुपचाप बैठा होता है, तब भी उसका दिमाग़ चुपचाप नहीं बैठता, बल्कि लाखों-लाख चिंता-फिक्र को कतार-दर-कतार सजाता रहता है। वैसे क्या सच ही सजा पाता है? सारा कुछ बिखरा-बिखरा होता है! बहुत सारी चिंता-फिक्र हो, तो इसका मतलब होता है कि कभी, किसी पल एक सोच का दूसरी सोच से टकराव होता रहता है और तब सारा कुछ मुँह के बल गिरकर धराशायी हो जाता है।

"चलो, ज़रा शहर की सैर कर आएँ!" अचानक झ ने कहा!

"क्या कहा?"

"गाड़ी से चलेंगे! चलो!"

मैं उछल पड़ी!

"क्या होगा? कुछ भी नहीं होगा! मेरे पास पिस्तौल भी है। अब किसी से, क्या डरना?" झ ने कहा!

"चलो, चलते हैं।"

"चलो!"

झ ने 'चलो' तो कह दिया, लेकिन कुछ सोचकर दुबारा कहा, "हाँऽऽ, जब भी मन करे, जाया जा सकता है! क्यों, जाया जा सकता है या नहीं?"

"हाँ, अलबत् जाया जा सकता है! इतनी रात को भला किसकी नज़र पड़ेगी?" मैंने 'हाँ' में 'हाँ' की ताल मिलाते हुए भी मीठे लहजे में कहा, "लेकिन...अगर किसी ने देख लिया, तो? अगर मुझे पहचान जाए...?"

"ऐसा क्यों होने लगा? सड़क तो पूरी खाली ही रहती है! चलो!"

झ के मन में कातर भय। मेरे अंदर उत्तेजना!

झ उठकर दरवाजे तक चली आईं। मैं उनके पीछे-पीछे।

लेकिन झ दरवाजे के पास ही खड़ी रहीं। उनका हाथ दरवाज़े की सिटकनी पर जा पहुँचा। अचानक वे पलटकर खड़ी हो गईं।

धीरे-धीरे वे बैठ गईं, "चलो, छोड़ो! एडवेंचर करने की ज़रूरत नहीं है।"

मेरा जाना नहीं हुआ! लेकिन जब जाने का प्रसंग उठा, मैं मन ही मन, बाहर निकलने की उत्तेजना में ही बाहर टहल आई। उसी खुशी में पल भर के लिए ही सही, मुझे आकंठ खुशी में डुबो गया।

15 जुलाई, शुक्रवार।

अमेरिकी दूतावास की तरफ लंबा-चौड़ा जुलूस बढ़ता जा रहा था! विशाल जुलूस

की तस्वीर! हाथ में बैनर! फेस्टून! बांग्लादेश के धार्मिक और घरेलू मामले में हस्तक्षेप के विरोध में अमेरिकी दूतावास की तरफ विक्षोभ जुलूस!

विक्षोभ जुलूस से पहले, सम्मिलित संग्राम परिषद की सभा के मंच से घोषणा की गई कि विदेशी ताकतों के आँचल में मुँह छिपाकर, राष्ट्र और धर्म-दुश्मन लोग किसी दिन भी रिहाई नहीं पाएँगे। देशप्रेमी तौहीदी जनता जिस किसी भी कीमत पर देश की स्वाधीनता और धार्मिक मूल्यबोध की रक्षा करेगी। अमेरिका के बिल क्लिंटन ने कुरान का अपमान करनेवाली और धर्मद्रोही, तसलीमा के पक्ष में वकालत करते हुए, दुनिया भर के मुसलमानों की धार्मिक भावनाओं को आघात पहुँचाया है। बांग्लादेश के करोड़ों-करोड़ मुसलमानों के आवेग, अनुभूतियों पर चोट करने के बाद भी मुरताद तसलीमा के पक्ष में अमेरिका जैसे देश के प्रेसिडेंट द्वारा हिमायत करना, नितांत लज्जाजनक और घृणित कार्य है! सुबह साढ़े नौ बजे से विभिन्न दल बयतुल मुकर्रम के उत्तरी गेट पर जमा हुए! हज़ारों-हज़ार लोगों से सड़क-फुटपाथ भर गए। कुल 13 संगठनों को मिलाकर, सम्मिलित संग्राम परिषद का गठन हुआ है। अब, यह सबसे शक्तिशाली राजनीतिक संगठन है। घंटे भर के जन-समावेश के अंत में विशाल जुलूस, बयतुल मुकर्रम से रवाना होकर, पलटन से होते हुए, विजयनगर की तरफ जाते-जाते, अचानक रोक दिया गया। पुलिस ने मज़बूत बैरिकेड से जुलूस को रोक दिया। संग्रामी जनता, उसी दम आक्रोश से फट पड़ी। क्लिंटन, तसलीमा और मुरताद-विरोधी नारे लगाते रहे। उत्ताल जनता को शांत करने के लिए नेतागण पसीने-पसीने हो आए। जुलूस में शामिल, नारों से मुखर तौहीदी जनता, उसी वक्त रास्ते पर धरना देकर बैठ गई। विक्षुब्ध जनता को शांत करने में सम्मिलित संग्राम परिषद के नेता, एन डी ए के सेक्रेटरी, अनवर जाहिद ने भाषण दिया। नेतागण ने आंदोलनकारियों को बयतुल मुकर्रम लौट जाने को कहा। वे लोग लौट गए। और मस्जिद में जोहर का नमाज़ अदा किया गया। अनवर जाहिद के नेतृत्व में, तीन सदस्यों का एक विशेष प्रतिनिधि दल, अमेरिकी दूतावास तक पहुँचा और स्मारक-पत्र जमा दे आया। अनवर जाहिद के साथ जागपा के सभापति, शफीउल आलम प्रधान और खिलाफ़त मजलिस के महासचिव, प्रिंसिपल मसूद ख़ान भी थे।

अमेरिकी दूतावास तक मुल्लों के विक्षोभ जुलूस ले जाने की ख़बर पाकर, कल शहर में पुलिस उतारी गई थी। पलटन और विजयनगर इलाकों की सड़क पर, यहाँ तक कि घर-मकानों की छत पर भी पुलिस मौजूद थी! उस इलाके में गाड़ी-सवारियाँ रोक दी गई थीं। सड़क के दोनों तरफ खड़ी जनता ने, जुलूस की शक्ल में बढ़ते हुए आंदोलनकारियों का तालियाँ बजा-बजाकर अभिनंदन किया। कुछ देर बाद सड़क-किनारे खड़ी जनता भी जुलूस में शामिल हो गई। लेकिन पुलिस ने जुलूस को, विजयनगर से आगे, तिलभर भी बढ़ने नहीं दिया।

जनसभा में सम्मिलित संग्राम परिषद के समन्वयकर्ता, बयतुल मुकर्रम के खतीब, उबैदुल हक ने कहा, "जितने दिन तक प्रेसिडेंट बिल क्लिंटन, तसलीमा के पक्ष में

दिया हुआ बयान वापस नहीं लेते, उतने दिनों तौहीदी जनता के विरोध का ज्ञापन जारी रहेगा। प्रेसिडेंट क्लिंटन ने धर्मद्रोहियों के पक्ष में सफाई दी है! मुझे पूरा विश्वास है कि संयुक्तराष्ट्र की धर्मभीरु जन-गण भी क्लिंटन का विरोध करेगी। मुसलमान कभी भी जालिमों का पक्ष नहीं ले सकते! जो लोग इस्लाम धर्म पर कटाक्ष करते हैं, उनसे मुसलमानों की दोस्ती नहीं हो सकती। इस्लाम धर्म ग्रहण करके, जो लोग इसका त्याग कर देते हैं, उनकी सज़ा मौत है!''

शयखुल हादिस ने कहा, ''एक भ्रष्ट औरत के इश्क में पड़कर, क्लिंटन उसकी वकालत कर रहे हैं। वे बारह करोड़ मुसलमान और विश्व मुस्लिम समुदाय की धार्मिक अनुभूतियों पर आघात कर रहे हैं। बाघ की पूँछ से कान खुजलाने का नतीजा अच्छा नहीं होगा।''

इस्लाम और राष्ट्रद्रोही तत्परता प्रतिरोध मोर्चा के आवाहक्, मौलाना मुइउद्दीन ख़ान ने कहा, ''बांग्लादेशवासी ग़रीब हो सकते हैं, लेकिन वे लोग किसी के आँख दिखाने से बिल्कुल नहीं डरते। 29 जुलाई को लोंग-मार्च और महासमावेश करके, तौहीदी जनता यह दिखा देगी कि बांग्लादेश में इस्लाम का दुर्ग कितना मज़बूत है।''

मोर्चा के महासचिव, फजलूल हक़ अमीनी ने कहा है, ''हम विश्वास करते हैं कि हयात, मौत और रियिक के मालिक अल्लाह हैं! मुसलमान एकमात्र अल्लाह से डरता है, किसी पराशक्ति से नहीं! अमेरिकी जन-गण के खिलाफ हमें कोई शिकायत नहीं है! बांग्लादेश की अवाम, इसमें प्रेसिडेंट क्लिंटन की भूमिका से क्षुब्ध और कथित हैं। उन्होंने भ्रष्टा औरत, तसलीमा के पक्ष में वकालत की है। बारह करोड़ मुसलमानों के ईमान और अक़ीदा को, जिस कुलंगार औरत ने चोट पहुँचाई है। क्लिंटन ने उसके पक्ष में सफाई दी है। प्रेसिडेंट क्लिंटन ने खुद गले पड़कर, बांग्लादेश की अवाम से झगड़ा छेड़ दिया है। तसलीमा ने अपनी कविता और लेखों में बांग्लादेश की स्वाधीनता, सार्वभौमिकता और धार्मिक मूल्यबोध के विरुद्ध जो कटाक्ष किया है, संयुक्त राष्ट्र का कोई भी नागरिक ऐसा करता, तो वे इसके खिलाफ भी दंड का ही इंतज़ाम करते, क्योंकि क्लिंटन बाइबिल पर हाथ रखकर, सत्ता पर अधिष्ठित हुए हैं। अमेरिकी डॉलर पर अभी भी यही लिखा हुआ है कि—इन गॉडवी ट्रस्ट! यानी हम अल्लाह में विश्वास करते हैं! फ़रार तसलीमा ने कहा है कि कोर्ट या जेल जाने से कट्टरवादी लोग मुझे मार डालेंगे। इसीलिए पश्चिम के किसी भी देश में मुझे आश्रय चाहिए। ईरान के दुर्धर्ष, प्रतापशाली शाह को तो संयुक्त राष्ट्र में आश्रय देकर बचा नहीं सका, इसलिए तसलीमा को जिस दिन अल्लाह ले जाएँगे, उसे भी कोई भी नहीं बचा सकता। पराशक्ति के आँचल में मुँह छिपाकर, राष्ट्रद्रोही और धर्मद्रोही, किसी दिन भी रिहाई नहीं पा सकेंगे। तसलीमा ने बांग्लादेश को 'सूअर का बच्चा' कहकर गाली दी है। बांग्लादेश की सीमा मिटा देने की बात कही है! पवित्र कुरान में संशोधन का दुःसाहस दिखाया है। भारतीय पत्र-पत्रिकाओं में उसके वक्तव्य को काफी विस्तार से छापा गया है।

ऐसी नष्ट और देशद्रोही औरत के मानवाधिकार को लेकर, प्रेसिडेंट क्लिंटन परेशान हैं। हालाँकि बोसनिया, फिलिस्तीन और काश्मीर में जब हर दिन मुसलमानों को जिबह किया जाता है, तब वहाँ मानवाधिकार के उल्लंघन के खिलाफ, अमेरिकी प्रेसिडेंट की जुबान से एक भी बात नहीं फूटती। इस देश की अवाम ने तो तसलीमा का सिर्फ विचार करने की माँग की है। इससे पहले, एक ख़ास वर्ग ने सड़क पर लोक-अदालत बिठाकर, जब किसी-किसी का विचार किया है, तब उस मानवाधिकार को लेकर, क्लिंटन ने कोई परेशानी जाहिर नहीं की। अंग्रेजों के बनाए हुए क़ानून, 295 क, के जरिए ही, तसलीमा के विचार की माँग की है। धर्मद्रोह की सज़ा का विधान, दुनिया के तमाम देशों में मौजूद है! तसलीमा के मयमनसिंह के घर पर किसी ने भी हमला नहीं किया। वे लोग खुद ही अपने घर पर हमला करके, परिस्थिति को और गंदा करने की कोशिश कर रहे हैं। तौहीदी जनता, अभी भी संयम से काम ले रही है, वर्ना अब तक तसलीमा के घर की एक ईंट भी सलामत नहीं बचती। आज का यह विक्षोभ-जुलूस, इस देश में तौहीदी जनता के आंदोलन ने नया इतिहास रचा है! बांग्लादेश के इस्लाम पर, आज घर-बाहर, हर ओर से दुश्मनों का हमला हो रहा है। जब हम पर लगातार, चोट पर चोट की जा रही है, तो हम चुप तो नहीं बैठ सकते। लेकिन, हाँ, यह आंदोलन किसी भी देश के नागरिक के विरुद्ध नहीं है। यह आंदोलन, तसलीमा और उसके सहयोगी साथियों के खिलाफ है।

फ्रीडम पार्टी के वाइस चेयरमैन, प्रिंसिपल सिराजुल हक़ ने कहा है, "बांग्लादेश में इस्लाम रहेगा या नहीं, इसी फैसले के लिए आज का यह आन्दोलन आयोजित किया गया है।"

खिलाफत मजलिस के महासचिव, प्रिंसिपल मसूद ख़ान ने कहा है, "वियतनाम, ईरान, सोमालिया से अमेरिकी अपने को समेट लेने के लिए मजबूर कर दिए गए हैं। बांग्लादेश के मुरताद, नास्तिकों के पक्ष में खड़े होकर अमेरिका को भी रिहाई नहीं मिलेगी। इस्लाम राजनीति वर्जित धर्म नहीं है।"

ज़मीयते उलामा में इस्लाम के सेक्रेटरी, भूतपूर्व धर्म-उपमंत्री, मुफ़्ती बक्कास ने कहा, "प्रेसिडेंट क्लिंटन की दी हुई इमानी चुनौती, हमने मंजूर कर ली है। बिस्मिल्लाह के नाम पर जो लोग सत्ता पर आसीन हैं, वे लोग देश या इस्लाम की बिल्कुल रक्षा नहीं कर पा रहे हैं। फ़रार तसलीमा यह बयान कैसे दे पाई, हम सरकार से इसका जवाब चाहते हैं।"

ज़मीयते उलामा में इस्लाम के सह-सभापति शौकत अली ने कहा है, "16 हज़ार एन जी ओ में से अधिकांश लोग ही करोड़ों-करोड़ डॉलर इस्लाम के विरुद्ध ख़र्च कर रहे हैं। तथाकथित बिस्मिल्लाह सरकार, यौन-अनाचारिणी लेखिका, तसलीमा को प्रश्रय दे रही है।"

जागपा के सभापति, प्रधान ने कहा है, "30 जून को सरकार ने दया करके मुरताद घादानी चक्र की तोपख़ाना रोड पर, ढाई सौ गज ज़मीन छोड़ दी थी। उस

दिन पुलिस अगर न बचाती, तो जनता उन लोगों के लिए कुल ढाई हाथ जगह ही तय कर देती।'' उन्होंने जनता को संबोधित करते हुए कहा, ''वोट देकर, क्षमता में बिठाएगी, तसलीमा और दिल्ली के सेवादास चक्र को और राजपथ पर चीख-चीखकर नारे लगाएँगे इस्लाम के लिए! इस्लाम के पक्ष में! ऐसा नामुमकिन है! यह सरकार, इस्लाम और स्वाधीनता, किसी की भी रक्षा नहीं कर पाएगी। खालिदा जिया की सरकार ने ही तसलीमा को अपनी सुरक्षित पनाह में रखा है।''

उन्होंने जनता से ही सवाल किया, ''अमेरिका संयुक्त राष्ट्र बड़ा है या अल्लाह?''

जनता का समवेत जवाब गूँज उठा, ''अल्लाह बड़ा है।''

प्रधान ने कहा, ''हमने बांग्लादेश को इसलिए आज़ाद नहीं किया कि हम क्लिंटन की रैयत बन जाएँ।''

इस्लामी शासनतंत्र के मुखपात्र, चरमोनाइ के पीर, सैयद फजलूल करीम ने कहा है, ''कट्टरवादी के तौर पर अपना परिचय देने में कोई शर्म नहीं है। कट्टरवाद का मतलब है, मूल चीज़ में विश्वास! कुरान, हदीस, इज़्मा क़याम, हमारी मौलिक बुनियाद है! जिनका मूल में विश्वास नहीं है, वे लोग दरअसल जायज हैं। तसलीमा जैसी औरत के बारे में, जनसभा में जिक्र करना भी शर्मनाक है। इस औरत ने कुरान का विरोध किया है, और क्लिंटन इसी की हिमायत कर रहे हैं।''

मुस्लिम लीग के महासचिव ने कहा है, ''एक प्राणी की व्यक्ति-स्वाधीनता के लिए बारह करोड़ मुसलमान की भावनाओं पर चोट नहीं की जा सकती! तसलीमा के पक्ष में सफाई गाकर, क्लिंटन बारह करोड़ मुसलमानों को ज़ख़्मी नहीं कर सकते।''

इसके बाद, और...और...और, चलता रहा... चलता ही रहा! एक के बाद एक! एक जन के बाद, और एक जन! यह सब पढ़ते-पढ़ते मुझ पर थकान छाने लगी। इससे आगे, मेरा मन ही नहीं हुआ कि आगे कुछ जानूँ। बहुत हुआ! मैं सिर्फ जुलूस की तस्वीरों की तरफ नज़रें गड़ाए रही! ये इंसान...सचमुच इंसान जैसे ही लग रहे हैं। ये लोग किसी के पिता हैं, किसी के काका, किसी के भाई। किसी के बेटे! जुलूस ख़त्म हो जाने के बाद, ये लोग अपने-अपने घर लौट जाएँगे। उसके बाद, खाएँगे-पीएँगे सो जाएँगे, फिर जागेंगे, आत्मीय-स्वजन, यार-दोस्तों से गपशप करेंगे, बांग्ला में बातें करेंगे, जब खुश होंगे, तो दो-एक कड़ी गीत भी गुनगुनाएँगे, वह भी बांग्ला में! उन लोगों की ज़िंदगी भी आम बंगालियों की तरह ही होगी। लेकिन, ये लोग इतने अलग क्यों हैं? जो औरत सूरत-शक्ल से उनकी बहन की तरह ही थी; उनकी बेटी की तरह ही थी, उस औरत का वे लोग खून करने को क्यों आमादा हैं? अगर वे लोग यही सोचते हैं कि उस औरत ने ग़लती की है, तो भी क्या? इंसान क्या ग़लतियाँ नहीं करता? भूल आखिर इंसान से ही होती है। इसलिए ये लोग किसी को जान से ही मार डालेंगे?

मैंने करवट बदली। दीवार पर अनगिनत दाग़-धब्बे मौजूद हैं। काफी देर-देर

तक उन दाग़-धब्बों की तरफ टकटकी बाँधकर निहारते रहो, तो उनमें हाथी, घोड़ा, बाघ, इंसान वगैरह कोई-न-कोई आकृति नज़र आती है! मैं वे हाथी-घोड़े देख रही थी। अचानक मैं लेटे से, उठ बैठी। यह क्या? मुझे पहले यह ख़्याल क्यों नहीं आया? मैंने यह क्यों सोच लिया कि वे सब रज़ाकार हैं, सभी आज़ादी के दुश्मन हैं। मेरी साँसों की रफ़्तार तेज़ हो उठी! फ्रीडम पार्टी के नेता, कर्नल फारुख, कर्नल रशीद, नेशनल डेमोक्रेटिक एलायन्स के अनवर जाहिद, जातीय गणतांत्रिक पार्टी के नेता, प्रधान—ये सभी लोग तो मुक्तियोद्धा हैं। सन् इकहत्तर में देश की स्वाधीनता के लिए युद्ध किया था, पाकिस्तानी हमलावर फौज के खिलाफ। लेकिन आज मुक्तियोद्धा और रज़ाकार, एक ही मंच पर, एक ही साथ भाषण दे रहे हैं, एक ही पार्टी में नाम लिखा रहे हैं। ये मुक्तियोद्धा आज सन् इकहत्तर के सबसे बड़े दुश्मन, गुलाम आयम से हाथ मिलाकर चल रहे हैं, सन् इकहत्तर के घातकों के साथ कंधे से कंधा मिलाकर चल रहे हैं।

मेरी देह, सेम की मरी हुई डाल की तरह, फर्श पर ही लोट गई।

रात को ज आ पहुँची। उन्होंने खुद ही बताया कि आज रात वे अपने घर नहीं लौटेंगी, यहीं रहेंगी, यह सुनकर मैं अत्यंत प्रसन्न हो गई। रात को तो मुझे नींद भी नहीं आती। किसी रात भी मैं सो नहीं पाती। उस रात, मैं पल-पल जगी-जगी, 'ज' की जीवन कथा सुनती रही। सन् इकहत्तर में, पाकिस्तानी फौज ने उनके साथ कई-कई दिन तक बलात्कार किया। वे उन भयंकर भयावह, निष्ठुर, कुत्सित दिनों की कथा बयान करती रहीं। वह कहानी सुनकर, मैं चौंक उठी, आतंकित हो उठी। मेरे हाथ-पैर ठंडे हो आए! मेरी साँस रुकने लगी! मैं पथराई बैठी रही।

झ भी इसी कमरे में लेटीं! काफी देर पहले, वे सो भी चुकी थीं। सिर्फ ज और मैं जगी हुई! ज बोलती रहीं, मैं सुनती रही। ज ने अपनी ज़िंदगी की पूरी टोकरी ही मेरे सामने उँड़ेलकर रख दी। अब ज मुझे कोई आम इंसान नहीं लग रही थीं, वे महामानवी लग रही थीं। मैं बेहद गहरी श्रद्धा और प्यार से उन्हें थामे बैठी रही। मुझे लगता रहा, मानों ज मेरी माँ हैं! ज मानो मैं ही हूँ! मैंने ज की दोनों हथेलियाँ, कसकर अपनी दोनों हथेलियों में थामे रखीं। अपनी हथेलियाँ ढीली करने का मेरा मन ही नहीं हो रहा था। उस अँधेरे में ज के चेहरे को धीरे-धीरे किसी मद्धिम-सी रोशनी ने चूम लिया। उतनी-सी रोशनी में ही ज का चेहरा बड़ा उजला-धुला लगा।

खिड़की खोलकर, सुबह के फूटते हुए उजाले के दर्शन करें, हमें इतनी-सी भी सुध नहीं थी, लेकिन हमने भोर के अप्रतिम रूप की कल्पना कर ली। भोर की खुशबू भी अपने दिलों में उतार ली।

16 जुलाई, शनिवार।

बी बी सी को दिए गए एक साक्षात्कार में, एमनेस्टी इंटरनेशनल के एनीटिसेन

ने कहा, कट्टरवादियों ने तसलीमा नसरीन को हत्या की धमकी दी है, इसके बावजूद सरकार उसकी हिफ़ाज़त करने में नाकाम रही है। हम सब बांग्लादेश सरकार से अपील करते हैं कि तसलीमा के खिलाफ लगाया हुआ इल्ज़ाम वापस ले। हम उसकी सुरक्षा का उपयुक्त इंतज़ाम करने और जिन लोगों ने उसकी हत्या की धमकी दी है, उनके खिलाफ़ भी कानून मुताबिक क़दम उठाने के लिए सरकार से माँग करते हैं। नागरिकों की सुरक्षा-विधान के सवाल पर सरकार की एक जिम्मेदारी बनती है। हम ये देखना चाहते हैं कि मानवाधिकार के अंतर्राष्ट्रीय मानदंड, बांग्लादेश में भी उन्नत हैं। तसलीमा नसरीन अपना देश छोड़कर, किसी और देश में पनाह लें और उनके स्वदेश लौटने पर, अगर उनकी जान का खतरा हो, तो हम उस दूसरे देश से अपील करेंगे कि वे उन्हें अपने देश वापस भेजने के लिए, उन पर ज़ोर-ज़बर्दस्ती न करें।

इसी मामले में बी बी सी की तरफ से बांग्लादेश सरकार के पूर्व-मंत्री का भी साक्षात्कार लिया गया है! रफीकुल इस्लाम दिया ने जो कहा, वह था—तसलीमा असल में कहाँ है, सरकार को इसकी कोई जानकारी नहीं है! चंद दिनों पहले, गृह मंत्री ने भी संसद में यही बात कही। तसलीमा ने एमनेस्टी से संपर्क किया है, लेकिन सरकार से संपर्क नहीं कर रही है। एक निश्चित शिकायत के आधार पर, उनके विरुद्ध गिरफ़्तारी का परवाना जारी किया गया है। किसी के खिलाफ अगर गिरफ़्तारी का हुक्म जारी किया जाए, तो देश के कानून मुताबिक, उन्हें अपने को स्वाभाविक तरीके से, क़ानून जारी करनेवाली संस्था के हाथों में अपने को सुपुर्द कर देना चाहिए। इसके अलावा वे अदालत के मारफत जमानत के लिए भी आवेदन कर सकती हैं। तसलीमा अगर अदालत में आत्मसमर्पण करती हैं, तो देश के प्रचलित क़ानून मुताबिक, उन्हें पूरी हिफ़ाज़त दी जाएगी। कोई भी व्यक्ति या गोष्ठी, चाहे वह कितना भी शक्तिशाली क्यों न हो, वे लोग तसलीमा के खिलाफ कुछ भी नहीं कर पाएँगे। तसलीमा को किसी ने हत्या की धमकी दी है। इसकी ख़बर अगर सरकार को होती, तो वह धमकी देनेवालों के खिलाफ जरूर कोई कार्रवाई करती।

मुझे यह सोचते हुए अच्छा लगा कि एमनेस्टी इंटरनेशनल जैसी संस्था, मेरी जान बचाने की कोशिश कर रही है। लेकिन, इतने से क्या काम बनेगा?

"बनेगा! ज़रूर बनेगा", झ ने जवाब दिया।

"लेकिन कैसे? विभिन्न देशों में जाने कितने ही लोगों को वह अत्याचार के हाथों से बचाने की कोशिश करती है, लेकिन क्या सबको बचा पाती है? नहीं बचा पाती! एमनेस्टी का आवेदन, क्या सभी देशों की सरकार के कानों तक पहुँचता है? नहीं, नहीं पहुँचता! अगर पहुँचता, तो देश-देश में बर्बरता, जन्म-जन्मान्तरों के लिए

ख़त्म हो जाती।''

एमनेस्टी के नाम, अपना लिखा हुआ ख़त, अभी परसों ही मैंने झ को सौंपा था।

झ ने कहा, ''इस तरह मुर्दे की तरह बैठी न रहकर, कुछ कोशिश तो करनी चाहिए।''

''कोशिश करने जैसा, मेरे पास है क्या?''

एमनेस्टी इंटरनेशनल के लेखक संगठन, पेन ने फतवे के बाद, मुझे कुछेक ख़त भेजे थे। चूँकि वे लोग मेरी मदद के लिए, खुद अपनी जिम्मेदारी पर आगे बढ़ आए थे, इसलिए उन्हें ही यह सूचित किया जा सकता है कि अगर वे लोग कर सकें, तो अब मेरी मदद करें। इस वक्त सच ही मुझे मदद की ज़रूरत है।

एमनेस्टी को लिखा गया ख़त, झ ने फैक्स कर दिया। वह ख़त किसी के हाथों तक पहुँचेगा या नहीं। इस ख़त से सच ही कोई काम बनेगा या नहीं, यह न जानते हुए ही, आखिरी कोशिश के तौर पर मैंने वह ख़त लिख दिया था कि अगर हो सके तो इस मुसीबत से मेरे उद्धार की क़ोशिश करे, मेरी सुरक्षा के लिए सरकार से बात करे। लेकिन सरकार मुँहजुबानी चाहे जितनी भी बात करे, मुझे यह भरोसा कैसे आता एक सरकार सच ही मुझे सुरक्षा देगी?

''तो फिर, न हो, तो अदालत जाकर आत्मसमर्पण ही कर दूँ।'' मैंने कहा!

''तुम्हारा अगर दिमाग़ खराब हो गया हो, तो ज़रूर जाओ।'' झ ने कहा।

''क्यों, अब तो मुसीबत में फँसकर, सरकार से तो यह कहा ही जाएगा कि अगर मैं सुरक्षा माँगूँ, तो मुझे सुरक्षा मिल जाएगी।''

''कहती तो तुम ठीक हो मगर अदालत आखिर जाओगी कैसे? किस साहस से? सरकार तुम्हें सुरक्षा दे, इससे पहले ही मुल्ले, अगर तुम्हारा खून कर दें?''

''तो फिर सरकार मुझे सुरक्षा दे, तभी मैं अदालत में जाऊँगी।''

''देखो, तुम मुजरिम हो! जिस मुजरिम के नाम वारंट निकल जाता है, भला उसे कोई सुरक्षा देने आता है? उन लोगों ने कहा है कि पहले तुम अदालत में आत्मसमर्पण करो, उसके बाद सरकार तुम्हारी सुरक्षा का इंतज़ाम करेगी। यह वादा सरकार ने किया तो है, मगर वह इसे निभाएगी भी, इसकी गारंटी कौन देगा?''

''लेकिन, इसके अलावा और कोई उपाय भी तो नहीं है। यह काम, चाहे जैसे भी हो, मुझे करना ही होगा।''

झ ने कहा, ''अपने वकील से सलाह के बिना, कुछ भी मत करना। तुम्हारे हित में यह ठीक नहीं होगा।''

''लेकिन अभी उस दिन क ने मुझे अपना फैसला, खुद लेने को कहा था। सुना है कि वकील ने भी यही कहा है।''

''तुम्हारा वकील, तुमसे कोई फैसला लेने को कहे, तो भी तुम फैसला मत

लेना, तुम यह ग़लती मत करना। फैसला अपने वकील को ही लेने देना। सारा कुछ अपने वकील पर ही छोड़ दो!"

इधर तसलीमा की फाँसी की माँग करते हुए 29 जुलाई को लोंग-मार्च होगा और मानिक मिया एमिन्यू में जो महासमावेश होगा, उन्हें सफल करने के लिए, देश मानो पगला उठा है। 30 जून की हड़ताल की कामयाबी के बाद, इस्लाम पंथी अब प्रबल उत्तेजना से ऐसे उछल रहे हैं, जिसे सचमुच उछलना कहते हैं। समूचे देश भर में जुलूस निकाले जा रहे हैं, सभाएँ हो रही हैं। तसलीमा की फाँसी की अहमियत समझाने के लिए, इस्लामी नेता, विशाल-विशाल सभा को संबोधित करने के लिए शहर-शहर सफर कर रहे हैं। हर जगह नेताओं की सादर अभ्यर्थना हो रही है। उन्हें खूब तालियाँ मिल रही हैं। वे लोग घोषणा करते फिर रहे हैं कि 29 जुलाई की सफलता यह साबित करेगी कि इस देश में कुरान का सम्मान सुरक्षित रहेगा और कुरान का विधान, राष्ट्रीय स्तर पर प्रतिष्ठित होगा।

इस तरह समूचे देश में सभाएँ हो रही हैं, जुलूस निकाले जा रहे हैं। 29 जुलाई का लोंग-मार्च सफल बनाने के लिए व्यापक तैयारियाँ हो रही हैं। कहीं, कोई भी नगर-बंदर-शहर-गाँव हाथ पर हाथ धरे नहीं बैठा है। सभी लोगों में बेहद उत्साह और उल्लास छाया हुआ है। देश में ऐसा कोई शहर नहीं है, जिस शहर में लोंग-मार्च के लिए सभाएँ नहीं हो रही हैं, जुलूस नहीं निकाले जा रहे हैं। देश में ऐसा कोई गाँव नहीं है, जहाँ लोंग-मार्च को सफल करने के लिए पोस्टर नहीं चिपकाए गए हैं। देश का ऐसा कोई इलाका नहीं है, जिस इलाके में लोग तसलीमा को फाँसी देने के लिए सपने न देख रहे हों।

कल जुम्मे की नमाज़ के बाद, देश की हर मस्जिद में 29 जुलाई के लोंग-मार्च करने के इरादे से मोनाजत न की हो, यह ख़बर पहली बार मैंने झ की जुबानी सुनी। बाद में अखबार के पन्नों में भी पढ़ी। बड़ी-बड़ी मस्जिदों की दुआई सभाओं में लोंग-मार्च के बड़े-बड़े नेताओं ने भाषण दिए। तसलीमा की मृत्यु-कामना करते हुए, अल्लाह के दरबार में हाथ उठाए गए।

"ये बदमाश भी अब खतीब को बचाने की कोशिश कर रहे हैं।" झ ने कहा।

"कैसे? खतीब कब आखिरी दमों में था?"

वह जो उसने कहा था कि संसद में कोई भी मुसलमान नहीं है। अब कट्टरवाद-विरोधी कह रहे हैं कि खतीब ने संसद का अपमान किया है! खतीब को सजा होनी चाहिए। यह सुनकर कट्टरवादी लोगों का कहना है, ख़ासकर सुरंजित सेनगुप्ता के लिए कहा गया कि उनको अपना वक्तव्य वापस लेना होगा और अवाम से माफी माँगना होगी।

गाना जारी था। गाने की आड़ में हम बातें करते रहे। खाते-बोलते-बतियाते रहे। एक ही थाली से खाना खाते हुए, बातचीत होती रही। ख़ैर अलग-अलग थाली में खाना कैसे खाया जाता है, मैं शायद भूल ही गई। गानों की गूँज में ही हमारी बातें होती रहती हैं। इसकी अब ऐसी आदत पड़ चुकी है कि गाना अगर रुक जाता है, तो हमारी बातें भी रुक जाती हैं। घर के सभी लोग जानते हैं कि झ आजकल इस कमरे में अकेली बैठी-बैठी ही खाना खाती हैं। सभी को यही ख़बर है कि झ अकेली-अकेली ही काफी रात तक गाने सुनती हैं। उन लोगों को यही जानकारी है कि उँगलियों पर गिनी जाने लायक, चंद सखी-सहेलियों को उस कमरे में बुला लिया जाता है। उसी कमरे में वे लोग बैठकर गपशप करती हैं, बाहर की सखी-सहेलियाँ जब चली जाती हैं, तो झ कमरे में अकेली बैठी-बैठी गाने सुनती हैं और तस्वीरें आँकती हैं। घरवालों को यही जानकारी है कि उस कमरे में झ के अलावा और कोई भी प्राणी मौजूद नहीं है।

"ये कट्टरवादी बिल्कुल कम्युनिस्टों जैसा काम कर रहे हैं," मैंने कहा।

झ ने ज़ोर से ठहाका लगाया, "ये दोनों तो एक-दूसरे के दुश्मन हैं।"

"कम्युनिस्ट पार्टी जिस ढंग से काम करती थी, जिस तरह संगठित थे, ये लोग, जितना संकल्पबद्ध थे, कट्टरवादी संगठन बिल्कुल वैसे ही हैं। वे लोग कम्युनिस्ट तरीका इस्तेमाल कर रहे हैं।"

"हाँ, यह तो सच है! इधर कम्युनिस्ट लोग फाँकीबाज़ हो गए हैं।"

ये लोग कितने फाँकीबाज़ हो गए हैं या फाँकीबाज़ हुए भी हैं, इस बारे में हमारी बातचीत ज्यादा दूर तक आगे नहीं बढ़ी, क्योंकि झ के घर की नौकरानी ने आकर दरवाज़े पर दस्तक दी और सूचना दी कि कोई एक जन झ से मिलने आया है। झ झटपट उठकर बाहर चली गईं। बाहर से इस कमरे के दरवाज़े पर, वे ताला लगाना नहीं भूलीं।

किसी भी अनचाहे व्यक्ति की उपस्थिति हम दोनों को आतंकित कर जाती है। कोई भी अपरिचित आगंतुक, इस घर के दरवाज़े पर आकर खड़ा होता है, तो आशंका तो होती ही है। कौन आया था, मुझे नहीं पता। मैं कान लगाए रही, कहीं कोई अशोभन आवाज़ तो नहीं आ रही है! हाँ, इसी आशंका से मेरे कान खड़े रहे। मेरी निगाह बार-बार दरवाज़े की दरार पर टिकी रही। दूसरी मंज़िल के बरामदे से किसी की बातचीत की आवाज़ें मेरे कान में पहुँचती रहीं। लेकिन मैं अंदाज़ा नहीं लगा पाई, कि क्या बातें हो रही हैं। कैसी बातें, किसके साथ! करीब घंटे भर बाद झ दो मिनट के लिए कमरे में आकर बता गईं कि उनका कोई रिश्तेदार आया था। वह दो दिनों के लिए यहाँ रहना चाहता था, झ ने उसे बड़ी चालाकी से विदा कर दिया।

अब रात को झ इस कमरे में नहीं आएँगी। अब सारी रात मुझे अँधेरे में निढाल-निश्चल लेटे रहना होगा। सारी रात आशंकाएँ मेरे चारों तरफ नाचती रहेंगी, मैं जानती हूँ। मेरी एकाकी रातें ऐसे ही गुज़रती हैं।

लेकिन उस रात, जाने कितना तो बजा था। मुझे चौंकाते हुए, झ दरवाज़ा खोलकर अंदर दाखिल हुईं। उनके हाथ में छोटा-सा टॉर्च! झ के पीछे-पीछे ङ! ङ के पीछे जो शख्स था, उसे देखकर, मैं मानो अपनी ही आँखों पर विश्वास नहीं कर पा रही थी। वे शम्सुर रहमान थे! प्यार और आवेग में किसी से कसकर लिपट जाना, मेरी आदत में नहीं था। लेकिन मेरा मन हुआ कि मैं शम्सुर रहमान से लिपट जाऊँ। उनके काँधे पर सिर रखकर, आकुल-व्याकुल होकर खूब-खूब रो लूँ! शम्सुर रहमान, ङ, झ—सभी लोग फर्श पर बैठ गए। कमरे में मद्धिम-मद्धिम रोशनी जला दी गई। शम्सुर रहमान मेरी तरफ करुण निगाहों से निहारते रहे। मेरी एक हथेली, उनके हाथ में! वह हाथ मुझे सांत्वना देते रहे, आश्वासन देता रहा! वह हाथ मुझे निर्भरता दे रहा था, अभय दे रहा था। हम दोनों में से कोई कुछ नहीं बोल रहा था, बस, हम दोनों एक-दूसरे को निहारते रहे। हमारी आँखों में ज़रूर कोई भाषा थी, जो हम दोनों ही पढ़ पा रहे थे। हम दोनों को अपनी-अपनी स्थिति की जानकारी है। हम दोनों ही जानते हैं कि हमारे जीवन में क्या-क्या घट रहा है। युद्धक्षेत्र में पराजित दो सैनिक, जैसे अपनी-अपनी तरफ निहारते हैं, जो संवेदना, उत्कंठा, आशाहीन वेदना लिए, जो कष्ट और यंत्रणा लिए, दो सैनिक एक-दूसरे की तरफ देखते हैं, हम उसी तरह एक-दूसरे को निहारते रहे।

ङ ने ही चुप्पी तोड़ी।

"जिस दिन मैंने शम्सुर रहमान को बताया कि तुम कहाँ हो, मुझे मालूम है, उन्होंने कई-कई बार तुमसे भेंट कराने की ज़िद की। आखिरकार, आज वह मौका मिला।"

शम्सुर रहमान ने बेहद धीमे-मृदुल लहजे में कहा, "उस दिन मैंने फोन रख दिया, तुम बुरा मत मानना। असल में, मैं बेहद नर्वस था।"

"हाँ, रहमान भाई, मुझे बेहद तकलीफ हुई थी! मैंने आपको बहुत ग़लत समझा था।'

"उन दिनों मेरा दिमाग़ ठिकाने नहीं था।"

"हाँ, मैं समझती हूँ! समझ सकती हूँ।"

थोड़ा ठहरकर, मैंने अपनी पिछली सारी ग़लतफहमियों को दिल से निकाल दिया।

"यह सब क्या हो रहा है, रहमान भाई? वे लोग क्या सच ही मुझे मार डालेंगे?"

"क्या जवाब दूँ, बताओ? मेरे पासे कहने को भाषा नहीं है।"

"मैं क्या ज़िंदा बच जाऊँगी, रहमान भाई? या वे लोग सचमुच मुझे जान से मार डालेंगे?"

शम्सुर रहमान ने लंबी उसाँस भरी। उनकी आँखें भी छलछला आईं।

"अगर कहीं ब्लासफेमी क़ानून पास हो गया, तो?"

"तो हम सबको अपनी जान से हाथ धोना होगा।"

"यह जो इन दिनों मुल्लों के खिलाफ आंदोलन हो रहे हैं, इससे ब्लासफेमी क़ानून को रोका नहीं जा सकता?"

"इन आंदोलनों से कितना-सा काम होगा, पता नहीं। कुछ करने की कोशिश तो कर रहा हूँ। खालिदा जिया की सरकार ने देश का सर्वनाश कर डाला। वे लोग मुल्लों के पक्ष में काम कर रहे हैं। तभी तो देश भर में मुल्ले दनदनाते फिर रहे हैं। और मनमानी कर रहे हैं।"

देश के बारे में हमारी काफी देर तक बातें होती रहीं। राजनीति पर और गहरी-गहरी बातें होती रहीं। धीरे-धीरे ऐसी स्थिति बन गई कि मैं भूल ही गई कि अब मैं फ़रार हूँ, मेरे सामने फाँसी का फंदा झूल रहा है। मैं भूल गई कि मेरा जीवन बेहद भयावह और अनिश्चित है! इस वक्त लग रहा था, जैसे मैं पहलेवाली मैं हूँ! जैसे पहले मैं और शम्सुर रहमान, किसी भी विषय पर घंटों-घंटों बातें किया करते थे! हम देश, समाज, राजनीति, साहित्य-संस्कृति वगैरह पर देर-देर तक गपशप किया करते थे! हमारी आँखों में सपने उतर आए। सच्चे गणतांत्रिक सेकुलर राष्ट्र का सपना! वैषम्यहीन किसी स्वस्थ समाज का सपना! जहाँ कोई निर्यातन नहीं, अत्याचार नहीं, अन्याय नहीं, दुर्नीति नहीं, उत्पीड़न नहीं—ऐसे जीवन का सपना! अचानक गुम हो गए, वे सारे सपने, हम तक लौट आए थे। अपने छोटे-से दायरे में, अपने मृत्यु-भय में जीती हुई मैं, एकदम से कुछ और हो उठी। इस वक्त मैं बहुत ज़्यादा ही, पहलेवाली मैं हो उठी। शम्सुर रहमान मानो मुझे मेरी जान, मेरी दृढ़ता लौटा गए। वे चले गए। उन्हें जाना पड़ा। वे काफी रात तक रुके रहे, फिर वापस लौट गए।

उसी रात मैंने झ से कहा, "मैं तस्वीरें बनाऊँगी।"

"तुम तस्वीरें आँकना जानती हो?"

"नहीं, जानती तो नहीं, मगर कोशिश करूँगी।"

"कौन सी तस्वीर बनाओगी?"

"तुम्हारी तस्वीर!"

"मेरी तस्वीर?"

"हाँ, तुम अपनी एक तस्वीर दे दो।"

झ एक तस्वीर और कैनवास ले आईं। उन्होंने रंग-तूली भी थमा दी। मैंने पेंटिंग शुरू कर दी। मैं पूरी रात पेंटिंग करती रही, मानो यह मेरी कोई नई ज़िंदगी हो। इस ज़िंदगी के साथ, पिछले दिनों, लगभग दो महीनों का कहीं, कोई सरोकार नहीं था। मानो मैं अगर चाहूँ, तो कमरे से बाहर निकलकर, कहीं भी टहल आऊँ! मानो कहीं, कोई भी, कभी भी, मुझे मार डालने की माँग नहीं की गई।

17 जुलाई, रविवार।

ख़बरों का कहीं, कोई अंत नहीं है, हर रोज ही घटना ही घटना! ख़बरें ही ख़बरें! तसलीमा जैसे लोगों की संस्कृति, देश और समाज को कलुषता की तरफ खींचे लिए जा रही है!–इस शीर्षक पर मेरी नज़र पड़ी। घटना क्या हुई? घटना यह हुई थी कि पूर्व मंत्री, बैरिस्टर रफीकुल इस्लाम मियाँ ने राष्ट्रीय जादूघर, मिलनायतन में, मादक-विरोधी एक कार्यक्रम में भाषण दिया। लेकिन मादक-विरोधी कार्यक्रम में तसलीमा का प्रसंग कैसे छिड़ गया? हाँ, छिड़ा था। छेड़ना चाहो, तो छिड़ ही जाता है! देश में चारों तरफ, जब भी यह प्रसंग, किसी भी बात पर उठ जाता है, तो मादक-आसक्ति से तरुण समाज की रक्षा के लिए जो भाषण दिए जा रहे थे, वहाँ यह प्रसंग क्यों नहीं उठता? वहाँ धर्म के प्रसंग में, तसलीमा-जिक्र छिड़ गया। रफीकुल इस्लाम मियाँ का विश्वास है कि धार्मिक मूल्यबोध न हो, तभी लोग मादक द्रव्यों का सेवन करते हैं। यह धार्मिक मूल्यबोध किसने नष्ट किया? तसलीमा ने नष्ट किया। इसीलिए देश में मादक के प्रति आसक्ति बढ़ने की वजह भी है–तसलीमा! देश में खून, हत्या, संत्रास–जो कुछ भी घट रहा है या घटेगा, उन सबकी वजह है–तसलीमा! क्योंकि तसलीमा धर्म नहीं मानती! धर्म न मानने की वजह से समाज में जो भी बुरा काम हो रहा है, लोग-बाग वह सबकुछ कर रहे हैं, मादक-आसक्ति के विरोध में बोलते हुए, रफ़ीकुल ने कहा, "सूरज, पृथ्वी के चारों तरफ परिक्रमा करता है, यह बात कुरान में कहीं भी नहीं लिखी है। यह कुरान के विरुद्ध प्रचार है। इस बात से धर्म को ठेस लगती है। धर्म का अवमूल्यन करते हुए, कुछ भी न लिखें, धार्मिक भावनाओं को ठेस न पहुँचाएँ, इस देश का धर्मप्राण अवाम धर्म पर चोट बिल्कुल बर्दाश्त नहीं कर सकता। धार्मिक और सामाजिक मूल्यबोध को छार-छार करने के लिए, एक विशेष गिरोह, तसलीमा को लेकर कुछ ज्यादा ही नाच-कूद रहा है। इन लोगों ने समाज और सभ्यता को ध्वंस करने की साजिश रची है।" प्रतिमंत्री जनाब ने जो कहा, उसका सारांश यह है कि तसलीमा नसरीन जैसे लेखक/लेखिकाओं के लेखन की वजह से मानव सभ्यता विपदग्रस्त हो उठी है! उनकी तथाकथित संस्कृति, देश और समाज को कलुषता की तरफ खींचे लिए जा रही है। 'शरीर मेरा, सिद्धांत मेरा'–ये सब वक्तव्य, सभ्यता का निशान नहीं है। ये लोग सभ्यता को ही ध्वंस कर देना चाहते हैं।

तहाफ्फुजे हरमाइन परिषद के सभापति, मौलाना सादिक अहमद सिद्दीक़ी ने बयान दिया है कि कुरान, हदीस का अपमान करनेवाली तसलीमा, धर्मद्रोही और राष्ट्रद्रोही के तौर पर चिह्नित होने के बाद भी, सरकार रहस्यजनक कारणों से चुप्पी साधे हुए है। आज यह बात स्पष्ट भाव से साबित हो गई है कि तसलीमा नसरीन भारत के हाथ की कठपुतली है! वह आत्मगोपन हालत में विदेशी संवाद माध्यमों से साक्षात्कार पर साक्षात्कार दिए जा रही है, फिर भी सरकार उसे खोज नहीं पा

रही है--यह बात क़बूल करने लायक नहीं है। जो हालात हैं, उन्हें देखकर लगता है, सरकार भारत को नाराज नहीं करना चाहती।

अब मैं इस क़िस्म की ख़बरें नहीं सुनना चाहती। मामूली-सी घटना ही सही, अब मैं नहीं देखना चाहती कि देश में, क्या-क्या घट रहा है या देश कट्टरवादियों की मुट्ठी में जा रहा है। मैं इस बात पर यकीन नहीं करना चाहती कि देश में अब इस्लामी शासन क़ायम होगा, देश में अल्लाह का क़ानून चलेगा, औरतों को घरबंदी किया जाएगा, पान से चूना भी झरा, तो पत्थरों की बरसात की जाएगी, नहीं, मैं अब यह नहीं सोचना चाहती कि अब क्या-क्या होने वाला है। मैं कुछ और देखना चाहती हूँ। पता नहीं, यह ख़बर कितनी सच है, लेकिन आज का अखबार, जो अखबार कट्टरवाद विरोधी आंदोलन की ख़बरें, चाहे जैसे भी हो, वह प्रकाशित करता रहेगा। खबर में लिखा है कि कट्टरवादी शक्तियों के उत्थान के खिलाफ, देश में तीखा आंदोलन शुरू करने की तैयारी चल रही है। सांप्रदायिकता-विरोधी छात्र समाज सचिवालय का घेराव करेगा। सम्मिलित सांस्कृतिक गठजोड़। समूचे देश भर में आंदोलन शुरू करने के लिए कट्टरवाद-विरोधी पखवाड़ा मनाएगी। सन् इकहत्तर के घातक, विरोधी आंदोलनों के लिए, जातीय समन्वय कमिटी नियमित बैठकें आयोजित कर रही है। तमाम नारी-संगठन व्यापक कार्यक्रम के बारे में सोच रहे हैं। अखबार का मंतव्य है कि इस सोच-विचार के बाद, जमात बनाम अन्यान्य धर्मांध शक्तियों में राजनीतिक अधिकार की जो लड़ाई छिड़ी है, कट्टरवादी खेमे के अधिकांश लोगों ने इस मुख्य कमजोरी की बात दिमाग में रखते हुए प्रगतिशील सामाजिक, राजनीतिक संगठनों में एकता का कोई विकल्प नहीं है--यह माँग देश में हर कहीं उठायी जा रही है।

देश में हर ओर से क्या यही माँग है? ना! यह खबर सच नहीं है। यह माँग तो मुट्ठीभर लोगों के द्वारा उठायी गई है, जो समझ गए हैं कि देश को बचाने का इसके अलावा और कोई उपाय नहीं है।

रात को ज अपने एक मित्र के साथ मेरे कमरे में दाखिल हुईं।

ज ने बताया, "मेरा यह मित्र प्रगति के पक्ष का आदमी है, हालाँकि सरकारी नौकरी करता है। उन्हें अपने इस मित्र पर पूरी-पूरी आस्था है। इसीलिए वे उसे साथ ले आई हैं।"

झ ने कोई आपत्ति नहीं की, मैंने तो ख़ैर नहीं ही की।

ज के दोस्त के साथ परिचय होने के बाद, वह शख़्स मुझे भला मानस ही लगा।

उस मित्र ने मुझसे कहा, "आपको डरने की कोई जरूरत नहीं है। ये मुल्ले

आपको जान से कभी नहीं मारेंगे, क्योंकि आपको मार डालने के बाद, उन लोगों के लिए राजनीति करने का कोई मुद्दा नहीं बचेगा। और कोई, भले आपकी जान ले ले, मुल्ले आपको जिंदा रखना चाहेंगे।''

उनका तर्क बेतुका नहीं था। लेकिन इसी बात से क्या निश्चिंत हुआ जा सकता है?

''चलो, मान लिया कि कट्टरवादी नेता मुझे जबर्दस्त मुद्दा मान रहे हैं, राजनीति तो उनका उद्देश्य है, क्षमता दखल करने का उद्देश्य! कानून के सैकड़ों-सैकड़ों तजर्बेकार, धर्मांध लोग भी इस दल में शामिल हैं। फर्ज करें उनमें से ही कोई शख्स या मदरसे का कोई लड़का। जिस लड़के ने राजनीति या मुद्दा वगैरह शब्द अभी तक नहीं सीखा, जिसे उनके नेताओं ने बार-बार कहा है कि तसलीमा ने इस्लाम को ध्वंस कर देने की कोशिश की है, उसकी मौत तो होनी ही चाहिए। यह सब सुनते-सुनते उस लड़के को विश्वास हो गया है कि उस औरत को मर ही जाना चाहिए कि मुझे मारकर वह जन्नत में जा सकता है, वह भला मुझे क्यों नहीं मार डालना चाहेगा?''

मित्र ने मेरे इस सवाल का कोई भी जवाब नहीं दिया।

थोड़ा ठहरकर उसने कहा, ''सांप्रदायिकता-विरोधी छात्र समाज ने आज सचिवालय घेराव किया है। किसी-किसी शहर में तो डी सी आफिस तक का घेराव किया गया है। छात्र-समाज अब किसी भी शर्त पर सांप्रदायिक ताकतों को बढ़ने नहीं देगा।''

''अच्छा, कट्टरवादियों को आजकल सांप्रदायिक ताकत क्यों कहा जाता है?''

''वे लोग सांप्रदायिक हैं, इसीलिए उन्हें सांप्रदायिक कहा जाता है।''

''लेकिन वे लोग क्या सिर्फ सांप्रदायिक हैं? अब तो और किसी संप्रदाय-संप्रदाय में तो मार-पीट हो नहीं रही है कि उन्हें सांप्रदायिक कहकर चिह्नित किया जाए।''

''तब उन लोगों को क्या बुलाना चाहिए?'' ज के मित्र ने सवाल किया।

''इस्लामी कट्टरवादी या इस्लामिक या धार्मिक या धार्मिक शक्ति...ऐसा ही कुछ! धार्मिक कट्टरवादी हो, तभी सांप्रदायिक हुआ जाता है! धार्मिक कट्टरवाद से ही इंसान प्रगति-विरोधी, नारी-विरोधी होता है। उन्हें अलग से सांप्रदायिक कहने की जरूरत नहीं होती।''

ज ने कहा, ''इस देश में सांप्रदायिकता कुछ ज्यादा ही घटती है, इसलिए शायद उन लोगों को सांप्रदायिक कहा जाता है।''

थोड़ा ठहरकर मैंने कहा, ''अच्छा, सांप्रदायिकता का मतलब क्या है? भिन्न संप्रदाय के लोगों से नफरत करना? यही न? लेकिन संप्रदाय का नाम लेकर यहाँ क्या समझाया जा रहा है? हिंदू संप्रदाय, मुस्लिम संप्रदाय, बौद्ध संप्रदाय, ईसाई संप्रदाय! यही न?''

सबने सहमति में सिर हिलाया।

''इसका मतलब यह हुआ कि धर्म के आधार पर संप्रदाय को हमने ही रचा-गढ़ा

है! इसका मतलब यह हुआ कि हम यह कहते हैं कि गौतम राय और गुलाम हुसेन, दो दोस्त थे। एक ही साथ, एक ही आदर्श के साथ, वे लोग बड़े हुए। लेकिन वे दोनों अलग-अलग हैं, भिन्न संप्रदाय के लोग! धर्म के आधार पर यह जो इंसान को किसी संप्रदाय में शामिल कर लेना, अलग कर देना, यह मामला और यह मानसिकता ही तो सांप्रदायिक है। हमारे लिए धर्म इतना बड़ा क्यों हो रहा है?''

''तब आप इन लोगों को क्या कहकर पुकारेंगे? उन मुसलमानों को क्या नाम देंगे, जो लोग हिंदुओं पर अत्याचार करते हैं?''

''मुसलमान या बौद्धों पर अत्याचार करने को आप क्या कहकर बुलाएँगे? अत्याचारी? मानवताविरोधी? यही क्या काफी नहीं है?''

''नहीं, काफी नहीं है।'' ज के मित्र ने कहा, ''क्योंकि भिन्न धर्मावलंबी होने के कारण, अगर कोई, किसी से घृणा करता है, अत्याचार करता है, तो यह इतना जघन्य है कि उन्हें सिर्फ अत्याचारी कहना, कम कहना है।''

''कम कहना नहीं है! मानवताविरोधी या मानवविरोधी शब्द तो सांप्रदायिक शब्द से भी कहीं, अधिक कुत्सित और निष्ठुर है। मेरा ख्याल है संप्रदाय का बँटवारा, धर्म के आधार पर नहीं होना चाहिए। आदर्श या विश्वास के आधार पर होना चाहिए। मसलन सेकुलर संप्रदाय और कट्टरवादी या फंडामेंटलिस्ट संप्रदाय!''

''लेकिन जो लोग इन दोनों दलों में से किसी में भी नहीं पड़ते, उनका आप क्या करेंगे? जो लोग सेकुलर भी नहीं हैं, फंडामेंटलिस्ट भी नहीं हैं?'' ज के मित्र ने पूछा।

''विरोध तो दरअसल दोनों दलों में है। सेकुलर और फंडामेंटलिस्ट के दरमियान संघर्ष है! अब न तो सेकुलर, न फंडालिस्ट लोग, या तो दूर खड़े-खड़े इनका युद्ध देखेंगे या किसी एक का पक्ष लेंगे।''

झ, ज, ज का मित्र ने एक-दूसरे की आँखों में झाँकते हुए, कुछ इशारा किया।

अचानक बिना किसी प्रसंग के ही, मैंने सवाल किया, ''जब शब्द की बात छिड़ी ही है, तो बताइये, वर्णवादी और सांप्रदायिक—इन दो शब्दों में, कौन-सा ज्यादा बुरा है?''

ज ने ही जवाब दिया, ''मुझे तो 'सांप्रदायिक' शब्द ही ज्यादा जघन्य लगता है।''

बाकी दोनों के लिए भी वही!

मैं खामोश हो गई। अपने विक्षिप्त ख्यालों को किसी एक बिंदु पर समेटती-बटोरती रही।

18 जुलाई, सोमवार।

दिन भर तस्वीरें आँकती रही। बेसुधी में ही तस्वीरें बनाती रही! दिन भर झ

के दर्शन नदारद! रात को भी उनसे भेंट नहीं हुई। रात दस बजे, खाने की थाली, बड़ी खामोशी से, दरवाजे के नीचे से कमरे में खिसका दी गई। उस वक्त मुझमें भूख-प्यास का कोई अहसास नहीं था। खाने की थाली ज्यों-की-त्यों पड़ी रही। मैं अपने में खोयी रही!

गहरायी रात के अँधेरे से कानों-कानों में खुसफुस बातें करते-करते, मेरी बातें भी रीत गईं। मेरा खुदकुशी करने का बेतरह मन हो आया!

19 जुलाई, मंगलवार।

अमेरिका नाराज है! अमेरी की दूतावास घेराव के अभियान की खबर पाकर, वह बेतरह नाराज हो गया है! मुल्लों ने कहा है कि वे लोग बम मारकर, दूतावास उड़ा देंगे, इसलिए वह गुस्से से फट पड़ा है!

अमेरिका ने गुस्से से तमतमाकर कहा है, 'देखो, बच्चू, तुम लोगों को खैरात देनेवालों में, हम अन्यतम हैं, इसलिए समझबूझकर चलो! हम 'बॉडमलेस बास्केट' को...यानी बेपेंदी के लोटे को हर साल ही मदद देते रहेंगे, इसकी कुछेक शर्तें भी हैं। 1. सहायता पानेवाले देशों में अमेरिका-विरोधी प्रचार नहीं चलेगा। 2. सहायता पानेवाले देशों में अमेरिकी, जनता की हिफाजत निश्चित। 3. बांग्लादेश के मानवाधिकार संरक्षण, जनता की व्यक्ति-स्वाधीनता और वाक्-स्वाधीनता सुनिश्चित करना होगी।

बांग्लादेश अगर यह सब मानकर नहीं चलेगा, तो अमेरिका ने यह तो नहीं कहा कि वह परमाणु बम मारकर उड़ा देगा, उसने कहा है कि वह नाराज होगा। दुनिया के नंबर वन पराशक्ति को नाखुश करने की मंशा के बावजूद, यह साहस बहुतेरे देशों में नहीं है। वैसे साहस भले न हो, लेकिन कट्टरवादी आजकल किसी की भी परवाह नहीं करते। उन लोगों का लोंग-मार्च, सभा-समावेश आयोजित करने का सिलसिला जारी है।

इस बार उन लोगों ने डंके की चोट पर ऐलान किया है कि धर्म-दुश्मनों के खिलाफ, तमाम धर्मों के अनुसरणकर्ताओं को डटकर मुकाबला करना होगा। उन लोगों ने कहा है कि धर्मद्रोही और नास्तिक लोग जो करतूतें करते फिर रहे हैं, वह सब सिर्फ इस्लाम के ही विरुद्ध नहीं है, वे लोग विभिन्न धर्मों में आस्थावान, सभी लोगों के दिल को चोट पहुँचाते हैं। ये सब धर्म-दुश्मन और नास्तिक, सभी धर्मों के दुश्मन हैं। इसलिए इन लोगों के खिलाफ सभी धर्म-मतावलंबियों को प्रतिवाद करना होगा। सभी धर्मों की मर्यादा अक्षत रखने के लिए ही ब्लासफेमी कानून और धर्मद्रोहियों के लिए मिसाली सजा की कार्रवाई करना होगी। इस्लाम और राष्ट्रद्रोही तत्परता प्रतिरोध मोर्चा ने आगामी 29 जुलाई को लोंग-मार्च और महासमावेश सफल करने के इरादे से लोंग-मार्च प्रचार सप्ताह पालन करने का फैसला किया है। इस

समय समूचे देश में जनसभा, विक्षोभ-जुलूस समावेश, जन-संपर्क, दीवारों पर लेखन, पोस्टरिंग और हैंडबिल वितरण करने का व्यापक कार्यक्रम तय किया गया है। मोर्चा के जिला और थाना-स्तर के नेताओं को हिदायत दी गई है कि वे लोग, बस और लॉन्च से लोगों के काफिले यहाँ तक लाने के लिए, अभी से जोर-शोर से प्रयास शुरू कर दें। इसके अलावा प्रतिरोध मोर्चा की तरफ से आगामी 22 जुलाई, शुक्रवार को दुआ और विक्षोभ दिवस पालन करने की घोषणा की गई है। इस दिन ढाका समेत सभी मस्जिदों में 29 जुलाई के लोंग-मार्च और महासमावेश की सफलता की कामना के लिए, जुम्मा को खास दुआ और मोनाजत का आयोजन किया गया है। मोर्चा की तरफ से देश के सभी मस्जिदों के खतीब और इमामों को हिदायत दी गई है कि जुमा के खुतबा से पहले, इस महान कार्यसूची के बारे में जन-गण को प्रेरित करनेवाले वक्तव्य दिए जाएँ और जुम्मा के बाद, मोनाजत करने का आह्वान किया जाए। इसके अलावा जुम्मा के नमाज के बाद, हर मस्जिद में और मुहल्ले से, इस बारे में विक्षोभ-जुलूस निकालने का अनुरोध किया जाए। इस दिन बाद-जुम्मा बयतुल मुकर्रम के दक्षिणी गेट से एक विराट विक्षोभ-जुलूस निकाला जाएगा।

सम्मिलित संग्राम परिषद के नेता, समूचे देश भर में फैल गए हैं। अन्यान्य धर्मों के लोगों को भी साथ लेकर, वे लोग आंदोलन करना चाहते हैं। हाँ, यह तो सच है, धार्मिक लोगों में आपसी गड़बड़ी नहीं होती, वे लोग तो एक ही स्वार्थ के साथ दुनिया में चल रहे हैं।

नरसिंगदी में मोर्चा के सभापति ने कहा है कि नास्तिक मुरताद जब धर्म के खिलाफ बात करते हैं, तब कोई भी धर्मावलम्बी पीछे नहीं छूटता। हिंदू, बौद्ध, ईसाई समेत सभी धर्मों पर चोट पड़ती है। आइए, हम सभी धर्मों के भक्त, नास्तिक, मुरताद और धर्मद्रोही ताकतों के खिलाफ एकबद्ध तरीके से आंदोलन करें और उन लोगों को जड़ से उखाड़ फेंकें। उसके बाद, हम सभी लोग, आजादी के अपने-अपने धर्मों का पालन कर सकेंगे। इस्लाम किसी भी धर्म को आहत नहीं करता।...अल्लाह रसूल और इस्लाम के बारे में शैतानी ताकतें व्यंग्य करें, कटूक्ति करें और हम सब घर में बैठे रहें, यह नामुमकिन है। शहीद या गाजी होने का संकल्प लिए, आलिम-उलामा और पीर-मशाएख खानखाह त्यागकर, सड़कों पर उतर पड़े हैं। खारिज शक्ति के पतन न होने तक, वे लोग अपने-अपने ठिकाने नहीं लौटेंगे। आप लोग सकल बाधा लाँघकर, अपने-अपने घरों से निकलकर, 29 जुलाई के लोंग-मार्च में शामिल हों। उस दिन ढाका में ऐसे किसी फैसले की घोषणा होगी, जो नास्तिक, मुरतादों की आवाज, हमेशा-हमेशा के लिए स्तब्ध कर देगी।

इन दिनों देश दो धाराओं में विभक्त हो गया है। एक—इमानी और दूसरी—कुफ्री! अब फैसला लेने का वक्त आ पहुँचा है कि इस देश में इमानी ताकतें रहेंगी या कुफ्री ताकत! अन्यान्य वक्ताओं ने भी यही बात दोहरायी। समूचे देश की विभिन्न

मस्जिदों में मौलाना लोगों ने कुरान के बारे में तसलीमा की धृष्टतापूर्ण उक्ति के लिए, उसे मिसाली सजा देने की माँग की।

सऊदी अरब की राजधानी, रियाद में बांग्लादेशी लोगों की एक अहम विचार-विमर्श सभा आयोजित की गई। प्रवासियों ने बांग्लादेश में नास्तिक मुरताद और इस्लामविरोधी ताकतों की नक्कारजनक अप-क्रियाकलापों पर चिंता जाहिर करते हुए कहा है—सलमान रुशदी की जोड़ीदार, साम्राज्यवाद के दलाल बांग्लादेश में जो कर्मकांड चला रहे हैं, हम प्रवासी लोग इससे बेहद दुःखी हैं। कुख्यात तसलीमा नसरीन ने हमारे भिन्न-देशी साथियों के सामने हमारा सिर झुका दिया है। हमें उम्मीद है कि सरकार तत्काल उसकी सजा का इंतजाम करके, बांग्लादेश के सुनाम की रक्षा करेगी।

इस्लामी छात्र परिषद के नेता ने कहा है—"कट्टरवाद शब्द, मुसलमानों के लिए अहंकार का विषय है! अपने मूल से कटी हुई, कोई भी चीज या जीव, परजीवी या परनिर्भर होते हैं। इस देश के तौहीदी मुसलमान, कोई परनिर्भर या परजीवी नहीं हैं! उनका अपना वंश-परिचय है। इसके अलावा, सृष्टिकर्ता के साथ उनका गहरा रिश्ता है! इंसान के तौर पर, जिनका मूल नहीं है, वे लोग जारज हैं! इसलिए जब उन लोगों को कट्टरवादी कहा जाता है, तो मुसलमान गर्व महसूस करते हैं! जिस घड़ी कुरान, हदीस, अल्लाहरसूल पर आघात होता है, उसी घड़ी सकल आलिम-उलामा, पीर-मशाएख और तौहीदी जनता को एकबद्ध होकर, एक ही मंच से इस्लामविरोधी अपशक्ति का मुकाबला करते हुए, जिहाद के लिए तैयार रहना होगा। सरकार ने देश की 11 करोड़ अवाम को धोखा देकर, सिर्फ नाम के वास्ते, तसलीमा के खिलाफ गिरफ्तारी का परवाना जारी कर रखा है। दूसरी तरफ विदेशी प्रभुओं को खुश रखने के लिए, सरकारी नियंत्रण में मौजूद विदेशी प्रभुओं के किसी मकान में, तसलीमा को हिफाजत से रख छोड़ा है। सरकार ने अगर अपनी यह कुचेष्टा जारी रखी, तो उसे इतिहास के निकृष्टतम कूड़ेदान में पतित होना होगा। उस सभा में तसलीमा की गिरफ्तारी की माँग की गई है, वर्ना तौहीदी जनता खुद ही कानून अपने हाथ में ले लेगी।

इस्लाम छात्र सेनादल से कहा गया है कि धर्मद्रोही देश, जाति, कुरान, सुन्नत, नबी, औलिया और पीर, आलिम-उलामा के विरुद्ध धृष्टतापूर्ण लेख लिखकर, वक्तव्य देकर, सांप्रदायिक प्रीति विनष्ट कर रहे हैं और देश को ध्वंस की तरफ धकेल रहे हैं। मुरताद तसलीमा नसरीन और उसके संगी-साथी, अल्लाह के एकमात्र मनोनीत धर्म, इस्लाम और कुरान सुन्नत के बारे में कटाक्ष और धृष्टतापूर्ण वक्तव्य देकर, करोड़ों-करोड़ों ईमा़नदार मुसलमानों की धार्मिक भावनाओं पर आघात किया है। हालाँकि सरकार उन लोगों की गिरफ्तारी और सजा के मामले में, खास प्रयत्नशील नहीं है। धर्म का अपमान रोकने के लिए, जातीय संसद में कठोर कानून पास कर

दे, तो धर्मद्रोहियों के दुःसाहस पर पानी पड़ जाएगा।

20 जुलाई, बुधवार।

1. तसलीमा नसरीन अगर चाहें, तो जर्मनी उन्हें शरण देगी, यह है बी बी सी की खबर! जर्मनी के विदेश दफ्तर में कल बांग्लादेश के राजदूत, महमूद अली को तलब किया गया था। जर्मन विदेश मंत्री, क्लाउस किनकेल ने राजदूत से कहा कि तसलीमा को जर्मनी या यूरोपियन यूनियन के किसी भी देश में सादर ग्रहण करने का फैसला लिया गया है। तसलीमा अगर वीसा की माँग करे, तो उसे वीसा देने के लिए, बांग्लादेश में, जर्मनी के दूतावास को निर्देश दिया गया है। क्लाउस किनकेल, तसलीमा के मामले में अपने देश और यूरोपीय लोगों ने गहरी चिंता जतायी है। उन्होंने कहा है कि विभिन्न विदेश मंत्री, तसलीमा की रक्षा करें और तसलीमा अगर चाहें, तो उन्हें देश-त्याग की अनुमति देने के लिए, बांग्लादेश सरकार से आग्रह किया जाए।

2. ब्रसल्स में यूरोपीय यूनियन के विभिन्न विदेश मंत्रियों ने फैसला लिया है कि बांग्लादेश में नियुक्त, यूरोपीय राजदूत, तसलीमा की हर तरह की मदद करें।

मुझे इन खबरों पर विश्वास नहीं होता। अब मैं यूरोप के किसी भी देश में जा सकती हूँ। वहाँ रह सकूँगी! माँगते ही, मुझे जिस किसी भी देश का वीसा मिल जाएगा। अभी कुल दो-तीन महीने पहले भी, फ्रांस का वीसा हासिल करने के बारे में मेरा कोई आग्रह-अनुरोध काम नहीं आया। मुझे मिला हुआ निमंत्रण-पत्र भी काम नहीं आया। इसके लिए फ्रांस से जिल गॉन्जालेज को कोशिश-तदबीर करने के लिए आना पड़ा था। जब पश्चिमी यूरोप का वीसा पाना, इस कदर मुश्किल था, वहाँ अब वे लोग खुद आगे बढ़कर मुझे वीसा देने को तैयार हैं। चूँकि हम सब गरीब देश के इंसान हैं, इसलिए यथासंभव धनी देशों के भ्रमण के लिए, वीसा नहीं दिया जाता। मुक्त दुनिया, भूमंडलीकरण वगैरह का दावा करते-करते मुँह से झाग निकलने लगी है। लेकिन सचमुच भूमंडलीकरण की दिशा में, कहीं कुछ भी नहीं हुआ है। मुक्त पृथ्वी पर विचरण करने का अधिकार कितने लोगों को है? भूमंडलीकरण किसी दरिद्र के लिए हरगिज नहीं है। भूमंडलीकरण का मामला फिलहाल अमीरों तक ही सीमित है। धनी वर्ग अपना माल समूची दुनिया में, अबाध ढंग से बेचकर, और-और दौलत कमाना चाहते हैं। ऐसे में, दुनिया का दरिद्रतम देश, जहाँ साल-दर-साल बाढ़-सैलाब में हज़ारों-हज़ार लोग अपनी जानें गँवाते हैं; दुर्घटना, संत्रास में सैकड़ों-सैकड़ों लोग अपनी जान से हाथ धो बैठते हैं, जिस देश में और किसी चीज की कीमत भले हो, इंसान के जीवन का कोई मोल नहीं है, उसी देश की एक लेखिका को फाँसी

पर झुला दिया जाएगा और इस बात को लेकर, आज ये धनी देश इस कदर चिंतित क्यों हो उठे हैं? इसलिए कि मानवाधिकार संस्थाएँ इस कदर चीख-चिल्ला रही हैं? इसलिए लेखकों के विभिन्न संगठन बार-बार गुहार लगा रहे हैं। या पश्चिम के विभिन्न अखबारों, इस बारे में कुछ-कुछ खबरें छप रही हैं, इसलिए? इसीलिए पश्चिम की गणतांत्रिक सरकार ने खुद ही मानवाधिकार के रक्षक के तौर पर, नाम कमाने के लिए मेरी रक्षा का फैसला किया है। इस बारे में मेरी कोई स्पष्ट धारणा नहीं है। किसी भी देश में राजनीतिक आश्रय माँगने का मेरा मन ही नहीं हो रहा है। मेरा मन इसी देश में रहना चाहता है। मैं अपने देश के कट्टरवाद-विरोधी आंदोलन में भागीदार बनना चाहती हूँ। यह मन तो जाने कितना कुछ चाहता है। कभी-कभी मैं बड़े मानभरे लहजे में कह उठती हूँ—मैं बिल्कुल आप लोगों की तरह जिंदगी बसर करूँगी।—लेकिन फिर खयाल आता है कि—नहीं, मैं जैसी हूँ, वैसे ही जिंदगी जीऊँगी। कट्टरवाद का जड़-मूल उखाड़कर, इस समाज को स्वस्थ और सुंदर बनाऊँगी।

अपने मन की बात मैं किससे कहूँ?

आज प्रायः सभी अखबारों में यह खबर, विभिन्न शीर्षकों में शोभित है—'तसलीमा की हिफाजत के लिए जर्मनी समेत, तमाम यूरोपीय यूनियनों के राजदूतों का परामर्श—' इन्कलाब!

'तसलीमा नसरीन अगर चाहें, तो जर्मनी उन्हें शरण देगा'—संवाद!

'तसलीमा की सुरक्षा के मामले में यूरोपीय यूनियनों को चिंता'—इत्तफाक!

'यूरोपीय विदेश मंत्रियों ने तसलीमा को आश्रय देने का प्रस्ताव दिया है—' भोरेर कागज!

'ई सी विदेश मंत्रियों का अनुरोध—तसलीमा नसरीन को देश-त्याग का मौका दिया जाए—' आजकेर कागज!

इन तमाम खबरों के बीच, अचरज में डालनेवाली एक और खबर—श्रीलंका में 'लज्जा' पुस्तक निषिद्ध! उस देश के संख्यालघु मुसलमानों की धार्मिक भावनाओं को चोट लग सकती है, इसलिए यह किताब जब्त कर ली गई। 'लज्जा' किताब पढ़कर, किसी की भी धार्मिक भावनाएँ आहत हो सकती हैं, यह बात मेरा कोई चरम दुश्मन भी नहीं कहेगा। श्रीलंका में पेंगुइन इंडिया का अंग्रेजी अनुवाद पहुँचा है। खबर है कि पेंगुइन इंडिया ने इन्हीं कुछ दिनों में दक्षिणी एशिया में 20 हजार 'लज्जा' बेच डाली। श्रीलंका में सौ से ज्यादा प्रतियाँ बिकने के बाद, यह निषेधाज्ञा जारी की गई है।

'इन्कलाब' इस देश में सर्वाधिक बिकनेवाला अखबार है। मतलब, सर्वाधिक जनप्रिय, अखबार! इन्कलाब हर दिन लोंग-मार्च, लोंग-मार्च का जाप कर रहा है। जनसाधारण

को लोंग-मार्च में शामिल होने के लिए प्रोत्साहित कर रहा है। सच बात तो यह है कि 29 जुलाई का लोंग-मार्च कामयाब बनाने के लिए, कट्टरवादी लोग पगला उठे हैं। राजनीतिक-गैरराजनीतिक, सभी लोग एक मंच से गला फाड़-फाड़कर चीखते हुए! कहना चाहिए, समूचा देश उनकी मुट्ठी में है! कट्टरवादियों की मुट्ठी से देश को छुड़ाने के लिए, देश में कल लेखक-कलाकारों की पहली फतवाबाज-विरोधी सभा, आयोजित की गई है। इस भावी सभा के बारे में बहुतेरे लोग, बहुतेरी बातें कर रहे हैं।

शम्सुर रहमान ने कहा है कि लेखक-कलाकारों की इस किस्म की सभा की सामाजिक अहमियत जरूर होती है। लेखक-कलाकारों में ज्यादातर लोग शिक्षित, पढ़े-लिखे जरूर हैं, मगर कट्टरवाद, फतवाबाज के बारे में वे लोग सजग नहीं हैं। जागरूकता बढ़ाने के लिए, इस किस्म के समावेश का एक स्वीकारात्मक पक्ष भी है। जिन लोगों का काम लिखना-लिखाना और कला-साहित्य चर्चा करना है, उन लोगों को भी आज मैदान में उतरना पड़ रहा है। इस वाकये ने देश में एक खास किस्म की परिस्थिति को जन्म दिया है।

सिराजुल इस्लाम चौधुरी ने कहा है कि लेखक-कलाकारों की सभा का, एक सामाजिक असर जरूर होता है। इस किस्म की कट्टरवाद, फतवाबाज-विरोधी सभा, आज से पहले कभी नहीं हुई, इसलिए इसका सामाजिक असर तो होता ही है। लिखना-लिखाना, कला-कर्म में लिप्त रहने के बाहर भी, लेखक-कलाकारों की कुछ जिम्मेदारी होती है। कट्टरवाद-विरोधी आंदोलन में वे लोग अगर एकबद्ध होकर, जन-गण के साथ एकमेक हो जाएँ, तो जनगण भी यही सोचेंगे कि उन लोगों का कट्टरवाद-विरोधी संग्राम और जबर्दस्त हो उठा है।

जिल्लूर रहमान सिद्दीकी का मंतव्य है कि लेखक-कलाकारों की यह महासभा के इरादे महान हैं। बांग्लादेश के अधिकांश लेखक-कलाकार, जो कट्टरवाद, फतवाबाजों के खिलाफ हैं, यह बात इसी कार्यक्रम से साबित हो जाएगी। कट्टरवाद, फतवाबाजों के विरुद्ध लोगों की नफरत, प्रतिवाद, प्रतिक्रिया व्यक्त करके, यही सभा, इस समय, अपना 'स्टैंड' जाहिर करेगी और उनका इरादा साफ-साफ प्रकट कर देगी।

यह महासभा सफल हो—मैंने मन ही मन मनाया।

21 जुलाई, बृहस्पतिवार।

मयमनसिंह के आनंदमोहन कॉलेज में, छात्र-संसद के अभिनंदन-समारोह में शम्सुर रहमान ने कहा है, "आज हम चरम संकट के सामने हैं। छात्र समाज, समाज का सबसे अग्रणी हिस्सा है। हमारी नाकामी से सबक लेकर, अब छात्र समाज को ही आगे बढ़ते जाना होगा। उन लोगों ने अगर कोई भूल की तो राष्ट्र में विपर्यय

फैल जाएगा। अवामी लीग परंपरावादी दल है। उन लोगों से अगर कोई भूल हो गई, अगर कहीं कोई विभ्रांति नजर आई, तो हम लोगों को ही उसमें सुधार की कोशिश करनी होगी। हम सब अगर भूलों का ही अनुसरण करते रहे, तो देश में होनेवाले पिपर्यय को रोकना मुश्किल हो जाएगा। हमें नयी सभ्यता, नया बांग्लादेश गढ़ना होगा, जहाँ सांप्रदायिकता का नामोनिशान तक नहीं होगा। समूचा राष्ट्र प्रगति की तरफ बढ़ता जाएगा, कल्याण की तरफ अग्रसर होगा।''

'आजकेर कागज' के संपादक, काजी शाहिद अहमद भी आजकल विभिन्न जगहों में भाषण देते फिर रहे हैं। खुद वे आपादमस्तक अवामी-भक्त हैं। अवामी लीग के छात्र संगठन, छात्र-लीग, आनंदमोहन कॉलेज के छात्र संसद निर्वाचन में जीत गए हैं, इसलिए वे अभिनंदन-समारोह में भी शामिल हैं। उन्होंने अद्‌भुत बात कही है—हम नमाज पढ़ेंगे! हम खुद ही इमाम के फर्ज को अंजाम देंगे। कुरान हम खुद ही तिलावत करेंगे, जैसा हमने आज यहाँ छात्र लीग के किसी कर्मी को कुरान की तिलावत करते देखा। इसके लिए हमें जमात की जरूरत नहीं है। धर्म के लिए हमें किसी रजाकार की जरूरत नहीं पड़ेगी। किसी दलाल की जरूरत नहीं पड़ेगी। हमारा देश, बांग्लादेश है! हम बंगाली हैं। जाति के जनक, गर्व, सबकुछ बंगबंधु हैं। हमारा सर्वश्रेष्ठ अर्जन मुक्तियुद्ध है और मुक्तियुद्ध की चेतना है—बंगालीपन! गणतंत्र! धर्म-निरपेक्षता और समाजतंत्र—यह सबकुछ आज हमने खो दिया है। किसी भी जाति ने इतना कुछ नहीं खोया। हमें यह सब पुनः अर्जित करना होगा! खोया हुआ फिर से वापस पाना होगा। एक स्वस्थ जाति रचना-गढ़ना होगा! यही लक्ष्य लेकर, हम सब 'आजकेर कागज' में काम कर रहे हैं; लिख रहे हैं!

काजी शाहिद ने यह तो सच कहा है। बीच-बीच में यह जरूर नहीं लगता कि 'आजकेर कागज' कोई निरपेक्ष खबर दे रहा है। कट्टरवादी आंदोलन के जुलूसों की कोई खबर, उनके अखबार में नहीं छपती। उस अखबार में सिर्फ मुक्तियुद्ध के पक्ष, कट्टरवाद-विरोधी आंदोलन की खबरें ही छपती हैं। दस हजार मुल्ले सड़क पर आंदोलन कर आए, उसी दिन ही शायद दस कट्टरवाद-विरोधी लोगों ने एक जगह जमा होकर, मुल्लों के खिलाफ कुछ-कुछ कहा। 'आजकेर कागज' ने इस दूसरी घटना का पूरा विवरण छापा। पहली घटना, काजी शाहिद ने बेमालूम उड़ा दी। अखबारों का निरपेक्ष चरित्र, आजकल के अखबारों में काफी कम नजर आता है। अधिकांश अखबारों के मालिक ही किसी-न-किसी राजनीतिक पार्टी के सदस्य या भक्त होते हैं। ये अखबार किसी-किसी पार्टी के मुखपत्र के तौर पर काम करते हैं। कहना चाहिए, कोई भी अखबार सचमुच निरपेक्ष कतई नहीं है।

आज और भी ढेर सारी खबरें हैं।

मैंने 'आजकेर कागज' की सुर्खियों पर नजर डाली।

इत्तफाक : अब घर-घर तसलीमा की तलाश की जाएगी। आज कट्टरवाद-विरोधी

लेखकों-कलाकारों की सभा आयोजित की गई है।

भोरेर कागज : कट्टरवादियों को बढ़ावा नहीं दिया जा सकता। इस्लाम में कट्टरवादियों के लिए कोई जगह नहीं है—सूचना मंत्री।

इन्कलाब : आज कट्टरवाद-विरोधी लेखक-कलाकारों का समावेश है।

इन्कलाब : तसलीमा नसरीन को अदालत में आत्मसमर्पण करना होगा—बैरिस्टर रफीक!

अरब न्यूज : इस्लाम-विद्वेषी होने की वजह से पश्चिमी देश तसलीमा को समर्थन दे रहे हैं।

विभिन्न संगठनों की तीव्र निंदा, तसलीमा के पक्ष में यूरोपियन हस्तक्षेप बर्दाश्त नहीं किया जाएगा। देश में रचे-गढ़े जन-जागरण के माध्यम से ही इस्लामी शासन कायम किया जाएगा—मुफ्ती अमीनी!

बांग्ला बाजार : 29 जुलाई का लोंग-मार्च सफल करने का आह्वान! लोंग-मार्च में इस्लामी काफिले की ढाका यात्रा कोई भी रोक नहीं पाएगा।

संवाद : तसलीमा नसरीन को सुरक्षा देने के लिए यूरोपीय यूनियनों की तरफ से सरकार को आवेदन!

सरकार को तसलीमा के बारे में सभी आवेदन प्राप्त हुए हैं। मुस्लिम सोसाइटी ने घोषणा की है कि तसलीमा को दुनिया में कोई भी नहीं बचा सकता।

सऊदी अरब से प्रकाशित, 'अरब न्यूज' अखबार में छपा है—तसलीमा प्रसंग ने इस दौरान, पश्चिमी देशों को उत्तेजित कर दिया है और उन लोगों ने बांग्लादेश की सरकार से तसलीमा की सुरक्षा और मत-प्रकाश की स्वाधीनता रक्षा की अपील की है। तसलीमा ने अपने लेख में इस्लामी कानून में परिवर्तन की माँग की थी और इस्लामी विश्वास और मूल्यबोध पर विद्रूप किया था। इसके बाद ही, अंतर्राष्ट्रीय प्रेस फ्रीडम और मानवाधिकार के स्वघोषित अभिभावक, तसलीमा के वकील के तौर पर अवतरित हुए। यह महज एक नाटक है। यह नाटक तसलीमा की अपनी सृष्टि है, ताकि उसे अमेरिका जाने का मौका मिल जाए। वहाँ उसे साहित्य-सभाओं में भाषणबाजी का मौका मिलेगा, अपनी किताबें छपाएगी। यहाँ तक कि हिलारी क्लिंटन से भी भेंट-मुलाकात होगी। मत-प्रकाश करने का यह मतलब नहीं है कि उन्हें जनता की सेंटीमेंट पर चोट करने का लाइसेंस मिल जाए। जो लोग संघर्ष को उकसाते हैं, उनकी मदद करते हैं, समाज में विभेद रचते हैं, वे लोग स्वाधीनता के नहीं, स्वच्छंदता के प्रवक्ता हैं। ऐसे लोगों को सजा मिलनी ही चाहिए। तसलीमा नसरीन जैसे लोग हाइड्रा की तरह विशिष्ट सिरवाले दानव होते हैं। इन लोगों का एक सिर काटा जाए, तो उसकी जगह दूसरा सिर उग आता है। इन लोगों ने अपने गुरु, सलमान रुशदी से सीखा है कि ढेर-ढेर दौलत फौरन कैसे बनायी जा सकती है। तीसरी दुनिया में ऐसे अनगिनत महत्वाकांक्षी साहित्यकार, पत्रकार मौजूद हैं, जो लंदन, पेरिस, न्यूयॉर्क

के ऐशो-आराम और अय्याशी के लिए कुछ भी करने को राजी हैं। इन सब स्वप्नजीवी लोगों को मैं याद दिलाना चाहता हूँ कि वहाँ काफी बर्फ है! काफी धूसरता है! शुरुआती उत्सुकता के बुझते ही, वे लोग भी बुझ जाएँगे। चीन की एक कहावत है—'आवासत्यागी, बेघर सिंह भी महज एक कुत्ता है!'

यह खबर बी एन पी के अखबार, 'दिनकाल' में छपी है। दिनकाल के उद्देश्य-विधेय के साथ, कट्टरवादी अखबारों में कहीं, कोई फर्क नहीं है। 'इन्कलाब' मुझे जिस भाषा में गाली-गलौज करता है, 'दिनकाल' भी वही भाषा इस्तेमाल करता है।

सूचना मंत्रालय की संवाद विज्ञप्ति में कहा गया है—यूरोपीय यूनियन के सभी देशों ने तसलीमा नसरीन को सभी जरूरी सुरक्षा प्रदान करने के लिए बांग्लादेश सरकार से अपील की है। और अगर वे देश-त्याग के लिए सहमत हों, तो उन्हें अनुमति देने की भी सिफारिश की है। यूरोपीय यूनियनमुक्त देश और विभिन्न सरकारें, बांग्लादेश की आजादी की महान उपलब्धि और शान से सुपरिचित हैं और बांग्लादेश की गणतांत्रिक प्रक्रिया के प्रति उन लोगों ने पूर्ण आस्था भी व्यक्त की है।

सूचना मंत्री, बैरिस्टर नजमुल हुदा ने कहा है कि वर्तमान सरकार किसी के लिखने पर नियंत्रण नहीं लगाना चाहती। सरकार लेखक की स्वाधीनता में विश्वासी है। लेकिन, लेखक की स्वाधीनता के नाम पर समाज में विशृंखलता की सृष्टि की जाए, तो हमें सोचना पड़ता है। अबाध स्वाधीनता, सामग्रिक अवस्था को कहाँ ले जाती है, इसके भी जाँच-परीक्षण का समय आ पहुँचा है।

ये तमाम घटनाएँ किस तरफ मोड़ ले रही हैं, मुझे ठीक-ठीक समझ में नहीं आ रहा है। इसके बजाय मैं पेंटिंग में दत्तचित्त हो गई! देश की राजनीति में अक्ल भिड़ाने के बजाय पेंढ्गि करना मुझे ज्यादा आसान लगा।

रात को झ की वजह से, मेरी पेंटिंग में रुकावट आ पड़ी। झ खाना लेकर आई थीं। अब वे खाना खाकर सिगरेट सुलगायेंगी; अखबारों पर नजर दौड़ायेंगी; टुकड़े-टुकड़े खबरें पढ़ेंगी; उन खबरों पर बातचीत करेंगी; आशंका और आशा के बीच झूलती रहेंगी। मुझे भी झुलायेंगी। झ के साथ ऐसा ही होता है। गर्मागर्म खाना और खबरें! मेरा मुस्लिम सोसाइटी की घोषणा जानने का मन हो आया। मैंने वह खबर झ की तरफ खिसका दी—

...कल बुधवार की सुबह, बयतुल मुकर्रम के दक्षिणी गेट पर यंग मुस्लिम सोसाइटी, बांग्लादेश द्वारा आयोजित एक जन-समावेश में कहा गया है कि तसलीमा नसरीन दुनिया के चाहे जिस कोने में भी रहे, उसकी कोई रक्षा नहीं कर पाएगा। आगामी 29 जुलाई को ढाका की तरफ मुखातिब लोंग-मार्च से पहले ही तसलीमा समेत सभी धर्मद्रोहियों को गिरफ्तार करके, उनका विचार करना होगा, वर्ना ढाका के घर-घर में तलाशी चलाकर, तसलीमा को धर दबोचा जाएगा।

तसलीमा समेत सभी समाज-दुश्मनों को फाँसी, ब्लासफेमी कानून प्रणयन, एन जी ओ वर्ग के अप-क्रियाकलाप पर पाबंदी समेत अन्यान्य माँगों के साथ, इस समावेश का आयोजन किया गया है। समावेश के अंत में जुलूस के रूप में, प्रधानमंत्री के तेजगांस्थ कार्यालय तक जाते हुए, पुलिस ने बीच-राह में ही रोक लिया। बाद में एक प्रतिनिधि दल वहाँ पहुँचा और 17 दफा माँगों पर आधारित, एक स्मारक-लिपि, प्रधानमंत्री के व्यक्तिगत सचिव, डॉ. कमाल सिद्दीकी के आगे पेश की। समावेश में इस्लाम और राष्ट्रद्रोही प्रतिरोध मोर्चे के सभापति, मौलाना मोइउद्दीन खान ने कहा—प्रतिरोध मोर्चा ने एक लाख लोगों की स्वेच्छासेवी फौज गठित की है। अगर जरूरत पड़ी तो सोसाइटी के पाँच हजार कर्मी 'आत्महत्या मिशन' में अपना नाम दर्ज करायेंगे। धर्मद्रोहियों को चुनौती दिए बिना, उन्हें नहीं छोड़ा जाएगा। 29 जुलाई को ढाका की ओर अभिमुख इस्लामी काफिले को कोई रोक नहीं पाएगा।

मुस्लिम लीग के साधारण सचिव, आइनुद्दीन ने कहा है कि अभी तक जो तसलीमा और हमलोग, एक ही साथ जिंदा हैं—इससे बढ़कर शर्म की बात और क्या होगी? आज हमारी माँ, आयेशा, अपनी कब्र से फरियाद कर रही हैं कि उन्होंने इस देश के चार-पाँच बुजुर्गों को रसूल (सा.) को सपने में फरियाद करते देखा है। अस्तु, अब हाथ-पाँव समेटकर, हम सिर्फ माँग ही नहीं करते रहेंगे।

अन्यान्य वक्ताओं ने कहा है कि लोंग-मार्च से पहले, तसलीमा समेत सभी धर्मद्रोहियों की गिरफ्तारी और विचार शुरू करना होगा। ब्लासफेमी कानून पास करना होगा, अन्यथा सोसाइटी के कर्मियों को साथ लेकर, ढाका के घर-घर की तलाशी ली जाएगी और तसलीमा को धर दबोचा जाएगा।

तसलीमा नसरीन को सुरक्षा देने के लिए हर यूरोपीय यूनियन ने आवेदन किया है। वा-ह! यह तो अच्छी बात है! तो अब सुरक्षा दी जाए! अब मैं जब चाहूँ, मुझे यूरोप जाने का वीसा मिल जाएगा और यूरोपीय यूनियन जिस किसी भी देश में मुझे राजनीतिक शरण दी जाएगी।—यह खबर पढ़कर झ उत्तेजित हो उठीं।

वे बार-बार कहती रहीं, "देखो, अब तुम बिल्कुल फिक्र न करो! फिक्र की अब कोई बात ही नहीं है।"

"लेकिन..."

"लेकिन क्या?"

"वे लोग जो यह कह रहे हैं कि यूरोपीय यूनियन का हस्तक्षेप हरगिज बर्दाश्त नहीं किया जाएगा? उन लोगों ने तो कहा है कि एक कुख्यात और निर्लज्ज औरत के पक्ष में वकालत करके, तथाकथित सभ्य देशों के विदेश मंत्री और राजदूतों ने घृणित मानसिकता का परिचय दिया है। इस देश में वह निर्लज्ज महिला देश की स्वाधीनता, सार्वभौमिकता, कुरान, हदीस, नबी, रसूल और पीर-मशाएख लोगों के विरुद्ध, जो अश्लील मंतव्य करती रही है, फिर भी उसकी गिरफ्तारी..."

झ ने झट से वह अखबार मेरे हाथों से छीनते हुए कहा, "छोड़ो तो! वे लोग कुछ भी नहीं बिगाड़ सकते! इन्कलाब की खबर भला पढ़नी चाहिए तुम्हें?"

"इत्तफाक में भी तो यही खबर है। खबर है कि अब घर-घर मेरी खोज होगी। मेरा सवाल है, अगर मैं उनके हाथ लग गई, तो? मुझे अगर धर दबोचा तो?"

झ एकदम से झन्ना उठीं, "तुमने फिर यह सब सोचना शुरू कर दिया?"

मैंने लंबी-सी उसाँस छोड़ते हुए कहा, "सोचना चाहती तो नहीं, लेकिन..."

"तब, सोचने की जरूरत क्या है? यह सब चिंता-फिक्र छोड़ो। बताओ, पेंटिंग कितनी आगे बढ़ी? अब अपनी तस्वीरों के बारे में बताओ।"

ना, तस्वीरों के बारे में मुझसे कुछ भी नहीं कहा गया। मैं अपनी कल्पना में विचित्र-विचित्र तस्वीरें आँकती रही। दिमाग में चंद अश्लील शब्द मुझे कुट-कुट कुरेदते रहे।—तसलीमा नसरीन को आश्रय देने का फैसला बेहद भड़काऊ है और मुसलमानों के खिलाफ यूरोपीय लोगों की गहरी साजिश के ब्लू-प्रिंट का बाह्य-प्रकाश है। तसलीमा नसरीन बाहरी ताकतों के हाथों की कठपुतली है। उन्हें शरण देने का वादा, इसका ज्वलंत प्रमाण है। यह बांग्लादेश के भीतरी मामलों में टाँग अड़ाने जैसा है।

मैंने इतनी-सी खबर पढ़ी कि झ ने मेरे हाथों से वह अखबार झपट लिया।

कुछ देर, हम दोनों ही खामोश रहे। थोड़ी देर गाना, थोड़ी देर धूम्रपान और यूरोपीय यूनियन के बारे में चर्चा के बाद, मन मुफ्ती अमीनी की तरफ जा पड़ा।

कल एक जनसभा में मुफ्ती अमीनी ने कहा है कि यूरोपीय गोष्ठी अगर तसलीमा की रक्षा करने आएँगी, तो उनके खिलाफ जिहाद की घोषणा की जाएगी। जो लोग हमारे आंदोलन को समर्थन देंगे, चाहे वे जिस भी धर्म या मत के हों, हम उन्हें सादर ग्रहण करेंगे। जिन माँगों के साथ हड़ताल की गई थी, सरकार ने उनमें से एक भी माँग मंजूर नहीं की। किसी भी सरकार ने तौहीदी जनता की माँगें मंजूर नहीं कीं। वर्तमान सरकार ने भी नहीं मानी। इसलिए हम सरकार की कलम तोड़ डालेंगे और खुद उस कलम के हकदार बनकर, अपनी सभी माँगें पूरी कर लेंगे। अब सिर्फ टोपीवालों की ही नहीं, टोपीविहीन लोगों की भी माँग है—इस्लामी राष्ट्र कायम करना!

बहरहाल, झ मुफ्ती अमीनी की बातों से उतनी परेशान नहीं हैं। वे तो उन्तीस तारीख के लोंग-मार्च के काफिले के बारे में सोचकर चिंतित हैं! झ को आशंका है कि कहीं उन्तीस तारीख के पहले ही अगर कुछ नहीं हुआ, तो?

"कुछ नहीं हुआ, मतलब?"

"कुछ होने का मतलब है, तुम्हारी जमानत! अगर तुम्हारी जमानत न हुई, तुम्हें देश छोड़ने की अनुमति न मिली, तो...?"

"न मिली, तो क्या होगा?"

"न मिली, तो बहुत कुछ हो सकता है।"

बहुत कुछ क्या हो सकता है, झ ने नहीं बताया! मैं खुद ही समझ गई कि

क्या होगा! मैं समझ गई कि अगर उन लोगों को मेरी भनक भी मिल गई, अगर मैं उनके हाथ लग गई...मुझे अंदाजा हो गया कि घर-घर तलाशी लेकर या कोई और तरकीब से, अगर उन लोगों ने मुझे धर दबोचा, तो मुझे अपनी जिंदगी के लिए, यूरोपीय यूनियनों की जरूरत ही नहीं पड़ेगी। उसके बाद, मुझे किसी बात के लिए, मुझे किसी चीज की जरूरत नहीं पड़ेगी। मुझे यह भी अंदाजा हो गया कि झ मन ही मन यही सब सोच रही हैं। वे चाहती हैं कि आज या कल या परसों के अंदर ही कुछ हो जाए। वे मन-ही-मन मंगलदीप जलाये हुए हैं।

ये तमाम सोच, हम दोनों को और ज्यादा खामोश कर गई। झ नीचे की मंजिल में सोने भी नहीं गईं। वे इसी कमरे में लेटी रहीं। मैं रात भर तस्वीरें आँकती रही। सारी रात लेटे-लेटे झ मुझे पेंटिंग बनाते हुए देखती रहीं। कैनवास पर झ! झ धीरे-धीरे सचमुच ही झ जैसी नजर आने लगीं!

मैंने बेहद सकुचाते हुए, झ से सवाल किया, "देखिये तो, सच ही कुछ बना है या नहीं?"

"तुम कितनी बड़ी लेखिका हो, मुझे नहीं पता, लेकिन, तुम कलाकार बहुत बड़ी हो! अगर तुम जिंदा रहीं, तो..." झ बीच में ही रुक गईं।

मैंने पूछा, "अगर जिंदा रही, तो क्या...?"

उन्होंने शिथिल लहजे में जवाब दिया, "तुम लिखना-विखना छोड़ दो, मुझे कोई एतराज नहीं होगा, लेकिन तस्वीरें बनाना, जिंदगी में कभी मत छोड़ना। तुम बहुत बड़ी कलाकार बनोगी।"

झ की इस प्रेरणा ने मुझे काफी देर तक तस्वीर बनाने में उलझाये रखा। झ मेरे लिए और कई कैनवास, और भी रंग और भी तूलियाँ ले आईं।

22 जुलाई, शुक्रवार।

विदेश मंत्री, मुस्तफीजुर रहमान ने कहा है कि तसलीमा नसरीन को बांग्लादेश का कानून और विचार-व्यवस्था को मानना ही होगा। इसी में उसका मंगल है। 'आजकेर कागज' के पत्रकार से उन्होंने फोन पर बातचीत की।

पत्रकार ने जानना चाहा, "यूरोपीय देशों के विदेश मंत्रियों ने लेखिका तसलीमा को बांग्लादेश के बाहर, जिस भी किसी देश में जाने देने का अनुरोध किया है, उसके जवाब में सरकार ने क्या फैसला लिया है?"

"हमने अभी तक कोई फैसला नहीं लिया है।"

"30 अमेरिकी सिनेटर समेत, विभिन्न देशों के कूटनीतिज्ञों ने भी चिंता जाहिर की है। उन लोगों ने शिकायत की है कि लेखिका तसलीमा नसरीन के विरुद्ध मुकदमा दायर करके, सरकार ने कट्टरवादियों को अपनी आवाज बुलंद करने में मदद की है,

इस बारे में आपका जवाब...?''

मंत्री महोदय ने फरमाया, ''295 (क) धारा के तहत, जो मुकदमा किया गया है, वह कानून, अंग्रेज काफी सोच-विचार के बाद, काफी सूझ-बूझकर लागू कर गए हैं। आज सरकार अगर खुद मामला न करती, तो देश के 64 जिला के कोर्ट में, कोई-न-कोई मामला ठोंक देता। तब उस लड़की की क्या हालत होती? इसलिए इसी कानून के तहत सरकार को ही यह मुकदमा दायर करना पड़ा, ताकि और लोगों को उस लड़की को हैरान करने का मौका न मिले। हालाँकि यह कानून नॉन-बेलेबल है! गैर-जमानत योग्य! फिर भी कोर्ट को पूरी आजादी है कि वह उस लड़की के प्रति कोई उदार फैसला सुनाये।''

''सरकार क्या जमात और कट्टरवादियों की माँग के मुताबिक ब्लासफेमी कानून लागू करेगी?''

''मैंने तो पार्लियामेंट में एक बार कहा था इस किस्म का कानून लागू करने के मामले में, पार्लियामेंट ही फैसला ले सकता है।''

''सरकार का नजरिया क्या है?''

''सरकार इस पल कुछ भी नहीं सोच रही है। लेकिन भविष्य में भी नहीं सोचेगी, यह अभी से बताना मुश्किल है। हम हर तरह से यही चाहते हैं कि देश के कानूनों का धर्मनिरपेक्ष भाव से प्रयोग हो और धर्मनिरपेक्ष कानूनों का संरक्षण हो।''

''देश के कट्टरवादी क्रियाकलापों में, दाता-देशों की लगातार चिंता के नतीजे में, देश के विकास के लिए जरूरी विदेशी मदद मिलने में तो कोई रुकावट नहीं आएगी?''

''नहीं, देश की हालत इतनी तो बुरी हो जाए, ऐसे दुर्भाग्य की कोई वजह मुझे तो नजर नहीं आती।''

''देश में कट्टरवादी ताकतें, धीरे-धीरे राजनीतिक शक्ति भी अर्जित करने की कोशिश में लगी हुई हैं, उसे देखते हुए सरकार क्या परेशान है? वे लोग क्या सरकार के लिए खतरा बन गए हैं?''

''उनके क्रियाकलाप बेहद सामयिक हैं। सरकार या बी एन पी के लिए, वे कोई 'फैक्टर' नहीं हैं। गुलाम आयम के मामले में कानून, जैसे अपनी धारा में चल रहा है, तसलीमा के मामले में भी उसी हिसाब से चलेगा।''

आखिरी सवाल था—''सरकार क्या तसलीमा को देश से बाहर जाने देने का फैसला लेने वाली है?''

मंत्री महोदय ने इस किस्म की उद्‌भट खबर को जोरदार लहजे में खारिज कर दिया है।

कट्टरवादी ताकतों के क्रियाकलाप बेहद सामयिक हैं, यह उन्होंने कहा तो है, लेकिन बे खुद भी बखूबी जानते हैं कि यह सामयिक नहीं है। बी एन पी में दो

दल मौजूद हैं। एक, नरमपंथी, दूसरा कट्टरपंथी! दोनों दलों में टकराव जारी है। कट्टर दल में ही ज्यादा लोग हैं। नरम दल का कहना है कि कट्टरवादियों की हड़ताल पर रोक लगायी जाए; उन्हें बढ़ावा न दिया जाए। कट्टर दल का वक्तव्य है कि यह हड़ताल रोकने की कोई जरूरत नहीं है। चलो, मान लिया। बी एन पी कभी भी, ऐसी कोई आदर्शवादी पार्टी नहीं थी। यह पार्टी तो अपने जन्म के शुरू से ही मुक्तियुद्ध की विपक्षी ताकतों से साँठ-गाँठ किये रही। लेकिन सवाल यह उठता है कि अवामी लीग क्यों चुप है? कल प्रेस-क्लब के सामने लेखक-कलाकारों की एक सभा में अवामी लीग की आलोचना की गई। सभा में शम्सुर रहमान ने कहा, "फतवाबाज, कट्टरवादी और फासिस्ट ताकतों के हमले का प्रमुख लक्ष्य है—नारी समाज और मुक्तचिंतन के अधिकारी कलाकार, साहित्यकार! इन लोगों के खिलाफ हर कलाकार को पूरी सतर्कता के साथ जंग में उतरना होगा। धर्म को पूँजी बनाकर, कट्टरवादी लोग सत्ता हथियाना चाहते हैं। सत्ता पर आसीन होकर, ये लोग देश को मध्ययुगीन हालात में वापस ले जाना चाहते हैं। वे लोग हमारी हत्या की धमकी दे रहे हैं। इसीलिए लेखक-कलाकारों को चुप नहीं बैठना चाहिए। ऐसे काम नहीं चलेगा। यह लड़ाई हमें जीतनी ही होगी।...यह सरकार खुद भी कट्टरवादी है। उनके आचार-आचरण बिल्कुल कट्टरवादियों जैसे हैं। जिस दल ने, आजादी की लड़ाई में नेतृत्व दिया था, हमें उम्मीद थी कि वह दल मुक्ति-युद्ध के पक्ष में रहेंगे और कट्टरवादियों के खिलाफ वक्तव्य देंगे। उसी पार्टी की उदासीनता की वजह से ही आज कट्टरवादी बिल्कुल सिर पर चढ़ गए हैं और मुक्त-बुद्धि लेखकों पर हमले के पैंतरे कस रहे हैं। इन फासीवादी कट्टरवादी अशुभ शक्तियों को स्तब्ध न किया गया, तो देश का सामूहिक सर्वनाश निश्चित है। इस संकट का अवसान करना होगा। फासीवादी-कट्टरवादी अशुभ ताकतों को स्तब्ध करने के लिए प्रतिरोध गढ़ना होगा।"

उस समावेश में सैयद शम्सुल हक भी मौजूद थे। उन्होंने कहा—"सरकारी या विरोधी पार्टी, किसी ने भी लेखक के विचार, विज्ञानी मानसिकता की स्वाधीनता के विरुद्ध आचरण करने वालों के बारे में एक शब्द भी नहीं कहा। जो लोग सत्ता में जाने या सत्ता में रहने की राजनीति कर रहे हैं, वे लोग सच्चे अर्थों में किसे क्षमतावान् बना रहे हैं, यह देखना होगा।"

सैयद हसन इमाम ने कहा, "जमात शिविर फ्रीडम पार्टी समेत धर्म के कारोबारी, हमारे बुद्धिजीवी लोगों के नाम फतवा जारी कर रहे हैं और सरकार निष्क्रिय और निश्चेष्ट बैठी हुई है। धर्मांधता के नाम पर वे लोग फिर सड़कों पर उतर आए हैं। मस्जिद-मस्जिद में अप-प्रचार चला रहे हैं और फतवा जारी कर रहे हैं। इस वक्त अवामी लीग भयंकर भूल कर रही है। उन्हें जमात का साथ छोड़ना होगा और एकबद्ध तरीके से इन लोगों को जड़ से उखाड़ फेंकना होगा।" समावेश में घोषणा की गई कि सन् 1971 के घातक दलाल, युद्ध के अपराधियों का विचार करना होगा और

उन्हें सजा देनी होगी। प्रशासन, शिक्षा-प्रतिष्ठान, धार्मिक स्थल, बैंक, बीमा समेत सभी क्षेत्रों से उन्हें हटाना होगा। इन लोगों का राजनीतिक-सामाजिक बॉयकाट करना होगा। धर्म को राजनीति, संत्रास, खून, निर्यातन और बदनामी के हथियार के तौर पर इस्तेमाल करना दंडनीय अपराध मानकर, इस बारे में कानून बनाना होगा। सभी नागरिकों को अपना निजी धर्म-पालन का पूरा-पूरा अधिकार सुनिश्चित करना होगा। किसी के भी धार्मिक विश्वास पर कटाक्ष करना या किसी पर, धर्मद्रोही या काफिर होने का इल्जाम लगाना, दंडनीय अपराध माना जाए। धर्म को राष्ट्र और राजनीति के घेरे से मुक्त करना होगा। सार्वजनीन पारिवारिक कानून लागू करना होगा। संविधान के मुताबिक, सभी क्षेत्रों में औरत मर्द का समान अधिकार, सुनिश्चित करना होगा। अभिन्न, विज्ञान-आधारित, असांप्रदायिक, सार्वजनीन शिक्षा चालू करनी होगी। लेखक और पत्रकारों के खिलाफ जारी किए गए, झूठे मामले वापस लेने होंगे। लेखक-कलाकारों की स्वाधीनता सुनिश्चित करना होगी। विज्ञान, समाज-विज्ञान, कला-साहित्य, पत्रकारिता समेत, सृजनशील, चिंतनशील, सकल कामकाज को प्रत्यक्ष या परोक्ष नियंत्रण से मुक्त करना होगा। चिंतन की अभिव्यक्ति अगर बाधामुक्त हो, तो मतों के आदान-प्रदान, बहस-मुबाहसों का स्वस्थ परिवेश रचने-गढ़ने के बाद ही, सभी पक्षों के लिए सटीक और भ्रांतचिंतन की शिनाख्त संभव हो सकेगी।

कट्टरवादी क्या कर रहे हैं? इन दिनों वे लोग जर्मन विदेश मंत्री, क्लाउस किनूकेल पर आगभभूखा हैं। आजकल जर्मनी, यूरोपीय यूनियन का चेयरमैन है। जर्मनी के विदेश मंत्री का फैसला ही, इन दिनों, यूरोपीय यूनियन के तमाम विदेश मंत्री पालन करते हैं। क्लाउस किनूकेल ने सभी देश के राजदूतों को हिदायत दी है कि वे लोग मुझे वीसा देकर, बांग्लादेश से बाहर निकलने में, मेरी मदद करें। यह सब सुनकर मुल्ले मारे गुस्से के कूद-फाँद रहे हैं। मोतीउर रहमान निजामी ने जर्मन मंत्री और यूरोपीय यूनियनों की, बांग्लादेश के घरेलू मामले में टाँग अड़ाने की निंदा की है। उन्होंने कहा है कि जिस घड़ी में इस देश की धर्मप्राण जनता, धर्मद्रोहियों को सजा देने के लिए, आवाज बुलंद कर रही है और अवाम की धार्मिक भावनाओं पर आघात करने के जुर्म पर तसलीमा के खिलाफ, सरकार ने देश के कानून मुताबिक, मामला दायर किया है, ऐसी घड़ी में यूरोपीय यूनियन का यह निर्देश—शिक्षा, सभ्यता, गणतंत्र, कानूनी शासन और कूटनीतिक शिष्टाचार के बिलकुल विपरीत है। निजामी ने कहा है कि पश्चिमी विश्व में कुख्यात, सलमान रुशदी की तरह तसलीमा को भी आश्रय देने का पैंतरा कसना, उनके इस्लाम-विरोधी चरित्र को ही बार-बार व्यक्त कर रहा है। निजामी ने यूरोपीय यूनियन को बांग्लादेश के कानून के प्रति श्रद्धा प्रदर्शन की अपील की है उन्होंने इस देश के घरेलू मामलों में टाँग अड़ाने से परहेज करने की

हिदायत दी है। जर्मनी के विदेश मंत्री और यूरोपीय यूनियनों की निंदा, सिर्फ जमाते इस्लामी की तरफ से ही नहीं, सभी इस्लामी पार्टियों की तरफ से की जा रही है।

सरकार के खिलाफ वकील की नोटिस जारी की गई है। मीरपुर की अमीना खातून के पक्ष में, एक एडवोकेट ने मेरी गिरफ्तारी में सरकार की व्यर्थता और अवहेलना पर वकील ने नोटिस जारी की है। इसका मतलब यह हुआ कि गृह-मंत्रणा में किसी किस्म की देरी किए बिना, मुझे फौरन गिरफ्तार किया जाए और बी बी सी के प्रतिनिधि माफी माँगें। बी बी सी पर उन लोगों को भयंकर गुस्सा इसलिए है कि 30 जून को बी बी सी ने मेरा एक साक्षात्कार प्रचारित किया था। जहाँ मैं सिगरेट पीते-पीते कुरान के पन्ने पलट रही थी। कब, कहाँ, मैं कुरान के पन्ने पलट रही थी, किस इंटरव्यू में, मैंने याद करने की कोशिश की। हाँ, एक दिन ऐसा हुआ तो था, लेकिन बी बी सी के साक्षात्कार में नहीं। जर्मनी टेलीविजन को दिए गए साक्षात्कार में ऐसा हुआ था। चूँकि मेरे घर आना सुरक्षित नहीं था, इसलिए जर्मनी से आए हुए कुछेक पत्रकारों ने, मुझे शेरटन होटल चलने को कहा। वहीं वह इंटरव्यू लिया गया था। बातचीत के समय, पत्रकारों से ही लेकर, मैंने एक सिगरेट सुलगा ली थी। इंटरव्यू पूरा हो जाने के बाद, होटल-रूम की मेज का ड्रॉअर खोलकर, जर्मन पत्रकार ने कुरान शरीफ निकाला और मुझे थमाते हुए, उसने कहा, "आप यह ग्रंथ पढ़ रही हैं। मैं आपकी ऐसी ही एक तस्वीर लेना चाहता हूँ।"—मैंने पन्ने पलटे। वह दृश्य कैमरा-बंद हो गया। मैं लौट आई। मुझे अच्छी तरह याद है कि जिस वक्त कुरान शरीफ मेरे हाथ में था, मैं सिगरेट नहीं पी रही थी। वह विदेशी डॉक्यूमेंटरी देखने के बाद, मेरी समझ में आया कि वे लोग दृश्यों को एडिट करते हैं यानी टुकड़ों में काट-काटकर दृश्यों को जोड़ते हैं। दो घंटे के इंटरव्यू को आधे घंटे में सीमित करते हैं। एक दृश्य से दूसरे दृश्य पर उछल जाते हैं। इसी तरह सिगरेट पीने के दृश्य के बाद ही कुरान खोलने का दृश्य दिखाया गया है और मुल्लों ने उन दोनों तस्वीरों को, एक ही दृश्य में प्रमाणित करने की कोशिश की है। अब सवाल यह उठता है कि सिगरेट पीते-पीते कुरान पढ़ने में, मैं कुरान का असम्मान मानती हूँ या नहीं? मेरा जवाब है—नहीं!

मुझे अगर सिगरेट की आदत होती, तो मैं कमरे में बैठी-बैठी, जब 'कुरान में नारी' लिख रही थी, दिन भर मेरे कंप्यूटर के पास कुरान खुला पड़ा रहता था। मैं पन्ने उलटते-उलटते, सिगरेट पीते-पीते, कंप्यूटर में कुरान के उद्धरण उतारती जाती; जैसे मैं बिना सिगरेट पिए लिखा करती थी। अपने शैशव में, अम्मी के हुक्म पर, मैं वजू करके ही, कुरान को स्पर्श करती थी। लेकिन होश सँभालने के बाद, कुरान छूने से पहले वजू करना, मैंने जरूरी नहीं समझा। मुझे नहीं लगा कि यह कोई पवित्र पुस्तक है और इसे छूने से पहले मुझे पाक-साफ होना पड़ेगा। वैसे भी वजू करने से ही पाक-पवित्र हुआ जाता है, ऐसा भी मुझे नहीं लगता। कोहनियों तक हाथ, एड़ियों तक पाँव, चेहरा, नाक, भीतर तक कान, कान का पिछला हिस्सा,

पानी से धोने भर से इंसान पवित्र हो जाता है, यह निहायत बेतुकी बात है। अगर मैं कोई अश्लील या कुत्सित बात सोचूँ, मैं अगर किसी को नुकसान पहुँचाने की सोचूँ, दूसरों को तकलीफ देने का ख्याल मन में लाऊँ, अगर मैं बेंअदबी करूँ, झूठ बोलूँ, तभी मुझे अपवित्र समझा जाए। इन खयालों को दिमाग से निकालकर, भले के लिए, सुख-शांति के लिए शुद्ध सुंदर सोचूँ, तभी मैं अपने मन की अपवित्रता दूर कर सकूँगी, पवित्र हो सकूँगी, हाथ-पाँव और कान के पीछे, पानी छिड़ककर, हरगिज पवित्र नहीं हो सकत.' सीधी-सी बात है!

बहरहाल, मेरी सीधी-स ी बात से किसी को क्या फर्क पड़ता है? जो लोग मेरा सिर चाहते हैं, वे लोग अ जोर-जोर से चीख-चिल्लाकर, मेरे सिर की माँग करते रहे।

23 जुलाई, शनिवार।

समूचे देश में 29 जुलाई के लोंग-मार्च और महासमावेश को सफल बनाने के लिए, जुलूस निकाले जा रहे हैं, सभा-समावेश आयोजित किए जा रहे हैं। यहाँ तक कि मस्जिदों में खासतौर पर मोनाजत की जा रही है। सम्मिलित संग्राम परिषद ने कल जुम्मा के नमाज के बाद, बयतुल मुकर्रम से जुलूस निकाला। नेताओं ने घोषणा की है कि 29 जुलाई से पहले सरकार ने अगर तसलीमा को फाँसी नहीं दी और ब्लासफेमी कानून लागू नहीं किया, तो उस दिन ढाका में महाविस्फोट होगा। ब्लासफेमी कानून, इस देश में कोई रोक नहीं सकता। आज जोहर के बाद और असर के बाद, सिर्फ ढाका में ही नहीं, संग्राम परिषद के नेतागण मानिकगंज, साभार में भाषण देने जा रहे हैं।

जातीय मस्जिद बयतुल मुकर्रम में कल मस्जिद के खतीब, मौलाना उबैदुर रहमान ने खुतबा-पाठ किया, तसलीमा समेत सभी मुरतादों की फाँसी की माँग, अब हर मुसलमान की इमानी जिम्मेदारी बन गई है।

सुप्रीम कोर्ट की राय मुताबिक गुलाम आयम को इस देश की नागरिकता मिल गई है। लोग-बाग उनका अभिनंदन करने के लिए इस्लामी केंद्रीय कार्यालय की तरफ जा रहे हैं। एसोसिएशन ऑफ डिप्लोमा इंजीनियर्स के बांग्लादेश के प्रतिनिधि वर्ग भी उन्हें मुबारकबाद देने पहुँचा है। उन लोगों को संबोधित करते हुए, गुलाम आयम ने भाषण दिया कि इस्लाम को विजेता के आसन पर प्रतिष्ठित करने के लिए, संघबद्ध कोशिशें जरूरी हैं। अल्लाह के द्वीन को विजयी बनाना है, तो जो शख्स, जहाँ भी है, सबको एकबद्ध होना होगा।

26 तारीख को चट्टग्राम में गुलाम आयम जनसभा करने वाले हैं। जनसभा विशाल और सफल बनाने के लिए जमाते इस्लामी, इन दिनों चौबीसों घंटे व्यस्त

हैं। 'शक्तिशाली' एक मूल प्रस्तुति कमेटी गठित की गई है। बारह सब-कमिटियाँ बनायी गई हैं। पोस्टरिंग, माइकिंग, संपर्क-व्यवस्थापन, प्रचार, स्वागत, सुरक्षा—तरह-तरह की सब-कमिटियों के कर्मियों को इन दिनों दम लेने की भी फुर्सत नहीं है। गुलाम आयम की सभा की खबर सुनकर, चट्टग्राम के छात्र एक्य ने कहा है कि चाहे जिस भी कीमत पर हो, वे लोग यह सभा नहीं होने देंगे। अगर जरूरत पड़ी, तो वे खून बहा देंगे!

कल जुम्मा के नमाज के बाद, मयमनसिंह के बड़े बाजार में सम्मिलित संग्राम परिषद की जनसभा हुई। उस सभा में बड़े-बड़े नेतागण ने काफी बड़ी-बड़ी बातें कीं। अनवर जाहिद ने कहा—"धर्मद्रोही तसलीमा नसरीन अगर देश से भाग खड़ी हुई, तो इसके लिए सरकार को कौड़ी-गंडों में हिसाब देना होगा। भारत नहीं चाहता कि बांग्लादेश, मुस्लिम राष्ट्र के तौर पर सिर ऊँचा करके टिका रहे। इसलिए आगे तसलीमा नसरीन को भिड़ा दिया है। बांग्लादेश कुरान रसूल की बुनियाद पर टिका हुआ है; टिका रहेगा।"

फजलूल हक अमीनी ने कहा है, "इस देश की बारह करोड़ अवाम, भारत की दलाल नहीं है। ये लोग अल्लाह के दलाल हैं। तौहीदी जनता के आंदोलन की तेज धार में इस्लाम-विरोधी बह जाएँगे।" अमीनी ने अवामी लीग, बी एन पी और जातीय पार्टी से कुरान की पक्षधर शक्तियों का समर्थन करने की अपील की है।

प्रधान/भी इन दिनों मयमनसिंह में हैं। प्रधान ने कहा है, "ब्लासफेमी कानून इस संसद में पास करना ही होगा, वर्ना जनगण यह संसद भंग करके, नया संसद गठन करके ब्लासफेमी कानून बनायेंगे।"

मेजर वजलूल हुदा ने कहा है, "जो लोग कुरान के खिलाफ बातें करते हैं, उन लोगों को इस सर-जमीन पर हरगिज जगह नहीं मिलेगी, यह असंभव है।"

वक्ताओं में ढाका के नेतागण तो मौजूद थे ही, मुस्लिम लीग के एम. ए. हन्नान भी मौजूद थे। एम. ए. हन्नान, मयमनसिंह के ही आदमी हैं, मुस्लिम लीग के नेता। नोतुन बाजार में एम. ए. हन्नान की विशाल कोठी स्थित है। उनकी कोठी के सामनेवाले मैदान में, कई-कई मकान बनवाकर, उन्होंने किराये पर चढ़ा दिये हैं। कई-कई दुकान-पाट भी स्थित हैं। इन्हीं दुकानों में से कुछेक दुकानें लेकर, अब्बू ने आरोग्य-वितान बनवाया; दवा की दुकान खोली थी, अपना एक चेम्बर भी खोल लिया था। हालाँकि मालिक अभी भी हन्नान ही हैं। यही हन्नान मुझे बिल्कुल छुटपन से देखते आए हैं। वे ही आज मेरी फाँसी के लिए गला फाड़ रहे थे। सभी वक्ताओं की पाँच दफा माँगें तो थीं ही, इनके अलावा उन्होंने और भी कई माँगें रखीं। उन्होंने यह भी माँग की थी कि कल हड़ताल के दिन जो पाँच छात्र गिरफ्तार हुए हैं, उन्हें निःशर्त रिहा

ए; किशोरगंज के शहीद, अरमान के कातिलों का विचार हो; ताराकांदा में ...ता के खिलाफ, ब्रैके का मामला वापस लेने की भी माँग की।

...शहर, मयमनसिंह, आज कट्टरपंथियों की चीख-चिल्लाहट से काँप रहा है। ... इस्लामी के सहकारी सेक्रेटरी, जेनरल कमरुज्जमान ने जमाते इस्लामी ...ेलन में मयमनसिंह की इस्लामी अकादमी में कहा है, "सरकार की ...का और कमजोरी की वजह से ही विदेशी लोग हमारे घरेलू मामले ...का साहस कर पा रहे हैं। बांग्लादेश, आर्थिक नजरिये से भले दरिद्र हे... ...शी हस्तक्षेप, यह देश कभी बर्दाश्त नहीं करेगा। इस देश के लोग अ... ...भी कुरान और इस्लाम की मर्यादा की रक्षा करेंगे। इस रुक्न सम्मेलन में ... ...ान मौजूद थे। अब्बू के बेहद पुराने दोस्त—एम. ए. हन्नान!

'जनकंठ' की खबर : यूरोपीय यूनियन की बात नहीं, सरकार को इस देश के बारह करोड़ लोगों की बात सुनना ही होगी। किसने कहा? निजामी ने! उन्होंने कहा है, यूरोपीय अखबारों ने तसलीमा नसरीन के पक्ष में मंतव्य देकर, इस देश के आंदोलन को बढ़ावा दिया है। एक गुमराह औरत के लिए यूरोपीय यूनियन, अपने-अपने देश की सरकार पर दबाव डालकर, अपने मंत्रालयों का इस्तेमाल कर रहा है। ढाका में जमाते इस्लामी की जनसभा में निजामी ने कहा, "समूचे विश्व को यहूदी गोष्ठी नचा रही है। वे लोग जानते हैं कि एकमात्र इस्लाम ही उनकी राह का काँटा है। धर्मद्रोहियों के विचार के लिए, संसद में बिल लाया गया है, लेकिन खालिदा सरकार ने उस बिल को मंजूरी नहीं दी। गणतांत्रिक सरकार को गणतांत्रिक तरीके से काम करना होगा। यूरोपीय गोष्ठियों की बात न मानकर, इस देश की बारह करोड़ अवाम की बातें, सुनना ही होंगी।

तसलीमा के बारे में, नॉर्वे का विदेश मंत्रालय : नॉर्वे के विदेश मंत्रालय से सूचित किया गया है कि मैं अपनी सुरक्षा के लिए बांग्लादेश-त्याग के बारे में सोच रही हूँ। अगले महीने मैं नार्वे के लेखक सम्मेलन में शामिल होने जाऊँगी। बारह जुलाई को स्वीडन के रेडियो-इंटरव्यू में नॉर्वे के विदेश मंत्रालय की तरफ से किसी ने कहा है कि इस घड़ी, मैं किसी भी देश में राजनीतिक आश्रय माँगने के बारे में नहीं सोच रही हूँ। उन्होंने कहा है कि जिन लोगों ने मुझे शरण दी है, नॉर्वे सरकार उन लोगों से परोक्ष ढंग से संपर्क बनाये हुए है।

मेरा सवाल है कि मैं क्या सोच रही हूँ या नहीं सोच रही हूँ, नॉर्वे मंत्रालय यह कैसे जान लेता है? उन लोगों को यह कैसे पता चला कि मैं देश-त्याग के बारे में सोच रही हूँ? मैंने तो ऐसा कुछ भी नहीं सोचा। बना-बनाकर बोल रहे हैं? कूटनीति का मामला है! या सच ही कोई मेरी तरफ से नॉर्वे के विदेश मंत्रालय से संपर्क बनाए

हुए है? नॉर्वे सरकार से कौन संपर्क बनाए हुए है? ङ? ङ काफी दिनों से आईं नहीं! उनकी मुझे कोई खबर भी नहीं है।

झ ने एक अच्छी खबर भी दी—आज डॉ. एस. ए. मलिक, बंगबंधु परिषद के साधारण सचिव का कॉलम छपा है। लेख का शीर्षक है—फतवाबाजों की चिंतन-चेतना! फतवाबाजों के खिलाफ लिखा गया लेख! शुरू से अंत तक मेरा प्रसंग! उनके लेख का सारांश यह है कि तसलीमा नसरीन के लेखन में अतिशयोक्ति हो सकती है, लेकिन इसके बावजूद, इससे इंकार करने का उपाय नहीं है कि उनका आविर्भाव समाज-संस्कार के लिए हुआ है।

कबीर चौधुरी और सैकत चौधुरी, पहले की तरह ही कॉलम, इस ढंग से लिखते हैं, मानो मुझे खत लिख रहे हों। इस लेख में मुख्यतः अवामी लीग की आलोचना की गई है। अवामी लीग 27 जुलाई को पांथपथ में निरीक्षक सरकार की माँग करते हुए, महासम्मेलन करनेवाली है। अवामी लीग को जमाते इस्लामी और जातीय पार्टी की जरूरत है। इस समय, अवामी लीग बिल्कुल नहीं चाहती कि वह कट्टरवादी आंदोलन में कूदकर, जमात को हरा दे। कबीर चौधुरी और सैकत चौधुरी ने लिखा है—युग-युगों से प्रतिक्रियाशील धर्मांध शक्ति को तभी जगह मिलती है, जब प्रगति की पक्षधर शक्तियाँ किसी-न-किसी बहाने, इस फासिस्ट अप-शक्ति के साथ समझौता कर लें। दुनिया के विभिन्न देशों में, इतिहास में उसकी अजस्र नजीर दिखाई देती है। अवामी नेता यह बात क्यों नहीं समझ पाते कि जमातियों के संग उन लोगों की वर्तमान निकटता के फलस्वरूप, धर्मांध कट्टरवादी, पेड़ का भी खा रहे हैं, तले का भी बटोर रहे हैं। वे लोग एक ही साथ, सरकार चलाने के सार्थक दावेदार हैं और विरोधी पार्टी में शामिल हैं। ये लोग सूई बनकर इस इरादे से घुसते हैं कि कभी धारदार तलवार बनकर निकलेंगे।...

उन दोनों ने अपना लेख यूँ शुरू किया है, 'तसलीमा सुबह जब ढल जाती है और धरती पर अँधियारा उतर आता है, तब रात के सीने पर सिर टिकाये, तुम भी क्या हमारी तरह सोने की तैयारी में जुट जाती हो? या दर्दभरी आँखों में, सारी-सारी रात जागकर गुजार देती हो?'...लेख के अंत में लिखा है, 'तसलीमा, अब तुम सो जाओ। अब हम भी सोने की तैयारी करें। चलो, देखें, यह सामयिक मृत्यु-पथ पार करके, फिर किसी नए जागरण में, फिर कोई नए सपने को प्रतिष्ठित कर पाते हैं या नहीं।'

मैंने मन-ही-मन कबीर चौधुरी और सैकत चौधुरी से मुखातिब होकर कहा—मैं सो नहीं पाती। अर्से से मैं सोयी नहीं! इसीलिए किसी रात सोने की तैयारी भी नहीं करती। निशाचर पंछी की तरह, बस, जागती रहती हूँ। लेकिन पंछी तो जब चाहे, जहाँ चाहे, उड़ान भर सकता है, लेकिन मैं यह भी नहीं कर पाती। मैं अपनी तमाम नाकामियाँ समेटे, बस, जागती रहती हूँ। रात के बाद, रात आती है, गुजर जाती

है, मैं जागती रहती हूँ। इस देश में जो कुछ भी घट रहा है, वह सब देखकर मन में विस्मय जागता है। यह विस्मय मुझे सोने नहीं देता! एक काला-कलूटा, रोमभरा आतंक मुझे सोने नहीं देता।

अच्छी खबर! बुरी खबर! खबरों का अंत नहीं! सारा कुछ फेंक-फाँककर मैं इजेल की तरफ बढ़ आई। सारी रात मैं तस्वीरें आँकती रही।

24 जुलाई, रविवार।

'भोरेर कागज' में आज कुछ लोगों का मंतव्य छपा है।

शीर्षक : प्रसंग : तसलीमा

भूमिका : तसलीमा नसरीन इन दिनों बांग्लादेश के अंतर्राष्ट्रीय कूटनीति की एक विराट मुद्दा हैं। उनकी गिरफ्तारी का हुक्मनामा जारी किया गया है और वे कहीं छिप गई हैं। इस प्रसंग में हमने टेलीफोन पर चंद विशिष्ट नागरिकों से बात की। इससे बाहर भी हमने चंद लोगों से संपर्क किया था, लेकिन उन लोगों ने इस विषय में कोई मंतव्य देने से साफ-साफ इंकार कर दिया।

शम्सुर रहमान, कवि

वाल्टेयर ने कहा था, मैं तुमसे एकमत नहीं हूँ, लेकिन तुम्हारे मत-प्रकाश के अधिकार की मैं रक्षा करना चाहता हूँ। अपने खून की आखिरी बूँद देकर भी मैं तुम्हारे अधिकार की रक्षा करना चाहता हूँ। हर लेखक को अपनी राय जाहिर करने का अधिकार है, जैसा कि हर नागरिक का होता है! हर कोई किसी एक विषय पर एकमत हो, ऐसा नहीं होता। एकमत नहीं भी हुए, तो लेखन के जरिये, उसका खंडन किया जाएगा। लेकिन, ऐसा न करके, जेल में ठूँस देना या प्राणनाश की धमकी देना, फासीवादी मानसिकता का बाहरी प्रकाश है! आधुनिक सभ्य समाज में ऐसा नहीं चल सकता। ऐसा बर्बर समाज में होता है। जैसे, मतों के फर्क के कारण, ब्रूनो को मार डाला। जो लोग मानववादी, गणतांत्रिक होते हैं, वे लोग हमेशा ही वाक्-स्वाधीनताहरण की साजिश के खिलाफ लड़ जाते हैं। तसलीमा नसरीन ने स्पीकर को खत लिखकर कहा है कि जिस बात को लेकर, उन पर इल्जाम लगाया गया है, वह उन्होंने कही ही नहीं। इसके बावजूद उन्हें प्राण-नाश की धमकी दी जा रही है। फिर भी सरकार निर्विकार है। जो लोग खुलेआम नागरिकों को प्राण-नाश की धमकी देते हैं, उन लोगों के खिलाफ सरकार कोई कार्रवाई करने के बजाय, अखबार के संपादकों, लेखकों को गिरफ्तार कर रही है। यह निंदनीय है।

नसरीन छिप गई हैं, इसके अलावा वे और क्या कर सकती थीं? कट्टरपंथी उनके पीछे पड़ गए हैं। सरकार कोई मदद करने से रही। आखिर उन्हें अपनी जान

तो बचानी है न!

हुमायूँ आजाद, कवि, अध्यापक

नसरीन नामक एक नाचीज को, बांग्लादेश की नाकारा सरकार, आनंद बाजार और हिंदू-मुसलमान कट्टरपंथी लोगों ने अंतर्राष्ट्रीय वस्तु में परिणत कर दिया है। यही बात, फिलहाल सबसे ज्यादा विरक्ति देती है। बांग्लादेश सरकार ने जो काम किया है यानी जैसी जमानत-अयोग्य गिरफ्तारी का परवाना जारी किया है, इसे मैं बेहद अन्यायपूर्ण करतूत मानता हूँ। यह सिर्फ अन्याय ही नहीं है, यह तो प्रगतिशीलता के संग, बड़े किस्म का विश्वासघात है। सरकार फिलहाल अपनी मूर्खता के जाल में खुद ही फँस गई है और भविष्य में और ज्यादा फँसती जाएगी।

वह जो पकड़ाई में नहीं आ रही है, इसी से यह बात समझ में आती है कि बांग्लादेश का कानून और विचार पर, अब कोई आस्था रख पाना, सच ही असंभव हो आया है। इन दिनों मुमकिन है कि वह ऐसे शक्तिशाली लोगों की शरण में हो, जो लोग बांग्लादेश सरकार से कहीं ज्यादा शक्तिशाली हों। इसलिए सरकार का जारी किया हुआ, यह हुक्मनामा, खुद सरकार को ही हजम करना होगा। मेरा खयाल है कि उसका पकड़ा न जाना ही बेहतर है। इससे शक्ति की परख तो हो जाएगी। इस वक्त सबसे ज्यादा हास्यास्पद बात यह है कि नसरीन जैसी एक नाचीज को लेकर, समूची दुनिया ही पगला उठी है। पश्चिमी यूरोप ने उसके लिए अपने दरवाजे खोल दिए हैं।

फैज़ अहमद, साहित्यकार और पत्रकार

दरअसल सांप्रदायिकता को शक्तिशाली बनाने के लिए तसलीमा और उसकी रचनाओं को बड़े कौशल से मुद्दा बनाया जा रहा है। इसके साथ-साथ भारतीय सांप्रदायिक शक्तियाँ और पश्चिमी देश के ईसाइयों का एक हिस्सा भी जुड़ा हुआ है। इसी वजह से स्थानीय सांप्रदायिक और हत्या की धमकी देनेवाली अप-शक्तियों को, अपना बल बढ़ाने का मौका मिल गया है।

कोई भी इस्लामी देश अगर खलीफा द्वारा चलाया जाए, और वही खलीफा अगर किसी धार्मिक पंडित को मुफ्ती के तौर पर नियुक्त कर दे, तो सिर्फ उसी मुफ्ती को ही यह अधिकार है कि वह इस्लाम धर्म के विधि-विधान के मुताबिक फतवा जारी करे। बांग्लादेश कोई खलीफा-शक्ति नहीं है। इसलिए यहाँ फतवा जारी करने की गुंजाइश नहीं है। देश की सांप्रदायिक और राष्ट्रद्रोही ताकतें, व्यापक क्रियाकलापों के जरिये आर्थिक और सामाजिक क्षेत्रों में अशुभ प्रभाव विस्तार कर रही हैं। जो लोग धमकी देते हैं, जो लोग किसी को भी मुरताद घोषित कर देते हैं, राष्ट्रीय कानून के तहत ऐसे लोगों के खिलाफ, कठोर कार्रवाई करनी चाहिए।

यह सरकार की जिम्मेदारी है। लेकिन सरकार ने इस मामले में रहस्यजनक चुप्पी साध रखी है। इस घड़ी, तसलीमा की नीति, उसका वक्तव्य और उसकी साहित्य-नीति के बारे में मुझे कुछ नहीं कहना है। सिर्फ तसलीमा को ही नहीं, एक गणतांत्रिक देश में किसी को भी हत्या की धमकी, कोई नहीं दे सकता।

अहमद छफा, लेखक

तसलीमा नसरीन भारत की सृष्टि है। बाबरी मस्जिद तोड़ने के बाद, भारत में सांप्रदायिक दंगे छिड़ गए। यहाँ उसकी प्रतिक्रिया हुई। पूरी दुनिया जब भारत को हिंस्र कहने लगी, उस वक्त तसलीमा की किताब उनके हाथ लग गई। भारत के अखबार, तसलीमा का 'इमेज' गढ़ने में जी-जान से जुट गए। बी.जे.पी. ने तसलीमा को देवी के आसन पर बिठाया। भारत अब समझाने लगा कि हमने नहीं, बांग्लादेश ने ही सांप्रदायिक दंगा फैलाया है। इसका सबूत है, तसलीमा की किताब! अब हाल के प्रसंग पर आऊँ। तसलीमा की वजह से हम सब ऐसी नाजुक स्थिति में आ पड़े हैं। स्टेट्समैन अखबार को दिए गए इंटरव्यू में उसने कहा है कि कुरान में काफी संशोधन होना चाहिए। उसे यह अधिकार नहीं है। कुरान, तसलीमा या उसके बाप ने नहीं लिखा। हाँ, कुरान को मानना या न मानना, उसका निजी मामला है। समाज में ऐसे अनेक लोग हैं, जो धर्मग्रंथ पर विश्वास करते हैं। उन लोगों के धार्मिक विश्वासों को चोट पहुँचाने का हक, किसी को भी नहीं है। वैसे 'स्टेट्समैन' अखबार अपनी निरपेक्षता के लिए मशहूर था। जिस देश में 15 करोड़ मुसलमान बसे हैं। स्टेट्समैन ने ऐसा कोई लेख छापा ही क्यों, जो उन लोगों की भावना को ठेस भी पहुँचाये? तसलीमा तो जाने क्या-क्या बकती रहती है, वह सब तो वे लोग नहीं छापते। फिर यह क्यों छाप दिया? यही मेरा सवाल है। सच तो यह है कि बांग्लादेश के कट्टरपंथियों के गुस्से को भड़काने के लिए ही उस अखबार ने यह अपकर्म किया है। कट्टरवादियों ने तसलीमा का सिर काट देने की माँग की है। कोई भी सभ्य इंसान इसका समर्थन नहीं कर सकता। विवेकी इंसान को इसका प्रतिवाद करना चाहिए। लेकिन दूसरी तरफ, तसलीमा और जो लोग उसकी हिमायत करते हैं, उन लोगों ने कट्टरवाद को कुछ इस तरह उकसा दिया है कि स्वाधीन सोच-विचार के लोग महा-मुश्किल में पड़ गए हैं। कट्टरवादी अब ब्लासफेमी कानून बनाने की माँग कर रहे हैं। अगर यह कानून पास हो गया, तो स्वाधीन सोच-विचार की राह बंद हो जाएगी। शिक्षक आजादी से शिक्षा नहीं दे पाएँगे। तसलीमा और उसके समर्थकों की नासमझी और नादानी की वजह से, देश के सभी चिंतनशील व्यक्ति महा-मुसीबत में पड़ गए हैं। यह तो हुआ संकट का एक पक्ष! दूसरा पक्ष है, भारत ने कूटनीतिक शक्ति का इस्तेमाल करके, विदेशों में तसलीमा की 'इमेज' तैयार कर डाली है। क्लिंटन और जर्मन के विदेश मंत्री ने बात की है। भारत को तो खुश होना चाहिए, क्योंकि उनके सारे

मंसूबे सफल हो गए। अब हम कट्टरवाद रोकें या देश-देश में हमारी जाति के नाम, कलंक की जो स्याही पोती गई है, उसके खिलाफ प्रतिवाद करें? तसलीमा एक अमंगल शक्ति है। शक्तिमान राष्ट्रों ने उसे समर्थन दिया है। किसी को मेरे बारे में गलतफहमी न हो, इसलिए मैं कहूँगा कि तसलीमा पर बरसाये जा रहे, सभी सामाजिक और राष्ट्रीय निर्यातन बंद किए जाएँ। उसे पूर्ण स्वाधीनता दी जाए। उसकी हत्या की जो धमकियाँ दी जा रही हैं, उसका मुकाबला किया जाए। यह समाज में सोच-विचार की स्वाधीनता के लिए बेहद जरूरी है, वर्ना यहाँ निवास करना असंभव हो जाएगा!

फरीदा रहमान, सांसद, बी एन पी

यह सब आलतू-फालतू लिखना छोड़कर, तसलीमा को माफी माँगनी चाहिए, उसके बाद, उसे आम जिंदगी गुजर-बसर करना चाहिए। उन्होंने जो करतूत किया है, उससे जनता की धार्मिक भावनाओं को चोट लगी है। धर्म के प्रति हमारा अगाध विश्वास है, इसलिए उन्हें माफी माँगनी ही होगी। जनता अगर उन्हें माफ कर दे, तब भी उन्हें, हम आम औरतों की तरह जिंदगी बसर करना होगी।

सुरंजित सेनगुप्तु, सांसद, गणतंत्री पार्टी

होल ड्रामा इज क्रिएटेड बाइ द गवर्नमेंट! यह सारा नाटक सरकार ने रचा है!

फरीदा रहमान और सुरंजित सेनगुप्तु से मेरा परिचय नहीं है। सभी जानते हैं कि फरीदा रहमान बी एन पी पार्टी की सबसे प्रगतिशील महिला हैं। कट्टरपंथियों के सिर उठाने के बावजूद, जब बी एन पी के बड़े-बड़े नेताओं ने चुप्पी साध रखी है, फरीदा रहमान ने गरज-तरजकर यह माँग की है कि सन् इकहत्तर के हत्यारों का विशेष ट्रिब्यूनल में विचार करना होगा। उन्होंने मुस्लिम परिवार के कानून में संशोधन की माँग की है। मेरा विश्वास है कि जिन लोगों ने मेरे बारे में मुँह नहीं खोलना चाहा, वे लोग भी मुझे हुमायूँ आजाद की तरह तुच्छ मानते हैं, इसीलिए कोई मंतव्य नहीं करना चाहते। उनमें से बहुतों के बारे में, मैं इतने अर्से तक यह उम्मीद लगाए बैठी थी कि वे लोग मेरा समर्थन करेंगे। मेरी किसी भी मुसीबत में, वे लोग मेरे साथ होंगे।

झ ये सब मंतव्य पढ़कर खुश हो गईं।

उन्होंने कहा, "देखा, कितने लोगों ने तुम्हारा समर्थन किया है। अब तुम्हें क्या फिक्र?"

हाँ, सो तो है! इस घड़ी प्रगतिशील बुद्धिजीवी लोगों में, किसी ने मेरी गर्दन तराशने के लिए आवाज बुलंद नहीं की, यही मेरा परम सौभाग्य है।

आज की बाकी खबरें हैं—विदेश मंत्री, ए एस एम मुस्तफीजुर रहमान ने कहा है कि हुलिया जारी किये जाने के बाद, तसलीमा छिप गई है। अदालत में आत्मसमर्पण नहीं कर रही है, इसका मतलब यह हुआ कि वह इस देश के कानून का उल्लंघन कर रही है। विदेश मंत्री का यह मंतव्य, फ्रांस के 'ल मॅन्द' अखबार में छपा है।

और एक खबर : फ्रांस में स्थित बांग्लादेश के राजदूत ने अंतर्राष्ट्रीय हेराल्ड ट्रिब्यून को खत लिखा है कि तसलीमा नसरीन, किसी भी हैरानी-परेशानी की शिकार नहीं हैं। बल्कि उनकी सुरक्षा के लिए कानून ने हाथ बढ़ा दिया है।

चूँकि मेरे बारे में लिखा-पढ़ी विदेशी अखबारों में हो रही थी और कहा जा रहा है कि बांग्लादेश की सरकार मानवाधिकार का उल्लंघन कर रही है, इसलिए सरकारी आदेश यह दिया गया है कि विदेशों में स्थित बांग्लादेश के दूतावासों का काम है—इन खबरों का विरोध करना। इधर तहफ्फुजे हरमाइन परिषद के सभापति, मौलाना सादिक अहमद सिद्दीकी ने सरकार को यह कहकर चेतावनी दी है कि तसलीमा नॉर्वे के साहित्यिक कार्यक्रम में शामिल होने का मतलब भाँज रही है, उसे किसी भी शर्त पर देश से बाहर न जाने दिया जाए। अगर इस सरकार ने उसे देश छोड़ने की अनुमति दे दी, तो देश की अवाम, वर्तमान सरकार का सर्वनाश करके ही दम लेगी। 29 मार्च से पहले, चाहे जैसे भी हो, तसलीमा को गिरफ्तार करने के लिए, मौलाना ने सरकार से माँग की है।

कट्टरपंथियों ने अब नया कार्यक्रम तैयार किया है। उन लोगों ने ऐलान किया है कि कट्टरपंथियों के 13 दल और संगठन के समन्वय से, बयतुल मुकर्रम के खतीब के नेतृत्व में गठित, सम्मिलित संग्राम परिषद, अगली 29 तारीख को लोंग-मार्च करेगी। शहर की सबसे प्रशस्त सड़क, मानिक मिया एमिन्यू में महासमावेश होगा। समूचे देश भर से लोग लोंग-मार्च करते हुए, वहाँ पहुँचेंगे। सबसे पहले इस लोंग-मार्च की घोषणा की थी, खिलाफत मजलिस ने। अब अन्यान्य पार्टियों ने भी इसे लपक लिया है।

देश में यह कैसा खेल शुरू हुआ है। इस खेल का अंत कहाँ है? ना, मुझे कुछ भी नहीं पता!

25 जुलाई, सोमवार।

कट्टरपंथियों ने जिस दिन, पहली बार ब्लासफेमी कानून की माँग की थी, मैं सिहर उठी थी। कैसी भयंकर माँग है! देश के कितने से लोग जानते हैं कि यह कानून अगर लागू हो गया, तो देश का कितना बड़ा सर्वनाश हो जाएगा? ज्यादातर लोगों को इसकी जानकारी नहीं है। उसी दिन मैंने मन-ही-मन कहा था—मुझे फाँसी लगे या जो भी हो, फिर भी इस देश में ब्लासफेमी कानून पास न हो। मेरी मौत

होती है, तो हो, लेकिन यह देश बचा रहे; देश के लोग दुर्योग न झेलें! आड़ी-तिरछी धारियाँ खींचते हुए मैंने लिखा—

संसद भवन से सरसराता हुआ, उतरा है विशाल अजगर
नगर की बड़ी सड़क पर शाहंशाह की तरह,
चलता रहा शान से, दायें-बायें
घूमता फिरा अली-गली,
भक्षण करता रहा, जीते-जागते इंसान—
जो इंसान सच बोलता था, उसे;
जिस इंसान को सभ्यता का चाव था, उसे;
जो इंसान गंदगी नहीं खदोरता, उसे;
फिर भी मिटी नहीं अजगर की भूख!
पहुँचा एक नगर से, दूसरे नगर!
बड़े शहर से, छोटे शहर
वहाँ भी मिला उसे ताजा गोश्त का स्वाद!
—जो इंसान लिखता था, कविता,
—जो इंसान गाता था गाने,
अजगर महाखुश!
वह मटकता-कूदता, नाचता-उछलता,
पार करता रहा गंज-ग्राम, नदी-खोखर, खेत-खलिहान!
लेता रहा रच-रचकर स्वाद!
—जो किसान पाँचों वक्त चलाता था हल,
—जो औरत खेतों में करती थी काम
—जो गड़ेरिया, बजाता था बाँसुरी
खाते-निगलते, जब भर गया पेट अजगर का,
तब तक बचा नहीं देश में, कोई भी इंसान,
बच रहे थे चंद साँप!
जम गई दोस्ती अजगर और साँप में,
जीते रहे युग-युगों तक राजी-खुशी!

संसद में जमाते इस्लामी ने ब्लासफेमी ऐक्ट पेश कर दिया है। अब, सिर्फ दहशत! समूचे देश भर में ब्लासफेमी कानून की माँग उठ रही है! संसद में अगर यह बिल पास हो गया, तो? यह कानून पास करने के खिलाफ कॉलम पर कॉलम लिखे जा

रहे हैं। ब्लासफेमी के इतिहास के बारे में, अब्दुल मतीन खान ने एक बेहद खूबसूरत कॉलम लिखा है। मध्ययुग के यूरोप में ब्लासफेमी कानून, किस कदर खौफनाक था, इसके तहत कैसे इंसानों को जिंदा जला दिया जाता था और इस कानून के खिलाफ, जनविद्रोह के फलस्वरूप गिरजों के पादरियों का यह अपकर्म, कैसे बंद किया गया—इन सबका विस्तृत विवरण! अंत में उन्होंने लिखा है—इस्लाम धर्म में अल्लाह और उसके बंदे में सीधा-सीधा संबंध है! कौन नाकारा है, कौन गुनहगार, इसके विचार का हक, अल्लाह ने किसी को नहीं सौंपा। कौन धर्मद्रोही है, कौन नहीं है, उसका विचार करने का हक भी अल्लाह ने किसी को भी नहीं दिया। किसी सरकार को भी नहीं दिया। ब्लासफेमी कानून, इस्लामी आदर्श के खिलाफ कानून है! इस्लाम में पादरीतंत्र नहीं गिरजा नहीं और मध्ययुग के पोप की तरह, स्वर्ग का कोई चाबीवाला भी नहीं है। हर मुसलमान की जन्नत की चाबी, उसके अपने हाथ में है! गैर-इस्लामी ब्लासफेमी कानून, जिन लोगों ने पेश किया है, उसका और सबके साथ भले हो, इस्लाम के साथ उसका कोई रिश्ता नहीं है। अगर किसी से कोई रिश्ता हो भी, तो मध्ययुग के ईसाई पादरीतंत्र के साथ है। मध्ययुगीन यह बर्बरता इस देश में किसी शर्त पर भी सहन नहीं की जाएगी। सलाम, बरकत, जब्बार, रफीक, शफीउद्दीन के देश में यह कानून किसी शर्त पर भी पास नहीं होने दिया जाएगा। जो लोग यह कानून लागू कराने का मतलब भाँज रहे हैं, उन लोगों को कठघरे में खड़ा करके, उनसे जवाबतलब किया जाए, उनका विचार किया जाए। मध्ययुग के चर्च की तरह, इंसान की जिंदगी पर किसी को भी सर्वेसर्वा नहीं होने दिया जाएगा। ऐसा नहीं हो सकता! हरगिज नहीं हो सकता।

बांग्लादेश लेखक शिविर ने ब्लासफेमी ऐक्ट प्रवर्तन के षड्यंत्र के विरुद्ध, आज एक सभा का आयोजन किया है। देश के बड़े-बड़े कलाकार, साहित्यकार, विज्ञानी, शिक्षक, पत्रकार, सांस्कृतिक कर्मी, उस सभा में मौजूद थे। सबके सब परेशान! यह सरकार कहीं कट्टरवादियों की माँग, मंजूर न कर ले। घोषणाएँ की गईं। धार्मिक फासीवाद को वैध और कानूनी रूप देने के लिए, पाकिस्तानी कायदे से ब्लासफेमी ऐक्ट की माँग उठ रही है। उस सभा में शम्सुर रहमान ने कहा है, 'कट्टरवाद एक रोग है।'...स्वाधीनता-विरोधी, अपशक्तियों ने ऐलान किया है कि वे लोग लेखकों के घरों पर हमला करेंगे। इन सबके बावजूद, सरकार की चुप्पी से यह बात साबित हो जाती है कि वर्तमान सरकार, कट्टरवादियों की सरकार है!

सभा में सात दफा माँगों का जिक्र किया गया। सन् 71 के घातक दलालों का विचार, धर्म के राजनीतिक इस्तेमाल को दंडनीय बनाना, सार्वजनीन पारिवारिक कानून चालू करना, लेखक-कलाकारों के खिलाफ दायर किए गए मामले वापस लेना और हैरान करना बंद करना!

इसके बाद, बुद्धिजीवी लोगों की विशाल रैली ने राजपथ की परिक्रमा की।

सभा और रैली में प्रचार-पत्र बाँटे गए! यह प्रचार-पत्र शमीम सिकदार की तरफ से था।

मध्ययुगीन बर्बर ब्लासफेमी कानून के विरोध में एकबद्ध हों
शमीम सिकदार की अपील

पाकिस्तान का राजनीतिक और सामाजिक जीवन, जब ब्लासफेमी कानून के चंगुल में पड़कर विपन्न होता रहा, जब एक इमाम को किसी औरत पर पाशविक निर्यातन की वजह से, 30 साल की सजा हो गई, ठीक उसी वक्त जमात समेत बांग्लादेश के कठमुल्लों ने, तथाकथित धर्मद्रोहियों को सजा देने के बहाने, ब्लासफेमी कानून पास करने के लिए, सरकार पर दबाव डाल रही है। इन कठमुल्लों ने विद्रोही कवि काजी नजरुल इस्लाम को 'काफिर' कहकर, उन पर फतवा जारी किया था। इन्हीं लोगों ने ही नारी-मुक्ति आंदोलन की अग्रदूत, बेगम रुकैया पर जघन्य भाषा में हमले किए। इसी धर्मांध गोष्ठी ने, सिलहट के कमलगंज थाना के छातकछड़ा गाँव की नूरजहाँ की हत्या कर डाली। अब तसलीमा नसरीन की हत्या करने को आमादा हैं। ग्रामांचलों में जानी-अजानी ढेरों औरतें आज धर्म के कारोबारी, अपशक्तियों के हमलों की शिकार हैं। अभी ब्लासफेमी कानून पास भी नहीं हुआ कि लोग अघोषित ब्लासफेमी कानून के जरिये, प्रगतिशील ताकतों को ध्वंस करना चाहते हैं। सन् 71 के चिह्नित खूनी, ये रजाकार गिरोह द्वारा कानून को अपने हाथों में लेने के बाद भी, सरकार रहस्यमय तरीके से खामोश है।

ईसाई कट्टरवादियों ने आधुनिक विज्ञान-तकनीक को मात देने के इरादे से ब्लासफेमी कानून पास किया था वही कानून मुसलमान कट्टरवादी बांग्लादेश में चालू करना चाहते हैं। बात-बात में अपने मुसलमान होने के बारे में बड़ी-बड़ी बातें करते हुए भी, प्रगतिशील आधुनिक ध्यान-धारणा को नीचा दिखाने के लिए, इन बांग्लादेशी कठमुल्लों ने ईसाई कट्टरवादियों के चिंतन के साथ हाथ मिलाया है।

यह कानून अगर पास हो गया, तो किस किस्म की भयावह परिस्थिति होगी, इसकी एक तस्वीर आप सबको दिखाऊँ।

- ब्लासफेमी कानून के अहम आक्रमण की शिकार होंगी, उपेक्षित नारी समाज! आम मजदूर! किसान! जनता और प्रगतिशील ताकतें! यह कानून एक बार फिर औरत को अवरुद्ध भोग की वस्तु बना देगा। इन दिनों, औरतें जहाँ ऊँची से ऊँची शिक्षा हासिल कर रही हैं; आधुनिक ज्ञान-विज्ञान में शिक्षित होकर, आर्थिक रूप से स्वावलंबी औरतें, जब समाज में सैकड़ों तरह से योगदान कर रही हैं, ऐन उसी वक्त नारी-मुक्ति को प्रतिहत करने के लिए, यह कानून पास करने की साजिश चल रही है।

• ब्लासफेमी कानून अगर पास हो गया, तो धर्मविरोधी के तौर पर चिह्नित सभी शिक्षा-प्रतिष्ठानों में सह-शिक्षा बंद हो जाएगी। कॉलेज, विश्वविद्यालय, स्कूल और उन जगहों में, जहाँ औरत-मर्द एक साथ पढ़-लिख रहे हैं, ज्ञान प्राप्त कर रहे हैं, वहाँ औरतें अध्ययन के अधिकार से वंचित हो जाएँगी।

विश्वविद्यालय, मेडिकल, कृषि, चारुकला, समाज विज्ञान और गवेषणा समेत, ज्ञान-अर्जन की सभी शाखाओं से औरत को विताड़ित किया जाएगा। साथ ही कर्मक्षेत्र में जहाँ मर्दों के साथ-साथ औरतें कार्यरत हैं, वहाँ उनका प्रवेश-निषेध हो जाएगा।

• औरतों को अनिवार्य रूप से बुर्का पहनना होगा। औरत-श्रमिकों को बुर्के की आड़ में अटकाकर, बेरोजगारी के अभिशाप की तरफ धकेल दिया जाएगा।

• बांग्लादेश में पोशाक-उद्योग में कार्यरत लाखों-लाखों महिला-मजदूर, इस जघन्य ब्लासफेमी कानून चालू होने के बाद, तथाकथित धार्मिक विधान की अवमानना के इल्जाम में, नौकरी से हाथ धो बैठेंगी। नतीजा यह होगा कि आर्थिक रूप से विपर्यय उतर आएगा। बांग्लादेश करोड़ों-करोड़ रुपयों के विदेशी मुद्रा से वंचित हो जाएगा।

• पुरुषतंत्र के स्वार्थों का रक्षक, यह कानून, बात-बात में औरतों पर कंकड़-पत्थर की बरसात करके, उन लोगों की हत्या करने और दुर्रा मारने के लिए, धर्म के धंधेबाजों को बढ़ावा देगा। मध्ययुगीन यह बर्बर कानून औरतों की जिंदगी में भयावह दुर्योग को न्योता देगा। 'पति के चरणों तले, पत्नी की जन्नत'—यह फतवा चालू करके, औरतों को मूलतः मर्दों के हाथों रेहन रख दिया जाएगा।

• आधुनिक प्रगतिशील उद्योग, साहित्य, चलचित्र, चारुकला, मूर्तिकला—सभी कुछ ब्लासफेमी कानून के शिकंजे में फँसकर, निषिद्ध हो जाएगा; क्योंकि कठमुल्ले इन सबकुछ को धर्म-विरोधी कहकर, अर्से से निशानदेही करते आ रहे हैं। चारुकला और मूर्तिकला को इबादत में शामिल करके, इन लोगों ने बार-बार इन पर हमले किए हैं।

• ब्लासफेमी कानून बड़ी आसानी से, मुसलमानों को छोड़कर, बाकी सभी धर्मावलम्बियों को कुरान-विरोधी घोषित करेगा और उन्हें सजा देने का हकदार बन जाएगा। बांग्लादेश में इस्लाम के अलावा भी विभिन्न धर्म और विश्वास के लोग, युग-युगों से मिलजुलकर साथ-साथ रहते हैं, क्योंकि धर्म या कोई भी विश्वास, इन्सान के व्यक्तिगत जीवन का मामला है, यह राष्ट्रीय जीवन से जुड़ा हुआ नहीं है। लेकिन, ब्लासफेमी कानून अगर राष्ट्र के हिस्से के रूप में परिणत हो गया, तो विभिन्न धर्मों के लोगों में टकराव बढ़ जाएगा और दंगा-फसाद होने लगेगा। समूचा बांग्लादेश औरत-मर्द-बच्चों के खून से रंग जाएगा।

यूँ भी, ब्लासफेमी कानून के बिना भी औरतों को जला डाला जा रहा है, तसलीमा नसरीन के लिए मृत्युदंड की घोषणा की जा रही है। डॉ. अहमद शरीफ की फाँसी की माँग की जा रही है—यह सब धर्म के नाम पर हो रहा है। अभी जब यह हालत

है, तो ब्लासफेमी कानून पास होने के बाद, परिस्थिति कितनी भयावह हो उठेगी, इसका सहज ही अनुमान लगाया जा सकता है।

ब्लासफेमी कानून प्रधानमंत्री खालिदा और शेख हसीना को औरत होने की वजह से धर्म की दुहाई देकर, उन दोनों को भी राजनीति करने के अधिकार से वंचित किया जाएगा। बुखारी शरीफ की मिसाल देते हुए ये कठमुल्ले बार-बार वास्ता दे रहे हैं कि इस जाति की कभी कोई प्रगति संभव नहीं है, जिस जाति ने अपना शासन-कार्य चलाने का जिम्मा, किसी औरत को सौंप दिया है। धर्म के इस विधान के बहाने, धर्म के इन ठेकेदार, औरतों को निश्चितरूप से, राजनीति करने के अधिकार से वंचित कर देंगे।

आज यह ब्लासफेमी कानून आखिर कौन लोग चाहते हैं? ये वही लोग हैं, जो सन् 71 में चिह्नित नारी-निर्यातनकारी और गणहत्या के नायक रजाकार, अलबदर, अलशम्स और कठमुल्ले हैं! सन् 78 में सात-सात खून का मुजरिम, एक नेता भी ब्लासफेमी कानून लागू करने की माँग करते हुए, आंदोलन कर रहा है। बयतुल मुकर्रम, जातीय मस्जिद के इमाम, खतीब, मौलाना उबैदुल हक, सरकारी नौकरी में होते हुए भी, ब्लासफेमी कानून पास कराने की कोशिश में जी-जान से जुटे हुए हैं।

लेकिन, अफसोस की बात यह है कि सरकार और प्रधान विरोधी पार्टी, इन जहरीले साँपों से खेल रही है।

औरत-मर्द, श्रमिक, कृषक, छात्र—सब एकजुट होकर, इन नरघातकों को मात देने का वक्त आ पहुँचा है! इंसान के तौर पर जिंदा रहने का हमारा अधिकार आज धमकियों के आमने-सामने है! मानवता विपन्न हो रही है। इसलिए, बिरादरो और बहनो, आइये, हम एकबद्ध भाव से, इस अशुभ शक्ति को जड़ से उखाड़ फेंकें और अपनी प्रिय मातृभूमि की रक्षा करें। जनता की विजय अनिवार्य है।

शमीम सिकदार
सहयोगी-अध्यापक
चारुकला इंस्टीट्यूट
ढाका विश्वविद्यालय

कल शाम को जातीय प्रेस-क्लब में 'वाक्-स्वाधीनता और धार्मिक भावना' पर एक आलोचना कार्यक्रम आयोजित किया गया था। इस कार्यक्रम का आयोजन किया था, सेंटर फॉर ह्युमैन राइट्स!

मुझे समझ में नहीं आया कि बंगला नाम छोड़कर, इस देशी कार्यक्रम को अंग्रेजी नाम क्यों दिया गया। मजे की बात यह थी कि इस कार्यक्रम में वक्ता थे—भूतपूर्व जज, बैरिस्टर, प्रोफेसर, पत्रकार यानी इसी किस्म के लोग! प्रधान आलोचक थे—ढाका

विश्वविद्यालय के कानून विभाग के डीन, डॉ. इरशादुल हक! भूतपूर्व न्यायाधीश, रूहुल इस्लाम ने जो बातें कहीं, उसका सारांश था—''बहुत-से लोग कुरान पढ़े बिना ही विरोध करते हैं, क्योंकि वे लोग समझ नहीं पाते कि कुरान में क्या लिखा है। कुरान शाश्वत है; चिर-आधुनिक है! हयबत आदम से इस्लाम की शुरुआत हुई है और हयबत मुहम्मद के माध्यम से इसमें पूर्णता आई है। धर्म के बारे में सीमाहीन वाक्-स्वाधीनता नहीं होनी चाहिए।''

डॉ. इरशादुल हक ने कहा, ''हमारे देश में धर्मद्रोह के लिए सजा ही काफी नहीं है। सन् 1860 की दंडविधि, सन् 1987 में संशोधित हुई, जिसमें धार्मिक भावनाओं को चोट पहुँचाने की सजा का विधान किया गया—कुल दो साल और मामूली-सा जुर्माना!'' इरशादुल हक, इतनी-सी सजा से कतई खुश नहीं थे। उन्होंने धर्म के बारे में दायित्वहीन मंतव्य और धर्मद्रोह कम करने के लिए, मृत्युदंड, उम्र-कैद और कम-से-कम पाँच साल के लिए जेल की सिफारिश की।

जातीय आइनजीवी समिति के सभापति, खन्दकार महबूबउद्दीन ने कहा, ''अपर्याप्त कानून का फायदा उठाते हुए, मानवाधिकार के मुखौटे में, इस देश में, 'घर का भेदी लंका ढाये' के जरिये, बहुसंख्यक लोगों के मन को चोट पहुँचायी जा रही है। दंडविधि के मुताबिक धर्मद्रोह की सजा पर्याप्त नहीं है।''

बाकी वक्ताओं ने भी जी भरकर वाक्-स्वाधीनता की चौदह-पुश्तों का उद्धार कर डाला। हमारे शिक्षित-प्रतिष्ठित लोगों की राय अगर यही है, तो मुल्लों को क्यों दोष दिया जाए?

समूचे देश भर में लोंग-मार्च के समर्थन में सभाएँ हो रही हैं, जुलूस निकाले जा रहे हैं। इसे लेकर, प्रतिरोध मोर्चा खासा व्यस्त है! अगर उसका वश चले, तो चौबीस घंटों में चौबीस सभाएँ आयोजित कर डाले। मोर्चा के लोगों ने कह दिया है कि इस्लाम के विरुद्ध, षड्यंत्रकारियों को बंगाल की पार्टी पर हरगिज टिकने नहीं दिया जाएगा। सीधी-साफ बात!

ज रात को अपने उसी मित्र के साथ आ पहुँचीं। ज, ज का मित्र, झ और मैं, काफी रात तक कमरे के फर्श पर आसन जमाये, पैर पसारे, ब्लासफेमी कानून के बारे में बातें करते रहे। हम सबके मन में एक अजीब-सी हताशा, एक आतंक! लाख कोशिशों के बाद भी हम उसे दूर नहीं कर पाये।

26 जुलाई, मंगलवार।

'तसलीमा के लेख में क्या था? कट्टरवादी क्यों भड़क गए?'

'आजकेर के कागज' ने यह शीर्षक देकर, एक भूमिका के साथ मेरे तमाम कलाम छापने का फैसला किया है। मुझे बेहद ताज्जुब हुआ। जहाँ मेरे नाम का जिक्र

तक नहीं होता था, वहाँ मेरा नाम छापने के साथ-साथ कलाम छापने का फैसला? असल में उन लोगों को शायद एक बात तो समझ में आ गई है कि चूँकि ये कट्टरवादी, एकमात्र तसलीमा का ही नाम बार-बार ले रहे हैं, इसलिए इस नाम के उल्लेख की जगह, कोई और नाम लिखकर, ज्यादा दिन काम नहीं चलने का! 'जनकंठ' के पत्रकार, बहुत पहले ही रिहा कर दिये गए थे, इसलिए उन लोगों के नाम का जिक्र जरूरी नहीं था। बुद्धिजीवी लोगों के नाम फतवा दिया जा रहा है, यह अभियोग लगाते हुए, बुद्धिजीवी लोगों के नामों की भी तालिका देने की स्थिति में नहीं थे। इसलिए न चाहते हुए भी, आखिरकार तसलीमा नाम का जिक्र करना ही पड़ा–

मेरे कलाम से पहले, जो भूमिका दी गई थी, वह कुछ यूँ थी–"नारीवादी लेखिका, तसलीमा नसरीन नारी-स्वाधीनता, धर्म के कुसंस्कार, गँवारपन, पुरुषतांत्रिक समाज व्यवस्था में औरतों के दुर्भोग वगैरह विषयों पर विभिन्न समयों पर साप्ताहिक अखबारों, 'आजकेर कागज' समेत विभिन्न प्रगतिशील अखबारों में लिखती रही हैं। उनकी ये रचनाएँ कुसंस्कार से आच्छन्न कट्टरवादियों को अच्छी नहीं लगीं। उन लोगों ने शुरू-शुरू में इस मामले में तसलीमा के लेखों पर हल्का-फुल्का एतराज किया था। चंद कट्टरवादी अखबारों के सहयोग में उन लोगों का गुस्सा एकदम से भड़क उठा और इसी तरह अब इस हालत में पहुँच गया है। नारी-शिक्षा, नारी-मुक्ति, नारी-प्रगति के दौरान, और जब लड़कियों-औरतों ने समाज के बन्धन तोड़कर, धर्म जीवन में कदम रखा, तभी धर्मान्ध मुल्लों ने नसरीन-विरोधी प्रचार शुरू कर दिया। आज ये कट्टरवादी सिर्फ नसरीन की ही फाँसी की माँग नहीं कर रहे हैं, असल में वे लोग नारी-मुक्ति के विरोध में ही आवाज बुलन्द करना चाहते हैं। सरकार ने भी जब औरतों की शिक्षा और दरिद्रता से मुक्ति का कार्यक्रम हाथ में लिया, तभी कट्टरपंथी भी कमर कसकर मैदान में उतर आए। हम 'आजकेर कागज' के पाठकों के लिए वही सब प्रगतिवादी कलामों से उल्लेखनीय हिस्से धारावाहिक रूप में प्रकाशित कर रहे हैं! प्रस्तुत है आज उसका पहला प्रकरण।"

जैसा कि मैं पहले भी सोच रही थी, 'आजकेर कागज' समेत, सभी प्रगतिशील अखबारों का जैसे अब मिशन बन गया है कि वे लोग कट्टरवाद-विरोधी तमाम खबरें प्रकाशित करेंगे। साथ में कलाम और सम्पादकीय भी छापेंगे। इस अखबार में कट्टरवादियों की कोई खबर नहीं छपती। उनके विशाल-विशाल जुलूसों की तस्वीरें नहीं छापी जातीं। उसी तरह कट्टरवादियों के अख़बार में उन लोगों की खबरों को प्रधानता दी जाती है। किसी एक पार्टी का अखबार पढ़कर, देश की वास्तविक हालत को समझ पाने का उपाय नहीं है! हकीकत समझने के लिए, दोनों पार्टियों के अखबार पढ़ना जरूरी है।

'इन्कलाब' अखबार में लोंग-मार्च का विराट विज्ञापन छापा गया है। समूचे देश भर

से ढाका की ओर अभिमुख लोंग-मार्च! लोंग-मार्च के बाद महासमावेश! विज्ञापन में तसलीमा नसरीन की फाँसी की माँग का उल्लेख है, जिसके बारे में यह दावा किया गया है कि 30 जून की हड़ताल के बारे में जनता की यही राय है।

झ ने सवाल किया, "28 जून को गृह-मंत्रालय से यह कहा गया कि किसी भी व्यक्ति के जीवन-नाश की धमकी देना, कानून की नजर में दंडनीय अपराध है। अब इस विज्ञापन को गृह-मंत्रालय किस ढंग से लेगा? यह हर रोज जो जुलूस निकल रहे हैं, सभाओं में मुल्ले फाँसी के लिए गला फाड़ते हैं, उनके खिलाफ सरकार क्या कार्रवाई कर रही है?"

झ के इन सवालों का मेरे पास कोई जवाब नहीं था।

अपनी तरफ से मैंने एक ही सवाल किया है, "इस वक्त अवामी लीग क्या कर रही है?"

झ न कहा, "केयरटेकर सरकार की माँग करते हुए, अवामी लीग ने जातीय पार्टी और जमात के साथ साँठ-गाँठ कर लिया है। इन दिनों अवामी लीग के लिए, बी एन पी सरकार के खिलाफ, केयरटेकर सरकार का मुद्दा ही, मूल मुद्दा है! अगर जमात के खिलाफ गए, तो जमात अवामी लीग की माँग का समर्थन नहीं करेगी और अगर जमात उनका समर्थन नहीं करेगी, तो अवामी लीग के लिए अपना आन्दोलन जोरदार करना संभव नहीं होगा। इसलिए अवामी लीग अभी मरकर भी जमात के विपक्ष में टूँ शब्द भी नहीं करेगी। जिन दो-चार लोगों ने जमात के खिलाफ कुछ कहा भी, तो वह अपनी जिम्मेदारी पर, दल की तरफ से कुछ नहीं कहा। जो करना है, मूलतः छात्र वर्ग ही कर रहा है। वे लोग पार्टी के फैसलों की परवाह नहीं करते। वाम गणतांत्रिक फ्रंट, आज साम्प्रदायिकता, फतवाबाज और कट्टरवाद-विरोध राष्ट्रीय कन्वेंशन आयोजित करने के लिए, विभिन्न पार्टियों और संगठनों से विचार-विमर्श कर रहे हैं। वे पार्टियाँ हैं—गण-फोरम, गणतंत्री पार्टी, गण-आजादी लीग, जातीय समन्वय कमिटी, पाट-सूता वस्त्र और चीनी-कारखाना फेडरेशन, श्रमिक कर्मचारी ऐक्य परिषद, साम्प्रदायिकता विरोधी छात्र समाज, आइनजीवी समन्वय संग्राम परिषद, मुक्तियोद्धा संसद, सनू इकहत्तर के घातक दलाल निर्मूल कमिटी वगैरह!"

"लेकिन अवामी लीग कहाँ है?"

"इन दिनों अवामी लीग का दोस्त है, जमाते इस्लामी! वाम फ्रंट के नेतागण, अवामी लीग के इस आत्मघाती फैसले से निकलकर, कट्टरवाद विरोधी आन्दोलन में शामिल होने की बातें कर रहे हैं। उन लोगों को उम्मीद है कि अवामी लीग लौट आएगी।"

"लेकिन, क्या वाकई लौट आएगी?"

"वे लोग न आएँ, तो ही भला! अवामी लीग का चरित्र, जरा समझें तो सही! अवामी लीग समझती है कि धर्म की चर्चा करेंगे, तो वोट मिल जाएगा, जो इस

जिन्दगी में तो नहीं मिलेगा। मुक्तियुद्ध के पक्ष के लोग, जो अब तक अवामी लीग का समर्थन करते थे, वे लोग अब अवामी लीग को हरगिज वोट नहीं देंगे। इस दल ने अपना बँधा-बँधाया वोट बर्बाद कर दिया। आदर्श का ऐसा पतन, आखिर कितने लोग बर्दाश्त करेंगे?"

गुलाम आयम भाषण देने के लिए चट्टग्राम जा रहे हैं। वे लालदीघी के मैदान में जनसभा करेंगे! भला कोई सोच सकता है! अब वे जमाते इस्लामी के केन्द्रीय कार्यालय में बैठे नहीं रहेंगे। लेकिन छात्र एक्य ने फैसला किया है कि जमात की आम-सभा ध्वंस करके, वे लोग वहीं सभा करेंगे। यह साहसी फैसला जरूर है। लेकिन संघर्ष कौन रोकेगा? बर्फीली दहशत मेरे तन-बदन में कँपकँपी बनकर उतर गई। इसी दौरान, गुलाम आयम की उपस्थिति के प्रतिवाद में, छात्र एक्य के साथ जमात शिविर और पुलिस की मुठभेड़ में, कल ही चट्टग्राम में पचास लोग जख्मी हो गए। छात्र एक्य और जमात शिविर के बीच 20-25 राउंड गोलियों का आदान-प्रदान हुआ, सौ से अधिक बम फेंके गए, कॉकटेल विस्फोट हुआ। गुलाम आयम को फाँसी और जमात शिविर की राजनीति निषिद्ध करने की माँग करते हुए, छात्र एक्य ने जुलूस निकाला। लेकिन जमात शिविर के लोगों ने लालदीघी का मैदान दखल कर लिया। पुलिस गुलाम आयम की जनसभा का इन्तजाम करने के लिए, पुलिस प्रशासन ने भी लालदीघी का घाट घेर रखा था। हथियारबंद शिविर कर्मियों को पुलिस गिरफ्तार नहीं कर रही थी, गिरफ्तार कर रही थी छात्र एक्य के लड़कों को। जमात शिविर के सशस्त्र कैडरों ने सर्वदलीय छात्र एक्य के जुलूस पर हमला बोल दिया। उन्हीं लोगों ने लालदीघी के मैदान का नियंत्रण पूरी तरह दखल कर लिया था।

कट्टरवादी गठजोड़ समावेश बयतुल मुकर्रम की सामनेवाली सड़क पर था। तसलीमा की फाँसी के लिए जनगण के समर्थन का निदर्शन, 30 जून की हड़ताल अगर कोई बड़ा सबूत न हो, तो 29 जुलाई के लोंग-मार्च और महासभा ही समझा देगी कि फाँसी की माँग क्या चीज होती है। सम्मिलित संग्राम परिषद के नेताओं ने कहा है कि 29 जुलाई को अगर सरकार ने रोकने की कोशिश की, तो सरकार-पतन के लिए आन्दोलन शुरू हो जाएगा। खैर, शुरू होगा, इसमें मुझे कोई शक नहीं है। और किसी को भी, ऐसा नहीं लगता। मुल्लों को भड़काकर, सरकार क्या फँस गई? वक्ताओं ने जोर देते हुए कहा है कि चाहे खून के मोल पर या जान के मोल पर हो, महासमावेश सफल करना ही होगा। सरकार पर दोष मढ़ना शुरू हो गया है। सरकार ने तसलीमा के खिलाफ जो मामला किया है, वह जनता को महज धोखा देने के लिए! अभी तक उसे गिरफ्तार नहीं कर पायी, यह भी कोई बात हुई? सरकार उसे खोज नहीं पा रही है और तसलीमा इंटरव्यू पर इंटरव्यू दिये जा रही है! वा-ह!

वाह-वाह की बात तो है ही! लेकिन, मुल्लों के भेजे में इतनी-सी अक्ल नहीं है कि साक्षात्कार अगर टेलीकास्ट किया गया, तो इसका मतलब यह नहीं होता कि मैंने साक्षात्कार आज ही दिया है। ये टेलीविजन पुराने साक्षात्कार प्रचार कर रहे हैं। बी बी सी ने अन्यान्य देशों के टेलीविजन से ये कार्यक्रम खरीद लिये हैं और वही सब साक्षात्कार प्रचार कर रहा है।

सरकार क्या जरा मुश्कि.न में फँस गई है। 29 जुलाई को ढाका में सार्क देशों के विदेश मंत्रियों का सम्मेलन होने जा रहा है और इसी तारीख को कट्टरवादी लोग, समूचे देश भर से महासमावेश में शामिल होने के लिए, लोंग-मार्च करके ढाका आ रहे हैं। पता नहीं, सम्मेलन ही कहीं बर्बाद न हो जाए। चलो, भई, करो सम्मेलन! समावेश करो, लेकिन होटल-शेरटन से प्रधानमंत्री कार्यालय तक का रास्ता बाद देकर करो! यह बात कट्टरवादी नेताओं के कान में फुसफुसाकर कह दी गई है।

इधर बांग्लादेश के दूतावासों को सरकार की तरफ से तसलीमा नसरीन के मुद्दे को लेकर, विदेशों में नेतिवाचक प्रचार का मुँहतोड़ जवाब देने की हिदायत दी गई थी। विदेशों में भी बांग्लादेश दूतावासों को सरकार की तरफ से तसलीमा तसरीन के मुद्दे पर सरकार के स्टैंड की व्याख्या करते हुए, एक नोट भी भेजा गया था। ढाका में स्थित विदेशी पत्रकारों को भी वह नोट भेजा जा चुका था। 295 (क) धारा क्या है? और यह किसे समझाए, सरकार ने इसकी व्याख्या भी कर दी है। यह कोई उग्र इस्लामी कानून नहीं है, यह धर्म निरपेक्ष कानून है, क्योंकि यह अंग्रेजों द्वारा तैयार किया गया कानून है—यह उसी की व्याख्या है। यह ब्रिटिश कानून कब तैयार किया गया था? उपनिवेश के जमाने में! लगभग डेढ़-दो सौ साल पहले। कानून अगर ब्रिटिश के हाथों तैयार किया गया हो, तो वह आधुनिक हो जाता है? धर्मनिरपेक्ष हो जाता है। खैर, बात यह नहीं है। बात यह है कि बांग्लादेश दूतावास इन दिनों मुँहतोड़ जवाब देने में व्यस्त है! व्यस्तताओं के बीच ही, करीबी कलकत्ता में, बांग्लादेश दूतावास के डेयुटी हाइकमिश्नर, जहाँगीर सआदत ने इत्तला दी है कि भारतीय पत्र-पत्रिकाओं में तसलीमा के मुद्दे को ठीक तरह पेश नहीं किया जा रहा है। उन्होंने कहा है कि बांग्लादेश को हेय करने के इरादे से, जानबूझकर अतिशय आवेगपूर्ण और अप्रासंगिक मुद्दों को, जो इस घटना से जुड़े नहीं हैं, उन्हें भारतीय पत्र-पत्रिकाएँ विस्तार से प्रचार कर रही हैं। जहाँगीर सआदत ने सरकारी आदेश कर कलकत्ता की आनन्द बाजार पत्रिका, युगान्तर, आजकल—इन सभी अखबारों को पत्र भेजा है, जिसमें लिखा है कि तसलीमा नसरीन के विरुद्ध बांग्लादेश दंडविधि 295 (क) धारा के तहत एक फौजदारी मुकदमा दायर किया गया है। बांग्लादेश की बहुसंख्यक अवाम धार्मिक भावनाओं पर हमला करके, खुलेआम विद्वेषपूर्ण बयान देने के जुर्म में उनके विरुद्ध मामला किया गया है। तसलीमा कानून से बच रही हैं। अगर उन्होंने कोई अपराध नहीं किया है, तो उन्हें अदालत में ही अपने को निर्दोष साबित करना

होगा। पश्चिम के बहुतेरे देशों की तरह, बांग्लादेश में ब्लासफेमी कानून नहीं है। लेकिन तसलीमा के विरुद्ध जिस कानून के तहत मामला दायर किया गया है, वह सभी धर्मावलम्बियों को सुरक्षा देनेवाला, धर्मनिरपेक्ष कानून है। उन्होंने जितने सब बयान दिये हैं, वह आम कानून के तहत विचाराधीन हैं। भारत के एक वर्ग के अखबार, ऐसी अफवाह फैला रहे हैं कि तसलीमा पर काफी जोर-जुल्म हो रहा है, उसे सताया जा रहा है। ये सब अखबार जानबूझकर कानूनी व्यवस्था और राजनीतिक अत्याचार के बीच के स्पष्ट फर्क को नजरअन्दाज करके, भ्रांति फैला रहे हैं। भारतीय अखबार और अन्यान्य प्रचार माध्यम यह जताने की कोशिश कर रहे हैं कि बांग्लादेश सरकार, अवाम के मौलिक अधिकार और वाक्-स्वाधीनता की हिफाजत नहीं कर रही है। वे झूठी अफवाह फैलाने की कोशिश कर रहे हैं। बांग्लादेश सरकार, तसलीमा नसरीन को, इस्लाम के खिलाफ साफ-साफ बयानबाजी के खिलाफ न्यायपूर्ण विचार दिलाने के लिए, कानून की सुरक्षा दे रही है। एकमात्र अदालत ही उनकी विशाल जनरोष से रक्षा कर सकती है। लेकिन तसलीमा ने खुद ही कानूनी प्रक्रिया की सुरक्षा ग्रहण नहीं की। बांग्लादेश सरकार पर जो यह लांछन लगाया जा रहा है कि उसने कट्टरवादी दबाव से हार कबूल कर ली है। यह बिल्कुल भी सच नहीं है। बल्कि सरकार देश के धर्मनिरपेक्ष कानून के मुताबिक ही काम कर रही है। देश के कानून के तहत ही तसलीमा का विचार किया जा रहा है। चूँकि तसलीमा छुप गई हैं और कानून के हाथ से भागती फिर रही हैं, इसलिए वे कानूनी सुरक्षा पाने का दावा नहीं कर सकतीं। चूँकि बांग्लादेश की अदालत स्वाधीन, मुक्त और निरपेक्ष है। इसलिए तसलीमा को उचित इन्साफ मिलेगा। तसलीमा के विरुद्ध किसी भी व्यक्ति या ग्रुप ने हत्या की धमकी दी है या नहीं, इसका कोई विश्वास योग्य प्रमाण है या नहीं, अदालत ही इसका फैसला करेगी। बांग्लादेश सरकार ने किसी भी व्यक्ति या संगठन को धमकी न देने की चेतावनी दी है। बांग्लादेश में यह दंडनीय अपराध है। सरकार ने यह विषय अदालत को सुपुर्द करके उन्हें सिर्फ कानूनी सुरक्षा ही नहीं दी है, बल्कि देश के कानून को समुन्नत रखने और उनके प्रति श्रद्धाशील रहने के लिए, राजनीतिक और धार्मिक शक्तियों को सफलतापूर्वक प्रेरित किया है। यह है, सरकारी जबानबन्दी! लेकिन सरकार को अपने पक्ष में सफाई देने की जरूरत क्यों पड़ गई है? लगता है, विदेशों में छपी खबरों ने उसे परेशानी में डाल दिया है।

एक और जरूरी खबर : **गृह मंत्रालय ने तसलीमा नसरीन के मुद्दे को कवर करने के इरादे से किसी भी विदेशी पत्रकार को बांग्लादेश में आने के लिए, वीसा न देने का निर्देश दिया है।**

29 जुलाई का लोंग-मार्च सफल करने के लिए, कट्टरवादी नेतागण एक शहर से दूसरे शहर तक दौड़ लगा रहे हैं; जनसभा में भाषण दे रहे हैं। अनवर जाहिद ने खुलना की जनसभा में कहा है, ''सच्ची बात कहने के लिए अगर कट्टरवादी कहलाये

जाएँ, तो मैं गर्व से कहता हूँ कि मैं कट्टरवादी हूँ।''

झ आज दफ्तर नहीं गईं। उन्होंने ज्यादा वक्त मेरे साथ गुजारा। वे तमाम खबरें पढ़-पढ़कर मुझे सुनाती रहीं।

जमाते इस्लामी ने कहा है कि 29 जुलाई को बयतुल मुकर्रम के उत्तरी गेट पर एक सभा करेगी।

मेरे मन में एक सवाल जागा है।

मैंने झ से पूछा, ''जमाते इस्लामी, सम्मिलित संग्राम परिषद के साथ, लोंग-मार्च और महासमावेश क्यों नहीं कर रही है? इसकी क्या वजह है?''

झ को भी यह मामला समझ में नहीं आया। जमात अचानक अलग क्यों हो गया? जमात को छोड़कर, बाकी सब कट्टरवादी पार्टियाँ एकजुट हो गई हैं। कट्टरवादी जोट में जमात क्यों नहीं शामिल है?

झ को पहले की किसी खबर का ख्याल हो आया।

उन्होंने कहा, ''नेतृत्व की खींचतान है। जमाते इस्लामी पार्टी समझती है कि उनके नेतागण, अन्यान्य इस्लामी पार्टियों से ज्यादा बड़े नेता हैं। इसलिए जमात शायद पूरे गुट को नेतृत्व देना चाहता है। उधर, अमीनी, शैखुल हदीस वगैरह ने भी काफी नाम कमा लिया है। ये लोग अब निजामी ऐंड पार्टी पर रौब लेना चाहते हैं। सम्मिलित संग्राम परिषद में तो गुप्त मीटिंग भी हो चुकी है, जहाँ इस बात पर सलाह-मशविरा हुआ कि जमात को वे लोग अपने दल में शामिल करें या नहीं। किसी ने कहा, जमात भी रहे। किसी ने कहा कि इसकी जरूरत नहीं है। सम्मिलित संग्राम परिषद, इन दिनों जमात से भी ज्यादा ताकतवर है। ऐसे में जमात उनके साथ हो या न हो, उन लोगों को कोई फर्क नहीं पड़ता।''

''इन लोगों में तुमने एक बात गौर की है?'' मैंने पूछा, ''जमाते इस्लामी और इस्लामी गठजोड़ या सम्मिलित संग्राम परिषद में मतविरोध भले हो, मगर मंच पर आकर, कोई किसी के खिलाफ गाली-गलौज नहीं करता। यहाँ अगर बी एन सी और अवामी लीग होती, तो झोंटा-झोटौव्वल हो जाता।

लगता है, इस देश में कट्टरवादियों की किस्मत ही बुलंद है। उनके बीच एकता है। आज जमाते इस्लामी की थाने-थाने में पथ-सभा है और जुलूस भी निकाले जाएँगे। कल के बाद परसों, बयतुल मुकर्रम से जुलूस निकाला जाएगा। सिर्फ इतना ही नहीं, हर थाना, वार्ड और मुहल्ले से जमात के जुलूस निकाले जाएँगे और 29 जुलाई को शाम 3 बजे, बयतुल मुकर्रम के सामने जनसभा होगी। आजकल मुल्ले 24 घंटों व्यस्त हैं। दिन में जुलूस निकालते हैं, रात को मशाल-जुलूस! कमबख़्त रात को ही जरा देर सो लें, यह भी मुहाल है! वे लोग इस कदर उत्तेजित हैं!

मैंने कहा, ''यह जो जनसभाएँ हो रही हैं, सब सड़कें बन्द करके की जा रही हैं। सड़क पर ही मंच बनाया जाता है। आम लोग क्या कम दुर्योग झेल रहे हैं?''

झ का निर्लिप्त जवाब सुनायी पड़ा, "हाँ, सो तो हो ही रहा है! लेकिन इसकी परवाह किसे है? देखो, देश की कोई राजनीति, जनता के बारे में नहीं सोचती। रास्ता बंद करके, जनसभाएँ करने की सीख उसने किससे ली है? बी एन पी और अवामी लीग से ही न?"

मैंने एक लम्बी उसाँस भरी!

"इस देश में कभी, किसी दिन भी स्वस्थ नेतृत्व के दर्शन नहीं होंगे। ऐसे नेता, जो सच ही देश के लोगों का भला चाहते हों, उनके लिए मंगल-कामना करते हों।"

"ऐसे भी हैं! गण-फोरम है न! वाम पार्टियों में भी दो-एक लोग हैं। लेकिन ये लोग लोकप्रिय नहीं हैं। इसके अलावा सत्ता में जाते ही, जब सभी लोग 'कॅरप्ट' हो जाते हैं...भ्रष्ट हो जाते हैं, तो अब किसी पर आस्था नहीं होती।"

"यह कमाल हुसेन...मेरे वकील हैं, इसलिए मैं नहीं कह रही, लेकिन मुझे लगता है कि उनकी पार्टी अगर सच ही सत्ता सँभाल ले, तो देश सचमुच ही तरक्की कर सकता है।"

झ ने जोर का ठहाका लगाकर कहा, "अरे, नहीं, सबके सब बुर्जुआ लोगों के दल हैं। सब एक ही थैली के चट्टे-बट्टे! अल्टीमेट्ली, अवामी या बी एन पी से कहीं कोई फर्क नहीं है! सबके सब कैपिटलिस्ट! पूँजीवादी! लेकिन, हाँ, इमानदार कैपिटलिस्ट हैं! आजकल जैसी दुर्नीतियाँ प्रचलित हैं, मुमकिन है, ऐसी हालत न रहे। ऐसा शायद नहीं चलेगा। लेकिन गरीब तो गरीब ही रह जाएगा। चाहे जो भी हो, कमाल हुसेन को कौन वोट देगा?"

झ कुछ देर को खामोश हो गईं।

कुछ सोचते हुए, उन्होंने दुबारा कहा, "देश के चंद पढ़े-लिखे, मध्यवित्त लोगों का वोट पाकर, और भले कुछ हो, चुनाव नहीं जीता जा सकता। वोट पाने के लिए, जितना बेईमान और झूठा बनना पड़ता है, उस हद तक कमाल हुसेन नहीं जा सकते। इसलिए उन्हें वोट भी नहीं मिलेगा। गणफोरम, बांग्लादेश की परिभाषा में कोई राजनीतिक पार्टी न होकर, राजनीतिक बुद्धिजीवी लोगों का क्लब बन गई है। आम लोगों को 'गण-फोरम' को पहचानने में, अभी कई युग लग जाएँगे।"

झ और मैं, आमने-सामने लेटे-लेटे, बातें करते रहे।

अचानक एक और खबर पर नजर पड़ते ही, मैं चौंक उठी।

मैं उठकर बैठ गई।

"अरे, आखिरकार..."

"आखिरकार क्या...?"

"आखिरकार सरकार को कहना ही पड़ा..."

"क्या कहना पड़ा, बताओ तो सही!"

झ ने मेरे हाथ से अखबार झपट लिया।

खबर पढ़कर उन्होंने जोर का ठहाका लगाया।

"सूचना मंत्री ने फरमाया है कि कट्टरवादियों को बढ़ावा नहीं दिया जाएगा। यह कहा है कि बांग्लादेश में कट्टरवादियों के लिए कोई जगह नहीं है।"

"कैसी तो बेसुरी लग रही है यह बात...कि बी एन पी सरकार ने यह बात कही है।"

"यह बात इसलिए कही है, क्योंकि विदेशों में यह देश कट्टरवादी के तौर पर जाना-पहचाना जा रहा है। वर्ना ये कट्टरवादी तो काफी लम्बे अर्से से संत्रास चलाये जा रहे हैं, इससे पहले तो उनके खिलाफ, कभी कुछ नहीं कहा। इससे आगे तो कभी जुबान नहीं खोली! यह सरकार अपने को गणतांत्रिक होने का दावा करती है! सो तो...है। गवर्नमेंट ऑफ द फंडामेंटलिस्ट्स! बाई द फंडामेंटलिस्ट! फॉर द फंडामेंटलिस्ट्स! इसके बाद, अचानक गणतंत्र का राग अलापने लगी।"

झ जब कुछेक जरूरी फोन करने के लिए नीचे चली गईं, तब अखबार की एक बड़ी ख़बर पर मेरी अचानक नजर पड़ी।

—तसलीमा तसरीन की हत्या के लिए इस्लामी जिहाद नामक एक संगठन ने एक विशेष स्क्वाड गठित किया है। अगली 29 जुलाई को इस स्क्वाड की आनुष्ठानिक तौर पर घोषणा की जाएगी। इस्लामी जिहाद के आवाहक, मौलाना बरकतुल्लाह ने न्यूज ऐंड फीचर सर्विस से कहा है कि सिर्फ तसलीमा नसरीन ही नहीं, इस्लाम और कुरान विरोधी सकल मुरतादों के खिलाफ स्क्वाड ही सब तरह का इन्तजाम करेगी। उन्होंने कहा कि जो सब पत्र-पत्रिकाओं ने कुरान की अवमानना की है, उन सब अखबारों के खिलाफ भी कार्रवाई की जाएगी। इस्लामी जेहाद नामक इस संगठन का ठिकाना दिया गया है—नयारहाट, साभार। लेकिन इसके आवाहक ने इत्तला दी कि आजकल ढाका का नया टोला, मगबाजार में उनका अस्थायी कार्यालय स्थित है! 29 जुलाई के लोंग-मार्च के प्रति भी इस संगठन ने समर्थन ज्ञापित किया है। मौलाना बरकत उल्लाह ने बताया कि इस संगठन में हजार से भी अधिक सच्चे मुजाहिद मौजूद हैं, जो लोग इस्लाम और कुरान की रक्षा के लिए अपनी जान तक देने को तैयार हैं। इस्लामी जिहाद का ख्याल है कि तसलीमा नसरीन समेत, देश के अधिकांश बुद्धिजीवी, मुरताद हैं। उनलोगों को तो फाँसी दे देनी चाहिए। लेकिन, इसके लिए, वे पहले सरकार से इस बारे में कार्रवाई करने को कहेगी। सरकार अगर नाकामयाब रही, तो दूसरे चरण में वे लोग खुद ही इस्लाम की रक्षा के लिए कूद पड़ेंगे। इस संगठन के साथ जमात का कोई सम्बन्ध है या नहीं, इस बारे में उन लोगों ने साफ-साफ कुछ नहीं कहा। हाँ, सन् 1971 के मुक्तियुद्ध के बाद, सन् 75 तक बरकतउल्लाह

जेल में थे। अब वे जरूर दनदनाते हुए, खुलेआम घूमते-फिरते हैं। बरकतउल्लाह ने कहा है कि बांग्लादेश की अवाम अब समझ चुकी है कि इस्लाम के बिना यह देश नहीं चल सकता।

इस्लामी दल के हवाले से यह पता चला है कि जमात की पृष्ठपोषकता में इस संगठन के बैनर तले कम से कम सौ हथियारबंद कैडर मौजूद हैं। इनमें से अधिकांश युव कमांड से जुड़े हुए हैं। इन लोगों का लक्ष्य है, तथाकथित मुरतादों की निशान देही करके, उन लोगों को मिसाली सजा देना। दो साल पहले, युव कमांड ने भारतीय दलाल के तौर पर, प्रगतिशील राजनीतिज्ञों के नामों की घोषणा करके, उनकी हत्या की धमकी दी थी। इस घटना के फौरन बाद ही, खुलना में रतन सेन को मार डाला गया। ढाका में राशिद खान मेनन, गोलियों के शिकार हो गए। इन दिनों, इस्लामी जिहाद, इस्लाम की रक्षा के नाम पर, खुलेआम हत्या की धमकी दे रही है और परिस्थिति को और बदहाली की ओर खींच ले जाने के लिए पैंतरे भांज रही है। संगठन-सूत्र से यह भी पता चला है कि 29 जुलाई के लोंग-मार्च के बाद ही वे लोग उस स्क्वाड की आनुष्ठिक घोषणा करेंगे। इस्लामी जिहाद के कर्मियों का ख़्याल है कि सरकार में भी बहुत-से मुरताद मौजूद हैं, जिनकी वजह से तसलीमा नसरीन को गिरफ्तार करना संभव नहीं हो पा रहा है। संगठन के एक प्रचार-पत्र में कहा गया है कि थोड़े ही दिनों में वे लोग प्रत्येक मुरताद के खिलाफ गण-अदालत का गठन करेंगे। हालाँकि सरकार बार-बार यही दुहरा रही है कि कानून अपने हाथ में लेनेवालों के खिलाफ सख्त कार्रवाई की जाएगी। लेकिन, अब तक इस किस्म के संगठन के खिलाफ कभी, कोई कार्रवाई नहीं की गई।

यह खबर पढ़ने के बाद, मैं काफी देर तक पथरायी बैठी रही। सफेद पन्ने पर मैं पेंसिल से आड़ी-तिरछी लकीरों में अपना चेहरा आँकती रही! तस्वीर के गले में फाँसी की रस्सी पड़ी हुई! सीने पर छुरी! सिर पर गोलियों के निशान! मैं लिखती रही—मौत! मौत! मौत! मौत! मौत! मौत! छोटी मौत! बड़ी मौत! मरकर कैसा लगता है? यह क्या समझ में आता है कि मैं मर रही हूँ? सीने में क्या तीखी पीड़ा होती है? मैंने अभी तक ऐसे किसी शख्स को नहीं देखा, जो मर रहा हो और यह बयान करता जा रहा हो कि मौत होने पर क्या-क्या अहसास होता है! जो जाता है, वह चला ही जाता है। किसी दिन लौटकर नहीं आता, न किसी को समझा पाता है कि मौत का रंग-रूप-गंध कैसा है! अच्छा, मैं मर जाऊँ, तो क्या कोई मेरे लिए रोएगा? वैसे मेरी अम्मी रोएगी, अब्बू भी रोएँगे; भाई-बहन भी रोएँगे, मुझे पता है। इनसे बाहर, जो लोग मुझे प्यार करते हैं, वे लोग दुःखी होंगे! अफसोस करेंगे! लेकिन कितने दिन? कुछ ही दिन गुजरते ही, सब भूल जाएँगे। सब लोग पहले की तरह ही, अपनी-अपनी जिन्दगी में मगन हो जाएँगे।

दिन भर मैं और मौत अगल-बगल बैठे रहे। सफेद पन्नों पर मौत की तस्वीर

आँकती रही—इन दिनों मौत के साथ, मेरी दोनों वक्त भेंट होती है। हम एक-दूसरे को गहराई से चूम लेते हैं, अगल-बगल बैठे रहते हैं, बेभाव अड्डा देते हैं। मृत्यु के तन-बदन में बेहद मोहक-सी खुशबू! घुटनों पर ठुड्डी गड़ाये, जब मैं जीवन की आपबीती सुनाती हूँ...उमड़ती-घुमड़ती नदी। नदी में डूबती-बहती किशोर, उम्र, धूल-धक्कड़ में खेल-कूद! जब मैं उससे बतियाती रहती थी, तब बालों में फीता बाँधे...चुटैया लहराती गोल्ला छूट! गुलाब...कमल! कबड्डी की हा-डू-डू! पतंग का वो-काट्टा के पीछे दौड़ना...सई-साँझ मैदान पार करके...नहर पार...रात को पोखर-किनारे बैठे रहना! बदन की पोर-पोर में चाँदनी लपेटे...पानी पर लेटे रहना! कोई रुपहली नजर आते ही, उस मछली की तरफ हाथ बढ़ा देना...और मुट्ठी में मछली नहीं, टुकड़े-टुकड़े चाँद का उतर आना...! जब-जब उससे बातें करती...घास के बिस्तर पर लेटी-लेटी... पूरी फ्रॉक में हरसिंगार के फूल बटोरकर, दीवार लाँघना...और दे-दौड़! दे-दौड़! उन दिनों की बातें!

ये बातें सुनते-सुनते मौत की आँखों में भी बूँद-बूँद शिशिर-बूँदें जम आयीं। मौत से मेरी दोनों वक्त भेंट होती है! भेंट होते ही हम एक-दूसरे को गहरा-सा चुम्बन देते हैं और जब आपस में प्यार से बतकही करते हैं, तो किशोर उम्र लाँघते ही, जाने कौन तो एक जंगल में मुझे जंगली भैंसों के झुंड में छोड़ देता है; जाने किसने तो किसी हौदे में मेरा सिर और चेहरा ठूँस दिया; जाने किसने तो मेरे हाथ-पैरों में हथकड़ी-बेड़ी पहना दी; जाने कौन लोग तो कंकड़-पत्थर फेंकते हुए मेरा सिर, मेरा माथा, मेरी खोपड़ी...। उस वक्त मौत की आँखों में भी गहरा धुंध उतर आया। उसने मुझसे विदा माँगी—"चलती हूँ!"

मौत से मेरी दोनों वक्त मुलाकात होती है। मेरे बालों, पीठ पर हाथ फेरते हुए, उसने मुझसे वादा किया कि वह फिर आएगी! इस बार जब वह आएगी, तो मुझे घोर अँधेरे में अकेली बिठाकर, कहीं नहीं जाएगी। उसका एक घर है, रोशनी से झलमलाता हुआ! वह मुझे वहाँ ले जाकर ही मानेगी।

कागज पर बूँद-बूँद पानी टपकता रहा। चलो, टपकने दो! मैंने वह पानी टपकते रहने दिया। अचानक मेरे अन्दर से गौंगियाने की आवाजें आने लगीं। मैं तकिया में मुँह गड़ाये, पेट के बल लेट गई। मैं अपना गौंगियाना जबरन दबाये रही। ताकि आवाज कमरे से बाहर न जाए। हाथ-पैर सिकोड़ते-सिकोड़ते सिमटते-सिमटते, मैं इत्ती-सी हो आयी! अस्तित्व अगर अवश और अशांत हो जाए, तो इन्सान को शायद इसी तरह क्षुद्र से क्षुद्रतर हो जाना पड़ता है।

जब मैं इसी मुद्रा में पड़ी हुई थी, झ लौट आयीं।

दरवाजा अन्दर से बंद नहीं था।

झ ने अन्दर आकर, मेरी पीठ पर हाथ रखा, तो मैंने चौंककर, पीछे पलटकर देखा।

"हुआ क्या है?"

"कुछ नहीं!"

"कुछ तो जरूर हुआ है।"

उन्होंने मुझे खींचकर उठाया और सीधे बिठा दिया। मेरा चेहरा देखकर वे फौरन समझ गईं कि मैं फिर मृत्यु-चिन्ता में डूबी हुई हूँ! उन्होंने मेरी तरफ सिगरेट बढ़ा दिया। दोनों खामोश बैठे-बैठे, सिगरेट पीते रहे।

थोड़ा ठहरकर झ ने ही चुप्पी तोड़ी, "आज तुम्हारा भाई आएगा।"

"सच्ची? सच्ची आएगा? कब आएगा?"

"रात को!"

"कितने बजे!"

"कितने बजे...पता नहीं!"

"तुम्हें कैसे पता कि वह आएगा?"

"उससे बात हुई है।"

एक उत्तेजना मेरी तरफ चिता की तरह लपलपाती हुई, दौड़कर आ पहुँची! इतने...इतने दिनों बाद, मैं अपने परिवार के किसी व्यक्ति को देखूँगी। ऐसा लग रहा है जैसे लाखों-लाखों वर्ष बाद हमारी भेंट होगी। झ को देखकर, यह बिलकुल समझ में नहीं आता कि अन्दर ही अन्दर वे इतनी नरम हैं! वे जरूर समझ गईं होंगी कि मैं बेहद-बे-हद चाहती हूँ कि मैं किसी अपने को देखूँ! मुमकिन है, उन्होंने यह सोचा हो कि अब अपनों से शायद मेरी कभी न भेंट हो, इसलिए उन्होंने आखिरी मुलाकात का इन्तजाम कर दिया।

समूचे देश में आन्दोलन हो रहा है। हर नगर-बन्दर! हर शहर-उपशहर! हर गाँव! हर गंज! मुझे फाँसी देने के लिए लोग-बाग पागल हो उठे हैं। मेरे अब्बू के गाँव, जिस गाँव में अब्बू पैदा हुए थे, जिस गाँव के लोगों से बिना पैसा लिये, मुफ्त दवा करते रहे हैं, उस गाँव के लोग भी मुझे फाँसी देने को आमादा थे। जिस स्कूल में मेरे अब्बू ने पढ़ाई-लिखाई की थी, उसी चंडीपाशा स्कूल के मैदान में भी जनसभा! नन्दाइल में पूरे चालीस हजार लीफलेट बाँटे गए हैं। जिहाद की पुकार दी गई है।

जिहाद की पुकार
अल्लाहू अकबर
मुरताद विरोधी आन्दोलन को जोरदार करने का संकल्प, मुसलिम उम्माहर एकता और संस्कृति को सुदृढ़ करने के लक्ष्य से इस्लामी तहजीब और तमद्दुन को सुप्रतिष्ठित करने के लिए अंजुमन इत्तहाद-ए-मुसलमीन के लिए तौहीदी जनता का ऐतिहासिक 'महावेश'
स्थान : चंडीपाशा हाईस्कूल मैदान, नन्दाइल, मयमनसिंह
ता. 26 जुलाई, 1994, मुताबिक 10 श्रावण, 1801 वर्ष (बांग्ला) प्रतिदिन मंगलवार, समय : अपराह्न 2 बजे!

सभापति : हयबत मौलाना अमीरुद्दीन साहब

आवाहक : अंजुमने इत्तहाद मुसलमीन

प्रधान अतिथि : माननीय जनाब अनवरुल हुसेन खान चौधरी एम.पी.

प्रधान पृष्ठपोषक : अंजुमने इत्तहाद मुसलमीन

वक्तव्य प्रस्तुत करेंगे :

1. हयबत मौलाना अब्दुल मन्नान हासन नगरी साहब
2. हयबत मौलाना अली हुसेन रघेबी साहब
3. हयबत मौलाना मुजीबर रहमान खान साहब, अध्यक्ष, घोषपाड़ा सीनियर मदरसा
4. हयबत मौलाना सैयदुर रहमान साहब, नन्दाइल
5. हयबत मौलाना अब्दुल मलिक साहब, नाजिम, बरुई ग्राम मदरसा
6. हयबत मौलाना रियाजउद्दीन साहब, भूतपूर्व अध्यक्ष, अशरफ चौधुरी आलेया मदरसा
7. हयबत मौलाना महताबउद्दीन खाकी साहब, आचारगाँव
8. हयबत मौलाना रुहुल अमीन दजी साहब, ईश्वरगंज
9. हयबत मौलाना अब्दुल गफूर साहब, शेरपुर सीनियर मदरसा
10. हयबत मौलाना अब्दुल मतीन साहब, चकमति आलिया मदरसा

इनके अलावा देश के स्वनामधन्य उलामागण अपना-अपना वक्तव्य प्रस्तुत करेंगे।

आप लोग तौहीद की पुकार पर सपरिवार-सबांधव इसमें शामिल हों और मुरताद-विरोधी जिहाद की शपथ लें।

बिरादराने इस्लाम,

अस्सलाम वालेकुम

● 'मुरताद, भ्रष्टा और कुलंगार तसलीमा तसरीन ने कुरान पाक का जघन अपमान किया है। उसने अल्लाह के अस्तित्व को अस्वीकार किया है। (नाउजुविल्लाह)

● कुरान पाक को मनगढ़न्त धोखेबाजी का ग्रन्थ कहा है। (नाउजुविल्लाह)

● नारी-मुक्ति के नाम पर हमारे नारी समाज को अबाध यौन-सम्पर्क और वेश्यावृत्ति को बढ़ावा देने की धृष्टता की है।

● मुरताद सलामन रुशदी, तसलीमा नसरीन और कादियानी तबके ने कुरान हदीस, सुन्नते रसूल (दः), सुन्नते सहाबा (रा.) की गलत-सलत, भ्रांतिपूर्ण व्याख्या की है और इस्लाम तथा मुस्लिम उम्माह को हेय और हास्यास्पद बनाने की स्पर्धा दिखाई हैं।

● मुरताद सलामन रुशदी, मुरताद तसलीमा नसरीन और कादियानी तथा एक

वर्ग के एन जी ओ ने अन्तर्राष्ट्रीय छत्रछाया में इस्लाम और मुस्लिम उम्माह के खिलाफ हीन साजिश में लिप्त हैं। हक्कानी उलामा समाज और मुस्लिम नेताओं को भी हेय और हास्यास्पद बनाने का उसका दुस्साहस अभी भी जारी है। हमारे इस्लामी अकीदे, तहजीब, तमद्दुन और जिहादी चेतना को ध्वंस करके, बड़े सुकौशल से अपसंस्कृति फैलाने का घृणित षड्यंत्र चल रहा है। झूठे पीरों के मक्कारीपूर्ण क्रियाकलाप बढ़ते जा रहे हैं। मुस्लिम जहाँ, एक महाफितूना के मुकाबिल है। इस सर्वतोमुखी परिस्थिति का मुकाबला करने के लिए, बालाकोट के वीर शहीदों के वारिसों ने अंजुमने इत्तहादे मुसलमीन, तौहीदी जनता की तरफ से इस्लाम, मुस्लिम उम्माह के खिलाफ रची-गढ़ी जा रही सभी साजिशों को स्तब्ध और निश्चिन्ह करने की जोरदार घोषणा की है। ्पने मुस्लिम समाज में जिहादी चेतना और इमानी चेतना के सहारे, जिहाद की पुकार दी है।

उपरोक्त पृष्ठभूमि में इमानी दायित्व पालन करने के लिए, उक्त महासमावेश में, झुंड-झुंड में शामिल हों और मुस्लिम उम्माह की एकता और सद्भावना को सुदृढ़ करें तथा काफिर, मुरताद और धर्मद्रोहियों के विरोध में जिहाद को आगे बढ़ायें। शांति, अनुशासन और साहस के साथ, महासमावेश में शामिल हों। नसरु मिनाल्लाहे वा फातहून कारिब (विजय अति निकट है)!

अल्लाह हाफिज

अर्ज़गुज़ार
अंजुमने इत्तहाद मुसलमीन की तरफ से
अलहाजी मौलाना अनीसुर रहमान

अब्बू की बेतरह याद आ रही है। काश, एक बार अब्बू दिख जाते। मैं मन ही मन अब्बू से बातें करती रही—कित्ते दिन हो गए, अब्बू, तुम्हें देखा नहीं मैंने! कित्ते-कित्ते दिन हो गए! आखिरी बार, जब मैंने तुम्हें देखा था, मुझे बिल्कुल नहीं लगा था कि तुम वही पहलेवाले अब्बू हो! न पहले जैसी चुस्त-तंदुरुस्त देह, न पहले जैसी गमकती आवाज! न पहले जैसे चरमराते हुए जूतों की आवाज न वह...तुम तो जिन्दगी में बहुत बार हारे हो, अब्बू! मैं भी! मैं भी हारी हूँ...। तुम तो अपने गाँव को समृद्ध करना चाहते थे। तुमने तो चाहा था कि तुम्हारे चाव का गाँव, धान-पाट, साग-सब्जी, पेड़-पौधे, फलों से भरा-भरा हो। इतनी हरियाली का सपना, तुम कैसे देख पाते थे। अब्बू? मैं तो तुम्हारे ही सपनों की सीढ़ी पर चढ़ती हुई, मैं ऊपर उठती गई। लेकिन मैं जितना-जितना ऊपर चढ़ती गई, मुझे कहीं, किसी फुनगी का पता नहीं मिला! मुझमें इतना-इतना कौतूहल था, फिर भी...! इसके बदले में उसी गाँववालों ने तुम्हारे सिर पर कुल्हाड़ी दे मारी और मेरे सपनों पर भी समूचा देश मन-मन भर पत्थर बरसा

रहा है! हाथों में सख्त-पुख्ता काठ, बम, आग, विषधर साँप, फाँसी की रस्सी...उफ! कैसा भीषण तांडव मचा है चारों ओर! कहो न, अब्बू, तांडव मचा है न चारों ओर? कुल एक इन्सान की हत्या के लिए, लाखों-लाखों लोग दौड़ते हुए पीछे पड़े हैं। मुझे पागलों की तरह खोज रहे हैं! तुम क्या डर गए, अब्बू? तुम्हारा ब्लडप्रेशर बढ़ गया है, अब्बू? ना, अब्बू, ना, तुम डरना मत! देखना, मैं ठीक खड़ी हो जाऊँगी। लोगों के कंकड़-पत्थर, बम, साँप और फाँसी की रस्सी के सामने मैं अडिग खड़ी रहूँगी। मैं इस कदर अटल खड़ी रहूँगी कि वे लोग हथियारों से वार करते-करते, मेरी देह के तो टुकड़े-टुकड़े कर देंगे, लेकिन, मेरा विश्वास? विश्वास तो नहीं मरेगा; जो कुछ मैं हजारों-हजारों लोगों में छितराये जा रही हूँ। इन्सान गुप्त तरीके से ही सही, उन्हें पालेगा-पोसेगा जरूर! उसे सींचेगा और जब वह पौधा बड़ा होते-होते महावृक्ष हो जाएगा, तो दुनिया में आखिर कितनी कुल्हाड़ियाँ हैं, जो उनकी शाख-शाख पर वार करेंगी? चलो, कर लें वार। मरे हुए पेड़ के ओने-कोने में दुबारा कल्ले नहीं फूटने लगते? फूटते हैं! अब्बू, तुम टूटना नहीं! जैसे सीधे तनकर खड़े होना तुमने मुझे सिखाया था, वैसे ही तुम भी खड़े रहना! आज हम जरूर हार गए हैं, आज लोग जरूर हमारी पीठ पर चाबुक बरसा रहे हैं, लेकिन देखना, किसी न किसी दिन तुम्हारा गाँव भी धान-पाट, साग-सब्जी, पेड़-पौधे, फलों से समृद्ध हो उठेगा। देखना, किसी दिन मेरे सपनों में नई-नई डालें उग आएँगी। हमारे पास तो न वित्त है, न मान-सम्मान! हमारे सीने में निष्कलुष सपनों के अलावा और क्या है, अब्बू? बताओ!

रात ग्यारह बजे, छोटू'दा, पीछे-पीछे अब्बू और अब्बू के पीछे गीता, कमरे में दाखिल हुए! अब्बू को देखते ही, मैं भागकर उनके पास पहुँची। उन्होंने मुझे खींचकर, अपने सीने में दुबका लिया और मेरे सिर, पीठ पर हाथ फेरते रहे। उनकी जुबान से एक भी शब्द नहीं निकला। हम दोनों में से कोई कुछ नहीं बोला। मैं अपनी रुलाई, अपने सीने और होठों में दबाये रही। छोटू'दा ने अपनी आँखें पोंछीं! मैं अगर जोर-जोर से रो पाती, तो शायद जरा स्वाभाविक हो पाती। अब्बू का हाथ पकड़े-पकड़े, मैं फर्श पर बिछे बिस्तर पर आ बैठी। मैं भी उनकी बगल में बैठ गई।

"कैसी हो, बिट्टी तुम?" अब्बू ने पूछा। उनकी आवाज काँप रही थी।

मैं कैसी हूँ, यह पूछना, निरर्थक था।

मैंने मन ही मन कहा—मैं कैसी हूँ, यह तो तुम सब जानते ही हो! फालतू पूछ क्यों रहे हैं? मैंने कोई जवाब नहीं दिया।

"तुमको डर तो नहीं लगता, बिट्टी? देखो, डरना नहीं! अपनी हिम्मत मजबूत रखना।"

झ ने कहा, "मैं भी इसे बार-बार यही समझाती हूँ कि डरना मत! जो होना

है, वह तो होगा ही! मुल्ले मार डालेंगे? इतना आसान है क्या? हमलोग क्या मर गए हैं?''

छोटू'दा ने कहा, ''नसरीन, विदेश से, यूरोप-अमेरिका से, दिन में हज्जार बार फोन आवत है, तोरी खोज-खबर लेने को। हम कह देते हैं, तू कहाँ है, हमका नाहीं मालूम। ऊ लोग कहत हैं कि तोरी मदद करना चाहत हैं। इंडिया से सानाल एडामासकू, एक मानस तो कित्तना फोन करत है।''

अब्बू के दर्दभरे चेहरे की तरफ देखा नहीं जा रहा था। वे कुछ कहना चाहते थे, मगर उनसे बोला नहीं जा रहा था। मैं भी भला क्या कहती? छोटू'दा ही बातें करते रहे। उन्होंने बताया कि घर पर पुलिस की दौड़ आयी थी, खूब तांडव मचाया उनलोगों ने! मुसीबत के अंदेशे से वे मेरे कम्प्यूटर का हार्ड डिस्क, रात के अँधेरे में, शफीक अहमद के घर रख आए थे। और कुछ भले हो, कम से कम मेरा लिखा हुआ तो बचा रहेगा।

गीता के हाथ में कुछेक डिब्बे थे!

उसने डिब्बे के ढक्कन खोलते हुए कहा, ''अम्मी ने खाना पकाकर भेजा है। लो, खा लो।''

छोटू'दा ने कहा, ''ह! खा ले! अम्मी ने कहा है, कौर बना-बनाकर, तोका खिला दें।''

अब्बू काँटा-चम्मच से मुझे खिलाते रहे। अम्मी ने लँगड़ा आम काटकर भेजा था। सारा खाना मेरी पसन्द का भेजा था। रुई मछली तली हुई, बड़ी-बड़ी गलदा चिंगड़ी मच्छी का शोरबा; खस्सी का गोश्त, पुलाव!

छोटू'दा ने कहा, ''जैसे ही मैंने अम्मी को बताया कि आज तुझसे भेंट हो सकती है, अम्मी दौड़कर बाजार कर लायीं और झटपट तेरे लिए खाना पकाया। अम्मी तो दिन-दिन भर रोती रहती है! सोती भी नहीं है। कितना समझाता हूँ उसे कि रो मत, रोने से कोई फायदा नहीं होगा, फिर भी अम्मी रोती रहती है...रोती रहती है।''

''चेम्बर क़ी क्या हालत है? सुना है कि 'अवकाश' में भी...''

मेरा सवाल अभी पूरा भी नहीं हुआ था कि छोटू'दा बोल उठे, ''अब्बू का चेम्बर तो आधे से ज्यादा तोड़-फोड़ डाला है। कमरे के अन्दर यन्त्र-पाती रखने की अलमारी, मेज भी तोड़ डाली। अब्बू तो अब चेम्बर जा ही नहीं पाते। हर दिन नोतुन बाजार से होकर जुलूस निकलता है। उस वक्त दौड़कर अगल-बगल की दुकानों में छिपना पड़ता है। 'अवकाश' के बाहर जो खिड़की दरवाजे खुलते थे, सब तोड़-ताड़ डाला। बाहर के गेट पर अब ताला पड़ा हुआ है। अब पुलिस का पहरा लगा दिया गया है। अब घर पर पुलिस रहती है।

अब्बू की हथेलियाँ थिर नहीं हो पा रही थीं।

अब्बू के हाथ, तेजी से मेरी पीठ, माथा सहलाते रहे।

"पुलिस? सरकार ने क्या पुलिस दी है?"

"हमले के बाद, हमने डॉ. कमाल हुसेन से सम्पर्क किया। उन्होंने ही पुलिस की सुरक्षा लेने की सलाह दी। सुरक्षा माँगने के काफी दिनों बाद पुलिस आयी। इसके अलावा यूँ भी हमेशा जाते रहते हैं। सारा हुसेन से तेरी जमानत की बातें होती रहती हैं। वे लोग तेरी जमानत के लिए काफी जोर लगा रहे हैं। मुझे हर वक्त तैयार रहने को कहा है। कोर्ट जाने की जरूरत पड़ते ही, हम तुझे फौरन कोर्ट में हाजिर करें।"

"मैं कहाँ हूँ, तुम्हें तो पता भी नहीं था। मुझे हाजिर कहाँ से करते?"

"क तो जानती हैं! क बीच-बीच में डॉ. कमाल हुसेन के पास जमानत के बारे में खोज-खबर लेने जाती रहती थीं। उनसे कई बार, वहीं भेंट हुई है।"

"मयमनसिंह में ये कौन लोग जुलूस निकाल रहे हैं? मैं मयमनसिंह की ही बेटी हूँ। यह जानते हुए वहाँ लोग जुलूस निकाल रहे हैं?"

"ह! तोरे मामा लोग ही निकाल रहे हैं।"

"मामा लोग?"

"हाँ, शराफ मामा ही जुलूस निकाल रहे हैं–" गीता ने कहा।

"पीर कोठी के सभी लोग जुलूस में शामिल होते हैं–" अब्बू ने कहा।

"नन्दाइल के जुलूस में काका लोग भी जाते हैं।" छोटकू'दा ने कहा।

अचानक एक भय, चमगादड़ की तरह मेरी आँखों के आगे झूल गया। मृत्युभय! मैंने झट से कागज-कलम खींचकर, जल्दी-जल्दी लिखा–बैंक में मेरे जो भी रुपये-पैसे हैं, अब से वह सारी रकम रजाउल करीम कमाल की देखरेख में रहेगी। उन्हें रुपये निकालने का हर तरह का हक दिया गया–मैंने वह कागज छोटकू'दा के हाथ में सौंप दिया।

वह कागज पढ़कर, छोटकू'दा ने कहा, "मुझको तैने सारे हक सौंप दिये? तू क्या बचेगी नहीं?"

"बात मत करो! बस, कागज जेब में रख लो।" मैंने कहा!

वह कागज अपनी जेब के हवाले करते हुए, छोटकू'दा ने कहा, "देख, इतना ज्यादा फिक्र न किया कर! सब ठीक हो जाएगा, तू देख लेना।"

अब्बू लगातार मेरी पीठ, बाँह और सिर सहलाते रहे।

"अब्बू को भी, इन मुल्लों ने मारा-पीटा है। मार-पीटकर ड्रेन में धकेल दिया था।" छोटकू'दा ने बताया।

"यह तुम क्या कह रहे हो?" मैं लगभग चीख उठी।

"ह! बड़े बाजार में मुल्लों की मीटिंग हो रही थी। अब्बू सुनने गए थे।"

"ना, बिट्टी! ऐसी कोई खास बात नहीं हुई! तू फिकिर ना कर! ऐसा कुछ भी नहीं है।" अब्बू ने मुझे तसल्ली दी।

यानी वे यह प्रसंग नहीं छेड़ने देना चाहते थे। लेकिन मैं पूरी कहानी सुनने को बजिद थी।

अब्बू को आखिर बताना पड़ा, ''हाँ, जरा सुनने पहुँच गया था।''

''क्यों?''

''कुछ नहीं, जरा उन लोगों का प्रोग्राम सुनने गया था। क्या कर रहे हैं वे लोग...क्या करनेवाले हैं...। लेकिन मैं मीटिंग के अन्दर नहीं गया था। दूर ही खड़ा था।''

''उसके बाद?''

''उसके बाद, और क्या? दो लोगों ने मुझे पहचान लिया कि मैं ही तेरा अब्बू हूँ...''

छोटकू'दा ने पीछे से कहा, ''उसके बाद, तो धर दबोचा और दे धुलैया! अब्बू ड्रेन में गिर पड़े। बाद में दौड़कर किसी जान-पहचानवाले की फार्मेसी में घुसकर अपनी जान बचायी। वर्ना पता नहीं, क्या होता।''

मैंने आँखें मूँद लीं। अन्दर से एक लम्बी उसाँस उभर आयी।

अब्बू ने कहा, ''विदेशों से इतना कुछ कहा जा रहा है। यूरोपियन यूनियन भी तो कोशिश कर रही है। इतने सबके बाद भी क्या जमानत नहीं होगी?''

मैंने होंठ बिचकाकर कहा, ''पता नहीं—''

अब्बू ने कहा, ''अगर जमानत हो जाए, तो अपने घर लौट चलेगी! सरकार अगर पुलिस-सुरक्षा का इन्तजाम कर दे, तो फिर तेरे लिए डर की कोई बात नहीं है। घर में बैठे-बैठे लिखा करना! विदेशों के मंत्री लोग भी तुझे हिफाजत देने के लिए जोर लगा रहे हैं।''

मैंने फिर सिर हिलाते हुए कहा, ''अगर...अगर...अगर...! अगर ऐसा हुआ, तभी वह होगा! पता नहीं क्या होना है। इस सरकार और कट्टरवादियों के बीच, मुझे तो कोई फर्क नजर नहीं आता! अंत में क्या होनेवाला है, पता नहीं!''

झ ने छोटकू'दा को उठ जाने का इशारा किया! यह इशारा हम सबके सीने में तीर की तरह चुभ गया। न चाहते हुए भी छोटकू'दा को उठना पड़ा! उन्होंने अब्बू को भी उठ जाने को कहा!

''जरा देर और बैठने दें! बस, जरा देर और...'' मैंने झ की ओर कातर निगाहों से देखते हुए कहा।

''ना! खामखाह खतरा उठाने की कोई जरूरत नहीं है। तुम क्या समझती हो, तुम्हारी फैमिली के लोग कहाँ-कहाँ आते-जाते हैं, इसकी खबर नहीं रखी जाती?''

छोटू'दा ने कहा, ''हाय बप्पा, हर वक्त ही तो सबके पीछे-पीछे एस.बी. के

लोग होते हैं। जहाँ-जहाँ मैं जाता हूँ, वे लोग पीछे-पीछे जाते हैं। आज तो मैं शाम को ही घर से निकल गया था। समूचे शहर का चक्कर लगाता रहा, एस.बी. की गाड़ी भी पूरे तीन घंटे तक मेरा पीछा करती रही। लेकिन, मैं भी ऐसी अली-गली में चक्कर लगाता रहा, अन्त में उन लोगों ने हारकर मेरा पीछा करना छोड़ दिया या मुझे मिस कर दिया। उसके बाद, मैं यहाँ आया...।''

अब्बू ने झ से कहा, ''आपने जो इतना जोखिम उठाकर मोरी बिटिया को शरण दिया है, हम आपके ्द अहसानमंद हैं।''

झ ने कहा, ''नहीं, नहीं, अहसान की कोई बात नहीं है! मैंने जो किया, अपना फर्ज समझकर किया और सिफ मैं ही नहीं, बहुतों ने उसकी मदद की है।''

मैं असहाय-सी मुद्रा में ख ा रही। आधा घंटे वक्त और नहीं गुजारा जा सकता था? अगले पल नींद में एक सुखद-सा सपना झलक दिखा गया।

अदृश्य हो जाने से पहले, अब्बू ने एक बार फिर मुझे अपने सीने से लगा लिया, ''हिम्मत रखियो, बिट्टी! हिम्मत मत छोड़ना! तुमने जो बातें लिखी हैं, अगर सच ही उन पर विश्वास भी करती हो, तो जितने भी दिन जिन्दा रहना, सिर उठाकर जीना! लेकिन अभी होशियार रहना होगा। तुम्हारे साथ मित्र हैं! हम सब हैं! तुम बिलकुल परेशान न होना।''

छोटू'दा ने मुझे अपनी बाँहों में लपेटकर मेरा माथा चूम लिया।

दरवाजे के पास मैं पत्थर की बुत बनी खड़ी रही। मुझे बार बार यही लगता रहा, मानो यह हमारी आखिरी भेंट हो।

बाकी रात, मैं तस्वीरें आँकती रही। 'न्यूज वीक' पत्रिका के नये अंक में, मेरी जो तस्वीर छपी है, वही देख-देखकर, तस्वीर आँकती रही। अपनी तस्वीर के चारों तरफ मैंने ढेर सारे साँप आँके। साँप मेरी तरफ फन काढ़े हुए हैं। साँपों के माथे पर सफेद टोपी, बदन पर सफेद कुर्ता! झ सिगरेट फूँकते-फूँकते मुझे आँकते हुए देखती रहीं। थोड़ी देर बाद वे सो गईं। उन्होंने इसी कमरे में एक और बिस्तर बिछा लिया है।

27 जुलाई, बुधवार।

सरकार और विरोधी दल को यह देय, मूल-सूद समेत चुकाना होगा।

इन्कलाब में अब्दुल मन्नान ने लिखा है—मुझे पता चला है कि तसलीमा नसरीन की 'लज्जा' के अंग्रेजी अनुवाद की एक ही दिन में 20,000 (बीस हजार) प्रतियाँ बिक गईं। तसलीमा को लेकर यूरोप, अमेरिका और भारत में जो 'क्रेज' फैल गया है, वह देखकर लगता है कि उसकी 'लज्जा' किताब, अंग्रेजी के अलावा अन्यान्य भाषाओं में भी अनूदित होगी और मिलियन-मिलियन प्रतियाँ बिक जाएँगी। इसके

साथ-साथ ही यह सफेद झूठ ही सच के तौर पर प्रतिष्ठित हो जाएगा कि बांग्लादेश में हिन्दुओं पर अमानवीय जोर-जुल्म चल रहा है; बांग्लादेश उग्र फतवाबाज धर्म के कारोबारियों का देश है। बांग्लादेश का यह जो 'इमेज' रचा जा रहा है, यह क्या किसी के लिए भी कल्याणकारी है? इस झूठ की प्रतिष्ठा से प्रगतिवादी या धर्मनिरपेक्षवादी आखिर क्या कल्याण-लाभ करेंगे? सरकार का क्या भला होगा? विरोधी दल ही क्या लाभ पाएँगे। खासकर अवामी लीग? अगले निर्वाचन में जीतकर, अवामी लीग भले सत्ता में आ जाए, तो वे झूठा 'इमेज' आखिर कैसे पोंछ पाएगी? उन लोगों को भी इसकी जिम्मेदारी क्या वहन नहीं करना होगी?

हालाँकि देश और राजनीति के जो कर्ताधर्ता हैं, यह बिलकुल नहीं लगता कि उनमें से किसी के भी दिमाग में सुबुद्धि मौजूद है। जो सरकार इस्लाम की दुहाई देते हुए क्षमता में आयी है, वह सरकार भी परम निर्विकार निगाह से तसलीमा नसरीन की विविध करतूतें, कर्मकांड और उछृंखलता बस, देखते रहे और उसका मिशन निर्विवाद रूप से जब सम्पन्न हो गया, तो एक कार्यकारणविहीन, निरर्थक गिरफ्तारी का परवाना जारी कर दिया। दूसरी तरफ, अवामी लीग, खासकर इसकी नेता, शेख हसीना ने भारत के गुस्से और यहाँ के भारतीय एजेण्ट, धर्मद्रोही, बुद्धिजीवी वर्ग और उनकी अपनी पार्टी के ब्राह्मणपंथी भड़क जाएँगे—इस डर से चूँ तक नहीं किया। मन ही मन वे शायद यह उम्मीद भी लगाये बैठी थीं कि तसलीमा के बारे में अगर मनमानी जारी रही, तो सत्ता दखल करने की उनकी राह आसान हो जाएगी।

पहली बात तो यह कि तसलीमा नसरीन की 'लज्जा' के वक्तव्य में क्या बूँदभर भी सच्चाई है? बांग्लादेश में हिन्दुओं पर क्या सच ही कोई अत्याचार हो रहा है? अगर अत्याचार न हो रहा हो, तो इस झूठे प्रोपोगंडा को बहाने के तौर पर लेकर, आज साम्राज्यवाद-यहूदीवाद-ब्राह्मणवाद जो इस्लाम और मुसलमानों को तीव्रतम आघात पहुँचाने को आमादा हो उठा है और बांग्लादेश की सार्वभौमिकता में हस्तक्षेप कर रहा है—इसका विचार कैसे किया जाए? सरकार और विरोधी दल के जो सब नेता, परम आनन्द से तमाशा देख रहे हैं, उन्हें कितना-सा देशप्रेमी कहा जाए? सच तो यह है कि क्षमता-रक्षा और क्षमता दखल के लोभ में अंधी-उन्मत्त जिन सब व्यक्ति-गोष्ठियों ने तसलीमा को शरण देकर, बांग्लादेश का 'इमेज' बिगाड़ दिया और मुसलमानों पर हमले का मौका दिया, जाति और इतिहास उन्हें कभी भी माफ नहीं करेगा। इसका हरजाना, उन्हें किसी दिन मूल-सूद समेत चुकाना होगा।

मेरा मन हरजाना चुकाने के ख्यालों में ही भटकता रहा।

शाम को झ मेरे कमरे में आयीं।

उन्होंने बताया कि तीन-तीन ब्रिटिश संसद सदस्यों ने मेरा मामला वापस लेने

के लिए अनुरोध किया है। ब्रिटेन में 'डिफेन्ड तसलीमा' के नाम से एक पार्टी गठित हुई है। खैर, यह तो ब्रिटेन की खबर है, अपने देश में क्या घट रहा है? वैसे दूर देश में बैठे-बैठे, कोई मेरे पक्ष में बात कर रहा है। मुझे बचाने की कोशिश कर रहा है। यह सुनकर, मेरे मन में हल्की-फुल्की पुलक जाग उठी। लेकिन देश की हालत का ख्याल आते ही, मेरा हल्का-फुल्का मन फिर भारी हो आया।

झ ने आज कँपा देनेवाली एक और खबर सुनायी। गुलाम आयम ने चट्टग्राम के लालदीघी मैदान में एक जनसभा की है। गुलाम-विरोधी लोगों ने भी इस सभा के खिलाफ एक जुलूस निकाला। सर्वदलीय छात्र एक्य भी वहीं...उसी जगह सभा करना चाहता था, लेकिन पुलिस ने मना कर दिया। अंत में गुलाम आयम ने पुलिस की जबर्दस्त निगरानी में जनसभा की। उसके पक्ष और विपक्ष के दल में भयंकर मार-पीट हो गई, बाकायदा युद्धक्षेत्र बन गया। काफी गोलियाँ भी चलीं। बम फोड़े गए। काफी लोग जख्मी हो गए। काफी लोग अस्पताल में भर्ती हैं।

"सबसे दुःख की बात यह है कि छः लोग मारे गए।" झ ने कहा।

"यह तुम क्या कह रही हो? कौन लोग मरे हैं? किस पार्टी के?"

"जमात शिविर के लोगों ने विपक्ष के लोगों को पीटा और कुछ लोगों को मार डाला।"

मैं अचल मूर्ति की तरह बैठी रही। गुलाम आयम तो मेरी फाँसी और ब्लासफेमी कानून की माँग करते हुए, सभा करने गए थे। चूँकि चट्टग्राम में वे ज्यादा लोकप्रिय हैं, इसलिए चट्टग्राम में ही सभा बुलायी थी। इस छः-छः मौतों के लिए आखिर कौन जिम्मेदार है? गुलाम आयम या मैं? मैं मन ही मन खुद को भी अपराधी मान बैठी।

"यह सब मेरा ही कसूर है? है न?" मैंने झ से पूछा।

"क्यों? तुम्हारा कसूर क्यों होने लगा?"

"उस स्टेट्समैन को अगर मैंने इंटरव्यू न दिया होता, तो देश में इतना सब न होता।"

"हाँ, सो तो सच है! तब शायद यह सब न होता।"

"लेकिन मैंने तो कुरान में संशोधन की बात कही नहीं थी–"

"असल में, ये लोग किसी न किसी बहाने, यह सब जरूर करते।"

झ ने मुझे तसल्ली तो जरूर दी, लेकिन मेरे मन की ग्लानि नहीं मिटी। मैं एक तुच्छ प्राणी। न मैं अच्छी डॉक्टर हूँ, न अच्छी लेखिका, न अच्छी कवयित्री! लेकिन मैंने धर्म के बारे में बड़ी-बड़ी बातें कर डालीं। इसकी क्या जरूरत थी! और-और लोग, जो धर्म को निस्सार समझते हैं, अफीम का नशा समझते हैं, वे लोग तो मेरी तरह, बतकही नहीं करते। वे लोग समाज के लोगों के लिए सुशिक्षा का इन्तजाम करना चाहते हैं; वे लोग आधुनिक कानून बनाने के लिए आवाज देते हैं; वे लोग प्रगतिशील, राजनीतिक नेताओं को स्वस्थ राजनीतिक माहौल रचने के लिए प्रेरित

करते हैं। इसी तरह तो देश के हालात में धीरे-धीरे सुधार होगा। इसी तरह तो देश का मंगल होगा। देश का मंगल मैं भी चाहती हूँ, लेकिन जिस राह, मैं आगे बढ़ी, वह जरूर गलत राह थी। इस देश के अस्सी प्रतिशत लोग मुसलमान हैं! ज्यादातर लोग कम पढ़े-लिखे या बिलकुल ही अनपढ़ हैं। उन लोगों को मैंने धर्म से मुँह मोड़ लेने को कहा? मेरी अम्मी भी तो धर्म मानती हैं। लेकिन वे तो बेईमान-झूठी नहीं हैं। वे तो बुरी इन्सान नहीं हैं। वे असंवेदनशील भी नहीं हैं। वे तो सिर से पाँव तक माया-ममता-प्यार से भरपूर हैं। मेरे तार्किक अब्बू के मुकाबले कहीं ज्यादा दिलदार हैं। धर्म मानने के बावजूद भी तो इन्सान सच्चा और शरीफ हो सकता है; निष्ठ हो सकता है; स्वस्थ समाज गढ़ने के लिए संघर्ष कर सकता है। मैंने उन लोगों की बात क्यों नहीं सोची? बिना सोचे-समझे कही हुई मेरी उन बातों को पकड़कर, ये कट्टरवादी देश को अँधियारे में धकेल रहे हैं। ये कट्टरवादी, जो धर्म बेच-बेचकर खाते हैं; जिनके लिए धर्म, मसनद तक पहुँचने की सीढ़ी है; जिनके लिए धर्म, लोगों को बुद्धू और बहरा बनाने का जरिया है! मैंने खुद ही हत्यारे गुलाम आयम के हाथों को एक हथियार थमा दिया है। अगर मैंने धर्म के बारे में कुछ न कहा होता, तो आज देश में धर्मान्धों का यह विपुल-विशाल आन्दोलन नहीं होता। समूचे देश भर में यह धार्मिक जागरण न होता, तो गुलाम आयम को अपने घर से बाहर कदम भी रखने का मौका नहीं मिलता, जनसभाओं में भाषण झाड़ते फिरने की सुविधा भी नहीं मिलती। गुलाम आयम भाषण देने न पहुँचा होता, तो छः-छः इन्सानों को अपनी जान से हाथ धोना नहीं पड़ता। उन छः इन्सानों के मन में जरूर जीवन के हजारह सपने रहे होंगे। उनकी जिन्दगी भी मेरी ही जिन्दगी की तरह बेशकीमती रही होगी। अपनी जान बचाने के लिए, मैं किस कदर जी-जान से जुटी हुई हूँ। ताबूत में भी पड़े रहने में भी मुझे कोई एतराज नहीं है। मेरी साँसों की आवाज भी कोई न सुन पाये, मुझे इसमें भी आपत्ति नहीं है। बस, मैं किसी तरह जिन्दा रह सकूँ। गुलाम आयम की जनसभा का विरोध करने के लिए, जो लोग मैदान में उतरे थे, वे लोग मुझसे भी ज्यादा साहसी और योद्धा थे। उनका देशप्रेम मुझसे भी बढ़कर था। मैंने खुद अपनी जान देकर, उन्हें बचा क्यों नहीं लिया? मेरी ही जिन्दगी ऐसी कौन-सी बेशकीमती है? मैने जिन्दगी में ऐसा कौन-सा अच्छा काम किया है कि चाहे जैसे भी हो, जिस शर्त पर भी हो, मुझे जिन्दा रहना ही होगा? मैं सिमटी-सकुचायी रही। अपराधबोध, चील की तरह, अपनी नुकीली चोंच से मुझे कुरेद-कुरेदकर खाता-चबाता रहा।

आज के अखबार में ढेर-ढेर खबरें थीं। तसलीमा नसरीन के बारे में, अमेरिका के अखबारों में प्रकाशित खबर का खंडन। 29 जुलाई के लोंग मार्च और महासमावेश

को सफल बनाने के लिए देश के प्रतिष्ठित पीर-मशाएखों की तरफ से आह्वान! तसलीमा को आश्रय देनेवाली सरकार के खिलाफ आन्दोलन करना होगा। 15 अगस्त को आधे दिन की हड़ताल! दैनिक अखबारों की खबरों पर मेरी निगाहें गड़ी हुईं!

'दैनिक संवाद' में निरपेक्ष खबरें होती हैं। सच्ची पत्रकारिता। यह अखबार किसी भी पार्टी का मुखपत्र नहीं है।

आज हर अखबार के पहले पन्ने पर बड़ी-सी तस्वीर समेत मुख्य खबर—**चट्टग्राम में पाँच लोग मृत! लालदीघी का इलाका रणक्षेत्र! संघर्ष, गोलीबारी और बमबाजी! तीन सौ से ज्यादा जख्मी! प्रतिवाद में कल हड़ताल!**

सर्वदल छात्र एक्य की पुकार पर, स्वाधीनता-विरोधी युद्ध का मुजरिम, गुलाम आयम के चट्टग्राम आगमन को असफल बनाने के कार्यक्रम के तौर पर, विक्षोभ-रत छात्रों के साथ पुलिस, बी.डी.आर. और जमात शिविर के हथियारबंद कैडरों की मिली-जुली फौज के कई-कई दफा संघर्ष में 5 लोग मृत और तीन सौ से अधिक ज़ख्मी हुए हैं। जख्मी लोगों में चाकसुर जी.एस. अजीमुद्दीन अहमद, जातीयवादी छात्र-दल नेता, परवेज निटूल, मुक्तियोद्धा संसद नेता, इनामुल हक चौधुरी समेत 20 लोगों की हालत गंभीर है। अन्यान्य जख्मियों को चट्टग्राम मेडिकल कॉलेज अस्पताल, रेलवे अस्पताल, जेल अस्पताल, बन्दर अस्पताल समेत विभिन्न क्लिनिकों में भर्ती कराया गया है। पता चला है कि मृतकों में तीन छात्र एक्य कर्मी और दो जन शिविर कर्मी हैं। इस घटना के विरोध में छात्र एक्य ने अगले बृहस्पतिवार को आधे दिन की हड़ताल का आह्वान किया है।

गुलाम आयम के आगमन को नाकाम बनाने के इरादे से, छात्र एक्य के घोषित कार्यक्रम से मुकाबले के लिए प्रशासन ने भी व्यापक तैयारियाँ की हैं। पुलिस, बी. डी.आर., रिजर्व पुलिस, हथियारबंद अन्मारों के अलावा लगभग दस हजार सदस्यों की मिली-फौज के साथ-साथ, लगभग इसी तादाद में जमात शिविर कर्मियों ने माथे पर पीली पट्टी बाँधकर, गजारी और गर्जन काट की बड़ी-बड़ी लाठियाँ और अस्त्र-शस्त्र लेकर, लालदीघी की तरफ जानेवाली सभी सड़कों पर धरना देंगे। वे लोग राहगीरों की तलाशी और पूछताछ कर रहे हैं।

आज मंगलवार को छात्र एक्य ने हड़ताल का आह्वान किया था। लेकिन पुलिस, बी.डी.आर. ने कहीं, किसी पिकेटर को मैदान में उतरने नहीं दिया। सुबह से छात्र एक्य कर्मियों ने कई-कई दफा जुलूस निकालने की कोशिश की। हर बार पुलिस ने लाठीचार्ज और आँसू-गैस छोड़कर, लोगों को तितर-बितर कर दिया। सुबह सात बजे और नौ बजे न्यू मार्केट के अहाते में छात्रों के साथ पुलिस, बी.डी.आर. लोगों का दो-दो बार टकराव हुआ। सुबह से ही नगर की विभिन्न जगहों पर बम, कॉकटेल के विस्फोट होते रहे। दोपहर दो बजे के बाद, हालात और संगीन होते गए। दोपहर तीन बजे, लालदीघी मैदान में हजारों-हजार पुलिस, बी.डी.आर. और शिविर के

हथियारबंद कैडरों के सख्त पहरे में जमात की जनसभा शुरू हुई। इसके बाद, परिस्थिति चरम गड़बड़ी की हालत में पहुँच गई। शहीद मीनार के अहाते में, सभा खत्म होने पर, उनके सिनेमा पैलेस के सामने से होते हुए लाघदीघी की तरफ बढ़ते हुए, छात्र एक्य कर्मियों पर लाठीचार्ज और आँसू-गैस फेंके गए। बाधा पाकर छात्र पीछे हट गए और दोस्त-बिल्डिंग के अहाते में उन्होंने अपनी सभा आयोजित की! छात्रों ने मुट्ठियाँ तानकर, शपथ-पाठ किया। इसके बाद करीब पाँच-हजार छात्रों का विराट जुलूस, कोर्ट-रोड की तरफ बढ़ चला। बी.डी.आर. ने जुलूस को कई बार कई जगह रोकने की कोशिश की। कई बार लाठीचार्ज हुआ, आँसू-गैस भी छोड़े गए। जी.पी.ओ. के सामने छात्र और बी.डी.आर. और शिविर कर्मियों में टक्कर हुई। छात्रों ने उनकी उपेक्षा करके, एक के बाद एक बैरिकेड तोड़कर, जब बांग्लादेश बैंक की नयी बिल्डिंग के सामने पहुँचे, तो शिविर कैडरों के लिए जगह छोड़कर बी.डी.आर. के सदस्य पीछे हट आए। ऐसे में प्रचंड बम-विस्फोट हुए और गोलियों की आवाज से, समूचे शहर में आतंक फैल गया। जमात की जनसभा में भी विश्रृंखलता शुरू हो गई। लोग इधर-उधर भागते फिरे। शाम को करीब 4 बजकर 45 मिनट पर, शिविर कर्मियों द्वारा बरसायी गई गोलियों से छलनी-हालत में छात्रलीग कर्मी और सरकारी सिटी कॉलेज के पहले वर्ष के छात्र, अहसानुल हक मनि (18) जख्मी हालत में चट्टग्राम अस्पताल पहुँचाये गए। अहसानुल हक की रास्ते में ही मौत हो गई।

न्ना, बहुत सारी खबरों से ये अखबारवाले भी बेखबर हैं! किसी दूसरे अखबार में यह खबर छपी है कि मृतकों की संख्या 6, जख्मियों की संख्या 4 सौ से भी अधिक है! मृतकों में मनि के अलावा, और भी दो छात्र, खायर (20) और शाहीन (17) भी हैं। आज के अखबारों का बयान कुछ यूँ था--शाम 5 बजकर 15 मिनट पर सन् 71 के नरघाती, नारी-बलात्कार और असंख्य हत्याकांडों का नायक, युद्ध का अपराधी, गुलाम आयम, 4 हथियारबंद गाड़ियों और हथियारबंद शिविर कैडरों से घिरे हुए, लालदीघी मैदान में उपस्थित हुए। अन्दर किला शाही, जामे मस्जिद में स्थित, इस्लामी अकादमी से वे लालदीघी मैदान तक आए। उसी वक्त, वहाँ से अस्त्रों से भरे 4 बोरों के साथ, माइक्रोबस लेकर, वे सभा-स्थल में पहुँचे और शाम 5 बजकर 35 मिनट पर, बेहद अफरातफरी में अपना वक्तव्य खत्म करके, हत्यारे गुलाम आयम पौने छः बजे, सभा-स्थल छोड़कर चले गए। समावेश में सिर्फ जमात शिविर के अस्त्रधारी कैडर ही मौजूद थे। हत्यारे गुलाम ने महज चंद मिनटों ही भाषण दिया।

उसके बाद तो काफी कुछ घट गया। कहीं भी, कोई घटना थमी नहीं रहती। मैं छः-छः मौतों के साथ, मृतक बनी बैठी रही।

डॉ. कमाल हुसेन, चट्टग्राम में जमात की तांडवलीला खुद अपनी आँखों से देखकर लौटे थे। उन्होंने प्रेस-क्लब में आयोजित, एक पत्रकार-सम्मेलन में कहा कि जो भी शख्स युद्ध के मुजरिम का साथ देगा, उन्हें यह देश, जाति क्षमा नहीं करेंगे।

बांग्लादेश की स्वाधीनता, सार्वभौमिकता और संविधान, आज जमात शिविर के हाथों विपन्न हो रहे हैं। इस देश और राष्ट्र को वे लोग और ज्यादा तबाह करने का षड्यंत्र रचेंगे। कमाल हुसेन ने गुलाम आयम को सम्बोधित करते हुए कहा—"आपने खुद कबूल किया है कि आपने सन् 71 में भूल की थी। आपकी भूल के लिए लाखों-लाख इन्सानों ने हरजाना चुकाया है। आज जो आप दुबारा सशस्त्र करतूतों का सिलसिला जारी रखे हुए हैं, यह नुकसान देश की जनता अब बर्दाश्त नहीं करेगी। देश के एक नागरिक होने के नाते, मैं इस सरकार को हुक्म देता हूँ कि अस्त्रधारियों के हाथ से, देश की जनता को मुक्त कराये। सरकार अगर ऐसा नहीं करती, तो यह हम सबकी जिम्मेदारी है कि ऐसी सरकार को गद्दी से उतार दें! उसे क्षमताच्युत कर दें।

सम्मिलित सांस्कृतिक गठजोड़ ने टी.एस.सी. में एक सेमिनार का आयोजन किया है। विषय है—प्रस्तावित ब्लासफेमी कानून, निर्यातन का नया हथियार! बैरिस्टर सारा हुसेन ने मूल वक्तव्य दिया। भूतपूर्व न्यायाधीश के. एम.सुभान, बैरिस्टर इश्तियाक अहमद, कमाल लोहानी, अनीसुज्जमान, अली याकिर, आयशा खानम वगैरह ने भाषण दिये। सबने ब्लासफेमी कानून के खिलाफ वक्तव्य दिया।

चारों तरफ चट्टग्राम हत्याकांड का प्रतिवाद हो रहा है! छात्र समाज ने तीस तारीख को समूचे देश में हड़ताल का आह्वान किया है।

टकटकी बाँधे, मेरी आँखें घंटों-घंटों, मानो दीवार पर ही लेटी रहीं। मेरी एक हथेली मेरी छाती पर लेटी रही। दूसरी हथेली, सिर के पीछे! दोनों पैर फर्श पर लेटे हुए थे। सभी कुछ स्तब्ध लेटे रहे। बेजान उँगलियाँ तक उसी मुद्रा में अवश! सारे अंग-प्रत्यंग मुर्दे की तरह लेटे हुए!

काफी रात गए, ङ आईं।

उन्होंने मुझे कागज-कलम हाथ में लेने को कहा।

मुझे लिखने की हिदायत दी।

जो-जो वे कहती गईं, मैं लिखने लगी!

ख़त स्वीडन के प्रधानमंत्री कार्ल बिल्ट को लिखना था।

"उन्हें क्यों लिखना होगा?"

ङ ने जवाब दिया, "कार्ल बिल्ट एक औपचारिक ख़त चाहते हैं।"

औपचारिकता का सिर-पैर समझे बिना ही, ङ जो-जो कहती गईं, मैं लिखती गई। ख़त पूरा होने पर ङ ने उसे मोड़कर लिफाफे में रख दिया।

उन्होंने मेरी तरफ मीठी-सी मुस्कान बिखेरकर कहा, "लगता है, अब तुम्हारी

जमानत हो जाएगी।''

''जमानत हो जाएगी? सच्ची?'' काफी कुछ खुशी और जरा-जरा संशय से मैंने उनकी तरफ देखा!

''हाँ, खुद तुम्हारे वकील ने ही थोड़ा-बहुत आश्वासन दिया है।''

''यह सब कैसे हुआ?''

''तुम्हें खबर नहीं है, आजकल हर रोज़ यूरोपियन डिप्लोमेट लोगों के साथ, सरकार की मीटिंग हो रही है। शायद उन्हीं लोगों के दबाव की वजह से सरकार, तुम्हारी जमानत को हरी बत्ती देने को लाचार हो गई है।''

''हाईकोर्ट क्या सरकार की बात सुनेगी? हाईकोर्ट तो स्वतंत्र है।''

''ठीक कहाँ तुमने। लेकिन दो-तीन भले जज भी हैं। उनसे भी शायद मीटिंग-वीटिंग हुई थी।''

मैं मन ही मन खुशी से नाच उठी। यानी इतने दिनों बाद, मेरे इस कब्र-जीवन का अवसान होगा।

झ ने मेरी पीठ पर धौल जमाते हुए कहा, ''क्यों? अब तो भरोसा हुआ न?''

मैं हँस पड़ी, ''सच बताऊँ तुम्हें? मुझे लग रहा है, मैं सपना देख रही हूँ।''

क ने मुस्कराते हुए मेरी तरफ देखकर कहा, ''सिर्फ यूरोपियन सरकार ही नहीं, अमेरिकी सरकार का भी खासा दबाव पड़ा है। अमेरिका के पनुह अदद सदस्यों ने बांग्लादेश की प्रधानमंत्री को ख़त लिखा है। डेमोक्रेटिक और रिपब्लिकन, दोनों पार्टी के लोगों ने इस ख़त पर दस्तख़त किया है। उन लोगों ने कहा है कि बांग्लादेश मानवाधिकार की परिस्थिति काफी बिगड़ गई है। मगर यह खत मूलतः तुम्हारी हिफाजत के लिए लिखा गया है।''

झ ने सवाल किया, ''उसे कोर्ट जाना होगा?''

ङ ने ही जवाब दे डाला, ''ऐसा लगता तो नहीं है। अब तो लगता है, उसकी गैर-मौजूदगी में ही उसकी जमानत हो जाएगी।''

अब मैं मारे उत्तेजना के उठ खड़ी हुई। मैंने जी भरकर, लम्बी-सी साँस ली।

ङ ने मेरा हाथ पकड़ कर, मुझे बिठाते हुए कहा, ''तुम्हारे लिए तो नॉर्वे की तरफ से आमंत्रण आया है—''

''अच्छा, कब?''

''शायद सितम्बर में।''

''स्वीडन से भी क्या आमंत्रण आया है?''

''हाँ, आया है! लेकिन, वहाँ का कार्यक्रम कब है, मुझे याद नहीं।''

''जमानत हो जाने के बाद, तुम शायद देश छोड़कर चल दो—''

''चले जाना होगा?'' मैं चौंक उठी, ''कहाँ?''

''किसी भी एक देश में!''

"कितने दिनों के लिए?"

"कार्यक्रम के लिए! चाहे जितने भी दिन लगें।"

"वाह! कार्यक्रम खत्म हो जाने पर लौट आऊँगी?"

"मुझे ऐसा नहीं लगता–"

"तब क्या लगता है?"

"इतना सब मुझसे मत पूछो। यह सब मैं नहीं जानती। लेकिन इतना जरूर जानती हूँ कि, शर्त यही है!"

"कैसी शर्त?"

"जमानत की!"

"वे लोग मुझे इस शर्त पर जमानत देने को तैयार हुए हैं कि मुझे देश छोड़कर चले जाना होगा?"

झ इत्मीनान से कान लगाकर, मन लगाकर मेरी फुसफुसाहट सुनती रहीं। उन्होंने सिगरेट की एक लंबी कश ली और तेजी से धुआँ छोड़ते हुए कहा, "इसका मतलब यह हुआ कि तमाम इम्बैसियों ने दबाव डालकर, सरकार को जमानत देने को राजी कर लिया है। सरकार राजी हो गई है। लेकिन एक शर्त पर! उसे यह देश छोड़कर चले जाना होगा। यही न?"

ङ ने सिर हिलाकर सहमति जतायी।

कमरे में कोई नहीं था। फिर भी उन्होंने चौकन्नी निगाहों से इधर-उधर देखकर, दबी आवाज में कहा, "नॉर्वे ने तो यहाँ तक कह दिया है कि वह बांग्लादेश को मदद देना बंद कर देगा। यूरोपियन यूनियन के बहुत-से देशों ने ही मदद बंद कर देने की धमकी दी है।"

"आपसे अमेरिकन इम्बैसी की भेंट कैसे हो गई?"

"मैंने ही जाकर भेंट की। उसके बाद, उन्हीं लोगों ने ही मुझसे नियमित सम्पर्क किया!" ङ ने कहा।

"कितने दिनों मैं देश के बाहर रहूँगी?"

"जब तक देश की हालत जरा सुधर नहीं जाती।"

सुख के साथ एक अदद दुःख आ मिला। मुझमें करुण सुर बजाता रहा।

ङ के जाने के बाद, मैंने झ से दरयाफ़्त किया, "देश की हालत में कब सुधार आएगा, बोलो तो?"

"तीन-चार महीनों में ही मुल्ले सीधे हो जाएँगे।"

"तुम सच कह रही हो?"

"मैं ठीक कह रही हूँ, तुम देख लेना।"

मुझे नया कैनवास लाकर सौंपते हुए झ ने कहा, "सुनो, देश के माहौल पर चिंता-फिक्र छोड़ो। अब, तस्वीर बनाओ!

"धत्! तुम्हारे इतने-इतने कैनवास, इतने-इतने रंग बर्बाद करने का कोई मतलब नहीं होता। वैसे भी, मुझे तस्वीरें आँकना नहीं आता।"

"तुम्हें अगर तस्वीरें बनाना नहीं आता, तो मैं तुम्हें यह सब देती? मैंने तो तुम्हें पहले ही कहा था। अगर तुम तस्वीरें आँकने का सिलसिला जारी रखो, तो पेंटर के तौर पर तुम ज्यादा नाम कमाओगी। लेखिका या कवयित्री के तौर पर तुमने जितना नाम किया है। उससे कहीं ज्यादा..."

"देखो मुझे और शर्मिन्दा न करो। मैं तो बस, शौकिया ही लकीरें खींच देती हूँ! जिन्दगी में कभी यह हुनर नहीं सीखा।"

"अरे, भई, जिसके पास प्रतिभा होती है न, उसे सीखने की जरूरत नहीं होती–"

झ की प्रेरणा से मैंने तूलि हाथ में ली। एक लड़की! नदी किनारे एक लड़की पड़ी है! साड़ी ढीलमढाल! ब्लाउज फटा हुआ! सूरज ढल चुका है!

एक और कैनवास पर एक लड़की, कमरे में सीलिंग फैन से झूलती हुई! जुबान बाहर निकली हुई! पैरों के नीचे से कुर्सी खिसकी हुई। पेंटिंग पूरी करने के बाद, उसे आगे-पीछे से निरखती-परखती! उसे दाहिने-बायें घुमा-फिराकर देखती। अचानक मैंने गौर किया। पेंटिंग में डूबी हुई मैं! झ मेरी वह तल्लीन मुद्रा अपने वीडियो में कैमराबंद करती हुई!

झ तन्मय होकर, मुझे पेंटिंग आँकते हुए देखा करती है। मैं एक तस्वीर पूरी करके, दूसरी तस्वीर शुरू कर देती हूँ। हाथ में रंग, कपड़े-लत्ते में रंग, गाल और गले पर रंग!

रात दो या ढाई बजे थे! घर के सभी लोग सो चुके थे। अचानक झ को शौक चर्राया, वे मुझे अपना समूचा घर दिखाएँगी। उनका यह प्रस्ताव मुझे खासा मजेदार लगा। मैं झ के पीछे-पीछे निकल पड़ी। नीचे की मंजिल। दूसरी मंजिल! तीसरी मंजिल के सभी कमरों में सोये हुए लोग! वे लोग किसी तरह की आहट पर जाग न जाएँ बिलैया की तरह बेआवाज कदमों से हम चलते-फिरते रहे। तीसरी मंजिल पर झ का विशाल स्टूडियो। झ की आँकी हुई तमाम तस्वीरें और मूर्तियाँ ढेर में पड़ी हुईं! स्टूडियो खासा लम्बा-चौड़ा! बाहर की रोशनी, कमरे में आती रहे, इसके लिए काँच की खिड़की दीवार में फिट न करके छत पर जड़ी गई थी। यह मकान, किसी आम, सीधे-सादे मकान की तरह नहीं है। समूचा मकान ही आधुनिक स्थापत्य शिल्प का नमूना! झ खुद ही इस पूरे मकान की मूर्तितराश थीं।

झ की उम्र बहुत ज्यादा नहीं है। इसी उम्र में ही उन्होंने यश-ख्याति अर्जित कर ली है! उन पर मुझे गर्व होता है। उन पर गर्व इसलिए होता है कि एक औरत होकर, इस बांग्लादेश जैसे देश में, अपने बलबूते पर यहाँ तक पहुँची हैं। प्रचंड मेहनत की है उन्होंने! उनकी जितनी भी तरक्की हुई है, उनकी अपनी वजह से हुई है! किसी

ने उन पर मेहरबानी करके, उनकी ख्याति, उनके हाथ में नहीं थमायी। किसी ने सीढ़ी लगाकर, उन्हें इतनी ऊँचाई पर नहीं चढ़ाया। आजाद और आरामदेह जीवन पाने के लिए, उन्होंने जंग की है। झ जैसा मान-सम्मान यश-ख्याति–मेरे पास कुछ भी नहीं है। उनके जैसा दृढ़-चित्त-चरित्र मेरा नहीं है! वैसे इन्सान के पास अगर धन हो, तो मन नहीं होता। लेकिन झ उन अधिकांश औरतों की तरह नहीं हैं। झ उदार हाथों से सबकुछ लुटा सकती हैं! बेहद सच्ची, मगर सनकी! बेहद गरीब, मगर आदर्शवादी लड़के-लड़कियों का एक दल तैयार किया है उन्होंने! दरिद्रों के पक्ष में रहने के लिए, खुद भी दरिद्रता का जीवन गुजारें, ऐसा वह नहीं मानतीं। उनका ख्याल है, हर चीज के लिए दौलत की जरूरत होती है और इसके लिए उन्होंने अपनी जंग जारी रखी है। अपनी सुरक्षा के लिए उन्हें जिन-जिन चीजों की जरूरत है, वे सब उन्होंने निश्चित कर ली हैं। आज अगर वे इस स्थिति में नहीं होतीं, तो वह सब कुछ भी नहीं कर पातीं, जो उन्होंने किया है। समाज बदलने की फिक्र यूँ आस-पास नहीं मँडराती, अगर मामूली-सा रोटी-कपड़ा जुटाने में दिन गुजर रहे होते।

बाकी रात, हम अगल-बगल लेटे-लेटे गपशप करते रहे। विदेश जाने का यह प्रस्ताव, ठीक-ठीक किस किस्म का है, मुझे अब तक समझ में नहीं आ रहा है। झ ने बताया कि उनका ख़्याल है कि यही मेरी मुक्ति की एकमात्र राह है। मुझे तो खुश होना चाहिए कि मुक्ति की ऐसी सीधी-सरल राह मुझे नसीब होने जा रही है। आज अगर यह राह मुझे न मिलती, तो मेरी मौत निश्चित थी। हाँ, एक राह और भी थी, नाजायज तरीके से यह देश छोड़कर, फरार हो जाना। लेकिन, उस ढंग से अगर मैं भागी, तो मुझे देश लौटने की कभी अनुमति नहीं मिलेगी। मेरी जमीन-जायदाद, सम्पत्ति–सारा कुछ सरकार दखल कर लेगी। अब जमानत पाकर, कानूनी तरीके से देश छोड़ने से बेहतर और कुछ नहीं हो सकता। मुझे मालूम है, मेरे लिए इससे बेहतर समाधान और कोई नहीं है। इसके बावजूद अंदर ही अंदर मुझे कहीं घबड़ाहट और बेचैनी भी है।

28 जुलाई, बृहस्पतिवार।

जुलूस में मेरा पुतला जलाया गया है! फेस्टून पर मेरी तस्वीर आँकी हुई! मेरी तस्वीर के गले में फाँसी का फंदा!

मैंने झ से सवाल किया, "अच्छा, बताओ तो! लोग तस्वीरें बनाने और मूर्ति गढ़ने पर विश्वास नहीं करते, फिर भी वे तस्वीरें आँकते हैं, मूर्ति गढ़ते हैं।"

"जरूरत पड़ने पर वे लोग मस्जिद तक जाकर पेशाब भी कर सकते हैं।" झ ने हँसकर कहा!

मैंने सिर हिलाकर कहा, "सो तो सच है! इतना तो कुरान-कुरान करते हैं,

फिर भी कादियानियों की मस्जिद पर हमला बोल दिया। सारा कुछ तोड़-फोड़कर जला डाला...फूँक डाला। उनलोगों ने तो कुरान तक जलाया! जलाकर खाक कर दिया।''

झ ने अवामी लीग के खुदगर्ज़ इरादों का जिक्र छेड़ दिया। इस दल को आखिर क्या हो गया है? घातक दलाल निर्मूल कमिटी, जब काफी जनप्रिय हो उठी, तब उस कमिटी का नेतृत्व हथियाने के लिए, वे लोग जैसे पीछे ही पड़ गए थे—जन-अदालत गठन करो, गुलाम आयम को फाँसी दो—इन सबके लिए नारे लगाते हुए, बिल्कुल पगला उठे थे। अब वही गुलाम जब शान से सिर उठाये खड़ा है। तब सब मुँह पर ताला जड़े बैठे हैं। सन् नब्बे में जन-आंदोलन करके, जिस जातीय पार्टी को सत्ता से उतार दिया, अब वही इरशाद के दल से गठजोड़ कर बैठा है। छिः!

क्षमता में आने के लोभ में अवामी लीग, अब जमाते इस्लामी ही क्यों, किसी भी कट्टरवादी दल के खिलाफ कुछ भी नहीं कह रही है। बस, केयरटेकर सरकार पर अकेले-अकेले गला फाड़ रही है। वैसे जमाते इस्लामी भी काफी चालाक है। संसद से बाहर, अवामी लीग के भी साथ है। संसद के अंदर बी एन पी के साथ! इसके अलावा समूचे देश भर में चरम शिखर पर चढ़े, कट्टरवादी आंदोलन के भी हैं। जमाते इस्लामी को ऐसा सुनहरा मौका, पहले कभी नहीं मिला। वामफ्रंट की सांप्रदायिकता-विरोधी जातीय कन्वेंशन में शम्सुर रहमान ने बड़ी बेशकीमती बात कही है कि कट्टरवाद जब तक मौजूद है, तब तक केयरटेकर सरकार से कोई फायदा नहीं होगा। शेख हसीना को क्या इतने पर भी अक्ल नहीं आएगी? उनका तो यही ख़्याल है कि केयरटेकर सरकार के आते ही, देश की सारी समस्याएँ ख़त्म हो जाएँगी।

''ठेंगा ख़त्म होगा!'' झ ने कहा।

काफी रात गए क और ट आ पहुँचीं। क ने मेरा कुशल-समाचार दरयाफ्त किया। उनके यह पूछने पर कि मैं कैसी हूँ, मैं अजीब पसोपेश में पड़ गई। अक्सर अपनी जुबान पर, हमेशा की आदत मुताबिक 'अच्छी हूँ!' जुमला जुबान पर आ गया।

मेरे भावलेशहीन चेहरे को निहारते हुए, क ने कहा, ''अब तो आपकी सारी मुश्किल आसान हो गई। सुना है, आपकी जमानत की बात चल रही है! क्यों? खुश नहीं हो!''

मेरे चेहरे पर मुस्कान खिल आई। मैंने खुश होने की मुद्रा बनाते हुए सिर हिलाया।

क मेरे करीब आ बैठीं।

उन्होंने कहा, ''सुनो, देश का माहौल विकट तरीके से बिगड़ा हुआ है। ऐसे में फटाफट जमानत वसूलकर, देश से बाहर चल देने के अलावा और कोई उपाय नहीं है।''

''जमानत तो मेरी गैरमौजूदगी में हो रही है। मुझे तो कोर्ट में भी नहीं जाना होगा।''

"किसने कहा कि आपको नहीं जाना होगा?" क ने पूछा।

"ङ ने कहा—"

"नहीं, आपकी गैरमौजूदगी में जमानत नहीं हो सकती।"

"लेकिन...ङ ने तो कहा..."

"कोशिश की गई थी। बात नहीं बनी। आपको कोर्ट जाना ही होगा। आज आपके वकील से, फोन पर मेरी बात हुई थी।"

झ की आवाज में आवेग और उद्वेग लिपटा हुआ था, "फिर क्या उपाय होगा? अगर रास्ते या कोर्ट इलाके में कोई हादसा हो जाए, तो...!"

"हाँ, इसका ख़तरा तो बहुत ज़्यादा है। लेकिन, अब क्या उपाय?"

झ ने दरयाफ़्त किया, "कोर्ट में कब जाना होगा?"

"कल तो नहीं होगा। परसों या तरसों... किसी भी वक्त...!"

झ ने क से कोर्ट जाने की तारीख और समय सूचित करने को कहा, क्योंकि वे खुद कोर्ट जाना चाहती थीं। वे ही मेरी सुरक्षा बनेंगी। उनकी जेब में पिस्तौल रहेगी।

क ने कहा, "मुमकिन है पुलिस ही सुरक्षा दे! ऐसा एक इंतजाम भी रहेगा।"

झ ने छूटते ही पुलिस-सुरक्षा को फूँक में उड़ा दिया।

उन्होंने कहा, "सुनो इस पुलिस का कोई भरोसा नहीं है।"

उन्होंने बताया कि वे अकेली नहीं जाएँगी। अपने दल-बल को भी साथ ले जाएँगी।

झ के इस आश्वासन ने मेरे सीने में खौफ की धड़कन थोड़ी कम कर दी। लेकिन झ के जरा हट-बढ़ जाने पर क ने कहा कि पिस्तौल-विस्तौल लेकर झ का कोर्ट में जाना, उन्हें सही नहीं लग रहा है। तसलीमा को अगर कोर्ट में जाना ही पड़ा, तो उसके लिए पुलिस का इंतजाम मौजूद रहेगा।

मैं खामोशी से सुनती रही। अब तो क जो भी कहेंगी, मुझे सिर झुकाकर मान लेना होगा। मैंने उनसे दरयाफ़्त किया कि ब्लासफेमी के खिलाफ मृत्युदंड कानून क्या आखिरकार इस देश में मंजूर किया जाएगा या नहीं।

क ने लम्बी उसाँस भरकर कहा, "आंदोलन तो जारी है। अभी कुछ समझ में नहीं आ रहा है।"

"अगर यह बिल पास हो गया। तो सर्वनाश हो जाएगा।"

क ने कहा, "सर्वनाश तो होगा ही! आज ही 'जनकंठ' अखबार में एमनेस्टी इंटरनेशनल की ख़बर छपी है। पाकिस्तान में ब्लासफेमी कानून का बेतरह गलत इस्तेमाल हो रहा है। एमनेस्टी ने यही ख़बर दी है।"

"गलत इस्तेमाल कैसे हो रहा है?"

"वहाँ संख्यालघु शीया, अहमदिया गोष्ठी तो है ही, ईसाई-हिंदुओं पर भी अर्से से ब्लासफेमी कानून का जोर-जुल्म, निपीड़न जारी है। पिछले तीनं सालों से ईसाइयों

पर ब्लासफेमी का इल्जाम बढ़ता जा रहा है। सुना है, तेरह वर्षीय एक ईसाई बच्चा, मस्जिद की दीवार पर कुछ लिख बैठा। उस पर ब्लासफेमी का इल्जाम लगाया गया। अब मस्जिद के इमाम ने उस लड़के की फाँसी की माँग की है। फारुख सज्जाद नामक एक शख्स को जान से मार डाला गया। पहले उस पर पत्थर बरसाये गए। उन्हें जिंदा जला दिया गया। इसके बाद भी, जब वे नहीं मरे, तब उनकी देह, मोटर सायकिल से बाँध दी गई। मोटर सायकिल उसकी देह को खींचते-घसीटते, पूरे शहर भर में घुमायी गई।''

''उस आदमी ने क्या किया था? कसूर क्या था उसका?''

''सुनने में आया मस्जिद में माइक पर प्रचार किया गया था कि किसी ईसाई लड़के ने कुरान को आग में झोंक दिया। ऐलान करनेवाले को यह शक पड़ गया था कि यह वही लड़का है। बाद में पता चला कि फारुख सज्जाद नामक वह लड़का ईसाई था ही नहीं। कुरान उसने नहीं जलाया था।''

ट, शौकिया कैमरामैन, फटाफट मेरी तस्वीर ले रही थीं। क ने ट को सावधान कर दिया। मेरी कोई तस्वीर, किसी अखबार में न छपे। ट ने विश्वास दिलाया कि मेरी तस्वीरें उनके व्यक्तिगत संग्रह के अलावा और कहीं नहीं जाएँगी। न्ना, तस्वीरों का मुझे बिल्कुल ध्यान नहीं था। मेरा ध्यान कहीं और था। मैं ब्लासफेमी के बारे में सोच रही थी।

फैक्स से प्राप्त किसी अखबार का एक हिस्सा मेरे हाथों में सौंपते हुए, क ने मुझसे कहा, ''सलमान रुशदी ने आपको एक खुला ख़त लिखा है। यह ख़त यूरोप के बड़े-बड़े अखबारों में प्रकाशित हुआ है। सिर्फ रुशदी ही नहीं, खूब बड़े-बड़े लेखक भी हर रोज आपको लिख रहे हैं! वे तमाम ख़त, एक ही दिन, एक साथ, अलग-अलग भाषाओं के अखबारों में छापे गए हैं। कहीं एकाध दिन, एक-एक अखबार में एक-एक खत छप रहे हैं। लेखकों की तरफ से यह नए ढंग का कैम्पेन है। बेहद दिलचस्प है! लेकिन रुशदी ने यह भी लिखा है कि यह खबर अगर यहाँ प्रकाशित की गई तो भला होने के बजाय, बहुत बुरा होगा। मेरे एक मित्र ने यह ख़त, विदेश से भेजा है। आप पढ़ लें—''

क और ट के जाने के बाद मैं और झ ख़त पढ़ने बैठ गए—

I am sure you have become tired of being called 'The female salman Rushdie'—what a bizarre and comical creature that would be! When all along you thought you were the female Taslima Nasreen. I am sorry, my name is hung around your nack, but please know that there are many people in many countries, working to make sure that such sloganizing dones not obscure your identity, the unique feautures of your situation and the importance of lighting to defend you and your rights against those who would cheerfully see you dead.

In reality it is our adversaries who seem to have things in common, who seem to believe in divine sanction for lynching and terrorism. So instead of turning you into a female me, the headline writers should be describing your opponents as 'Bangladesh Iranians'. How sad it must be to believe in a god of blood! What an Islam they have made, these apostles of death, and how important it is to have the courage to dissent from it.

Great writers have agreed to lend their weight to the campaign on your behalf : Czeslaw Milosz, Mario Vargas Llosa, Milan Kundera and more. When such campaigns were run on my behalf, I found them immensly cheering, and I know that they helhed shape public opinion and government attitudes in many countries.

You have spoken out about the oppression of women under Islam, and what you said needed saying. In the west, there are too many eloquent apologists working to convince people of the fiction that women are not discriminated against in Muslim countries or that, if they are, it has nothing to do with the religion. The sexual mutilation of women, according to this argument, has no basis in Islam. This may be true in theory, but in many countries where this goes on, the mullahs whole heartedly support it. And then there are there are the countless crimes of violence within the home, the inequalilies of legal systems that value women's evidence below that of men, the driving of women out of the workplace in all countries where Islamists have come to or even near to power.

You have spoken out about the attack on Hindus in Bangladesh after the destruction of the Ayodhya musque in India by Hindu extremists. Yet any fair-minded person would agree that a religious attack by muslims on innocent Hindus is as bad as an attack by Hindus on innocent muslims. Such simple fairness is the target of the bigots' rage, and it is that fairness which, in defending you, we seek to defend.

You are accused of having said that Koran should be revised (though you have said that you were referring only to Islamic religious code). You may have seen that only last week the Turkish authorities have announced a project to revise these codes, so in that regard atleast you are not alone. And even if you did say that the koran should be revised to remove its ambiguities about the rights of women, and even if every muslim man in the world were to disagree with you, it would remain a perfectly legitimate opinion and no society which wishes to jail or hang you for expression it can call itself free.

Simplicity is what fundamentalists always say they are after, but infact they are obscuranlists in all things. What is simple to agree that if one may say 'God exists' then another may also say 'But I like it very much'. What is not at all simple is to be asked to believe that there is only one truth, one way of expressing that truth, and one punishment (death) for those who say this is'nt so.

As you know, Taslima, Bengali culture—and I mean the culture of Bangladesh as well as the Indian Bengal has always prided itself on its openness, its freedom to think and argue, its lack of bigotry. It is a disgrace that your Government has chosen to side with the religious extrimists against their own history, their own civilization, their own values. It is the treasture-house of the intelligence, the imagination and the word that your opponents are trying to loot.

I have seen and heard reports that you are going through all sorts of dreadful things—a difficult woman, an advocate (horror of horrors) of free love. Let me assure you that those of us who are working on your behalf are well aware that character assassination is normal in such situations and must be discounted. And simplicity again has something valuable to say on this issue; even difficult advocates of free love must be allowed to stay alive, otherwise we would be left only with those, who believe that love is something for which there must be a price-perhaps a terrible price-to pay.

Taslima, I know that there must be a storm inside you now. One minute you will feel weak and helpless, another strong and difiant. Now, you will feet betrayed and alone and now you will have the sense of standing for many who are standing silently with you. Perhaps in your darkest moments you will feel you did something wrong—that those demanding your death may have a point. This of all your goblius you must ex or cise first, you have done nothing wrong. The wrong is committed by others against you—you have done nothing wrong and I am sure that one day soon you will be free.

29 जुलाई, शुक्रवार।

मेरे खिलाफ जारी किए गए सरकारी मामले के सरकारी वकील पी.पी. ने कहा है, कानून अपनी रफ़्तार से चलेगा। मामले की अगली सुनवाई तक तसलीमा अगर आत्मसमर्पण न करे, तो हम अदालत में उसकी सम्पत्ति कुर्क करने का आवेदन करेंगे।

और क्या?

और हुआ यह है कि ढाका विश्वविद्यालय के सौ शिक्षकों ने संसद में आवेदन किया है। वे लोग चाहते हैं कि संविधान में संशोधन करके, राष्ट्रीय नीति के तौर पर धर्म-निरपेक्षता की पुनः स्थापना हो। उन लोगों ने राजनीति मे धर्म का इस्तेमाल निषिद्ध करने को कहा है। उनकी माँग है कि उपासना-गृहों में राजनीति-चर्चा बंद हो।

और क्या?

सर्वदल छात्र एक्य की पुकार पर चट्टग्राम में कल आधे दिन की हड़ताल मनाई गई। स्वाधीनता-विरोधी अपशक्ति को चाहे किसी भी कीमत पर मात देने का संकल्प लिया गया है! छात्रों के खिलाफ झूठे मामले वापस लेने और पुलिस कमिश्नर को हटाने की माँग की गई है।

और क्या?

छात्र एक्य ने 30 जुलाई को पूरे दिन की हड़ताल का आह्वान किया है।

और क्या?

तुम्हारी फाँसी की माँग करते हुए आज समूचे देश से लाखों-लाखों लोग लोंग-मार्च करते हुए ढाका पहुँचे रहे हैं। बांग्लादेश के इतिहास में इस किस्म की घटना पहली बार घटी है। सिर्फ बांग्लादेश का ही नाम क्यों लूँ, दुनिया के इतिहास में यह पहली घटना है। आज ढाक़ा, पहले ढाका जैसा नहीं रहा। आज मुल्ले समूचे ढाका शहर को दखल कर लेंगे।

देश के कोने-कोने से हजारों-हजार लोग बस, ट्रक, ट्रेन, लॉन्च में लदे हुए, ढाका शहर पहुँच रहे हैं। माणिक मिया एमिन्यू के महासमावेश में हिस्सा लेने के लिए बहुत-से लोग तो कल रात ही यहाँ पहुँच गए हैं। लेकिन, मैंने सोच लिया है, इस बारे में मैं बिल्कुल ही परेशान नहीं होऊँगी। आज वे लोग मेरी जान ले लेंगे, तो ले लें। मैं बिल्कुल नहीं सोचूँगी। अब मुझसे सोचा भी नहीं जा रहा है।

झ आज घर पर ही हैं। झ को कमरे में बिठाकर, आज मैं देर-देर तक नहाती रही। बदन पर से अर्से से जमी धूल-कालिमा धुल जाने के बाद, काफी हल्की-फुल्की हो आई। मैं लगातार अपने को समझाती रही—आज अगर मौत भी आती है, तो आ

जाए। कम से कम यह सोच-सोचकर मुझे खुशी होगी कि इस देश के लोगों ने मेरी मौत चाही थी। इसलिए मुझे मरना पड़ा। सुकरात अगर जहर पीकर मर सकते हैं, तो मैं क्यों नहीं मर सकती? इन दिनों मुझे अपना अस्तित्व, अपना यह जीना बेहद अनचाहा और गैर-जरूरी लग रहा है।

कल रात मैंने एक तस्वीर आँकी। कुर्सी पर टोपी-दाढ़ीवाला एक शख़्स बैठा है! बदन पर कुर्ता-लुंगी! उस शख़्स के पीछे आपादमस्तक काले बुर्के में ढँकी, चार बीवियाँ! जब मैं वह तस्वीर बना रही थी, झ रह-रहकर हँस रही थीं। आज सुबह फिर एक तस्वीर शुरू की है। तस्वीर का नाम बहिश्त! बहिश्त के अंगूर की लतर के नीचे, झरने के करीब, एक दाढ़ीवाला शख़्स दारू पी रहा है। एक गुलब्बो हूरी। नंग-धड़ंग! उस शख़्स के गिलास में दारू ढाल रही है। बाकी दस कमलनयनी, गुलाबी-गुलाबी वर्ण की हसीन हूरियाँ, दारू पीते हुए उस कुत्सित दाढ़ीवाले शख़्स को घेरे हुए खड़ी हैं!

यह देखकर झ ने कहा, ''धोने से जाता नहीं, कोयले का रंग, रगड़ने से जाए न स्वभाव, राग-रंग! तुम्हारा भी स्वभाव न, कभी नहीं जाने का! तुम चाहे जहाँ भी रहो, धर्म पर व्यंग्य करोगी ही करोगी।''

मैं भी हँस पड़ी, ''इस बंदे के माथे पर अल्लाह भी आँक दूँ? अल्लाह के आशीर्वाद से ही मुल्ले मियाँ को यह ऐश नसीब है।''

''अरे, भई, अल्लाह का कोई रूप-आकार नहीं होता, अल्लाह हैं—नूर!'' झ ने कहा।

तस्वीर को निहारते हुए, मैं पीछे सरकती गई और बातें भी करती रही, ''चलो, तब एक नूर ही आँक देती हूँ। सिर पर सूरज का नूर। यह नूर, सूर्य के नूर से कई-कई लाख ज्यादा होगा।''

''तब तो तुम्हारा बहिश्त और बहिश्त के मुल्ले—हूरियाँ, उस नूर में जलकर खाक हो जाएँगे।''

मैं फिर हँस पड़ी, ''ठीक कहा तुमने! चलो! तब बेचारे अल्लाह को आँका नहीं जा सकता। बहिश्त की तस्वीर ही रहे।''

''ऐसा करो, दो-चार नंगी हूरियाँ और रंग दो—''

''जगह जो नहीं है। जगह होती तो सत्तर हूरियाँ आँक देती। देखो, देखो। छातियाँ कच्चे अमरूद जैसी बनी हैं न? देखकर बताओ।''

''अरे, चकोतरा बना दो, चकोतरा!''

''लो, मुल्ला साहब की जाँघों के बीच तो कुछ आँका ही नहीं। एक खड़ा पीनस बना दूँ?''

झ ने जोर का ठहाका लगाया!

बहरहाल, बहिश्त का सुख हमारे नसीब में ज्यादा देर नहीं टिका! झ अपने स्टूडियो से रंग लाने गई थीं। चूँकि वे चंद पलों के लिए गई थीं, इसलिए कमरे के

दरवाजे पर बाहर से ताला नहीं लगाया। मैंने ही दरवाजा अंदर से बंद कर रखा था। दरवाजे पर दस्तक हुई! मैंने सोचा झ आई हैं। मैंने दरवाजा खोल दिया! दरवाजे पर एक लड़का खड़ा था! झ का बेटा! उस लड़के ने मानो भूत देख लिया हो, वह सर पर पाँव रखकर भाग खड़ा हुआ! मैंने दरवाजा दुबारा बंद कर लिया और धड़कते सीने समेत, दरवाजे से टिककर खड़ी रही।

इसके बाद जब सचमुच झ कमरे में आईं, मैंने उन्हें सारा किस्सा बताया। बिना कोई कौमा या पूर्णविराम लगाये, मैं धाराप्रवाह बोल गई। झ एक झटके में मानो ढह गईं। उन्होंने सिर ठोंक लिया। अब क्या किया जाए? झ का बेटा, उन्हें खोजने आया था। अब झ अगर अपने बेटे को यह समझाती हैं कि उसने मुझे देखा है, यह बात वह किसी से न कहे, तो बेटे का कौतूहल और बढ़ जाएगा।

मैंने कहा, ''मुझे तो वह पहचानता भी नहीं। अगर वह किसी को बताता भी है, तो हर्ज क्या है?''

झ ने लम्बी-सी उसाँस भरकर कहा, ''पहचान की जरूरत नहीं है। कोई दरवाजा बंद करके, इसी घर में छिपी है। यही ख़बर काफी है।'' यह कहते-कहते झ अचानक उठ खड़ी हुईं, ''अब घर बदलना होगा। खामखाह खतरा मोल लेने से कोई फायदा नहीं है।''

झ ने आपातकालीन मनोभाव से ङ को फोन किया। इशारे-इशारे में बातचीत हुई, ''पिछले दिन आप अपना छाता छोड़ गई थीं, आज ले जाइए। आज ही! वैसे आपको लेने आने की कोई जरूरत नहीं है, मैं ही अपनी गाड़ी से पहुँचा दूँगी।''

इशारों में की गई बातचीत मैंने भी सुनी।

मैंने कहा, ''इसकी क्या जरूरत थी? अब तो शायद पुलिस मुझे गिरफ्तार करने नहीं आएगी...अब तो वह मेरे लिए घात लगाये नहीं बैठी है।''

''तुम्हें कैसे पता? देखो, किसी का कोई विश्वास नहीं है। सरकार की मति-गति कब बदल जाए। कोई ठीक-ठिकाना नहीं है। होशियार रहना बेहतर है। इसके अलावा तुमने यह कैसे सोच लिया कि सरकार सच-सच ही, तुम्हें जमानत पर रिहा करने को राजी हो गई है? तुम्हें देश से खदेड़ने को तैयार है? जब तक यह मामला पूरी तरह निपट नहीं जाता, तब तक तुम निश्चिंत नहीं हो सकतीं।''

आधी रात को ङ गंभीर मुद्रा में कमरे में दाखिल हुईं! झ और मैं तैयार ही थे! घर की तमाम बत्तियाँ बुझाकर झ मुझे नीचे ले आईं। गाड़ी में सवार होकर, पिछली सीट पर लेट जाने का मेरा मन नहीं हुआ! झ और ङ का अनुरोध-आदेश मैंने एक नहीं माना। चेहरा ढँकना जरूरी था, इसलिए ढँक लिया। आँखें दोनों खुली हुईं। मैंने आँखें खुली ही रखीं। ङ, झ को दिशा के बारे में निर्देश देती रहीं। जाने कितने अर्से से मैंने अपना शहर नहीं देखा था। हमारी गाड़ी जब मानिक मियां एमिन्यू पार कर रही थी, सड़क पर पड़े टूटे फेस्टून, हजारों-हजार मरोड़े-मुसे काग़ज़ों पर मेरी नज़र

पड़ी। चारों तरफ पोस्टर, लाठी-वगैरह बिखरे हुए! केले-संतरों के छिलके! मीलों-मीलों तक कबाड़ बिखरे हुए! वाकई खासा विशाल समावेश रहा होगा!

"कितने लोग समारोह में शामिल हुए थे?" मैंने ङ से पूछा।

ङ ने गंभीर मुद्रा में जवाब दिया, "पाँच लाख! वैसे किसी-किसी का कहना है, तीन लाख होंगे! कुछ का कहना है, चार लाख।"

इस जगह अगर मैं दिन में आकर खड़ी होती, तो मेरा क्या हाल होता, मैं सोचती रही। मेरी देह की एक भी हड्डी-पसली, खोजने पर भी हाथ नहीं लगती, ये लोग मुझे यूँ कुचलकर, मेरी जान ले लेते।

ङ ने किसी एक-मंजिले के सामने गाड़ी खड़ी कर दी। घर के अंदर घुप्प अँधेरा! कोई दरवाजा खोलकर खड़ा था। उस शख्स का, फर्ज करें, नाम रखा जाए—ठ! मुझे ठ के हाथों में सौंपकर, ङ लौट गई। ठ मुझे साथ लेकर, उसी अँधेरे में एक कमरे के सामने से गुज़रकर, एक छोटी-सी कोठरी में ले आईं। कोठरी का दरवाजा अंदर से बंद करके, ठ ने बत्ती जलायी और बैठ गईं। मेरे हाथ में एक पोटली! पोटली में साड़ी-कपड़े! ठ को देखते ही, मैं पहचान गई, हालाँकि पहले उनसे कभी जान-पहचान नहीं हुई थी। लेकिन वे साहित्यकार थीं। मैंने पत्र-पत्रिकाओं में ढेरों तस्वीरें देखी थीं। ठ का साहित्य भी मैंने पढ़ा था। कमरे में बड़ी-बड़ी खिड़कियाँ! खिड़कियों पर भारी-भारी पर्दे! एक तरफ बिस्तर! बिस्तर की बगल में एक छोटी-सी मेज! मेज पर टेबल-लैम्प! ड्रॉअरों का एक चेस्ट! लिखने-पढ़ने के लिए एक मेज! कई एक कुर्सियाँ! सीलिंग पंखा! संलग्न बाथरूम!

ठ ने बेहद दबी आवाज में कहा, "ङ ने कहा कि दो दिनों के लिए तुम्हें, मेरे यहाँ पनाह देना होगी। यह बात मेरे अलावा, घर का और कोई बंदा न जानने पाये।"

ठ, ङ की बेहद श्रद्धा करती हैं। उनका कोई आग्रह-अनुरोध वे ठुकरा दें, ऐसा वे सोच भी नहीं सकतीं। ठ ने उन्हें यह बताने की भी कोशिश की कि दो दिनों बाद, अगर किसी को उनके यहाँ भेजतीं, तो बेहतर होता, क्योंकि उनके यहाँ दो मेहमान-रिश्तेदार आए हुए हैं, दो दिनों बाद वे चले जाएँगे। लेकिन ङ ने कहा कि यह काम आज ही करना होगा, इसलिए इंतजाम करना ही पड़ा। उन्होंने अपनी बेटी का कमरा, मेरे लिए सजा दिया है। चूँकि यही एक कमरा, घर के शोरगुल-मुखर कमरों के करीब नहीं है। बैठक घर से अलग-थलग कमरा है यह। बेटी को समझा-बुझाकर, उन्होंने किसी और कमरे में सोने का इंतजाम कर दिया है।

"तुम बेहद थकी-थकी लग रही हो। ऐसा करो, तुम सो जाओ। तुम्हें कुछ चाहिए?"

"मुझे रात को नींद नहीं आती। अगर दो-एक अच्छी किताबें दे सकें, तो बेहतर हो। मुझे और कुछ नहीं चाहिए।"

ठ ने किताब लाकर थमा दी।

उन्होंने कहा, "दरवाजा बंद कर लो! दरवाजा हमेशा अंदर से बंद रखना। जब दरवाजे पर तीन बार ठकठकाहट हो, तभी दरवाजा खोलना!"

तीन बार ठकठकाने का मतलब है, ठ आई हैं!

सुबह-सुबह बेहद हल्की-हल्की ठक्! ठक्! ठक्!

ठ कमरे के अंदर दाखिल हुईं। हाथ में नाश्ते की ट्रे! नाश्ते से ज्यादा मेरी दिलचस्पी अखबार में थी। अखबार माँगने पर ठ मुझे कई अखबार दे गईं।

"तुम अभी नौ बजे तक तैयार रहना। ङ ने मुझे इत्तला दी है कि वे नौ बजे के बाद, किसी भी वक्त फोन करेंगी। कोर्ट जाना है!"

कोर्ट का नाम सुनते ही, मेरी छाती धड़क उठी। मैं धड़कते दिल से नौ बजे के पहले ही तैयार होकर बैठी रही। करीब बारह बजे ङ का फोन आया। उन्होंने इत्तला दी कि काम आज नहीं होना है। कल मैं नौ बजे तैयार रहूँ। मैंने राहत की साँस ली।

समूचे अखबार में कल की खबर! पहले पन्ने पर महासमावेश की तस्वीर! न्ना, इस बार कई हजार नहीं, कई लाख टोपियाँ! मुझे याद नहीं पड़ता कि इससे पहले, देश की कोई राजनैतिक पार्टी, इतना विशाल समावेश कर पायी है। इरशाद-विरोधी आंदोलन के समय, जब सभी पार्टियाँ मिलकर मैदान में उतरी थीं, तब भी इतने-इतने लोग नहीं जुटा पायी थीं। इस बार ये तमाम लोग, समूचे देश भर से इकट्ठा हुए थे। कट्टरवादी संगठन काफी कट्टर और विकट संगठन है। इस बार सिर्फ संगठन के लोग ही नहीं, देश के सभी मदरसों के छात्र भी यहाँ आकर जमा हुए थे। इस महासमावेश में ऐसे भी धार्मिक लोग शामिल थे, जो पार्टीबाजी नहीं करते, मगर इस्लाम बचाने के लिए, अपने आप ही हाजिर हुए थे। आज अगर अवामी लीग या बी एन पी किसी लोंग-मार्च का आयोजन करे, तो मुझे नहीं लगता कि देश भर से इतने-इतने लोग ढाका चले आएँगे। महासमावेश में जातीय मस्जिद, बयतुल मुकर्रम के ख़तीब ने कहा है कि हमारा यह समावेश, किराये के लोगों का समावेश नहीं है। यहाँ जो लोग इकट्ठे हुए हैं, सबके सब अपने इंसान के जज़्बे से हाजिर हुए हैं। उन्होंने अन्यान्य राजनैतिक पार्टियों के बारे में ललकारकर कहा कि किराये के लोगों के बिना इन लोगों की मीटिंग नहीं होती। लेकिन वे पार्टियाँ भी अगर किराए के लोग बुला लें, तो भी इस समावेश की भीड़ का एक प्रतिशत हिस्सा भी नहीं जुटा सकतीं। ख़तीब, चाहे आदमी बुरा हो, मगर उसने यह गलत नहीं कहा।

लोंग-मार्च के अंत में मानिक मियां एमिन्यू के महासमावेश में बुलंद आवाज में घोषणा की गई है–

अल्लाह के प्रभुत्व के अलावा और कुछ भी मंजूर नहीं

सिर देंगे, नहीं देंगे ईमान! साम्राज्यवाद, यहूदीवाद और भारतीय ब्राह्मणवादियों के चक्र ने दुनिया के दूसरे नम्बर के राष्ट्र, इस बांग्लादेश की स्वाधीनता, सार्वभौमिकता,

जनगण के धार्मिक विश्वास और सांस्कृतिक शान तथा अस्तित्व के विरुद्ध जो अघोषित युद्ध शुरू किया है, ला इलाहा इल्लालाहू, मुहम्मद रसूलूल्लाह के इमानी चेतना के दम पर, यह जाल निश्चिन्ह करके, अधर्म के विरुद्ध धर्म की पताका लहराये रखने का संकल्प लिया गया है। कल के महासमावेश में यह प्रतिज्ञा की गई है। ऐतिहासिक लोंग-मार्च और महासमावेश के जरिये एक बार फिर प्रमाणित हो गया कि धर्मद्रोही, स्वाधीनता-विरोधी साजिश के खिलाफ समूचा बांग्लादेश गरज उठा है। टेरनफ से तेंतुलिया तक जो अभूतपूर्व जन-जागरण और पुनरुत्थान शुरू हुआ है, उसमें मुसलमानों की जाति-सत्ता के विकास का स्वर्णतोरण उन्मोचित हुआ। कुरान की मर्यादा-रक्षा और स्वाधीनता संरक्षण की जंग, आज एक और अभिन्न धारा में आ मिली है। विजय न मिलने तक, यह जंग जारी रहेगी। इस जंग में विजय सुनिश्चित है।

वक्ताओं में विभिन्न अंचलों के जनप्रिय पीर, बड़ी-बड़ी धार्मिक, राजनीतिक पार्टियों के नेतागण मौजूद थे। टोपी-दाढ़ीहीन वक्ताओं में एन.डी.ए के अनवर जाहिद, फ्रीडम पार्टी के सेक्रेटरी, जेनरल मेजर बजलूल हुदा, जागपा के नेता, प्रधान, पीपुल्स नेशनल पार्टी के शौकत हुसेन नीलू, कृषक-श्रमिक पार्टी के ए. एस. अमन सोलायमान मौजूद थे। इन वक्ताओं ने वह पुरानी बातें दोहरायीं—तसलीमा समेत मुरतादों की फाँसी, ब्लासफेमी कानून प्रणयन, एन जी ओ वर्ग के इस्लाम-विरोधी क्रियाकलाप पर पाबंदी वगैरह-वगैरह! 30 जून की हड़ताल के जरिये इन माँगों के पक्ष में जो जनमत घोषित हुआ है, सरकार ने उन्हें आज भी मंजूर नहीं किया है। सरकार अगर जनमत के प्रति श्रद्धा प्रदर्शित नहीं करती, तो तौहीदी जनता का यह आंदोलन, सरकार-पतन के आंदोलन की तरफ दौड़ पड़ने को विवश होगा। जो संसद ब्लासफेमी कानून पास करने में अक्षम है, इस देश की जनता ऐसे संसद के प्रति कोई आस्था नहीं रख सकती। जो सरकार भारत के साथ 25 साला गुलामी-समझौते की जंजीर तोड़ने की हिम्मत न जुटा सके, ऐसी दुर्बल सरकार को टिके रहने का कोई अधिकार नहीं है। वक्ताओं ने घोषणा की—विजय अर्जन न होने तक यह जंग जारी रहेगी।

जुम्मा के नमाज के बाद महासमावेश होने वाला था। लेकिन मानिक मियां एमिन्यू के विस्तृत, सुदीर्घ राजपथ पर जनता के जुलूसों का ताँता बहुत पहले से ही शुरू हो गया। महासमावेश में 150 माइक लगाये गए थे। जुम्मा के नमाज की अजान से सभी माइक गूँज उठे। टोपी-कुर्ता पहने, लाखों-लाखों लोग नमाज पढ़ने को खड़े हो गए। इतनी बड़ी जमात में नमाज़ पढ़ने को सवाब मानकर, आस-पास के इलाकों से भी लोग आ पहुँचे और इस नमाज में शरीक हो गए। समावेश में अगले कार्यक्रम की भी घोषणा की गई है—12 अगस्त को देया दिवस पालन किया जाएगा और संसद के आगामी अधिवेशन के पहले दिन ही, संसद भवन का घेराव होगा। महासमावेश में 11 दफा माँग की गई है। वे माँगें हैं—1. व्यक्ति, परिवार, समाज और राष्ट्रीय जीवन के सभी स्तर में, पूर्णांग इस्लाम यानी अल्लाह के निर्देशित सार्वजनीन इन्साफ, हक़ और

मानवाधिकार तय करना होगा। 2. अल्लाह, अल-कुरान, रसूले खुदा मुहम्मद (सा.), शरीयत के प्रति मामूली से मामूली अवमानना भी बर्दाश्त नहीं की जाएगी। बांग्लादेश में रहनेवाले सभी धर्मावलंबी लोगों की धार्मिक स्वाधीनता, अधिक और मर्यादा निश्चित करना होगा। 3. धर्म का अपमान करनेवालों को कठोर सजा के अंतर्गत ब्लासफेमी कानून लागू करना होगा। 4. कादियानी सम्प्रदाय को गैर-मुस्लिम घोषित करना होगा। 5. रेडियो-टेलीविजन समेत सभी प्रचार माध्यमों में अपसंस्कृति, अश्लीलता और जातीय मूल्यबोध-विरोधी प्रचार और प्रकाशन पर पाबंदी लगाना होगी। 6. एन जी ओ वर्ग के सभी कार्यक्रम, राष्ट्रीय नियन्त्रण में लाने होंगे। उच्च स्तरीय जाँच-पड़ताल करके, राष्ट्रद्रोही, धर्मद्रोही, एन जी ओ लोगों के कार्यक्रम पर पाबंदी लगायी जाए और सज़ा का विधान करना होगा। 7. बांग्लादेश की जातीय स्वाधीनता, आर्थिक स्वाधीनता और आंचलिक अखंडता की रक्षा के लिए (क) भारत से किया गया 25 साला गुलामी-समझौता, सापटा समझौता, नौ-ट्रांजिट समझौता खारिज करना होगा। (ख) फरक्का तालपट्टी, शांतिवाहिनी समेत एक-दूसरे की समस्याएँ, जातिसंघ, वाइ सी समेत अंतर्राष्ट्रीय फोरम में पेश करना होगा। (ग) शत्रुता और अग्रासन परिहार न करने तक, भारतीय सामग्रियों की आयात, बिक्री और इस्तेमाल पर पाबंदी लगाना होगी। (घ) वर्ल्ड बैंक आइ एम एफ समेत, कोई भी विदेशी कर्ज या सहायता निशर्त करना होगी। (ङ) शक्तिशाली फौज, नौवाहिनी समेत गण-फौज भी गठन करना होगा। दक्षिण एशिया में शक्ति का संतुलन बनाये रखने के लिए, भारत-पाकिस्तान की तरह ही बांग्लादेश को भी आणविक शक्ति अर्जन की कोशिश शुरू करना होगी। (च) राष्ट्रीय प्रशासन में सभी स्तरों से चिह्नित राष्ट्रद्रोही, धर्मद्रोहियों को जड़ से मिटाना होगा। 8. विभिन्न चरणों में सभी क्षेत्रों से सूद नामक निर्मम शोषण निषिद्ध करना होगा। कृषकों पर लगे सभी तरह के ब्याज तत्काल माफ करना होगा। इसी बीच एन जी ओ, कृषि बैंक समेत दूसरे-दूसरे बैंकों में कृषकों से वसूल किया गया ब्याज वापस करना होगा। 9. सार्वभौमिकता का मालिक अल्लाह है! हर नागरिक की मौलिक माँग पूरी करने में प्राप्त, सभी राष्ट्रीय सम्पदाओं का इस्तेमाल सुनिश्चित करना होगा। राष्ट्रीय सम्पत्तियों का बिना आगा-पीछे सोचे, लूट-पाट बंद करना होगी और गैर-कानूनी तरीके से अर्जित सभी सम्पत्तियाँ जब्त करके, बेरोजगार और दरिद्र लोगों को रोजगार देने और बेघर लोगों के पुनर्वासन पर खर्च करना होगा। 10. एकमात्र नैतिक और सामरिक शिक्षा में शिक्षित एक सुशृंखल जाति ही राज्य चलाने और आजादी की रक्षा में अपना अमूल्य सहयोग दे सकती है। इसलिए सभी शिक्षा प्रतिष्ठानों में धर्म-शिक्षा और सामरिक शिक्षा अनिवार्य बनाना होगा। 11. सन् 78 का कुख्यात काला कानून और 92 के संत्रास-दमन कानून को फौरन खारिज करना होगा।

महासमावेश में इन माँगों पर जबर्दस्त जोर दिया गया, अन्यथा अगर कोई

अप्रिय स्थिति पैदा हुई, तो सरकार ही इसके लिए जिम्मेदार होगी, यह बात भी डंके की चोट पर कही गई। मजूर, कुम्हार, मछेरे, तांती, किसान, श्रमिक, मुक्तियोद्धा, छात्र, शिक्षक, चिकित्सक, वकील, सांस्कृतिक कर्मी, बुद्धिजीवी, नौकरीपेशा, कारोबारी, व्यापारी, राजनीतिक, आलिम, उलामा, पीर, मशाएख और मुसलमान, हिंदू, ईसाई समेत, सभी स्तरों के देशप्रेमी और धर्मप्रिय जन-गण को, सम्मिलित संग्राम-परिषद के झंडे तले शामिल होकर जातीय स्वाधीनता, धार्मिक स्वाधीनता, इन्साफ और मानवता के मुक्ति संग्राम में शरीक होने का आह्वान किया गया है।

जाहिर है कि इनमें से अधिकतर माँगें दाढ़ी-टोपीहीन राजनीतिक नेताओं ने तैयार की हैं। इनमें से कुछेक माँगें मुझे बुरी भी नहीं लगीं। संख्यालघु वर्ग के अधिकारों की माँग, किसानों का ब्याज माफ करने की माँग, वर्ल्ड बैंक से शर्तहीन कर्ज या सहायता की माँग, सम्पत्तियों के स्वस्थ आबंटन की माँग वगैरह! बहरहाल, माँगें चाहे जो भी हों, इन्सान कुरान को बचाने और तसलीमा को फाँसी देने के लिए जमा हुआ था। लाखों-लाखों लोगों का नारा था; नारों का ताँता बँधा हुआ था—अल्लाहो-अकबर, कुख्यात तसलीमा को फाँसी दो! देना होगा, देना होगा! इस्लाम के दुश्मन, होशियार! सावधान! नास्तिकों का अड्डा, बांग्लादेश में नहीं चलेगा, नहीं चलेगा। मुरतादों का ठिकाना, बांग्लादेश में नहीं रहेगा! नहीं रहेगा! रसूल फौज के फौजी हम, डरते नहीं, बुलेट हो या बम! जिहाद! जिहाद! चाहिए जिहाद! जिहाद करेंगे, जीएँगे हम!

इन्क़लाब ने इसका हवाला देते हुए लिखा है—ये तमाम नारों ने आकाश-वाताश को कँपा दिया। लाखों-लाखों कंठों से गूँजती हुई तकबीर ने मानो आसमान को चीरकर, अर्शे-अजीम तक को हिला दिया। कार्यक्रम कुरान-तिलावत से शुरू हुआ। इसके बाद, इस्लामी संगीत, जिसमें कहा गया—अल्लाह की जमीन पर, इस बांग्ला की जमीन पर मुरताद धर्मद्रोहियों के लिए कोई जगह नहीं है। यह देश इस्लाम मुसलमान जनता का है, यहाँ मुरताद खुदा के दुश्मनों के लिए कोई ठाँव नहीं है!

समावेश को घेरकर बैठे थे—छोटे-छोटे ग्राहक! हरे चने, बादाम, केला, रोटी, खीरा, यहाँ तक कि भ्रमणशील वैनों में बिरियानी और तहरी की दुकनिया भी चल रही थी! वहाँ जमा हुई जनता के लिए महासमावेश के आयोजकों ने खाने-पीने का भी इंतजाम किया था। दो सौ से अधिक उठौव्वा पखाने का भी प्रबन्ध किया गया था। कुल मिलाकर महासमावेश काफी सार्थक और सफल था। लेकिन वहाँ पाँच बम-विस्फोट भी हुए। पुलिस से संघर्ष में 10 लोग जख़्मी हुए। महासमावेश खत्म होने पर, लोग-बाग जब ट्रक-बसों में सवार होकर ढाका से बाहर जा रहे थे, कट्टरवाद-विरोधी दल ने उन लोगों को ये लोग जहाँ भी मिले, बेभाव पीटा! इसमें जख़्मियों की संख्या सत्तर थी। बस, एक खट्का जरूर लगा, कल जमाते इस्लामी ने अलग-थलग सभा की। जमाते इस्लामी के नेतागण, मानिक मियां एमिन्यू में मौजूद नहीं थे, गुलाम

आयम ने चट्टग्राम तो चट्टग्राम, खुद ढाका शहर के बीचोंबीच, बयतुल मुकर्रम के उत्तरी गेट में जन-समावेश में भाषण दिया। उधर शेख हसीना ने नोवाखाली के बेगमगंज में जाकर, कट्टरवादियों के खिलाफ नहीं सरकार के खिलाफ भाषण दिया। अपने भाषण के दौरान, एक बिंदु पर उन्होंने बड़े फ़ख्र से ऐलान किया—हम लोग धर्महीनता में विश्वास नहीं करते, क्योंकि बंग-बंधु ने ही पहली बार मदरसा शिक्षा बोर्ड और इस्लामिक फाउंडेशन की प्रतिष्ठा की। हमारे एक संसद-सदस्य शराब, जुआ बंद करने के लिए, बिल लाये थे, इसके बावजूद बी एन पी सरकार ने उसे पास नहीं किया।

'इत्तफाक' में ख़बर छपी थी—मानिक मियां एमिन्यू के महासमावेश का आह्वान था—जीवन के सभी क्षेत्रों में इस्लामी अनुशासन की प्रतिष्ठा करें। बंग बंधु एमिन्यू में नगर अवामी लीग की सभा में, कल 12 बम-विस्फोट की घटना हुई। वहाँ भी काफी लोग घायल हुए।

'जनकंठ' की ख़बर के मुताबिक, जी पी ओ इलाका रणभूमि में बदल गया था। पुलिस के लाठी चार्ज से 40 छात्र घायल हो गए। कॉकटेल के आघात से पुलिस भी जख़्मी हुई। कई की हालत गंभीर है।

'संवाद' की खबर है कि संघर्ष और बमबाजी में छात्र, पुलिस, टीचरों समेत पचास से भी अधिक जख्मी हुए! इधर साम्प्रदायिकताविरोधी छात्र बिरादरी द्वारा, आज समूचे देश में, पूरे दिन की हड़ताल का आह्वान किया है। अवामी लीग ने भी आधे दिन की हड़ताल का आह्वान किया है। यह हड़ताल चट्टग्राम में हत्याकांड के प्रतिवाद में बुलायी गई है।

ठ दोपहर को खाना लेकर आईं! रात को भी खाना पहुँचा गईं। मेरे लिए लेटे-सोने के अलावा, किताबें-पत्रिका पढ़ना और ठ के आने पर बातचीत करने के अलावा और कोई काम नहीं है। बातचीत जो होती है, मुख्य रूप से राजनीति पर होती है। काफी रात गए, ठ के पति मुझसे बातें करने के लिए, कमरे में दाखिल हुए! पूरे घर में, सिर्फ ठ और उनके पति को ही, इस कोठरीनुमा कमरे में, मेरी मौजूदगी की जानकारी है। ठ के पति किसी जमाने में वामपंथी श्रमिक नेता रह चुके हैं। उन्होंने बताया कि उन्हें भी काफी दिनों तक यूँ छिपकर रहना पड़ा था। उन्हें मालूम है कि इस तरह का जीना, कैसा जीना होता है! उन्हें अहसास है कि उन दिनों गुजारा गया हर पल किस कदर भयावह होता है। जब रात के अँधेरे में, अपनी जान बचाने के लिए, घर-घर जाकर पनाह लेना होती है।

ठ और ठ के पति, दोनों ही देश की वर्तमान राजनीति को लेकर बेतरह तंग हैं। इसके बावजूद दोनों मियाँ-बीवी में से, एक भी प्राणी को यह नहीं लगता कि देश में कट्टरवादी आंदोलन ज्यादा दूर तक आगे बढ़ेगा।

आगामी चुनाव में, यही सरकार वोट में जीतेगी, यह भी उन लोगों को नहीं लगता।

31 जुलाई, रविवार।

आज भी सुबह-सवेरे तैयार होकर बैठी रही। दोपहर के बाद, ङ ने सूचना दी कि आज भी काम नहीं बनेगा!

कल के अख़बार में एक ख़बर की सुर्खी थी—**तसलीमा नसरीन के बारे में नॉर्वे, जर्मनी और यूरोपीय कमीशन का वक्तव्य।** ख़बर छपी थी कि जर्मन दूतावास के काउंसिलर ने कहा है कि 16 जातियों के यूरोपीय कमीशन की तरफ से तसलीमा नसरीन को देश-त्याग की अनुमति देने के लिए, सरकार से औपचारिक अनुरोध किया गया है, लेकिन अभी तक उन लोगों को कोई जवाब नहीं मिला है। इधर देश के विदेश मंत्रालय की तरफ से सूचना दी गई है कि इस किस्म की खबरें, उन लोगों ने अखबारों में पढ़ी हैं, लेकिन सरकारी तौर पर उन्हें कोई जानकारी नहीं है। यूरोपीय कमीशन के चेयरमैन एक जर्मन सज्जन हैं। जर्मन दूतावास से यह पूछा गया है कि तसलीमा को देशत्याग की अनुमति देने के लिए दबाव डालना, क्या देश की भीतरी राजनीति में हस्तक्षेप तो नहीं समझा जाएगा। दूतावास की तरफ से यह जवाब गया है कि दबाव डालने का कोई सवाल ही नहीं उठता। यूरोपीय कमीशन के विदेश मंत्री समुदाय ने सिर्फ अपनी राय जाहिर की है और उस राय की जानकारी बांग्लादेश सरकार को भी दे दी गई है। इसके जरिये सरकार पर कोई दबाव नहीं डाला गया है। और इसे मानना या न मानना पूरी तौर पर सरकार पर निर्भर करता है। यूरोपीय कमीशन द्वारा इस किस्म का अनुरोध करना, बांग्लादेश के कानून को निष्क्रिय करने में कहीं मदद करता है या नहीं? और यह राय, कहीं सरकार को किसी शर्मिन्दगी में तो नहीं डाल रही है? यह पूछने पर दूतावास के प्रधान ने बताया कि यूरोपीय कमीशन की राय या अनुरोध, सरकार को सूचित करने के अलावा उस विषय पर कोई राय देना, उनकी जिम्मेदारी में शामिल नहीं है। यूरोपीय कमीशन किसी ऐसी औरत के लिए ऐसा स्टैंड ले रहा है, जिस महिला ने देश के मासूम जनसाधारण के धार्मिक विश्वास पर चोट की है। इस प्रश्न के उत्तर में यह कहा गया है कि यह सारा विषय व्याख्या के नजरिये से ही देखना होगा। और संदर्भ में कहाँ, क्या घटा है, उस पर भी नजर रखते हुए चलना होगा। यूरोपीय कमीशन इन्सान की वाक्-स्वाधीनता का सम्मान करता है और इस पूरे विषय को इस नजरिये से देखना होगा। ढाका के नॉर्वे मिशन के प्रधान को, जब इस विषय पर रोशनी डालने को कहा गया, तो उन्होंने कहा कि वाक्-स्वाधीनता की निश्चयता के बारे में नॉर्वे इस विषय को कानून के नजरिये से ही देखता है। मिशन प्रधान इस सरजमीन पर घटनेवाले हर वाकये को देख रहे हैं और इसकी रिपोर्ट नियमित रूप से नॉर्वे सरकार को भेज रहे हैं। नॉर्वे के पत्र-पत्रिकाओं में हर रोज़ ख़बरें छप रही हैं कि बांग्लादेश में औरतों पर जोर-जुल्म बरसाया जा रहा है और मानवाधिकार का उल्लंघन किया जा रहा है। जनगण का एक विशाल हिस्सा तसलीमा नसरीन को सुरक्षा देने के लिए, नॉर्वे सरकार पर दबाव डाल रहा है। नॉर्वे

की सरकार को, नॉर्वेवासियों की इच्छा मुताबिक ही काम करना पड़ता है। वाक्-स्वाधीनता के नाम पर उग्र राय की अभिव्यक्ति और प्रकाशन, किसी समाज की बृहद्तर जनसमूह के धार्मिक विश्वास और अनुभूति को पददलित करना, किस हद तक समर्थन के लायक है, इस सवाल को वे टाल गए। बांग्लादेश का राष्ट्रधर्म इस्लाम है। लेकिन इसके लिए बांग्लादेश के इन्सानों को कट्टरवादी क्यों कहा जाता है? यह पूछने पर मिशन प्रधान ने कहा कि चंद उग्रपंथियों के अलावा बांग्लादेश के जनसाधारण शांतिप्रिय और सहनशील इन्सान हैं। इसके बाद, चंद ऐसे सवाल पूछे गए जो संकोच से भरपूर थे और जिनका जवाब नॉर्वे मिशन प्रधान टाल गए। यूरोपीय मिशन के प्रधान ने कहा है कि तसलीमा नसरीन को नॉर्वे के एक सेमिनार में शामिल होने के लिए आमंत्रण भेजा गया है, लेकिन वे वहाँ जा सकेंगी या नहीं, यह जवाब सिर्फ बांग्लादेश की सरकार ही दे सकती है। बांग्लादेश में कट्टरवाद कुछ ज्यादा ही बढ़ गया है या नहीं, यह सवाल पूछे जानें पर मिशन के प्रधान ने जवाब दिया कि जो खबरें पत्र-पत्रिकाओं में प्रकाशित हो रही हैं, उन्हें, बस, उतनी ही जानकारी है। इससे ज्यादा वे कुछ नहीं जानते। ब्लासफेमी कानून के बारे में उन्होंने मंतव्य दिया कि वर्तमान विश्व में यह अचल है और यह मानवाधिकार के खिलाफ है!

यह कूटनीति का मामला भी बेहद विचित्र होता है। यह मुझे जरा कम ही समझ में आता है। कूटनीतिज्ञ ही जानते हैं कि कितना बोलना चाहिए, कहाँ बोलते-बोलते थम जाना चाहिए। किस सवाल का क्या जवाब देना चाहिए। यूरोपीय यूनियन और नॉर्वे ने बांग्लादेश सरकार से अनुरोध किया है कि वे मुझे देश छोड़ने की अनुमति प्रदान करें। अब बांग्लादेश सरकार इसे कहीं दबाव या गढ़ा हुआ मौका मान रही है या नहीं, इसकी मुझे जानकारी नहीं है! सरकार में या विदेशी दूतावास में क्या कुछ घट रहा है, यह खबर मुझ तक पहुँचना संभव भी नहीं है! इस-उस घर के अँधेरे ओने-कोने में लुकी-छिपी मैं, भला यह सब कैसे जान सकती हूँ? लेकिन यह तो सच है कि विदेशी सरकारों को क्या गरज पड़ी है कि वे मुझे विपदमुक्त करें। हाँ, विदेशी लेखक समुदाय और मानवाधिकार संस्थाएँ जरूर परेशान हैं, क्योंकि ये लोग और संस्था, किसी भी राजनीति से अलग-थलग हैं। वे लोग व्यक्ति स्वाधीनता, लेखक स्वाधीनता और मानवाधिकार में विश्वास करते हैं, इसलिए इस मामले में सर खपा रहे हैं। वे लोग अगर इसमें सिर नहीं खपाते, दिलचस्पी न लेते, तो कोई भी सरकार मेरा उद्धार करने के लिए आगे नहीं आती, क्योंकि मैं उन लोगों के किसी भी स्वार्थ-सिद्धि में काम नहीं आऊँगी।

मैंने ठ को जब अपने मन की बात बतायी, तो उन्होंने कहा, "तुम्हारी खबर, समूची मीडिया तक पहुँच गई है। अब यूरोपीय देश तुम्हें बचाने का क्रेडिट लेना चाहेंगे। इसलिए विदेशी सरकारें, चाहे जैसे भी हो, तुम्हारे लिए कुछ कर गुजरने के इरादे से, इस मामले में जरूर कूद पड़ेंगी। उन लोगों को कम से कम यह कहने का

तो मौका मिलेगा कि मैंने मानवाधिकार के पक्ष में यह काम किया है। यही उनका बहुत बड़ा स्वार्थ है।''

''जब वे लोग इतना कुछ कर सकते हैं, तो मेरी अनुपस्थिति में ही, मेरी जमानत क्यों नहीं करा सकते? अगर मैं खुद हाईकोर्ट गई, तो इस बात की क्या निश्चयता है कि मेरा खून नहीं कर दिया जाएगा? इस बात का भरोसा कौन देगा कि वहाँ कोई आततायी घात लगाए नहीं बैठा है? सुना है, इन दिनों हर रोज़ ही, वहाँ मेरे पहुँचने की उम्मीद में, हाईकोर्ट में भीड़ लगाए रहते हैं। उन लोगों के बीच जा पड़ी, तो हादसा हो ही सकता है।''

''हाँ, हो तो सकता है!''

''उस वक्त, मैं यूरोप के नेताओं को कहाँ ढूँढ़ने जाऊँगी?''

''इस देश में तो वे लोग तुम्हें नहीं बचा सकते। इस देश से तुम्हारा उद्धार करने के बाद ही, वे लोग तुम्हें बचा सकते हैं। इसके अलावा उनके पास और कोई उपाय नहीं है। इसी घर में अगर वे लोग तुम पर हमला बोल दें, अगर रास्ते में तुम्हें धर दबोचें या अदालत में कोई दुर्घटना हो जाए, तो यूरोप के बाप की भी क्षमता नहीं है कि तुम्हें बचा लें या तुम्हारी मदद करें–'' इतना कहकर ठ अचानक खामोश हो गईं और निश्चल बैठी रहीं!

मैंने नरम लहजे में कहा, ''मेरा ख्याल है पुलिस का इंतजाम तो रहेगा ही–''

''अरे, छोड़ो, पुलिस खुद ही कितनी जगह जख्मी हो रही है, कितनी मर-मरा रही है। संत्रासी लोग, पुलिस-वुलिस मानते हैं भला?''

ठ ने सहमति में सिर हिलाया।

''वैसे पुलिस भी भला यह क्यों मान लेगी कि मैंने उनकी धार्मिक अनुभूति को आघात नहीं पहुँचाया है। वे लोग भी भला मुझसे नाराज क्यों न हों।''

ठ ने दुबारा सिर हिलाया। मेरा ख्याल उन्हें गलत नहीं लगा। ठ ने काफी अफरातफरी में मुझसे बातचीत निपटायी, क्योंकि मेरे साथ इस कमरे में बैठे-बैठे काम नहीं चलेगा। उन्हें अपना घर भी देखना था। घरवालों को संदेहमुक्त रखने के लिए, उन्हें हर तरह की कोशिश करना होगी। घर में किसी अनचाहे मेहमान का आगमन न हो; बाहरवालों की नजर इस घर पर न पड़े, उन्हें यह भी देखना था। सिर पर पल्ला डाले, चेहरे को साड़ी से ढँके हुए, मैं महज कुलवधू हूँ! अपनी यह हुलिया देखकर, खुद मुझे ही खौफ़ ही होता है। मेरा मन होता है, मैं खुद, अपने पास से भाग खड़ी होऊँ। कभी-कभी मेरे मन में यह शक भी जागता है कि खुद मैं भी, तसलीमा के इस दुःसमय में, उसे पनाह देने का दुःसाहस नहीं कर पाती।

रात को ङ आ पहुँची। जमानत पाने के लिए मुझे कोर्ट में उपस्थित होना ही होगा, यह बात ङ को बिल्कुल अच्छी नहीं लगी। इतना बड़ा जोखिम लेकर, किसी का

अदालत जाना क्या उचित होगा? अगर अंत में जान ही नहीं बचेगी, तो जमानत पाकर भला क्या फायदा? ङ चिंतामुक्त नहीं हो पा रही थीं। हाईकोर्ट विराट खुले मैदान में स्थित है! वहाँ हर इंसान को प्रवेशाधिकार होता है। हाईकोर्ट के अहाते, अंदर कॉरीडोर में अगर हजारों-हजार लोग भीड़ लगाए खड़े हों, तब क्या उपाय बचेगा? मैं अंदर कैसे जाऊँगी? वहाँ से बचकर निकलूँगी कैसे?—यही सब सोच-सोचकर ङ की नींद हराम हो गई है। इसके अलावा, ङ बता गई हैं कि हाईकोर्ट जाए बिना, और कोई उपाय नहीं है! ङ ने पिछले दो दिनों मुझे अदालत जाने को मना क्यों कर दिया? जब मैंने इसकी वजह पूछी, तो ङ ने बताया कि मेरे वकील ने उन्हें इत्तला दी है कि अदालत में कोई अच्छा जज नहीं बैठा है। यानी जजों में भी अच्छे और बुरे लोग होते हैं। कोई-कोई जज सीधे-सीधे ही सुना देगा कि जमानत नहीं हो सकती। यह भी कह सकते हैं कि कोई सुरक्षा-वुरक्षा नहीं दी जाएगी। इसलिए मेरे वकील को आँख-कान सजग रखकर, उन्हें यह जाँच-परख करना होगी कि जज कट्टरवादी है या गैर-कट्टरवादी है। जाँच करने पर, कोई जज अगर गैर-कट्टरवादी लगे, तभी जमानत के लिए वे खड़े होंगे, अन्यथा नहीं।

ङ ने लम्बी उसाँस भरकर कहा, ''सुप्रीम कोर्ट में भी इतने सारे जज़, कट्टरवाद के पक्ष में हैं, मुझे पहले पता नहीं था।''

ङ की लम्बी-लम्बी उसाँसें मेरे सीने में पाँव-पाँव चलते हुए मेरी तरफ बढ़ी आ रही थीं। उनकी साँसें मेरे पैरों से होती हुईं, ऊपर सीने तक आकर स्थिर हो गई हैं। हम सबके सीने में लम्बी-लम्बी उसाँसें! ठ और उसके पति ने अपनी-अपनी लम्बी उसाँसें, अपने सीने से विदा कर दीं, सिर्फ मेरी ही उसाँस मेरे सीने में अटकी रही। मेरी उसाँसें अपनी सैकड़ों संतान कोख में लिये, भारी-भरकम देह लिये, मेरे सीने में लेटी पड़ी रहीं! मेरा मैं ही मुझे जरा-जरा करके, मुझे अपनी दखल में लेता रहा और उसने मुझे एकबारगी अपनी मुट्ठी में कर लिया। सैकड़ों दीर्घ उसाँसों ने जैसे मेरी साँसों का गला घोंट दिया।

ङ के जाने के बाद, च, उसके पति और मैं चाय की चुस्कियाँ लेते रहे और टुकड़े-टुकड़े बातें करते रहे। बीच-बीच में दरवाजे पर कोई आहट सुनते ही, मेरी छाती धड़कती रही!

''इस देश में आखिर हो क्या रहा है?''

''वाम दल भी मैदान में उतर आए हैं। घातक, रजाकारों को उखाड़ फेंकने और धर्म-आधारित राजनीति को निषिद्ध करने की माँग करते हुए, आंदोलन जोरदार करने की घोषणा की है।''

''इससे क्या काम बनेगा? सचमुच क्या किसी दिन इस देश में धर्म-आधारित राजनीति निषिद्ध हो सकेगी?''

''लगता तो नहीं—''

"मुझे भी नहीं लगता कि किसी दिन ऐसा हो सकेगा, बल्कि दिनोंदिन और जोरदार होता रहेगा। बी एन पी और अवामी लीग ने इन कट्टरवादियों को बढ़ावा दे-देकर कितनी बड़ी ग़लती की है, किसी दिन जरूर समझेंगे।"

"नहीं, मुझे तो यह भी नहीं लगता कि किसी दिन भी इन्हें अक़्ल आएगी। कट्टरवादी अगर इस देश का सर्वनाश भी कर दें, तो किसका क्या आता-जाता है? बी एन पी और अवामी लीग के नेतागण का मकसद है, कुछ ही दिनों के लिए ही सही, सत्ता का सुख उठाना! जब यह आनंद जी लेंगे, और यह साध पूरी हो जाएगी, उसके बाद, चाहे कुत्ते खा-चबा डालें या जमाती, उनका कुछ भी नहीं आता जाता! समाज नष्ट हो जाए, देश सड़-गल जाए, उन लोगों को क्या फर्क पड़ता है।"

"अब सारा आसरा-भरोसा छात्रों पर टिका है। छात्र महीने भर के आंदोलन पर जा रहे हैं। 30 अगस्त को वे लोग जुलूस की शक्ल में प्रधानमंत्री कार्यालय में पहुँच रहे हैं। 3 अगस्त को चट्टग्राम के छात्र-हत्या से जुड़े कातिलों की गिरफ्तारी और उनके विचार की माँग करते हुए और जिन छात्रों को गिरफ्तार किया गया, उनकी रिहाई की माँग करते हुए, वे लोग विक्षोभ-सभा करनेवाले हैं। 6 अगस्त को विश्वविद्यालयों के प्रशासन को रजाकारों से मुक्त करने की माँग करते हुए विक्षोभ-सभा और 10 अगस्त से 27 तारीख तक केंद्रीय नेताओं की उपस्थिति में बड़े-बड़े शहरों में छात्र जनसभाएँ आयोजित की जाएँगी।"

"हाँ, एकमात्र छात्रों में ही, अब सच्चाई और ईमानदारी बच रही है। लेकिन वे लोग भी क्या अब ज्यादा दिनों तक इस ईमानदारी पर टिके रह सकेंगे?"

"अब बयतुल मुकर्रम के खतीब को पकड़ा है। कहा जा रहा है कि राजनीतिक सभाओं में उबैदुल हक ने मुक्तियुद्ध के खिलाफ बातें की हैं, उसे हटाने की माँग की जा रही है। कहा जा रहा है कि बयतुल मुकर्रम, कोई पार्टी संगठन नहीं है। यह जातीय मस्जिद है, इबादत की जगह! जमात शिविर देश की मस्जिदों को अपनी गुप्त मीटिंग और राजनीतिक कारोबार चलाने में इस्तेमाल कर रहा है। सरकार ने गुलाम आयम को मैदान में उतार दिया है ताकि सरकार-विरोधी आंदोलन न हो। कट्टरवादियों ने जातीय संसद के बारे में अपमानजनक बातें कही हैं। छात्रों ने इन लोगों को गिरफ्तार करके, उन पर मुकदमा चलाने की माँग की है।"

"खैर, माँगें तो सैकड़ों तरह की पेश की जा रही हैं। उनमें से कौन-सी मंजूर होंगी, कौन-सी नहीं, इसके बारे में हम सिर्फ अंदाजा भर लगा सकते हैं। यह प्रो-फंडामेंटलिस्ट सरकार, छात्रों के जुलूस और जनसभाओं पर पुलिस छोड़कर, सारा कुछ सत्यानाश कर देगी।"

"हाँ, सो तो कर ही सकती है! लेकिन विरोध किया ज़ा रहा है, यही काफी है।"

"क्यों? यही काफी कैसे है? और ज्यादा प्रतिवाद होना चाहिए।"

"न्ना! कोई भी क्या मैदान में उतरना चाहता है! तसलीमा की वजह से ही इतना सब हो रहा है, इसलिए हमारी जिम्मेदारी कहाँ है? यह सब तसलीमा ही सँभाले। सभी का यही मनोभाव था। अब तो सभी लोग एक ही बात रट रहे हैं कि कट्टरवादियों की ताकत तसलीमा की वजह से बढ़ गई है।"

"ये कट्टरवादी अंदर ही अंदर किस क़दर ताकतवर हो उठे हैं, तसलीमा की वजह से यह देखने का मौका मिला, वर्ना सारा कुछ आँखों की आड़ में ही रह जाता। होश तो तब आता, जब समूचा देश पूरी तरह कट्टरवादियों के क़ब्जे में चला जाता। पहले से ही होश आ गया, यही गनीमत है। विरोध का थोड़ा-बहुत वक्त या मौका अभी भी बच रहा है।"

"इस देश के बारे में बेहद फिक्र होती है! क्या होगा इस देश का? सारा कुछ, कैसे तो उलट-पलट गया।"

हम तीनों ही यह जान-मान रहे थे कि अचानक ही सारा कुछ उलट-पलट गया है! हम तीनों ही, जुबान से उम्मीद की चाहे कितनी भी बातें कहें-सुनें, मन ही मन निश्चित रूप से जान रहे थे कि अफसोस की लम्बी-लम्बी उसाँसों की तरह ही, दुराशा भी, साँप की तरह रेंगती हुई, हमारी तरफ बढ़ी आ रही थी!

काफी रात तक हम स्तब्धता को अपना संगी बनाये, स्तब्ध बैठे रहे। हमारी बातें ख़त्म हो गईं, फिर भी हम बैठे रहे। हमारे दिलों में अभी भी ढेर-ढेर बातें जमा थीं, इसीलिए हम बैठे रहे।

ठ और उनके पति, जब सोने चले गए, उसके बाद भी देश के बारे में मेरी फिक्र गई नहीं। ये दुश्चिंताएँ मुझे कुरेद-कुरेदकर निगलती रहीं। रात भर ये दुश्चिताएँ मुझे नोचती-खसोटती रहीं। सारी रात मैं क्षण भर भी नहीं सो पायी। काफी दिनों से जागते-जागते, मुझे जागने की आदत पड़ गई थी।

आज भी मैं तैयार होकर बैठ गई। ङ ने मुझे इत्तला दी कि मेरी अनुपस्थिति में ही अदालत बैठ जाएगी और अचानक ही बैठेगी, ताकि इस बारे में कौए-पंछी तक को खबर न हो। मेरा वकील मेरे पक्ष में जो भी कहना-सुनना है, कहता रहेगा; जो कागज-पत्तर दिखाना है, दिखाते रहेंगे। इस दौरान वक्त और मौका देखकर, जज से वे कहेंगे कि मेरी सुरक्षा अनिश्चित है। इसलिए मैं अदालत तक नहीं आ सकती। उस वक्त जज अगर यह जिद पकड़ ले कि चाहे जैसे भी हो, मुझे अदालत में हाजिर होना होगा, वर्ना जमानत नहीं मिलेगी। तब मेरे वकील अपने किसी सहकारी को इशारा करेंगे कि मुझे अदालत में पेश किया जाए। वह सहकारी उठकर बाहर आएँगे और ङ को मुझे ले आने के लिए कहेंगे। ङ, क को इत्तला देंगी। क छोटकू को सूचित करेंगी। उन्हें हिदायत दे दी जाएगी कि मुझे कहाँ से उठाकर, कहाँ ले जाना होगा।

छोटकू फौरन गाड़ी स्टार्ट करेंगे। या तो यह कदम उठाया जाएगा या मेरे वकील को जब यह पता चल जाएगा कि जज मुझे पेश होने का हुक्म जरूर देंगे, तो जब वकील साहब, मेरी जमानत की अर्जी लेकर, जज के सामने खड़े होंगे, ठीक उसी पल से हिसाब-किताब लगाकर, पंद्रह मिनट बाद, मुझे बिल्कुल अचानक अदालत में पेश कर दिया जाएगा। पल भर के लिए जज को अपनी झलक दिखाकर, मैं फौरन बाहर निकल आऊँगी और निमिष भर में हवा हो जाऊँगी। यह सब प्लान तैयार करने की वजह थी, मुझे अतिशय कम से कम समय, अदालत में बिताना पड़े। सारा मामला मुझे बेहद जटिल लग रहा था। मेरे सीने में यह खौफ छाया रहा कि कहीं, कोई गलती न हो जाए।

लेकिन, आज भी मेरा जाना खारिज हो गया। वजह, ङ को नहीं मालूम! मैं तो खैर, बिल्कुल भी नहीं जानती। ठ ने आज मेरे कमरे में कोई अखबार नहीं दिया। जब मैंने माँगा, तो उन्होंने जवाब दिया कि वे सब खबरें पढ़ने की मुझे जरूरत नहीं है। पढ़ने से मूड खराब होगा।

ठ को आज मेरे पास आकर दो पल बैठने की बिल्कुल फुर्सत नहीं मिली। उनके घर में अनचाहे मेहमान आ टपके हैं। छल-बल-कौशल से उन्हें विदा करने में ठ ने अपनी सारी ताकत झोंक दी है और खासी बौखला भी गई हैं। उन्हें बराबर ही यह खट्का लगा हुआ है कि कहीं, किसी को पता न चल जाए कि इस घर में कोई निषिद्ध चीज मौजूद है। उन्हें बराबर ही यह दहशत हो रही है कि कहीं समूचे देशभर में यह खबर न फैल जाए कि ठ ने भयंकर अपराध किया है, जो हरगिज माफी के काबिल नहीं है।

सारी रात मेरे कान दरवाजे पर लगे रहे। ठ की उँगलियों की हल्की ठक्-ठक् सुनने के लिए!

2 अगस्त, मंगलवार।

तरह-तरह की हज़ारहा बातें हो रही हैं! अब यह भी कहा जा रहा है कि मैं देश में नहीं हूँ। बांग्लाबाजार में बड़े-बड़े अक्षरों में सुर्खी—**तसलीमा देश में नहीं है!** तसलीमा देश से कैसे, कब भाग खड़ी हुई, इसका विस्तृत हवाला दिया है, खुद मोतीउर रहमान चौधुरी ने! उन्होंने लिखा है—वितर्कित लेखिका, तसलीमा नसरीन ने देश छोड़ दिया है। यह खबर, फॉर ईस्टर्न इकोनोमिक रिव्यू ने दी है। इस खबर का अनुवाद करके, मोतीउर रहमान चौधुरी ने अपने बांग्ला अखबार में गर्मागर्म परोस दिया है। उन्होंने लिखा कि मैं किसी पश्चिमी दूतावास में छिपी हुई थी। वहाँ से किसी अन्य दूतावास की पताकावाही गाड़ी में बिठाकर, मुझे कलकत्ता पहुँचा दिया गया है। वहाँ से हवाईजहाज में बिठाकर, मुझे किसी यूरोपीय देश ले जाया गया है। मोती

चौधुरी ने इत्तला दी है कि रिव्यू की यह ख़बर, कल दुनिया के विभिन्न देशों के पत्र-पत्रिकाओं में प्रकाशित हुई है। कलकत्ते के पत्र-पत्रिकाओं में भी यह खबर काफी बढ़ा-चढ़ाकर छापी गई है। खैर, लिखने के लिए यह गप्‌ दिलचस्प है। यहीं के ही किसी बेईमान-धूर्त सम्पादक ने ही यह किस्सा गढ़ा है और उसी से, विदेशी-समाचार पत्रों ने यह खबर लपक ली है। पत्रकारों के किस्से-कहानियों की शिकार मैं आज से नहीं हूँ। फॉर ईस्टर्न रिव्यू के रिपोर्टर, सैयद कमालुद्दीन ने कहा है कि उन्हें यह ख़बर, विश्वसूत्र से मिली है! यह ख़ब- सच है या नहीं, इसकी उन्हें कोई जानकारी नहीं है। विदेश मंत्रालय से मेरी खोज-ख़ र लेने के बाद, मोतीउर रहमान को लगा है कि मेरे बारे में, वहाँ का कोई भी बंदा, म व्य देने को राजी नहीं है। कल वहाँ की मंत्री-सभा में, मेरे बारे में भी बैठक हुई। उ लोगों को आशंका है कि यहाँ कोई अहम घटना जरूर घटी है। सैकड़ों नीति-निर्धारकों ने मेरे प्रसंग में अचानक अपने मुँह पर ताला क्यों जड़ लिया? इस बात को लेकर मोती चौधुरी दुविधा में पड़ गए हैं। उन्होंने लंदन की टाइम्स पत्रिका का प्रसंग छेड़ा। सुनने में आया है कि उसी पत्रिका ने यह भी खबर दी है कि अगर कोई विदेशी सरकार मुझे पनाह देती है, तो बांग्लादेश सरकार को खुशी ही होगी। पत्रिका में यह भी लिखा गया है कि बांग्लादेश सरकार ने गुपचुप पश्चिमी कूटनीतिज्ञों से यह बात कही है। इस लेख के साथ, मुझे सिगरेट जलाते हुए भी दिखाया गया है। मेरी बायीं उँगलियों में सिगरेट, दाहिने हाथ में ाचिस जलाने के साथ-साथ एक तीली! मुँह में सिगरेट का धुआँ। चौधुरी साहब ज भी मेरे बारे में कोई लेख लिखते हैं, मेरी ऐसी ही कोई तस्वीर छापते हैं।

इन दिनों मोती चौधुरी अजीब मनःस्थिति में फँसे हैं। वे न तो फॉर ईस्टर्न की इस खबर पर—कि तसलीमा देश में नहीं है—भरोसा कर पा रहे हैं; न ही ऐसी कोई खबर दे पा रहे हैं, जिसकी सच्चाई पर उन्हें भरोसा हो। अंत में काफी जल्पना-कल्पना के बाद, क्या-क्या घटा है और क्या-क्या घटनेवाला है—इसकी एक तस्वीर खड़ी की है।

उन्होंने यह तस्वीर पेश की है—मैं अपेक्षाकृत किसी कम परिचित देश के किसी कूटनीतिज्ञ के घर में छिपी हुई हूँ। ढाका के सरकारी अधिकारी भी मेरे पते-ठिकाने के बारे में पूरी तरह सुनिश्चित हैं। लेकिन वे लोग मुझे गिरफ़्तार करके, अंतर्राष्ट्रीय राय जगाना नहीं चाहते। मेरे साथ जो होना चाहिए, वह देश का नितांत भीतरी और निजी मामला है! लेकिन फिलहाल मेरा मामला, अंतर्राष्ट्रीय क्षेत्रों में बेहद मूल्यवान हो उठा है। मैं ठहरी मामूली सरकारी नौकरिया! मामूली-सी डॉक्टर! अब तक लोग मुझे पोर्नोग्राफी लिखनेवाली, हल्की-फुल्की लेखिका ही मानते थे, कम से कम इस दकियानूस समाज की पृष्ठभूमि में, यही मानते थे। लेकिन सारा का सारा मामला, अतिशयता की हद तक, किसी और दिशा में मुड़ गया। पश्चिमी कूटनीतिज्ञों के हिसाब-किताब में भी एक भयंकर भूल रह गई है। यही अब सरकार की

उच्चस्तरीय उद्वेग की वजह बन बैठी है! यह समस्या दूर करने के लिए, एक सहज फॉर्मूला लागू किया गया है—मैं अदालत में अपना कोई वकील भेजूँगी। मेरे वकील कहेंगे कि मैं व्यक्तिगत रूप में अदालत में पेश नहीं हो सकती, क्योंकि मेरे सिर पर हत्या की धमकी झूल रही है। तब अदालत मेरी अनुपस्थिति में ही मेरी जमानत मंजूर कर लेगी। चूँकि पासपोर्ट मेरे पास है, मैं गुपचुप देश से बाहर निकल जाऊँगी।

8 अगस्त को मेरे अदालत जाने का आखिरी दिन! यह दिन अगर पार हो गया, तो अदालत मुझे 'फरार' घोषित कर देगी! मुझे 'फरार' घोषित किया जाए, सरकार ऐसा नहीं चाहती। सरकार की चाह के सम्मान की रक्षा, अदालत कर ही सकती है! इस तरह कूटनीतिक जटिलता टालने की कोशिश की जा सकती है! सरकार की राय में, गेंद अब मेरे पाले में थी! सरकारी नीतिनिर्धारकों के वक्तव्य के मुताबिक, विदेश जाने पर भी मैं अपनी नागरिकता और पासपोर्ट बहाल रख सकूँगी और जब चाहे, स्वदेश लौट सकूँगी। मेरे विदेश चले जाने पर कट्टरवादी नाराज होंगे, क्योंकि बांग्लादेश के बृहद्तर इस्लामीकरण की माँग का नारा बुलंद करने में, उन लोगों ने मुझे एक मुहरे के रूप में इस्तेमाल किया है। वैसे सरकार इस मुद्दे को खास महत्त्वपूर्ण नहीं मान रही है। सरकार अब मुझे लेकर खींचतान नहीं करना चाहती। अंतर्राष्ट्रीय प्रतिक्रिया और अभ्यांतरीन राजनीति में इसका नेतिवाचक प्रभाव—इन दोनों पक्षों ने सरकार को इस किस्म के फैसले के लिए विवश किया है, वगैरह-वगैरह!

"देश में यह सब क्या हो रहा है?" मैंने पूछा!

"देश अब देश नहीं रहा—" ठ ने जवाब दिया!

ठ ने अपने दफ्तर से कई दिनों की छुट्टी ले ली है। मेरे आने के बाद, वे घर से बाहर निकली ही नहीं। आज ठ की बड़ी बेटी ने उनसे जवाब तलब किया है कि उसे अपने घर में घुसने क्यों नहीं दिया जा रहा है, उसके कमरे में जो मेहमान ठहरी है, उससे, उसका परिचय क्यों नहीं कराया जा रहा है।

ठ ने उसे सफाई दी है कि मैं उनकी दूर की रिश्तेदार हूँ। काफी बीमार हूँ। इलाज के लिए ढाका आई हूँ। डॉक्टर ने हिदायत की है कि रोगी के कमरे में यथासंभव कोई न जाए। घर भर में रोग के कीटाणु न फैल जाएँ इसके लिए इतनी सावधानी बरती जा रही है। वर्ना बाहरी लोगों के कीटाणुओं से भी रोगी आक्रांत हो सकता है। इसीलिए ठ ने फैसला किया है कि अपने को बेहद साफ-सुथरी रखकर, सिर्फ वे ही रोगी के कमरे में आएँगी-जाएँगी! घर के किसी और बंदे को, रोगी के कमरे में भीड़ लगानें की कोई जरूरत नहीं है।

ठ की बेटी की उम्र सोलह वर्ष! लेकिन उसका संदेह नहीं गया। रोगी के कमरे में झाँकने तक की अनुमति उसे क्यों नहीं दी जा रही है, इसीलिए उसके मन में शक पैठ गया है।

उनकी बेटी फौरन फूत्कार उठी, "उस कमरे में कहीं तसलीमा नसरीन तो नहीं है?"

ठ एकबारगी चौंक उठीं। उनके हाथ-पैर ठंडे हो आए।

"तसलीमा नसरीन?"

"हाँ, तसलीमा नसरीन! वही तो छिपती फिर रही है! कहा नहीं जा सकता, उस कमरे में तुमने उसी को छिपा रखा हो।"

ठ आमतौर पर झूठ नहीं बोलतीं। पहलेवाली कहानी, उन्होंने काफी तकलीफ से गढ़ी थी। छोटी बेटी ने भले ही उस कहानी पर यकीन कर लिया हो, बड़ी बेटी को उस पर कतई विश्वास नहीं हुआ। इसके बावजूद उन्होंने सोलहसाला बेटी के संदेह को फूँक में उड़ा दिया और यह सफाई दी कि उनसे मेरी कोई जान-पहचान नहीं है, मुझे किसी दिन उन्होंने देखा तक नहीं—इस किस्म की कोई सफाई, रच-गढ़कर फिलहाल सिर पर आई हुई मुसीबत से अपनी जान छुड़ायी। लेकिन मुसीबत की लाल-लाल आगभभूखा आँखें हर पल मेरे सामने नाचती रहीं। और उस वक्त अपनी आवाज में थोड़ी-बहुत नरमी लाना ही पड़ी। सिर थोड़ा झुकाना ही पड़ा।

ठ समूची सुबह बेचैन रहीं, दोपहर भर छटपटाती रहीं। समूची शाम व्याकुल रहीं।

रात को उन्होंने बेटी से पूछा कि उसने मेरी लिखी हुई किताबें पढ़ी हैं या नहीं। बेटी ने क़बूल किया कि उसने मेरी किताबें पढ़ी हैं और मेरा लेखन उसे काफी पसंद भी है। ठ ने मन ही मन फैसला किया कि वे बेटी से मेरा परिचय कराएँगी। इस तरह वे उसकी आगभभूखा आँखों से भी बच जाएँगी! उन्हें पूरा विश्वास था कि उनकी बेटी अपने स्कूल में यह खबर किसी को नहीं देगी।

ठ ने मेरी राय जानना चाही। मैं इस बात के लिए राजी हूँ या नहीं। मेरे राजी न होने की कोई वजह भी नहीं थी। अपनी उत्सुक बेटी को लेकर, ठ मेरे कमरे में आईं। खूबसूरत बेटी! परीक्षा में अच्छा रिजल्ट लानेवाली बेटी!

बेटी स्थिर मुद्रा में खड़ी-खड़ी, फटी-फटी आँखों से मुझे निहारती रही।

मैंने ही बातचीत की पहल की, "मेरी वजह से तुम्हें अपना घर छोड़ना पड़ा। तुम्हें बेहद असुविधा हो रही होगी।"

लड़की ने इन्कार में सिर हिलाया, नहीं उसे कोई असुविधा नहीं हो रही है।

कुछ देर विस्मय-विमुग्ध मुद्रा में मुझे निहारते रहने के बाद, उसने आवेगभरी आवाज में कहा कि उसे यकीन नहीं आ रहा है कि वह अपनी आँखों से मुझे साक्षात् देख रही है।

मेरे चेहरे पर सकुचायी-सी हँसी झलक उठी।

पता नहीं, क्यों तो उसे विश्वास नहीं हो रहा है कि यह मैं हूँ। विश्वास न होने का मामला मुझे समझ में नहीं आता। अपने किसी प्रिय लेखक को सामने देखकर, जैसे अपनी आँखों पर विश्वास नहीं होता, वैसे ही किसी फरार असामी को देखकर, देखनेवाले के मन में उत्तेजना जाग उठती है। खासकर जिसकी फाँसी के लिए, समूचे

पाकिस्तान को तोड़ा है।'

लगता है, गुलाम आयम के खिलाफ भी मामला चलाने की कोशिश की जाएगी। गुलाम आयम ने 'आदम सृष्टि की हकीकत' नामक एक किताब लिखी है। उसमें उन्होंने लिखा है–'सुरा अल बकारा के पहले चार पैराग्राफ, समूचे कुरान के शुरू में ही देना चाहिए था।' अब उन पर यह मामला ठोंका जाएगा कि गुलाम आयम खुदा पर खुदागीरी चला रहे हैं।

चरमोनाइ के पीर ने एक सभा में कहा था–'जो लोग अपने को कट्टरवादी समझते हैं, वे लोग जारज मुसलमान हैं।' इस बात को लेकर बरीशाल में किसी शख़्स ने पीर के खिलाफ मामला दायर किया है। उसने कहा है कि पीर की बातों से उसकी धार्मिक अनुभूतियों को धक्का पहुँचा है!

ठ ने मुझसे कुछ नहीं कहा, लेकिन उनकी आवाज़ में कई-कई रंगीन काँच बाहर निकल आए। काँच के उन टुकड़ों में मुझे साफ़-साफ़ नज़र आ रहा था–दोनों पार्टियों में घमासान जंग छिड़ गई है। मैं उन दोनों पार्टियों के बीच में खड़ी हूँ। उन दोनों पार्टियों में, मेरे पक्ष में कोई नहीं है। मैं नितांत अकेली हूँ। सभी की तलवारों के वार से मैं ही क्षत-विक्षत हो रही हूँ, मैं ही धज्जी-धज्जी हो रही हूँ! अकेली...सिर्फ अकेली मैं!

सा-री रात मैं बैठी रही। मुझसे लेटा भी नहीं जा रहा था। लेटते ही मेरी साँस घुटने लगती है। रात-रात भर मैं जगी बैठी रहती हूँ। समूची रात, मैं अकेली-अकेली, रात की भीषण रुलाई सुनती रहती हूँ।

4 अगस्त, बृहस्पतिवार।

कल रात ही ठ मुझसे पूछ गई थीं कि सुबह मैं क्या नाश्ता करूँगी।

मैंने लंबी उसाँस के साथ जवाब दिया, "कुछ भी बना लें!"

सुबह ठ मेरे लिए चाय-नाश्ते की जो ट्रे लायीं, उसमें चाय तो खैर थी ही साथ में घी में तला पराँठा, सालन, तले हुए अंडे, फल वगैरह काफी कुछ था। उन्होंने मुझे नौ बजे के अंदर तैयार हो लेने को कहा। चाय के अलावा मेरा और कुछ खाने-पीने का मन नहीं हुआ! मैंने नहा-धोकर साड़ी पहन ली। ठ ने आँखों पर चढ़ाने के लिए, एक काला चश्मा भी थमा दिया। मैंने घड़ी पर नजर डाली। घड़ी का काँटा इतनी तेज-रफ्तार में पहले कभी नहीं भागा था। मेरी छाती काँप उठी। मैं अपने ही अंदर, अपनी कँपकँपी सुनती रही। फाँसी पर झूलने से पहले, मुजरिम के साथ शायद यही होता है। माथे पर दुपट्टा डाले हुए, मैं बेहद कुत्सित नजर आ रही थी! लेकिन मैं, बोध-बुद्धिहीन मूरत की तरह चुपचाप खड़ी थी! माथे पर पल्ला डालने, इन बेमतलब की पर्दा-प्रथा के खिलाफ, मैं काफी दिनों से लिखती आ रही हूँ! मैं लड़कियों और

औरतों को भी, निर्यातन के इस प्रतीक को, सिर झुकाकर वरण करने से मना करती आई हूँ। लेकिन आज मैंने ही इसे सिर पर वरण किया है! आज मुझे ही सर पर दुपट्टा ओढ़ना पड़ रहा है। इस बार छिप-छिपाकर, इस घर से उस घर जाने के लिए नहीं, दुपट्टे की आड़ में अपना परिचय छिपाने के लिए नहीं, पर्दाविरोधी तसलीमा, आज पर्दानशीन औरत बनकर, कठघरे में खड़ी होगी, जनता के समक्ष पेश होगी। आज वह अपना तसलीमा-परिचय लेकर ही जाएगी।

आईने के सामने खड़ी होकर मैंने आईने में नज़र आते हुए अपने ही चेहरे से सवाल किया, 'तुम क्या तसलीमा हो?'

ना, अपने को खुद मैं ही नहीं पहचान पायी। इतने दिनों में चेहरा सूखकर, लम्बोतरा हो आया है। आँखों के नीचे सियाह धब्बे! काले चश्मे से आँखें ढँककर, अपना चेहरा और भी अपरिचित लगा। खैर, अपरिचित लगता है, तो लगे, फिर भी मुझे तो पता है कि यह मैं ही हूँ। वैसे, यह मैं ही हूँ, यह ख़्याल आते ही मुझे गुस्सा चढ़ गया। यह मैं क्या कर रही हूँ? यह क्या मैं ही कर रही हूँ? मैं क्या इस हुलिया में, अपने को छिपा रही हूँ? नहीं, मैं खुद कुछ भी नहीं कर रही हूँ। तसलीमा तो मर चुकी है। तसलीमा की देह में यह कोई शक्तिहीन, साहसहीन, बोधहीन औरत आ बसी है! यह मैं कोई और हूँ! इस 'कोई और' को अपने तन-बदन में धारण करते हुए, मुझे हिकारत होती है। दर्द का अजीब-सा अहसास, मेरे समूचे तन-बदन में फैल गया, मुझे आकुल-व्याकुल कर गया। अब मैं एक बार आईने के सामने आ खड़ी होती। एक बार बिस्तर पर आ बैठती हूँ। कभी अध-रस्ते में दरवाजा थामे खड़ी होती कभी पूरे कमरे में चहलकदमी करती, कभी साँसें अटकने लगतीं, तो खिड़की खोलकर भरपूर साँस लेने लगती थी।—लेकिन, मेरे वश में कुछ भी नहीं था। मैं कसकर अपनी हथेली पर हथेली चढ़ाये रही! यह हथेली क्या मेरी है? नहीं, ये मेरी हथेलियाँ नहीं हैं। ये हथेलियाँ उस 'किसी और' की हैं।

बहरहाल, मन ही मन आज भी मुझे इस तारीख के टल जाने की आशंका नहीं, आशा थी। लेकिन ङ ने फोन पर इत्तला दी कि ठीक सवा दस बजे, इस घर के दरवाजे पर एक गाड़ी आकर रुकेगी। गाड़ी में छुटकू भाई होंगे। गाड़ी बेहद तेज रफ़्तार में चल पड़ेगी। ठीक दस मिनट के अंदर-अंदर गाड़ी को हाईकोर्ट तक पहुँचना होगा।

ठ की जुबानी यह खबर सुनकर, मेरी छाती धक् से रह गई। यह सोच-सोचकर मेरा तन-बदन बर्फ होता रहा कि आखिर वह घड़ी आ पहुँची, सच-सच ही वह घटना घटने जा रही है।

ठ ने मुझे निरखते हुए, एक लम्बी उसाँस भरी। मैं समझ रही थी, आज उन्हें भी लग रहा था कि आज मेरी मौत भी हो सकती है। आज रास्ते में ही मेरी जान ली जा सकती है या अदालत में ही किसी आततायी की गोली की शिकार हो सकती हूँ।

मेरी जगह और कोई होता, तो इस मुश्किल घड़ी में अल्लाह का नाम लेता। 'अल्लाह, ला-इलाही इल्ललल्लाह! हइयूल कइयूम ला ता खुजूहू...' हे अल्लाह, अला-बला, मुसीबतों से मेरी हिफाजत करें। मेरी जगह, और कोई होती, तो यही दुहराती। लेकिन मेरे लिए तो न तो कोई अल्लाह है, न भगवान, ऐसा कोई नहीं है, जिसका नाम ले सकूँ। मैं तो अपना ही नाम, काफी हद तक भुलाये बैठी हूँ! मैं पहले की तरह ही स्तब्ध बैठी रही।

दस बजने से पहले-पहले ही ङ ने इत्तला दी, सवा दस बजे नहीं, मैं सवा ग्यारह बजे तक तैयार रहूँ! उसके बाद साढ़े ग्यारह भी गुज़र गया। ङ ने फिर फोन पर इत्तला दी साढ़े ग्यारह बजे नहीं, बारह बजकर, चालीस मिनट पर तैयार रहूँ! बारह-चालीस तक पथरायी बैठे रहकर, मौत के हजारहा रंग देखने-निरखने के अलावा, मेरे लिए करने को कुछ भी नहीं था।

ठ के घर के दरवाजे के सामने, सफेद रंग की एक गाड़ी, ठीक बारह बजकर चालीस मिनट पर आ खड़ी हुई! ठ मुझे घर के दरवाजे तक ले गईं। सामने की गाड़ी देखकर, वे तेज़-तेज़ चाल में आगे बढ़ीं, उनके पीछे-पीछे मैं! सिर ढँका हुआ! चेहरे पर भी नकाब! आँखें तक ढँकी हुई! यह मैं ही हूँ! इसके बावजूद, बाहर के आकस्मिक उजाले में मेरी आँखें चौंधिया गईं। मुझे लगा, मेरी आँखें अंधी हो गई हैं! सुदीर्घ दो महीनों के बाद, मैंने दिन के उजाले से आँखें मिलाई थीं। मैं अपनी आँखें खुली नहीं रख पाई। काफी कुछ अंधों की तरह, बिल्कुल जन्मान्ध की तरह, मुझे उस उजले-धुले उजाले में खड़ी, सफेद गाड़ी तक पहुँचना पड़ा! ठ मुझे अपनी आड़ में लिये-लिये आगे बढ़ीं। आस-पास के घरों की किसी खिड़की से, अगर कोई इस तरफ नजर भी डाले, तो वह पहचान न सके कि यह मैं हूँ! छोटकू ड्राइवर की सीट पर! बगल में गीता! पिछली सीट पर मिलन!

पिछली सीट पर बैठते ही, छोटकू की आवाज़ सुनाई दी, "लेट जा! लेट जा!"

मैं सिर-चेहरा ढँके, आँखें मूँदे-मूँदे लेट गई। भीड़-भाड़ भरी व्यस्त सड़क पर गाड़ी चलती रही। गाड़ी किस दिशा में जा रही है, मुझे समझ में नहीं आया। गाड़ी तेज़-रफ़्तार में आगे बढ़ती रही! गाड़ी के पीछे-पीछे गाड़ी चलती रही। भोंपुओं की आवाज से कान के पर्दे मानो फटने लगे! ऐसा लगा, मानो अभी ही कोई हादसा हो जाएगा। मुझे लगा, अभी ही कोई गाड़ी रोक लेगा।

मुझे अहसास हो गया कि छोटकू ट्रेफिक की लाल बत्ती वगैरह भी नहीं मान रहे हैं। रह-रहकर गीता की भयभीत आवाज सुनाई दे रही थी—धीरे, कमाल, क्या कर रहे हो? टक्कर हो जाएगी! गाड़ी धीरे चलाओ—! गाड़ी कोई भी रोक सकता था—पुलिस या कोई भी दाढ़ी-टोपीवाला! अगर कोई गाड़ी रोक ले, तो? गाड़ी मेरी थी। इस गाड़ी का नंबर बहुत बार अखबारों तक में छप चुका है। किसी-किसी को यह नंबर ज़रूर याद होगा। गाड़ी की बगल से, जो रिक्शे आ-जा रहे थे, उनमें सवार

लोग, गाड़ी की खिड़की पर नज़र डालते ही देख लेंगे कि गाड़ी की सीट पर कुख्यात तसलीमा लेटी हुई है। बस या ट्रक या जीप से अनायास ही नज़र आ सकता है, देखकर झट अंदाज़ा लगाया जा सकता है कि गाड़ी की सीट पर लेटी हुई औरत कौन है? मौत का नीला रंग धीरे-धीरे गहराता जा रहा है, मुझे साफ़-साफ़ नज़र आ रहा है। अब बताओ, कहाँ मरना चाहती हो? सड़क पर या अदालत में? मैंने मन ही मन कहा—अदालत में! अदालत में कम से कम शायद यह मौका तो मिल जाए कि मैं अपने को बेक़सूर प्रमाणित कर सकूँ!

अदालत के भीतर तक गाड़ी ले जाने की अनुमति नहीं दी गई, हालाँकि तय यही हुआ था कि पिछवाड़े से, दूसरी मंज़िल के अदालत कक्ष तक जाने के लिए, जो दरवाज़ा है, छोटकू वहीं गाड़ी रोकेंगे। लेकिन, चूँकि पुलिस ने गाड़ी रोक दी, इसलिए निरुपाय होकर, वे गाड़ी घुमाकर, उस सड़क पर ले आए, जहाँ से अदालत तक पहुँचने की पैदल-राह काफी कम थी, गाड़ी वहीं रोकी गई। अब इससे आगे गाड़ी नहीं जा सकती।

छोटकू ने बुदबुदाकर कहा, ''कोर्ट-रूम तक पहुँचने से पहले, कोई पहचान न सके, ख़्याल रखना!''

अब मुझे गाड़ी से बाहर निकलना होगा! चेहरा ऊपर उठाना होगा। मुझे पैदल-पैदल चलकर, आगे बढ़ना होगा। छोटकू, मिलन और गीता ने जल्दी से मुझे अपनी आड़ में ले लिया और अदालत-कक्ष की तरफ बढ़ते रहे। बेहद तेज-तेज़ चाल! इससे पहले, इतना तेज़-तेज़ मैं कभी नहीं चली! दुपट्टे की आड़ से जितना-सा नज़र आ रहा था, मैंने देखा, समूचा अहाता पुलिस से अंटा हुआ! ट्रक भर-भरकर पुलिस और हज़ारों-हज़ार लोग! टंगी के विश्व-इज़्तमा में जैसे गिजिर-गिजिर भीड़ जुटती है, कोर्ट के अहाते में वैसी ही भीड़! पुलिस को देखकर मुझे उतना डर नहीं लगा, जितना वहाँ आम लोगों की भीड़ देखकर हुआ! मैंने तो सुना था कि आज मेरी जमानत का आवेदन गुपचुप निपटाया जाएगा, लेकिन असल में ऐसा कोई लक्षण, वहाँ बिल्कुल नज़र नहीं आया। अदालत के बाहरी मैदान में ही हज़ारों-हज़ार लोगों की भीड़! दूसरी मंज़िल के निर्दिष्ट कक्ष की तरफ जाने वाले कॉरीडोर में इतनी ज़बर्दस्त भीड़ कि चलने तक की भी जगह नहीं बची थी। जब मुझे कक्ष की तरफ ले जाया जा रहा था, कॉरीडोर के लोगों ने शायद यही अंदाज़ा लगाया कि कोई पर्दानशील महिला, अदालत के किसी कक्ष की तरफ जा रही है। सबने जरा इधर-उधर खिसककर, मेरे लिए आगे जाने की जगह छोड़ दी। कक्ष में भी महीन धागे जितनी भी जगह नहीं थी! मुझे धकियाकर किसी तरह कक्ष में घुसाया गया। बेंच पर काले गाउनधारी बैरिस्टर बैठे हुए! किसी भी कक्ष में, किसी की जमानत के मौके पर, इतनी भीड़, पहले कभी नहीं

हुई। ऐसा लगा, इस कक्ष में जमानत के लिए नहीं, किसी जटिल मामले में, फाँसी की राय सुनने के लिए, इतनी भीड़ जमा थी। सारा हुसेन ने मेरा हाथ पकड़कर खींचा और अपनी बगल में बिठा लिया। उन्होंने मेरे कान में फुसफुसाकर कहा कि उनके डैडी काफी देर तक जमानत के पक्ष में दलीलें पेश करके, अभी-अभी बाहर निकल गए। यहाँ से वे अपनी बड़ी बहन के घर गए हैं। आज उनकी बहन का इंतकाल हो गया। कक्ष में अमीरुल इस्लाम, मेरे वकील के तौर पर बहस कर रहे हैं। सारा हुसेन, डॉ. कमाल हुसेन और सब सहकारी वकीलों को देखकर, मेरी तेज़-तेज़ धड़कनें ज़रा संतुलित हुईं। कक्ष की तमाम बेंचें भरी हुईं! बेंच के पीछे भी कई सौ काले गाउन की कतारें! क भी उसी बेंच पर बैठी हुई थीं। क के बदन पर भी काला गाउन! मुझसे निगाहें मिलते ही वे हल्के-से मुस्करा उठीं।

मेरे पीछे की बेंच पर बैठे, किसी बैरिस्टर ने कहा, "हम क़ानून और समझौता केंद्र आए हैं। हम आपके ही पक्ष में हैं, इसलिए डरने की कोई बात नहीं।"

न डरने का आश्वासन पाकर, तेज़-तेज़ धड़कती साँसें ज़रा और स्वाभाविक हो आईं।

"नसरीन! नसरीन!" पीछे से भाईजान ने पुकारा, "सिर से आँचल हटा! हटा दे आँचल!"

मैंने पीछे मुड़कर, भाईजान की एक झलक भर देखी, मेरी जान में जान आ गई, लेकिन मैंने सिर से आँचल नहीं हटाया। अचानक मेरी निगाह, कक्ष की खिड़की पर जा पड़ी। खिड़की के बाहर, सैकड़ों-हज़ारों अपरिचित चेहरे! सारे चेहरे मुझे घूरते हुए! उन लोगों की आँखें, नाक, होंठ—सब मेरी तरफ भीषण तरीके से, बेहद विकट ढंग से मुखातिब! वे लोग न तो अदालत के जज थे, न वकील! सबके सब बाहरी लोग हैं। ये लोग कौन हैं? यहाँ किस इरादे से जमा हुए हैं? इन लोगों में इस्लामी एकजुट के लोग क्या नहीं हैं? सम्मिलित संग्राम-परिषद के लोग? वे लोग भी यहाँ ज़रूर होंगे। पिछले कई दिनों से ये सब क़ातिल, इस उम्मीद में अदालत में भीड़ लगाए हुए हैं कि एक न एक दिन मैं यहाँ ज़रूर आऊँगी। इन्हीं लोगों में से, किसी की जेब में पिस्तौल ज़रूर होगी, किसी न किसी के हाथ में, इस समूचे कक्ष को उड़ा देने लायक बम भी ज़रूर होगा।

अमीरुल इस्लाम ने मुझे अपनी बगल में खड़ी करके कहा, "महामान्य अदालत, असामी हाज़िर है।"

असामी को सिर झुकाकर, अदालत को सम्मान जताने को कहा गया। असामी सम्मान जताना भूल गई। उसकी आँखें बार-बार खिड़की पर जाकर, थिर हो जातीं। खिड़की के पार की भीड़। भीषण जमघट में, चीख-पुकार की तरफ ही, मेरी निगाहें एकटक खिड़की पर ही गड़ी रहीं।

"आज से पहले आपने आत्मसमर्पण क्यों नहीं किया—" जज साहब ने मेरी

तरफ सवाल उछाला।

असामी ने इतने दिनों आत्मसमर्पण क्यों नहीं किया, इस सवाल का मैं कोई जवाब दूँ, इससे पहले ही अमीरुल इस्लाम बोल उठे।

"...इसलिए, मी लॉर्ड, कि असामी सुरक्षा का अभाव महसूस कर रही थी..."

"असामी अपनी ज़ुबान से यह क्यों नहीं क़बूल करती?"

असामी ने मृदु आवाज में वही जवाब दोहराया। लेकिन आवाज़ इतनी मृदुल और मरी हुई थी कि असामी की आवाज़, सिर्फ असामी ही सुन पाई।

इसके बाद, जज साहब के आगे कागजों का एक पुलिंदा पेश किया गया। बैरिस्टर अमीरुल इस्लाम मेरे पक्ष में धाराप्रवाह बोलते रहे। वे वही सब दलीलें पेश करते रहे, जो कहना ज़रूरी था, जो कहना पड़ता है!

मेरी निगाह, बाहर की भीड़ पर गड़ी हुई! कान लोगों की चीख-पुकार पर लगे रहे! यह सोच-सोचकर मेरा दिल धड़कता रहा कि बंद दरवाजों को तोड़कर, भीड़ का यह सैलाब अचानक मुझ पर टूट पड़ेगा। मुझे चीर-फाड़कर, मेरे टुकड़े-टुकड़े कर देगा। इस कक्ष में जमानत की सुनवाई काफी देर से जारी थी, सिर्फ मेरी सशरीर उपस्थिति-भर का इंतज़ार था। अब वह भी पूरा हुआ। इसके बावजूद, अभी और देरी थी, मैंने सुना कि जमानत के दस हज़ार टकों की लिखा-पढ़ी में ही इतनी देर हो रही है। इधर, खिड़की के उस पार, पूरा का पूरा ढाका शहर ही मानो टूट पड़ा था। अब महामान्य अदालत से प्रार्थना है कि असामी को अदालत कक्ष से, उसके घर तक, उसे सुरक्षा दी जाए और उसके घर पर भी, उसकी सुरक्षा के लिए पुलिस तैनात करने का हुक्म दिया जाए। महामान्य अदालत सुरक्षा के पूरे इंतज़ाम के बारे में हुक्म देने को राजी हो गई! कक्ष में आगे-पीछे फुसफुसाहटें। यह फुसफुसाहटें, जज साहब के फैसले पर नहीं थीं, बल्कि बाहर की भीड़ के बारे में थीं। अब जो करना हो, जल्दी-जल्दी कर डालो! भीड़ बढ़ती जा रही थी! भयंकर भीड़! आततायियों का विशाल जमघट!

अब मुझे अदालत कक्ष से निकाला कैसे जाएगा? किसी की भी अक़्ल काम नहीं कर रही थी। सभी के माथे पर सलवटें! पसीने की बूंदें! मैं काठ बनी, खड़ी रही!

अचानक किसी ने मेरा हाथ पकड़कर, आगे की तरफ खींचा।

मैंने हाथ झटक दिया, "रुकिए, भीड़ कम होने दें।"

कई समवेत आवाज़ें गूँज उठीं, "भीड़ कम नहीं होगी, और बढ़ती जाएगी। जल्द से जल्द बाहर निकलना होगा। एक पल भी देर मत करो! चलो...इसी पल! अभी ही! देखा नहीं, भीड़ बढ़ती जा रही है? बाहर का माहौल ठीक नहीं है!"

मुझे खींचकर दरवाजे से बाहर लाया गया। अब, सामने तो सूत भर भी जगह नहीं है! आगे कैसे बढ़ूँ? किधर से बढ़ूँ? पुलिस जगह बनाने की कोशिश में जुट गई, लेकिन नाकाम रही। खाकी वर्दीधारी—अनगिनत पुलिस मेरे सामने! मेरे पीछे! मेरी

बायीं तरफ अमीरुल इस्लाम! दाहिनी तरफ नीली वर्दीधारी पुलिस ऑफिसर! दोनों ही मेरी बाँहें कसकर थामे हुए! मेरी दोनों हथेलियाँ उन दोनों को कसकर जकड़े हुए! पीछे-पीछे भाईजान, छोटकू, गीता, मिलन और क! सभी मुझे कसकर थामे हुए थे! किसी भी धक्के से, मैं किसी के हाथ से फिसल न जाऊँ, इस कोशिश में सभी मुझे कसकर थामे हुए! मेरे आगे-आगे क़ानून-समझौता केंद्र के कई वकील, बीच में मैं! मेरी हिफ़ाजत का वृत्त धीरे-धीरे बड़ा होता जा रहा था! लेकिन हम सब, ज़रा भी हिल-डुल नहीं पा रहे थे! एक क़दम! एक सूत भी नहीं! हज़ारों-हज़ार दर्शकों की भीड़! कॉरीडोर में भीड़ टूटी पड़ रही थी! इंसान की पीठ पर इंसान लदे हुए! इस भीड़ में, किसी भी पल, कोई भी दुर्घटना...कोई भी हादसा हो सकता था! भीड़ हटाने के लिए पुलिस ज़ोर-ज़ोर से चीख रही थी, लेकिन कोई भी बंदा टस से मस नहीं हो रहा था! ज़ोर-ज़ोर से धक्के देकर, तमाशबीन मेरे इर्द-गिर्द कसे घेरे को तोड़ने की कोशिश कर रहे थे! घेरा एक बार टूट जाए, बस, खेल ख़त्म! आततायियों का दल मुझे अपने क़ब्जे में ले लेता। अमीरुल इस्लाम मुझे अपनी बाँहों के घेरे में संड़सी की तरह जकड़े रहे। पुलिस अफसर पसीने से तर-ब-तर! चूँकि कॉरीडोर में दब-पिसकर भी, लोग खड़े नहीं हो पा रहे थे, इसलिए अब वे लोग उछल-उछलकर रेलिंग पर भी जा चढ़े थे। मेरे आगे-आगे चलते हुए लोग धक्का-मुक्की करने के बावजूद, सामने की भीड़ को तिल भर भी इधर-उधर खिसका नहीं पाए। हर पल, विस्फोट का पल!

मैंने चीखकर पूछा, मैं जरा पीछे हट जाऊँ? पुलिस अफसर ने भी चीखकर मना कर दिया—नाऽऽऽ—! जाने कहाँ से विकट-विकट चीत्कार, तैरकर कानों के पर्दे चीर रही थी! कॉरीडोर में हम सब अटक गए थे! सामने बढ़ने का कोई उपाय नहीं था! पीछे हटने की भी कोई जगह नहीं थी! अब, किसी भी पल, कुछ भी घट सकता था! कोई भी भयंकर हादसा होने वाला था। अभी, इसी पल! कोई भी निशाना साधकर, मेरे माथे पर गोली दाग़ सकता था। पूरे माहौल में किसी और ही तरह की गंध! कोई न कोई भयंकर हादसा होने ही वाला है! भीड़ और ज़्यादा बढ़ गई थी! भीड़ में भीड़! दर्शक एक-दूसरे के पीठ पर सवार! सर पर लदे हुए! पुलिस दिशाहारा हो आई! हम खौफनाक तरीके से बंदी हो गए थे!

अचानक, अगले ही पल समूचा दृश्य बदल गया। मेरे सामने की पुलिस सख़्त-सख़्त लाठियों से, बेहद निर्ममता से लोगों पर वार करने लगी! सामने जिसे भी पाया, पीट दिया! लाठियों से पीट-पीटकर, वह लोगों की भीड़ हटाने की कोशिश करने लगी! लाठियों की मार के आगे, लोग पीछे हटते गए। इस तरह मेरे बाहर निकलने की जगह बनाई गई। नीली वर्दीधारी पुलिस ने मुझे आगे बढ़ जाने की हिदायत दी। मैंने छूटते ही कहा, "भीड़ तो कम हो ले!" पुलिस ज़ोर से दहाड़ उठी, "भीड़ कम नहीं होगी और बढ़ती जाएगी।" चारों तरफ विकट-विकट आवाज़ें! इन सभी आवाज़ों को ढँकते हुए, सिर्फ साँसों के धड़कने की आवाज़! मौत का रंग, मेरी आँखों के सामने

था! गाढ़ा नीला रंग सियाह होते-होते, धीरे-धीरे काला पड़ता गया। बी बी सी का पत्रकार, रेलिंग पर चढ़ा-चढ़ा, मेरे सिर पर माइक्रोफोन झुलाए हुए! रेलिंग पर चढ़े पत्रकार, मुझसे सवाल पर सवाल करते जा रहे थे–जमानत हुई या नहीं? मैं कैसा महसूस कर रही हूँ? अब मैंने क्या सोचा है? भविष्य में मेरी क्या योजना है? कांड-ज्ञानहीन पत्रकार ज़रा भी यह समझने की कोशिश नहीं कर रहे थे कि इस वक्त किसी के भी सवाल का जवाब देने लायक, न मेरी शारीरिक-हालत है, न मानसिक! पत्रकारों के लिए यह महज तमाशा था। यह जो मैं मौत से कुल गज भर की दूरी पर खड़ी थी, इस बात को लेकर उनमें न कोई खौफ है, न परेशानी। इस वक्त अगर कोई मेरे पेट में छुरा घोंप दे, यह देखकर भी ये लोग नाखुश नहीं होंगे, बल्कि वे महानन्द से मेरे क़त्ल होने का किस्से का शुरू से अन्त तक हवाला देते फिरेंगे। इस कहानी की 'न्यूज़ वैल्यू' यानी ख़बर की अहमियत में ही मगन रहेंगे। अचानक पुलिस अफसर ने मुझे दौड़ लगाने को कहा और खुद भी मेरे साथ दौड़ पड़ा। मुझे खींचते-घसीटते हुए आगे बढ़ने लगा। सामने, अगल-बगल खड़ी पुलिस को शायद इशारा कर दिया गया था। पुलिस बेधड़क लाठी भाँजती हुई, भीड़ को पीछे धकेलती हुई आगे बढ़ी। शायद इसी तरह आगे बढ़ा जा सके। हुआ भी यही! सभी दौड़ पड़े! गोलाकार घेरे के सभी लोग, बेतहाशा दौड़ते चले गए। अमीरुल इस्लाम, भाईजान, छोटकू, मिलन, क सभी लोग दौड़ते रहे। क़ानून और समझौता केंद्र के अधिकारी, पुलिस! मुझे दौड़ नहीं लगाना पड़ी। सामने कॉरीडोर ख़त्म होते ही, सीढ़ी! उस सीढ़ी से उतरकर नीचे। नंगे पाँव मैं! चप्पल की जोड़ी भीड़ में जाने कब तो खिसककर, पैरों से उतर गई। साड़ी तक खुल गई थी! चारों तरफ का शोरगुल बढ़ता जा रहा था। पुलिस, परिचित-अपरिचित लोगों का हल्ला-गुल्ला! टोपीधारी लोग, पुलिस का बैरिकेड तोड़कर, मेरी तरफ दौड़ आने की कोशिश में लगे हुए थे। पुलिस के मुक़ाबले टोपीधारियों की तादाद बहुत ज़्यादा थी! चारों तरफ चीत्कार, चीख-पुकार! विषम-विकट चीत्कार! मेरी समूची देह में कँपकँपी। लग रहा था, अभी ही सिर धड़ से अलग कर दिया जाएगा! बस, पल भर की देर है, मेरी आवाज़ सूखकर काँटा हो आई। मैंने कुछ बोलने की कोशिश की, बोल नहीं पाई। आवाज़ फँसकर रह गई! गले से साँय-साँय की आवाज़ निकली और, बस! गले में भीषण दर्द!

छोटकू दौड़कर गाड़ी लाने चले गए। चंद मिनटों में ही गाड़ी सामने आ लगी। लेकिन ये चंद मिनट, सिर्फ मुझे ही नहीं, मुझे घेरे हुए खड़े, तमाम लोगों को लगा, मानो गाड़ी लाने में कई घंटे गुज़र गए। मुझे जल्दी से गाड़ी में धकेल दिया गया! मेरे दाहिने और बाएँ भाईजान और छोटकू! मिलन और क! गाड़ी जब तेज़ रफ़्तार में अदालत से बाहर निकल रही थी, गाड़ी के पीछे लोगों की भीड़ चीख-चीखकर मेरी तरफ कंकड़-पत्थर फेंकती हुई! कंकड़-पत्थर में लिपटी नफरतें, गाड़ी के पिछले हिस्से से टकरा-टकराकर बिखरती रहीं! मेरी गाड़ी के आगे पुलिस की गाड़ी, पीछे पुलिस की ट्रक!

नीली वर्दीधारी सिर्फ घर तक ही नहीं, बिल्कुल कमरे के अंदर तक पहुँचा गए! कमरा! वही कमरा!

दरवाज़ा खोलते ही अम्मी मुझसे लिपट गईं और ज़ोर-ज़ोर से रो उठीं! कैसी विषम, भीषण रुलाई! ऐसी रुलाई माँ के अलावा और कोई नहीं रो सकती। ढीले-ढाले बाल, ढीली-ढाली साड़ी में अम्मी! उनकी समूची देह सूखकर आधी हो आई थी! मेरी आँखों तले की सियाही से बहुत ज़्यादा सियाही, अम्मी की आँखों-तले! मारे रुलाई के उनकी आँखें गुब्बारे की तरह फूली हुईं। आँख और नाक का पानी, गालों, ठुड्डी से होते हुए उनकी छाती भिगोता रहा!

मैं अम्मी को तसल्ली देती रही, "रोवत काहे हो? हम तो लउट आइन हैं!"

फिर भी अम्मी रोती रहीं! रोती गईं। मेरे घर लौट आने की खुशी में अम्मी रोती रहीं! दीर्घ काल तक मेरे न होने की वजह से रोती रहीं! मेरी सूखी-मुरझायी देह देख-देखकर रोती रहीं; मेरी दुःखी-उदास सूरत देख-देखकर रोती रहीं, पूरे दो महीनों तक मैं भयंकर खौफ और तकलीफ में रही, इसलिए ज़ार-ज़ार रोती रहीं! अम्मी मेरे लिए भय-निर्भय दोनों ही ख्याल से बेतरह रोती रहीं! मेरी समूची देह सहलाते-सहलाते बेभाव रोती रहीं। मानो हज़ारों साल पहले गुम हो गई बेटी, उन्हें वापस मिली है। मानो कोई बेहद अपनी और सगी कहीं खो गई थी, अब घर लौटी है। अम्मी का रोना ख़त्म ही नहीं हो रहा था, मेरी देह सहलाना ख़त्म ही नहीं हो रहा था। मैं अपने लिखने-पढ़ने के कमरे में धम्म से ढह गई और लम्बी-लम्बी उसाँसें भरने लगी। अम्मी का रोना ख़त्म ही नहीं हो रहा था। मारे रुलाई के वे कुछ बोल भी नहीं पा रही थीं। इतने-इतने दिनों बाद मैं घर भर नाते-रिश्तेदारों के बीच थी! ऐसे परिवेश में किसी दिन भी मैं लौट आऊँगी, इसका मुझे कभी यकीन नहीं था। मुझे लगा ही नहीं था कि मौत की गुफा से इस तरह सही-सलामत लौट आऊँगी। सिर्फ मैं ही क्यों, मेरे आस-पास जो भी मौजूद थे, किसी को भी उम्मीद नहीं थी। मेरे अपने लोग भी बेहद करुणाभरी आँखों से, मेरा सूखा-पिचका चेहरा निहार रहे थे। मानो सारा का सारा मामला सपने जैसा घटा हो। मुझे अभी भी विश्वास नहीं हो रहा है कि मैं अपने घर लौट आई हूँ! अपने कमरे में बैठी हूँ! इस वक्त मैं चाहे जितनी भी सुरक्षित हूँ, मगर मेरी साँसें हाँफ रही हैं! अदालत के कॉरीडोर का खौफ इतना भयानक और गहरा था कि उसके दूर होने में काफी वक्त लगा। मैं बार-बार पानी पी-पीकर, सूखकर काठ हुआ अपना गला बार-बार तर करती रही!

क निःशब्द मेरे करीब आकर बैठ गईं।

"अपना पासपोर्ट मुझे दे दें–"

मैंने पासपोर्ट खोजकर, उन्हें सौंप दिया।

क ने कहा, "किसी भी पत्रकार को इंटरव्यू मत दीजिएगा। चाहे कोई भी पत्रकार आए, आपके घरवाले ही उन्हें मना कर दें कि आप यहाँ नहीं हैं।"

मैंने सिर हिलाकर हामी भरी!

क चली गईं।

घर के नीचे सुरक्षा-प्रहरी! समूचे मकान को घेरे हुए पुलिस-पहरा! कमरे के दरवाज़े पर लंबी-लंबी दुनाली-बंदूक लिए, पुलिस तैनात! एक ही साथ, फोन और इंटरकॉम की घंटी बजती हुई! नीचे पत्रकारों की भीड़! एक स्वर से उन सबको बता दिया गया कि तसलीमा अदालत से, चंद मिनटों के लिए यहाँ आई ज़रूर थी, मगर फौरन चली गई। यहाँ से वह कहाँ गई, घरवालों को इसकी कोई जानकारी नहीं है। यही विश्वासयोग्य बयान था! इसके बावजूद पत्रकारों का जत्था, मकान के नीचे धरना देकर मेरे इंतज़ार में बैठा हुआ इस ताक में जुटे हुए कि किसी फाँक-फोकर से मकान के अंदर घुसा जा सकता है या नहीं! या किसी तरह ख़बर जुटाई जा सकती है या नहीं! घर के लोगों से या पुलिसवालों से कोई ख़बर निकाली जा सकती है या नहीं! पत्रकारों के समूह में फरीद हुसेन भी फँसे हुए थे। वैसे उन्होंने बुद्धि से काम लिया था और दरवाजे तक आ ही गए। वे मेरे घर का नाम लेकर, मकान में दाखिल नहीं हुए। वे ईस्टर्न प्वाइंट के दो नंबर मकान की पाँचवीं मंजिल में, अपने दोस्त से मिलने का बहाना बनाकर, मकान में दाखिल हो गए। वे दो नंबर फ्लैट में गए तो सही, मगर वहाँ से छिप-छिपाकर उन्होंने एक नम्बर मकान कें नौवीं मंजिल के चार नम्बर फ्लैट पर दस्तक दी। फरीद को भी दरवाजे से कह दिया गया कि मैं घर पर नहीं हूँ। दरवाज़ा खोलने के लिए वे सैकड़ों तरह की आरजू-मिन्नत करते रहे। नहीं, दरवाज़ा फिर भी नहीं खोला गया। आखिरकार, दरवाजे की दरार से वे एक प्रश्न-पत्र सिखका गए। 'टाइम' पत्रिका ने कुल चंद सवालों का जवाब देने का अनुरोध किया था। टाइम के विदेशी पत्रकार, खुद चलकर आए। उन्होंने मुझसे आकुल-व्याकुल प्रार्थना की कि मैं उन सवालों का जवाब दे दूँ। फरीद का विश्वास न करने की मेरे पास कोई वजह नहीं थी। पत्रकारों में फरीद ही मेरे सबसे घनिष्ठ थे। काफी हद तक वे घर के ही आदमी थे। फरीद हुसेन मेरे यहाँ पहले भी कई बार आ चुके हैं। वे इस घर के माहौल से बखूबी परिचित थे। उन्होंने ठीक-ठीक अंदाज़ा लगा लिया कि अगर मैं कहीं हूँ, तो इसी घर में मौजूद हूँ। उन्होंने दुबारा फिर कोशिश की। मौका देखकर, वे शाम के वक्त, पॉवेल को लेकर दुबारा आए। उन्हें अंदर आने की अनुमति दे दी गई। उन्हें कमरे में आने की अनुमति इसलिए नहीं दी गई कि वे पत्रकार थे, फरीद को फरीद, मेरा मित्र समझकर! उस तरफ मेरा ध्यान जाए, इससे पहले ही, पॉवेल ने फटाफट मेरी कुछेक तस्वीरें ले लीं। उन्होंने मुझसे वादा किया कि वे इस बात की जानकारी किसी को भी नहीं देंगे कि मैं इसी मकान में मौजूद हूँ।

मैंने फरीद से साफ़-साफ़ कहा, "मैं कोई इंटरव्यू नहीं दूँगी। कहीं, किसी को

भी मैं इंटरव्यू देने को तैयार नहीं हूँ। बी बी सी, सी एन एन ही नहीं, देशी-विदेशी, चाहे जो भी पत्रकार आएँ, मैं जुबान नहीं खोलूँगी। सभी पत्रकारों को लौटा दिया गया है। 'टाइम' पत्रिका तो क्या, किसी भी पत्रिका से, मैं कुछ भी कहने को राज़ी नहीं हूँ।"

फ़रीद का बार-बार अनुरोध, मुझे ढोंक के साथ, गले के अंदर निगल जाना पड़ा। ढोंक निगलने का मतलब था, कि उनके सवालों का जवाब, कम से कम लिखकर ही, मैं दे दूँगी, लेकिन आज नहीं!

"कल?"

"देखती हूँ!"

राज़ी हो जाने के पुरस्कार स्वरूप, जब वे दोनों बाहर निकले, तो प्रतीक्षारत पत्रकारों को उन्होंने बता दिया कि मैं चाहे जहाँ भी होऊँ, कम से कम इस मकान में नहीं हूँ।

अगले दिन सभी अखबारों में अदालत की सारी घटना का विस्तृत हवाला देते हुए, अंत में लिखा गया था कि मैं अदालत से घर लौटकर, अपनी माँ से मिलने के बाद, फौरन कहीं छिप जाने के लिए बाहर निकल गई।

अम्मी ने मुझे खाने की मेज़ पर ला बिठाया! पंखा फुल स्पीड में ऑन कर दिया और अपने हाथों से कौर बना-बनाकर मुझे खिलाने लगीं। वे एक हाथ से मेरे मुँह में निवाले डाल रही थीं, दूसरे हाथ से अपनी आँखों के आँसू पोंछती जा रही थीं। मुझसे ज्यादा कुछ नहीं खाया गया। मैंने मुँह हटा लिया। मैं घर के सभी लोगों से बोलना-बतियाना चाहती थी, लेकिन मेरी जुबान ही नहीं खुल रही थी। मेरी देह काफी कमज़ोर हो आई थी। बिल्कुल निढाल हो आई थी। मुझसे इस कमरे से उस कमरे तक भी नहीं जाते बना! मैं बिस्तर पर लेट गई। समूची देह भर में थकान! थकान इंसान को गहरी नींद सुला देती है। लेकिन मुझे नींद नहीं दे पाई।

रात को ग्यारह बजे मेरे यहाँ ज, झ, ठ और ङ आ पहुँचे। आज जमानत मिलने की खुशी में, काफी कुछ युद्ध-विजय का जश्न मनाने के इरादे से, वे लोग किसी रेस्तराँ में खा-पीकर, अब मेरे यहाँ, मुझसे मिलने आई थीं। रेस्तराँ में क भी मौजूद थीं। लेकिन इतनी रात को, वे मुझसे मिलने नहीं आ सकीं। वे कल या परसों आएँगी। मेरे अँधेरे दिनों में ये ही लोग मेरे साथ थीं। जब लाखों-लाख इंसान, किसी एक प्राणी की हत्या करने के लिए पगला उठे थे; जब संगी-साथियों ने डर के मारे मुँह फेर लिया था, तब इन्हीं लोगों ने, जान जोखिम में डालकर मुझे पनाह दी थी! गहरी, गुप्त सुरक्षा दी थी! इन लोगों ने मेरी जान बचाई थी। वैसे ये लोग मेरी होती कौन हैं? न मेरा भाई, न मेरी बहन! फिर भी ये लोग ही मेरी परम आत्मीय थीं! ये लोग ही मेरी सच्ची मित्र हैं! कट्टरवादियों की माँग और सरकार की अनमनी राय के खिलाफ, आज की इस विजय को, इन लोगों ने अपनी विजय मान ली है। चूँकि मेरे लिए बाहर किसी रेस्तराँ में जश्न मनाना संभव नहीं था, वर्ना मैं भी उनके जश्न में शामिल होती। मैं भी खुशी

मना सकती थी! लेकिन मेरे मन में खुशी कहाँ थी? हाँ, मुझे जमानत तो मिल गई थी, मगर मेरे सामने अनिश्चित भविष्य, पसरा पड़ा था। इन सभी को मेरी अनिश्चयता की जानकारी है, लेकिन फिलहाल सारा कुछ भूल-भालकर, ये लोग मुझे हँसने की सलाह दे रही थीं! मेरे होठों पर अजीब-सी हँसी झूलती रही। मैं उन लोगों के आमने-सामने, सोफे पर बैठी रही। अचानक सोफे से उठकर, मैं उन लोगों के बेहद करीब, पाँवों के करीब, फर्श पर आ बैठी! मुमकिन है, पिछले दो महीनों से, बेहद करीब होने की मुझे आदत पड़ चुकी थी, शायद इसलिए मैं उनके पाँवों के करीब आ बैठी। मेरी आवाज़ लघुतर, मद्धिमतर और मृदुतर हो आई। यह भी शायद इसलिए कि पिछले दो महीनों में मुझे इसी लहजे में बोलने-बतियाने की आदत पड़ चुकी है! मैं थक गई थी, देह से नहीं, मन से! इस मन के ऊपर से बहुत बड़ा तूफ़ान गुज़र गया था, मन के अंदर का दालान-कोठा टूट-फूटकर चकनाचूर हो गया था। इस मन के घर को मजबूती से रचने-गढ़ने के लिए, मैंने एक लंबी साँस भरी! इन लोगों का मेरे इतने क़रीब होना—मेरी साँसों में शुद्ध-पवित्र हवा भर गई।

देशांतर

समूचे घर में अँधेरा रखा जाता है। खिड़कियाँ भारी-भारी पर्दे से ढँक दी गई हैं! दरवाज़े बंद रखे जाते हैं! बाहर से किसी को यह समझ में न आए, कि इस घर में कोई प्राणी रहता है। घरवाले भी घर से बाहर नहीं निकल रहे हैं। बाहर से किसी को अंदर नहीं आने दिया जा रहा है। इसके बावजूद फ्लैट में जश्न जैसा समाँ। अरसे से, इतने सारे लोग, एक साथ मुझे नहीं मिले थे। अब्बू, अम्मी, भाईजान, छोटकू, यास्मीन, सुहृद, भालोबाशा, मिलन, गीता, हसीना, परमा, शुभ, शौकीन, सभी एक ही घर में; एक ही जगह! पूरा का पूरा परिवार! समूचा परिवार क्या कभी भी, एक ही घर में, इस तरह इकट्ठा हुआ था? हाँ, 'अवकाश' में, ईद के मौके पर, हम सब मिला करते थे। लेकिन हर ईद में ऐसा मौका नहीं आता था। मुझे लगता रहा, जैसे मैं अपने उसी शैशव... उसी बचपन में लौट आई हूँ। मैं अपने लोगों के लाड़-प्यार में बड़ी हुई हूँ। अब, हम सब इसी तरह, एक साथ, बाकी ज़िंदगी भी गुज़ार देंगे। कोई, किसी दिन भी, किसी से दूर नहीं होगा। हर कोई, हर किसी को प्यार करेगा। हम सब एक-दूसरे की मदद करेंगे। एक-दूसरे के प्रति गहरी ममता, हमें और-और करीब कर देगी। हम सब एक-दूसरे के परम आत्मीय होंगे, एक-दूसरे के दोस्त होंगे! हम सब एक-दूसरे के दिलों में रसे-बसे रहेंगे। हम सब मिल-जुलकर हँसेंगे-खेलेंगे, मौज-मज़ा करेंगे। हम सब निःस्वार्थ, निरुपद्रव, निर्झंझट ज़िंदगी गुज़ारेंगे! सुख-शांति और राहत-स्वच्छंदता का ज्वार हम सबको डुबाए रहेगा, हर दिन बहाए लिए जाएगा। अब इस घर का एक भी प्राणी अनिश्चयता, दुश्चिन्ता, फिक्र में निद्राहीन रात नहीं गुज़ारेगा! हम सब हर सुबह को चूम लेंगे, हर दोपहर के पाँवों में पायजेब पहनाकर नचाएँगे, हर शाम को ढेर-ढेर प्यार करेंगे, डूब-डूबकर, अंजुरी भर-भरकर उसका सुख पीएँगे, हर रात को बाँहों में ले लेंगे। घर का हर प्राणी आश्वास, आशा, भाषा और भालोबाशा—प्यार से कलरव किया करेगा। मुझे यह माहौल देखकर लगता रहा कि यह घर, मेरे वही किशोरवाला 'अवकाश' बन गया है। मैं अपने अब्बू-अम्मी, भाई-बहन के साथ हिलमिलकर, इस घर में रहते हैं! हाँ मैं भूल गई कि कई-कई सालों से हम घरवाले एक-दूसरे के सामीप्य से दूर हो गए हैं। मैं भूल गई कि भाईजान, अपने ब्याह के बाद बेहद स्वार्थी हो गए

हैं। मैं यह भी भूल गई कि हसीना ने हम दोनों बहनों को आँगन में पटक-पटककर मारा था। मैं भूल गई कि छोटकू मेरी गोद से सुहृद को छीन ले गए थे। मैं भूल गई कि छोटकू ने ही हम पर यह इल्ज़ाम मढ़ा था कि हम लोग सुहृद को बर्बाद कर रहे हैं। मैं भूल गई कि छोटकू ने मेरी गाड़ी के लिए पचास हज़ार रुपए लिए थे, जो अभी तक वापस नहीं किए। साल-दर-साल गीता का दुर्व्यवहार मैं भूल गई; यास्मीन सालों पहले ही घर छोड़कर चली गई। यह भी भूल गई। ब्याह के बाद अब उसके लिए उसके पति और बच्चे ही, उसके सबकुछ हैं। मैं सबकुछ भूल गई, मानो बीच के वर्षों में कहीं, कुछ नहीं घटा। जैसे हम लोग पहले थे, वैसे ही आज भी हैं। न समय बदला है, न उम्र बढ़ी है।

अम्मी खाना पका रही थीं। कमर पर दोनों हाथ रखे, अब्बू उनका खाना पकाना देख रहे थे। भाईजान, छोटकू और मिलन वर्ल्ड कप के बारे में बतकही में उलझे हुए थे। यास्मीन ने हिंदी की कोई नई फ़िल्म चला रखी थी। गीता और हसीना गपशप करती हुई, हँसी-ठहाकों में डूबी हुई थीं। सुहृद, शुभ और परमा कैरम खेल रहे थे। शौकीन और भालोबाशा, ड्राइंग कर रहे थे। मैं ये नज़ारे घूम-घूमकर देखती रही। यह सब देखते-देखते, जैसे मुझे विश्वास ही नहीं हो रहा था कि इस घर में, आज से पहले, ऐसा दृश्य नहीं दिखा था। जैसे हम सब इसी तरह, इस घर में हो-हुल्लड़ मचाते थे, जैसे कभी, कोई, किसी से अलग नहीं हुआ। एक और बात देखकर, मुझे बेहद भला-भला लग रहा था कि अब किसी के साथ किसी का भी कोई विरोध नज़र नहीं आता था, अब कोई, किसी के विरुद्ध कोई इल्ज़ाम नहीं लगा रहा था, कोई शिकायत नहीं कर रहा था। हर कोई, हर किसी से प्यार कर रहा था। मेरी विपत्ति ने ही शायद सबको एकजुट कर दिया था! बूँद भर ही सही, सबको उठाकर खड़ा कर दिया है! मुझे यह सब इतना-इतना भला लगा कि मेरी आँखें नम हो आईं। मैं घूमती-फिरती, एक-एक के पास जा खड़ी हुई, सबके साथ मिलकर बैठी रही। अम्मी के खाना पकाने, भाइयों की गपशप, यास्मीन की सूरत, गीता लोगों की हँसी, सुहृद के खेल, भालोबाशा के ड्राइंग में डूबी-डूबी, मैं मन ही मन विभोर होती रही। सच, यह बिल्कुल अनोखा सुख है! सबको अपने करीब पाने का सुख! अपनी आँखों के सामने देखने का सुख! हाथ बढ़ाते ही, सबको पा लेने का सुख!

बैठकघर के कार्पेट पर चादर बिछाकर, सभी लोग सोते थे। घर में तकिए ज्यादा नहीं थे, इसलिए सोफे की कुशन को ही, तकिए के तौर पर इस्तेमाल किया जा रहा था। इसमें किसी को, कोई अतृप्ति या नाखुशी नहीं थी। लोग कहते हैं न कि मन अगर खुश हो, तो पेड़ तले भी आराम से नींद आ जाती है। मेरे लिए, मेरे कमरे में, मोटा गद्देदार बिस्तर! लेकिन रात को मैं अपना बिस्तर छोड़कर, भाई-बहनों के बीच आकर

सो जाती थी। यह सुख, आरामदेह बिस्तर पर अकेले सोने के सुख से, कहीं ज्यादा है। जब मैं लिखने-पढ़ने में मगन थी, तब मैंने किसी की तरफ पलटकर भी नहीं देखा। आज मुड़-मुड़कर देख रही हूँ! मैं समझ गई हूँ, कि ये सब लोग मुझे बेहद प्यार करते हैं। ऐसा मैंने पहले कभी महसूस नहीं किया था। मैंने कभी नहीं जाना था कि ये लोग मुझे इतना प्यार करते हैं। ना, इस प्यार को मैंने कभी जानने-समझने की कोशिश नहीं की। इन सबकी मैं अवज्ञा ही करती आई। मेरी ज़िंदगी, मेरी अपनी ज़िंदगी है, अपने को यही समझाते हुए, मैं अलग-थलग जीती रही।

इस घर में सुबह, अखबारों पर झुके-झुके ही गुज़रती है। भाईजान, छोटकू, अब्बू, यास्मीन और मिलन, गीता, हसीना...गोल घेरा बनाकर बैठ जाती थीं। कोई एक जन अखबार पढ़ता रहता था, बाकी सब सुनते रहते थे।–हाईकोर्ट से तसलीमा नसरीन ने जमानत हासिल की! हाईकोर्ट में वे जिस तरह आईं, जिस तरह चली गईं, उसका अक्षर-अक्षर हवाला! सुबह से ही अदालत में जो सुरक्षा की जो अभूतपूर्व व्यवस्था थी, उसका शब्द-शब्द वर्णन! अब मेरे शांतिनगर वाले मकान में कोई नहीं है; दरवाज़े पर ताला झूल रहा है। अदालत से घर लौटकर, शाम तक मैं फिर कहीं छुपने के लिए निकल पड़ी–(यही सब ख़बरें, यही ख़बर, तमाम पत्रकारों को विश्वसनीय भी लगी है, क्योंकि उन सबका ख़्याल है कि इस वक्त जान की जोखिम उठाकर, कोई बुद्धू भी अपने घर में नहीं रहेगा। मेरे घर का पता, अखबारों में बड़े-बड़े अक्षरों में छप चुका है। मुल्लों में से कोई भी आकर, बेहिचक मेरी गर्दन तराशकर वापस जा सकता था।)! किसी की भी नज़र, संपादकीय, उप-संपादकीय पढ़ने को महत्त्व नहीं देती थी।

मेरे सामने खड़े होते ही, भाईजान ने अख़बार से सिर उठाकर कहा, ''कल जमानत मंजूर होने के बाद, बी बी सी की तरफ से बहुतों का इंटरव्यू भी हुआ। डॉक्टर कमाल हुसेन ने कहा, ''आज की घटना ने मुझे भरोसा दिलाया है, कि इस देश में क़ानून का शासन मौजूद है। सुप्रीम कोर्ट ने जिस तरह से जमानत की मंजूरी दी, उससे यह साबित होता है कि कोई भी व्यक्ति क़ानून की सुरक्षा प्राप्त कर सकता है। तूने हाईकोर्ट जाकर, अपनी जमानत ली। हाईकोर्ट ने अब सी एम एम कोर्ट को अनुमति दे दी है कि अब तेरी अनुपस्थिति में भी, तेरे वकील, तेरा मुकदमा लड़ सकते हैं। सुप्रीम कोर्ट को जो आज़ादी है, वह इस केस से प्रमाणित हो गया। इसके अलावा सारा हुसेन ने भी वायेस् ऑफ अमेरिका को इंटरव्यू देते हुए कहा है कि तुझ पर मुकदमा दायर करने के बाद, हालात ऐसे थे कि तेरे पक्ष में कोई भी बात कहना, मानो ग़लत था। तेरे पक्ष में वकालती करना भी मानो जुर्म था! लेकिन हाईकोर्ट की राय ने ही साबित कर दिया कि कट्टरवादी, इतनी आसानी से विचार-व्यवस्था को प्रभावित नहीं कर सकते।''

अब्बू ने कहा, ''शम्सुर रहमान ने तुम्हारी तारीफ करते हुए कहा है कि औरतों

के बारे में लिखकर तुमने पूरे समाज को हिलाकर रख दिया। उन्होंने यहाँ तक कह डाला कि मेरा ख़्याल है कि तसलीमा बेहद कामयाब रही है। अब कोई चाहे या न चाहे, वे अंतर्राष्ट्रीय व्यक्तित्व बन गई है। वैसे डॉ. अनीसुज्जमान ने भी बढ़िया मंतव्य दिया है।"

छोटकू ने कहा, "जमात ने क्या कहा है, मालूम? जमात सरकार पर 'हेवी' गुस्सा है! उसका कहना है कि तू कहाँ थी, सरकार को पता था! यह सब सरकार का नाटक है! अब तेरे जमानत होने के खिलाफ वे लोग आंदोलन पर उतरनेवाले हैं। हर दिन जुलूस निकालेंगे।"

मिलन बोल उठा, " 'भोर के अखबार' ने लिखा है कि पश्चिमी संवाद-माध्यम पगला गए हैं। दिन-रात फोन पर फोन करके आपकी खैरियत पूछ रहे हैं कि आप कहाँ हैं, आपकी सुरक्षा के लिए क्या-क्या किया गया है। अब बिना किसी बाधा-विघ्न के आप विदेश जा सकती हैं या नहीं।"

आज के समाचार-पत्रों में छपी ख़बरों की उत्तेजना ज़रा शांत होने पर, पिछले दो महीनों में क्या-क्या घटा, घर का कौन फर्द किस हाल में रहा इस घर पर क्या-क्या बीती सबकी जुबानी इसका दुःसह बयान सुनती रही।

मेरे जाने के बाद ही पुलिस आ धमकी और इस घर को तहस-नहस कर गई। बिचारे मुतालिब को पकड़ ले गई। घंटों उससे जिरह करती रही। तसलीमा कहाँ है, उसे बताना भी होगा। मुतालिब को पुलिस ने बेभाव पीटा। मिलन की भी खोज मची, क्योंकि पुलिस को यह ख़बर मिली थी कि जब मैं बाहर निकली, मिलन मेरे साथ गया था। काफी दिनों तक मिलन लापता रहा। शुरू-शुरू में जब वकीलों ने यह कहा कि मेरे पक्ष में कुछेक समर्थन मिल सके, तो बेहतर होगा, अखबारों में मेरे समर्थन में भी बयान छपने चाहिए, तब छोटकू और भाईजान ने मेरे कवि-लेखक मित्रों के दरवाजे-दरवाजे जाकर, बयान की भीख माँगी। लेकिन यह भीख उन्हें नहीं मिली। किसी ने भी मेरे पक्ष में कुछ बोलने का उत्साह जाहिर नहीं किया। सबके चेहरों पर आतंक लिखा था। मेरे भाइयों को लौटा दिया गया। मेरे किसी भी नाते-रिश्तेदार की छाया भी अगर इस घर के आस-पास दिख जाती, तो महा-नुकसान! उन दिनों घर से जो कोई भी बाहर निकलता था, एस बी के लोग उसका पीछा करते थे। छोटकू अगर नमक भी खरीदने जाते, तो छिपकिली (जासूस) उनके पीछे-पीछे लग लेते। मिलन शरीफ लोगों की तरह आदमजी में अपनी नौकरी पर भी जाता था, तो छिपकिली उनके पीछे-पीछे! सबसे क्रूर घटना, यास्मीन के साथ हुई! उसकी नौकरी जाती रही! वह मेरी बहन है, इस जुर्म की वजह से, उसे नौकरी से निकाल दिया गया। मेरे खिलाफ, सरकार के मुकदमा दायर के कुछ दिनों बाद ही, यास्मीन को उसके मालिक ने साफ जवाब देते हुए कहा कि अगले दिन से उसे दफ़्तर आने की कोई ज़रूरत नहीं है।

मैंने एक-एक करके अपने सभी मित्रों का नाम गिनाकर पूछा कि उनमें से कोई

भी मेरे घरवालों की खोज-ख़बर लेने यहाँ पहुँचा था या नहीं? किसी ने भी यह जानने की कोशिश की या नहीं कि मैं कैसी हूँ, कहाँ हूँ, किस हाल में हूँ, ज़िंदा भी हूँ या नहीं? हर नाम उच्चारण के बाद, जवाब मिला—ना! कोई भी कवि या साहित्यकार मेरी ख़बर लेने नहीं आया।

"कोई भी कवि-साहित्यकार नहीं आया, जो मेरे अंतरंग मित्र थे?"

"कोई नहीं आया—"

"कहीं ऐसा तो नहीं कि वे लोग आए हों, तुम्हीं लोगों ने दरवाज़ा नहीं खोला?"

"नहीं, कोई आया ही नहीं!"

"उन लोगों ने फोन तो ज़रूर किया होगा? फोन पर मेरा कुशल-समाचार जानना चाहा होगा?"

"नहीं किसी ने फोन भी नहीं किया। गार्मेंट्स के साजू, जाहिदा के अलावा और कोई नहीं आया। किसी ने भी फोन तक नहीं किया।"

"क़ैसर भी नहीं आया?"

"ना—"

"उसने फोन भी नहीं किया?"

"ना—! बल्कि क़ैसर को यहाँ से फोन किया गया। कम से कम एक बार घर आने के लिए मिन्नतें की गईं। उसने वादा भी किया कि वह आएगा, मगर नहीं आया। उसने एक बार भी तुम्हारी ख़ैर-ख़बर नहीं ली।"

ढेर लगे हुए ख़त! मेरा पढ़ने का मन ही नहीं हुआ! मुमकिन है, उनमें कुछेक ज़रूरी ख़त भी हों। लेकिन ज़रूरी ख़त पढ़ने के बजाय, घर के लोगों के साथ अड्डा देना, गपशप करना ज्यादा भला लगता था। गपशप से फुर्सत पाकर, एकाध ख़त भी खोल लिया करती थी!

एक ख़त में साढ़े छः हज़ार डॉलर का चेक! यह चेक अमेरिका के ह्युमैन राइट्स वाच ने भेजा था। मानवाधिकार के लिए जो लोग जंग कर रहे हैं, यह संगठन, हर साल उनके लिए 'ग्रांट' का इंतज़ाम करता है। मैंने वह चेक बैंक में जमा देने के लिए छोटकू को थमा दिया। इस बीच फ्रेंच प्रकाशक, क्रिश्चन वेस ने भी दूसरी किस्त के रुपए मेरे बैंक को भेज दिए थे!

पुराने संगी-साथी भले मुझसे दूर हट गए हो, मगर नए मित्रों ने मुझे दूर नहीं हटाया! झ पिस्तौल लिए-दिए, मेरी सुरक्षा को आ पहुँचीं। पुलिस का उन्हें कोई भरोसा नहीं था। मैंने झ को आश्वस्त कर दिया कि मैं काफी सुरक्षित हूँ। इससे पहले, अपनी इतनी सुरक्षा, मैंने कभी महसूस नहीं की। मुझे, मेरे परिवार के सदस्य घेरे रहते हैं। हालाँकि उनमें से किसी के पास न पिस्तौल है, न बंदूक, कुछ भी नहीं है, मगर उनका

प्यार ही मेरी बख़ूबी हिफ़ाजत कर रहा है। प्यार, किसी भी मारक-अस्त्र से कहीं ज्यादा जोखिम-मुक्त और सबसे बड़ी सुरक्षा है यह मैं अपने समूचे अन्तस से महसूस कर रही हूँ! अगर इस वक्त, इस घर में, मेरी मौत भी हो जाए, तो अपनी अम्मी की गोद में मेरा सिर होगा, अम्मी के आँसू टप्-टप् मेरा माथा भिगोते रहेंगे, यास्मीन मेरे सीने पर हाथ रखकर चीख-चीखकर रो रही होगी, अब्बू कसकर मेरी हथेली पकड़े होंगे, भाईजान, छोटकू मेरे चेहरे पर झुके होंगे। सुहृद मेरी गोद में लोटता-पोटता, फफक-फफककर रो रहा होगा—दोल फूफी! दोल फूफी! कहकर आवाज़ें दे रहा होगा। ऐसे में अगर मुझे अहसास हो कि मरने वाली हूँ, तो क्या मुझे दुःख होगा? नहीं, दुःख बिल्कुल नहीं होगा। प्यार में घिरे शख़्स को अपनी मौत पर कोई दुःख नहीं होता। मेरे इस घर के अपने लोगों का प्यार, लाखों-लाखों मुल्लों की नफ़रत से कहीं ज्यादा तीखा और गहरा है! मुझे काफी कुछ भले न मिला हो, लेकिन थोड़ा-सा सच्चा प्यार मुझे आकंठ तृप्त कर गया है।

दिन गुज़रते रहे! मेरे घर के सामने से हर रोज़ ही सुबह-सुबह जुलूस गुज़रता है। विशाल जुलूसों में शामिल लोगों के हाथों में बड़े-बड़े बैनर—तसलीमा को फाँसी दो! नारों की गूँज से समूचा इलाका काँपता हुआ—तसलीमा को फाँसी दो! देना होगा! देना होगा! हर रोज़ ही लगभग पचास-सत्तर हज़ार लोगों का जुलूस! जुलूस की आवाज़ें सुनते ही, घर के लोग, खिड़की के पर्दे हटाकर बाहर झाँकने लगते हैं!

अम्मी कहती है, "ई लोगन सचमुच के धार्मिक नाहीं हैं। सच्चा धार्मिक काहू के कतल नाहीं करना चाहत है! टोपी पहिनकर या दाढ़ी रखकर ही, धार्मिक नाहीं हुइ जाते।"

मैं भी हँसते-हँसते ही पूछती हूँ, "तब ये लोग क्या हैं?"

"ई लोगन बहुत बुरे मानस हैं। बुरे लोगन ही सड़क पर बुरे इरादे से उतरे हैं! स-ब ठीक हुइ जइ है। तुम बस, कह देना, अब से धरम के बारे में कछु ना लिखबों।"

घड़ी का काँटा सरकता रहा, काफी तेज़ी से आगे बढ़ता रहा! मेरा मन होता है, अपनी भरपूर ताकत लगाकर घड़ी के काँटों को रोक दूँ। दिन उछल-उछलकर रात की तरफ बढ़ता रहा! रातें विकट दैत्य की तरह अँधेरे को धज्जी-धज्जी करके, टुकड़े-टुकड़ों में सूरज की आग में झोंकती रहीं। मैं कुछ भी रोक नहीं पाती हूँ।

अचानक एक रात क आ पहुँचीं।

वे सीधे मेरे पढ़ने-लिखने के कमरे में दाख़िल हुईं, दरवाजा अंदर से बंद करके, बिल्कुल मेरे आमने-सामने आ बैठीं। उन्होंने मेरा पासपोर्ट और एक टिकट, मेरे हाथ में थमा दिया। पासपोर्ट में दो देशों का वीसा! नॉर्वे और स्वीडन! टिकट स्वीडन की थी! काफी रात की उड़ान! बैंकॉक, एमेस्टरडम होकर स्टॉकहोम!

क ने कहा, "इसके अलावा और कोई उपाय नहीं है। ज़िंदा रहने की यही एकमात्र राह है। यही सरकारी फैसला है! जमानत की अलिखित शर्त! विदेश की सलाह!"

जिस रात मुझे जाना था, काफी रात गए, मेरे मकान के सामने, पुलिस फौज की एक टुकड़ी आ रुकेगी। कड़ी सुरक्षा में मुझे हवाईअड्डे तक ले जाया जाएगा। हवाईअड्डे पर स्वीडन के राष्ट्रदूत मौजूद रहेंगे। उनसे भेंट हो भी सकती है, नहीं भी हो सकती है। हवाईअड्डे पर ङ भी मौजूद रहेंगी। ङ भी मेरे साथ जा रही हैं! वे पूरे सफ़र में मेरे साथ रहेंगी। बैंकॉक हवाईअड्डे पर स्वीडिश विदेश-मंत्रालय का आदमी, मेरा इंतज़ार कर रहा होगा। वहाँ पहुँचते ही स्वीडिश हिफ़ाज़ती दस्ता के प्रधान, मुझे अपनी जिम्मेदारी में ले लेंगे।

हाथ में पासपोर्ट और टिकट लिए-लिए मैं विमूढ़ बैठी रही।

क ने कहा, "इस देश में एक पल की भी सुरक्षा नहीं है! जितनी जल्दी हो सके, यह देश छोड़ देना होगा। दिन को जाना संभव नहीं है, कट्टरवादियों ने पूरा हवाईअड्डा घेर रखा है! बस, कल आधी रात के सफर का इंतज़ाम हो सका है! हमें इसी मौके का इस्तेमाल करना होगा।"

"मैं वापस कब लौटूँगी?" मैंने क से दरयाफ़्त किया।

मेरे सवाल के जवाब में क चुप हो रहीं।

थोड़ा ठहरकर, उन्होंने मेरी तरफ करुण निगाहों से देखते हुए कहा, "फिलहाल आप जाएँ तो सही! उसके बाद सोच लीजिएगा कि कब लौटना है! सारा कुछ देश के हालात पर निर्भर करता है! आजकल जो हालात हैं, ऐसे वक्त में आपको बाकी बातों की फिक्र छोड़कर, सीधे देश छोड़ देना चाहिए। वह तो आपकी क़िस्मत अच्छी है कि आपको यह मौका नसीब हुआ है।"

"क्या मुझे जाना ही होगा?" मेरी आवाज़ बीच में ही टूट गई।

"हाँ, जाना ही होगा।"

"अगर न जाऊँ, तो क्या होगा?"

"सरकार ने इसी शर्त पर जमानत दी है।"

"वह मैं जानती हूँ। लेकिन यह शर्त अगर मैं न मानूँ?"

"शर्त नहीं मानी, तो क्या नतीजा होगा, आप इसका ज़रा भी अंदाज़ा नहीं लगा सकतीं? हैरत है! कट्टरवादियों के हाथों क़त्ल हो जाएँगी। सरकार आपको सुरक्षा नहीं देगी। ज़िंदा रहना चाहती हैं, तो यह देश छोड़ दें।"

मैंने टूटी-फूटी आवाज़ में दुबारा पूछा, "यह जो कट्टरवाद विरोधी आंदोलन हो रहा है, इससे क्या कोई लाभ नहीं होगा? मुमकिन है, इस आंदोलन में कट्टरवादी दल हार जाए! मुमकिन है वे लोग आगे..."

क ने दबी आवाज़ में एकदम से डपट दिया, "अपनी यह रूमानियत छोड़िए

तो! कट्टरवाद-विरोधी आंदोलन कुछ भी नहीं कर पा रहा है। तमाम पार्टियाँ मिलकर भी कट्टरवादियों को रोक सकें, यह नामुमकिन है। अभी उन्हें रोक पाना संभव नहीं है।"

"यानी अब कोई उम्मीद नहीं?"

"पता नहीं! अब कोई उम्मीद भी बची है या नहीं।"

"देश का क्या होगा?"

"देश का क्या होगा—यह बात, ज़रा सुरक्षित दूरी पर जाकर सोचें।"

क ने विदा देने की मुद्रा में, मुझे गले लगाया और चली गईं। मेरे पथराए गालों पर दो अदद नम चुंबन भी टाँक गईं।

अब्बू उस पत्थर की मूरत के करीब आ पहुँचे। मुझे थपथपाया! उस थपथपाहट से पत्थर में कोई आवाज़ नहीं गूँजी।

काफी देर बाद, पथराई-सी आवाज़ उभरी, "कल ही चले जाना होगा।"

"कल ही?" अब्बू भी सन्न रह गए।

खबर सुनकर समूचे घर में चुप्पी छा गई। कोलाहल-मुखर घर, पल भर में स्तब्ध हो आया। जैसे आज ही किसी की मौत हो गई हो। कोई नितांत अपना, अचानक इंतकाल कर गया है!

फरीद हुसेन पिछले दो दिनों से घर आने की कोशिश में लगे हुए थे, लेकिन नाकाम रहे थे। आज वे भी आ पहुँचे और अपनी प्रश्नावली के साथ मेरा जवाब लेकर चले गए। उनके ढेरों सवालों में एक सवाल यह भी था—अब आप देश छोड़ देने का सोच रही हैं या यहीं रहेंगी? मेरा जवाब था—देश में ही रहूँगी। चाहे जो भी घटे, मैं कभी देश नहीं छोड़ूँगी। यह देश मेरा है। अपने देश को मैं बेहद प्यार करती हूँ।

फरीद हुसेन जब मेरा उत्तर-पत्र लेकर, खुशी-खुशी विदा लेने को उठ खड़े हुए, उन्हें अंदाज़ा तक नहीं हुआ कि अंदर कमरे में एक हरे सूटकेस में मेरे कपड़े-लत्ते भरे जा रहे थे। सभी घर वाले, मेरा सूटकेस तैयार करने में जुटे हुए थे। बहरहाल, सूटकेस में, मेरी कोई दिलचस्पी नहीं थी, अम्मी को भी नहीं थी। सूटकेस की तरफ देखते हुए, सिसकियों में नहीं, अम्मी ज़ोर-ज़ोर से रो पड़ीं। उनकी बेटी कहाँ जा रही है, कब लौटेगी—अम्मी को कुछ नहीं मालूम! वे तो सिर्फ आशंका की मारी, रोती रहीं...रोती रहीं।

बहरहाल, पत्थर की बुत बनकर बैठे रहने से काम नहीं चलेगा। मुझे बहुत जल्दी-जल्दी कुछेक ज़रूरी काम निपटाना था! मेरी गैरहाज़िरी में अगर मामला चलता रहा, तो कुछेक कागज़ों पर मेरे दस्तखत ज़रूरी हैं। सारा हुसेन खुद आईं, पावर ऑफ एटॉर्नी के ढेरों कागजों पर मेरे दस्तख़त ले गईं। सारा के साथ नियमित संपर्क रखने के लिए,

मैंने अपने भाइयों को हिदायत दी। इसके लिए जो रुपए-पैसे देने ज़रूरी हों, दे दिए जाएँ। छोटकू मेरे बैंक से मेरे रुपए-पैसे निकाल सकते हैं।

छोटकू ने हँसकर कहा, "कमाल हुसेन ने तेरे केस में कोई रुपए-पैसे नहीं लिए। बस, ले-देकर कागज टाइप करने और उनकी फोटो-कॉपी करने में, थोड़े-बहुत रुपए ख़र्च हुए, बस्स! वैसे कमाल्त हुसेन से सिर्फ दो-एक बात करने की फीस, लाख टका है।"

छोटकू अपने बीवी-बच्चों के साथ अमेरिका उड़ान भरने के सपने देख रहे थे।

मैंने उनसे आग्रह किया कि वे न जाएँ। देश में ही रहें। मैं लौट आऊँगी। हम सब मिलकर साथ-साथ रहेंगे। वे देश छोड़कर, हमारा यह सपना कहीं चकनाचूर न कर दें। यास्मीन के पास कोई नौकरी नहीं है। लौटकर, मैं उसके लिए किसी अच्छी नौकरी का बंदोबस्त कर दूँगी। मिलन को आदमजी की नौकरी पसंद नहीं है। मैंने उसे भी तसल्ली दी कि वह मेरे लौट आने का इंतज़ार करे। उसके लिए भी मैं कुछ न कुछ जरूर करूँगी।

रात को मैं अपने भाई-बहन से लगी-लगी सोई। मेरा मन चाहता था कि इसी तरह हज़ारों साल गुज़र जाएँ। इसी तरह सब एक-दूसरे के प्रति परम ममता, गहरे प्यार, साथ-साथ, खुशी-खुशी, माया-ममता में डूबे-डूबे चलते रहें। जाने कितने सालों से, हम साथ-साथ, किसी एक घर में, किसी एक जगह इकट्ठे नहीं हुए। आजकल हर दिन ईद जैसा लगता है! मेरा जी चाहा ज़िंदगी भर, हर रोज, ईद का समाँ बना रहे।

अम्मी रात भर रोती रहीं। मैं रात भर जगी-जगी अम्मी की रुलाई सुनती रही।

अगला कल भी आ पहुँचा।

पल भर में समूचा दिन गुज़र गया।

अम्मी ने पाँचों वक्त, मुझे अपने हाथों से खिलाया! मुझे जो-जो खाना पसंद था, वह सब उन्होंने अपने हाथों से पकाया। मैं थोड़ी-सी फुर्सत...थोड़ा-सा खाली वक्त चाहती थी। भाइयों और अब्बू की राजनीतिक बातचीत से ज़रा अलग जाकर, मैं कुछ देर को अकेली होना चाहती थी।

मैं अपने लिखने के कमरे में चली आई और मैंने दरवाजा अंदर से बंद कर लिया। मैंने टिकट अपने हाथों में उठा लिया। अब सारी क्षमता मेरे हाथ में है। अगर मैं चाहूँ, तो इस टिकट को फाड़कर, चिन्दी-चिन्दी कर सकती हूँ। अगर मैं चाहूँ, तो ऐलान कर सकती हूँ कि मैं कहीं नहीं जाऊँगी। मैं उस टिकट को हिलाती-डुलाती-नचाती रही! खूब तेज़-तेज़ रफ़्तार में! मानो यह टिकट नहीं, हाथ-पंखा हो। टिकट मैं फाड़ दूँ या न फाड़ूँ, इसी पसोपेश में झूलती रही।

मैं बार-बार अपने से सवाल करती रही—हाथ में टिकट आ गया, इसीलिए क्या

मुझे जाना ही होगा? मैं यह टिकट फाड़ दूँ, बस, किस्सा ख़त्म! 'चलो, तसलीमा, फाड़ डालो टिकट! तुम कहीं मत जाओ! हरगिज मत जाओ!'—लेकिन अदृश्य में जाने कौन तो मेरे देश न छोड़ने के इरादे और चाह पर, एकबारगी हँस पड़ा। उसने हँसते-हँसते ही पूछा, 'आखिर इस देश में तुम क्यों रहो? अपनी विपदा के वक्त क्या तुम्हें सबक नहीं मिला कि कितने-से लोग तुम्हारा समर्थन करते हैं? अभी भी तुम्हें अक़्ल नहीं आई! आखिर किस भरोसे पर तुम इस देश में रहना चाहती हो?'

'क्यों? भरोसा करूँ, क्या यह ज़रूरी है?'

'भरोसा करना ही होगा, क्योंकि तुम्हारी हत्या के लिए लाखों-लाखों लोग इस देश में जमा हुए हैं! तुमने भरोसा तो किया ही था, जब तुम छिपती फिर रही थीं। तुमने क्या सोचा है, जमानत पा लेने भर से तुम्हारी सारी समस्याओं का अंत हो गया? हर दिन, हर पल, तुम्हें हज़ारों विपदाओं का सामना करना ही होगा, ऐसे में तुम किस पर भरोसा करोगी?'

'क्यों? जिन लोगों ने मुझे पनाह दी। वे सब तो मेरे साथ हैं। शम्सुर रहमान, कबीर चौधुरी...सभी मेरे पक्षधर हैं।'

'कितने लोग? महज उँगलियों पर गिनने जितने! क, ख, ग, घ, ङ— यही कोई गिनती भर के लोग! उँगलियों के कुछेक खाने, फिर भी खाली रह जाएँगे। इस देश में बारह करोड़ लोग बसते हैं। बाहर करोड़ में से, कितने तुम्हारे पक्ष में हैं? तुम इस देश में आखिर क्यों रहो? तुम्हें अभिमान नहीं होता? तुम इस देश में आखिर क्यों रहना चाहती हो?'

'मेरे नाते-रिश्तेदार, मेरे अपने लोग रहते हैं, यहाँ। ये लोग मुझे प्यार करते हैं।'

'प्यार करते हैं, यह सच है। लेकिन उन लोगों का प्यार ही क्या तुम्हारे लिए काफी है? तुम अब मामूली प्राणी नहीं हो कि नाते-रिश्तेदारों का महज प्यार और समर्थन पाकर, तुम सैकड़ों विपदाओं से पार पा लोगी, मौत के फंदे से बच जाओगी। तुम्हारे अपने परिजन बेहद निरीह और मासूम लोग हैं। उनमें कोई बल-बूता नहीं है। वे लोग तुमसे भी ज्यादा निरीह हैं। अगर ज़िंदा रहना चाहती हो, तो जाओ, चली जाओ! अगर ज़िंदा रहीं, तो तुम लिख पाओगी। जो करना चाहोगी, करने का पूरा-पूरा मौका मिलेगा।'

'चलो, माना कि जब मैं छिपी-छिपी फिर रही थी, मैंने डेस्परेट्ली सोचा था कि विदेश चली जाऊँ। लेकिन यह जाना, विदेश में पड़े रहना, जाने कैसा तो अद्भुत लग रहा है! इसमें भी भला कोई तुक है? कोई मुझे ठीक तरह बताता क्यों नहीं, कि मैं कब लौटूँगी?'

'देखो, लौटने के बारे में सोचने का, फिलहाल वक्त नहीं है! बाद की बात, बाद में सोच लेना! पहले जान तो बचाओ! याद रखो, आज अगर ये विदेशी तुम्हारी मदद नहीं करते, तो तुम इस देश में ज़िंदा नहीं रह सकती थीं! इस देश में तुम्हारे इतने

समर्थक नहीं हैं कि तुम यहाँ रहने का साहस करो! उन मुट्ठी भर लोगों के बूते कुछ नहीं होगा। तुम्हारे दुश्मनों की तादाद, दोस्तों की तादाद से कहीं ज्यादा है! एक लाख दुश्मन हैं, तो कुल्लमकुल एक दोस्त! तुम ऐसे हिसाब लगाओ न! इस देश में तुम अपने ज़िंदा रहने की उम्मीद भला कैसे कर सकती हो? तुम्हारे नाते-रिश्तेदारों में, तुम्हें बचाने की रत्ती भर भी क्षमता नहीं है। चूँकि वे लोग तुम्हारे आत्मीय-परिजन हैं, इसलिए वे लोग भी ढेरों ख़तरों से घिरे हैं! तुम चली जाओ और वहाँ इत्मीनान से जीओ और यहाँ इन लोगों को भी जीने दो।'

'लेकिन...'

'लेकिन, क्या?'

'मुझे तो यह पता था कि वक्त सारा कुछ ठीक कर देता है। मुमकिन है, कुछ ही दिनों में परिस्थिति दुबारा स्वाभाविक हो उठे। अरे, जान से मार डालने की धमकी क्या ज़िंदगी में मुझे पहली बार मिली है? ऐसी धमकी तो जाने कब से...'

'ठीक है, मत जाओ! सरकार तुम्हें धक्के मारकर निकाल बाहर करेगी! आज भले न जाओ, कल तो जाना ही होगा! कल न जाओ, तो परसों जाना पड़ेगा। यह तुम्हारा फैसला नहीं है, सरकारी फैसला है।'

'यह सरकार ही तो मेरी दुश्मन है! जान की दुश्मन। वह क्या मुझे बचाना चाहती है...?'

'नहीं, सरकार तुम्हें बचाना नहीं चाहती, खुद बचना चाहती है! सरकार तो यह चाहती है कि देश में सरकार विरोधी कट्टरवादी आंदोलन में भाटा पड़े। विदेशों में जो उसकी बदनामी हो रही है, सरकार उसे बंद करना चाहती है।'

'मेरे लिए, क्या और कोई उपाय नहीं है?'

'ना–'

'कोई भी उपाय नहीं है?'

'ना–'

मैं काफी देर-देर तक अकेली-अकेली बैठी रही। मेरा सिर घूमता रहा और साथ ही कमरे का सारा कुछ घूमता रहा। मेरे लिखने की मेज़! चारों तरफ, ताखों पर सजी-सजाई किताबें भी गोल-गोल घूमती रहीं। मेज पर पड़ी, मेरी अधूरी रचना, ढेर-ढेर-कागजों के पुलिंदे भी गोल-गोल चक्कर काटते रहे। कमरे की दीवारों पर टँगी, मेरी प्रिय तस्वीरें, पेंटिंग, पुरस्कार में जीते गए मेडल, खिड़कियों के भारी-भारी पर्दे–सभी कुछ घूमते रहे! गोल-गोल घूमते रहे! लगातार!

इसी कमरे में कितने-कितने दिन मैंने लिखने-पढ़ने में गुज़ारे हैं। अब यह कमरा...यह घर छोड़कर, मुझे चले जाना होगा। मेरा सारा कुछ तो यहाँ पड़ा है! मेरी समूची ज़िंदगी, मेरे सपने–सभी कुछ यहीं से जुड़े हैं! मेरे सारे-सारे सपने इस घर से गुँथे हुए हैं!

मेरी समूची दुनिया ही, मेरी आँखों के सामने घूमती रही! सारा कुछ लट्टू की तरह चक्कर काटता रहा! मेरे न चाहते हुए भी रात उतर आई। रात साँय-साँय गुज़रती रही। लेकिन अभी भी रात उतनी नहीं गहराई थी, जितनी रात को मुझे हवाईअड्डे पहुँचना था! ऐन उसी वक्त विशेष पुलिस फौज के उच्च पदस्थ दो अधिकारी, मुझसे ज़रूरी बात करने के लिए, मेरे फ्लैट में दाखिल हुए। घर में घुसने से पहले, उन दोनों ने अपना परिचय-पत्र दिखाया, क्योंकि विशेष पुलिस फौज के अधिकारियों के बदन पर कोई नीली या खाकी वर्दी नहीं होती। उनमें से एक भारी-भरकम देह का! लाल शर्टधारी! दूसरा, मूँछोंवाला! टाई में!

उन्होंने ऐलान किया कि उनकी और मेरी बातचीत के दौरान, घर के किसी और बंदे की मौजूदगी नहीं चलेगी। बैठकघर के झुटपुटी रोशनी में बैठकर, वे दोनों पहले गैरज़रूरी, इधर-उधर की बातें करते रहे।

उसके बाद, उन्होंने असली बात छेड़ी। उन्होंने बताया कि आज रात डेढ़ बजे से ही वे दोनों नीचे पुलिस की गाड़ी में मौजूद रहेंगे। उनका अगला जुमला था—आज कितनी भयंकर गर्मी पड़ी है!

इसके बाद, नितांत किसी सहज बात की तरह ही उनमें से एक ने दरयाफ़्त किया, "ये दो महीने, आप थीं कहाँ?"

"थी, किसी जगह!"

"कहीं न कहीं तो थीं ही, यह तो हमें भी मालूम है, लेकिन कहाँ थीं?"

मैंने ज़रा दम लेकर कहा, "छिपकर रही थी, यह तो जानते ही हैं।"

दूसरे अधिकारी ने हँसकर अगला जुमला जोड़ा, "समूची पुलिस फौज की नाक में दम कर डाला! पूरा देश छान मारा, आप कहीं नहीं मिलीं। आप छिपी हुई थीं, यह तो सभी जानते हैं, लेकिन कहाँ?"

मेरे चेहरे पर उदास-सी मुस्कान तैर गई।

मूँछ वाले ने कहा, "छिप-छिपकर रहते हुए, आपको डर नहीं लगा?"

"डर क्यों नहीं लगा? ज़िंदा बचकर लौटूँगी, मुझे तो इसकी उम्मीद ही नहीं थी।"

मूँछहीन लाल शर्ट अचानक काँच के दरवाज़ों को हल्के-से धकियाकर बरामदे में जा पहुँची!

उन्होंने वहीं से आवाज़ देकर कहा, "लगता है, उस तरफ लोगों की भीड़ जमा हो रही है?"

उन्होंने हाथ में थामे वायरलेस पर, सड़क पर गश्त लगाती पुलिस को यह पता लगाने की हिदायत दी कि वहाँ भीड़ क्यों है?

बरामदे से लौटकर, वे दुबारा सोफे पर आ बैठे।

उनकी आँखों में परेशानी की छाया!

"आप डरें नहीं! हम सारा इंतज़ाम कर रहे हैं–" उन्होंने मुझे तसल्ली दी।

टाईधारी, मूँछ वाले ने कहा, "हमारा आदमी हवाईअड्डे जाने वाली सड़क पर खड़ा है! कहीं भी संदेहजनक लोगों की भीड़ नहीं जमने दे रहा है! अब चाहे जैसे भी हो, चाहे जैसा भी घेराव हो, हम उसे रोक देंगे।"

मुटल्ले, लाल शर्ट ने कहा, "ठीक ढाई बजे आपकी गाड़ी यहाँ से चल दे! आपकी गाड़ी के ठीक पीछे-पीछे हमारी गाड़ी होगी।"

इन सबकी जानकारी, मुझे पहले से ही थी! मैं तो वहाँ, उनकी ज़रूरी बातें सुनने के लिए बैठी रही।

गोरे, टाईधारी ने पूछा, "ये दो महीने आप ढाका में ही थीं या ढाका से बाहर?"

"ढाका में ही थी।"

"ढाका में ही थी? कमाल है!"

"क्यों? कमाल क्यों?"

"हमारी आँखों में धूल झोंककर, इतने दिनों आप ढाका में ही कैसे छिपी रहीं, मैं यही सोच रहा हूँ।"

मैं फिर मुस्करा उठी! उदास-सी मुस्कान।

मैं सोचती रही...यही लोग मुझे गिरफ़्तार करने के लिए देश भर में खोजते रहे, कोना-कोना छान मारा और यही लोग अब मुझे सुरक्षा दे रहे हैं। ये लोग क्या सचमुच बदल गए हैं? ना! ये लोग बिल्कुल वही हैं, जैसा पहले थे। सिर्फ सरकारी हुक्म बदला है! अभी ये लोग मीठी-मीठी बातें कर रहे हैं, अभी हुक्म आ जाए, तो ये ही लोग बूट की ठोकर भी मार सकते हैं। हुक्म मिले, तो ये ही लोग मुझे गिरफ़्तार करके, काली वैन में उठा ले जाएँगे और जेल में ठूँस देंगे।

मूँछ वाले ने गंभीर मुद्रा में पूछा, "एक ही जगह थीं या कई-कई जगहों पर?"

"कई-कई जगहों पर!"

"किसी के घर में थीं या कहीं और?"

"कहीं और, मतलब?"

"कहीं और का मतलब तो काफी कुछ हो सकता है–दुकान या दफ़्तर या कोई गोदामघर!"

"नहीं, ऐसी किसी जगह में नहीं थी।"

"दूतावास में थीं?"

"ना–"

"दूतावास के ही किसी व्यक्ति के घर?"

"ना–"

"किसी विदेशी के घर में रही होंगी?"

"ना–"

"तो क्या किसी बंगाली के यहाँ?"

"हाँ!"

"किसके यहाँ?"

"किसके यहाँ, मतलब?"

"किसके यहाँ का मतलब, किसके घर?"

उनका यह सवाल सुनकर, मैंने एक लंबी-सी साँस ली!

मूँछहीन ने कहा, "असल में, हम जानते हैं कि आप किसके यहाँ रही थीं। पुलिस को किस बात की ख़बर नहीं होती, बताएँ?"

इस सवाल पर मैं निरुत्तर रही।

मैंने मूँछहीन के मंतव्य के विपरीत सवाल किया, "अगर आप जानते ही हैं, तो पूछ क्यों रहे हैं?"

मूँछ वाले ने जवाब दिया, "हम आपकी जुबान से सुनना चाहते हैं!"

"क्यों सुनना चाहते हैं? इसकी ज़रूरत क्यों पड़ गई?"

"ज़रूरत है!"

दो जोड़ी आँखें, मेरी तरफ अपलक गड़ी रहीं! दो-दो नाक मेरे सकुचाई हालत का गंध लेती रहीं, दो जोड़ी कान, खरगोश के कान की तरह सजग खड़े हो गए। मुझे अहसास होने लगा कि मेरी जुबान सूख रही है।

टाईधारी, मूँछ वाले, गोरे अफसर ने कहा, "आपको जमानत मिलने के बाद से ही, कट्टरवादियों ने हवाईअड्डे का घेराव कर रखा है, यह तो आप जानती होंगी?"

"जानती हूँ!"

"आज आपको अगर हम प्रोटेक्शन न दें। तो आप हवाईअड्डे तक कैसे पहुँच सकेंगी, बताइए? अकेली चली जाएँगी? पुलिस के बिना ही?"

मेरी आँखों के आगे की धुँधली-धुँधली रोशनी, अचानक बुझ गई। मैं मानो घुप्प अँधियारे में बैठी हूँ! ना! किसी के भी नाम का एक भी अक्षर तू अपनी जुबान पर मत लाना—भीतर के मैं ने, बाहर के मैं को आगाह किया।

लाल शर्ट ने इस बार सख़्त-कड़क आवाज़ में दरयाफ़्त किया, "उन लोगों के नाम बताएँ, जहाँ-जहाँ आप थीं।" थोड़ा ठहरकर उन्होंने अगला वाक्य जोड़ा, "अगर नहीं बताएँगी, तो आप ही का नुकसान है। आप क्या यह चाहती हैं कि आपका नुकसान हो?"

अँधेरे के अंदर से एक शांत आवाज़ तैर आई। अपनी वह आवाज़ सुनकर, मैं खुद ही चकरा गई।

"नाऽऽऽ"

मेरी यह स्पर्धा देखकर, फटी-फटी चार आँखों ने एक-दूसरे की तरफ देखा।

अँधेरा परे हटाकर, उस वक्त मैं रोशनी के लिए बेचैन होकर, खिड़की-दरवाजे

खोजने लगी। मेरी आँखें अंधी हो आईं। आँखें खुली हुई थीं, फिर भी जैसे बंद हों, ऐसा ही कोई अहसास मुझसे लिपट गया। मेरा सिर बेतरह चकराने लगा, समूची दुनिया ही जैसे नाच उठी। मूँछहीन और मूँछवाला, लगातार बोले जा रहे थे।

"यानी आप खुद ही अपना नुकसान चाहती हैं? यानी आप हवाईअड्डे जाते हुए, अपनी हिफ़ाजत नहीं चाहतीं? यानी आपने यह सोच लिया है कि आप निहत्थी और निःशस्त्र होने के बावजूद, उन सशस्त्र लोगों के हाथों से बच जाएँगी? चलिए, हम आपको थोड़ा-सा वक्त देते हैं। आप अच्छी तरह सोच लें कि जब आप हवाईअड्डे पहुँचेंगी और मुल्ले आपको धर दबोचेंगे, तो आपका क्या हाल होगा?"

लाल शर्ट की आँखों में, एक जोड़ी पथराई आँखें गड़ाकर मैंने कहा, "फर्ज़ कीजिए, आपके कठिन मुसीबत के दिनों कुछ लोग अपनी जान जोखिम में डालकर, आपको पनाह देते हैं, जिन लोगों ने आपको मौत के हाथों से बचाने में अपनी जान लड़ा दी, आप क्या उन्हें ही मुसीबत में डाल देते? मेरी जगह अगर आप होते या मेरे जैसी आपकी हालत होती, तो आप क्या उनमें से किसी का भी नाम, अपनी जुबान पर लाते?"

लाल शर्ट के होठों पर कुटिल हँसी!

टाईधारी शख्स के बदन में हल्की-सी हरकत हुई।

इस बार उन्होंने गंभीर आवाज़ में कहा, "आपकी ज़िंदगी अभी भी विपदमुक्त है, आप यह सोच रही हैं?"

लाल शर्ट के होठों से भी कुटिल हँसी गायब हो गई।

"अभी भी आप देश में ही हैं।" उसने कड़ककर कहा।

"मैं यह जानती हूँ! लेकिन, मैं किसी का भी नाम नहीं लूँगी।"

"नाम नहीं बताएँगी, तो आपको हवाईअड्डे अकेले ही जाना होगा—पुलिस आपके साथ नहीं जाएगी।"

इस जुमले के बाद, हम तीनों ही प्राणी, मानो किसी अतल निःशब्दता में डूबे बैठे रहे। थोड़ी देर बाद, उसी निःशब्दता से उबरकर, मुझे एक गिलास पानी की तलब जगी। मैंने गौर किया, गिलास थामे हुए मेरे हाथ काँप रहे हैं। अंदर के कमरे में अब्बू बैठे हुए थे। पुलिस से मेरी क्या बातें हो रही हैं, यह जानने के लिए, उनकी आँखों में उत्सुकता नाच रही थी। मैंने इशारे में उन्हें और उनकी नाचती आँखों को शांत रहने को कहा।

लाल शर्ट की आँखें भी उन पर जा टिकीं।

अब अब्बू से अलग कमरे में बैठा नहीं गया।

वे उठकर इस कमरे में आए और टूटी-टूटी आवाज़ में पूछा, "आप लोग चाय तो पीएँगे न?"

वे लोग चाय पीएँगे या नहीं, यह जाने बिना ही, उन्होंने मीनू को आवाज़ देकर

इस कमरे में चाय दे जाने को कहा। मीनू के चाय लेकर आने तक, हम तीनों प्राणी, दुबारा उसी निःशब्दता में तैरते रहे।

चाय की घूँट भरते हुए टाईधारी ने ही पहले जुबान खोली, "यानी आप नाम नहीं बताएँगी? चंद नामों के लिए, आप अपना इतना बड़ा नुकसान करेंगी?"

"सिर्फ नाम की ही बात होती, तो कोई बात नहीं थी। लेकिन इन नामों के पीछे इंसान भी हैं–"

"इससे आपको क्या फर्क़ पड़ता है? आप तो अपना स्वार्थ देखेंगी। जिस शर्त में आपका भला हो, आप उस बारे में सोचिए।"

"आप लोगों को नामों से लेना-देना है?"

"बस, ऐसे ही, जानना चाहते हैं! जस्ट, उत्सुकतावश! हम उन लोगों का कोई नुकसान तो नहीं करेंगे! नुकसान पहुँचाने का सवाल ही नहीं उठता।"

"फिर आप क्यों जानना चाहते हैं?"

"कहा न, कौतूहल! सिर्फ कौतूहलवश!"

"आप दोनों ने तो कहा कि आप उन लोगों के नाम जानते हैं?"

"हाँ, कई नाम हम जानते हैं। बाकी नाम आप बता दें, तो बेहतर है।"

"न्ना! मैं नहीं बताऊँगी।"

"देखिए, हम वादा करते हैं कि उन लोगों को कोई नुकसान नहीं पहुँचेगा। बस, सिर्फ हम दोनों को ही पता होगा, और किसी को भी नहीं।"

"मेरे लिए किसी का नाम लेना, संभव नहीं है।"

"आपका नुकसान हो जाए, तो भी नहीं?"

मैंने चाय की घूँट भरी और साफ़-साफ़ जताया, "नाऽऽ–!"

"आप यह बात सोचकर कह रही हैं?"

"सोचकर ही कह रही हूँ–"

यह जवाब देकर, अचानक मैंने गौर किया, चाय की प्याली थामे हुए मेरे हाथ, अब काँप नहीं रहे थे।

उन दोनों ने अपनी चाय, अभी ख़त्म नहीं की थी। चाय की दो-तीन घूँट भरकर, वे दोनों उठ खड़े हुए। मैं बैठी रही! यानी पुलिस क्या मुझे हवाईअड्डे तक नहीं पहुँचाएगी? अच्छा, क्या ऐसा नहीं हो सकता, कि मैं जाऊँ ही नहीं? कह दूँगी, पुलिस नहीं आई, इसलिए मैं नहीं गई। मैं क्या ऐसा कोई चकमा इस वक्त नहीं दे सकती? ज़रूर दे सकती हूँ। मुझे जमानत अगर इसी शर्त पर मिली है कि मुझे देश छोड़ देना होगा, तो भी क्या? अब अगर मैं मुकर जाऊँ, कह दूँ कि मैं देश छोड़कर नहीं जाऊँगी, तो क्या ये लोग, क्या जमानत वापस ले लेंगे? क ने बताया था कि सरकार मेरे साथ जो चाहे कर सकती है, जेल में भी भेज सकती है! अगर मैं देश में रही, तो कट्टरवादियों का आंदोलन इतना तेज़ हो उठेगा कि तब मुझे कोई भी नहीं बचा

सकेगा। न इस देश में, न और किसी देश में! कम से कम आंदोलन की तेज़ी कम करने के लिए और इस देश के भले के लिए ही, फिलहाल मुझे किसी और देश के सफ़र पर निकल जाना होगा। उसके बाद तो, घर की बेटी, अपने घर लौट ही आएगी।

मेरा सिर फटता रहा। अब मुझे कुछ भी नहीं सूझ रहा था। देह में इतनी भी ताकत नहीं रही कि मैं उठकर खड़ी हो सकूँ। सरकार अगर फैसला कर चुकी है कि वह मुझे यहाँ से खदेड़ ही देगी और जहाँ तक मुझे मालूम है, सरकार यह फैसला ले चुकी है, तो आज रात पुलिस-सुरक्षा मुझे मिलेगी ही मिलेगी! मुझे हवाईअड्डे तक ज़रूर पहुँचाएगी। अगर ऐसा नहीं भी हुआ, तो मैं पुलिस के बिना ही हवाईअड्डे चली जाऊँगी। अब जो होना है, होता रहे।

अंदर के कमरे से अम्मी की रुलाई तैरती हुई, इस कमरे तक आती रही। रुलाई की आवाज़ थामे-थामे मैं अम्मी के पास चली आई। अम्मी दीवार से सिर ठोंकती हुई, पछाड़ें खा-खाकर रो रही थीं।

मैंने दबी-दबी आवाज़ में कहा, "रोने से कोई फ़ायदा होगा? ज़िंदा रहना है, तो मुझे तो जाना ही होगा।"

अम्मी ने मुझे लिपटा लिया और फफक-फफककर रोती हुई कहती रहीं, "तोका हम लुकाए रखि हो। कोऊ को पता नहीं चलेगा! तुम मत जाओ, बिट्टी! ऊपर अल्लाह है न! कोऊ तुमरा कुछ बिगाड़ नहीं पावेगा! सब ठीक हुइ जइ है। तुम बस, इत्ता बोल दीजो कि अब हम धरम के खिलाफ कछु ना लिखूँगी! अउरत पर जोर-जुलुम के खिलाफ, अउरत की आजादी के खिलाफ, तुम जइसे लिखत रहीं, लिखती रहियो। बस, धरम के खिलाफ मत लिखियो, बिट्टी, तब तो ठीक है न?"

अब्बू ने कहा, "यह सब कहने से भी, कुछ नहीं होगा। वे लोग नहीं मानेंगे। उसने तो कहा ही, कि उसने कुरान की बात नहीं कही, फिर भी वे लोग कहाँ माने? कहाँ रुके?"

अम्मी ने कहा, "तब ऊ माफी माँग ले। जो वो लिखी है, कह देवेगी कि हमका माफ कर दो। तब तो कउनो जलूस-टलूस नाहीं निकलेगा।"

"यह नहीं होने का! मैं मर जाऊँगी, मगर माफी नहीं माँगूँगी।" मैंने कहा।

"काहे नाहीं माँगोगी माफी? मानस अगर कोई भूल करत है, तो माफी नाहीं माँगत है?"

"मैंने कोई भूल नहीं की।"

"ठे इत्तना अहंकार अच्छी बात ना है, नसरीन! तुम बस, माफी माँग लो, तब देखियो, कउनो मानस तुमका तंग नाही करेगा—" अम्मी ने मेरा बदन सहलाते हुए कहा।

मैं अम्मी के सामने से हट आई।

वह भी उठकर, मेरे पीछे लगी-लगी, मुझे समझाती रहीं, "चलो, हम ही अखबारवालन को बुलइ हौं। अपनी बिटिया की तरफ से, हम ही माफी माँग लेबों। वो ही लोग में, कोऊ बोला रहा, माफी माँग लो, ऊ लोग माफ कर देवेंगे।"

"नहीं, अम्मी! तुम यह सब मत करना। मुझे जाना ही होगा। दूसरा कोई उपाय नहीं है—" मैंने सख्त आवाज़ में उन्हें बरज दिया।

यास्मीन सूटकेस में कपड़े-लत्ते ठूँस-ठूँसकर भर रही थी।

अम्मी ने उसके हाथ से मेरे कपड़े छीनते हुए पूछा, "इत्ता सारा कपड़ा काहे दे रही है? ऊ कित्तने दिन को जाए रही है?"

अब्बू दीवार का सहारा लिए खड़े थे।

उन्होंने ही कहा, "करीब दो महीने तो उसे बाहर-बाहर रहना ही होगा।"

छोटकू लंबी तानकर लेटे हुए थे।

"अब वह ज़िंदगी में कभी वापस लौटती है या नहीं, देखते रहिये!" छोटकू ने कहा!

"ई सब का बोल रहा है कमाल?" अम्मी फिर ज़ोर-ज़ोर से रो पड़ीं।

मैंने अम्मी को सँभालते हुए, दबी आवाज़ में उन्हें मीठी-सी झिड़की लगाई, "धत्त्!' बुद्धू की तरह रोए क्यों जा रही हैं?"

"मोरी नसरीन ने ई घर खरीदा, गाड़ी लिया, अभी-अभी घर सजाई, वो ही घर अब ओका छोड़ जावे पड़ी? घर सजावत रही, का छोड़ जावे के लिए?"

"अम्मी, तुम समझती क्यों नहीं? मैं क्या ज़िंदगी भर के लिए जा रही हूँ? कुछ ही दिनों में, मैं लौट आऊँगी।"

"कमाल जो कहिस कि ऊ लोगन अब तोका आवे ना दीहें! ई सब का कह रहा था कमाल?"

"छोटकू को क्या पता? छोटकू क्या मुझसे ज्यादा जानता है? वह जो कहता है, अंदाज़ से कह देता है! नॉर्वे और स्वीडन में, मेरा कार्यक्रम है। इसीलिए विदेशों की सरकार ने, विदेश जाने में मेरी मदद की है। चूँकि देश का माहौल बिगड़ा हुआ है, इसलिए उन लोगों ने मेरी मदद की है। तुम देख नहीं रहीं कि यहाँ क्या-क्या तमाशे हो रहे हैं? अभी तो वे लोग अगर मुझे घर पाएँ, तो मेरे टुकड़े-टुकड़े कर देंगे। विदेश के कार्यक्रम ख़त्म होते ही, लौटना तो मुझे पड़ेगा ही।"

अम्मी उसी तरह फूट-फूटकर रोती रहीं, "अरे, तब का इ खालदा जिया, तोका लउटे देगी?"

"लौटने क्यों नहीं देगी, क्या यह मेरा देश नहीं है?"

"तब कमाल ई बात काहे बोलिस कि तोका आवे नाहीं देंगे?"

"वह तो ऐसे ही कह दिया..."

"ऐसे भी, काहे बोला? कमाल ई सब बात ऐसे ही काहे बोलेगा? ऊ काहे

बोला कि अब जिंदगी में तोका कबहूँ आवे ना दइहैं?''

''अजीब बात है! यह सब तुम क्या बुद्धुओं की तरह आँय-बाँय सोच रही हो? ऐसा क्यों कर रही हो? सच्ची, तुम जैसी बुद्धू अम्मी, मैंने नहीं देखी। खालिदा जिया तो मुझे देश से बाहर, जाने ही नहीं देना चाहतीं! तुमने देखा नहीं, उन्होंने मेरा पासपोर्ट तक छीन लिया था? देखा नहीं, उन्होंने देश के तमाम रास्ते बंद कर दिए थे, ताकि मैं देश से बाहर न जा सकूँ। सरकार तो कभी भी नहीं चाहती कि मैं देश से बाहर जाऊँ। अब, जब बाहर के देशों ने कहा, तब जाकर वह राजी हुईं।''

''तब, तुम कब आवोगी?''

''कार्यक्रम खत्म होते ही, मैं आ जाऊँगी। इस बीच यहाँ की परिस्थिति भी शांत हो जाएगी। ये मुल्ले आखिर कितने दिन चीख-चिल्लाहट मचाएँगे? अब तो सरकार भी समझ गई है कि इन मुल्लों के उकसाने में आई, तो खुद ही मुसीबत में फँस जाएगी। अब वह, उन लोगों के उकसावे में नहीं आएगी।''

अम्मी कुछेक पलों के लिए शांत हो गईं।

लेकिन छोटकू ने जब दुबारा बोलना शुरू किया कि–''वे लोग मुझे यहाँ घुसने भी नहीं देंगे, क्योंकि तेरे आते ही, मुल्ले तेरी फाँसी की माँग दुबारा उठायेंगे, सरकार गिराने के लिए आन्दोलन करेंगे–'' यह सुनते ही अम्मी दुबारा छाती फाड़कर रो पड़ीं।

फर्श पर पैर पसारकर बैठे हुए भाईजान ने कहा, ''नसरीन को देश-निकाला देने के अलावा, खालिदा जिया के पास भी और कोई उपाय नहीं था। मुल्लाओं को ज़रा कइने के बाद उन पर काबू पाने के बाद, सरकार ही नसरीन को लौटा लाएगी।''

छोटकू एकदम से उठ बैठा, ''हाँ, हाँ, तुमसे कहा है न कि उसे लौटा लाएँगे? अरे, अपने सर से आफत टाल सके, तो खालिदा की जान बचे! अगले चुनाव में अवामी लीग अगर जीत गई, तो उसके गद्दीनशीन होने की एकाध गुंजाइश तो बच रहती है।''

''अरे, मोरी मइया, हमरी बिटिया को तू लोगन कहाँ पठाय रहे हो? मोरी बिटिया कहँवा रहेगी? कउने दुआरे सरण लेवेगी? केका पास रहेगी? का खावेगी? करसे जिंदा रहेगी?–'' अम्मी ज़ार-ज़ार रोती रहीं।

लेकिन अम्मी की तरफ किसी ने मुड़कर भी नहीं देखा।

''सुनौ, बिट्टी, ई लोगन, साजिस करके, तुमका हटाय रहे हैं। तुम मत जाओ! अपनी बिट्टी को हम कहूँ नाहीं जावे देबों। चलो, सूटकेस से कपड़ा निकालो।''

छोटकू ने उन्हें ज़ोर से डपट दिया, ''क्या पागलपन कर रही हो, अम्मी? चलें, अब चुप हो जाएँ।''

अब्बू ने फुसफुसाकर मुझसे पूछा, ''पुलिस क्या कहने आई थी?''

''पूछने आई थी कि मैं किस-किस के यहाँ रही थी।''

"तुमने बता दिया?"

"ना–"

"अच्छा किया।"

मैंने छोटकू को आगाह किया कि पुलिस चाहे कितना भी दबाव डाले, वे हरगिज क़बूल न करें कि मैं झ के यहाँ थी। घरवाले सिर्फ झ के बारे में ही जानते थे कि मैं सिर्फ वहीं रही थी! मैंने घरवालों को भी बाकी कोई नाम या पता नहीं बताया था।

सूटकेस पर नज़र पड़ते ही, मैंने उसमें से कुछ कपड़े निकालकर, वापस अलमारी में रखते हुए कहा, "इत्तने-इत्तने कपड़े क्यों रख रही हो? लगता है मैं जैसे छः महीने के लिए जा रही हूँ। यह सब यहाँ, जिस तरह सजे हुए हैं, उसी तरह सजे रहने दे।"

छोटकू के होठों पर अजीब-सी हँसी!

भाईजान के पीले पड़े चेहरे पर कहीं, कोई हँसी नहीं थी। वे कुर्सी पर बैठे-बैठे पैर हिलाए जा रहे थे। पैर तेज़ी से हिलते हुए! उनके सामने पिछले दो महीनों में देश के उन विभिन्न अखबारों की कटिंग, जिसमें छपी ख़बरें मुझसे जुड़ी हुई थीं! कटिंग भी कई-कई जिस्ते कागजों में! इसके अलावा विदेशों से आए हुए ख़त और फैक्स!

"यह सब भी लेती जा, नसरीन!"

"ना–"

"ये सब काम आ सकते हैं। ज़रूरत पड़ सकती है इनकी!"

"ना–"

मैं बिस्तर पर लेटी रही! मेरी बगल में अब्बू लेटे हुए! बिस्तर की छोरों पर छोटकू और भाईजान! यास्मीन और मिलन भी वहीं मौजूद थे! अम्मी मेरे पैरों के पास बैठी-बैठी आँसू बहाती हुई!

मुझे जो-जो पसंद था, अम्मी दिन भर आँसू बहाते-बहाते, वह सब पका-पकाकर मुझे खुद अपने हाथों से निवाले बना-बनाकर खिलाती रहीं। खाने का मेरा बिल्कुल मन नहीं था, फिर भी वे जबर्दस्ती मेरे मुँह में ठूँसती रहीं। रात गहराती गई। मैं बार-बार चाय की घूँट भरती रही। अम्मी फिर मेरे लिए कुछ खाने को ले आईं!

"धत्तेरे की!" मैंने अम्मी का हाथ ज़ोर से झटक दिया। ऐसे वक्त भला किसका खाने का मन होता है? मेरी निगाह बार-बार घड़ी की तरफ जाती रही। घड़ी का काँटा जैसे-जैसे आगे बढ़ रहा था, उतना ही मेरा अंग-अंग शिथिल होता जा रहा था।

रात को करीब डेढ़ बजे, शांतिनगर के मोड़ पर पुलिस की दो गाड़ियाँ आ पहुँचीं।

छोटकू ने उन गाड़ियों को देखते ही कहा, ''ये सब पुलिस की गाड़ियाँ हैं।''

मुझे अपना तन-बदन और चेहरा कुछ इस ढंग से ढँकना होगा कि मुझे कोई पहचान न सके। अब समूचा चेहरा, सिर दुपट्टे में छिपा लेने की बारी थी। सिर्फ आँखें ही नज़र आती रहेंगी। आँखों पर भी काला चश्मा! यास्मीन ने मेरी भौंहें भी ऐसी बना दीं कि किसी को भी शक़ नहीं हो सकता था कि ये मेरी भौंहें हैं। आईने के सामने मुझे इसी ढंग से सजना-सँवरना पड़ा। उसके बाद, गौर से अपने को हर ओने-कोने से निहारकर, यह तय करना पड़ा कि अपनी सूरत-शक्ल से, मैं नज़र आती हूँ या नहीं। जब यह तय हो गया कि अब मैं, मैं नज़र नहीं आ रही हूँ, तो मुझे आईने के सामने से हट आना पड़ा। वहाँ से हटकर, मुझे दरवाज़े की तरफ बढ़ना पड़ा, क्योंकि छोटकू, भाईजान और मिलन तैयार हो चुके थे! वक्त हो आया था। अम्मी से यह नज़ारा देखा नहीं गया। वे फर्श पर लोट-पोटकर रोती रहीं! अम्मी की साड़ी बदन से ढलक गई थी! सिर फटकर धार-धार खून बह रहा था। कहीं आस-पास के लोग जाग न जाएँ, इस डर से अब्बू ने, अम्मी को डाँटकर चुप करने की कोशिश की।

अम्मी को चुप कराने की मजाल किसी में भी नहीं थी।

अम्मी रो-रोकर कहती रहीं, ''तू लोगन साजिस करके, मेरी बिटिया को देस से निकाल बाहर कर रहे हो। तुम लोगन मोरी बिटिया, मोका लउटा दो। हम अपनी बिट्टी को नाहीं जावे दूँगी। कतहूँ नाहीं जावे दूँगी।''

अब्बू, भाईजान और छोटकू के खिलाफ इल्ज़ाम लगाना, जब ख़त्म हो गया, तो वे अल्लाह के पीछे पड़ गईं।

''अल्लाह मियाँ, ई तुमने का किया, अल्लाह? तुमरे चरण पकड़कर, हम कित्तना-कित्तना रोई। कित्तनी विनती की कि मोरी बिटिया को कउनो विपदा में मत धकेलना! मोरी बिट्टी को कहाँ भेज रहे हो, अल्लाह! इतनी तकलीफ ऊ बरदास नाहीं कर पावेगी! तकलीफ अगर देना ही चाहत हो, तो मोका दो! मोरी बिट्टी को कष्ट ना दो, अल्लाह! मोरी बिटिया को हमरे पास रहने दो, अल्लाह! ओका, मोसे मत छीनो! हमसे दूर मत पठाओ, खुदा!''

अम्मी को फर्श पर से उठाकर, मैंने उन्हें अपनी टिकट दिखाई, ''यह देखो, अम्मी, इस टिकट पर मेरी वापसी की तारीख लिखी हुई है। आज से ठीक एक महीने के बाद मेरे लौटने की तारीख लिखी हुई है। देखो, देखो, यहाँ... इस जगह आठ सितंबर लिखा हुआ है न? देख लिया न? देश लौटने की टिकट मेरे हाथ में है। तुम रोओ मत।''

इसके बावजूद, अम्मी ने अपने आँसू नहीं पोंछे। फिर भी अम्मी रोती रहीं। यह बात मैं भी जानती थी, अम्मी भी जानती थीं कि मैं जाने को लाचार हूँ! मुझे जाना पड़ रहा है। इस देश में रहने का कोई उपाय नहीं है, इसलिए मुझे किसी और देश जाना पड़ रहा है। मुझे तो यही पता था कि देश का माहौल ज़रा सुधरते ही,

कट्टरवादियों का आंदोलन ज़रा धीमा पड़ते ही, मैं अपने देश लौट आऊँगी। लेकिन मुझे यह पता नहीं था कि कट्टरवादियों का विरोध धीमा पड़ने के बावजूद, देश के माहौल में थोड़ा-बहुत नहीं, काफी सुधार आने के बावजूद, मेरा दुबारा लौटना नहीं होगा, क्योंकि मुझे लौटने नहीं दिया जाएगा। हाँ, मुझे मालूम नहीं था कि यह जाना, मेरा आखिरी जाना है! मुझे कभी, किसी दिन भी अपने देश नहीं लौटने दिया जाएगा! सरकारें बदलती रहेंगी, मगर कोई भी सरकार मुझे अपने देश लौटने की इजाजत नहीं देगी। मुझे अपने देश में कदम भी नहीं रखने देगी। मुझे अपने नागरिक अधिकार से वंचित कर दिया जाएगा। हर किसी को इस ख़बर की जानकारी होगी, मगर कभी, कोई, किसी दिन भी इतनी बड़ी नाइंसाफी के खिलाफ़ चूँ तक नहीं करेगा। कोई लेखक अपने लेखन के जुर्म में अपनी अभिव्यक्ति के अपराध में चरम निर्वासन का दंड झेलता रहे और समूचा देश महज टुकुर-टुकुर देखता रहे, कोई एतराज नहीं उठाएगा? मैं तो मन में यह सपना लिए जा रही हूँ कि देश के बोध-बुद्धिसंपन्न लोग, यह बात हरगिज नहीं मानेंगे कि किसी लेखक को अपने लेखन के जुर्म में निर्वासित होना होगा। वे लोग इसके खिलाफ जरूर आंदोलन करेंगे, मुझे देश में लौटा लाने के लिए सरकार से माँग करेंगे और मैं पूरे सम्मान के साथ अपने देश वापस लौट आऊँगी। जिस तरह अपना चेहरा ढँककर, सिर झुकाकर, चरम असम्मान के साथ, अपना नाम-परिचय छिपाकर देश से निकलना पड़ रहा है, मैं उस तरह नहीं लौटूँगी। अब मैं जब लौटूँगी, तो सिर ऊँचा करके, अपने नाम-परिचय के साथ! मैं लौटूँगी, लेखिका के तौर पर लौटूँगी। लेखक के अधिकार के साथ लौटूँगी। उस वक्त मेरी चारों तरफ वाक्-स्वाधीनता की जय-जयकार गूँज रही होगी। मैं लौटूँगी, ज़रूर लौटूँगी। लेकिन मैं नहीं जानती थी कि मेरे सपने लोगों के पैरों तले कुचल दिए जाएँगे। कोई भूल से भी कभी, मेरे स्वदेश लौट आने का जिक्र नहीं छेड़ेगा। मैं नहीं जानती थी कि मेरे देश के लोग, इतनी जल्दी मुझे भूल जाएँगे। अब कहीं, कोई मेरा जिक्र नहीं छेड़ेगा। हाँ, मैं बिल्कुल नहीं जानती थी कि मेरे ही देश से मुझे खदेड़ देने की घटना, लोग इतनी आसानी से भूल जाएँगे। मैं भी कहीं ज़रूरी हूँ, इस बात का अहसास, कभी, किसी को नहीं होगा, इसका मुझे अंदाज़ा नहीं था। मेरी ज़रूरत, सिर्फ एक ही को होगी, वह हैं, मेरी अम्मी! सिर्फ उन्हें ही मेरी कमी खलेगी और वे मनाया करेंगी कि घर की बेटी, घर लौट आए! सिर्फ वे ही मेरा इंतज़ार करेंगी। हर रोज इस उम्मीद में वे आसमान निहारा करेंगी कि जाने किस उड़नजहाज से मैं स्वदेश लौट आऊँगी। सिर्फ वे ही मेरी फ़िक्र में परेशान रहा करेंगी। सिर्फ वे ही मेरा वहाँ 'न होना' बर्दाश्त नहीं कर पाएँगी। वे ही बस, अकेली-अकेली रोया करेंगी। कोई दूसरा व्यक्ति उनकी रुलाई की तरफ पलटकर भी नहीं देखेगा।

अब्बू को कह दिया गया था कि उन्हें हवाईअड्डे तक जाने की कोई ज़रूरत नहीं

है। लेकिन वे ही पैंट-शर्ट पहनकर, सबसे पहले तैयार हो गए और मुझे पहुँचाने के लिए दरवाजे पर खड़े थे। अब्बू बिल्कुल असहाय बच्चे जैसे लग रहे थे। वे सबकी तरफ बेहद करुण आँखों से निहारते रहे, मानो वे लोग उन्हें भी अपने साथ ले चलें।

छोटकू अब्बू का हाथ पकड़कर, उन्हें सोने के कमरे तक ले गए और उनसे कहा, "आपको जाने की कोई ज़रूरत नहीं है।"

लेकिन अब्बू भी नाछोड़बंदा! उनकी भी ज़िद थी कि वे साथ जाएँगे ही जाएँगे।

"अब्बू चलेंगे–" मैंने फैसला सुना दिया।

"नहीं, कोई ज़रूरत नहीं! जाने की क्या ज़रूरत है भला?"

"तब तो किसी को भी जाने की कोई ज़रूरत नहीं है।" मैंने भी तमककर कहा।

"गाड़ी में जगह नहीं होगी।"

"होगी!"

दरवाजे तक जाते ही, अम्मी ने अपनी भरपूर ताकत से मुझे लिपटा लिया और मुझे रोकने की कोशिश की। मुझे अपनी बाँहों में लेकर वे सख्ती से मुझे अपनी छाती में दुबकाए रहीं। छोटकू और भाईजान ने उनकी कसी हुई बाँहों से मुझे खींचकर बमुश्किल अलग किया। अब्बू का हाथ पकड़कर, मैं दरवाजे से बाहर निकल आई। दरवाजे के बाहर, पहरे पर तैनात पुलिस भी ठीक-ठीक अंदाज़ा नहीं लगा पाई कि इतनी रात गए, घर के इतने सारे लोग आखिर कहाँ जा रहे हैं।

मिलन ने पुलिस से कहा, "मेरी खाला आज चिटागाँग जा रही हैं, हम उन्हें पहुँचाने जा रहे हैं।"

पहरे पर तैनात पुलिस भी मानो यह न जान पाए कि मैं बाहर निकल रही हूँ, क्योंकि इनमें भी कोई कट्टरवादी हो सकता है। मुमकिन है, इनमें से ही कोई ख़बर कर दे कि मैं हवाईअड्डे की तरफ जा रही हूँ। सरकार के उच्च पदस्थ लोगों को मेरे जाने की जानकारी है, मगर निम्न पदों के अधिकारियों को कूटनीति की पूरी-पूरी जानकारी नहीं है। सभी लोग बेहद सतर्क मुद्रा में, इधर-उधर नज़रें दौड़ाते हुए, उतरकर, नीचे गैरेज तक आ पहुँचे। ड्राइवर की सीट पर छोटकू! छोटकू की बगल में मिलन! पीछे भाईजान और अब्बू के बीच में मैं! सफेद गाड़ी। ईस्टर्न प्वाइंट के गेट से बाहर निकल आई। सुनसान सड़क! शांतिनगर के मोड़ तक पहुँचते ही, हमारी गाड़ी के आगे एक गाड़ी और पीछे एक गाड़ी आ जुड़ी। पुलिस की गाड़ियाँ! पीछे मुड़कर छूटते हुए अपने घर की तरफ मुझसे देखा नहीं गया। बरामदे की रेलिंग पकड़कर, मेरी अम्मी खड़ी थीं, मुझे अहसास होता रहा। अम्मी की रुलाई की आवाज़, हवाईअड्डे तक मेरे साथ-साथ गई।

हवाईअड्डे पर उतरते ही मैंने देखा कि मूँछवाला और मूँछहीन, दोनों पुलिस अफसर मेरे अगल-बगल हो लिए। सफेद पोशाक में झुंड भर पुलिस, हवाईअड्डे के

अंदर दाखिल हो गई। मैं बीच में थी! मुझे आड़ में रखा गया था। चलते-चलते, अचानक मैंने देखा, अब्बू, भाईजान, छोटकू और मिलन पीछे फँसे हुए हैं! मैं ठिठक गई। मैंने पीछे मुड़कर देखा, वे लोग इतनी दूर छूट गए थे कि मेरी पहुँच के बाहर थे।

लेकिन मेरे रुक जाने से भला कैसे चलता? पुलिस की धक्का-मुक्की में, मुझे आगे बढ़ना ही पड़ा! दूरी बढ़ती गई। मेरे सीने में हाहाकार मचा हुआ था! दोनों पुलिस अफसर, सीधे मुझे विमान तक ले आए। अचानक मेरी नज़र पड़ी, मेरी सीट से दो सीट पीछे ङ बैठी हुई थीं। पल भर के लिए मेरी आँखें मिलीं।

मेरी निगाह खिड़की पर जा टिकी!

बाहर ज़रा-ज़रा उजाला फूटने लगा था।

रन-वे पार करके, जब मेरा जहाज आकाश पर चढ़ने लगा, मैं खिड़की पर निगाहें जमाए, अपने देश को निहारती रही! मेरा क्षुद्र-दरिद्र देश! अभाव और अ-सुख में डूबा मेरा देश! बारह करोड़ लोगों से अंटा, भीड़संकुल देश! दुर्भिक्ष-सूखे-सैलाब का शिकार मेरा देश! मेरी जन्मभूमि, मेरे शैशव, किशोर, तरुणाई का देश!

जैसे-जैसे मैं ऊपर चढ़ती गई, मेरा देश धूसर पड़ता गया। मेरा देश बूँद-बूँद करके अदृश्य होता गया। मेरी नज़रों से अदृश्य होते गए, हवाईअड्डे पर खड़े, मेरे अब्बू, शांतिनगर के घर के बरामदे में खड़ी, आसमान की तरफ नज़रें गड़ाए, मेरी अम्मी! अदृश्य होते गए, मेरे सभी स्वजन, सभी संगी-साथी! मेरी नज़रों से ओझल होती गई, जन्म-जन्म की जानी-पहचानी मेरी प्रकृति, घर-द्वार, आँगन, पोखर! ओझल होती गई नदी! पेड़-पौधे! खेत-मैदान, सड़क! वन-जंगल! लहलहाते फसलों वाले खेत! अचानक बादलों का एक रेला आया और उसने सारा कुछ ढँक लिया। बादलों का यह रेला, शायद ज़रा दूर खिसक जाए, इस उम्मीद में, मैं टकटकी बाँधे आसमान की तरफ देखती रही—'हट जाओ, मेघ, ज़रा, हट-बढ़ जाओ, ज़रा परे खिसक जाओ, मुझे ज़रा देर और देख लेने दो—' फिर भी बादलों ने हटने का नाम नहीं लिया। निष्ठुर विमान, बादलों को और अंदर तक चीरते हुए, बादलों के पार जा पहुँचा! अचानक ही अदृश्य हो गया, मेरा देश! मेरा बेहद प्रिय देश!

अपनी एक लंबी उसाँस की आवाज पर मैं खुद ही चौंक उठी!

यह उसाँस क्या निश्चिन्तता की उसाँस है? राहत की उसाँस? ज़िंदगी दुबारा पा लेने की उसाँस?

या दर्द की? अनिश्चयता? ज़िंदगी गुम हो जाने की उसाँस?

❑❑❑

सुशील गुप्ता

अनुवादिका

आज़ाद देश में, हर इन्सान आज़ाद है, मोहताजी झेलने के लिए, अभावों में दम तोड़ने के लिए, धर्म के नाम पर बलि होने के लिए और आज़ादी के कटघरे में, तथाकथित राजनैतिक, सामाजिक और धार्मिक फैसलों पर, बिना कोई आवाज़ उठाये, हार जाने के लिए। हां, जनतांत्रिक देश में, औरत को उसके तमाम हक़ देने का नारा लगाते हुए लोग ही, उसका 'कंठरोध' कर देते हैं। जो अधिकार, खैरात में वे खुद दे दें, वह उनकी मेहरबानी, जो न दें, उसकी मांग करती हुई औरत खुराफाती है। उसे समाज से, यहां तक कि देश से बहिष्कृत और निर्वासित कर दिया जाता है। 'द्विखंडित' तसलीमा की आत्मकथा के तीसरे खंड के कुछ अंशों पर, न सिर्फ बांग्लादेश, बल्कि गणतंत्र देश भारत के, एक प्रान्त, पश्चिम बंगाल की प्रगतिशील और कम्युनिस्ट सरकार द्वारा पाबन्दी लगा दी गयी है। वाक्-स्वाधीनता पर पाबन्दी के लेखक और पाठक बिरादरी में घुटन और बौखलाहट भर दी है। तसलीमा ने सही कहा है—'आज मेरी कलम पर पाबन्दी लगायी गयी है, अगर हमने आवाज़ नहीं उठायी, तो कल आपकी बारी है, बहिष्कृत और निर्वासित होने के लिए।' औरत-मर्द के समान अधिकार की मांग, अपना हक मांगनेवाली, शोषण के खिलाफ बग़ावत करनेवाली औरत, हमेशा बहिष्कृत और निर्वासित होती रहेगी?यह सवाल अगर पाठकों को झकझोरे, जागरूक करे, कलम पर पाबन्दी तोड़ने की लड़ाई में शामिल करे, तो तसलीमा की 'द्विखंडित' आत्मकथा, इन्सानियत की कसौटी पर सफल और सार्थक होगी।

'वे अंधेरे दिन' उसके उन भीषण दहशतभरे दिनों की कहानी है, जिस अग्निपरीक्षा में तपकर, वह कुंदन बनकर निकली है। दुनिया की खुदगर्जी, मक्कारी और निर्ममता के भीषण कड़वाहट से भरी मैं! उनकी आत्मकथा का अनुवाद करते-करते मैंने जाना है—भयंकर साम्प्रदायिकता, जातिवाद, अपनों के बारे में मोहभंग के खिलाफ, इन्सान को हमेशा नाजुक-सुकुमार फूल बनकर महकना चाहिये। अनुवाद के इस सफ़र में मुझे एक 'दोस्त', तसलीमा नसीब हुई है और यही मेरे जीने-जूझने के लिए काफी है।

अब तक लगभग 65 बंगला उपन्यासों का अनुवाद! 3 निजी काव्य-संग्रह! कई-कई पुरस्कार और पाठकों का अमित प्यार, यही मेरी पूंजी है।

तसलीमा नसरीन

तसलीमा का जन्म 25 अगस्त, 1962 को बांग्लादेश के मयमनसिंह कस्बे में हुआ। मयमनसिंह मेडिकल कॉलेज से एम.बी.बी.एस. की डिग्री पाई। 1986 से 1993 तक सरकारी अस्पतालों में नौकरी की। नौकरी करनी है तो लिखना छोड़ना होगा– इस सरकारी निर्देश पर, उन्होंने नौकरी से इस्तीफा दे दिया। स्कूल जीवन से ही लेखन की शुरुआत! कई सालों तक कविता-पत्रिकाओं का सम्पादन! सन् 1986 में पहले काव्य-संग्रह का प्रकाशन। उसके बाद गद्य-लेखन की शुरुआत! धर्म और पितृतंत्र, औरत की आजादी में सबसे बड़ी बाधा है—साफ-साफ लफ्जों में इस सच्चाई को उजागर करते हुए, धर्म, औरत की अवमानना कैसे करता है, इसका साफ-साफ बयान। इसके लिए वे सिर्फ पुरातनपंथी धार्मिक लोगों के हमलों की ही शिकार नहीं हुईं, बल्कि देश-व्यवस्था और पुरुष-प्रधान समाज ने भी उनके खिलाफ जंग का एलान कर दिया। कट्टर धार्मिक मौलवी-मुल्लाओं ने भी उनकी फांसी की माँग करते हुए देश भर में आंदोलन छेड़ दिया। नतीजा यह हुआ कि उन्हें अपने ही देश से निर्वासित होना पड़ा। यहाँ तक कि उनके सिर का मूल्य भी घोषित कर दिया गया। आजकल निर्वासित जिंदगी, यूरोपीय देशों में गुजरती हुई। देश में अभी भी उनके खिलाफ फतवा जारी है। कहने-लिखने की स्वाधीनता के विरोधी लोगों द्वारा दायर किए गए मामले, अभी भी झूल रहे हैं। मनुष्यता के पक्ष में लिखा गया, तथ्यों पर आधारित उपन्यास 'लज्जा'! अपने बचपन की यादों पर आधारित 'मेरे बचपन के दिन' (आत्मकथा-1), कैशोर्य और तरुणाई की यादों को समेटे हुए 'उत्ताल हवा'(आत्मकथा-2), द्विखंडित (आत्मकथा-3), वे अंधेरे दिन (आत्मकथा-4) — ये किताबें बांग्लादेश सरकार द्वारा जब्त!

स्वीडन का कूट टूखोलस्की एवार्ड, अमेरिका का 'फेमिनिस्ट ऑफ द इयर, 1994', एडिट द नानत एवार्ड, उन्मुक्त चिंतन के लिए यूरोपियन पार्लियामेंट का शाखारभ एवार्ड, बेल्जियम के गेन्ट विश्व-विद्यालय द्वारा डॉक्टरेट से सम्मानित; स्वीडन के उपसला विश्वविद्यालय का मनिसमियेन एवार्ड, इंटरनेशनल ह्युमैनिस्ट एंड एथिकल यूनियन से डिस्टिंग्विश्ड ह्युमैनिस्ट एवार्ड से सम्मानित! कनेडियन, स्वीडिश, इंग्लिश पेन क्लब की सम्मानित सदस्या और अमेरिकन ह्युमैनिस्ट अकादमी की ह्युमैमिस्ट लॉरियेट! भारत में दो-दो बार आनंद पुरस्कार प्राप्तकर्ता—'निर्वाचित कलाम' और 'आमार मेयेर वला' पर!